180.-

Festschrift
für Rolf Serick zum 70. Geburtstag

Festschrift für Rolf Serick zum 70. Geburtstag

Herausgegeben von
Ulrich Huber und Erik Jayme
Bonn/Heidelberg

Verlag Recht und Wirtschaft GmbH
Heidelberg

Die Deutsche Bibliothek – CIP-Einheitsaufnahme

Festschrift für Rolf Serick zum 70. Geburtstag / hrsg. von Ulrich Huber und Erik Jayme. – Heidelberg : Verl. Recht und Wirtschaft, 1992

ISBN 3-8005-1097-9

NE: Huber, Ulrich [Hrsg.]; Serick, Rolf: Festschrift

ISBN 3-8005-1097-9

© 1992 Verlag Recht und Wirtschaft GmbH, Heidelberg

Das Werk einschließlich aller seiner Teile ist urheberrechtlich geschützt. Jede Verwertung außerhalb der engen Grenzen des Urheberrechtsgesetzes ist ohne Zustimmung des Verlages unzulässig und strafbar. Das gilt insbesondere für Vervielfältigungen, Übersetzungen, Mikroverfilmungen und die Einspeicherung und Verarbeitung in elektronischen Systemen.

Satz: Lichtsatz Michael Glaese GmbH, 6944 Hemsbach

Offsetdruck: Druckerei Schmich KG, 6915 Dossenheim b. Heidelberg

Buchbinderische Verarbeitung: W. Fischer, 6900 Heidelberg

∞ Gedruckt auf säurefreiem, alterungsbeständigem Papier, hergestellt aus chlorfrei gebleichtem Zellstoff

Printed in Germany

Zum Geleit

Am 30. Juni 1992 vollendet Rolf Serick sein siebzigstes Lebensjahr. Aus diesem Anlaß haben Freunde, Schüler, Kollegen sich zusammengefunden, um ihn und sein Werk durch die hier vorgelegte Festschrift zu ehren. Der Reichtum dieses Werkes wird, in der äußerlichen Form einer Aufzählung, dokumentiert durch das Schriftenverzeichnis, das am Ende der Festschrift steht. Es hat zwei Schwerpunkte. „Rechtsform und Realität juristischer Personen", die im Jahr 1953 der Tübinger Juristenfakultät vorgelegte und 1955 veröffentlichte Habilitationsschrift des damaligen Referenten am Max-Planck-Institut für ausländisches und internationales Privatrecht, ist der Ausgangspunkt einer bis heute anhaltenden juristischen Diskussion über die Grenzen der rechtlichen Verselbständigung juristischer Personen. „Eigentumsvorbehalt und Sicherungsübertragung" sind, seit Serick im Jahr 1956 Ordinarius für Bürgerliches Recht, Handelsrecht, ausländisches Privatrecht und Rechtsvergleichung und Direktor des Instituts für ausländisches und internationales Privat- und Wirtschaftsrecht an der Universität Heidelberg geworden ist, das große und bestimmende Thema seines wissenschaftlichen Lebenswerks geworden. Die sechs Bände der Monographie, als Frucht dreißigjähriger Arbeit zwischen 1963 und 1986 erschienen, haben das Recht der Mobiliarsicherheiten überhaupt erst in einer Form erschlossen, die den systematischen Zusammenhang des Ganzen und die Gesamtheit des vielfältigen Details überschauen und erkennen läßt. So hat das „vielschichtige juristische Kunstwerk", als das Serick seinen Gegenstand charakterisiert, erst in seiner Darstellung die für uns gültige Form gefunden. Die Monographie ist abgeschlossen, die Arbeit nicht: für glückliches Gelingen dessen, was noch aussteht, gelten Serick alle guten Wünsche der Verfasser dieser Festschrift.

Heidelberg und Bonn, im Juni 1992

Erik Jayme *Ulrich Huber*

Inhaltsverzeichnis

Die Rechtsfolgen rechtsgeschäftlicher Abtretungsverbote
Prof. Dr. Dr. h.c. Claus-Wilhelm Canaris, München 9

Spaltgesellschaften im wiedervereinigten Deutschland
Prof. Dr. Ulrich Drobnig, Hamburg 37

Der Scheck im ägyptischen Recht mit vergleichenden Hinweisen auf das Recht anderer arabischer Staaten
Dr. Omaia Elwan, Heidelberg 57

Zur Präzisierung der sogenannten Nachrangklausel im Konflikt mit dem verlängerten Eigentumsvorbehalt
Prof. Dr. Wolfgang Ernst, Tübingen 87

Neuere „Verdinglichungs"-Tendenzen zur Rechtsstellung des Sicherungsgebers bei der Sicherungsübereignung
Prof. Dr. Hans Friedhelm Gaul, Bonn 105

Vorbehaltskauf und Finanzierungsleasing im geltenden und künftigen Insolvenzrecht
Prof. Dr. Ludwig Häsemeyer, Heidelberg 153

Sicherheiten im Arbeitsverhältnis
Prof. Dr. Gerrick v. Hoyningen-Huene, Heidelberg 171

Einreden gegen die Grundschuld
Prof. Dr. Ulrich Huber, Bonn 195

Transposition und Parteiwille bei grenzüberschreitenden Mobiliarsicherheiten
Prof. Dr. Dr. h.c. Erik Jayme, Heidelberg 241

Bereicherungsausgleich beim Einbau fremden Materials
Prof. Dr. Dr. h.c. Werner Lorenz, München 255

Zum Eigentumsvorbehalt im klassischen römischen Recht
Prof. Dr. Karlheinz Misera, Heidelberg 275

Sicherungsübereignung, Sicherungsabrede und Sicherungszweck
Prof. Dr. Otto Mühl, Mainz 285

Zur Grundkonzeption der Technik- und Umweltgefährdungshaftung
Prof. Dr. Fritz Nicklisch, Heidelberg 297

Treupflichten im Recht der juristischen Personen
Prof. Dr. Marian Paschke, Kiel 313

Zur Akzessorietätsdiskussion bei Sicherungsübereignung und Sicherungsabtretung
Prof. Dr. Karsten Schmidt, Hamburg 329

Gelten die Rechtshilfeverträge der DDR fort?
Prof. Dr. Dr. h.c. Fritz Sturm, Lausanne 351

Das Grundpfandrecht zwischen Akzessorietät und Abstraktheit und die europäische Zukunft
Prof. Dr. Rolf Stürner, Konstanz 377

Betrachtungen zur causa der Sicherungsübertragung
Prof. Dr. Hermann Weitnauer, Heidelberg 389

Minderungseinrede und Eigentumsvorbehalt
Prof. Dr. Manfred Wochner, Heidelberg 403

Schriftenverzeichnis von *Rolf Serick* 415

Autorenverzeichnis 425

Die Rechtsfolgen rechtsgeschäftlicher Abtretungsverbote

Von Claus-Wilhelm Canaris, München

I. Problemstellung

Die Problematik der rechtsgeschäftlichen Abtretungsverbote, die das Gesetz in § 399 Halbs. 2 BGB grundsätzlich zuläßt, kommt nicht zur Ruhe. Noch in jüngster Zeit hat sich der BGH veranlaßt gesehen, seine st. Rspr. zu den beiden zentralen Streitfragen zu bestätigen und erneut auszusprechen, daß die Rechtsfolge derartiger Verbote nicht lediglich in relativer, sondern in absoluter Unwirksamkeit entgegenstehender Verfügungen des Gläubigers besteht und daß Abtretungsverbote in AGB grundsätzlich wirksam sind.[1] Ersichtlich fällt es also den Betroffenen immer wieder schwer, diese Rechtsprechung zu akzeptieren, so daß sie die Probleme erneut vor den BGH bringen.

In der Tat haben rechtsgeschäftliche Abtretungsverbote häufig überaus unerfreuliche Konsequenzen. Mit Recht hat *Serick* schon früh darauf hingewiesen, daß „die Zulässigkeit der Ausschließungsabrede volkswirtschaftlich unerwünscht ist, weil sie vorwiegend den kleinen und mittleren Lieferanten und Unternehmer trifft".[2] Diesen beeinträchtigt sie nämlich erheblich in seinen Möglichkeiten, durch die Sicherungsabtretung von Forderungen gegen seine Kunden den oft dringend benötigten Kredit zu erhalten. Durch die zunehmende Verbreitung des Factoring hat die Problematik zusätzlich an praktischer Bedeutung gewonnen, da sowohl beim „echten" als auch beim „unechten" Factoring die Forderungszession an rechtsgeschäftlichen Abtretungsverboten scheitern kann. Darüber hinaus spielen diese sowie die – rechtlich weitgehend gleichzubehandelnden – Erfordernisse einer Zustimmung des Schuldners zur Abtretung, einer besonderen Anzeige an diesen und dgl. auch in anderen Bereichen eine erhebliche praktische Rolle. Das gilt insbesondere für Forderungen aus Versicherungsverträgen[3] und

---

[1] Vgl. BGHZ 112, 387, 389 ff. bzw. BGH WM 1991, 554, 556.
[2] Vgl. *Serick*, Eigentumsvorbehalt und Sicherungsübereignung Bd II, 1965, § 24 III 2 = S. 289.
[3] Vgl. z. B. RGZ 136, 395; BGHZ 112, 387.

Sparguthaben⁴; daran wird zugleich deutlich, daß durch Einschränkungen der Abtretbarkeit nicht selten auch der „kleine Mann" bzw. einer seiner Vertragspartner betroffen wird.

Die Brisanz der Problematik entsteht dabei zu einem ganz wesentlichen Teil dadurch, daß Rspr. und h. L. bei einem Verstoß gegen das Abtretungsverbot absolute Unwirksamkeit der verbotswidrigen Zession annehmen.⁵ Die Forderung bleibt also uneingeschränkt im Vermögen des Zedenten, so daß sie von dessen Gläubigern gepfändet werden kann⁶ und bei seinem Konkurs in die Masse fällt.⁷ Hat der Gläubiger die Forderung mehrfach abgetreten und erklärt sich nun der Schuldner mit einer Aufhebung des Abtretungsverbots einverstanden, so wird nicht etwa entsprechend dem Prioritätsprinzip die erste Abtretung wirksam, sondern diejenige, die der Schuldner – nach seinem freien Belieben – genehmigt.⁸

Serick hat sich zwar der These von der absoluten Unwirksamkeit grundsätzlich angeschlossen⁹, doch mildert er deren Konsequenzen wesentlich ab, indem er einer Genehmigung des Schuldners entgegen der Ansicht des BGH¹⁰ Rückwirkung auf den Zeitpunkt der (verbotswidrigen) Abtretung zuerkennt.¹¹ Dadurch gelangt er bei Konkurs des Zedenten zu dem Ergebnis, daß der Schuldner auch noch nach Eröffnung des Verfahrens durch seine Genehmigung einem Sicherungszessionar ein Absonderungsrecht verschaffen kann¹²; in subtilen Ausführungen legt er überzeugend dar, daß

---

4 Vgl. dazu z. B. BGH NJW 1986, 2107 und die zutreffende Einordnung dieser Problematik in den vorliegenden Zusammenhang durch *E. Wagner,* NJW 1987, 928 ff.

5 Vgl. außer den vorstehend zitierten Entscheidungen vor allem BGHZ 40, 156, 160; 56, 173, 176; 56, 228, 230; 70, 299, 301; 102, 293, 301; 108, 172, 176; ebenso die h. L., vgl. z. B. *Keltenich,* VersR 1965, 413 f.; *U. Huber,* NJW 1968, 1905 f.; *Blaum,* Das Abtretungsverbot nach § 399 2. Alt. BGB und seine Auswirkungen auf den Rechtsverkehr, 1983, S. 100 ff.; *Nörr/Scheyhing,* Sukzessionen, 1983, § 3 VI 3; *Bülow,* Recht der Kreditsicherheiten, 2. Aufl. 1988, Rdn. 995 f.; *Larenz,* Lehrbuch des Schuldrechts Bd. I, 14. Aufl. 1987, § 34 II 1; *Esser/Schmidt,* Schuldrecht Bd I, 6. Aufl. 1984, § 37 I 3 e; Münch-Komm.-*Roth,* 2. Aufl. 1985, § 399 Rdn. 30; Staudinger/*Kaduk,* 12. Aufl. 1990, § 399 Rdn. 112; Soergel/*Zeiss,* 12. Aufl. 1990, § 399 Rdn. 8; der Sache nach auch *Raible,* Vertragliche Beschränkung der Übertragung von Rechten, 1969, S. 31 ff. und S. 49 ff.; *Dörner,* Dynamische Relativität, 1985, S. 141 ff.

6 Grundlegend RGZ 136, 395, 399; vgl. ferner z. B. BGHZ 70, 299, 301 ff.; 102, 293, 301; 112, 387, 389.

7 Vgl. BGHZ 108, 172, 175 ff.; BGH WM 1991, 554, 556.

8 Grundlegend BGHZ 40, 156, 160 ff.; vgl. ferner z. B. BGHZ 55, 34, 37; 56, 173, 176; *Nörr/Scheyhing,* a. a. O. § 3 VI 4 Fn. 73; MünchKomm.-*Roth,* § 399 Rdn. 31 a. E.

9 Vgl. *Serick,* a. a. O. § 24 III 2.

10 Vgl. z. B. BGHZ 70, 299, 303; 102, 293, 301; 108, 172, 176.

11 Vgl. *Serick,* a. a. O., Bd. IV § 51 I 2 und vor allem Bd. V § 66 II; ebenso z. B. *Medicus,* Schuldrecht I, 5. Aufl., 1990, § 62 I 4 c; Palandt/*Heinrichs,* 50. Aufl., 1991, § 399 Rdn. 11 a. E.

12 Vgl. *Serick,* a. a. O., Bd. V § 66 III.

dagegen weder bürgerlichrechtliche noch konkursrechtliche Bedenken durchschlagen. Im Rahmen der anschließenden Behandlung der Problematik von Abtretungsverbot und Ersatzaussonderung beim verlängerten Eigentumsvorbehalt formuliert *Serick* dann eine Einsicht, die m. E. von fundamentaler Wichtigkeit ist: „Von der Interessenlage und vom Normzweck her gesehen erlangt entscheidendes Gewicht, daß das Abtretungsverbot ausschließlich dem Schutz des Drittschuldners dienen soll und deshalb nur insoweit, als dieser Schutzzweck tangiert ist, ein Eingreifen von § 46 KO verhindern kann – eine Rechtfertigung für die Vermehrung der Masse läßt sich aus ihm nicht ableiten".[13]

Auch wenn diese Worte in einem speziellen Zusammenhang stehen, wohnt ihnen eine Dynamik inne, die über diesen weit hinausführen kann. So richtig es nämlich ist, daß *Serick* dem Sicherungszessionar (wenigstens) dann ein Absonderungsrecht zubilligen will, wenn der Schuldner die Zession genehmigt, so dringlich stellt sich doch die Frage, ob man nicht noch einen Schritt weitergehen und auf dieses Einverständnis überhaupt verzichten sollte. Denn wenn sich aus dem Abtretungsverbot „eine Rechtfertigung für die Vermehrung der Masse nicht ableiten läßt", liegt es nahe, dem Sicherungszessionar auch ohne Genehmigung des Schuldners ein Absonderungsrecht zuzubilligen; dessen Interessen werden dadurch schon deshalb nicht berührt, weil er auch bei dieser Lösung seine Leistung an den Konkursverwalter erbringen kann und muß. Daß *Serick* seinerseits diesen Schritt nicht getan hat, ist nun freilich ein zwingendes Gebot der Konsequenz, da er anderenfalls in Widerspruch zu der von ihm grundsätzlich akzeptierten These von der absoluten Unwirksamkeit geraten wäre. Dogmatisch unproblematisch, ja zwingend geboten ist ein solcher Schritt dagegen, wenn man statt dessen nur relative Unwirksamkeit i. S. der §§ 135 f. BGB annimmt. Es sei daher verstattet, dem Jubilar die Ausarbeitung des vor zehn Jahren gemachten, damals aber nur flüchtig skizzierten Vorschlags zu widmen, die Rechtsfolge der absoluten durch die der relativen Unwirksamkeit verbotswidriger Verfügungen des Gläubigers zu ersetzen[14] – eine Position, die früher schon wiederholt vertreten worden ist[15] und auch in jüngster Zeit wieder Befürworter gefunden hat.[16] Der Zusammen-

---

13 Vgl. *Serick*, a. a. O., Bd. V § 66 IV 3 a a. E. = S. 570.
14 Vgl. *Canaris*, Bankvertragsrecht, 2. Aufl. 1981, Rdn. 1705.
15 Vgl. z. B. *Enneccerus/Lehmann*, Recht der Schuldverhältnisse, 15. Aufl., 1958 § 78 IV 2 (wenngleich nicht ohne eine gewisse innere Widersprüchlichkeit); *Scholz*, NJW 1960, 1837 f.; *Jakobs*, JuS 1973, 156 f.; *Beer*, Die relative Unwirksamkeit, 1975, S. 180 ff.; *Denck*, JuS 1981, 12 f.
16 Vgl. *E. Wagner*, NJW 1987, 932 und JZ 1988, 705 f.; *Ott*, WuB I F4 – 1.90 S. 42; tendenziell wohl auch *Hadding/van Look*, WM 1988 Sonderbeilage Nr. 7 S. 14, die die Frage jedoch letztlich offenlassen.

hang mit der soeben zitierten Bemerkung *Sericks* erweist sich übrigens bei näherer Prüfung als noch enger, als man zunächst vermutet; denn *Serick* geht es dabei um eine teleologische Fundierung der Entscheidung BGHZ 30, 176 – und dort findet man (nicht ohne Verblüffung) die Sätze: „Die Abtretungsbeschränkung diente dem Schutz der Schuldner des Gemeinschuldners. Deshalb war die ohne deren Zustimmung vorgenommene Abtretung gemäß § 135 BGB (!) den Schuldnern als geschützten Personen gegenüber unwirksam" (S. 183).

Das Tor für die Durchsetzung der hier propagierten Ansicht stand also einmal weit offen, bevor der BGH es zugeschlagen hat. Nun darf man freilich realistischerweise kaum erwarten, daß dieser das Dogma von der absoluten Unwirksamkeit in Bälde wieder aufgeben wird. Es ist indessen eine zentrale Aufgabe der Rechtswissenschaft, auch gegen eine ablehnende Haltung der Praxis Alternativmodelle zu entwickeln, sofern – allerdings wirklich *nur* sofern! – diese sich als wesentlich leistungsfähiger erweisen. Das gilt zumal dann, wenn die Praxis ihre Lösung wie hier auf rein konstruktiv-dogmatische und nicht auf teleologische Gesichtspunkte stützt (vgl. näher unten II).

Teleologisch gesehen besticht die Annahme relativer Unwirksamkeit schon auf den ersten Blick. Die These, daß verbotswidrige Verfügungen des Gläubigers nur dem Schuldner gegenüber unwirksam, im Verhältnis zu allen anderen Personen aber wirksam sind, hat nämlich mehrere wesentliche Vorzüge. Der erste liegt darin, daß die Rechtsfolgen nicht über dasjenige Maß hinausgehen, das zum Schutze des Schuldners erforderlich ist, während die Annahme absoluter Unwirksamkeit eine vom Schutzzweck nicht gedeckte „überschießende Tendenz" hat. Der zweite Hauptvorteil besteht in dem weitreichenden Schutz der Zessionare: Im Verhältnis zu den Gläubigern des Zedenten ist die Forderung als eine solche des Zessionars zu behandeln, so daß dieser bei Konkurs des Zedenten ein Ab- oder Aussonderungsrecht hat, gegen Pfändungen mit der Drittwiderspruchsklage vorgehen kann und gegenüber späteren kollidierenden Verfügungen des Zedenten nach dem Prioritätsprinzip geschützt wird (vgl. näher unten III). Das bewahrt nicht nur den Zessionar vor unliebsamen und, wie zu zeigen sein wird, ungerechten Überraschungen, sondern führt dadurch zugleich reflexartig zu einer Aufwertung der Position des Gläubigers, die es diesem erleichtert, die Forderung trotz des Abtretungsverbots zu verwerten; denn wenn Zessionare effizienten Schutz bei Konkurs des Zedenten, Pfändungen der Forderung und kollidierenden späteren Verfügungen genießen, hat die Forderung für sie trotz des Abtretungsverbots einen erheblichen Wert, auch wenn ihnen im Verhältnis zum Schuldner die Einziehungsbefugnis fehlt. Angesichts dieses Befundes erscheint es durchaus lohnend, die Gründe gegen die Annahme relativer Unwirksamkeit bzw. für die Annahme absoluter Unwirksamkeit einer eingehenden Prüfung zu unterziehen.

Das ist im übrigen auch insofern von besonderem Reiz, als dabei zugleich die praktische und dogmatische Leistungsfähigkeit der relativen Unwirksamkeit i.S. der §§ 135 f. BGB auf dem Prüfstand steht. Daß dadurch das rechtliche Instrumentarium um eine fruchtbare – wenn auch komplizierte – Kategorie bereichert wird, macht u. a. ein Blick auf die Auseinandersetzung um die Parallelproblematik in Österreich deutlich: Dort wird der These von der absoluten Unwirksamkeit, die vom OGH vertreten wird[17], ein rein schuldrechtlich konzipiertes Lösungsmodell entgegengesetzt.[18] Demgegenüber bietet das deutsche Recht durch die Konstruktion relativer Unwirksamkeit i.S. der §§ 135 f. BGB einen Ausweg, der einen Kompromiß der Interessen auf der *dinglichen* Ebene erlaubt und den man auch wegen dieses Vorzugs keinesfalls vorschnell verwerfen sollte.

II. Die Argumente für und gegen relative bzw. absolute Unwirksamkeit

In seiner jüngsten Entscheidung zu den Wirkungen eines vertraglichen Abtretungsverbots hat der BGH ausgeführt: „Entscheidend für die absolute Wirkung sprechen neben den dogmatischen Gesichtspunkten der §§ 135-137 BGB (Zitat) die Entstehungsgeschichte (Zitate) und der Wortlaut des Gesetzes. Nach § 399 BGB ‚kann‘ eine Forderung, für die Nichtabtretbarkeit vereinbart wurde, ‚nicht abgetreten werden‘; § 851 Abs. 2 ZPO bezeichnet sie als ‚nicht übertragbare Forderung‘".[19] Im Hintergrund steht dabei auch heute noch die Entscheidung RGZ 136, 395 (399), der sich der BGH in der Entscheidung BGHZ 40, 156 (160) ausdrücklich angeschlossen hat und deren Sichtweise seither für seine Rechtsprechung bestimmend geblieben ist.

---

17 Vgl. z. B. OGH SZ 57/8; JBl. 1984, 675; 1986, 383; ebenso z. B. *Spielbüchler* in *Rummel*, ABGB, 2. Aufl. 1990, § 364 c Rdn. 16 m. w. Nachw.
18 Vgl. z. B. *Aicher*, ÖJZ 1972, 309 ff.; *Hoyer*, JBl. 1972, 511 ff.; *Koziol*, JBl. 1980, 113 ff.; *Koziol/ Welser*, Grundriß des Bürgerlichen Rechts, 8. Aufl. 1987, Bd. I S. 276.
19 Vgl. BGHZ 112, 387, 390.

1. Die Grundsatzentscheidung RGZ 136, 395 und ihre Unvereinbarkeit mit der Entscheidung RGZ 148, 105

a) Im Falle RGZ 136, 395 ging es um das Verhältnis zwischen einer gegen ein vertragliches Abtretungsverbot verstoßenden Zession einer Versicherungsforderung und einem später begründeten Pfändungspfandrecht an dieser. Das RG hat letzterem den Vorrang eingeräumt und zur Begründung ausgeführt:

> „Eine Abrede dieser Art nimmt der Forderung die Eigenschaft der Veräußerungsfähigkeit. Sie bestimmt den Inhalt der Forderung als solchen und fügt ihr nicht ein ihrem Wesen an sich fremdes Veräußerungsverbot hinzu, wie es in § 137 BGB vorausgesetzt ist. Eine Forderung begründet ein schuldrechtliches Band nur zwischen Gläubiger und Schuldner. Eine dem Schuldner gegenüber unwirksame Abtretung kann daher nicht als ein Vermögensübergang aufgefaßt werden. Daraus folgt, daß die entgegen der Abrede vorgenommene Abtretung keine Gläubigerrechte auf den Zessionar überträgt; diese Rechte bleiben vielmehr bei dem Zedenten" (S. 399).

Es liegt auf der Hand, daß mit diesen Ausführungen relative Unwirksamkeit verneint und absolute Unwirksamkeit bejaht wird. Knapp drei Jahre später hat indessen in der Entscheidung RGZ 148, 105 ein anderer Senat für die Parallelproblematik beim obligatorischen Vorkaufsrecht relative Unwirksamkeit angenommen und sich dabei über entgegenstehende Bedenken mit einer Begründung hinweggesetzt, die in ihrer strikt teleologischen Fundierung geradezu als exemplarisch gelten darf. Auch hier spielte nämlich ein ähnliches Wortlautargument eine Rolle wie im Rahmen von § 399 BGB bzw. § 851 II ZPO, da es in § 514 BGB lapidar heißt: „Das Vorkaufsrecht ist nicht übertragbar...". Das RG hat hierzu bemerkt, daß „der Gesetzeswortlaut des § 514 (,nicht übertragbar'), auf den das Berufungsgericht Gewicht zu legen scheint, nichts Entscheidendes für die Antwort ergibt". Wenn durch „die Festsetzung der Unübertragbarkeit nicht das öffentliche Interesse..., sondern nur diese oder jene bestimmte Privatperson gegen die Abtretung geschützt werden sollte, so (stehe) nichts im Wege, die Norm als ein nur relatives Veräußerungsverbot nach § 135 BGB anzusprechen" (S. 111). Wenn das für ein obligatorisches Vorkaufsrecht zutrifft, muß es für eine Forderung auch und erst recht gelten. Denn zum einen unterscheidet sich der Wortlaut des § 514 BGB nicht wesentlich von dem der §§ 399 BGB, 851 II ZPO, und zum anderen spricht die Interessenlage bei der Abtretung von Forderungen eher stärker als bei der Übertragung von obligatorischen Vorkaufsrechten für den Schutz rechtsgeschäftlicher Erwerber; das folgt sowohl aus der gesetzlichen Wertung als auch aus den Gepflogenheiten des Verkehrs, da für Forderungen nach § 398 BGB der Grundsatz der Übertragbarkeit, für Vorkaufsrechte dagegen nach § 514 BGB der Grundsatz der Unübertragbarkeit gilt und da zwar Forderungen, nicht aber obligatorische Vorkaufsrechte üblicherweise Gegenstand rechtsgeschäftlicher Verfügungen sind. Die Entscheidungen RGZ 136, 395 und RGZ 148, 105 sind folglich miteinander unvereinbar.

b) Nun ist damit freilich noch nicht viel gewonnen, weil man sich ja grundsätzlich auf den Standpunkt stellen kann, daß die Konstruktion in der Entscheidung RGZ 136, 395 richtig und die in der Entscheidung RGZ 148, 105 falsch sei. Das gilt um so mehr, als es in letzterer auf die Annahme relativer Unwirksamkeit *für das Ergebnis* nicht ankam. Es ging darin nämlich lediglich um die Frage, ob der Schuldner einer Übertragung des Vorkaufsrechts trotz der Vorschrift des § 514 BGB durch seine Zustimmung zur Wirksamkeit verhelfen kann – und das wird von der Rechtsprechung und der h. L. bekanntlich auch bei absoluter Unwirksamkeit bejaht. Die Entscheidung hat denn auch nicht nur Beifall gefunden[20], sondern ist in der Tat mit der Begründung kritisiert worden, zwar sei das Ergebnis richtig, doch folge dieses unabhängig von der Alternative zwischen absoluter und relativer Unwirksamkeit bereits aus allgemeinen Grundsätzen über die Genehmigungsfähigkeit.[21]

Gleichwohl ist die Heranziehung der Entscheidung im vorliegenden Zusammenhang zumindest insofern weiterführend, als sich an ihr die Brüchigkeit der vom BGH herangezogenen Wortlautinterpretation erweist; denn daß sich das RG mit einem teleologisch-systematischen Argument über die aus dem Wortlaut von § 514 BGB hergeleiteten Bedenken hinweggesetzt hat, kann man im Zeitalter der „Wertungsjurisprudenz" nur uneingeschränkt billigen. Der Position des BGH fehlt daher so lange die entscheidende Stütze, wie sich für sie nicht ein einigermaßen überzeugungskräftiges teleologisches Argument ins Feld führen läßt.

---

20 So z. B. bei *Beer*, a. a. O. (Fn. 15) S. 184; MünchKomm.-*Westermann*, 2. Aufl. 1988, § 514 Rdn. 4; *Palandt/Heinrichs*, a. a. O. § 514 Rdn. 2.
21 Vgl. *Flume*, Allg. Teil des Bürg. Rechts Bd. II, 3. Aufl. 1979, § 17, 6b; *Soergel/Huber*, 11. Aufl. 1986, § 514 Rdn. 2; *Staudinger/Mayer-Maly*, 12. Aufl. 1978, § 514 Rdn. 5.

2. Der mutmaßliche „Wille" vernünftiger und redlicher Parteien und der Grundsatz der Übertragbarkeit von Forderungen

a) Außerdem läßt sich auch noch unter einem zweiten Gesichtspunkt an die Entscheidung RGZ 148, 105 anknüpfen. Mit Recht hat das RG nämlich in § 514 BGB „eine dem mutmaßlichen Willen beider Teile entsprechende, aber durch Vereinbarung abzuändernde Gesetzesregel" gesehen (S. 112). Wenn es anschließend folgert, daß „eine solche Regel ... nur dem abschwächenden § 135, nicht dem strengen § 134 BGB zugewiesen werden kann", so ist das zwar, wie soeben dargelegt, kein zwingender Schluß, weist aber doch insofern in die richtige Richtung, als auch für die Rechtsfolgen einer Verletzung der Regel zu fragen ist, was die Parteien vernünftiger- und redlicherweise vereinbart hätten, wenn sie insoweit eine vertragliche Bestimmung getroffen hätten; denn das ist grundsätzlich der Weg, wie man den Inhalt (ungeschriebenen) dispositiven Rechts ermittelt. In diesem Bereich bewegt man sich auch hier, da § 399 Halbs. 2 BGB den Raum für Parteiabreden öffnet (vgl. auch unten III 6 b mit Fn. 54).

Es kann nun aber kaum zweifelhaft sein, daß redliche und vernünftige Parteien die Rechtsfolge relativer und nicht absoluter Unwirksamkeit wählen würden (wenn sie Kenntnis von dieser Möglichkeit und den rechtlichen Unterschieden zwischen den beiden Gestaltungsformen hätten). Diese stellt nämlich einen nahezu optimalen Kompromiß zwischen den gegenläufigen Interessen dar, da sie zum einen dem Schuldner die Gewähr bietet, nur an den Gläubiger und nicht an einen Zessionar leisten zu müssen, zum anderen aber, wie soeben I a. E. dargelegt, einen weitgehenden Schutz des Zessionars gegenüber Dritten zur Folge hat und dadurch der Forderung des Gläubigers trotz des Abtretungsverbots ein gewisses Maß an Verkehrsfähigkeit und damit auch an Verwertbarkeit erhält.

Die Überzeugungskraft dieser Argumentation wird bestätigt und bestärkt, wenn man im Wege eines Gedankenexperiments annimmt, § 399 BGB ordne als Rechtsfolge unmißverständlich relative Unwirksamkeit an, stelle diese aber zur Disposition der Parteien. Man wird wohl kaum leugnen können, daß dann eine AGB-Klausel, in der als Rechtsfolge absolute Unwirksamkeit festgelegt wird, gegen § 9 AGBG verstieße, weil der Schuldner an so weitreichenden Wirkungen kein legitimes Interesse hat und der Gläubiger durch sie unangemessen benachteiligt wird. Das belegt, daß den Geboten von Treu und Glauben relative Unwirksamkeit weit besser entspricht als absolute.

b) Durch die Bezugnahme auf den mutmaßlichen „Willen" vernünftiger und redlicher Parteien wird zugleich der in der Entscheidung RGZ 136, 395

(399) geltend gemachte Einwand entkräftet, daß das Abtretungsverbot „der Forderung die Eigenschaft der Veräußerungsfähigkeit nimmt (und) den Inhalt der Forderung als solchen bestimmt …". Denn es fragt sich eben gerade, *in welcher Weise* der Inhalt der Forderung bestimmt wird – und das richtet sich (bei Vorhandensein entsprechender rechtlicher Gestaltungsmöglichkeiten) eben nach dem mutmaßlichen „Willen" vernünftiger und redlicher Parteien. Aus diesem Grund kann es erst recht nicht überzeugen, wenn der BGH in der grundlegenden Entscheidung BGHZ 40, 156 (160) ins Feld führt, daß „es sich nicht um ein gesetzliches Veräußerungsverbot i.S. des § 135 BGB handelt, (sondern) der Ausschluß der Abtretung … auf dem Parteiwillen beruht". Damit ist nämlich über die Rechtsfolge gar nichts ausgesagt, weil insoweit der „Parteiwille" eben erst noch ermittelt werden muß.

Man kann die Entgegensetzung von § 135 BGB und § 399 BGB, die der BGH hier vornimmt, sogar geradezu umkehren und argumentieren: Wenn nach der ausdrücklichen Regelung der §§ 135 f. BGB gesetzliche und behördliche Verfügungsverbote lediglich relative Unwirksamkeit zur Folge haben, dann muß das für rechtsgeschäftliche Veräußerungsverbote ceteris paribus auch und erst recht gelten. Daß § 137 BGB keine entsprechende Regelung enthält, liegt ersichtlich daran, daß der Gesetzgeber hier nur das *Verbot* rechtsgeschäftlicher Verfügungsverbote (mit dinglicher Wirkung) vor Augen hatte und dabei vergessen hat, für etwaige Ausnahmen die Rechtsfolge durch eine Verweisung auf § 135 BGB klarzustellen.

c) Nicht triftig ist des weiteren das ebenfalls in diesem Zusammenhang vorgebrachte Argument des RG und des BGH, anders als in den Fällen des § 137 BGB werde der Forderung durch ein Abtretungsverbot „nicht ein ihrem Wesen nach fremdes Veräußerungsverbot hinzugefügt". Diese These ist schon in sich selbst höchst fragwürdig, ja wohl geradezu unschlüssig, da der Gesetzgeber sich in § 398 BGB nun einmal für den (modernen) Grundsatz der Übertragbarkeit von Forderungen entschieden und diese damit als Verkehrsgegenstände anerkannt hat. Daß die Abtretung grundsätzlich auch gegen den Willen des Schuldners, ja sogar ohne sein Wissen erfolgen kann, wird durch Vorschriften zu seinem Schutze – d.h. durch die §§ 404, 406 ff. BGB – kompensiert. Mit diesem Modell ist eine Sichtweise, nach der durch ein Abtretungsverbot gewissermaßen zum „Normalzustand" der Unabtretbarkeit zurückgekehrt wird[22] – diese Vorstellung steht ersichtlich hinter dem „Wesensargument" des RG und des BGH – wohl kaum ver-

---

22 In diesem Sinne besonders klar *Dörner,* a.a.O. (Fn. 5) S. 144f.

einbar. Viel besser harmoniert mit dem System der §§ 398 ff. BGB, die Regelung des § 399 Halbs. 2 BGB ebenfalls als eine kompensatorische Schutzvorschrift zugunsten des Schuldners aufzufassen mit der Besonderheit, daß ihre Ausnutzung von einer entsprechenden Abrede zwischen den Parteien abhängt, damit der Grundsatz der Übertragbarkeit von Forderungen nicht ohne Zustimmung des – durch ihn begünstigten – Gläubigers durchbrochen werden kann. Dann aber ist es ein geradezu zwingendes Gebot der Konsequenz, daß die Rechtsfolgen eines Abtretungsverbots nicht weiter reichen dürfen als zum Schutze des Schuldners geboten und also über relative Unwirksamkeit nicht hinausgehen sollten.

Auch wenn man aber das – bekanntlich fast immer dubiose – „Wesensargument" akzeptiert, trägt dieses keineswegs die Rechtsfolge absoluter Unwirksamkeit. Auch bei dieser Sichtweise ist nämlich die in § 398 BGB enthaltene Grundentscheidung zugunsten der Abtretbarkeit von Forderungen und der daraus folgende Ausnahmecharakter von § 399 BGB zu respektieren. Das aber spricht ebenfalls gegen absolute und für relative Unwirksamkeit, da man eine gesetzgeberische Regel sowohl aus systematischen als auch aus teleologischen Gründen nicht in größerem Umfang um ihre Effizienz bringen darf, als das durch den Zweck der Ausnahmevorschrift gefordert wird.

3. Die Forderung als „Band nur zwischen Gläubiger und Schuldner" und die Problematik eines „dinglichen" Schutzes Dritter

Mit dem soeben kritisierten „Wesensargument" hängt die weitere These der Entscheidung RGZ 136, 395 (399) zusammen, daß „eine Forderung ein schuldrechtliches Band nur zwischen Gläubiger und Schuldner begründet (und) daher (!) eine dem Schuldner gegenüber unwirksame Abtretung nicht als ein Vermögensübergang aufgefaßt werden kann". Dem liegt ersichtlich die Vorstellung zugrunde, daß eine „Aufspaltung" der dinglichen Zuständigkeiten, wie sie mit der Annahme relativer Unwirksamkeit verbunden ist, nur bei dinglichen Rechten, nicht aber auch bei Forderungen in Betracht kommt.

Daß das irrig ist, lehrt schon ein Blick auf § 392 II HGB.[23] Danach gelten Forderungen aus Ausführungsgeschäften eines Kommissionärs „im Verhältnisse zwischen dem Kommittenten und dem Kommissionär oder dessen

---

[23] Nach BGHZ 104, 123, 127 soll es dabei geradezu um einen Fall relativer Unwirksamkeit gehen; ob das richtig ist, mag hier dahinstehen.

Gläubigern als Forderungen des Kommittenten", auch wenn sie diesem nicht abgetreten worden sind. Welche dogmatischen Einwände sollen also gegen die Vorstellung sprechen, daß eine Forderung, die einem Abtretungsverbot unterliegt, im Verhältnis zwischen dem (Erst-) Zessionar und Dritten als dessen Forderung gilt, obwohl sie ihm nicht wirksam abgetreten worden ist?! Er erhält dadurch ja lediglich einen ähnlichen vollstreckungs- und konkursrechtlichen Schutz wie der Kommittent durch § 392 II HGB. Eine andere Konstruktionsvariante, auf die sogleich noch näher einzugehen sein wird, könnte darin bestehen anzunehmen, daß die Forderung zwar an den (Erst-) Zessionar wirksam abgetreten worden ist, im Verhältnis zum Schuldner aber noch als eine solche des Zedenten gilt. § 392 II HGB kann auch nicht etwa als eine singuläre Ausnahmevorschrift abgetan werden, sondern stellt sich aus heutiger Sicht im Gegenteil als Ausdruck des Grundsatzes dar, daß es zwischen rein obligatorischen Rechtsstellungen einerseits und dinglichen Positionen andererseits eine Reihe unterschiedlicher Übergangs- und Mischformen gibt, von denen hier nur die Vollrechtstreuhand mit den vollstreckungs- und konkursrechtlichen Privilegien des Treugebers erwähnt sei.[24]

Allerdings haben der Kommittent und der Treugeber gegen den Kommissionär bzw. den Treuhänder immerhin einen (wenn auch u. U. nur bedingten) Anspruch auf Abtretung der fraglichen Forderung und können also grundsätzlich die *volle* Rechtsmacht an dieser erlangen, wohingegen das dem Zessionar auf Grund des Abtretungsverbots nicht möglich ist. Es fragt sich daher, ob dessen Rechtsstellung bei Annahme relativer Unwirksamkeit dogmatisch so irregulär ist, daß daran diese Konstruktion scheitern muß. In diese Richtung könnte insbesondere der – soeben bereits zitierte – Satz in der Entscheidung RGZ 136, 395 (399) deuten, daß „eine dem Schuldner gegenüber unwirksame Abtretung nicht als ein Vermögensübergang aufgefaßt werden kann". Noch weitergehend ist im Schrifttum sogar behauptet worden, daß „eine relativ unwirksame Abtretung einer Forderung überhaupt nicht denkbar ist, (weil) dem Veräußerer sämtliche Befugnisse des Anspruchsberechtigten verbleiben".[25]

---

24 Vgl. zum Zusammenhang zwischen diesen und § 392 II HGB sowie allgemein zur „Verdinglichung obligatorischer Rechte" eingehend *Canaris*, Festschr. für Flume, 1978, S. 371 ff., insbesondere S. 405 ff., 410 f., 424.
25 So *Raible*, a. a. O. (Fn. 5) S. 42.

4. Möglichkeit und Konstruktion relativer Unwirksamkeit bei Forderungen

a) Eine derart weitreichende Konsequenz beruht indessen auf einer Überschätzung der konstruktiven Schwierigkeiten, die hier zu bewältigen sind. Mit Recht nimmt der BGH denn auch an, daß auf die Pfändung einer Forderung § 136 BGB anzuwenden ist[26] und eine damit kollidierende Abtretung folglich gegenüber dem Pfandgläubiger relativ unwirksam ist.[27] Warum dieser Weg dann bei Vorliegen eines vertraglichen Abtretungsverbots aus dogmatischen Gründen von vornherein versperrt sein soll, ist nicht einzusehen.

Allerdings tut man sich bei der Beantwortung der Frage, wie man sich die Rechtsfolgen konstruktionsmäßig vorzustellen hat, in der Tat nicht ganz leicht. Der BGH hat sich unlängst mit der Parallelproblematik bei einem (im Wege einer einstweiligen Verfügung ergangenen) Verbot zur Veräußerung von beweglichen Sachen befaßt. Dabei hat er eine Spaltung des Eigentums derart, daß der verbotswidrig Verfügende im Verhältnis zum Geschützten Eigentümer bleibt, gegenüber allen übrigen Personen aber der Erwerber Eigentümer wird, abgelehnt und statt dessen angenommen, daß dem Verfügenden die „Rechtsmacht" verbleibt, gegenüber dem Geschützten zu dessen Gunsten zu verfügen.[28] Überträgt man diese Sichtweise auf die Pfändung einer Forderung, wird man anzunehmen haben, daß diese bei einer verbotswidrigen Abtretung zwar auf den Zessionar übergeht, der Zedent und Vollstreckungsschuldner aber im Verhältnis zum Pfandgläubiger weiterhin die erforderliche „Rechtsmacht" hat, so daß insoweit die Zuständigkeit für eine – etwa erst nach der verbotswidrigen Abtretung erfolgende – Überweisung gemäß § 835 ZPO nach wie vor bei ihm liegt (falls es darauf ankommt[29]). Durch eine Überweisung zur Einziehung verliert der Vollstreckungsschuldner nicht seine Rechtsstellung als Gläubiger der gepfändeten Forderung, sondern wird lediglich in seiner Verfügungsmacht nach Maßgabe von § 136 BGB relativ beschränkt.[30] Für eine kollidierende Abtretung muß das folgerichtig bedeuten, daß der Zessionar trotz der Überweisung Gläubiger wird, die Einziehungsbefugnis und die Empfangszuständigkeit aber im Verhältnis zwischen ihm und dem Pfandgläubiger letzterem zustehen. Auf dieser Linie liegt es auch, daß bei einer verbots-

---

26 Vgl. z.B. BGHZ 58, 25, 26 f.; 82, 28, 31; 86, 337, 338; 100, 36, 45; 105, 358, 359.
27 Vgl. BGHZ 100, 36, 45.
28 Vgl. BGH NJW 1990, 2459, 2460.
29 Auf den Theorienstreit um dogmatische Qualifikation und Folgen der Pfändung soll hier nicht eingegangen werden.
30 Vgl. BGHZ 82, 28, 31; 100, 36, 45.

widrigen Zahlung des Drittschuldners an den Vollstreckungsschuldner die Forderung nach Ansicht des BGH „dem Pfandgläubiger gegenüber noch als fortbestehend gilt" und insoweit „fingiert" wird[31]; materiell ist das wohl ebenfalls dahin zu verstehen, daß dieser einziehungsbefugt und empfangszuständig ist.

b) Diese Konstruktion läßt sich auch bei einem vertraglichen Abtretungsverbot verwenden. Auch bei diesem kann man nämlich annehmen, daß zwar der Zessionar Gläubiger der Forderung wird, Einziehungsbefugnis und Empfangszuständigkeit aber beim Zedenten bleiben, weil das durch den Schutzzweck des Verbots gefordert wird. Daß hier diejenige Kompetenz, die bei der Pfändung dem Pfandgläubiger zukommt, dem Zedenten zuzusprechen ist, bildet eine rein äußerliche Zufälligkeit der rechtlichen Konstellation, die sich aus der Verschiedenheit der geschützten Personen – des Schuldners hier, des Pfandgläubigers dort – ohne weiteres erklärt und an der Parallelität der Konstruktion nichts ändert.

Ob diese *in sich selbst* überzeugt, ist ein anderes Problem, das hier nicht zu vertiefen ist. Denn im vorliegenden Zusammenhang ist allein ausschlaggebend, daß sich bei Pfändung und Überweisung einer Forderung ganz ähnliche konstruktive Schwierigkeiten ergeben wie bei (analoger) Anwendung der §§ 135 f. BGB auf ein Abtretungsverbot. Insbesondere sieht man sich auch dort der Eigentümlichkeit gegenüber, daß ein Zessionar zwar im Verhältnis zu Dritten als Gläubiger anzusehen ist, trotzdem aber von sich aus die Forderung grundsätzlich nicht einziehen kann, weil ihm der Drittschuldner das mit der Pfändung verbundene Zahlungsverbot entgegensetzen kann. Man mag daher zwar an den – sattsam bekannten – Konstruktionsschwierigkeiten, die mit der relativen Unwirksamkeit verbunden sind, Anstoß nehmen, doch sind sie bei einem vertraglichen Abtretungsverbot nicht in einer solchen Art oder in einem solchen Maße anders als sonst, daß sie bei diesem einen durchschlagenden Einwand gegen die Annahme relativer Unwirksamkeit bilden könnten.

5. Zwischenergebnis

Zieht man eine Zwischenbilanz, so ist diese für die Position der Rspr. ungünstig. Das Argument aus dem Wortlaut der §§ 399 BGB, 851 II ZPO, dessen Schwäche schon bei der Konfrontation mit der Entscheidung RGZ 148, 105 zur Parallelproblematik beim ähnlich formulierten § 514 BGB

---

31 Vgl. BGHZ 58, 25, 28.

manifest geworden ist (vgl. oben II 1), hat bisher die erforderliche teleologische Fundierung nicht gefunden. Dem mutmaßlichen Willen vernünftiger und redlicher Parteien, dem Schutzzweck von § 399 Halbs. 2 BGB sowie den Grundwertungen und dem System des Zessionsrechts entspricht die Annahme relativer Unwirksamkeit weitaus besser als die absoluter Unwirksamkeit (vgl. oben II 2). Die oft beschworenen dogmatischen Schwierigkeiten sind teilweise gegenstandslos (vgl. oben II 3), teilweise nicht spezifisch für die vorliegende Problematik und daher irrelevant (vgl. oben II 4).

Aus dem Arsenal der vom BGH genannten Argumente bleibt somit allenfalls der Hinweis auf die Vorstellungen des historischen Gesetzgebers. Auch dieser trägt indessen nicht, da in keiner Weise ersichtlich ist, daß man sich bei der Schaffung von § 399 BGB auch nur einigermaßen klare Gedanken über die Rechtsfolgen gemacht oder gar die Alternative zwischen relativer und absoluter Unwirksamkeit näher geprüft hat; die damit verbundenen Folgeprobleme, die ja nicht das Verhältnis zum Schuldner, sondern das zu Dritten betreffen, sind vielmehr offenkundig gar nicht ins Blickfeld getreten.[32] Denn in den Materialien wird lediglich ausgeführt, „der Schuldner habe in manchen Fällen ein berechtigtes Interesse, auch bei einer Leistung, die an sich an einen anderen Gläubiger bewirkt werden könnte, sich nur gegenüber dem bestimmten Gläubiger verbindlich zu machen, so daß im Sinne des geschlossenen Vertrages die versprochene Leistung durch den Eintritt eines Cessionars eine unstatthafte Änderung erleiden würde".[33] Diesem Gedanken wird auch bei Annahme relativer Unwirksamkeit hinreichend Rechnung getragen, da diese ja nichts daran ändert, daß der Schuldner nur an seinen Vertragspartner zu leisten braucht. Die endgültige Entscheidung zwischen relativer und absoluter Unwirksamkeit kann daher erst bei der Analyse der Einzelprobleme erfolgen, in die demgemäß nunmehr einzutreten ist.

---

[32] So auch *Koziol*, JBl. 1980, 117. Für die gegenteilige Ansicht von *Bülow*, a.a.O. (Fn. 5) Rdn. 996, wonach „die Wirkung der fehlenden Übertragbarkeit, die absolut wirkt, in den Materialien ausdrücklich festgestellt wurde", vermag ich an der von ihm angegebenen Stelle bei *Mugdan*, S. 573 keine Grundlage zu finden; auch aus der sorgfältigen Darstellung der Entstehungsgeschichte bei *Hadding/van Look*, a.a.O. (Fn. 16). S. 16f. ergibt sich dafür kein Anhaltspunkt.

[33] Vgl. Prot. I S. 384 = *Mugdan*, S. 573.

III. Die wichtigsten Sachprobleme

1. Die Rechtslage im Konkurs des Gläubigers

a) Bei Konkurs des Gläubigers könnte gegen die Annahme relativer Unwirksamkeit sprechen, daß nach § 13 KO „ein gegen den Gemeinschuldner bestehendes Verfügungsverbot der in den §§ 135, 136 BGB bezeichneten Art den Konkursgläubigern gegenüber unwirksam ist". Daraus könnte man folgern, daß auch ein Abtretungsverbot bei folgerichtiger Anwendung der Grundsätze über die relative Unwirksamkeit im Konkurs des Gläubigers seine Wirksamkeit verliert.

Indessen hat *Jakobs* schon vor langer Zeit nachgewiesen, daß diese Rechtsfolge vom Zweck des § 13 KO in keiner Weise gefordert wird, da die intendierte Gleichbehandlung der Gläubiger durch die Respektierung des Abtretungsverbots nicht beeinträchtigt wird und den Interessen der Masse bzw. der Konkursgläubiger schon durch die – unzweifelhaft bestehende – Einziehungsbefugnis des Konkursverwalters ausreichend Rechnung getragen ist.[34] Zum selben Ergebnis ist der BGH gekommen.[35] Dabei hat er sich nicht auf das Argument beschränkt, daß ein Abtretungsverbot nach seiner Rechtsprechung nicht relative, sondern absolute Unwirksamkeit zur Folge hat, sondern hat sich in methodisch vorbildlicher Weise zusätzlich auf den Schutzzweck von § 13 KO bezogen und außerdem überzeugend darauf hingewiesen, daß auch die Parallelvorschrift des § 851 II ZPO lediglich eine Pfändung *zur Einziehung* erlaubt – also genau das, was der Konkursverwalter ohnehin kann. Diese Argumentation schlägt auch dann durch, wenn man entgegen der Rechtsprechung und der h. L. nur relative Unwirksamkeit annimmt. Dazu bedarf es nicht einmal einer – an sich ohne weiteres möglichen – teleologischen Reduktion von § 13 KO. Denn da diese Vorschrift ihrem Wortlaut nach nur Verfügungsverbote i. S. der §§ 135f. BGB erfaßt und ein Abtretungsverbot kein solches *ist*, sondern ihm lediglich im Wege der Analogie *gleichgestellt* wird, hat es ganz einfach sein Bewenden dabei, daß diese Analogie mangels Ähnlichkeit der Interessenlage nicht auf § 13 KO erstreckt wird.

b) Zu abweichenden Ergebnissen führt die These von der relativen Unwirksamkeit dagegen, wenn der Gläubiger die Forderung abgetreten hat. Der Zessionar hat dann nämlich ein Ab- oder sogar ein Aussonderungsrecht. Die Gerechtigkeit dieses Ergebnisses folgt aus dem einleitend zitierten Satz

---

34 Vgl. *Jakobs*, JuS 1973, 156f.
35 Vgl. BGHZ 56, 228, 231 ff.; ebenso *Serick*, a.a.O. Bd. V § 66 IV 3a = S. 568f.

Sericks, daß sich aus dem Schutzzweck des Abtretungsverbots „eine Rechtfertigung für die Vermehrung der Masse nicht ableiten läßt". In der Tat handelt es sich um ein reines „Zufallsgeschenk" für die ungesicherten Gläubiger, wenn z. B. eine Sicherungszession an einem Abtretungsverbot scheitert und man der Masse nun unter Hinweis auf dessen absolute Wirkung den Gegenwert für die Forderung zuerkennt. Dadurch wird zugleich gegen den Grundsatz verstoßen, daß gesicherte Gläubiger im Konkurs eine bessere Stellung verdienen als ungesicherte; denn daß die betreffende Forderung wegen des Abtretungsverbots kein geeignetes Sicherungsobjekt sei, ist eine reine petitio principii, weil eine so weitreichende Rechtsfolge durch den Schutzzweck des Abtretungsverbots nicht gedeckt ist und die Argumentationslast dafür, daß sie trotzdem eintritt, folglich uneingeschränkt bei demjenigen liegt, der sie propagiert.

Darüber hinaus kann sich nach der Rechtsprechung des BGH das Abtretungsverbot im Konkurs des Gläubigers sogar zu Ungunsten des Schuldners selbst auswirken. Im Fall *BGHZ 108, 172* hatte dieser nach Erlaß eines allgemeinen Veräußerungsverbots gemäß § 106 I 3 KO gegenüber einer Sicherungszessionarin seine Bereitschaft zur Zahlung an diese erklärt und das Geld anschließend an sie überwiesen. Der Konkursverwalter hatte mit seinem Verlangen nach erneuter Zahlung an die Masse beim BGH Erfolg, weil eine dem Abtretungsverbot zuwiderlaufende Zession „schlechthin gegenüber jedem Dritten unwirksam (sei) und keinerlei Gläubigerrechte übertragen" könne (S. 176). Durch eine derartige doktrinäre Konsequenzmacherei wird der Schutzzweck des Abtretungsverbots geradezu in sein Gegenteil verkehrt, da der Schuldner nun doppelt zahlen muß und folglich genau jener Effekt eintritt, den dieser durch das Abtretungsverbot verhindern wollte. Freilich könnte der BGH dieses widersinnige Ergebnis grundsätzlich auch ohne Abkehr von der Doktrin der absoluten Unwirksamkeit vermeiden, wenn er der These *Sericks* folgen würde, daß die Genehmigung des Schuldners auch nach Konkurseröffnung Rückwirkung auf den Zeitpunkt der Abtretung hat.[36] Daß er das ablehnt, beruht wertungsmäßig wohl auf einem Unbehagen darüber, daß dann der Schuldner noch nach Konkurseröffnung die Masse vermindern und einzelnen Gläubigern zu einer Besserstellung verhelfen könnte. Dieses Bedenken erledigt sich, wenn man relative Unwirksamkeit annimmt und dem Zessionar damit unabhängig von einer Genehmigung des Schuldners ein Ab- oder Aussonderungs-

---

36 Vgl. die Nachw. oben Fn. 11. Allerdings war im vorliegenden Fall insofern eine Besonderheit gegeben, als schon auch die Ausgestaltung des Abtretungsverbots gegen eine Rückwirkung der Genehmigung sprach, vgl. BGHZ 108, 172, 177 f.

recht zuerkennt. Die Gefahren für den Schuldner vergrößern sich übrigens vom Boden der Ansicht des BGH aus wohl noch, wenn er erst nach der öffentlichen Bekanntmachung der Konkurseröffnung zahlt; denn dann wird man seinen guten Glauben an die Möglichkeit der Zahlung an einen Zessionar nur in Analogie zu § 8 III KO schützen können und ihm also die Beweislast für seine Unkenntnis von der Verfahrenseröffnung auferlegen müssen, während man ihm gegenüber einem Veräußerungsverbot nach § 106 KO, um das es in dem vom BGH entschiedenen Fall ging, immerhin den stärkeren Schutz der §§ 136, 135 II, 407 ff. BGB zubilligen kann[37] – eine Problematik, die indessen außerhalb der eigentlichen Thematik dieses Beitrages liegt und daher hier nicht zu vertiefen ist.

Wie mehrfach angedeutet, kommt nicht nur ein Ab-, sondern auch ein Aussonderungsrecht des Zessionars in Betracht. Ein solches ist z. B. beim echten Factoring gegeben.[38] Die Gefahr einer Doppelzahlung besteht dabei nicht. Der Schuldner kann sich nämlich nach wie vor auf den Standpunkt stellen, daß die Forderung gemäß § 399 Halbs. 2 BGB unabtretbar und daher massezugehörig ist, und folglich an den Konkursverwalter zahlen; er kann aber statt dessen auch an den Zessionar zahlen, da dieser im Verhältnis zur Masse der wahre Berechtigte ist und es in der Hand des Schuldners liegt, ob er die Rechtsfolgen der relativen Unwirksamkeit geltend macht oder nicht. Letzteres entspricht im Ergebnis der Annahme einer rückwirkenden Genehmigung, doch besteht gegenüber dieser Lösung, wie bereits betont, insofern ein wesentlicher Unterschied, als das Geleistete auch bei Fehlen einer solchen Genehmigung nicht endgültig in der Masse bleibt, sondern an den Zessionar auszukehren ist.

2. Die Rechtslage in der Einzelvollstreckung

a) In der Einzelvollstreckung führt die Annahme relativer Unwirksamkeit dazu, daß die Forderung im Verhältnis zwischen einem Zessionar und den Gläubigern des Zedenten ersterem zusteht, sofern die Abtretung vor dem Zugriff der letzteren erfolgt ist. Demgemäß hat der Zessionar in derartigen Fällen gegenüber einer Pfändung durch Gläubiger des Zedenten entgegen der Ansicht der Rechtsprechung[39] grundsätzlich die Drittwiderspruchs-

---

37 Daß bei einer Leistung an den nachmaligen Gemeinschuldner grundsätzlich § 407 BGB einschlägig ist, ist anerkannt, vgl. nur *Kuhn/Uhlenbruck*, Konkursordnung, 10. Aufl. 1986, § 106 Rdn. 5 m. Nachw. Es liegt nahe, auf die §§ 407 ff. BGB auch dann zurückzugreifen, wenn die Leistung nicht an den Gemeinschuldner selbst, sondern auf dessen Veranlassung an einen Dritten erfolgt. Der BGH ist auf diese Problematik in der Entscheidung BGHZ 108, 172 nicht eingegangen.
38 Vgl. *Serick*, a. a. O., Bd. V § 70 VIII 2; *Canaris*, Bankvertragsrecht a. a. O. Rdn. 1676.
39 Vgl. die Nachw. oben Fn. 6.

klage gemäß § 771 ZPO. Die Sachrichtigkeit dieser Lösung bedarf keiner zusätzlichen Begründung, da sie auf denselben Erwägungen beruht wie die konkursrechtliche Privilegierung des Zessionars und lediglich ein Gebot der Konsequenz darstellt, wenn man jene für zutreffend hält.

b) Gewisse Schwierigkeiten ergeben sich hinsichtlich der Frage, ob und wie Gläubiger des *Zessionars* die Forderung pfänden und aus dieser gegen den Schuldner vorgehen können. Wegen des Abtretungsverbots kann dieser ihnen nämlich grundsätzlich den Einwand fehlender Aktivlegitimation entgegensetzen, da die Forderung im Verhältnis zu ihm nach wie vor als eine solche des Zedenten anzusehen ist und die Gläubiger des Zessionars insoweit also ihre Position von einem Nichtberechtigten ableiten. Auf den ersten Blick könnte man erwägen, dieses Problem mit Hilfe einer Analogie zu § 851 II ZPO zu lösen und zu argumentieren, es könne dem Schuldner gleichgültig sein, ob ein Gläubiger des Zedenten oder ein Gläubiger des Zessionars gegen ihn im Wege der Zwangsvollstreckung vorgehe. Indessen sind die beiden Fallgestaltungen in Wahrheit wohl nicht miteinander vergleichbar. Bei einer Pfändung durch einen Gläubiger des Zessionars trifft den Schuldner nämlich das zusätzliche Risiko, daß die Zession unwirksam ist. Zwar wird er davor grundsätzlich durch § 407 BGB geschützt, doch besteht der Sinn eines Abtretungsverbots u. a. gerade darin, diesen Schutz noch zu verstärken.[40] Eine analoge Anwendung von § 851 II ZPO zugunsten der Gläubiger des Zessionars dürfte sich daher nicht überzeugend begründen lassen.

Es bleibt aber immerhin der Ausweg der Doppelpfändung. Der Gläubiger des Zessionars muß also zunächst einen Anspruch des letzteren gegen den Zedenten pfänden[41] und kann aus dieser Position nunmehr in *unmittelbarer* Anwendung von § 851 II ZPO in dessen Anspruch gegen den Schuldner vollstrecken. Das gilt zumindest dann, wenn der Gläubiger des Zessionars sich dessen Forderung gegen den Zedenten an Zahlungs Statt überweisen läßt; denn in diesem Fall tritt er voll in den Kreis der Gläubiger des letzteren ein und gehört damit uneingeschränkt zu dem Personenkreis, zu dessen Gunsten § 851 II ZPO gilt. Man wird aber auch bei einer Überweisung zur Einziehung ebenso entscheiden können. Zwar bleibt die gepfändete Forderung dann eine solche des Zessionars und geht also nicht auf dessen Pfand-

---

40 Vgl. dazu näher *Canaris*, Bankvertragsrecht a.a.O. Rdn. 1704; *Hadding/van Look*, a.a.O. (Fn. 16) S. 9.

41 So auch *Scholz*, NJW 1960, 1839; anders wohl *Hadding/van Look*, a.a.O. (Fn. 16) S. 14, die eine Pfändung gemäß § 851 II ZPO unmittelbar beim Zedenten erwägen, jedoch selbst den Einwand betonen, daß die Gläubiger des Zessionars gegen diesen keinen Titel haben.

gläubiger über[42], doch ist dem Schutzzweck von § 851 II ZPO auch bei dieser Variante Genüge getan, da der Pfandgläubiger seine Legitimation nunmehr auf eine *lückenlose Kette von Gerichtsentscheidungen* stützen kann und das Interesse des Schuldners deshalb nach der Wertung von § 851 II ZPO hinter dem Interesse an der Möglichkeit zu einer Vollstreckung in die Forderung zurücktritt; insoweit ist in der Tat der Gedanke tragfähig, daß es dem Schuldner gleichgültig sein kann, ob ein Gläubiger des Zedenten oder ein solcher des Zessionars gegen ihn nach § 851 II ZPO vorgeht. Was die vom Gläubiger des Zessionars zu pfändende Forderung gegen den Zedenten angeht, so dürfte sich diese schon aus dem Kausalvertrag zwischen letzterem und dem Zessionar ergeben (vgl. näher unten 4b).

Daß die Doppelpfändung umständlich ist, stellt keinen triftigen Einwand dar[43], zumal die Notwendigkeit von Doppelpfändungen auch sonst vorkommt. Insbesondere drängt sich die Parallele zur Vollrechtstreuhand auf, wo die Gläubiger des Treugebers zunächst dessen Anspruch gegen den Treuhänder auf Herausgabe des Treuguts pfänden und sich überweisen lassen und dann erforderlichenfalls auf der Grundlage dieser Rechtsstellung ein zweites Mal vollstreckungsrechtlich vorgehen müssen[44]; wollen die Gläubiger des Treugebers z.B. an eine zum Treugut gehörige Forderung herankommen, müssen sie also erst dessen Anspruch gegen den Treuhänder auf deren Abtretung pfänden und anschließend u.U. noch einmal die Zwangsvollstreckung gegen letzteren betreiben, um die Abtretung durchzusetzen. Im übrigen kann es unter dem Gesichtspunkt des Fehlens eines schutzwürdigen Eigeninteresses gegen das Rechtsmißbrauchsverbot verstoßen, wenn der Schuldner sich auf das Abtretungsverbot beruft, obwohl der Zessionar auf Grund eines Titels gegen den Zedenten nach § 851 II ZPO in die dem Abtretungsverbot unterliegende Forderung vollstrecken könnte[45]; dann bedarf es also nicht einmal einer Doppelpfändung.

3. Leistungen des Schuldners an prioritätsschlechtere Zessionare und an Dritte i.S. von § 267 BGB

a) Trifft der Gläubiger mehrere kollidierende Verfügungen über die dem Abtretungsverbot unterliegende Forderung, so gilt bei Annahme relativer Unwirksamkeit im Verhältnis der verschiedenen Prätendenten untereinan-

---

42 Vgl. die Nachw. oben Fn. 30.
43 A. A. *Blaum*, a.a.O., (Fn. 5) S. 94.
44 Vgl. z.B. BGHZ 11, 37, 41; *Coing*, Die Treuhand kraft privaten Rechtsgeschäfts, 1973, S. 180; *Canaris*, Bankvertragsrecht, 3. Aufl. 1988, Rdn. 282.
45 Vgl. z.B. OLG Hamburg VersR 1972, 631.

der uneingeschränkt das Prioritätsprinzip. Allerdings kann der Schuldner sich selbstverständlich auf den Standpunkt stellen, die Verfügung gehe ihn nichts an, und demgemäß grundsätzlich nach seinem Belieben an einen der Prätendenten leisten; denn da er frei bestimmen kann, ob er überhaupt auf die Geltendmachung der Unwirksamkeit verzichtet, muß er grundsätzlich auch entscheiden können, wem gegenüber er dies tut.

Daraus folgt jedoch entgegen der Ansicht des BGH[46] nicht, daß sich dann auch das Verhältnis der Prätendenten untereinander nach dieser Entscheidung richtet. Das Abtretungsverbot gibt nämlich nach seinem Sinn und Zweck dem Schuldner keinerlei Legitimation dafür, verbindlich und endgültig in die Rechtsbeziehungen zwischen den Vertragspartnern des Gläubigers, also zwischen außenstehenden Dritten (!) einzugreifen. Eine solche Rechtsmacht wäre so irregulär, daß (wiederum) derjenige die volle Argumentationslast trägt, der für eine derartige Rechtsfolge plädiert; der bloße Hinweis auf die These von der absoluten Unwirksamkeit verbotswidriger Verfügungen des Gläubigers ist daher auch in diesem Zusammenhang als petitio principii zurückzuweisen, da für die Durchbrechung eines so elementaren Grundsatzes wie des Prioritätsprinzips massive Sachgründe vorhanden sein müssen und bloße Wortlautargumente nicht genügen können. Folglich hat der Erstzessionar gegen den Zweitzessionar entgegen der Ansicht des BGH grundsätzlich einen Anspruch aus § 816 II BGB auf Abführung des Erlangten, wenn der Schuldner an letzteren geleistet hat.

b) Entgegengesetzt ist allerdings zu entscheiden, wenn der Schuldner an einen Gläubiger seines Gläubigers eine Drittleistung i.S. von § 267 BGB erbringt. Paradigmatisch ist der Fall, daß der Auftraggeber bei einem Bauvorhaben Zahlungen an Lieferanten des Bauunternehmers, Subunternehmer oder Handwerker leistet – etwa, um diese zu Leistungen für das Bauwerk zu bewegen und so dessen Fortführung zu gewährleisten. Eine solche Zahlung könnte ihr Ziel verfehlen, wenn der Empfänger Gefahr liefe, das Geld letztlich doch noch zu verlieren, weil er es nach § 816 II BGB an einen etwaigen prioritätsbesseren Zessionar abführen müßte. Diese Rechtsfolge wäre daher mit den Interessen des Leistenden unvereinbar.

Sie kommt indessen auch gar nicht in Betracht, da die Tatbestandsvoraussetzungen von § 816 II BGB bei dieser Fallgestaltung nicht gegeben sind. Die Zahlung des Auftraggebers – um im Beispiel zu bleiben – erfolgt hier nämlich nicht auf *seine eigene* Schuld gegenüber dem Bauunternehmer, sondern auf *dessen* (gegenwärtige oder zukünftige) Schuld gegenüber seinen Lieferan-

---

46 Vgl. die Nachw. oben Fn. 8.

ten, Subunternehmern oder Handwerkern. Zum Erlöschen der Schuld des Auftraggebers gegenüber dem Bauunternehmer kommt es demgemäß nicht durch diese Zahlung als solche, sondern erst dadurch, daß jener mit seinem Rückgriffsanspruch aus § 812 BGB oder §§ 683, 670 BGB gegen seine Schuld aufrechnet. Das ist auch dann, wenn der Bauunternehmer die Forderung längst abgetreten hatte, möglich, ohne daß es auf das Vorliegen der Voraussetzungen von § 406 BGB ankommt; denn wegen des Abtretungsverbotes ist die Forderung im Verhältnis zwischen den Parteien nach wie vor als eine solche des Bauunternehmers anzusehen. Darin liegt übrigens zugleich ein plastischer Beleg dafür, daß Abtretungsverbote außer zu einer Erweiterung des Schutzes nach §§ 407 f. BGB auch zu einer Ausdehnung der Aufrechnungsmöglichkeiten des Schuldners über die Grenzen von § 406 BGB hinaus dienen und auch insoweit durch dessen legitime Interessen gedeckt sein können.[47]

Ist der Empfänger der Drittzahlung zugleich Zessionar der dem Abtretungsverbot unterliegenden Forderung, was vor allem bei Lieferanten des Gläubigers wegen eines verlängerten Eigentumsvorbehalts in Betracht kommt, so ist selbstverständlich ebenso zu entscheiden. Aus der Sicht aller Beteiligten ist es nämlich für die Interessenlage ohne Belang, daß die dem Abtretungsverbot unterliegende Forderung zusätzlich an den Leistungsempfänger abgetreten war; das ist eine rein äußerliche Zufälligkeit und ändert nichts daran, daß die Leistung nicht auf diese Forderung, sondern auf die ihres Empfängers gegen *seinen* Schuldner – im Beispiel also des Lieferanten gegen den Bauunternehmer – erfolgt. Nennenswerte Abgrenzungsschwierigkeiten sind nicht zu befürchten. Den Ausschlag gibt dabei, daß der Schuldner mit der Leistung an den Dritten seine *eigenen* Interessen wahrnimmt. Dabei ist regelmäßig die Beantwortung der Frage eine wichtige Hilfe, ob er mutmaßlich auch dann an den Dritten geleistet hätte, wenn diesem die Forderung nicht abgetreten gewesen wäre; ist das zu bejahen, liegt jedenfalls ein Fall des § 267 BGB vor, so daß eine Haftung des Leistungsempfängers aus § 816 II BGB gegenüber einem Zessionar tatbestandlich von vornherein ausscheidet.

4. Die Problematik einer Einziehungsbefugnis des Zessionars

a) *Hadding/van Look* lassen die Frage, ob ein Abtretungsverbot absolute oder nur relative Unwirksamkeit der Zession zur Folge hat, mit der Begründung offen, daß „auch durch die Annahme einer nur relativen Unwirksam-

---
[47] Vgl. die Nachw. oben Fn. 40.

keit ... das von einem Zessionar in erster Linie verfolgte Ziel, Leistung des Schuldners an sich verlangen zu können, nicht zu erreichen ist".[48] So kann man indessen nicht argumentieren. Denn dem Zessionar nichts zu geben, weil man ihm nicht alles geben kann, wäre offenkundig ungereimt; folgerichtig ist vielmehr, ihm wenigstens so viel wie möglich zu geben, wenn man ihm schon nicht alles geben kann. In der Tat gibt ihm die Lehre von der relativen Unwirksamkeit viel, ja sogar fast alles: Ab- oder Aussonderungsrecht im Konkurs des Zedenten, Drittwiderspruchsklage in der Zwangsvollstreckung und einen Bereicherungsanspruch bei Leistung des Schuldners an einen „jüngeren", also rangschlechteren Forderungsprätendenten. So ging es denn auch in den zahlreichen Fällen, die die höchstrichterliche Rechtsprechung zu entscheiden hatte, stets um derartige Probleme. Das zeigt deutlich, daß auch aus der Sicht der Praxis die Folgen der absoluten Unwirksamkeit als höchst unbefriedigend empfunden werden.

Im übrigen ist die Äußerung von *Hadding/van Look* nur vor dem Hintergrund ihres Bestrebens zu verstehen, Abtretungsverbote mit Hilfe von § 9 AGBG zu Fall zu bringen. Damit wäre die Problematik für die Praxis in der Tat nahezu gänzlich entschärft, weil individualvertragliche Abtretungsverbote kaum vorkommen und der Gläubiger sich außerdem über sie allenfalls in seltenen Ausnahmefällen hinwegsetzen wird (während er an die in AGB enthaltenen Verbote oft gar nicht denkt). Die Rechtswissenschaft kann sich indessen hierbei nicht beruhigen. Auch die Bejahung eines Verstoßes gegen § 9 AGBG ändert nämlich nichts daran, daß man sich um die sachrichtige Lösung für die Folgen einer verbotswidrigen Abtretung bemühen muß, mag eine solche nun häufig oder selten vorkommen. Der Entscheidung zwischen absoluter und relativer Unwirksamkeit kann man daher keinesfalls ausweichen. Das gilt um so mehr, als sie sogar ihrerseits von ausschlaggebender Bedeutung für die Frage nach der Anwendbarkeit von § 9 AGBG sein kann (vgl. unten 6 b).

b) Darüber hinaus dürfte es nicht einmal zutreffen, daß dem Zessionar der Weg zu einer Einziehungsbefugnis versperrt ist. Er kann eine solche nämlich nach § 851 II ZPO erlangen, indem er die Forderung pfändet. Der Einwand, daß er bei Annahme relativer Unwirksamkeit selbst Inhaber dieser Forderung sei, verfängt selbstverständlich nicht; denn zum einen kann man bekanntlich auch ein eigenes Recht pfänden, sofern man dafür ein schutzwürdiges Interesse hat, und zum anderen ist der Zessionar im Verhältnis zum Schuldner, um das es hier allein geht, gerade nicht als Forderungsinhaber anzusehen.

---

48 Vgl. *Hadding/van Look*, a. a. O., (Fn. 16) S. 14.

Den erforderlichen Titel gegen den Zedenten kann der Zessionar jedenfalls dann grundsätzlich erlangen, wenn er ohnehin eine Forderung gegen jenen hat. Gibt etwa eine Bank auf der Grundlage einer Globalzession einem Kunden Kredit, so kann sie auf Grund ihrer Darlehensrückzahlungsforderung gegen diesen einen Titel erwirken und mit dessen Hilfe dann gemäß § 851 II ZPO in die dem Abtretungsverbot unterliegende Forderung vollstrecken; denn es ist nicht einzusehen, warum der Kreditgeber insoweit schlechter stehen sollte als ein anderer Gläubiger des Zedenten, und daher muß auch zu seinen Gunsten § 851 II ZPO anwendbar sein. Zwar ist dieser Weg nicht so einfach und bequem wie eine bloße Offenlegung der Zession gegenüber dem Schuldner, doch *ist* es immerhin ein Weg, zumal dem Zessionar im Verhältnis zu konkurrierenden Gläubigern die rangwahrende Funktion der Zession, die mit der Annahme relativer Unwirksamkeit verbunden ist, zugute kommt (vgl. oben 2a).

Man wird sogar noch einen Schritt weitergehen und auch einen solchen Titel, den der Zessionar aus dem Kausalgeschäft mit dem Zedenten erlangt hat, als taugliche Grundlage für ein Vorgehen nach § 851 II ZPO ansehen können. Sofern der Zessionar nicht positive Kenntnis von dem Abtretungsverbot hatte, haftet ihm der Zedent i. d. R. nach § 437 BGB (gegebenenfalls über die Verweisung des § 365 oder des § 445 BGB). Verweigert der Schuldner eine Leistung an den Zessionar, steht der Durchsetzung seines Anspruchs aus § 437 BGB gegen den Zedenten grundsätzlich nichts im Wege. Da er damit aber zugleich dessen Gläubiger ist, kann er (auch) auf dieser Grundlage nach § 851 II ZPO vorgehen. Der Einwand, daß darin eine Umgehung von § 399 Halbs. 2 BGB zu sehen sei, liegt zwar nicht ganz fern, dürfte aber letztlich nicht durchschlagen. Von einer Abtretung unterscheidet sich dieser Weg nämlich insofern in signifikanter Weise, als eine bloße Offenlegung oder Anzeige der Zession nichts daran ändert, daß der Schuldner befreiend an den Zedenten leisten kann und daran erst durch den Pfändungsbeschluß gehindert wird. Einen solchen muß der Schuldner aber nach § 851 II ZPO in jedem Falle respektieren und sich somit in seinem Verhalten darauf einrichten, so daß es ihm gleichgültig sein kann, auf welcher Anspruchsgrundlage der Titel gegen seinen Gläubiger beruht. Das gilt um so mehr, als der Schuldner eine Pfändung nach § 851 II ZPO sogar dann gegen sich gelten lassen muß, wenn sie mit seinen legitimen Interessen kollidiert.[49]

c) Im übrigen kann man dem Zessionar jedenfalls die Möglichkeit zu einer Klage auf Leistung an den Zedenten einräumen (wobei er dann freilich das

---
49 Vgl. BGH RPfleger 1978, 247, 248.

„Durchleitungsrisiko" trägt). Das entspricht der Interessenlage, da dadurch der Schutzzweck des Abtretungsverbots nicht berührt wird, und das läßt sich auch dogmatisch vertreten, da der Zessionar bei Annahme von relativer Unwirksamkeit eine dingliche Rechtsstellung hinsichtlich der Forderung hat. Für die Zulässigkeit dieses Weges spricht außerdem die Parallele zur Rechtslage bei der Vollrechtstreuhand, wo eine Befugnis des Treugebers zur Klage auf Leistung an den Treuhänder anerkannt ist[50]; angesichts der engen Verwandschaft mit der vorliegenden Problematik (vgl. oben II 3) kann man daran ohne weiteres anknüpfen.

5. Ergebnis

Überschaut man zusammenfassend die einzelnen Problemlösungen, so wird man sich schwerlich der Konsequenz verschließen können, daß die Annahme relativer Unwirksamkeit wesentlich leistungsfähiger ist als die absoluter Unwirksamkeit. Denn sie führt zu einem nahezu umfassenden Schutz des Zessionars, ohne in irgendeiner Weise die Rechtsstellung des Schuldners zu beeinträchtigen. Dadurch hält sie sich strikt im Rahmen des Schutzzwecks von § 399 Halbs. 2 BGB, während die Annahme absoluter Unwirksamkeit insoweit stark „überschießende" Wirkungen hat und daher den Geboten teleologischer Rechtsfindung widerspricht. Zugleich wird auf diese Weise erreicht, daß die Verkehrsfähigkeit der Forderung trotz des Abtretungsverbots in weitem Umfang erhalten bleibt, was sowohl dem Schutzzweck des § 137 S. 1 BGB als auch demjenigen des § 398 BGB entspricht. Gewisse Beeinträchtigungen der Stellung des Zessionars haben sich nur in zwei Punkten herausgestellt: Er muß zum einen mit einer Aufrechnung durch den Schuldner auch über die Grenzen von § 406 BGB hinaus rechnen (vgl. oben 3b), und er kann zum anderen die Forderung nicht schon durch bloße Offenlegung der Zession gegenüber dem Schuldner oder durch Anzeige an diesen durchsetzen, sondern muß dazu den Weg der Zwangsvollstreckung gemäß § 851 II ZPO wählen, wobei ihm jedoch die rangwahrende Wirkung der Zession im Verhältnis zu anderen Gläubigern des Zedenten zugute kommt, oder auf Leistung an den Zedenten klagen (vgl. soeben 4b und c). Die These von der relativen Unwirksamkeit erscheint daher insgesamt sowohl in teleologisch-systematischer Hinsicht als auch unter dem Gesichtspunkt rechtsfolgenorientierter Praxisnähe der Annahme absoluter Unwirksamkeit in so hohem Maße überlegen, daß bloße Wortlautargumente nicht den Ausschlag zugunsten der letzteren geben können, zumal diese schon als solche schwach sind (vgl. oben II 1);

---

50 Vgl. RGZ 155, 50, 51; *Coing*, a.a.O. (Fn. 44) S. 160; *Canaris*, Bankvertragsrecht Rdn. 275.

die dogmatischen und die historischen Argumente zugunsten dieser Konstruktion haben sich ohnehin bereits in sich selbst als nicht tragfähig erwiesen (vgl. oben II 3–5).

6. Konsequenzen für Auslegung und Inhaltskontrolle von Abtretungsverboten in AGB

Wie bereits eingangs festgestellt, wird man trotz dieses Befundes nicht ohne weiteres mit einer Änderung der Rechtsprechung des BGH rechnen können. Es sei daher abschließend noch die Frage aufgeworfen, ob sich die in dieser Abhandlung entwickelten Gedanken wenigstens im Rahmen der Auslegung und Kontrolle von AGB fruchtbar machen lassen, um auf diesem Wege die praxiswidrigen Wirkungen von Abtretungsverboten zu entschärfen.

a) Ein Anknüpfungspunkt für eine Abmilderung der fatalen Konsequenzen von Abtretungsverboten im Wege einer einschränkenden Auslegung könnte in der Ansicht des BGH liegen, daß AGB-Aufrechnungsverbote im Konkurs des Aufrechnungsgegners nicht wirken[51], weil sie dabei wesentlich dramatischere Folgen als im Normalfall haben – nämlich zu einem (völligen oder teilweisen) Verlust der Forderung statt zu einer bloßen Erschwerung ihrer Durchsetzung führen. Ähnlich ändert sich die Stellung eines Zessionars durch ein Abtretungsverbot – das mit einem Aufrechnungsverbot durchaus eine gewisse Ähnlichkeit hat – im Konkurs des Zedenten fundamental; denn während er bisher i.d.R. eine gute Chance hatte, daß dieser auf Grund der Abtretung den Erlös nach dessen Einziehung an ihn abführen würde, und also nur das normale „Durchleitungsrisiko" trug, fällt nunmehr der Gegenwert für die zedierte Forderung in die Masse. Es ist daher durchaus erwägenswert, wenigstens für diesen Fall den Interessen des Zessionars Vorrang vor denen des Schuldners an komplikationsloser Abwicklung seines Zahlungsverkehrs – der wegen der Konkurseröffnung insoweit ohnehin nicht einfach routinemäßig durchgeführt werden kann – zuzuerkennen und demgemäß ein Abtretungsverbot ebenso wie ein Aufrechnungsverbot im Wege einer restriktiven Auslegung oder geltungserhaltenden Reduktion außer Anwendung zu setzen.[52] Daß der

---

51 Vgl. z.B. BGH NJW 1975, 442; 1984, 357.
52 Diese sieht der BGH beim Aufrechnungsverbot i.E. als zulässig an, vgl. z.B. BGH ZIP 1986, 494. Für die vorliegende Problematik muß Gleiches m.E. schon deshalb gelten, weil der Schuldner sich angesichts der Rspr. des BGH nicht auf die Notwendigkeit einzustellen braucht, das Abtretungsverbot von sich aus entsprechend einzuschränken; vgl. zu dieser Argumentation näher *Canaris*, Festschr. für Steindorff, 1990, S. 557 ff.

Zessionar nicht Vertragspartner des AGB-Verwenders ist, steht nicht entgegen. Denn letztlich geht es stets darum, der Forderung trotz des Pfändungsverbots ein möglichst großes Maß an Verwertbarkeit zu erhalten, und daher schlagen die Interessen potentieller Zessionare unmittelbar auf das Interesse des Gläubigers durch. Auf die umstrittene Frage, ob im Rahmen von § 9 AGBG auch Drittinteressen relevant sind, kommt es daher hier nicht an.

b) Spricht man dem Abtretungsverbot im Konkurs des Zedenten die Wirksamkeit ab, so ist es nur noch ein kleiner Schritt zu der weiteren Konsequenz, ebenso zu verfahren, wenn mit einer Zession eine prioritätsschlechtere Pfändung eines anderen Gläubigers des Zedenten kollidiert. Freilich wird man auf diese Weise von einem Problem zum nächsten geführt und so u. U. zu einer ganzen Reihe von Restriktionen des Abtretungsverbots veranlaßt. Wesentlich einfacher ist daher, nur einen einzigen „Befreiungsschlag" zu tun und bei AGB-Abtretungsverboten im Wege der Auslegung oder der geltungserhaltenden Reduktion relative Unwirksamkeit als *vereinbarte* Rechtsfolge anzunehmen.[53] Vergegenwärtigt man sich nämlich noch einmal, wie stark die Rechtsstellung des Zessionars bei dieser Konstruktion ist, so sollte man die Augen nicht länger davor verschließen, daß darin jedenfalls *von der Interessenlage her* der optimale Kompromiß liegt. Von ihrem Argument, daß der Wortlaut der §§ 399 BGB, 851 II ZPO für absolute Unwirksamkeit spreche, brauchte die Rechtsprechung dabei ebensowenig abzugehen wie von ihrer dogmatischen These, daß ein Abtretungsverbot kein (rechtsgeschäftliches) Verfügungsverbot, sondern eine inhaltliche Ausgestaltung der Forderung sei. Denn gerade wenn man letzteres annimmt, muß es den Parteien grundsätzlich freistehen, auch die Folgen des Abtretungsverbots zu bestimmen und demgemäß relative Unwirksamkeit festzulegen.

Daß die Rechtsordnung den Parteien insoweit keine Gestaltungsfreiheit einräume, weil es um spezifisch dingliche Wirkungen geht, kann man folgerichtig von vornherein nicht einwenden, wenn man in der Ausnutzung der von § 399 Halbs. 2 BGB eröffneten Möglichkeit eine Bestimmung des Forderungsinhalts sieht. Vor allem aber – und (allein) das ist letztlich durchschlagend – wird die Vereinbarung von relativer Unwirksamkeit durch § 399 Halbs. 2 BGB gedeckt und mithin durch die §§ 134, 137 S. 1 BGB

---

53 Zur Zulässigkeit eines solchen Vorgehens vgl. die vorige Fn. Nicht selten wird übrigens schon der Wortlaut des Abtretungsverbots selbst durch Formulierungen wie etwa die, daß Abtretungen „gegenüber" dem Schuldner unwirksam sind oder „gegenüber" diesem nur unter bestimmten Voraussetzungen wirken, einen Ansatzpunkt für eine derartige Auslegung bieten.

nicht verboten. Das ergibt sich daraus, daß sie weniger stark als absolute Unwirksamkeit in die zentralen Prinzipien – also in den Grundsatz der Veräußerlichkeit von Forderungen gemäß § 398 BGB und das Verbot dinglich wirkender Verfügungsbeschränkungen gemäß § 137 S. 1 BGB – eingreift und also bei der gebotenen teleologischen Betrachtungsweise als bloßes minus und nicht als aliud gegenüber absoluter Unwirksamkeit zu qualifizieren ist. Folglich muß die Vereinbarung relativer Unwirksamkeit im Rahmen von § 399 Halbs. 2 BGB auch und erst recht zulässig sein, wenn man als „Normalfolge" absolute Unwirksamkeit ansieht. Das entspricht ersichtlich auch der Ansicht des BGH, der als selbstverständlich voraussetzt, daß die Vertragsauslegung zur Annahme relativer statt absoluter Unwirksamkeit führen kann.[54]

Insgesamt könnte somit eine Lösung mit Hilfe von Auslegung und Inhaltskontrolle einen Ausweg aus der verfahrenen Situation eröffnen, in die die ebenso apodiktische wie kompromißlose Annahme absoluter Unwirksamkeit durch die Rechtsprechung geführt hat. Geht man diesen nicht, wird man auf Dauer der Kritik an den AGB-Abtretungsverboten nachgeben und diese gemäß § 9 AGBG zur Gänze kassieren müssen[55], da bei absoluter Unwirksamkeit in der Tat ein schweres Mißverhältnis zwischen den dann äußerst gravierenden Nachteilen für den Gläubiger und den nicht sonderlich gewichtigen Vorteilen für den Schuldner gegeben ist[56], doch gehört die Vertiefung dieser Konsequenz nicht mehr zum Gegenstand des vorliegenden Beitrags, weil dafür ganz andere Probleme als die Alternative zwischen absoluter und relativer Unwirksamkeit zu erörtern wären.

---

54 Vgl. BGHZ 56, 173, 176 unter c.
55 Vgl. dazu statt aller *Hadding/van Look*, a.a.O. (Fn. 16) S. 8ff. m. umf. Nachw.
56 Daß ich mich in Bankvertragsrecht Rdn. 1704 für die Wirksamkeit von Abtretungsverboten in AGB ausgesprochen habe, muß daher im Zusammenhang mit der dort ebenfalls verfochtenen These gesehen werden, daß die Rechtsfolge eines Verstoßes nur relative Unwirksamkeit ist; es ist daher nicht unmißverständlich, wenn mich *Hadding/van Look*, a.a.O. Fn. 95 ohne weiteres als Gegner einer Anwendung von § 9 AGBG zitieren.

Spaltgesellschaften im wiedervereinigten Deutschland

Von Ulrich Drobnig, Hamburg

Mit dem Jubilar, meinem früheren Institutskollegen, verbinden mich wissenschaftliche Interessen auf den beiden Schwerpunkten seiner Forschungsarbeit, dem Gesellschaftsrecht wie dem Mobiliarsicherungsrecht. Zu seinem 70. Geburtstag möchte ich ihm einen Beitrag zu einem durch die deutsche Vereinigung wieder aktuell gewordenen Problem des innerdeutschen Gesellschaftsrechts widmen, nämlich der Stellung der sog. Rest- und Spaltgesellschaft.

Der faktische Hintergrund dieses besonderen Gesellschafts„typs" sei kurz ins Gedächtnis gerufen. Der Siegeszug, den der Sozialismus sowjetischer Prägung bald nach Ende des zweiten Weltkrieges durch Osteuropa antrat, führte in allen diesen Ländern zu einer weitgehenden Verstaatlichung der Wirtschaftsunternehmen. Den entschädigungslosen Enteignungen wurden jedoch in den meisten westeuropäischen Staaten und insbesondere auch in der Bundesrepublik unter Berufung auf die territoriale Beschränkung staatlicher Hoheitsakte jegliche Wirkungen versagt; das galt namentlich für die in diesen Ländern belegenen Vermögenswerte der enteigneten Unternehmen. Damit erhob sich die Frage, wer Rechtsträger dieser nichtenteigneten (Auslands-)Werte sei. In der Bundesrepublik Deutschland setzte sich – zweifelsohne auch unter dem Eindruck der zahlmäßig überwältigenden innerdeutschen Fälle – die Auffassung durch, Rechtsträger des enteignungsfreien Vermögens sei die enteignete Gesellschaft selbst geblieben; diese bestünde nämlich aufgrund ihrer restlichen Vermögenswerte als Rest- bzw. Spaltgesellschaft fort.

Dem damals höchst aktuellen Problem der Spaltgesellschaften, und zwar sowohl den innerdeutschen wie den grenzüberschreitend-internationalen, hat *Serick* bereits vor 35 Jahren intensive Aufmerksamkeit geschenkt.[1] Seinen Thesen gilt ein notwendig knapper Rückblick (unten I). Aus der gesellschaftsrechtlichen Behandlung, welche die Rest- und Spaltgesellschaften in

---

1 *Serick*, Zur Enteignung juristischer Personen in der sowjetischen Besatzungszone Deutschlands: RabelsZ 20 (1955) 86–104; *ders.*, Zur Konfiskation von Mitgliedschaftsrechten: JZ 1956, 198–206.

den letzten zwei Jahrzehnten in der Bundesrepublik Deutschland erfahren haben, ergibt sich die Ausgangslage vor der Einigung Deutschlands (unten II). Auf diesem Hintergrund sind sodann einige Überlegungen zu Gegenwartsproblemen dieses besonderen Typs von Gesellschaften anzustellen (unten III).

I. Sericks Position

In zwei Abhandlungen aus den Jahren 1955/1956[2] untersuchte *Serick* die Folgen der Unternehmens-Enteignungen. In Begründung und Ergebnis zog er einen scharfen Strich zwischen den internationalen und den innerdeutschen Fällen.[3] Es ist auch kein Zufall, daß er in beiden Abhandlungen den tatsächlichen Grund des Phänomens in den Vordergrund rückte, nämlich die Enteignung bzw. Konfiskation von Unternehmensvermögen und von Mitgliedschaftsrechten an juristischen Personen. Dagegen nahm er unter Hinweis auf ihre gesellschaftsrechtlichen Komplikationen die Figur der Spaltgesellschaft nur einmal kurz und mit offensichtlichem Mißbehagen ins Visier.[4] Diese Zurückhaltung gegenüber der Spaltgesellschaft beruhte auf einer Grundeinstellung unseres Jubilars, die in seiner Behandlung der international-grenzüberschreitenden Fälle deutlich zum Ausdruck kam; die abweichende Position zum innerdeutschen Recht leitete er hingegen aus Besonderheiten der Rechtslage in Deutschland ab.

1. Enteignungen im Ausland

Serick wählte für die Beurteilung einer ausländischen Enteignung von Mitgliedschaftsrechten an einer juristischen Person, die auch über Vermögenswerte in Deutschland verfügt, einen originellen Ansatz. Er sah hier einen Anwendungsfall des Durchgriffs durch eine juristische Person; diesen hatte er erst kurz zuvor auf breiter vergleichender Basis untersucht.[5] Unser Autor erblickte einen Durchgriff durch die juristische Person darin, daß die Gesellschafter des enteigneten Unternehmens – bzw. die enteigneten Gesellschafter eines nicht selbst enteigneten Unternehmens – dann unmittelbare Rechte an dem nicht-enteigneten Auslandsvermögen des Unternehmens erlangen sollten, wenn die Enteignung im Ausland unwirksam

---

2 Siehe oben FN 1.
3 Er selbst hat diesen Unterschied sehr deutlich unterstrichen, s. *Serick*, JZ 1956, 205 f.
4 *Serick*, JZ 1956, 205 unter IV. Siehe auch Text unten bei FN 11.
5 *Serick*, Rechtsform und Realität juristischer Personen (Beiträge zum ausländischen und internationalen Privatrecht 26) (1955). Siehe dort bereits die knappe Stellungnahme S. 46 ff.

war.⁶ *Serick* postulierte, daß die Frage nach der Zulässigkeit einer solchen exzeptionellen Mißachtung der juristischen Person Vorrang vor der Frage nach der territorialen Beschränkung von ausländischen Enteignungsakten habe.⁷ Zunächst müsse nämlich sowohl nach dem ausländischen Personalstatut der betroffenen juristischen Personen als auch nach deutschem Recht geprüft werden, ob ein Durchgriff durch die juristische Person überhaupt zulässig sei. Prüfungsmaßstab war dann freilich kraft des deutschen ordre public die deutsche Durchgriffslehre. Diese greife jedenfalls dann ein, wenn die Enteignung aller Mitgliedschaftsrechte einer juristischen Person den Zweck verfolge, auf diesem indirekten Wege Zugriff auf das Auslandsvermögen des Unternehmens zu erlangen. *Serick* sah hierin einen Mißbrauch der juristischen Person⁸, der im Einklang mit seiner allgemeinen Lehre⁹ zum Durchgriff berechtige. Das in Deutschland belegene Gesellschaftsvermögen stehe daher nach Liquidation den enteigneten Gesellschaftern zu.¹⁰

Die abweichenden Überlegungen, die der Jubilar bei einer diskriminierenden Enteignung der Mitgliedschaftsrechte einzelner Gesellschafter anstellte, sollen hier nicht im einzelnen nachgezeichnet werden. Bemerkenswert war jedoch ihr Ergebnis: *Serick* erkannte zwar die komplizierten Probleme einer durch die enteigneten Gesellschafter gebildeten Spaltgesellschaft deutschen Rechtes; er verzichtete jedoch bewußt auf ihre nähere Behandlung, weil sie „Neuland" seien, „das nicht ohne zwingende Not betreten werden sollte."¹¹

Sericks Lösungswege leiten sich aus seiner allgemeinen Durchgriffslehre ab. Das war angesichts des unmittelbaren zeitlichen Zusammenhangs zur Abfassung der Schrift, in der er diese Lehre entwickelt hatte, wissenschaftsbiographisch nur zu verständlich. Dieser persönliche Kontext mag aber wohl auch erklären, warum seine Auffassung sich nicht allgemein durchgesetzt hat. Die primäre Anwendung des Territorialitätsgrundsatzes¹², die

---

6 *Serick*, JZ 1956, 200 ff. unter II.
7 *Serick*, JZ 1956, 200 unter II, 203 unter III 2.
8 *Serick*, JZ 1956, 203 unter III 2.
9 *Serick*, Rechtsform (oben FN 5) 42 ff.; der Autor faßt die hier behandelten Fälle unter dem Oberbegriff des Mißbrauches der juristischen Person zum Zwecke der unlauteren Schädigung Dritter zusammen. Die Gesellschafter sind freilich nach allgemeinem Verständnis nicht Dritte.
10 *Serick*, JZ 1956, 204 unter IV.
11 *Serick*, JZ 1956, 204 unter IV.
12 Siehe statt aller nur *Wiedemann*, Entwicklung und Ergebnis der Rechtsprechung zu den Spaltgesellschaften: Festschrift G. Beitzke (1979) 811 ff. (812) = *ders.*, Gesellschaftsrecht I (1980) 844: „Ausgangspunkt aller Überlegungen zur grenzüberschreitenden Wirkung einer Enteignung auf ausländisches Gesellschaftsvermögen ist das Territorialitätsprinzip." In demselben Sinn *Staudinger (-Grossfeld)*, EGBGB. Internationales Gesellschaftsrecht (12. Aufl. 1984) Rz. 466: „Methodisch richtig ist, unmittelbar auf die territorial begrenzte Wirkung von Enteignungen abzustellen."

alle zivilistischen Feinheiten des Gesellschaftsrechts durchschlägt, ist so viel einfacher und unmittelbar einleuchtender, daß sie allgemeinen Beifalles sicher sein konnte. Im Jahre 1974 resümierte der Große Senat für Zivilsachen die Rechtslage mit dem Satz, daß „die ‚Spaltungstheorie' auf das schon vorher allgemein und international anerkannte Territorialitätsprinzip zurück"greife.[13]

Für die Untersuchung der gesellschaftsrechtlichen *Folgen* bei Enteignung aller Mitgliedschaftsrechte hatte man mit der Theorie der Rest- bzw. Spaltgesellschaft jedenfalls eine gesellschaftsrechtliche Ausgangsbasis – bei aller Unsicherheit über Einzelheiten. Der von unserem Autor befürchtete Durchgriff durch die juristische Person, nämlich die Lokalisierung der Mitgliedschaftsrechte an allen Orten, wo enteignungsfreies Auslandsvermögen der ursprünglichen Gesellschaft belegen war[14], wurde durch die Annahme der Rest-/Spaltgesellschaft gerade vermieden.[15] Der Jubilar hat die Fruchtbarkeit dieser Idee – trotz der von ihm zutreffend eingeschätzten praktischen Schwierigkeiten – nicht gesehen, angesichts der damals noch fehlenden Fallanschauung[16] wohl auch nicht erkennen können.

2. Enteignung in der Sowjetzone bzw. DDR

Serick hat in seinem Urteil über die Enteignungen von juristischen Personen im Osten Deutschlands[17] die Besonderheiten dieser Fälle klar erkannt; deshalb ist er insoweit auch zu einem durchaus anderen Ergebnis als bei den Auslandsenteignungen gelangt. Seine Untersuchung beschränkte sich allerdings auf die Totalenteignung des Vermögens und den damit verbundenen Untergang der Rechtsträger dieses Vermögens in der Sowjetzone; mit der Enteignung von Mitgliedschaftsrechten der Gesellschafter hat er sich hingegen in diesem Kontext nicht beschäftigt.

Die Vernichtung der Rechtspersönlichkeit der Unternehmensträger, die in der Sowjetzone/DDR aus der Totalenteignung der Unternehmensvermö-

---

13 BGH 21. 5. 1974 (Großer Senat für Zivilsachen), BGHZ 62, 340 (345), IPRspr. 1974 Nr. 136 S. 359.
14 S. Text oben bei FN 6.
15 Überzeugend *Wiedemann*, FS Beitzke (oben FN 12) 815, 816, Gesellschaftsrecht 846, 847. Eine unmittelbare Berechtigung der Gesellschafter „würde dem Wesen der juristischen Person widersprechen" und auch die Gesellschaftsgläubiger benachteiligen: BGH 6. 10. 1960, BGHZ 33, 195 (198), IPRspr. 1960/61 Nr. 75 S. 262; ebenso Münchener Kommentar (-*Ebenroth*), Bürgerliches Gesetzbuch VII (2. Aufl. 1990) Nach Art. 10 EGBGB Rz. 656.
16 Siehe die dankenswerte Zusammenstellung der Rechtsprechung bis zum Jahre 1977 bei *Wiedemann*, FS Beitzke (oben FN 12) 823–828.
17 *Serick*, RabelsZ 1955, 86 ff.

gen abgeleitet wurde, blieb nach *Serick* ohne Wirkungen für das westliche Deutschland. Diese Regel sollte insbesondere auch dann gelten, wenn der Unternehmensträger seinen Sitz im Osten des Landes hatte. Diese Folgerung schien freilich unvereinbar mit der im deutschen Internationalen Privatrecht maßgebenden Sitztheorie zu sein.

Zur Begründung seiner These berief sich unser Autor darauf, daß im interzonalen Recht Deutschlands – anders als im Internationalen Privatrecht – grundsätzlich die Gründungstheorie maßgebend sei.[18] Den nach Reichsrecht gegründeten Kapitalgesellschaften könne nämlich der nur in einem Teil des Reichsgebietes waltende Gesetzgeber der Sowjetzone/DDR die Rechtsfähigkeit zwar für das eigene Gebiet entziehen, nicht aber für die außerhalb seiner Grenzen liegenden Teile des Reichsgebietes. Außerhalb der Sowjetzone/DDR bestünden daher die dort untergegangenen juristischen Personen fort, und zwar nicht nur zum Zwecke der Abwicklung, sondern als werbende Gesellschaften.[19]

Im Hinblick auf die Gegenwartsprobleme der Rest-/Spaltgesellschaften nach der Vereinigung Deutschlands muß man fragen, ob der Hinweis auf die Gründungstheorie allein eine optimale Erklärung der Spaltung deutscher juristischer Personen bietet. Bereits für die besondere Lage Deutschlands nach Ende des Zweiten Weltkrieges erscheint es mir notwendig, den Hinweis auf das Reichsrecht als Gründungsrecht der Gesellschaften zu präzisieren. Die nach Reichsrecht gegründeten Gesellschaften genossen Rechtsfähigkeit in allen Teilen des Reichsgebietes, also im gesamten Geltungsbereich des Reichsrechtes.[20] Erst diese Betonung der territorialen Komponente des Gründungsrechtes macht das Argument schlüssig, das vom Reichsrecht abweichende Recht einer Besatzungszone beschränke sich in seiner Wirkung auf diese Zone, bleibe dagegen im übrigen Reichsgebiet wirkungslos. Auch für die Beurteilung vergleichbarer Fälle, wie z.B. der Staatensukzession, hat sich übrigens die räumliche Präzisierung der kollisionsrechtlichen Anknüpfungen als fruchtbar erwiesen.[21]

---

18 *Serick*, RabelsZ 1955, 97 ff.; s. auch den differenzierenden Hinweis auf diese besondere Rechtslage bei *Serick*, JZ 1956, 205 unter VI. Eine Ausnahme sollte freilich gelten, wenn die enteignete juristische Person keine Vermögenswerte im Westen Deutschlands hatte (S. 102 f.).
19 *Serick*, RabelsZ 1955, 103.
20 So schon deutlich *Ficker*, Grundfragen des deutschen interlokalen Rechts (Beiträge zum ausländischen und internationalen Privatrecht 22) (1952) 149 ff.; ähnlich *Flume*, Juristische Person und Enteignung im Internationalen Privatrecht: Festschrift F. A. Mann (1977) 143 ff. (155).
21 S. etwa *F. A. Mann*, Staatensukzession und juristische Personen: *Mann*, Beiträge zum Internationalen Privatrecht (1976) 90 ff. (93, 96 f.). Auf eine Passage aus diesem Beitrag hat sich auch *Flume* (oben FN 20) für das internationale Recht bezogen.

II. Deutsche Rest- und Spaltgesellschaften bis zur Einigung Deutschlands

Gegenwartsprobleme der Rest-/Spaltgesellschaften entstehen nur bei *deutschen* Gesellschaften, d.h. bei solchen, die durch Enteignungsmaßnahmen in der Sowjetzone/DDR entstanden sind. Denn nur bei ihnen hat die Einigung Deutschlands die Rechtslage verändert. Diese neuen Probleme der deutschen Rest-/Spaltgesellschaften lassen sich nur verstehen, wenn man sich ihrer Rechtsstellung zur Zeit der Einigung Deutschlands vergewissert. Dies kann nützlicherweise hier nur in großen Zügen geleistet werden, also unter Verzicht auf weniger bedeutsame Einzelheiten.

1. Restgesellschaften und Spaltgesellschaften

Die Unterscheidung zwischen diesen beiden Erscheinungsformen des rechtlichen Überlebens von Unternehmensträgern nach Enteignung hatte der Bundesgerichtshof bereits 1960 eingeführt.[22] Sie hat sich in der Rechtslehre fest eingebürgert[23], wird jedoch von den Gerichten nicht immer beachtet.[24] Eine Restgesellschaft, die in der Praxis häufigere Alternative, entstand dann, wenn ein Unternehmensträger mit Sitz in der Sowjetzone/DDR infolge der Enteignung seines Vermögens untergegangen war, jedoch in diesem Zeitpunkt noch über enteignungsfreies Vermögen im Bundesgebiet und in West-Berlin verfügte. Zu einer Spaltgesellschaft kam es hingegen, wenn nur die Mitgliedschaftsrechte der Körperschaft enteignet worden waren, der Unternehmensträger selbst jedoch – wenn auch mit neuen Mitgliedern – in der DDR fortbestand. Solche Fälle waren freilich sehr viel seltener.

Der Unterschied zwischen den beiden Spielarten beruhte auf den verschiedenen Entstehungsbedingungen. Für die weitere rechtliche Behandlung von Rest- und Spaltgesellschaften spielte er jedoch eine geringe Rolle. Beide Typen wurden weitgehend nach denselben Regeln behandelt.[25] Nur in den Beziehungen zum Enteignungsstaat fällt natürlich ins Gewicht, ob durch eine Spaltgesellschaft eine im Enteignungsstaat fortbestehende Gesellschaft

---
22 BGH 6. 10. 1960, BGHZ 33, 195 (199), IPRspr. 1960/61 Nr. 76 S. 263.
23 *Wiedemann,* FS Beitzke 813, 814 sowie Gesellschaftsrecht 845, 846 (beide oben FN 12); *Staudinger (-Großfeld)* (oben FN 12) Rz. 435, 438 ff.; *Hachenburg (-Behrens),* Großkommentar zum GmbH-Gesetz I (8. Aufl. 1990) Einleitung Rz. 179, 181 ff.
24 So verwenden alle in FN 41 zitierten Entscheidungen pauschal den Begriff der Spaltgesellschaft. Ein Grund für die spätere unscharfe Terminologie der Rechtsprechung mag darin liegen, daß jedenfalls bisher (s. aber unten III 1) zwischen der rechtlichen Behandlung von Rest- und Spaltgesellschaften kaum Unterschiede bestanden, s. unten Text bei FN 25.
25 *Wiedemann,* Gesellschaftsrecht (oben FN 12) 849; *Staudinger (-Großfeld)* (oben FN 12) Rz. 435.

gleichsam dupliziert wird. Bei der Restgesellschaft besteht dagegen keine Konkurrenz zwischen zwei Körperschaften. Hier reduziert sich die Differenz auf Nichtexistenz der Altgesellschaft im Enteignungsstaat, jedoch Fortbestand im Ausland.

2. Entstehung

Die Voraussetzungen für die Entstehung einer Rest-/Spaltgesellschaft haben während und unmittelbar nach der Durchführung der Enteignungsmaßnahmen natürlich im Vordergrund des Interesses gestanden. Die Standardregel lautet: Eine an ihrem Sitz in der Sowjetzone/DDR enteignete Gesellschaft besteht aufgrund ihrer im Bundesgebiet belegenen, von der Enteignung nicht erfaßten Vermögenswerte im Bundesgebiet fort.[26]

Die Kehrseite dieser inzwischen allgemein anerkannten Regel ist erst kürzlich wieder vom Bundesgerichtshof bestätigt worden. Eine Gesellschaft, deren gesamtes Vermögen in der DDR enteignet worden war, hat mangels Westvermögens im Bundesgebiet nicht als „sog. Spaltgesellschaft" fortbestanden; für sie kann daher im Bundesgebiet kein Gericht zur Bestellung von Notorganen bestimmt werden.[27] Das Gericht ging in diesem Zusammenhang auch kurz auf die Relevanz von Entschädigungsansprüchen ein. Stillschweigender Ausgangspunkt war offenbar, daß nur zur Zeit der Enteignung entstandene Entschädigungsansprüche erheblich sein könnten. Etwaige Ansprüche dieser Art hätten sich aber gegen Schuldner ohne Sitz im Bundesgebiet gerichtet. „Ausgleichsansprüche" (das Gericht meint offenbar durch das Vermögensgesetz von 1990 begründete Entschädigungsansprüche) seien hingegen unerheblich – offenbar deswegen, weil erst durch den Erlaß dieses Gesetzes, also lange nach der Enteignung begründet.[28]

3. Rechtsstellung

Unter diesem Stichwort sind mehrere Aspekte zu behandeln.

a) Verhältnis zur Altgesellschaft

Mit der Entstehung einer Rest-/Spaltgesellschaft unmittelbar verbunden ist die Frage, in welchem Verhältnis diese zu dem enteigneten Unternehmensträger steht; dieser soll der Kürze halber als Altgesellschaft bezeichnet wer-

---

26 Siehe etwa *Staudinger (-Großfeld)* (oben FN 12) Rz. 445 mit Nachweisen; Müko (*-Ebenroth*) (oben FN 15) Rz. 657 mit Nachweisen in FN 2171.
27 BGH 19. 11. 1990: AG 1991, 106; DtZ 1991, 95; WM 1991, 14 (mit falschem Datum 24. 7. 1990), mit zustimmender Anmerkung von *Lwowski/Jörgensen*, WuB II A. § 14 AktG 1.91.
28 In diesem Sinne auch *Lwowski/Jörgensen*, vorige FN.

den. Die meisten Autoren betrachten die Rest-/Spaltgesellschaft als identisch mit der Altgesellschaft.[29] Diese Aussage erscheint aber nicht nur für die Spaltgesellschaft, sondern auch für die Restgesellschaft als zu pauschal. Denn der Enteignungsstaat geht im Falle der Restgesellschaft vom Untergang der Altgesellschaft, bei der Spaltgesellschaft dagegen von ihrem Fortbestand (wenn auch mit neuen Gesellschaftern) aus. Im Bundesgebiet ist diese Rechtslage für das Gebiet der Sowjetzone/DDR auch anerkannt worden; das zeigte sich inbesondere beim Problem des Sitzes.[30]

Daraus folgt m. E., daß bei Rest- und Spaltgesellschaft nicht von voller, sondern lediglich von einer (die Sowjetzone/DDR ausklammernden) Teilidentität mit der alten Gesellschaft gesprochen werden kann[31] – ähnlich wie sich auf anderer Ebene das Verhältnis zwischen Bundesrepublik Deutschland und Deutschem Reich darstellte. Für die Teilidentität sprechen auch die inzwischen eingebürgerten Termini Restgesellschaft und Spaltgesellschaft. *Beitzke* dürfte ebenfalls, obwohl er von der Identität mit der Altgesellschaft ausgeht, in der Sache lediglich eine Teilidentität meinen. Denn er betont, daß die Spaltgesellschaft nicht im Enteignungsstaat und die Altgesellschaft nicht außerhalb dieses Staates anerkannt werden dürften.[32]

b) Maßgebende Rechtsordnung

Wird eine ausländische Gesellschaft durch Enteignung in ihrem Heimatstaat betroffen, so ist jedenfalls in der deutschen Rechtslehre umstritten, ob die deutsche Rest- oder Spaltgesellschaft deutschem Recht unterliegt oder ob für sie das alte Gesellschaftsstatut maßgebend bleibt.[33] An sich hätte dieselbe Frage auch für Gesellschaften gestellt werden können, die an ihrem Sitz in der Sowjetzone/DDR erloschen oder gespalten sind.

Die Gerichte sind jedoch offensichtlich wie selbstverständlich davon ausgegangen, daß diese deutschen Rest- und Spaltgesellschaften dem bundesdeutschen Gesellschaftsrecht unterlagen. Denn die Gerichte haben ohne Beden-

---

29 *Beitzke,* Probleme der enteignungsrechtlichen Spaltgesellschaft: Festschrift Janssen (1958) 39; *Hachenburg (-Behrens)* (oben FN 23) Einl. Rz. 183; *Staudinger (-Großfeld)* (oben FN 12) Rz. 441, 448. Anders nur *Flume* (oben FN 20) 163.
30 Dazu unten 2 b).
31 In ähnlicher Richtung auch Müko (*-Ebenroth)* (oben FN 15) Nach Art. 10 EGBGB Rz. 659.
32 *Beitzke,* oben FN 29.
33 Für die erste Alternative *Beitzke* (oben FN 29) 33, 34; *Flume* (oben FN 20) 163; *Staudinger (-Großfeld)* (oben FN 12) Rz. 493; *Wiedemann,* Gesellschaftsrecht (oben FN 12) 849. So wohl auch BGH 1. 6. 1970, WM 1970, 983 (984), AG 1970, 270 IPRspr. 1970 Nr. 6 b) (S. 24) und jetzt eindeutig BGH 30. 9. 1991, WM 1991, 1880 (1881 unter I.).
Für die zweite Alternative *Hachenburg (-Behrens)* RZ. 183; Müko (*-Ebenroth)* (oben FN 15) nach Art. 10 Rz. 674 ff.

ken alle Rechtsfragen, die sich für die Rechtsstellung und die innere Organisation dieser Gesellschaften gestellt haben, nach bundesdeutschem Recht entschieden.[34]

Jedenfalls für die hier behandelten deutschen Rest-/Spaltgesellschaften erscheint mir diese Rechtsprechung als wohl begründet. Denn das bundesdeutsche Recht hat diesen enteigneten Gesellschaften zum Überleben verholfen und mußte daher auch die rechtlichen Bedingungen für ihre weitere Existenz festlegen. Dazu kam, daß sich nach der Enteignung im Osten der wirtschaftliche und rechtliche Schwerpunkt dieser Gesellschaften – auch ohne Sitzverlegung – in den Westen Deutschlands verlagert hatte, so daß das bundesdeutsche Recht am sachnächsten war.

c) Werbende Gesellschaft oder aufgelöste Gesellschaft?

In der Rechtslehre war umstritten, ob die deutschen Rest-/Spaltgesellschaften im Bundesgebiet als werbende Gesellschaften fortbestanden oder ob sie infolge der Enteignung aufgelöst waren und daher nur noch als Abwicklungsgesellschaften existierten. Nach verbreiteter Ansicht sollten die in der Sowjetzone/DDR enteigneten Gesellschaften allein deshalb, weil sie deutschem Recht unterstanden hatten, als werbende Gesellschaften fortbestehen.[35] Eine andere Meinung ging dahin, daß es sich nicht um eine allgemein zu entscheidende Rechtsfrage handle, sondern daß es jeweils auf den Willen der Gesellschaft ankomme.[36] Eine dritte Richtung sprach sich hingegen für eine Auflösung der enteigneten Gesellschaften aus, wies jedoch auf die Möglichkeit hin, daß die Gesellschafter die Fortsetzung einer Gesellschaft beschließen könnten.[37]

Die Gerichte haben sich zu der Streitfrage kaum explizit geäußert, da es in den entschiedenen Fällen auf eine genaue Antwort meist nicht ankam. Denn auf eine aufgelöste Gesellschaft sind grundsätzlich dieselben Regeln anzuwenden, die für eine werbende Gesellschaft gelten.[38] Immerhin legt die Tatsache, daß die Gerichte in ständiger Praxis auch für offensichtlich seit langem ruhende Rest-/Spaltgesellschaften auf Antrag Notvorstände bestellt haben[39], den Schluß nahe, daß sie von werbenden Gesellschaften ausgingen.

---

34 Siehe die gesamte im folgenden zitierte Rechtsprechung.
35 *Müko(-Ebenroth)* (oben FN 15) nach Art. 10 EGBGB Rz. 673; *Großfeld/Lohmann,* Verfahrensrechtliche Probleme der Rest- und Spaltgesellschaft: IPRax 1985, 324 (326).
36 *Hachenburg(-Behrens)* (oben FN 23) Rz. 183, 185.
37 *Beitzke* (oben FN 29) 38 f.
38 S. § 264 Abs. 2 AktG; s. *K. Schmidt,* Gesellschaftsrecht (1986) 249 mit Zitat weiterer gesetzlicher Vorschriften.
39 S. die zahlreichen Nachweise unten FN 41.

Die Auffassung eines wichtigen Teils der Rechtslehre und der Rechtsprechung, die deutschen Rest- und Spaltgesellschaften seien trotz der Enteignung im Osten Deutschlands ausnahmslos werbende Unternehmen geblieben, verschloß (absichtlich?) die Augen vor der offensichtlichen Wirklichkeit. Die Realität sah vielmehr so aus, daß wohl die meisten Gesellschaften, die von Enteignungen im Osten Deutschlands betroffen waren, jedoch über einzelne Vermögenswerte im Bundesgebiet verfügten, ihre Geschäftstätigkeit hier nicht fortsetzten. Von diesem statistischen Regelfall gab es freilich auch viele Ausnahmen. Juristisch bedeutet diese Feststellung, daß es in jedem Einzelfall auf den Willen der Gesellschaft ankam; im Zweifel mußte man jedoch m.E. von einer Auflösung der enteigneten Gesellschaft ausgehen.

d) Satzungssitz

Nach der Rechtsprechung und der überwiegenden Auffassung der Rechtslehre erlangte eine deutsche Rest-/Spaltgesellschaft nicht automatisch einen neuen Satzungssitz im Bundesgebiet. Zwar war der Satzungssitz der Altgesellschaft bei deren Untergang in der DDR aufgehoben; bei Spaltung der Altgesellschaft blieb er zwar bestehen, war jedoch für die westliche Spaltgesellschaft nicht mehr maßgebend. Trotzdem bedurfte die Begründung eines neuen Satzungssitzes im Bundesgebiet eines konstitutiven Aktes der Rest-/Spaltgesellschaft.[40] Offenbar scheute man davor zurück, der westdeutschen Rest-/Spaltgesellschaft einen neuen Satzungssitz zu „verschreiben".

Für diese Enthaltsamkeit hatte die Rechtspraxis einen hohen Preis zu entrichten. Einerseits war in sehr vielen Fällen und oft über Jahrzehnte die wenig ansprechende Figur einer sitzlosen Gesellschaft in Kauf zu nehmen. Damit fehlte für die Gesellschafter wie für Dritte ein Anknüpfungspunkt für die gerichtliche Zuständigkeit zur Überwachung der Gesellschaft wie für Klagen gegen sie. Andererseits wurden die obersten Gerichte und hier insbesondere der Bundesgerichtshof sowie das Bayerische Oberste Landesgericht mit zahlreichen Anträgen behelligt, ein für die Gesellschaft zuständiges Gericht zu bestimmen, damit dieses Notorgane für die Gesellschaft bestellen könne. Die angerufenen Gerichtshöfe haben in ständiger Praxis[41]

---

40 Siehe etwa *Staudinger (-Großfeld)* (oben FN 12) Rz. 450, 476 mit Nachweisen; Müko *(-Ebenroth)* (oben FN 15) Rz. 680 mit Nachweisen.

41 Siehe für die Zeit seit 1980 folgende Entscheidungen: BGH 23. 3. 1981, WM 1981, 566, IPRspr. 1981 Nr. 8; – 20. 2. 1984, WM 1984, 491; – 12. 3. 1984, WM 1984, 698; – 17. 9. 1984, AG 1985, 53–54 (drei Entscheidungen); – 19. 11. 1984, AG 1985, 105, IPRax 1985, 342 mit Anm. *Großfeld/Lohmann* S. 324, IPRspr. 1984 Nr. 207; – 10. 3. 1986, AG 1986, 290, IPRspr. 1986 Nr. 206; – 9. 7. 1990, WM 1990, 1496, DtZ 1990, 253; – 25. 2. 1991, Leitsatz und Bericht in DStR 1991, 478. – Zu Besonderheiten der Lage in Berlin s. LG Berlin 1. 4. 1985, AG 1985, 198, IPRspr. 1985 Nr. 212.

entsprechend § 5 Abs. 1 Satz 2 FGG ein Gericht im Bundesgebiet bestimmt, welches ein Notorgan für die Rest-/Spaltgesellschaft bestellen solle.[42] Damit sollte die Gesellschaft in die Lage versetzt werden, eine Gesellschafterversammlung einzuberufen, die ihrerseits einen neuen Satzungssitz für die Gesellschaft beschließen kann.

Von dieser letzten Möglichkeit haben die Gesellschafter jedoch durchaus nicht in allen Fällen Gebrauch gemacht[43] – möglicherweise wegen der damit verbundenen steuerlichen Nachteile.[44] Die ordnungspolitisch an sich unerwünschte Existenz von vermutlich Hunderten unsichtbarer Rest-/Spaltgesellschaften ist also über Jahrzehnte toleriert worden, vermutlich wegen eines allgemeinen „favor scissionis".

e) Geschäftsführung und Vertretung

Da bis 1989 Jahrzehnte seit der Durchführung der Enteignungen in der Sowjetzone/DDR verstrichen waren, mußte zuletzt davon ausgegangen werden, daß die Amtszeiten der vor den Enteignungen gewählten Gesellschaftsorgane längst abgelaufen waren. Die meisten Organmitglieder werden sogar nicht mehr am Leben sein. Für die Bestellung von Geschäftsführungs- und Vertretungsorganen für die sitz- und organlosen Gesellschaften bot sich daher der bereits erwähnte Weg an, durch die obersten Gerichtshöfe ein Gericht im Bundesgebiet bestimmen zu lassen, welches seinerseits Notorgane für die Gesellschaft bestellen konnte – sei es einen Notvorstand und/oder einen Notaufsichtsrat.[45]

4. Innere Organisation

Zur Abrundung des Bildes, jedoch ohne Anspruch auf Vollständigkeit seien abschließend noch einige Probleme der inneren Organisation von Rest-

---

42 Rechtsgrundlage dafür waren die §§ 85, 104 AktG sowie § 29 BGB, der entsprechend auch für die GmbH gilt, s. K. Schmidt (oben FN 38) 196.
43 Siehe BGH 26. 3. 1990, AG 1990, 543, DtZ 1990, 253, WuB II A, § 14 AktG 1.90 mit zustimmender Anm. Werner. S. auch BayObLG 24. 5. 1985, BayObLGZ 1985, 208 (210), RIW 1985, 811, WM 1985, 1359, EWiR 1985, 441 mit zustimmender Anmerkung Meyer-Landrut, IPRspr. 1985 Nr. 213 (S. 570).
44 Dazu die von Flume (oben FN 20) 156–159 zitierte Rechtsprechung und Praxis der Finanzbehörden.
45 S. oben c). Welches Organ bestellt werden konnte, lag in der Hand des Antragstellers. Überwiegend sollte nur ein Notvorstand bestellt werden (siehe die in FN 41 zitierte Rechtsprechung, mit Ausnahme der folgenden Entscheidungen); gelegentlich auch nur ein Notaufsichtsrat (BGH 9. 7. 1990, oben FN 41) oder aber sowohl ein Notvorstand als auch ein Notaufsichtsrat (BGH 10. 3. 1986, oben FN 41; s. dazu in derselben Sache die interessante Folge-Entscheidung BayObLG 3. 2. 1987, BayObLGZ 1987, 29, AG 1987, 210, IPRspr. 1987 Nr. 188).

und Spaltgesellschaften erwähnt. Solche Probleme haben sich vor allem bei Großgesellschaften gestellt, also insbesondere bei Aktiengesellschaften und großen Genossenschaften, weil sich bei ihnen die Identität und der Verbleib der Gesellschafter und Mitglieder nur schwer ermitteln ließ. Andererseits sind Beschlüsse einer Haupt- bzw. Mitgliederversammlung erforderlich, um einen Sitz für die Rest-/Spaltgesellschaft im Bundesgebiet zu begründen und die Abwicklung der Körperschaft aktiv zu betreiben.

a) Legitimation festgestellter Gesellschafter/Mitglieder

Ein wichtiges formelles Problem stellt die ordnungsgemäße Legitimation der Gesellschafter/Mitglieder dar. Nach den Satzungen vieler Aktiengesellschaften ist die Hinterlegung der Aktienurkunden Voraussetzung für eine Teilnahme an einer Hauptversammlung und für die Ausübung des Stimmrechts. Aktienurkunden sind aber vielfach nicht mehr vorhanden.

Die Gerichte haben auf diesen Mangel formaler Legitimation in der Regel großzügig reagiert, um den besonderen Verhältnissen einer Spaltgesellschaft Rechnung zu tragen. Wegen der außergewöhnlichen Umstände, unter denen diese Gesellschaften existieren, müsse es ihren Gesellschaftern erlaubt sein, ihre Eigenschaft als Gesellschafter/Mitglieder auch auf andere Weise darzutun[46]; insbesondere genüge eine bloße Glaubhaftmachung.[47] Der Bundesgerichtshof hat die Grenze für Abweichungen von gesetzlichen Vorschriften so umschrieben, daß ein unverzichtbarer Schutzzweck, den die formale Regelung erreichen will, nicht beeinträchtigt werden dürfe, und die getroffene Regelung unter den gegebenen Umständen sachlich angemessen sein müsse.[48]

b) Vertretung der nicht festgestellten Gesellschafter/Mitglieder

Trotz öffentlicher Aufrufe und anderer Nachforschungen gelang es den Notvorständen großer Gesellschaften und Genossenschaften in der Regel nicht, einen größeren Teil oder gar alle Gesellschafter/Mitglieder der Gesellschaft festzustellen. Für die nicht ermittelten Gesellschafter/Mitglieder mußte dann ein Pfleger bestellt werden. Auf seine Auswahl war besondere Sorgfalt zu verwenden, da er in der Regel die weit überwiegende Zahl der Stimmen und daher entscheidenden Einfluß auf das weitere Schicksal der

---

46 OLG Frankfurt a. M. 30. 9. 1987, WM 1988, 300 (303), AG 1988, 304 (305); OLG Hamburg 19. 5. 1989, AG 1990, 394 (395), IPRspr. 1989 Nr. 28 (S. 65); OLG Hamburg 20. 1. 1989, Leitsatz in IPRspr. 1989 Nr. 25.
47 BGH 25. 9. 1989, AG 1990, 78 (81, 82).
48 BGH 25. 9. 1989, AG 1990, 78 (79), IPRspr. 1989 Nr. 31 (S. 72); neuestens ebenso BGH 30. 9. 1989, WM 1991, 1880 (1883); ähnlich bereits BGH 1. 6. 1970, WM 1970, 983 (984), IPRspr. 1970 Nr. 6b (S. 27).

Rest-/Spaltgesellschaft ausüben konnte. Von ihm durfte selbstverständlich nicht die Hinterlegung der Aktienurkunden der von ihm vertretenen Gesellschafter verlangt werden.[49]

III. Deutsche Rest- und Spaltgesellschaften seit der Einigung Deutschlands

Die Einigung Deutschlands hat auch – teils unmittelbar und teils mittelbar – den Status der Rest- und Spaltgesellschaften, die durch die Enteignungen in der Sowjetzone/DDR entstanden waren, in gravierender Weise berührt. Aber nicht nur die Rechtsstellung der bisher vorhandenen Rest- und Spaltgesellschaften ist verändert worden; vielmehr hat der Gesetzgeber zahlreiche Gesellschaften wieder ins Leben gerufen, die nach der bisher geltenden Rechtslage erloschen waren.

1. Die Erstreckung der Rest- und Spaltgesellschaften

In erster Linie ist auf eine unmittelbare, wenn auch unausgesprochene Folge der Einigung Deutschlands für die Rechtsstellung der Rest- und Spaltgesellschaften hinzuweisen. Diese Gesellschaften, die bisher allein im Bundesgebiet existiert hatten und geschäftlich tätig sein konnten, existieren nunmehr auch wieder im Gebiet der fünf Beitrittsländer und in Ost-Berlin; sie können in allen Teilen Deutschlands tätig werden.

Diese Erstreckung des rechtlichen Bestandes und des Tätigkeitsfeldes ist spätestens zu dem Zeitpunkt eingetreten, in dem das bundesdeutsche Gesellschaftsrecht in der damals noch bestehenden DDR eingeführt wurde, also mit Inkrafttreten des Staatsvertrages über die Währungs-, Wirtschafts- und Sozialunion am 1. Juli 1990.[50] Allerdings erwähnen die Vorschriften des Staatsvertrages nur die Erstreckung der bundesdeutschen Gesetzesvorschriften zum Gesellschaftsrecht auf die DDR. Damit konnten aber nicht nur die nackten Gesetzestexte gemeint sein. Die Erstreckung des Geltungsbereiches umfaßte vielmehr das gesamte einschlägige Recht; und dazu gehören auch die Rechtsprechung und Rechtslehre zu den eingeführten Gesetzestexten. Der Fortbestand der durch Enteignungen in der Sowjetzone/DDR entstandenen Rest- und Spaltgesellschaften wurde damit auch in der DDR verbindlich.

---
49 OLG Frankfurt a.M., oben FN 46.
50 Vertrag über die Schaffung einer Währungs-, Wirtschafts- und Sozialunion vom 18. 5. 1990 (BGBl. 1990 II 537) Anl. II Nr. III 3–8.

Hinsichtlich der Wirkungen dieses Fortbestandes muß freilich differenziert werden zwischen Restgesellschaften einerseits und Spaltgesellschaften andererseits. Damit wird ein Unterschied wieder relevant, der ursprünglich zwar die Entstehung, nicht aber die weitere rechtliche Behandlung von Rest- und Spaltgesellschaften beherrscht hatte.[51]

a) Restgesellschaften

Ganz unproblematisch ist die Ausdehnung der Restgesellschaften auf das Gebiet der ehemaligen DDR. Denn die entsprechenden Altgesellschaften, die dort früher bestanden hatten, waren infolge der Enteignungsmaßnahmen und Tätigkeitsverbote in der Sowjetzone/DDR rechtlich erloschen. Die bundesdeutschen Restgesellschaften sind daher bei ihrer Ausdehnung in den Osten Deutschlands nicht auf eine „gleichnamige" Altgesellschaft gestoßen; sie brauchen nicht mit einer rechtlichen Konkurrenz zu rechnen. Diese unkomplizierte Rechtslage besteht glücklicherweise in der weit überwiegenden Zahl aller Fälle von Unternehmens-Enteignungen, weil diese zugleich zu einer Verstaatlichung und Überführung auf öffentliche Rechtsträger geführt hatten.

b) Spaltgesellschaften

Rechtliche Schwierigkeiten mußten hingegen entstehen, wo ausnahmsweise nur die wesentlichen Mitgliedschaftsrechte an einem privatrechtlichen Rechtsträger enteignet worden waren und diese Rechtsträger selbst bis an das Ende der DDR dort fortbestanden hatten. Der Reclam-Verlag in Leipzig ist einer dieser wenigen Ausnahmen; die Carl-Zeiss-Stiftung ist eine andere, wenn auch in besonderer Rechtsform.

Auch für die relativ wenigen Fälle dieser Spaltgesellschaften ist m. E. davon auszugehen, daß die beiden konkurrierenden Spaltgesellschaften sich rechtlich auf das Gebiet des jeweils anderen Teiles Deutschlands erstreckt haben. Ihr rechtlicher Bestand und ihre Geschäftstätigkeit ist also grundsätzlich nicht mehr auf den Ost- bzw. Westteil Deutschlands beschränkt, sondern umfaßt seit dem 1. 7. 1990 ganz Deutschland. Diese rechtliche Koexistenz als solche ist noch unproblematisch.

Kompliziert wird die Lage nur dort, wo identische oder verwechslungsfähige Firmen- und firmenbezogene Kennzeichenrechte nunmehr im Gebiete ganz Deutschlands in Konkurrenz treten. Man möchte hoffen, daß sich die Beteiligten gütlich einigen können. Soweit dies freilich nicht gelingt, ist vom Vorrang der Firmen- und firmenbezogenen Kennzeichenrechte der im

---
51 S. oben Abschnitt II 1.

Bundesgebiet entstandenen Spaltgesellschaft auszugehen. Denn diese ist der enteignungsfreie Unternehmensträger, während der östliche Teil des Rechtsträgers von Enteignungsmaßnahmen betroffen wurde; seine Rechte sind damit gleichsam infiziert. Sie müssen daher vor konkurrierenden Rechten der westlichen Spaltgesellschaft zurücktreten. Auf diesem Rechtsgedanken beruht offenbar auch § 9 Abs. 3 der Unternehmensrückgabe-Verordnung, der einen entsprechenden Vorrang der Firma des Berechtigten anordnet.[52]

2. Spaltgesellschaften nach dem novellierten Vermögensgesetz von 1991

Durch die Novelle zum Vermögensgesetz vom 22. März 1991[53] ist die Rechtsstellung der deutschen Rest- und Spaltgesellschaften teils bestätigt und teils verändert worden. Dabei unterscheidet das Gesetz zwischen werbenden und ruhenden Gesellschaften.

a) Werbende Rest- und Spaltgesellschaften

Die von dem novellierten Vermögensgesetz eingeführten Sonderregeln betreffen lediglich ruhende (und erloschene) Rest- und Spaltgesellschaften. Der letzte Satz des neu eingefügten Absatzes 1a von § 6 VermG nimmt dagegen „Gesellschaften, die ihr im Beitrittsgebiet belegenes Vermögen verloren haben und hinsichtlich des außerhalb dieses Gebietes belegenen Vermögens als Gesellschaft oder Stiftung werbend tätig sind", ausdrücklich aus. Einen Antrag auf Rückgabe oder Rückführung eines enteigneten Unternehmens können nur diese Gesellschaften oder Stiftungen stellen (und nicht auch deren Gesellschafter).

Der Regierungsentwurf hatte die Ausnahme noch ausdrücklich auf werbend tätige Spaltgesellschaften bezogen[54] und in der Begründung die Rechtsprechung des Bundesgerichtshofes zum Fortbestand dieser Gesellschaften erwähnt.[55] Der Gesetzestext ist hingegen neutraler gefaßt; unter ihn fallen Rechtsträger, die nie einen Sitz in der DDR hatten, aber dort enteignet wurden. Die eigentliche praktische Bedeutung der Ausnahmeklausel

---
52 Verordnung zum Vermögensgesetz über die Rückgabe von Unternehmen vom 13. 7. 1991, BGBl. 1991 I 1542.
53 Gesetz zur Neuregelung offener Vermögensfragen vom 23. 9. 1990 (BGBl. 1990 II 889, 1159), geändert durch Art. 1 des Gesetzes vom 22. 3. 1991 (BGBl. 1991 I 766); geänderte Fassung neu bekannt gemacht am 18. 4. 1991 (BGBl. 1991 I 957) – VermG.
54 Art. 1 Nr. 2 a) bb) des Entwurfes des Hemmnisbeseitigungsgesetzes vom 7. 3. 1991 (abgedruckt im Rechtshandbuch Vermögen und Investitionen in der ehemaligen DDR (1991) Teil E 100.2 S. 1).
55 Begründung des Regierungsentwurfes, s. Rechtshandbuch (vorige FN) Teil E 100.2 S. 13. Siehe auch *Niederleithinger*, Beseitigung von Hemmnissen bei der Privatisierung ... in den neuen Bundesländern: ZIP 1991, 205 ff. (208).

liegt jedoch tatsächlich auf Rest- und Spaltgesellschaften, die an ihrem früheren Sitz in der DDR enteignet worden und untergegangen sind.

Da für die werbend fortbestehenden Rest-/Spaltgesellschaften eine Wiedereintragung am alten Sitz[56] nicht vorgesehen ist, wird offenbar unterstellt, daß diese Gesellschaften einen Sitz im Bundesgebiet begründet haben. Bei werbend tätigen Gesellschaften ist das in der Tat anzunehmen. Sollte diese Annahme freilich im Einzelfall nicht zutreffen, so müßte für die Begründung eines solches Sitzes das oben in Abschnitt II 3 d) geschilderte Verfahren benutzt werden.

b) Ruhende Rest- und Spaltgesellschaften

Eine durchaus unterschiedliche Behandlung – und zwar sowohl gesellschaftsrechtlich wie rückerstattungsrechtlich – erfahren ruhende, d.h. nicht werbende Gesellschaften.

Es ist realistisch und deshalb beifallswert, daß der Gesetzgeber entgegen der bisher wohl überwiegenden Meinung[57] bei den Rest- und Spaltgesellschaften zwischen werbenden und ruhenden Gesellschaften unterscheidet. Als ruhend sind diejenigen Rest- und Spaltgesellschaften zu betrachten, die zwar aufgrund von nicht enteigneten Vermögenswerten im Bundesgebiet fortbestanden[58], hier jedoch keinerlei Geschäftätigkeit entfaltet hatten. Die bloße Verwaltung des Restvermögens wird, wenn sie nicht auch formell zum Gesellschaftszweck gemacht worden war, wohl nicht als werbende Tätigkeit betrachtet werden können, insbesondere dann nicht, wenn es sich dabei – wie häufig – um sehr geringfügige Werte gehandelt hatte.

Rückerstattungsrechtlich ist es für die Legitimation einer ruhenden Gesellschaft zu einem Antrag auf Unternehmensrückgabe allerdings erforderlich, daß Gesellschafter oder Mitglieder, die mehr als die Hälfte der Anteile bzw. Mitgliedschaftsrechte auf sich vereinen, die Rückgabe des Unternehmens (oder von Anteilen bzw. Mitgliedschaftsrechten des Rechtsträgers) beantragt haben.[59] Wenn dieses Quorum nicht zustande kommt, ist ein Anspruch auf Rückgabe oder Überführung des Unternehmens ausgeschlossen.[60]

---

56 S. § 6 Abs. 10 VermG.
57 Siehe oben Abschnitt II 3 c).
58 Siehe oben Abschnitt II 2.
59 § 6 Abs. 1a S. 2 VermG. Bei der Berechnung des Quorums wird eine staatliche Beteiligung nicht berücksichtigt, s. § 17 Abs. 1 S. 1 Unternehmensrückgabe-Verordnung (oben FN 52). Für unbekannte Gesellschafter oder solche ohne bekannten Aufenthalt kann ein Pfleger nach den §§ 1911, 1913 BGB bestellt werden, § 17 Abs. 3 Unternehmensrückgabe-Verordnung.
60 § 6 Abs. 1a S. 3 VermG. Ein Rückgabeantrag gilt dann als Antrag auf Entschädigung, s. § 18 Abs. 1 Unternehmensrückgabe-Verordnung (oben FN 52).

Das Gesetz vermischt freilich Rückerstattungsrecht und Gesellschaftsrecht, wenn es das beschriebene Quorum als ein solches „für das Fortbestehen eines Rückgabeberechtigten unter seiner alten Firma" bezeichnet.[61] Denn nach der oben wiedergegebenen Rechtsprechung des Bundesgerichtshofes, auf die sich die Begründung des Regierungsentwurfes ausdrücklich bezieht, genügt für den Fortbestand einer in der Sowjetzone/DDR enteigneten und erloschenen Gesellschaft die Existenz von nichtenteigneten Vermögenswerten im Bundesgebiet. Es gibt keine Anzeichen dafür, daß der Gesetzgeber von dieser Rechtsprechung abrücken wollte. Ein Rückerstattungsgesetz wäre auch nicht der geeignete Ort, um eine neue weittragende gesellschaftsrechtliche Konsequenz festzulegen.

Der Fortbestand der ruhenden Gesellschaft ändert nichts an ihrer Rechtsstellung als Abwicklungsgesellschaft. Das bestätigt das Vermögensgesetz sowohl materiell- als auch registerrechtlich.[62] Das Gesetz geht also davon aus, daß die Gesellschaft ein rückübertragenes Unternehmen veräußern und den Erlös unter ihren Gesellschaftern verteilen wird. Es erlaubt jedoch Abweichungen in beiden Richtungen. Die Gesellschafter können einmal die Fortsetzung der Gesellschaft als werbende beschließen, solange sie noch nicht mit der Verteilung des zurückerlangten Vermögens begonnen haben.[63] Sie können aber auch umgekehrt beschließen, daß die ruhende Gesellschaft nicht fortgesetzt werden und die Rückgabe unmittelbar an die Gesellschafter erfolgen soll.[64]

Die Abwicklung einer aufgelösten Gesellschaft soll sich nach dem „jeweils für den Berechtigten geltenden Recht" richten.[65] Diese „Kollisionsnorm" hat offenbar das heute geltende bundesdeutsche Recht im Auge, und dort diejenigen Vorschriften, welche für die jeweilige Rechtsform der ruhenden Gesellschaft maßgebend sind. Das entspricht in der Sache der bisherigen Rechtsprechung.[66]

Neu ist hingegen die registerrechtliche Behandlung der Abwickungsgesellschaften. Das Vermögensgesetz erklärt nunmehr das Gericht am Sitz des

---

61 § 6 Abs. 1a S. 3 VermG; in demselben Sinn auch S. 2.
62 Der Rechtsträger „besteht unter seiner Firma ... als in Auflösung befindlich dort" (§ 6 Abs. 1a S. 2 VermG); s. auch § 6 Abs. 10 S. 2 und 3.
63 § 6 Abs. 10 S. 5 VermG.
64 § 6 Abs. 10 S. 6 VermG. In diesem Fall ist dann auch eine Eintragung im zuständigen Register überflüssig. Ein solcher Beschluß setzt jedoch voraus, daß die Gesellschafter zunächst mit der erforderlichen Mehrheit die Rückgabe des enteigneten Unternehmens beantragt hatten, s. *Schniewind*, Rückgabe enteigneter Unternehmen nach dem Vermögensgesetz (VermG) (BB 1991, Beilage 21) 6 Anm. 32.
65 § 6 Abs. 10 S. 4 VermG.
66 S. oben Abschnitt II 3 b).

rückgabeberechtigten Rechtsträgers für zuständig.[67] Damit ist unzweifelhaft das Gericht am früheren Sitz in der Sowjetzone/DDR gemeint[68]; denn nur dort können die ausdrücklich ins Auge gefaßten besonderen Umstände eingetreten sein, daß die Gesellschaft im Register gelöscht worden ist oder daß Registereintragungen nicht mehr vorhanden sind. Besteht ein Löschungsvermerk, so ist dieser seinerseits von Amts wegen zu löschen; fehlen Registereintragungen, so ist die aufgelöste Gesellschaft als Abwicklungsgesellschaft neu einzutragen.[69] Für die hier behandelten Rest- und Spaltgesellschaften wird damit ein neuer Weg zu einem zuständigen Registergericht gewiesen. Insoweit bedarf es also nicht mehr der Anrufung der obersten Gerichtshöfe zur Bestimmung eines zuständigen Gerichts[70]; solche Anträge sind nunmehr mangels Rechtsschutzinteresses unzulässig. Soweit freilich aufgrund des bisher benutzten Verfahrens ein zuständiges Gericht bereits bestimmt worden und tätig geworden ist, kann es bis zur Behebung des Notzustandes, dem abzuhelfen war, dabei bleiben.

Die ruhende Gesellschaft kann beim Registergericht ihres alten Sitzes die Bestellung eines Abwicklers beantragen, um auf diese Weise handlungsfähig zu werden.[71]

Der Fortbestand ruhender Rest- und Spaltgesellschaften war bereits bisher unabhängig von einer Eintragung im Register. Daran hat die neue Regelung nichts geändert. Sie bestätigt allenfalls die bisherige Rechtslage – jedenfalls für den in § 6 Abs. 1a VermG geregelten Hauptfall, daß die Mehrheit der Gesellschafter die Rückgabe des entzogenen Unternehmens beantragt.

c) Erloschene Gesellschaften

Das Vermögensgesetz unterscheidet nicht, wie bereits kritisch erwähnt, zwischen fortbestehenden, aber ruhenden Rest- und Spaltgesellschaften einerseits und erloschenen Gesellschaften andererseits. Die unter b) erwähnten Regeln gelten auch für Gesellschaften, deren gesamtes Vermögen in der Sowjetzone/DDR enteignet worden war und die daher auch nach bundesdeutscher Auffassung mangels enteignungsfreien Vermögens erloschen waren.[72] Die Wiederbelebung auch dieser großen Gruppe von Gesellschaften, die § 6 Abs. 1a VermG bei einem Antrag auf Rückgabe eines Unternehmens anordnet, ist teilweise auf Kritik gestoßen. Für die nur

---

67 § 6 Abs. 10 S. 1 VermG.
68 So auch *Schniewind* (oben FN 64) 19.
69 § 6 Abs. 20 S. 2–3 VermG.
70 S. oben Abschnitt II 3 d).
71 § 6 Abs. 10 S. 1 VermG.
72 S. oben Abschnitt II 2.

zum Zwecke der Abwicklung wiederbelebten Gesellschaften hat sich die kritisch-spöttische Bezeichnung „Lazarusgesellschaften" eingebürgert.[73] Hierbei handelt es sich jedoch nicht mehr um Rest- und Spaltgesellschaften im überkommenen Sinn. Die besonderen Probleme dieses neuen Gesellschaftstyps brauchen daher nicht mehr erörtert zu werden. Bemerkenswert ist jedenfalls, daß der Gesetzgeber selbst für diese extreme Fallgruppe einen Rückgriff auf die längst erloschenen Gesellschaften für zweckmäßig gehalten hat.

IV. Resumé

Die Bilanz, die sich heute für die Rechtsfigur der Rest- und Spaltgesellschaft ziehen läßt, kann knapp ausfallen.

1. Während der Teilung Deutschlands hat diese Rechtsfigur als ein sehr nützliches Instrument zur Abwehr der gegen privatrechtliche Gesellschaften und ihre Gesellschafter gerichteten Enteignungsmaßnahmen in der Sowjetzone/DDR gedient.

2. Um diesen Hauptzweck zu erreichen, mußten freilich Abweichungen von den normalen Regeln des Gesellschaftsrechts in Kauf genommen werden. Die Abweichungen haben jedoch – soweit erkennbar – keine gravierenden Nachteile und Schäden für den Rechtsverkehr im allgemeinen und die Gesellschafter im besonderen mit sich gebracht.

3. Mit der Wiedervereinigung Deutschlands sind die deutschen Rest- und Spaltgesellschaften wieder zu Vollgesellschaften geworden. Ihr rechtlicher Bestand und ihr potentielles Tätigkeitsgebiet ist wieder für ganz Deutschland gesichert.

4. Die gesetzlichen Sondervorschriften über die Rückgabe von Unternehmen sind teilweise eine Bestätigung der bisherigen Rechtslage, weichen teilweise aber auch von ihr ab. Wegen ihres rückerstattungsrechtlichen Zweckes ist ihre gesellschaftsrechtliche Relevanz auf den sachlichen Anwendungsbereich der Unternehmensrückgabe beschränkt.

---

73 *Schniewind* (oben FN 64) 6; *Liebs/Preu,* Ein Gesetz zur Beseitigung der restlichen Investitionsmöglichkeiten (sic!) in der früheren DDR?: ZIP 1991, 216 (218 f.); kritisch auch *Messerschmidt,* Rechtshandbuch (oben FN 54) Systematische Darstellung II Rz. 315. *Horn,* Das Zivil- und Wirtschaftsrecht im neuen Bundesgebiet (1991) 284 f. sprach noch korrekt von „Nachliquidationsgesellschaften."

Der Scheck im ägyptischen Recht mit vergleichenden Hinweisen auf das Recht anderer arabischer Staaten

Von Omaia Elwan, Heidelberg*

1. Die Entwicklung des Schecks als Wertpapier in Ägypten

Die Darstellung des aktuellen Standes und der Entwicklung des ägyptischen Scheckrechts ist eine immer wiederkehrende Aufgabe. Die Hauptfragen des Schecks in Ägypten[1] sind nämlich in dem noch geltenden Handelsgesetzbuch (im folgenden: HGB) von 1883 nur sehr lückenhaft geregelt. Lehre und Rechtsprechung waren deshalb aufgerufen, diese Lücken zu schließen und das ägyptische Scheckrecht an die heutigen wirtschaftlichen Anforderungen anzupassen. Dieser Prozeß ist noch im Gange.

Die dabei erreichten Leistungen der Lehre haben eine Parallele in Deutschland auf dem Gebiet des Rechts der besitzlosen Mobiliarsicherheiten, bei dessen Fortbildung sich der Jubilar bleibende Verdienste erworben hat.

Auf dem Gebiet des Wertpapierrechts nimmt Ägypten innerhalb der arabischen Staaten[2] eine Sonderstellung ein, denn es hat die Genfer Abkommen zur Vereinheitlichung des Wechsel- bzw. Scheckrechts von 1930/1931 weder unterzeichnet noch seinen Beitritt dazu angezeigt.[3] Es hat auch die

---

* Aus drucktechnischen Gründen wird hier auf eine buchstabengetreue Transkription der arabischen Wörter verzichtet und die deutsche lautliche Entsprechung angewandt (statt sch wird sh verwendet).
1 Zum ägyptischen Scheckrecht vgl. LG München II (5. ZK, Urteil v. 18. 9. 1985) und Anm. *Shefold*, IPRax 1987, S. 150 ff., 175 f. Der Reisescheck wird hier nicht behandelt. Über seine Besonderheiten und die für ihn geltenden Regeln vgl. *Amira Sidqi*, ash-Shikat as-Siyahiya, Kairo 1981; '*Uthman S. 'U. at-Takruri*, Shik al-musafirin, Diss. Universität 'Ain Shams 1982.
2 Zum Scheckrecht einiger arabischer Staaten *Muhsin Shafiq*, Nazarat fi ahkam ash-Shik fi tashri'at al-bilad al-'arabiya, Kairo 1962; *Idwar 'Id*, al-Himaya al-qanuniya lil-shik fi l'tashri'at al-'arabiya, Kairo 1975; *Biar Safa*, al-Awraq at-tigariya fi qawanin al-bilad al-'arabiya, Kairo 1965, S. 72 ff.; *Amin Badr*, al-Iltizam as-sarfi fi qawanin al-bilad al-'arabiya, Kairo 1965, S. 39–50, mit Hinweis auf einen aus 162 Artikeln bestehenden Entwurf eines Wertpapierrechts, den die Arabische Liga 1948 in Anlehnung an die Genfer Einheitlichen Gesetze erstellt hat.
3 Vgl. *Muhsin Shafiq*, al-Qanun at-tigari al-misri, al-Awraq at-tigariya, Alexandria 1954, S. 707; *idem* (Fn. 2), S. 18; *Amin Badr*, al-Awraq at-tigariya, 2. Aufl. Kairo 1954, S. 28 f., 37 ff.; *Husni 'Abbas*, al-Awraq at-tigariya, Kairo 1967, S. 33 ff.

darin enthaltenen Regelungen nicht in seine Handelsgesetze aufgenommen, wie dies wichtige arabische Staaten getan haben, nämlich Irak, Libanon, Syrien, Libyen, Jordanien, Marokko, Tunesien, Kuwait, Saudi-Arabien, Nordjemen, Südjemen, Algerien, Qatar, Bahrain und Oman.[4] Zwar hat die Kommission zur Reform des ägyptischen Handelsgesetzbuches zwei Entwürfe in Anlehnung an die genannten Abkommen erstellt; diese sind aber bis heute nicht als Gesetz verabschiedet worden.[5] Die in den Genfer Abkommen enthaltenen Regelungen finden deshalb dort keine Anwendung. Die Gründe dafür sind vielfältig. Zunächst vergingen seit der Verabschiedung der Genfer Abkommen mehr als 15 Jahre, bis die Gesetzesentwürfe ausgearbeitet waren. Diese Zeit erwies sich als zu lang, denn dann waren es vorwiegend politische Gründe, die einen Fortschritt verhinderten. Regierungswechsel und die Revolution unter Gamal Abd al-Nasser schufen

---

4   *Shafiq* (Fn. 2), S. 9 f. mit der Bemerkung, daß die genannten arabischen Staaten zwar das Genfer Einheitliche Scheckgesetz übernommen haben, aber bei Fragen, die für Scheck und Wechsel gleich sind, auf die Bestimmungen über den Wechsel verweisen. Im HGB von Irak und Bahrain sind in Art. 180–185 bzw. Art. 496–503 den Wertpapieren gemeinsame Regelungen enthalten. Folgende, dem Genfer Einheitlichen Scheckgesetz entsprechende Scheckbestimmungen gelten in: Irak (Art. 137–179 HGB vom 15. 3. 1984); Libanon (Art. 409–450 HGB vom 24. 12. 1942); Syrien (Art. 514–567 HGB von 1949); Jordanien (Art. 228–281 HGB von 1966); Libyen (Art. 394–441 HGB von 1953); Algerien (Art. 472–543 HGB vom 26. 9. 1975); Tunesien (Art. 346–412 HGB vom 5. 10. 1959); Marokko (Dahir vom 19. 1. 1939 betr. den Scheck); Kuwait (Art. 510–554 HGB vom 15. 10. 1980); Saudi-Arabien (Art. 91–120 Dekret Nr. 37 betr. die Wertpapiere vom 26. 2. 1963); Qatar (Art. 429–473 Zivil- und Handelsgesetzbuch Nr. 16 vom 25. 8. 1971, im folgenden: ZHGB); Nordjemen (Art. 465–511 HGB vom 8. 3. 1976); Südjemen (Art. 1670–1714 ZGB vom 5. 8. 1988); Bahrain (Art. 446–491 HGB vom 22. 3. 1987); Oman (Art. 522–570 HGB vom 11. 7. 1990). Die Vereinigten Arabischen Emirate haben den Entwurf eines Handelsgesetzbuches erstellt, das eine Regelung der Wertpapiere (Art. 438–582) in Anlehnung an die Genfer Einheitlichen Wechsel- und Scheckgesetze enthält. Vgl. hierzu *Fayiz N'aim Radwan*, al-Awraq at-tigariya, Dubai 1990, S. 25 ff. Der Sudan hat, wie Ägypten, eine Regelung über den Wechsel im Jahre 1917, also vor den Genfer Abkommen, erlassen, die noch heute fortgilt. Das Gesetz über den Wechsel enthält eine Regelung über die auf Banken gezogenen Schecks (Art. 76–85).

5   Der eine Entwurf betrifft den Scheck und der andere den gezogenen und den eigenen Wechsel, beide abgedruckt bei *Muhammad Salih*, al-Awraq at-tigariya, Kairo 1950, S. 449. Zum Entwurf des Scheckgesetzes *idem*, Mashru' tamhidi li-qanun ash-shik, Magallat al-qanun wa-'l-iqtisad 13. Jg. (1943), S. 1 ff.; diesem dem Genfer Einheitlichen Scheckgesetz folgenden Entwurf hatte das Parlament am 29. 5. 1947 zugestimmt. Er wurde jedoch vom Senat nicht verabschiedet, nicht weil der Entwurf nicht mehrheitsfähig gewesen wäre, sondern weil der Senat zeitlich nicht mehr dazu gekommen war. Vgl. hierzu *Badr* (Fn. 4), S. 423. Der in den sechziger Jahren erstellte Entwurf eines HGB wurde der Legislative nicht vorgelegt, hierzu *Muhsin Shafiq*, al-Qanun at-tigari al-misri fi mi'at 'am, Magallat al-qanun wa-'l-iqtisad, 1973, S. 337 ff., 351. Ein weiterer Gesetzesentwurf, der vom Staatsrat (maglis ad-dawla) am 20. 4. 1982 überprüft wurde, ist in *Muhiyi ad-Din I. 'Alam ad-Din*, Mawsu'at 'A'mal al-Bunuk, Kairo 1987, Bd. 1, S. 299 abgedruckt. Auch er wurde nicht dem Parlament vorgelegt. Z. Zt. erstellt eine Kommission unter Leitung von Prof. Muhsin Shafiq den Entwurf eines HGB, das eine zeitgemäße Regelung der Wertpapiere enthalten soll.

ein wirtschaftspolitisches Klima, das für die Verabschiedung solcher Gesetze ungünstig war. Erst jetzt soll eine Lösung im Rahmen eines zeitgemäßen HGB gefunden werden.

Zur Verdeutlichung der Entwicklung in Ägypten wird auf folgende Rechte kurz verwiesen:

- das französische, weil es Ägypten bei der Erstellung seines Handelsgesetzbuches als Vorbild gedient hat,
- das deutsche, weil es, wie auch fast alle anderen europäischen Staaten, eine ausführliche gesetzliche Scheckregelung auf Grund des Genfer Einheitlichen Scheckgesetzes besitzt und somit für diese Staaten stellvertretend ist,
- dasjenige wichtiger arabischer Staaten[6], weil diese zwar auch die im Genfer Einheitlichen Scheckgesetz niedergelegten Vorschriften beinahe ganz übernommen haben, aber, anders als im deutschen Recht, für einige Fragen von den in der Anlage zum Genfer Einheitlichen Scheckgesetz gestatteten Abweichungen Gebrauch gemacht haben – ein Weg, den in ähnlicher Weise auch Ägypten längst hätte beschreiten können.

a) Quellen des ägyptischen Scheckrechts

Auf der Suche nach ägyptischen Quellen für das Scheckrecht bietet sich zunächst das 1883 erlassene ägyptische HGB an, das in seiner Abfassung stark an den französischen Code de Commerce angelehnt ist. Es enthält Vorschriften über eine Reihe von Wertpapieren, allerdings keine über den Scheck, obgleich dieser in Frankreich bereits durch das Gesetz vom 14. 6. 1865 geregelt war.[7] Die nicht ausdrückliche Erwähnung stand aber seiner Anerkennung als umlauffähiges Wertpapier nicht im Wege, da das ägyptische HGB nicht alle Wertpapierarten erschöpfend aufzählen und regeln

---

6 Vgl. zum Scheckrecht in Irak: *Fawzi M. Sami/Fa'iq M. ash-Shama'*, al-Qanun at-tigari, al-Awraq at-tigariya, Musil 1988, S. 305 ff.; Jordanien: *Na'il Abd ar-Rahman Salih*, ash-Shik, Amman 1985; Libanon: *Idwar 'Id*, al-Asnad tigariya, ash-Shik, Beirut 1967; Syrien: *Gak Y. al-Hakim*, al-Huquq at-tigariya, Damaskus 1978/1979, Bd. 2, S. 257 ff.; *Hikmat Sussu*, Ahmiyat ash-Shik fi 'l-ta'amul wa-da'awa gara'im ash-shik, in al-Muhamun 55. Jg. (1990), S. 97 ff.; *Khalid ash-Shawi*, al-Awraq at-tigariya fi l-Tashri'ayn al-libi wa-l 'iraqi, Beirut 1974, S. 338 ff.; Marokko: *'Ali Salman al-'Ubaidi*, al-Awraq at-tigariya fi l-tasri' al-maghribi, Rabat 1970, S. 432 ff.; *Shukri A. as-Suba'i*, al-Wasit fi qanun at-tigara al-maghribi wa-'l-muqaran, 2. Aufl. Rabat 1989, Bd. 2, S. 350 ff.; Algerien: *Ahmad Muhriz*, al-Qanun at-tigari al-gaza'iri, Beirut 1980, Bd. 3, S. 227 ff.; Saudi-Arabien: *Ilyas Haddad*, al-Awraq at-tigariya, Riyad 1986; *'Id M. al-Gahni*, Ahkam ash-Shik fi 'l-nizam as-s'udi, o. O. 1984; *Sa'id Yahya*, al-Awraq at-tigariya fi l-nizam at-tigari as-s'udi, Kairo 1985, S. 138 ff.; Kuwait: *Muhsin Shafiq*, al-Qanun at-tigari al-kuwaiti, Kuwait 1972, S. 338 ff.; *Muhammad Husni 'Abbas*, al-Awraq at-tigariya fi 'l-tashri'al-Kuwaiti, Kairo o. J., S. 231 ff.

7 *Badr* (Fn. 3), S. 416 f.; *Salih*, al-Awraq (Fn. 5), S. 329 f.; *Shafiq* (Fn. 3), S. 697 ff.

wollte. Für diese Annahme spricht die Überschrift des siebten Kapitels des zweiten Abschnitts: „Andere Wertpapiere". Außerdem enthält das ägyptische HGB neben den Regeln über den Wechsel die Artikel 191–194, die „Anweisungen auf Sicht/Zahlungsmandate" betreffen. Ein weiteres Indiz dafür ist die Erwähnung des Schecks im ägyptischen StGB.[8] Dort hat der Gesetzgeber 1937 eine Bestimmung aufgenommen, die die Ausstellung ungedeckter Schecks bzw. die Sperrung von Schecks unter Strafe stellt (Art. 337 ägypt. StGB).[9] Es handelt sich um eine Anlehnung an das französische Recht, das diese Handlung als einen vom Betrug gesonderten Tatbestand ansieht.

Das Fehlen einer besonderen Regelung des Schecks erklärt sich aus der Auffassung der ägyptischen Rechtsprechung und Lehre[10], daß das Wesen der

---

8 Vgl. *Badr* (Fn. 3), S. 422 Fn. 2.
9 Auch die Rechte der anderen arabischen Staaten sehen einen entsprechenden besonderen Straftatbestand vor. Das deutsche Recht kennt eine Strafbarkeit solcher Handlungen nur unter dem Aspekt des Betrugs, vgl. *O. Miehe*, Der Scheckbetrug nach französischem und deutschem Recht, in: Wertpapierrecht, Achtes Gemeinsames Seminar der Jur. Fakultäten von Montpellier und Heidelberg, Montpellier 1978, S. 123 ff.; *K. Tiedemann/J. Cosson*, Straftaten und Strafrecht im deutschen und französischen Bank- und Kreditwesen, Köln/Berlin 1973, S. 29 ff. Das besondere Strafdelikt der Begebung eines ungedeckten Schecks verfolgt im Recht Frankreichs, Ägyptens und der wichtigen arabischen Staaten den Schutz des Schecks als zahlungsgleiches Erfüllungsmittel. Dort wird weder auf Vermögensschaden noch auf Vorsatz abgestellt, sich oder einem Dritten einen rechtswidrigen Vermögensvorteil zu verschaffen. Ein von einem arabischen Staat an Deutschland gerichteter Auslieferungsantrag wegen des Delikts der Begebung eines ungedeckten Schecks kann deshalb nach deutschem Recht mangels Betrugsvoraussetzungen scheitern. Vgl. für Ägypten: *Badr* (Fn. 3), S. 496 ff.; *Shafiq* (Fn. 3), S. 787 ff.; *Mahmud N. Husni*, Sharh qanun al-'uqubat, al-qism al-Khas, Kairo 1986, S. 1054 ff.; *Hassan S. al-Marsafawi*, fi Gara'im ash-Shik, Alexandria 1976; *Muhammad I. Yussuf*, Garimat ash-Shik, Kairo 1988; im Recht einiger arabischer Staaten: *Muhammad M. al-Misri*, fi Ahkam ash-Shik mina an-nahiyatayn al-madaniya wa 'l-gina'iya, Alexandria 1983, S. 198 ff.; *'Id* (Fn. 2), S. 15 ff.; *Shafiq* (Fn. 2), S. 31 ff.; Marokko: *as-Sayyid M. al-Fassi al-Fahri*, Daya' ash-Shik wa-l-t'arud 'alyhi, isdar ash-shik bi-dun rasid, in: an-nadwa ath-thaniya lil-'amal al-qada'i wa-'l-banki, ash-Shik bi-dun rasid, Rabat 1989, S. 188 ff.; Irak: *Sami/ash-Shama'* (Fn. 6), S. 323 ff.; Syrien: *al-Hakim* (Fn. 6), S. 279 ff.; *Sussu* (Fn. 6), S. 98 ff.; Libanon: *'Id* (Fn. 6), S. 124 ff.; *Mahmud N. Husni*, Gara'im al-'ammwal fi qanun al-'uqubat al-libnani, Beirut 1968, S. 337 ff.; Libyen: *'Idwar Ghali ad-Dahabi*, 'l-Qasd al-gina'i fi garimat 'I'ta' shik bi-dun muqabil lil-wafa", in: Dirasat qanuniya, Bengazi, 5. Jg. (1975), S. 544 ff.; Saudi-Arabien: *'Abd al-'Aziz al-Alfi*, al-Nizam al-gina'i bi-l-Mamlaka al-'Arabiya as-S'udiya, Riyad 1976, S. 236 ff.; *'Abd al-Muhaimin B. Salim*, fi Sharh qanun al-gaz'a al-kuwaiti, al-qism al-Khas, Kuwait 1973, S. 337 ff.; Abu Dhabi: *'Abbas al-Husni*, al-Mabad'i al-qanuniya fi qararat mahkmat ist'inaf Abu Zaby (isdar ash-shik bi-dun rasid), in al-'Adala, 1975, Nr. 6, S. 25 ff.; *Radwan* (Fn. 4), S. 268 ff. Im Sudan wird nach Art. 179 StGB vom 20. 2. 1991 der Aussteller wegen der Begebung eines ungedeckten Schecks bzw. des Widerrufs des Schecks ohne überzeugenden Grund mit Geld- und/oder Gefängnisstrafe bis zu fünf Jahren belegt. Ebenso macht sich der Scheckinhaber nach dieser Vorschrift strafbar, wenn er in Kenntnis dieser Tatsachen den Scheck indossiert.
10 Vgl. die Entscheidung des Tribunal de Commerce Mixte (Kairo) vom 3. 4. 1915 (Gazette des Tribunaux Mixtes, 5. Jg. S. 155). Danach meinten Art. 198–200 C. Comm. Mixte, die den Art. 191–194 C. Comm. Indig. fast wörtlich entsprechen, nichts anderes als den Scheck. Ablehnend:

in Art. 191 HGB genannten Urkunden, nämlich Sichtanweisungen und einfache Zahlungsmandate, dem Scheck entsprächen und der Scheck daher diesen Bestimmungen unterliege. Art. 191 HGB bestimmt demnach die Frist, innerhalb derer der Inhaber die Urkunde dem Bezogenen vorlegen soll. Art. 192 HGB befaßt sich mit der Möglichkeit des Rückgriffs des Begünstigten auf den Aussteller, falls der Bezogene die Zahlung verweigert. Art. 193 HGB sieht vor, daß der Inhaber der Urkunde seine Rechte gegen den Aussteller verliert, wenn er die Urkunde nicht rechtzeitig vorgelegt hat. In diesem Falle hat der Aussteller nachzuweisen, daß eine ausreichende Deckung vorhanden war. Schließlich enthält Art. 194 HGB Bestimmungen über die Verjährung der aus den Urkunden resultierenden Ansprüche.

Diese gesetzliche Regelung muß als knapp bezeichnet werden, schweigt sie doch zu dem überwiegenden Teil der scheckrechtlich relevanten Probleme. So fehlen Bestimmungen über die notwendigen förmlichen Bestandteile eines Schecks, zur Scheckfähigkeit, zu den Folgen eines unter Mißachtung der Formerfordernisse ausgestellten Schecks und der Art des Umlaufs. Dies gilt auch für Vorschriften, die die Vorlegung, die Zahlung, den Rückgriff bzw. die Folgen der Nichterfüllung betreffen.[11]

Eine Mindermeinung in Ägypten fordert, daß zum Ausfüllen der Gesetzeslücken, in Anlehnung an das damals geltende französische Recht, die allgemeinen Grundsätze des Zivilrechts und nicht die besonderen Wertpapiervorschriften auf den Scheck anzuwenden seien.[12] Der überwiegende Teil der ägyptischen Lehre lehnt dies ab, da im Wertpapierrecht wesentliche Unterschiede zwischen dem ägyptischen Recht und dem bei dessen Erlaß geltenden französischen Recht bestanden.[13]

b) Definition des Schecks und Abgrenzung zum Wechsel

Nach überwiegender Meinung ist der Scheck ein Wertpapier, das zwar in mancher Hinsicht Ähnlichkeiten mit den übrigen Wertpapieren aufweist, diesen gegenüber aber auf Grund seiner speziellen Eigenschaften und Funk-

---

Castro, Le Chèque en droit mixte, Gazette des Tribunaux Mixtes 5. Jg., Nr. 60 vom 10. 10. 1915, S. 183. Die Meinung von Castro wird weder vom Kassationshof (Beschluß vom 2. 1. 1947, in: *Mahmud 'Umar*, Magmu'at al-qawa'id al-qanuniya allati qarrartha Mahkamat an-naqd fi 'l-mawad al-madaniya, Kairo 1949, Bd. 5, S. 284) noch von der ägyptischen Lehre geteilt, vgl. *Badr* (Fn. 3), S. 416 ff.; *Shafiq* (Fn. 3), S. 698.

11 *Shafiq* (Fn. 2), S. 14 f.; *Badr* (Fn. 3), S. 437 ff.
12 A. *Wahl/Kamel A. Malache*, Traité de droit commercial Egyptien, Alexandria 1936, Bd. 2, S. 338, zitiert bei *Badr* (Fn. 3), S. 438 Fn. 1, der diese Auffassung ablehnt.
13 *Badr* (Fn. 3), S. 441 f.; *Salih*, al-Awraq (Fn. 5), S. 330; *Shafiq* (Fn. 3), S. 702 f.; *Husni 'Abbas* (Fn. 3), S. 272.

tionen als eigenständig anzusehen ist. Daher müßten für den Scheck eigene, besondere Regeln gelten, die seiner Natur entsprechen oder, falls Regeln anderer Wertpapiere herangezogen werden, zumindest mit seinem Wesen vereinbar sind. Demnach sollten die Bestimmungen, die der ägyptische Gesetzgeber für den gezogenen Wechsel aufgestellt hat, insoweit auf den Scheck angewendet werden, als sie auf ihn passen. In den Fällen, in denen das nicht möglich ist, sollten die für den Scheck vom Handelsgewohnheitsrecht herausgebildeten Regeln herangezogen werden.[14] Falls sich zu einer bestimmten scheckrechtlichen Frage kein Handelsbrauch gebildet hat, wäre auf die allgemeinen Grundsätze des Zivilrechts zurückzugreifen. Eine Heranziehung der französischen Bestimmungen als historische Quelle sei abzulehnen. Sie solle nur gestattet sein, um bereits erlassene Bestimmungen auszulegen.[15]

aa) Definition des Schecks und Voraussetzungen seiner Qualifikation als „acte de commerce"

Im ägyptischen Recht, wie auch im Scheckrecht anderer Länder, wird der Scheck als ein Mittel definiert, mit dem der Aussteller über eine Geldsumme verfügen kann, die ihm beim Bezogenen, oft einer Bank, gutgeschrieben ist. Er ist eine unter Beachtung bestimmter Formalien und des Handelsbrauchs erfolgte Anweisung, durch die der Aussteller den Bezogenen auffordert, bei Sicht, gemäß der Anweisung, an eine bestimmte Person, an deren Order bzw. an den Inhaber des Papiers eine bestimmte Summe zu zahlen.[16]

---

14 Die Gerichte haben diese Regeln anzuwenden, insbesondere wenn diese mit dem Genfer Einheitlichen Scheckgesetz in Einklang stehen. Vgl. *Shafiq* (Fn. 3), S. 704; *Ahmad M. Muhriz*, as-Sanadat at-tigariya, Kairo 1988/1989, S. 222 Fn. 1; *Rida 'Ubaid*, al-Qanun at-tigari, 4. Aufl. Kairo 1983, S. 433. *Mustafa K. Taha*, al-Qanun at-tigari, Alexandria 1983, S. 232 f. verweist zur Lückenausfüllung nach dem Gewohnheitsrecht unmittelbar auf das Genfer Einheitliche Scheckgesetz.
15 Zur Lückenausfüllung verweist der Libanon in einer einzigen Vorschrift (Art. 450 HGB) im Wege der Einzelaufzählung auf wechselrechtliche Bestimmungen; Irak (Art. 137 HGB), Kuwait (Art. 510 HGB), Nordjemen (Art. 1670 ZGB), Bahrain (Art. 446 HGB), Qatar (Art. 429 ZHGB) und Oman (Art. 522 HGB) verweisen allgemein auf das Wechselrecht, Syrien (Art. 523, 530, 541, 548, 551, 554, 558 HGB) und Jordanien (Art. 237, 241, 244, 255, 265, 268 HGB) für bestimmte Einzelfragen. Der Sudan verweist in Art. 76 des Wechselgesetzes von 1917 auf die Bestimmung betreffend den auf Sicht zahlbaren Wechsel.
16 *Badr* (Fn. 3), S. 426; *'Abbas* (Fn. 15), S. 268; *Muhriz* (Fn. 14), S. 220; *Shafiq* (Fn. 3), S. 688. Zur Scheckdefinition in Marokko: *as-Suba'i* (Fn. 6), S. 331; Libanon: *'Id* (Fn. 6), S. 5 f.; Syrien: *al-Hakim* (Fn. 6), S. 257; Kuwait: *Shafiq* (Fn. 6), S. 338. Nur in Jordanien (Art. 123c HGB) und im Sudan gibt es eine gesetzliche Definition des Schecks. Anders als im deutschen Recht (Art. 3 dSchG) und in den genannten arabischen Staaten ist es in Ägypten nicht erforderlich, daß der Bezogene eine Bank ist. Die unter Mißachtung dieses Erfordernisses in den arabischen Staaten begebenen und dort zahlbaren Schecks werden, anders als im deutschen Recht (Art. 3 dSchG), ausdrücklich mit der Ungültigkeit der Urkunde als Scheck sanktioniert.

Im Unterschied zum Genfer Einheitlichen Scheckgesetz, dem Recht der ihm folgenden arabischen Staaten[17] und dem deutschen Scheckgesetz verlangt das ägyptische Recht[18] nicht, daß der Text der Urkunde die Bezeichnung als Scheck enthält. Dies gilt auch für den Wechsel. Deshalb ist die Gefahr von Verwechslungen zwischen beiden Arten von Wertpapieren gegeben.

Hinzu kommt, daß Scheck und Wechsel, von den geforderten Rechtselementen und damit vom Erscheinungsbild her, in vielerlei Hinsicht Ähnlichkeiten aufweisen.[19] Beide setzen drei Personen voraus: den Aussteller, den Bezogenen und den Begünstigten. Sowohl der Scheck als auch der Wechsel begründen mit der Ausstellung gleichzeitig zwei Rechtsverhältnisse: einmal die Rechtsbeziehung zwischen dem Aussteller und dem Inhaber, und zum zweiten die zwischen dem Aussteller und dem Bezogenen. Beide Wertpapiere ermöglichen es, die aus der Ausstellung resultierenden Rechtsbeziehungen durch einen einzigen Erfüllungsakt abzuwickeln.

In Ägypten weisen Scheck und Wechsel aber auch Unterschiede auf. So muß z. B. der Wechsel im Gegensatz zum Genfer Einheitlichen Wechselgesetz eine sogenannte Wertklausel enthalten, die im allgemeinen aus der Angabe „Wert erhalten" besteht. Sie soll die causa der Verpflichtung des Ausstellers gegenüber dem Begünstigten angeben. Diese Wertklausel ist im ägyptischen Recht eine Gültigkeitsvoraussetzung für den Wechsel (Art. 105 HGB). Sie fehlt üblicherweise beim Scheck, ihre Erwähnung macht ihn aber nicht ungültig. In der Praxis haben jedoch ägyptische Banken gelegentlich die Einlösung eines Schecks verweigert, der mit einer Angabe der causa versehen war. Sie befürchteten, in einen späteren Streit, der die causa zum Gegenstand hat, hineingezogen zu werden.

Die ägyptische Lehre[20] hält solche Befürchtungen allerdings für unbegründet. Nach ägyptischem Recht setzt nämlich jedes gültige Schuldverhältnis eine causa voraus. Wenn also ein Scheck die causa seiner Ausstellung kundtut, ist dies lediglich eine Wiedergabe der gesetzlichen Regelung.

Die Erwähnung oder das Auslassen der Wertklausel im Scheck läßt ihn von einem gültigen oder fehlerhaften Wechsel schwer unterscheiden. Ein Scheck kann für einen gültigen Wechsel gehalten werden, wenn auf dem

---

17 Vgl. hierzu die oben in Fn. 4 aufgeführten arabischen Staaten und Art. 1 des ägyptischen Entwurfs betr. den Scheck von 1946 (oben Fn. 5).
18 *Badr* (Fn. 3), S. 455.
19 *Badr* (Fn. 3), S. 426 ff.; *Taha* (Fn. 14), S. 229; *Salih* (Fn. 3), S. 333; *'Abbas* (Fn. 3), S. 270; *Shafiq* (Fn. 3), S. 689.
20 *Badr* (Fn. 3), S. 426 ff.; *Shafiq* (Fn. 3), S. 689 f.

Scheck die für diesen nicht erforderliche Wertklausel „Wert erhalten" angegeben ist. Andererseits kann ein wegen Fehlens der Wertklausel ungültiger Wechsel mit einem Scheck verwechselt werden.

Nach einer Auffassung können in diesen Fällen die beiden Wertpapiere dennoch sichtbar unterschieden werden, weil sie hinsichtlich des Bezogenen, der Fälligkeitsbestimmung und der Valuta verschieden sind. So werde der Scheck üblicherweise als Bezogenen ein Geldinstitut nennen. Auch sei er immer bei Sicht zahlbar und dürfe keine Zahlungsfrist enthalten. Hinzu kommt, daß bei der Ausstellung eine ausreichende Deckung vorhanden sein soll.[21]

Diese Unterscheidungskriterien sind aber nicht immer zwingend, da auch ein Wechsel eine Bank als Bezogenen haben und bei Sicht zahlbar sein kann. Dagegen stellt die Voraussetzung einer ausreichenden Deckung eine petitio principii dar, weil das Erfordernis dieses Merkmals erst durch die Qualifizierung des Papiers bestimmt wird. Es kommt daher auf die Würdigung der Beziehung zwischen dem Aussteller und dem Bezogenen an, sowie auf den von beiden verfolgten Zweck, der sie zur Ausstellung des Wertpapiers bewogen hat. Die Gerichte müssen diese Frage anhand der besonderen Umstände des Falles entscheiden. Dazu zählt auch die äußere Form der ausgestellten Urkunde. Es besteht eine Vermutung für das Vorliegen eines Schecks, wenn es sich bei der Urkunde um das Formular einer bestimmten Bank handelt, mit dessen Hilfe ihre Kunden Geldbeträge von dem dort geführten Bankguthaben abheben können.[22]

bb) Die Hauptunterschiede zwischen Scheck und Wechsel

Das ägyptische Recht betrachtet einen gezogenen Wechsel (lettre de change) immer als Wertpapier, da die Unterzeichnung eines Wechsels als Handelsgeschäft (acte de commerce) gilt, unabhängig vom Gewerbe des Unterzeichnenden und von der Natur des Geschäfts, das der Ausstellung zugrunde lag (Art. 2 Abs. 4 und 6 HGB).

Demgegenüber gilt ein Sola-Wechsel (billet à ordre) nur dann als Wertpapier, wenn der Aussteller ein Kaufmann ist. Ist der Aussteller ein Nichtkaufmann, gilt dieser Wechsel als Wertpapier, wenn die Ausstellung durch ein kaufmännisches Geschäft veranlaßt war (Art. 189, Art. 2 Abs. 7 HGB). Andernfalls wird er als Urkunde des allgemeinen Zivilrechts angesehen.

---

21 Hinweis auf diese Auffassung bei *Badr* (Fn. 3), S. 427; *'Abbas* (Fn. 3), S. 271.
22 *Badr* (Fn. 3), S. 428f.; *'Abbas* (Fn. 3), S. 271; *Shafiq* (Fn. 3), S. 689ff.

Das ägyptische Recht enthält, wie bereits erwähnt, keine besonderen Regeln für den Scheck. Nach einer Auffassung sind die Regeln des ägyptischen HGB für den gezogenen Wechsel entsprechend auf den Scheck anzuwenden.[23] Danach wäre dieser in jedem Fall als ein Wertpapier anzusehen, auch wenn er von einem Nichtkaufmann wegen eines zivilrechtlichen Geschäfts ausgestellt wird. Gegen diese Ansicht wird angeführt, daß Art. 2 Abs. 6 HGB nur den gültigen Wechsel, der eine Wertklausel enthält, betreffe. Dagegen falle ein Wechsel, der wegen des Fehlens der Wertklausel als fehlerhaft anzusehen ist, nicht darunter. Ein Scheck sei aber einem solchen fehlerhaften Wechsel vergleichbar, da bei ihm üblicherweise auch keine Wertklausel vorhanden ist.

Die überwiegende Meinung[24] lehnt die analoge Anwendung der den Wechsel betreffenden Bestimmungen des Art. 2 Abs. 6 HGB auf den Scheck ab. Dies geschieht unter Hinweis auf die Notwendigkeit, den Scheck seinem Wesen entsprechend als selbständiges Wertpapier neben den anderen Wertpapieren aufzufassen.

Insgesamt wird also in Ägypten die Scheckbegebung an sich im Unterschied zum gezogenen Wechsel nicht als Handelsgeschäft angesehen. Folglich gilt der Scheck nur dann als Wertpapier, wenn seine Ausstellung durch ein Handelsgeschäft veranlaßt wurde. Es wird widerlegbar vermutet, daß ein Scheck wegen eines Handelsgeschäfts ausgestellt worden ist, wenn der Aussteller ein Kaufmann ist. Diese Auffassung wird auch im französischen Recht[25] und in dem einiger arabischer Staaten[26] vertreten. Hingegen gilt nach ausdrücklichen Bestimmungen der anderen arabischen Handelsgesetzbücher die Begebung des Schecks und anderer Wertpapiere kraft ihrer Rechtsform als Handelsgeschäft.[27]

---

23 *Abd El-Fattah El-Sayed Bey/M. Deserteaux*, Traité théorique et pratique des effets de commerce en droit égyptien, Dijon 1928, S. 177; *Wahl/Malache* (Fn. 12), S. 42 zitiert nach *Badr* (Fn. 3), S. 435 Fn. 1.
24 *Badr* (Fn. 3), S. 435; *Shafiq* (Fn. 3), S. 692; *Muhriz* (Fn. 14), S. 226; *Aktham al-Khuli*, Durus fi 'l-awraq at-tigariya, Kairo 1958, S. 28 f.
25 *M. Jeantin*, Droit commercial, 2. Aufl. Paris 1990, Nr. 10, S. 6 f.; *Ripert/Roblot*, Traité de droit commercial, Bd. 2, 12. Aufl. Paris 1990, Nr. 2159, S. 247.
26 Libanon: *'Id* (Fn. 6), S. 7 f.; Jordanien: *Salih* (Fn. 6), S. 15; Marokko: *al-'Ubaidi* (Fn. 6), S. 441, gegen diese Auffassung: *as-Suba'i* (Fn. 6), S. 329 f.; Algerien: *Muhriz* (Fn. 6), S. 233 f.
27 Für Nordjemen (Art. 10 Ziff. 5 HGB); Kuwait (Art. 5 Ziff. 5 HGB); Irak (Art. 6 HGB); Qatar (Art. 210 Ziff. 5 ZHGB); Bahrain (Art. 3 Ziff. 4 HGB); Oman (Art. 9 Ziff. 9 HGB).

c) Einfluß der Begebung des Schecks auf die Schuld aus dem Grundgeschäft

Die Begebung eines Schecks zur Tilgung einer Verbindlichkeit bedeutet in der Regel weder eine Novation[28] der Schuld noch eine tatsächliche Erfüllung. Es bleibt vielmehr die ursprüngliche Schuld im Verhältnis zwischen Aussteller und Schecknehmer bestehen. Auch in Frankreich und in mehreren arabischen Staaten[29] hat nach ausdrücklicher Bestimmung die Scheckbegebung nicht die Novation der Schuld zur Folge.

In wenigen Fällen des Wirtschaftsverkehrs kann jedoch die Begebung eines Schecks in Ägypten eine Novation der Schuld aus dem Kausalgeschäft oder eine tatsächliche Erfüllung zur Folge haben.[30] Die Novation der ursprünglichen Schuld durch die Entgegennahme des Schecks setzt voraus, daß die Parteien diese Folge vereinbart haben. Dies kann ausdrücklich oder konkludent erfolgen. Der ägyptische Kassationshof bestätigte die Entscheidung eines Appellationshofes in einem Fall, in dem der ursprüngliche Schuldner Wechsel für eine Kaufpreisforderung ausgestellt hatte.[31] Dieser präsentierte

---

28 Vgl. *Shafiq* (Fn. 3), S. 1082 ff.; Art. 67 des ägyptischen Entwurfs über den Scheck (Fn. 5). Die Ausstellung eines Sola-Wechsels zur Erfüllung einer Geldschuld enthält für sich allein keine Novationsabsicht (Beschluß der Cour d'Appel Mixte vom 27. 4. 1932, Bulletin de Législation et de Jurisprudence Egyptiennes, 44. Jg. (1932), S. 294). Die Ausstellung des Wechsels sei lediglich ein Mittel zur Erleichterung des Erfüllungsgeschäftes (Beschluß vom 17. 4. 1940, ebenda, 53. Jg., S. 111). Sieht man von ihrem Urteil vom 11. 4. 1917 (Bulletin, a. a. O., 29. Jg., S. 359) ab, bedarf es nach ständiger Rechtsprechung der Cour d'Appel Mixte einer eindeutigen Absicht der Parteien für eine Novation, um diese aus der Regelung des Wertpapiers abzuleiten, vgl. die von *Shafiq* (Fn. 3), S. 1086 in Fn. 2 zitierten Urteile; ebenso die Rechtsprechung des Kairoer Nationalen Appellationshofes (Beschluß vom 15. 11. 1927 und vom 16. 3. 1933: al-Muhamah, 8. Jg., S. 187; 13. Jg., S. 1232) und des ägyptischen Kassationshofes 2. 5. 1946, *'Umar* (Fn. 10), Bd. 5, Nr. 69, S. 156; 10. 12. 1979, 45. Gerichtsjahr Nr. 497 und 27. 2. 1989, 57. Gerichtsjahr Nr. 2227, in: *Mu'awwad 'Abd al-Tawwab*, al-Mustahdath fi 'l-qada' at-tigari, Kairo 1991, 122 bzw. 118.

29 Hierzu ausdrückliche Bestimmungen in: Frankreich (Art. 62 des Scheckgesetzes von 1935); Libanon (Art. 444 HGB); Syrien (Art. 559 HGB); Marokko (Art. 66 des Dahir vom 19. 1. 1939); Nordjemen (Art. 475 HGB); Südjemen (Art. 1680 Abs. 2 ZGB); Kuwait (Art. 520 Abs. 2 HGB); Oman (Art. 532 Abs. 2 HGB); Qatar (Art. 439 Abs. 2 ZHGB).

30 Vgl. die Kritik von *Badr* (Fn. 3), S. 450 f. an den unscharfen Formulierungen der Cour d'Appel Mixte vom 5. 5. 1937, Bulletin (Fn. 25), 49. Jg. (1937), S. 215 („Le chèque constitue un véritable paiement assimilable aux paiements par deniers") und vom 7. 6. 1932, Bulletin, 44. Jg. (1932), S. 357 („Le paiement par chèque étant à assimiler au paiement par deniers"). Die Begebung des Schecks gilt nach der Lehre als eine von einer aufschiebenden Bedingung abhängige Zahlung. Die Geldforderung, die zu dieser Begebung veranlaßt hat, erlischt erst durch den Eintritt der Bedingung, nämlich die tatsächliche Zahlung, hierzu *Salih*, al-Awraq (Fn. 5), S. 415; *Muhriz* (Fn. 14), S. 225 f.; *'Alam ad-Din* (Fn. 5), S. 251; ebenso Kassationshof, 19. 11. 1976, Magmu'at ahkam mahkamat an-naqd (Zivilsachen), 27. Jg., S. 1698.

31 Beschluß vom 2. 1. 1947, in: *'Umar* (Fn. 10), Bd. 5, S. 284, vgl. hierzu *Nur ad-Din Raga'i*, Athar at-ta'amul bi-'l-shik fi 'l-iltizam al-asli, Magallat al-qanun wa-'l-iqtisad 1948, S. 596 ff., der allerdings den 7. 1. 1947 als Datum des Beschlusses angibt.

dem Gläubiger eine andere Person als neuen Schuldner, die dann für die einzelnen Raten Schecks ausstellte. Der Gläubiger gab darauf dem ursprünglichen Schuldner die Wechsel mit Erfüllungsvermerk zurück. Daraus wurde ein Novationswille abgeleitet.

Als tatsächliche Erfüllung wird in manchen Fällen die Begebung eines Schecks behandelt. Zahlungen des Gemeinschuldners zur Tilgung fälliger Forderungen durch die Begebung von Schecks, die zwischen der Zahlungseinstellung und der Konkurseröffnung liegen (im französischen Recht „période suspecte")[32], werden ebenso wie Barzahlungen von der Unwirksamkeit sonstiger in Art. 227 HGB aufgezählter Rechtshandlungen des Gemeinschuldners ausgenommen.[33] Durch die Gleichbehandlung von Zahlungen durch Scheck und Bargeld wird in dieser Vorschrift auf die Begebung des Wertpapiers abgestellt und nicht auf die Auszahlung der Schecksumme, die eventuell nach der Konkurseröffnung erfolgt.[34]

2. Erfordernisse des Schecks

Für die gültige Ausstellung eines Schecks ist auch in Ägypten die Beachtung bestimmter Voraussetzungen sachlicher und formeller Art erforderlich.

a) Sachliche Voraussetzungen des Schecks

Die sachlichen Voraussetzungen sind solche, die allgemein zur Gültigkeit von Rechtsgeschäften notwendig sind. Im ägyptischen Recht betreffen diese Voraussetzungen die Geschäfts- und Scheckfähigkeit, den Inhalt, die causa des Rechtsgeschäfts und das Fehlen von Willensmängeln.[35]

Außer diesen Anforderungen ist für den Scheck nach einer Lehrmeinung eine weitere sachliche Voraussetzung erforderlich, nämlich die Deckung

---

32 Für die Unwirksamkeit der in Art. 227 und 231 ägypt. HGB aufgeführten Handlungen erweitert sich dieser Zeitraum um die vor der Zahlungseinstellung zurückliegenden 10 Tage.
33 Nach Art. 228 HGB steht es im Ermessen des Gerichts, die in Art. 227 ausgenommenen Zahlungen für unwirksam zu erklären, wenn der Gläubiger zur Zeit der Zahlung von der ungeordneten Vermögenslage des Gemeinschuldners wußte. Vgl. hierzu *Muhsin Shafiq*, al-Qanun at-tigari al-misri, Bd. 2, fi 'l-Iflas, Alexandria 1949, S. 502 ff.; *Husni al-Misri*, al-Qanun at-tigari, al-Iflas, Kairo 1988, S. 366 ff.; *A. El-Sayed Bey/M. Desserteaux*, Traité théorique et pratique des faillites en droit Egyptien, 1932, S. 82 ff., 100 ff.; vergleichbare Bestimmungen gelten in Syrien (Art. 623–624 HGB); Libanon (Art. 507–508 HGB); Marokko (Art. 206–207 HGB).
34 Vgl. *Badr* (Fn. 3), S. 450 f.
35 *Badr* (Fn. 3), S. 468; *'Abbas* (Fn. 3), S. 287 ff.; *Salih* (Fn. 5), S. 468 ff.; Irak: *Sami/ash-Shama'* (Fn. 6), S. 309; Libanon: *'Id* (Fn. 6), S. 73 ff.; Marokko: *as-Suba'i* (Fn. 6), S. 350 ff.

durch ein entsprechendes Guthaben beim Bezogenen.[36] Andernfalls sei der Scheck nichtig. Rechte des Scheckinhabers könnten nicht entstehen, weil sich dieser vom Vorhandensein der Deckung bei der Scheckausstellung nicht vergewissern kann.

Nach einer anderen Meinung[37] sei ein entsprechendes Guthaben keine Gültigkeitsvoraussetzung, da die Deckung, wie beim Wechsel auch, die Funktion habe, dem Berechtigten den Erhalt der Schecksumme zu ermöglichen und nicht von vornherein das Rechtsgeschäft vornehmen zu können. Der Scheck sei daher auch gültig, wenn keine oder nur eine teilweise Deckung vorhanden ist.[38]

In dem Recht der oben genannten arabischen Staaten zählt, wie im deutschen Recht, das Bestehen einer guthabenmäßigen Deckung nicht zu den Gültigkeitsvoraussetzungen des Schecks.[39]

b) Formerfordernisse des Schecks

Das ägyptische Recht enthält, im Unterschied zum Genfer Einheitlichen Scheckgesetz und dem Recht der ihm folgenden arabischen Staaten, keine Regelung der Formerfordernisse des Schecks. Zur Ausfüllung dieser Lücke greift die ägyptische Lehre und Rechtsprechung auf den inzwischen herausgebildeten Handelsbrauch zurück, der für den Scheck unter Berücksichtigung seiner Natur als Wertpapier und Zahlungsmittel nicht nur die Schriftform, sondern auch sechs Angaben im Text verlangt.[40]

Die zu beachtenden Formerfordernisse tragen dem Grundsatz der förmlichen Scheckstrenge Rechnung. Außer der Beachtung der textlichen Be-

---

36 Vgl. hierzu die Hinweise bei *Badr* (Fn. 3), S. 492 ff.
37 H. M.; vgl. *Shafiq* (Fn. 3), S. 785, der auf eine dritte Auffassung hinweist (S. 783), nach der der Scheck nur im Falle vollständig fehlender Deckung für nichtig erklärt wird; *'Abbas* (Fn. 3), S. 294 f.; *Taha* (Fn. 14), S. 245, ebenso Handelsgericht von Alexandria, Beschluß vom 2. 11. 1946, al-Muhama 28. Jg. (1946), S. 114; Berufungsgerichtshof Kairo 19. 12. 1961, al-Magmu'a al-rasmiya, 60, S. 246.
38 Diese Auffassung steht mit Art. 3 Satz 2 des Genfer Einheitlichen Scheckgesetzes und dem ihm entsprechenden Art. 141 irak. HGB im Einklang. In den übrigen arabischen Rechten (Fn. 4) fehlt eine entsprechende Vorschrift. Im Libanon z. B. wird aber aus anderen Vorschriften gefolgert, daß die Deckung keine Gültigkeitsvoraussetzung des Schecks ist. Nach Art. 417 haftet der Aussteller für die Zahlung des Schecks. Bei nicht ausreichender Deckung hat der Begünstigte nach Art. 430 Anspruch auf Teilerfüllung. Aus den beiden Bestimmungen ergibt sich, daß die Gültigkeit des Schecks von einer ganz oder teilweise fehlenden Deckung unberührt bleibt. Vgl. hierzu *'Id* (Fn. 6), S. 122 f.
39 Für Marokko: *as-Suba'i* (Fn. 6), S. 392 f.; Kuwait: *Shafiq* (Fn. 6), S. 356 f.; Algerien: *Muhriz* (Fn. 6), S. 265; Irak: *Sami/ash-Sham'a* (Fn. 6), S. 321.
40 *Badr* (Fn. 3), S. 452 ff.

standteile des Schecks darf dieser – auch nach dem Recht der oben aufgeführten arabischen Staaten – keine Angaben enthalten, die gegen das Prinzip der förmlichen Scheckstrenge verstoßen. Demnach muß der Inhalt des Schecks aus sich heraus für jedermann ohne weiteres eindeutig und verständlich sein, d. h. er darf keine Bezugnahme auf Umstände enthalten, die außerhalb der Urkunde liegen und aus ihr nicht erkennbar sind.[41] Wenn z. B. in der Urkunde angegeben wird, daß der Betrag erst zahlbar ist nach der Vornahme einer bestimmten Handlung durch den Inhaber, kann die Urkunde mangels Scheckstrenge nicht als Scheck im Rechtssinne gelten. Dasselbe trifft zu, wenn die Urkunde einen Vorbehalt wegen Irrtums oder Versehens enthält. Ein solcher Vorbehalt widerspricht einer wesentlichen Voraussetzung des Schecks, nämlich der unbedingten Anweisung, eine bestimmte Geldsumme zu zahlen.

Die Verwendung eines von den Banken einheitlich vorgedruckten Scheckformulars ist keine notwendige Voraussetzung für die Ausstellung eines Schecks. Einige ägyptische Banken verlangen aber die Verwendung dieser Vordrucke und lehnen die Einlösung von Schecks ab, zu deren Ausstellung die dafür bestimmten Formulare nicht verwendet wurden.[42] Da diese Einschränkung auf einer Vereinbarung zwischen der Bank und ihren Kunden beruht und nicht gegen zwingendes Recht verstößt, hat der Kunde die Einschränkung zu beachten.[43] Die Bank kann sie aber nicht einem Dritten entgegenhalten.[44]

Die Bezeichnung als Scheck im Text der Urkunde zählt im Unterschied zum deutschen Recht und dem Recht der genannten arabischen Staaten nicht zu dessen Gültigkeitsvoraussetzungen. Ferner sind im Gegensatz zum Wechsel die „Wert-erhalten-Klausel", der Erfüllungsort oder das Verfallsdatum keine Formerfordernisse des Schecks.[45]

Der Handelsbrauch verlangt die Angabe des Ausstellungsortes im Scheck, obgleich dieser nach ägyptischem HGB kein Erfordernis des Wechsels ist. Zur Rechtfertigung dieser Angabe als Bestandteil des Schecks wird ausgeführt, daß von ihr die Bestimmung der zur Einlösung des Schecks vorgeschriebenen Vorlegungsfrist abhängt. Ist der Scheck am gleichen Ort wie der Ausstellungsort einzulösen, beträgt diese Frist fünf Tage, andernfalls

---

41 *Badr* (Fn. 3), S. 453; *Shafiq* (Fn. 3), S. 710.
42 Zustimmend *'Alam ad-Din* (Fn. 5), S. 239.
43 *Badr* (Fn. 3), S. 453 f.; *Shafiq* (Fn. 3), S. 708 f.: eine solche Vereinbarung könne nicht aus der bloßen Aushändigung eines Schecks an den Kunden gefolgert werden.
44 Gleiches in der Lehre der genannten arabischen Staaten, vgl. z. B. für Libanon: *'Id* (Fn. 6); Syrien: *Antaki/as-Siba'i* (Fn. 6), S. 413; Kuwait: *Shafiq* (Fn. 6), S. 341 Fn.1.
45 *Badr* (Fn. 3), S. 455.

acht Tage nebst der Entfernungsfrist (Art. 191 HGB). Nach überwiegender Lehrmeinung ist die Angabe des Zahlungsortes jedoch unwesentlich, da auch für den Wechsel, zu dessen Gültigkeit diese Angabe nicht erforderlich ist, unterschiedliche Vorlegungsfristen gelten.[46]

Die Angabe der Zahlungsanweisung bei Sicht darf keine Bedingung enthalten und darf nicht von einer Frist abhängen.[47] Eine ausdrückliche Angabe, daß der Scheck zahlbar bei Sicht ist, wird nicht verlangt, da sich dies aus der Rechtsnatur eines Schecks ergibt. Das ägyptische Recht begnügt sich damit, daß der Scheck keine Angabe über ein bestimmtes Fälligkeitsdatum enthält. Vor- bzw. Nachdatierung sind zulässig (s. u.).[48]

Zusammenfassend bedarf ein Scheck zur förmlichen Gültigkeit nach ägyptischem Gewohnheitsrecht zwingend folgender Angaben: Ausstellungsdatum und -ort, Name des Bezogenen, Name des Schecknehmers mit Zusatz der Orderklausel bzw. die Inhaberklausel, Schecksumme, Zahlungsanweisung bei Sicht und Unterschrift des Ausstellers.

c) Folgen der Nichtbeachtung der Formerfordernisse

Die Rechtsfolgen dafür, daß eine der oben genannten erforderlichen Textangaben des Schecks ausgelassen bzw. von diesen abgewichen wird, sind gesetzlich nicht geregelt. So greift die in Ägypten herrschende Meinung auf die für den Wechsel einschlägige Vorschrift des Art. 107 HGB zurück, soweit diese mit der Natur des Schecks in Einklang steht.[49]

Danach kann das Auslassen einer der zwingenden textlichen Angaben des Schecks die Nichtigkeit des Papiers zur Folge haben. Dies ist der Fall, wenn in der Urkunde die Unterschrift des Ausstellers oder die Angabe der Schecksumme fehlt. Das Fehlen einer Angabe wird aber nicht immer mit der Nichtigkeit sanktioniert. So gilt z. B. anstelle der fehlenden Angabe des Ausstellungsorts der Zahlungsort als Ausstellungsort.

Ist der Scheck wegen Formmangels nichtig, so bleibt im Einzelfall zu prüfen, ob er in ein anderes Wertpapier bzw. eine andere Urkunde umgedeutet

---

46 'Abbas (Fn. 3), S. 277; Badr (Fn. 3), S. 455; 'Alam ad-Din (Fn. 5), S. 241; gegen diese Auffassung: Salih, al-Awraq (Fn. 5), S. 363.

47 Dies wird auch in den Rechten der genannten arabischen Staaten gefordert, wobei – wie im deutschen Recht (Art. 28 Abs. 1 dSchG) – eine der Zahlbarkeit des Schecks auf Sicht gegenteilige Angabe als nicht geschrieben gilt. Das HGB von Oman enthält die letztgenannte Einschränkung allerdings nicht.

48 Badr (Fn. 3), S. 464f.; 'Abbas (Fn. 3), S. 276.

49 Badr (Fn. 3), S. 465ff.; 'Abbas (Fn. 3), S. 281f.

werden kann. Enthält der Scheck z. B. neben der „Wert-erhalten-Klausel" ein Verfalldatum, so wird er in einen Wechsel umgedeutet.[50] Fehlt die Order- bzw. die Inhaberklausel, so wird der Scheck als eine gewöhnliche zivilrechtliche Urkunde angesehen.

Das Vordatieren des Ausstellungstages ist nach ägyptischem Recht und in den anderen arabischen Staaten kein Nichtigkeitsgrund, es sei denn, es läge Arglist vor (z. B. zur Umgehung der noch nicht erreichten Volljährigkeit). Zulässig ist das Vordatieren eines Schecks durch den Aussteller, damit dieser bis zur Scheckvorlage beim Bezogenen für Deckung sorgen kann. Der Scheck gilt dann zum darin angegebenen Datum als ausgestellt.[51] Legt der Inhaber den Scheck vor dem angegebenen Datum der Bank vor, so kann diese, anders als im Recht der dem Genfer Einheitlichen Scheckgesetz folgenden arabischen Staaten[52], dessen Einlösung verweigern. Andernfalls haftet sie z. B. beim Verlust des Schecks und Widerruf des Ausstellers vor dem angegebenen Datum. Wird der vordatierte Scheck nach dem darin angegebenen Datum vorgelegt, so hat die Bank ihn einzulösen. Denn es kommt auf die Beachtung der Formerfordernisse an, hier vor allem darauf, daß der Scheck nur ein einziges Datum enthalten darf, nämlich den Tag der Ausstellung.

Die in Ägypten gesetzlich verankerte Strafbarkeit der Begebung ungedeckter Schecks, vor allem wenn diese vordatiert sind, verleitet viele, auch die Banken, dazu, dem Schuldner vordatierte Schecks zur Kreditsicherung abzuverlangen. Durch diese Praxis erhält der Scheck eine neue Funktion, die seine ihm inhärente Funktion als Mittel des bargeldlosen Zahlungsverkehrs zurückdrängt.[53] Es ist die Folge des Fehlens einer rechtlichen Regelung der besitzlosen Mobiliarsicherheiten.

Der Schecknehmer kann zwar wegen Anstiftung bzw. Beihilfe zur Begebung eines ungedeckten Schecks strafrechtlich belangt werden, dies kann aber beim vordatierten Scheck wegen fehlenden Vorsatzes des Scheckinha-

---

50 Appellationshof Kairo 8. 5. 1956, Nr. 410, 72. Gerichtsjahr, in *'Abd al-Mu'in Lutfi Gum'a*, Mawsu'at al-mawad at-tigariya, Kairo 1986, S. 469, Nr. 632; Kassationshof 22. 3. 1966, Magmu'at ahkam mahkmat an-naqd fi 'l-mawad al-madaniya wa-l-tigariya, 17. J. (1966), S. 618.
51 *Badr* (Fn. 3), S. 475 f.; *'Abbas* (Fn. 3), S. 284; *Salih*, al-Awraq (Fn. 5), S. 385 f.; *'Alam ad-Din* (Fn. 5), S. 240.
52 Für Marokko (Art. 28 Abs. 1 Dahir von 1935); Algerien (Art. 500 HGB); Irak (Art. 155 HGB); Libanon (Art. 425 HGB); Tunesien (Art. 371 HGB); Syrien (Art. 531 HGB); Kuwait (Art. 532 HGB); Nordjemen (Art. 491 HGB); Südjemen (Art. 1692 Abs. 2 ZGB); Qatar (Art. 457 HGB). Nur in Oman (Art. 544 HGB) und Bahrain (Art. 465 HGB) ist es rechtlich nicht zulässig, vordatierte Schecks einzulösen, wenn sie vor dem als Ausstellungstag angegebenen Datum vorgelegt werden.
53 Vgl. hierzu *Husni* (Fn. 9), Sharh, S. 1102 ff.

bers, vor allem wenn der Scheck indossiert ist, scheitern.[54] Rechtsprechung zur Strafbarkeit des Schecknehmers wegen Anstiftung bzw. Beihilfe ist bisher, soweit ersichtlich, unbekannt. Ein erstinstanzliches Strafgericht hat den Aussteller eines ungedeckten, sicherungshalber begebenen Schecks (im französischen Recht „chèque de garantie" genannt) freigesprochen, weil der Scheck eine Kreditsicherungs- und keine reine Zahlungsfunktion gehabt habe.[55] Das Berufungsgericht verwarf jedoch die erstinstanzliche Begründung, d.h. jeder begebene Scheck besitzt die strafrechtlich geschützte Funktion als Zahlungsmittel.[56] Besonderheiten zur Strafbarkeit der Anstiftung und Beihilfe zur Ausstellung von Schecks mit Kreditgarantiefunktion weisen die anderen arabischen Staaten auf. In Libanon (Art. 448 HGB und 667 StGB) und Syrien (Art. 653 StGB) wird derjenige, der zur Begebung eines ungedeckten Schecks anstiftet, mit gleicher Strafe wie der Aussteller bedroht. In Algerien (Art. 374/2 StGB), Saudi-Arabien (Art. 118 Verordnung betr. Wertpapiere) und Marokko (Art. 543 StGB) macht sich der Schecknehmer, der bewußt ungedeckte Schecks entgegennimmt, strafbar. In Marokko (Art. 544 StGB) und Algerien (Art. 374/3 StGB) ist die Ausstellung oder die Entgegennahme von Schecks zur Kreditsicherung („shik ad-daman", „chèque de garantie") mit der Auflage, deren sofortige Vorlegung auf ein vereinbartes Datum zu verschieben, eine strafbare Handlung. Trotzdem finden diese Schecks eine große Verbreitung im Geschäftsverkehr. In Marokko wird dieser Tatsache Rechnung getragen, denn die Zahl der Strafverfolgungen des Schecknehmers in den Fällen sicherungshalber begebener Schecks ist sehr gering (kaum mehr als ein Verfahren pro Jahr).[57]

---

54 Vgl. *Al-Marsafawi* (Fn. 9), S. 120f.
55 (Mahkamat al-Gunah) Qasr an-Nil (Kairo), unveröffentlichter Beschluß vom 28. 6. 1990 Az. 1846/1990 und Az. 3486, Hinweise dazu von *Shafiq Murqus*, in al-Ahram vom 25. 7. 1991, S. 9.
56 Das für Vergehen zweitinstanzliche Gericht von Kairo Mitte (31. 1. 1991 Az. 3609/90, unveröffentlicht). Kritisch dazu *Samir ash-Sharqawi* (bei *N'uman az-Zayyati*, Matahat ash-Shikat, al-Ahram al-iqtisadi vom 18. 2. 1991, S. 28f.), der die sicherungshalber begebenen Schecks vom eigentlichen Scheck als Zahlungsmittel unterscheidet und die Begebung ersterer nicht für strafbar hält (al-Qanun at-tigari, Kairo 1984, Bd. 2, S. 492); ebenso unter Berufung auf diese Auffassung das für Vergehen zweitinstanzliche Gericht von Giza (2. 1. 1988 Az. 2581/1987, unveröffentlicht). Wegen der alarmierenden Zunahme an mißbräuchlich zu Sicherungszwecken begebenen Schecks ist die ägyptische Regierung vom ursprünglichen Vorhaben, das Scheckrecht im neuen HGB (vgl. oben Fn. 5 am Ende) zu regeln, abgerückt. Ein gesonderter Entwurf des Scheckrechts soll im April 1992 dem Volksrat (Parlament) vorgelegt werden. Vgl. M. Kirah, Nazra fi mashru' qanun ash-shik („Ein Überblick über den Gesetzentwurf zum Scheck"), al-Ahram, 7. März 1992, S. 8; ferner den Bericht über ein Kolloquium betreffend das Scheckrecht, al-Ahram, 18. März 1992, S. 7.
57 Vgl. hierzu *as-S'adiya Belmir*, in: ash-Shik bi-dun rasid (Fn. 9), S. 49ff.

3. Widerruf, Einwendungen, Vorlegungs- und Verjährungsfristen, Rückgriff

a) Widerruf und Schecksperre

Sind die Formerfordernisse beachtet und steht kein rechtlicher Grund der Einlösung entgegen, ist der Bezogene verpflichtet, den Scheck einzulösen. Zu den der Einlösung entgegenstehenden Gründen gehören der Widerruf des Schecks durch den Aussteller, die Kenntnis des Bezogenen von der fehlenden Berechtigung des Vorlegers und die Benachrichtigung des Bezogenen über einen vor der Scheckausstellung eröffneten Konkurs bzw. eine angeordnete Entmündigung des Ausstellers.[58]

Der Widerruf durch den Scheckaussteller bzw. eine Schecksperre ist im ägyptischen Recht, analog der für den Wechsel einschlägigen Regelung des Art. 148 HGB, unzulässig, es sei denn bei Abhandenkommen des Schecks und bei Konkurs des Schecknehmers. Rechtsprechung und Lehre haben diesen Ausnahmen die Fälle des Erwerbs des Schecks durch Diebstahl oder Betrug und der Entmündigung des Schecknehmers gleichgestellt.[59] In der Praxis beachten die Banken jedoch jeden Widerruf des Scheckausstellers.[60] Sie verweigern ferner die Einlösung von Schecks im Falle der Benachrichtigung über den Tod des Ausstellers bzw. die Beendigung der Gesellschaft.[61] Die Haltung der Banken wird aber von der Lehre kritisiert, da die Beachtung jedes Widerrufs mit der Natur des Schecks nicht in Einklang steht.[62]

Auch in den genannten arabischen Staaten ist ein Widerruf des Schecks nur im Falle seines Abhandenkommens oder des Konkurses des Scheckinhabers möglich. Erfolgt der Widerruf aus anderen Gründen, so hat das Gericht auf Antrag des Scheckinhabers die Unwirksamkeit des Widerrufs anzuordnen, selbst dann, wenn eine Klage in der Hauptsache bereits anhängig ist.[63]

---

58 'Abbas (Fn. 3), S. 319 ff.
59 Badr (Fn. 3), S. 535; Shafiq (Fn. 3), S. 849.
60 'Alam ad-Din (Fn. 5), S. 250; Shafiq (Fn. 3), S. 774, der entgegen dieser Praxis den Widerruf nur bei Abhandenkommen und Diebstahl des Schecks zulassen will.
61 'Abbas (Fn. 3), S. 320.
62 'Ubaid (Fn. 14), S. 455.
63 Libanon (Art. 428 HGB); Syrien (Art. 535 Abs. 2 und 3 HGB); Jordanien (Art. 249 Abs. 2 und 3 HGB); Irak (Art. 158 Abs. 2 und 3 HGB); Saudi-Arabien (Art. 105 Abs. 2 HGB); Kuwait (Art. 535 Abs. 2 und 3 HGB); Qatar (Art. 460 Abs. 2 HGB); Bahrain (Art. 469 Abs. 2 HGB); Oman (Art. 547 Abs. 2 HGB); Nordjemen (Art. 494 Abs. 2 HGB); Südjemen (Art. 1695 Abs. 3 ZGB); Marokko (Art. 32 Abs. 2 Dahir von 1939); Algerien (Art. 503 Abs. 2 und 3 HGB); Tunesien (Art. 374 HGB).

b) Einwendungen gegen Ansprüche aus dem Scheck

Im Interesse der Umlauffähigkeit des Schecks kann der im Rückgriff in Anspruch Genommene (Scheckschuldner) nicht ohne weiteres die ihm zustehenden Einwendungen geltend machen. Unzulässig ist es für den scheckmäßigen Schuldner, nämlich den Aussteller oder einen der vorherigen Indossanten, gegenüber dem jetzigen gutgläubigen Scheckinhaber die Zahlung auf Grund von Einwendungen zu verweigern, die sie gegenüber einem der vorherigen Scheckbeteiligten haben. Diese Unzulässigkeit beruht nicht auf einer gesetzlichen Vorschrift, sondern ist ebenfalls im ägyptischen Geschäftsverkehr gewohnheitsrechtlich entwickelt worden. In den Rechten der genannten arabischen Staaten gibt es dagegen hierzu eine ausdrückliche Bestimmung, die Art. 22 dSchG entspricht.[64]

Die Geltung dieses Gewohnheitsrechts in Ägypten ist seiner Natur nach nicht absolut. Sie entfällt, wie auch nach dem Recht der übrigen genannten arabischen Staaten, wenn ihr Zweck fehlt, also nicht bei urkundlichen und einigen sachlichen Einwendungen (wie z. B. bei fehlender Vertretungsmacht, mangelnder Geschäftsfähigkeit). Persönliche Einwendungen aus dem der Scheckbegebung zugrundeliegenden Kausalgeschäft stehen dem Aussteller nur gegenüber dem Ersterwerber oder einem bösgläubigen Zweiterwerber zu. Denn ein Schuldner, der zur Erfüllung einer vertraglichen Verbindlichkeit einen Scheck begeben hat, kann dem bösgläubigen Dritten gegenüber, der auf ihn wegen Nichtzahlung des Schecks Rückgriff nehmen will, die ihm zustehende Einrede des nichterfüllten Vertrages geltend machen. Für den bösen Glauben wird in Ägypten kein arglistiges Zusammenwirken zwischen Veräußerer und Erwerber verlangt; es genügt die bloße Kenntnis zum Zeitpunkt des Erwerbs, daß Einwände (exceptions) seitens des Schuldners bestehen.[65] Nach den Rechten der übrigen arabischen Staaten reicht hingegen die bloße Kenntnis des Erwerbers vom Bestehen der Einwendungen nicht aus, sondern es muß, dem Genfer Einheitlichen Scheckgesetz folgend, das Bewußtsein hinzukommen, den Schuldner zu schädigen. Dieses einschränkende Erfordernis bedeutet nach der Lehre, daß der Vorsatz vorliegen muß, durch den Erwerb den Schuldner von seinen Einwendungen abzuschneiden, die er sonst hätte geltend machen können.

---

64 Libanon (Art. 331 i. V. 450 HGB); Jordanien (Art. 241 i. V. 241 HGB); Syrien (Art. 527 i. V. 433 HGB); Irak (Art. 137 i. V. 57 HGB); Kuwait (Art. 510 i. V. 429 Abs. 2 HGB); Nordjemen (Art. 465 i. V. 384 HGB); Südjemen (Art. 1670 i. V. 1590 ZGB); Saudi-Arabien (Art. 117 i. V. 17 Dekret Nr. 37 betr. die Wertpapiere); Bahrain (Art. 46 i. V. 366 HGB); Oman (Art. 522 i. V. 433 Abs. 2 HGB); Marokko (Art. 22 Dahir von 1939); Tunesien (Art. 368 HGB); Algerien (Art. 494 HGB).

65 H. M. Vgl. *Badr* (Fn. 3), S. 127 mit Nachweisen aus der Rechtsprechung.

Demnach setzt der Vorsatz des Erwerbers folgendes voraus:
- genaue Kenntnis vom Bestehen der Einwendung;
- Kenntnis vom Recht des Schuldners, die Einwendung entgegenzusetzen, wäre der Scheck beim Indossanten verblieben;
- das Bewußtsein, durch die Entgegennahme der Indossierung dem Schuldner seine Einwendung abzuschneiden.[66]

c) Vorlegungsfristen

Der Scheck muß, wenn die oben genannten materiellen und formellen Voraussetzungen vorliegen, innerhalb bestimmter Fristen dem Bezogenen vorgelegt werden, anderenfalls verwirkt der Schecknehmer den Rückgriff gegen den Indossanten und unter Umständen gegen den Aussteller. Diese Fristen betragen im Unterschied zum deutschen Recht fünf Tage bzw. acht Tage nebst Entfernungsfristen, je nachdem, ob der Scheck am Ausstellungsort oder an einem anderen Ort zahlbar ist. Die Vorlegungsfristen laufen von dem im Scheck angegebenen Ausstellungstag an, der, anders als im deutschen Recht (Art. 56 dSchG), in der Fristberechnung mitgezählt wird (Art. 191 HGB).[67] Fällt der letzte Tag der Vorlegungsfrist auf einen gesetzlichen Feiertag oder einen Werkferientag der Banken, so verlängert sich die Frist bis zum nächsten Werktag.[68]

Die Verwirkung des Rückgriffs hat im Falle des Schecks keine große praktische Bedeutung, da der Bezogene beim Vorhandensein einer Deckung, wie auch nach dem Recht der genannten arabischen Staaten[69], aber anders als nach deutschem Scheckrecht[70], verpflichtet ist, den Scheck selbst bei verspäteter Vorlegung einzulösen. Der Scheckinhaber verlangt nämlich nicht mehr die Zahlung aus einer wertpapiermäßigen Verpflichtung, sondern die Einlösung auf Grund eines ihm zustehenden Rechts an dem Deckungsguthaben.[71] Ist kein solches vorhanden, schuldet der Aussteller als Haupt-

---

66 Diese Voraussetzungen sind von *Shafiq* (Fn. 3), S. 210 ff. und *Haddad* (Fn. 3), S. 160 f. unter Berufung auf den Beschluß des französischen Kassationshofes vom 26. 6. 1956, Revue Trim. de Dr. Comm. 1957, S. 166 aufgeführt.
67 *Badr* (Fn. 3), S. 530; *Shafiq* (Fn. 3), S. 841.
68 *Badr* (Fn. 3), S. 530 f.; *Shafiq* (Fn. 3), S. 842.
69 Vgl. z. B. *'Id* (Fn. 6), S. 105 ff., 344 f.; *Antaki/as-Siba'i* (Fn. 6), S. 453; *al-'Ubaidi* (Fn. 6), S. 466 f.
70 Einen Anspruch aus dem Scheck gegen den Bezogenen hat der Scheckinhaber weder vor noch nach Ablauf der Vorlegungsfrist, vgl. *Baumbach/Hefermehl*, Wechsel- und Scheckgesetz, 16. Aufl., München 1988, Anm. 1 zu Art. 32 SchG.
71 Vgl. *'Id* (Fn. 6), S. 323; *Shafiq* (Fn. 2), S. 84. Damit unterliegt diese Verpflichtung nicht der für die Ansprüche aus dem Scheck geltenden kurzen Verjährungsfrist.

schuldner die Schecksumme.⁷² Diese Verpflichtung als Hauptschuldner bleibt in der Regel auch bei Nichtbeachtung der Vorlegungsfristen bestehen. Dies ergibt sich im Umkehrschluß aus Art. 193 HGB, der wie folgt lautet: „Wenn der Aussteller einer Sichtanweisung oder eines Zahlungsmandats nachweist, daß Deckung vorhanden war, und diese nicht zu seinen Gunsten verwendet wurde, so verliert der Inhaber, der die Anweisung oder das Mandat nicht rechtzeitig vorgelegt hat, seine Rechte gegen den Aussteller".⁷³ Die späteren arabischen Handelsgesetzbücher enthalten entsprechende ausdrückliche Bestimmungen.⁷⁴ Auch in den übrigen arabischen Rechten gilt eine vergleichbare Regelung. Dem Scheckinhaber ist bei fehlender Deckung, ungeachtet der kurzen Verjährungs- und Vorlegungsfristen, ein Anspruch aus ungerechtfertigter Bereicherung gegen den Aussteller zuerkannt worden.⁷⁵

Das Rückgriffsrecht gegen die Indossanten verfällt bei Nichtbeachtung der Vorlegungsfristen. Die Bedeutung dieses Risikos ist jedoch gering, da der Scheck ein bei Sicht zahlbares Wertpapier darstellt, das kurzlebig ist und selten durch Indossament umläuft.⁷⁶

d) Verjährungsfristen

Die Ansprüche aus einem als Handelsgeschäft (acte de commerce) geltenden Scheck unterliegen nach Art. 194 HGB einer fünfjährigen Verjährung. Diese Verjährung beschränkt sich auf die scheckmäßige Verpflichtung. Die Verpflichtung aus dem Kausalverhältnis bleibt unberührt.⁷⁷

Die ägyptischen Banken verweigern jedoch die Zahlung von Schecks, die ihnen sechs Monate nach dem Ausstellungsdatum vorgelegt werden, und verlangen zur Einlösung eine Bestätigung des Ausstellers. Bei einigen Banken beträgt diese Frist ein Jahr. Die Verweigerung der Banken in solchen Fällen bedeutet nicht die Verwirkung der Ansprüche des Inhabers bzw.

---

72 *'Abbas* (Fn. 3), S. 329f.; *Shafiq* (Fn. 3), S. 881f.
73 *Shafiq* (Fn. 3), S. 882ff.; *Badr* (Fn. 3), S. 546f.
74 Für Kuwait (Art. 547 HGB); Qatar (Art. 467 ZHGB); Irak (Art. 172 HGB); Bahrain (Art. 581 HGB); Oman (Art. 558 HGB); Nordjemen (Art. 505 HGB).
75 Libanon (Art. 442 Abs. 3 HGB); Syrien (Art. 357 Ziff. 4 HGB); Nordjemen (Art. 511 HGB); Südjemen (Art. 1714 ZGB); Marokko (Art. 56 Abs. 3 Dahir vom 19. 1. 1939); Tunesien (Art. 398 Abs. 4 HGB); Algerien (Art. 527 Abs. 4 HGB). Gemäß diesen Vorschriften hat der Schecknehmer – unabhängig von den kurzen Verjährungs- und Vorlegungsfristen betreffend den Scheck – im Falle fehlender Deckung einen Rückgriff gegen den Aussteller und die anderen Scheckverpflichteten auf Grund ungerechtfertigter Bereicherung.
76 *Badr* (Fn. 3), S. 547; *'Abbas* (Fn. 3), S. 330f.
77 *'Abbas* (Fn. 3), S. 331f.

deren Verjährung, sondern stellt eine Bankusance dar, um wegen der bereits langen Gültigkeit des Schecks die Möglichkeit des Widerrufs bzw. des Einwandes der Verfälschung auszuschließen.[78]

Die fünfjährige Verjährungsfrist im ägyptischen Recht ist wesentlich länger als die in Deutschland (Art. 52 dSchG) und in den arabischen Staaten geltende sechsmonatige Frist. Allerdings unterliegen in den arabischen Staaten die Ansprüche des Scheckinhabers gegenüber dem Bezogenen einer dreijährigen Verjährungsfrist, hingegen die Ansprüche gegenüber dem Aussteller wegen fehlender Deckung oder gegenüber dem Scheckverpflichteten aus ungerechtfertigter Bereicherung den allgemeinen Verjährungsfristen. Vom Scheckverpflichteten, der die Verjährungseinrede geltend macht, kann verlangt werden, durch Eid zu bekräftigen, daß er die Scheckschuld erfüllt habe. Ist ein Urteil über die Scheckschuld ergangen oder diese in einer autonomen Urkunde anerkannt worden, gelten die allgemeinen Verjährungsfristen. Abweichend von den genannten arabischen Staaten wird in Libyen für den Scheck in Art. 419 HGB auf die Bestimmungen über die Verjährung von wechselmäßigen Ansprüchen (Art. 380–382) verwiesen.

e) Rückgriff

Das ägyptische Recht enthält keine Vorschrift über die Fristen für eine Rückgriffsklage aus dem Scheck. Die Frage einer analogen Anwendung der in Art. 165 HGB für den Wechsel festgelegten Fristen wird in der Lehre erörtert.[79] Eine Auffassung verlangt die Erhebung der Klage innerhalb der in Art. 165 HGB festgelegten 15 Tage nicht[80], da diese Vorschrift von der Ausstellung eines Protests abhängig ist, der beim Scheck nicht erforderlich sei.[81] Eine andere Auffassung läßt die Fristen des Art. 165 HGB auch für den Scheck ähnlich wie beim Wechsel gelten, der einen Verzicht auf den Protest enthält. Infolgedessen hat der Schecknehmer die Rückgriffsklage innerhalb der auf den Tag der Scheckvorlegung folgenden 15 Tage zu erheben.[82] Zu dieser Frist kommt eine Entfernungsfrist hinzu, die sich nach

---

78 '*Abbas* (Fn. 3), S. 332, nach dem einige Banken diese Frist auf ein Jahr festgesetzt hatten. '*Alam ad-Din* (Fn. 5), S. 266, spricht allgemein von einer Jahresfrist. Allerdings ist diese bisher von einer der bedeutendsten Banken in Ägypten, der Misr-Bank, nicht beachtet worden. Die Banken jedoch, die diesem Handelsbrauch folgen, geben dem Inhaber den Scheck zwecks Bestätigung durch den Aussteller zurück und belasten das Konto des Letzteren mit der Schecksumme, die sie zwischenzeitlich auf ein Sperrkonto gutschreiben.
79 *Shafiq* (Fn. 3), S. 834.
80 '*Abbas* (Fn. 3), S. 325 f.
81 *Shafiq* (Fn. 3), S. 874.
82 *Badr* (Fn. 3), S. 540.

der Entfernung zwischen dem Ausstellungsort des Scheckschuldners und dem Ort des Bezogenen richtet.

Der Rückgriff auf die Indossanten des Schecks erfolgt durch Klageerhebung. Gegen den Scheckaussteller erfolgt er hingegen mittels eines Zahlungsbefehls (Art. 201 ägypt. Zivilprozeßgesetz), es sei denn, der Scheckinhaber will sowohl gegen die Indossanten als auch gegen den Aussteller Rückgriff nehmen. Durch die Rückgriffsklage kann der Scheckinhaber die Schecksumme nebst den in Handelssachen gültigen Zinsen von 5% (Art. 226 ZGB) begehren.[83] Die Verzinsungspflicht beginnt mit dem auf den Vorlegungstag folgenden Tag.

f) Verzugszinsen – auch beim Scheck – vor dem Hintergrund der Scharia

Wie bereits oben erwähnt, kann z.B. bei der Rückgriffsklage der Schecknehmer die Schecksumme nebst den in Handelssachen gültigen Zinsen von 5% begehren. Dieser Regelung steht das islamrechtliche Riba-Verbot[84] entgegen, d.h. das allgemeine Verbot, u.a. Zinsen vertraglich auszubedingen bzw. gesetzliche Verzugszinsen geltend zu machen.

aa) Das Riba-Verbot im islamischen Recht

Der Riba zählt zu den umstrittensten Problemen im islamischen Recht und wird in dieser Hinsicht mit der Prädestinationsfrage in der Glaubenslehre verglichen. Seine Übersetzung mit „Wucher" oder „Zins" ist zu eng, da er mehrere verschiedene Tatbestände umfaßt. Deshalb wird der Begriff „Riba" im Text beibehalten. Die Riba-Frage wird auf der Grundlage zweier Rechtsquellen diskutiert, des Korans und der Sunna, was zu unterschiedlichen Ergebnissen führt. Der Riba ist im Koran (2, 275–276, 278–279) eindeutig und streng verboten. Das koranische Verbot betrifft nach überwiegender Meinung jedoch allein eine vorislamische Erscheinungsform des Riba, die damals von den Arabern praktiziert wurde. Es handelt sich um die Erhöhung der Schuld (meist Verdoppelung) als Gegenleistung für die nach ihrer Fälligkeit gewährte Stundung. Eine solch hohe Verzinsung fällt auch nach heutiger Rechtsauffassung unter Wucher.

---

83 *'Abbas* (Fn. 3), S. 328; *Shafiq* (Fn. 3), S. 874.
84 Vgl. hierzu *'Abd ar-Razzaq as-Sanhuri* (gest. 1971), Masadir al-haqq fi 'l-fiqh al-islami, 3. Aufl. Kairo 1967, S. 177 ff.; *Muhammad Rashid Rida* (gest. 1935), ar-Riba wa-l-mu'amalat fi 'l-islam, Kairo 1960, S. 49 ff.; *Ibrahim Zakiy ad-Din Badawi*, Nazariyat ar-Riba al-Muharram, Kairo 1964; *Y. Linant de Bellefonds*, Traité de droit musulman comparé, Paris 1965, Bd. 1, S. 211 ff.; *Nabil A. Saleh*, Unlawful Gain and Legitimate Profit in Islamic Law, Cambridge 1986, S. 8–47; *H. Krüger*, Überblick über das Privatrecht der Staaten des ägyptischen Rechtskreises, in: Recht van de Islam 5 (1987), S. 116 ff.

In überlieferten Aussprüchen des Propheten (Sunna) sind sechs vertretbare Sachen (Gold, Silber, Weizen, Gerste, Datteln, Salz) genannt, deren gattungsgleicher Austausch im Kauf[85] nur statthaft ist, wenn die gattungsgleichen Objekte, ohne daß es auf die Qualität ankommt, sofort und dem Gewicht bzw. den Hohlmaßen nach in gleicher Menge ausgehändigt worden sind. Daraus leiteten die Rechtsschulen zwei Riba-Tatbestände ab, bei denen der Kauf unstatthaft ist. Zum einen, wenn die im Prophetenspruch genannten getauschten Sachen dem Gewicht bzw. den Hohlmaßen nach nicht äquivalent sind (sog. Riba al-fadl), was dazu führt, daß eine Partei einen ungerechtfertigten Überschuß ohne eine entsprechende Gegenleistung erhält. Zum zweiten, wenn die Leistung eines der getauschten Objekte gestundet wird (Riba an-nasi'a), da die gestundete Leistung im Verhältnis zur sofort erbrachten Leistung einen ungerechtfertigten Zuwachs zugunsten der einen Partei enthält. Das aus der Sunna abgeleitete Riba-Verbot wurde von den Rechtsschulen, sieht man von den Zahiriten ab, auf andere Gegenstände als die sechs aufgeführten Sachen erweitert. Über die Bestimmungskriterien der einzubeziehenden Sachen herrscht erhebliche Meinungsverschiedenheit, vor allem zwischen der hanafitischen und der schafiitischen Rechtsschule. Bei dem Riba-Tatbestand wegen der Stundung des auszuhändigen Austauschobjektes (Riba an-nasi'a) wird die Gattungsgleichheit nicht gefordert.

Das heute im Rechtsverkehr übliche verzinste Darlehen wird in den klassischen Werken der islamischen Rechtswissenschaft im Abschnitt über den Riba nicht erörtert, denn der Riba im Prophetenspruch bezieht sich auf ausgetauschte Objekte beim Kauf, das Darlehen hingegen ist seinem Wesen nach ein unentgeltliches Rechtsgeschäft und damit jederzeit vom Darlehensgeber kündbar. Da die Darlehenshingabe als eine wohlgefällige Handlung des Darlehensgebers angesehen wird, führt eine Verzinsung nach islamischem Recht zu einer rechtlichen Denaturierung des Darlehens. Denn nach einem Spruch des Propheten ist es unzulässig, wenn ein Darlehen einen Vorteil (z.B. Zins) erbringt. Nach einer Meinung aus der hanafitischen Schule ist ein mit Vorteilen verknüpftes Darlehen lediglich „verpönt", was einen minderen Grad eines Unwerturteiles darstellt.[86] Das ver-

---

85 Der Kauf wird im islamischen Recht als Austausch von Vermögenswerten (mubadalat mal bimal) definiert und umfaßt somit auch den Tausch.

86 Vgl. Gutachten islamischer Rechtsgelehrter in der indischen Provinz Haidarabad, bei *Rida* (Fn. 84), S. 45, dazu letzterer S. 52; contra: *Badawi* (Fn. 84), S. 223 ff. Zu den fünf Kategorien der religiös-ethischen Bewertung der Handlungen des Menschen und ihrer Bedeutung im islamischen Recht vgl. *Elwan*, Empfängnisregelung und Abtreibung im Islam. Ein Beitrag zum Recht der Entwicklungsländer, in: Rechtsvergleichung und Rechtsvereinheitlichung. Hrsg. *Eduard Wahl, Rolf Serick* u. *Hubert Niederländer*, Heidelberg 1967, S. 450 f.

zinste Darlehen erweckt in der Regel den Verdacht auf den Riba und wird deswegen den durch den Prophetenspruch begründeten Riba-Tatbeständen, die eigentlich den Austausch bestimmter Objekte beim Kauf betreffen, gleichgestellt.

Nach einer Meinung ist deshalb zwischen dem koranischen Riba-Verbot und dem aus der Sunna abgeleiteten zu unterscheiden, und zwar hinsichtlich des Grades der Verbotsstrenge. Ersteres wiege schwerer als letzteres, weshalb ersteres nur im Falle dringender Not, d. h. bei Lebensgefahr durchbrochen werden dürfe, letzteres schon beim Vorliegen eines Bedürfnisses des Betroffenen bzw. eines überwiegenden allgemeinen Interesses.[87] Unter Hinweis auf das Bedürfnis bzw. das überwiegende Interesse hat die Rechtsprechung der Unionsgerichte in den V. A. E., wie unten dargelegt, die Fortgeltung der Bestimmungen der ZPO von Abu Dhabi gerechtfertigt, die die gerichtliche Zuerkennung von Zinsen regeln.

An sich ist der Ersatz von Schaden auf Grund verspäteter Erfüllung nach islamischem Recht zulässig, bedenklich aber die Einbeziehung des entgangenen Gewinns in die Schadensberechnung wegen seines unsicheren Charakters. Gegen die gesetzlichen Verzugszinsen wird eingewandt, daß sie ohne Nachweis des Schadens und dessen Bemessung als gesetzlich festgesetzte pauschale Entschädigung zuerkannt werden. Sie werden damit auf Grund des Verdachts auf einen gewährten, aber möglicherweise ungerechtfertigten Vermögenszuwachs und somit auf den Riba nach islamischem Recht als unzulässig angesehen.[88]

Unter dem zunehmenden Druck des europäischen Einflusses und der Einführung von Zivil- und Handelskodifikationen in Anlehnung an europäische Vorbilder in Ägypten, die das Verlangen von Zinsen zuließen, entflammte dort Anfang dieses Jahrhunderts eine Diskussion über den Riba, die bis Ende der fünfziger Jahre fortgesetzt wurde.[89] Dabei wurden die sehr kontroversen Lehrmeinungen der klassischen Rechtsschulen aufgegriffen und versucht, unter Berufung auf bestimmte, differenzierende klassische Auffassungen die Koran- und Sunna-Stellen zum Riba im Sinne eines

---

87 Vgl. hierzu *Rida* (Fn. 84), S. 84, 93 ff.; *as-Sanhuri* (Fn. 84), S. 203–222; *Saleh* (Fn. 84), S. 28 f.; *Ibrahim Zakiy ad-Din Badawi*, Nazariyat ar-Riba al-Muharram, Magallat al-Qanun wa-'l-Iqtisad 1939, S. 563 ff., der seine Auffassungen in seinem später erschienenen Buch (Fn. 84) widerrufen und sich nunmehr für ein strenges und extensives Riba-Verbot ausgesprochen hat, S. 254 ff.
88 Vgl. *Ahmad Sharaf ad-Din* (unten Fn. 92), S. 186 ff.; *Ahmad Mahmud S'ad*, al-Fawa'id at-t'akhiriya, Kairo 1986, S. 256 ff.
89 Zu einer Bestandsaufnahme der betreffenden Diskussion in Ägypten vgl. *Chibli Malat*, The Debate on Riba and Interest in Twentieth Century Jurisprudence, in *Chibli Malat* (Hrsg.), Islamic Law and Finance, London 1988, S. 69 ff.

relativierten, d. h. eingeschränkten und im Bedürfnisfalle durchbrechbaren Riba-Verbots zu interpretieren.[90] Dies ebnete den Weg für die Aufrechterhaltung einer Regelung im ägyptischen ZGB von 1949, welche gesetzliche Verzugszinsen und vereinbarte Zinsen bis zu einer Höchstgrenze zuläßt. Bedeutsam ist dies wegen der Vorbildwirkung, die vom ägyptischen ZGB auf mehrere arabische Staaten (Syrien, Irak, Libyen) ausging.[91]

Seit Anfang der sechziger Jahre lebte die Riba-Diskussion wieder auf, und seit den siebziger Jahren nimmt sie Richtung auf ein strenges, ausgeweitetes Riba-Verbot. Die in der arabischen Region zunehmend an Boden gewinnende fundamentalistische Bewegung hat die Oberhand gewonnen. Die Verfechter eines einschränkenden Riba-Verbots wurden zur Minderheit und zum Rückzug gedrängt.

bb) Auswirkungen des islamrechtlichen Riba-Verbots im geltenden Recht einiger arabischer Staaten

Vor diesem Hintergrund hat das Riba-Verbot in den Gesetzen und der Rechtsprechung der arabischen Staaten in unterschiedlichem Umfang Eingang gefunden.

– In Saudi-Arabien, nach dessen Recht bereits die im voraus festgesetzten Verzugszinsen unzulässig sind, enthält die Wertpapierordnung, anders als in Deutschland (vgl. Art. 45 dSchG) und den genannten arabischen Staaten, keine dem Art. 45 des Genfer Einheitlichen Gesetzes entsprechende Vorschrift. Dort gilt eine Zinsangabe im Wechsel als nicht geschrieben (Art. 6).

– In Kuwait ist zwar in Art. 165 des alten HGB ein Anspruch auf 5% Verzugszinsen festgelegt. Das Landgericht Kuwait (al-Mahkama al-kulya) hat aber 1979 in zwei Beschlüssen[92] die Zuerkennung von Verzugszinsen wegen Verstoßes gegen Art. 2 der Verfassung abgewiesen. Dort ist festgelegt, daß die Scharia eine Hauptquelle der Gesetzgebung ist. Damit wurde das darin enthaltene Zinsverbot als höherrangiges Recht angewendet.

---

90 Zur einschränkenden und extensiven Lehre des Riba im klassischen islamischen Recht *as-Sanhuri* (Fn. 84), S. 194 ff.; *Badawi* (Fn.87), S. 563 ff.
91 Zur Regelung der Zinsfrage im ägyptischen ZGB vgl. *as-Sanhuri* (Fn. 84), S. 244 ff.; kritisch dazu im Hinblick auf die Prinzipien des islamischen Rechts *Badawi* (Fn. 84), S. 254 ff., 269.
92 Beide vom 21. 4. 1979 (Az. 69908/1978 und Az. 1538/1979), Magallat al-Huquq wal-Schari'a, 4. Jg. (1980), S. 175 ff. mit Anmerkung dazu von *Ahmad Sharaf ad-Din*. Anders als in dem seit dem 25.2.1981 in Kuwait geltenden HGB sind nach dem am gleichen Tag ebenfalls in Kraft getretenen ZGB weder rechtsgeschäftliche Zinsen noch Verzugszinsen zulässig. Soweit ersichtlich, sind Gerichtsentscheidungen zur Vereinbarkeit der Zinsvorschriften des neuen HGB mit der Scharia nicht bekannt.

- In den V. A. E. bestätigte die Verfassungskammer des Hohen Unionsgerichts zwar die Verfassungsmäßigkeit der Art. 61–62 ZPO über die Festsetzung von Zinsen.[93] Die Kammer für Zivil- und Handelssachen desselben Gerichtshofes berief sich im Beschluß vom 6. 9. 1983 auf diese Auslegung, wies aber darauf hin, daß das Zuerkennen von Zinsen nach dem Wortlaut der Art. 61–62 ZPO von Abu Dhabi im Ermessen des Gerichts stehe, was als eine Einschränkung der früheren Auslegung angesehen werden kann.[94] Darüber hinaus ist nach der Auffassung des Appellationshofes von Abu Dhabi das Zuerkennen von Zinsen nur im Bereich von Bankgeschäften statthaft.[95]
- In Ägypten ist eine ähnliche Entwicklung erkennbar. Zwar hat das Oberste Verfassungsgericht eine Klage über die Vereinbarkeit von Art. 226 ägypt. ZGB über die Verzugszinsen mit der Scharia, deren Grundsätze nach Art. 2 der Verfassung die Hauptquelle der Gesetzgebung sind, aus formalen Gründen abgewiesen, aber ohne auf die eigentliche Frage der Vereinbarkeit der Zinsen mit der Verfassung einzugehen.[96] So beschäftigt diese Frage weiter die ägyptischen Gerichte. Zum Beispiel hat die Erste Zivil- und Handelskammer des Appellationshofes von Ismailia ein Urteil des Handelsgerichts Ismailia, das die Unzulässigkeit der von einer Bank geltendgemachten 15% Überziehungszinsen

---

[93] Beschluß Nr. 14 (9. Rechtsprechungsjahr), abgedruckt in al-'Adala, 10. Jg. (1983), Nr. 37, S. 79f. Vgl. hierzu *Choudhury*, Civil Courts review interest awards, MEER, Juli 1983, S. 19. Der Gerichtshof beruft sich auf Art. 148 der Verfassung der V. A. E. von 1971 und folgert daraus, daß alle vor ihrer Verkündung geltenden Gesetze fortgelten, sofern sie nicht geändert bzw. aufgehoben wurden. Eines ähnlichen Arguments hat sich das ägyptische Höchste Verfassungsgericht in seinem Beschluß vom 5. 5. 1985 bedient (vgl. Fn. 96).

[94] Rechtsmittel Nr. 17, 5. Gerichtsjahr (Zivilsachen). Der Beschluß ist bei *Ahmad Mahmud S'ad* (Fn. 88), S. 18ff. unten als Fortsetzung der Fn. 1 (S. 15) abgedruckt. Der Gerichtshof hat die Durchbrechung des Riba-Verbots und die Abweisung der Beanstandung der Art. 61 und 62 ZPO mit dem Bedürfnis bzw. dem überwiegenden allgemeinen Interesse des Geschäftsverkehrs begründet. Diese Bestimmungen sollen fortgelten, bis ein islamisches Substitut für die in der V.A.E. geltende Wirtschaftsordnung und das dort bestehende Banksystem geschaffen ist. Dieses Argument wurde schon von *as-Sanhuri* (Fn. 84), S. 243f. zur Rechtfertigung der Aufrechterhaltung einer begrenzten Zinsregelung im ägyptischen ZGB von 1949 angeführt. Art. 61 ZPO wurde durch Gesetz Nr. 4/1987, Art. 62 ZPO durch Gesetz Nr. 3/1987 geändert. Die darin enthaltene geänderte Regelung über die Zinsen ist strenger geworden.

[95] Beschluß vom 7. 5. 1990, al-'Adala, 17. Jg. (1990), Nr. 64 (Oktober 1990), S. 93 ff. unter Hinweis auf die in Fn. 94 angeführte Rechtsprechung der Verfassungs- und Kassationskammern des Obersten Unionsgerichts, die nach dem Appellationshof die grundsätzliche Unzulässigkeit von Zinsen mit Ausnahme der Bankgeschäfte vertreten. Diese seien, solange kein islamisches Substitut geschaffen werde, auf Grund der wirtschaftlichen Bedürfnisse gerechtfertigt.

[96] Beschluß vom 4. 5. 1985, al-Garida ar-rasmiya 1985, S. 999; vgl. hierzu *Ian D. Edge*, Shari'a and Commerce in Contemporary Egypt, in *Mallat* (Fn. 84), S. 31 ff. (45ff.); *Elwan*, Gesetzgebung und Rechtsprechung, in: Steinbach/Robert (Hrsg.), Der moderne Nahe und Mittlere Osten, Bd. 1, Opladen 1988, S. 238f.

wegen deren Verstoßes gegen die Scharia festgestellt hatte, verworfen und die Beklagte auf Zinszahlung verurteilt.[97]

Der ägyptische Kassationshof hat bei der Zulassung der Vollstreckung eines englischen Schiedsspruches die darin zuerkannten 8% Verzugszinsen auf den in Art. 226 ZGB für Handelssachen festgesetzten Zinssatz von 5% reduziert.[98] Der Gerichtshof wies darauf hin, daß die im Gesetz erwähnten 5% der höchste Verzugszinssatz sei. Die Höhe dieses Satzes sei eine zwingende Regel, weil er dem ordre public angehöre. In dem Beschluß wird deshalb auf das Argument des Antragstellers nicht eingegangen, daß nicht jede zwingende Vorschrift ordre-public-Charakter habe. Diese Ansicht des Gerichts kann jedoch m.E. im Bereich des hier einschlägigen ordre public international nicht standhalten, dessen Umfang angesichts der Anforderungen des internationalen Handels enger ist als der des ordre public interne, der aber keine bezifferte Begrenzung des Zinssatzes kennt. Im übrigen ist der vom Gericht behauptete zwingende Charakter der gesetzlich festgesetzten Höchstgrenze des Zinssatzes m.E. selbst im internen Geschäftsverkehr nicht absolut. So ermächtigt das ägyptische Gesetz Nr. 120/1975 die Zentralbank, abweichend von anderen Rechtsvorschriften, die von den Banken einzuhaltende Obergrenze von Zinssätzen autonom festzusetzen (Art. 7 Buchst. d), d. h. erforderlichenfalls auch den bis 7% zulässigen Höchstsatz für vereinbarte Zinsen (Art. 227 ZGB) zu überschreiten. Von dieser Befugnis hat die Zentralbank unseres Wissens mehrfach Gebrauch gemacht.

Der Kassationshof hat m.E. die Vorschriften der Scharia stillschweigend insoweit angewendet, als zwar an der bestehenden Gesetzesregelung vorläufig nicht gerüttelt, die zweckmäßige Anpassung an wirtschaftliche Erfordernisse aber vermieden wurde.

– Im Sudan erließ Präsident Numeiri im September 1983 die in Übereinstimmung mit den Prinzipien der Scharia erstellten Gesetzesentwürfe als provisorische Präsidialbeschlüsse. Zu diesen Beschlüssen zählen das Zivilprozeßgesetz von 1983 und das Ziviltransaktionengesetz von 1984. In Art. 110 Zivilprozeßgesetz ist ein Zinsverbot statuiert. Gemäß dieser Bestimmung darf das Gericht niemanden zur Zahlung von Zinsen für

---

97 Beschluß vom 5. 1. 1987 (Az. 22, 11. Gerichtsjahr – Handelssachen), unter dem Vorsitz von *Muhammad S'aid al-'Ashmawi*, in dessen Buch ar-Riba wa-'l-fa'ida fi 'l-Islam, Kairo 1988, S. 95 ff. der Beschluß abgedruckt ist. Der Appellationshof hat allerdings den Zinssatz auf 7% reduziert, der nach Art. 227 ZGB als zulässiger Höchstsatz für rechtsgeschäftliche Zinsen gilt.
98 Beschluß vom 21. 5. 1990 (Az. 815, 52. Gerichtsjahr), unveröffentlicht.

ein geschuldetes Kapital verurteilen.[99] Darüber hinaus bestimmt Art. 281 des Ziviltransaktionengesetzes ausdrücklich, daß Darlehensvereinbarungen, die die Zahlung von Beträgen enthalten, die über das erhaltene Kapital hinausgehen, zwar gültig sind, die Bedingung der Zinszahlung aber nichtig ist.

So kann in den Scheckrechten einiger arabischer Staaten, darunter auch Ägypten, die Tendenz festgestellt werden, die islamrechtlichen Prinzipien im Hinblick auf Zinszahlungen über die wirtschaftlichen Erfordernisse zu stellen.

4. Zusammenfassung und Ausblick

Die Scheckregelungen sind durch die Übernahme des Genfer Einheitlichen Scheckgesetzes sowohl in Deutschland als auch in den genannten wichtigen arabischen Staaten weitgehend gleich. Dennoch bestehen zwischen ihnen und dem deutschen Recht gewisse Unterschiede, die auf die Auswirkung der Scheckbegebung auf die Deckung bei der bezogenen Bank zurückgehen. Die arabischen Staaten haben, im Rückgriff auf die in der Anlage zum Genfer Einheitlichen Scheckgesetz gestatteten Abweichungen und dem französischen Dekretgesetz vom 30. 10. 1935 folgend, dem Scheckinhaber einen Anspruch auf die Deckung zuerkannt und dem auch die Regelung anderer Fragen wie z.B. Widerruf, Rückgriff, Verjährung und Verwirkung angepaßt.

Hingegen ist die gesetzliche Regelung des Schecks in Ägypten, das weder den Genfer Konventionen beigetreten ist noch ihre Regelungen übernommen hat, sehr lückenhaft. Sie beruht auf dem HGB von 1883. Lehre und Rechtsprechung haben versucht, diese Lücken auszufüllen. Es wurden Lösungen entwickelt, die größtenteils mit dem in den arabischen Staaten geltenden Recht in Einklang stehen.

Dessen ungeachtet verleiteten die sehr lückenhafte gesetzliche Scheckregelung und die Strafbarkeit der Begebung von am Vorlagedatum ungedeckten Schecks in Ägypten viele – sogar Banken – dazu, dieses Wertpapier mit der seinem Wesen fremden Funktion eines Kreditsicherungsmittels einzusetzen, die seine eigentliche Funktion als Zahlungsmittel teilweise zurück-

---

99 Vgl. *Elwan* (Fn. 96), S. 243 ff.; Art. 60 des Wechselgesetzes, der gemäß der Verweisung des Art. 76 für den Scheck gilt und die Folgen im Falle der Nichteinlösung – einschließlich Verzugszinsen – regelt, ist der Sache nach durch Art. 110 sud. Zivilprozeßgesetz hinsichtlich der Zinsen aufgehoben.

gedrängt hat. Diese Doppelfunktion ist Ausdruck des Fehlens differenzierter Regelungen.

Deshalb bleibt zu hoffen, daß im Rahmen des in Arbeit befindlichen neuen HGB eine Änderung erreicht wird. Wünschenswert wäre, daß in diesen Entwurf auch die besitzlosen Mobiliarsicherheiten einbezogen werden, was dazu führen dürfte, daß die Denaturierung des Schecks als Kreditsicherungsmittel aufhört und er nur seine eigentliche Funktion als Zahlungsmittel behält. Dabei wird sich auch zeigen, welche Rolle die Prinzipien des islamischen Rechts in Abwägung mit den wirtschaftlichen Erfordernissen spielen werden, insbesondere, ob es den Verfassern des Entwurfs gelingt, bei der schwierigen Frage der Vereinbarkeit von wirtschaftlich angemessenen Verzugszinsen mit dem weitgehend undifferenziert angewendeten Riba-Verbot der Scharia einen Ausweg zu finden.

Der überblickartige Vergleich mit dem Scheckrecht anderer arabischer Staaten zeigt, daß sich auf der Grundlage der beinahe vollständigen Übernahme des Genfer Einheitlichen Scheckgesetzes eine ausführliche, weitgehend identische Regelung des Scheckrechts entwickelt hat. Aber auch in einigen dieser Länder zeigt sich in mehr oder weniger großem Umfang die zunehmende Dominanz der in der Scharia wurzelnden Prinzipien über eine Rechtsprechung, die den wirtschaftlichen Erfordernissen verpflichtet bleiben soll.

Zur Präzisierung der sogenannten Nachrangklausel im Konflikt mit dem verlängerten Eigentumsvorbehalt

Von Wolfgang Ernst, Tübingen

I. Die Entwicklung bis zur Nachrangklausel

Freigabeklauseln werden von der Kreditsicherungspraxis in zweierlei Hinsicht eingesetzt: Zum einen geht es darum, durch die Verpflichtung zur Freigabe von Sicherheiten eine Übersicherung, die bei allen nicht-akzessorischen Sicherheiten eintreten kann, und die damit drohende Unwirksamkeit nach § 138 BGB bzw. nach § 9 AGB-Gesetz zu verhindern.[1] Zum anderen geht es speziell bei der Globalzession um die Vermeidung der Unwirksamkeit nach § 138 BGB/§ 9 AGB-Gesetz, die bei einer Kollision mit einer zur Verlängerung des Eigentumsvorbehalts vereinbarten Vorausabtretung angenommen wird, wenn die aufgrund des Prioritätsgrundsatzes vorgehende Globalzession den Vorbehaltskäufer zwingt, „ständig Vertragsverletzungen oder gar strafbare Handlungen gegenüber seinen Lieferanten begehen zu müssen, weil er auf Lieferung unter Eigentumsvorbehalt angewiesen ist".[2] Wie es also um zwei verschiedene Unwirksamkeitsgründe geht, beide allerdings sub specie § 138 BGB bzw. § 9 AGB-Gesetz, so sind die zur Vermeidung der Unwirksamkeit erforderlichen Klauselgestaltungen verschieden. Es gibt nicht „die" Freigabeklausel schlechthin, sondern es gibt Freigabeklauseln zur Vermeidung einer sittenwidrigen Übersicherung und solche zur Vermeidung der aus der Kollision mit dem verlängerten Eigentumsvorbehalt resultierenden Unwirksamkeit. Die unterschiedlichen Zwecke erfordern unterschiedliche Klauselgestaltungen. Im folgenden geht es nur um Freigabeklauseln mit der Funktion, die Globalzession im

---
1 Aus jüngerer Zeit vgl. etwa BGH v. 29. 11. 1989 – VIII ZR 228/88 –, BGHZ 109, 240, dazu *Bülow*, ZBB 1990, 29 ff., *Hansjörg Weber*, JZ 1990, 493; BGH v. 26. 4. 1990 – VII ZR 39/89 –, ZIP 1990, 852; BGH v. 6. 12. 1990 – VII ZR 334/89 –, ZIP 1991, 152. Ausführlich zu Freigabeklauseln mit der Funktion, Übersicherung aufgrund eines erweiterten Eigentumsvorbehalts zu vermeiden, *Graf Lambsdorff*, ZIP 1986, 1524 ff.
2 BGH v. 7. 3. 1974 – VII ZR 148/73 –, NJW 1974, 942 (943) = WM 1974, 368. Ob die Globalzession von einem Geldkreditgeber oder von einem Warenkreditgeber vereinbart wird, spielt hierbei keine Rolle, s. BGH v. 9. 3. 1977 – VII ZR 178/75 –, WM 1977, 480, im Anschluß an *Serick*, BB 1974, 845 ff.

Hinblick auf die Kollision mit einer zur Verlängerung des Eigentumsvorbehalts vereinbarten Vorausabtretung vor der Unwirksamkeit nach § 138 BGB bzw. § 9 AGB-Gesetz zu bewahren.

Wenn die in der Vertragspraxis erprobten Freigabeklauseln danach unterschieden werden, ob sie dingliche oder obligatorische Wirkung haben, dann kann es im folgenden nur um dingliche Freigabeklauseln gehen, nachdem nach der Leitentscheidung des Bundesgerichtshofs vom 9. 11. 1978 – VII ZR 54/77 –[3] eine sogenannte schuldrechtliche Teilverzichtsklausel[4] nichts am Urteil der Sittenwidrigkeit zu ändern vermag, weil eine solche Klausel dem Vorbehaltslieferanten gegen den Globalzessionar nur einen nicht konkursfesten, schuldrechtlichen Anspruch auf Abtretung der Forderung gibt.[5] Diese Entscheidung des VII. Zivilsenats vom 9. 11. 1978 hat es notwendig gemacht, den Vorbehaltslieferanten an der Weiterverkaufsforderung[6] dinglich zu berechtigen, und auf die dingliche Zuordnung der Weiterverkaufsforderung beziehen sich wiederum zwei unterschiedliche Klauseltypen: Es begegnet zunächst die sogenannte „dingliche" Verzichtsklausel. Durch sie werden die aus dem Verkauf von Vorbehaltsware begründeten Weiterverkaufsforderungen aus der Zessionsvereinbarung schlicht ausgenommen, so daß diese Weiterverkaufsforderungen, die Lieferanten aus einem verlängerten Eigentumsvorbehalt beanspruchen, von vorneherein nicht erfassen soll. Es handelt sich nicht um einen Verzicht im Sinne des juristischen Sprachgebrauchs, denn die Forderung, hinsichtlich derer anstelle des Globalzessionars der Vorbehaltslieferant soll zum Zug kommen dürfen, steht zu keinem Zeitpunkt dem Globalzessionar zu, er kann auf sie also nicht „verzichten". Der Globalzessionar verzichtet nur, so könnte man sagen, auf den Forderungserwerb. Die dingliche (Teil-) Verzichtsklausel wirft keine besonderen Probleme auf. Daß die dingliche Teilverzichtsklausel die Sittenwidrigkeit der Globalzession beseitigt, ist „nichts anderes als eine Selbstverständlichkeit".[7] Nur ist das Ausweichen auf die dingliche Verzichtsklausel für den sich durch Globalzession sichernden Kreditgeber

---

3   BGHZ 72, 308.
4   Es handelt sich um eine durch Vertrag zugunsten Dritter begründete Verpflichtung zur Übertragung der Forderung auf den Vorbehaltslieferanten, also nicht um einen Verzicht im technischen Sinne (= Verfügung, durch die ein Recht aufgegeben wird, ohne auf eine andere Person übertragen zu werden, vgl. *v. Tuhr*, Allg. Teil II/1, 1914, S. 264 f.).
5   Zur umfassenden Würdigung der Entscheidung s. *Serick*, Eigentumsvorbehalt u. Sicherungsübertragung V, 1982, § 71 = S. 864–915, sowie unten am Schluß.
6   Der Kürze halber wird nur von Weiterverkaufsforderungen gesprochen, doch gilt das, was zu sagen ist, gleichermaßen auch für andere mit der Vorbehaltsware begründete Kundenforderungen, also insbesondere für Weiterverarbeitungsforderungen.
7   *Serick*, BB 1974, 853.

derart ungünstig, daß *Serick* bereits 1974 zu dem Urteil gekommen war, es wäre das Ende eines jeden durch Globalzession abzusichernden Kredits, wenn die dingliche Teilverzichtsklausel das einzige Korrektiv für die Entscheidung bleiben sollte, ob § 138 BGB im Hinblick auf die Kollision mit dem verlängerten Eigentumsvorbehalt eingreift.[8] Es kann eben der Globalzessionar diejenigen Forderungen, auf deren Erwerb er von vorneherein verzichtet hat (besser: die er von der Abtretungsvereinbarung ausgenommen hat), auch dann nicht als Sicherheit in Anspruch nehmen, wenn der Vorbehaltslieferant befriedigt, der verlängerte Eigentumsvorbehalt erledigt ist. Soweit dadurch Weiterverkaufsforderungen frei werden, stehen diese[9] nämlich dem Vollstreckungszugriff aller Gläubiger des Sicherungsgebers offen und können auch von diesem selbst durch Abtretung oder Einziehung verwertet werden. Es ist deshalb schief, wenn man hinsichtlich der dinglichen Verzichtsklausel davon spricht, der Globalzessionar räume dem Vorbehaltslieferanten „den Vorrang" ein: denn aufgrund dessen, daß die Globalabtretung die Weiterverkaufsforderungen, soweit sie auf dem Verkauf von Vorbehaltsware beruhen, deretwegen ein verlängerter Eigentumsvorbehalt vereinbart wird, von der Zessionsvereinbarung ausnimmt, erwirbt der Globalzessionar diese Forderungen überhaupt nicht, also auch nicht „nachrangig" gegenüber dem Vorbehaltslieferanten.

In dieser Situation ist die sogenannte Nachrangklausel entwickelt worden, um die es im folgenden gehen soll. Sie lautet in dem Formulierungsvorschlag von *Lambsdorff/Skora*: „Ist an die Bank eine Forderung abgetreten, die ganz oder teilweise Gegenstand eines von einem Lieferanten mit dem Bankkunden vereinbarten, in der betreffenden Branche – auch für die Bank erkennbar – branchenüblichen verlängerten Eigentumsvorbehalts ist, so räumt die Bank der Lieferantenvorausabtretung schon jetzt dinglich die Vorrangstellung vor der Globalzession ein."[10] In dem durch Urteil des BGH vom 8. 10. 1986 – VIII ZR 342/85 – entschiedenen Fall hatte die formularmäßige Klausel einer Volksbank gelautet: „Sollten unter den [im Rahmen der Globalzession abgetretenen] Forderungen solche sein, die einem nach Abschluß dieses Vertrages wirksam zustande gekommenen branchenüblichen verlängerten Eigentumsvorbehalt eines Lieferanten unterliegen, gehen diese Forderungen auf die Bank erst über, wenn sie nicht mehr vom verlängerten Eigentumsvorbehalt erfaßt werden. (...)"[11] Der

---
8 Ebenda S. 852.
9 Genauer: der gegen den Vorbehaltslieferanten gerichtete, durch die Erledigung des Sicherungszwecks begründete Rückgewähranspruch auf Rückabtretung dieser Forderungen.
10 NJW 1977, 705.
11 BGHZ 98, 303, 305.

VIII. Zivilsenat hat dieser Klausel attestiert, es werde mit ihr den Interessen des Schuldners wie seiner Warengläubiger ausreichend Rechnung getragen[12], und hat daher eine Unwirksamkeit der Globalzession nach § 9 AGB-Gesetz verneint.[13] Die Klausel muß damit natürlich auch sub specie § 138 BGB als unbedenklich gelten. Seither wird die Nachrangklausel in sinngemäßen Formulierungen durchgängig empfohlen.[14] Die Vereinbarung einer entsprechenden Nachrangklausel ist gleichermaßen angezeigt, soweit eine globale Factoring-Zession zum Zwecke des unechten Factoring im Hinblick auf einen kollidierenden Eigentumsvorbehalt vor der Unwirksamkeit nach § 138 BGB/§ 9 AGB-Gesetz[15] zu bewahren ist.

Im folgenden geht es darum, die dingliche Nachrangklausel rechtstechnisch zu präzisieren und dadurch Gestaltungsmöglichkeiten zu erschließen, die bislang noch ungenutzt zu sein scheinen.

II. Die Nachrangklausel als aufschiebende Bedingung der Sicherungszession

Es kann u. E. die Nachrangklausel, wie sie etwa im Fall von BGHZ 98, 303 begegnet, rechtstechnisch nur so verstanden werden, daß die Abtretung im Rahmen der Globalzession, soweit sie eine Forderung erfaßt, hinsichtlich derer ein verlängerter Eigentumsvorbehalt vereinbart ist, durch die Erledigung jenes Eigentumsvorbehalts im Sinne von § 158 BGB aufschiebend bedingt sein soll. Es handelt sich bei der Nachrangklausel dann nicht darum, daß die dem Globalzessionar an sich bereits vollwirksam zedierte Forderung wieder „freigegeben" würde, sondern es ist die dingliche Zuordnung der Forderung zum Globalzessionar pendent, bis der Eigentumsvorbehalt des Vorbehaltslieferanten erledigt ist.[16] Daß eine Vorausabtretung zukünftiger Forderungen, um die es sich also handelt, ebenso bedingt werden kann, wie die Abtretung bestehender oder bereits im Rechtsgrund

---

12 BGHZ 98, 303, 315 f. Zur Begründung hat sich der VIII. Zivilsenat auf das Urteil des VII. Senats v. 7. 3. 1974 bezogen (oben Fn. 2), bei dem es sich jedoch um eine dingliche Teilverzichtsklausel und also darum gehandelt hatte, daß von vornherein „nur solche Forderungen von der Abtretung hatten erfaßt werden sollen", die frei von Lieferanten-Rechten gewesen seien.
13 Zur Beschränkung der Nachrang-Abrede auf den Fall einer Kollision mit einem branchenüblichen verlängerten Eigentumsvorbehalt s. noch unten sub. III 1.
14 Siehe die der Vertragspraxis entnommenen Klauselbeispiele bei *Finger*, DB 1982, 478.
15 Vgl. grundlegend BGH v. 14. 10. 1981 – VIII ZR 149/80 –, BGHZ 82, 50, u. ausf. *Serick*, IV, 1976, § 52 IV 5 ff. = S. 578 ff.
16 Durch die (dingliche) Nachrangklausel wird also nicht eine vom Globalzessionar zunächst erworbene Forderung wieder „freigegeben".

angelegter Forderungen, sollte nicht fraglich sein.[17] Der namhafte und von der Kreditsicherungspraxis gerade gesuchte Vorzug der Nachrangklausel gegenüber der dinglichen Verzichtsklausel, daß nämlich nach Erledigung des Eigentumsvorbehalts die Weiterverkaufsforderung nicht dem Sicherungsgeber und damit möglicherweise seinen übrigen Gläubigern zukommen soll, sondern dem Globalzessionar, stellt sich dann einfach so dar, daß mit der Erledigung des Eigentumsvorbehalts der Globalzessionar die Weiterverkaufsforderung nach § 158 Abs. 1 BGB erwirbt.

Die Wirkung einer derart bedingten Abtretung der Weiterverkaufsforderung mag veranschaulicht werden durch Gegenüberstellung einer namentlich von *Serick* ausführlich erörterten Technik, die ebenfalls den Zweck verfolgt, den Globalzessionar „im Anschluß" an den Vorbehaltsverkäufer wieder zum Zuge kommen zu lassen: Danach soll der Sicherungsgeber/Vorbehaltskäufer dem Globalzessionar in den Kollisionsfällen anstelle der Weiterverkaufsforderung im voraus den Rückgewähranspruch abtreten, mit dem er bei Erledigung des Eigentumsvorbehalts vom Vorbehaltsverkäufer Rückabtretung der Weiterverkaufsforderung verlangen kann.[18] Eine solche Vereinbarung ist wohl möglich, u. E. aber nicht erforderlich. Gestaltet man die dingliche Nachrangklausel so, daß die Weiterverkaufsforderung, hinsichtlich derer ein verlängerter Eigentumsvorbehalt vereinbart wird, dem Globalzessionar mit allen anderen Kundenforderungen abgetreten ist, nur eben unter der Bedingung der Befriedigung des Vorbehaltsverkäufers, so steht dem Globalzessionar die Weiterverkaufsforderung mit der Befriedigung des Vorbehaltsverkäufers ohne weiteres zu, und zwar einfach aufgrund dessen, daß die von ihm vereinbarte Zession gegenüber dem verlängerten Eigentumsvorbehalt die zeitlich frühere gewesen ist. Und daß der befriedigte Vorbehaltsverkäufer die Forderung aus dem Weiterverkauf kraft der zeitlich früheren[19], zunächst bedingten, mit seiner Befriedigung aber vollwirksam werdenden Abtretung an den Globalzessionar verliert, ist für diesen ersichtlich günstiger als der Erwerb nur eines obligatorischen Rückabtretungsanspruchs.[20]

Der mit Erledigung des Eigentumsvorbehalts eintretende Forderungserwerb des Globalzessionars ist sodann dadurch geschützt, daß alle zeitlich

---

17 Eine (potestativ) bedingte Abtretung künftiger Kundenforderungen lag der Entscheidung BGH v. 15. 4. 1987 – VIII ZR 97/86 –, BGHZ 100, 353, zugrunde, und es ist in diesem Verfahren die Möglichkeit einer solchen Abtretung nicht in Frage gestellt worden. Ebenso begegnet etwa die bedingte Vorausabtretung zukünftiger Rentenansprüche derart, daß die Abtretung der zukünftig fällig werdenden Rentenforderungen durch die jeweils termingemäß zu leistenden Zahlungen bedingt ist, vgl. BGH Großer Senat für Zivilsachen v. 10. 10. 1951, BGHZ 4, 153.
18 V, 1982, § 65 = S. 487 ff. u. passim. Die Klausel wird auch empfohlen von BuB/*Herget* (Lieferung 12/80) 4/720 ff.
19 Für die Ermittlung der Priorität kommt es bei einer bedingten Abtretung auf den Zeitpunkt der Abtretungsvereinbarung an, nicht auf den des Bedingungseintritts.
20 Es ist deshalb nicht sinnvoll (wiewohl unschädlich), die Nachrangklausel mit einer Vorausabtretung des gegen den Vorbehaltslieferanten gerichteten Anspruchs auf Rückabtretung der Weiterverkaufsforderung zu kombinieren (so BuB/*Herget*, a. a. O., oben Fn. 18): indem die Weiterverkaufsforderung aufgrund der Nachrangklausel mit der Befriedigung des Vorbehaltslieferanten ohne weiteres dem Globalzessionar zusteht (§ 158 BGB), wird der gegen den Vorbehaltslieferanten gerichtete Anspruch auf Abtretung dieser Forderung gegenstandslos.

nach der Globalzession etwa noch vorgenommenen Verfügungen durch den Sicherungsgeber, soweit sie den Forderungserwerb durch den Globalzessionar vereiteln oder beeinträchtigen würden, nach § 161 Abs. 1 BGB unwirksam sind, und daß dasselbe auch von einer eventuellen Forderungspfändung gilt (§ 161 Abs. 2 BGB).[21] Der Erwerb der Forderung durch den Globalzessionar erfolgt schließlich auch dann, wenn die Bedingung – Befriedigung des Vorbehaltsverkäufers – zu einem Zeitpunkt eintritt, zu dem bereits das Konkursverfahren über das Vermögen des zedierenden Sicherungsgebers eröffnet ist, denn die Berechtigung aus einer vor Eröffnung des Konkursverfahrens vereinbarten, aufschiebend bedingten Zession wird bekanntlich als Recht i. S. d. § 15 KO eingeordnet.[22] Aufgrund dessen besteht für den Globalzessionar die Möglichkeit, den Vorbehaltslieferanten auch noch im Konkurs des Sicherungsgebers zu befriedigen, wenn die abgesonderte Verwertung der ihm dann zustehenden Weiterverkaufsforderungen mehr einzubringen verspricht, als die Befriedigung des Vorbehaltslieferanten kostet. Weil der Globalzessionar nach der Befriedigung des Vorbehaltslieferanten in die Innehabung der Weiterverkaufsforderung „nachrückt", mag man, obwohl es sich um einen Rang im technischen Sinne nicht handelt[23], davon sprechen, daß an der Weiterverkaufsforderung dieser vorrangig, jener nachrangig berechtigt ist, und kann insofern die Klausel, um die es geht, als Nachrangklausel ansprechen[24]; damit wird unsere Klausel,

---

21 Während dies für den Fall einer Befriedigung des Vorbehaltslieferanten, wenn also dessen Kaufpreisforderung gem. § 362 Abs. 1 BGB (ggf. i. V. m. § 267 BGB) erfüllt wird, unproblematisch ist, sehen *Bette/Marwede* einen logischen Zirkel für den (Ernst-)Fall, daß sich der Vorbehaltslieferant wegen eingetretener Insolvenz des Vorbehaltskäufers durch Einziehung der Weiterverkaufsforderung befriedigen muß: indem damit die bedingte Globalzession wirksam werde, entfalle nach § 161 Abs. 1 S. 1 BGB gerade die Vorausabtretung im Rahmen des verlängerten Eigentumsvorbehalts und damit die Grundlage für die Einziehung der Forderung durch den Vorbehaltslieferanten, BB 1979, 121, 126 bei und mit Fn. 35. *Bette/Marwede* meinen daher, § 161 stehe „als konstruktives Problem" der Erfassung der Nachrangklausel als bedingter Zession entgegen. Das den Erwerb des Globalzessionars herbeiführende Ereignis ist jedoch die Erfüllung der Kaufpreisforderung des Vorbehaltslieferanten durch Zahlung seitens des Käufers oder seitens eines Dritten (nach § 267 BGB); muß der Vorbehaltslieferant, um auf seine Kosten zu kommen, die ihm im Rahmen des verlängerten Eigentumsvorbehalts zedierte Weiterverkaufsforderung selbst verwerten, dann ist die Bedingung, unter der der Globalzessionar diese Forderung erworben hätte, ausgefallen. Gegen *Bette/Marwede* auch BuB/*Herget*, o. Fn. 18, 4/723.
22 St. Rspr. und h. L.: BGH v. 5. 1. 1955 – IV ZR 154/54 –, NJW 1955, 544; *Serick*, V, 1982, § 65 m. w. N.
23 Es handelt sich nicht um zwei *gleichzeitig* am selben Gegenstand bestehende Berechtigungen (zwischen denen ein „Rang" entscheiden müßte), sondern es ist zunächst, solange die Abtretung an den Globalzessionar noch pendent ist, nur der Vorbehaltslieferant Forderungsinhaber, und es wird dann mit dessen Befriedigung allein der Globalzessionar Forderungsinhaber.
24 *Graf Lambsdorff/Skora* haben die Klausel unter der Bezeichnung „modifizierte Vorrangklausel" vorgestellt, NJW 1977, 704.

um die es geht, zugleich deutlich sowohl von der obligatorischen Verzichtsklausel abgehoben als auch von der dinglichen Verzichtsklausel, die schlicht in der Aussparung des Kollisionsfalles aus der Globalzession besteht.[25] Spricht man von einer Nachrangklausel, so ist deren zusätzliche Charakterisierung als „dinglich" überflüssig.

Solange die den Forderungserwerb des Globalzessionars bedingende Befriedigung des Vorbehaltslieferanten noch nicht erfolgt ist, ist der Globalzessionar hinsichtlich der Weiterverkaufsforderung Nichtberechtigter. Wenn der Globalzessionar die Forderung etwa unter Berufung auf die Globalzession einzieht (oder Zahlungen auf diese Forderungen rechtsmißbräuchlich aufgrund einer Zahlstellenklausel entgegennimmt[26]), dann macht er sich, soweit der Schuldner sich durch diese Zahlung befreit hat[27], dem Vorbehaltslieferanten als dem wirklichen Forderungsinhaber gemäß § 816 Abs. 2 BGB haftbar. In diesem Fall sollte man, wenngleich die Weiterverkaufsforderung durch die Einziehung seitens des Globalzessionars ja bereits erloschen ist, anerkennen, daß dessen Haftung nach § 816 BGB, wenn der Vorbehaltslieferant seinen Kaufpreis erhält, aufgrund von Konvaleszenz nach § 185 Abs. 2 S. 1, 2. Fall, § 158 Abs. 1 BGB erlischt.

III. Inhaltliche Einschränkungen der Nachrangklausel

1. Branchenüblichkeit des verlängerten Eigentumsvorbehalts als Voraussetzung des Lieferantenvorrangs?

In dem Urteil vom 8. 10. 1986 – VIII ZR 342/85 – hat es der VIII. Zivilsenat des Bundesgerichtshofs für bedenkenfrei erklärt, daß die Globalzessionarin ihren Nachrang gegenüber einem verlängerten Eigentumsvorbehalt nur insoweit erklärt hatte, als dieser branchenüblich ist.[28] Der Entscheidung, die sich allerdings auf eine offenbar einhellige Meinung[29], einschließlich derjenigen *Sericks*[30], stützen konnte, ist u.E. nicht zu folgen.

Das Urteil des VIII. Zivilsenats erscheint auf erste Sicht als logische Konsequenz einer gesicherten Rechtserkenntnis, daß nämlich die Kollision einer

---

25 Ohne Unterschied zu dieser spricht BuB/*Herget* auch die hier behandelte Klausel als „dingliche Verzichtsklausel" an, a.a.O. (o. Fn. 18).
26 BGH v. 9. 11. 1978 – VII ZR 17/76 –, BGHZ 72, 316.
27 Nach oder – richtig – entsprechend §§ 408 Abs. 1, 407 Abs. 1 BGB.
28 BGHZ 98, 303, 314 ff.
29 *Graf Lambsdorff/Skora*, NJW 1977, 701, 704 ff., MünchKomm/*Roth*, 2. Aufl. 1985, § 398 Rz. 104; *Palandt/Heinrichs*, 45. Aufl. 1986, § 398 Anm. 6c; *Finger*, BB 1982, 475, 478. Unkritisch referiert wird die Entscheidung von *Emmerich*, WuB IV B § 9 AGBG 1. 87.
30 IV, § 49 II b, S. 405.

Globalzession mit einem verlängerten Eigentumsvorbehalt, mit dem im maßgeblichen Zeitpunkt der Zessionsabrede[31] nicht zu rechnen war, nicht zur Unwirksamkeit der Globalzession führt, weil es für die Annahme eines sittenwidrigen Handelns des Globalzessionars an der erforderlichen „subjektiven Komponente" fehlt, am (Eventual-)Vorsatz eben, den Sicherungsgeber in die Zwangslage zu bringen, seinen Warenkreditgeber zu täuschen und ihm gegenüber vertragsbrüchig werden zu müssen. Wenn, so denkt man weiter, die Kollision mit einem branchenunüblichen verlängerten Eigentumsvorbehalt die Globalzession nicht sittenwidrig macht, dann darf dieser Kollisionsfall auch aus der Nachrangklausel ausgespart werden. Diese Schlußfolgerung ist u. E. nicht zu halten. Gerade dann, wenn man den Ausgangspunkt des Bundesgerichtshofes, für die Sittenwidrigkeit auf die Handlungsabsicht des Sicherungsnehmers, sozusagen auf seine Lauterkeit, abzustellen, teilt, muß man u. E. zum entgegengesetzten Resultat kommen: Wenn der Bundesgerichtshof sagt, die Bank brauche mit einem nicht branchenüblichen verlängerten Eigentumsvorbehalt nicht zu rechnen (sub II 3 c = S. 315), dann entspricht dies nicht den Tatsachen, denn ausweislich der Klauselgestaltung hat man den Fall des nicht branchenüblichen verlängerten Eigentumsvorbehalts sehr wohl mitbedacht und es nimmt die Bank als Globalzessionarin für diesen Fall den späteren Vertragsbruch ihres Sicherungsgebers ersichtlich in Kauf. Wenn der Globalzessionar die branchenunüblichen verlängerten Eigentumsvorbehalte ausdrücklich aus seiner Nachrangerklärung ausnimmt, spekuliert er geradezu darauf, Weiterverkaufsforderungen aus dem Verkauf von Ware, hinsichtlich derer ein verlängerter Eigentumsvorbehalt vereinbart ist, aufgrund der zeitlich früheren Globalzession ohne Rücksicht auf den verlängerten Eigentumsvorbehalt für sich in Anspruch zu nehmen, und so sollen also mit der Beschränkung des Nachrangs auf den Fall der Kollision mit branchenüblichen verlängerten Eigentumsvorbehalten bewußt Rechtsvorteile auf Kosten Dritter gezogen werden.

Zuzugeben ist nur, daß bei Unüblichkeit des verlängerten Eigentumsvorbehalts, wenn also der Sicherungsgeber die Weiterverkaufsforderungen üblicherweise mit Ware be-

---

[31] St. Rspr., s. etwa BGH v. 15. 4. 1987 – VIII ZR 97/86 – sub II 2c, BGHZ 100, 353, 359 mit Präjudizienkette ebenda. Wie beachtet werden mag, hat der Bundesgerichtshof jedoch wiederholt die Möglichkeit anerkannt, daß die Ausübung eines Rechts, das erworben worden ist aufgrund eines im Zeitpunkt seiner Vornahme nicht sittenwidrigen Geschäfts, später rechtsmißbräuchlich sein kann, s. zuletzt BGH v. 15. 4. 1987 – VIII ZR 97/86 – sub II 2, BGHZ 100, 353, 360, und besonders instruktiv BGH v. 14. 7. 1952 – IV ZR 1/52 –, BGHZ 7, 111, 114. Wird dem Globalzessionar bekannt, daß der Sicherungsgeber Warennachschub wider Erwarten nur unter verlängertem Eigentumsvorbehalt erhält, ist zu fragen, ob er sich auf den Erwerb der Weiterverkaufsforderungen, die er danach noch aufgrund der im Zeitpunkt ihrer Vereinbarung nicht sittenwidrigen Globalzession erhält, berufen kann, ohne gegen Treu und Glauben zu verstoßen.

gründet, die nicht unter verlängertem Eigentumsvorbehalt bezogen wird, die Globalzession ihn möglicherweise nicht dazu zwingt, *ständig* seine Warenkreditgeber zu täuschen und ihnen gegenüber vertragsbrüchig zu werden. Für den Fall aber, daß einmal das Unübliche geschieht und der Sicherungsgeber Ware nur unter verlängertem Eigentumsvorbehalt erhalten kann, wird dem Sicherungsgeber Täuschung und Vertragsbrüchigkeit gegenüber dem Lieferanten um so deutlicher zugemutet – und zwar ganz gezielt. Wenn man die Globalzession hier unbeanstandet läßt, gibt man der Sicherungspraxis den Freibrief für eine Regelung, die den Vertragspartner zum bloß *gelegentlichen* Vertragsbruch zwingt.[32]

Wenn also derjenige, der eine Globalzession im guten Glauben daran vereinbart, er könne mit einem verlängerten Eigentumsvorbehalt überhaupt nicht in Konflikt kommen, nach ständiger Rechtsprechung nicht sittenwidrig handelt[33], dann folgt daraus doch nicht, daß auch das Handeln desjenigen, der die nur vorgeblich unerwarteten, weil branchenunüblichen verlängerten Eigentumsvorbehalte gezielt aus seiner Nachrangerklärung ausnimmt, unbedenklich sein müßte. Der Schluß: die Kollision mit einem unerwarteten, weil branchenunüblichen Eigentumsvorbehalt macht die Globalzession nicht sittenwidrig, *also* ist es hinsichtlich des branchenunüblichen Eigentumsvorbehalts unnötig, einen Nachrang zu erklären, ist unrichtig. Es sollte im Gegenteil nicht fraglich sein, daß wir eine derart beschränkte Nachrang-Vereinbarung, die einzig und allein darauf abzielt, Rechtsvorteile zu Lasten einzelner Vorbehaltslieferanten zu gewinnen, als Individualabrede nach § 138 BGB und als AGB-Klausel nach § 9 AGB-Gesetz für unwirksam zu halten haben.

Ganz genauso muß man übrigens zur Unwirksamkeit der Klausel kommen, wenn man das Urteil der Sittenwidrigkeit nicht auf die Handlungsabsicht der Beteiligten bezieht, sondern auf den Inhalt des Rechtsgeschäfts[34]; die Unwirksamkeit der Globalzession ergibt sich dann bekanntlich aus ihrem institutionellen Konflikt mit dem verlängerten Eigentumsvorbehalt[35], und dieser institutionelle Konflikt von Globalzessionar und Vorbehaltslieferant ist derselbe, gleich ob nun in der Branche des Vorbehaltslieferanten die Vereinbarung eines verlängerten Eigentumsvorbehalts üblich oder unüblich ist. Es ist auch nicht zu sehen, warum ein Lieferant Rechtsnachteile dadurch sollte erleiden können, weil in der Branche, der er angehört, der verlängerte Eigentumsvorbehalt unüblich ist, zumal er guten

---

32 Daß es um die gezielte Erringung von Vorteilen auf Kosten der Lieferantenseite geht, wird deutlich etwa in der Bewertung von *Emmerich*, wenn es heißt, der Bundesgerichtshof sei den Banken „einen deutlichen Schritt entgegengekommen", WuB IV B § 9 AGBG 1. 87.
33 Mit der Einschränkung der Fn. 31 a. E.
34 Grundlegend *Flume*, Das Rechtsgeschäft, 3. Aufl. 1979, § 18 3. = S. 372 ff.
35 So insb. *Flume*, NJW 1959, 919 = Ges. Schriften I, 1988, 382 f., ähnlich *Esser*, ZHR 135, 1971, 320, 327; *Schmidt*, DB 1977, 69 f., *Picker*, JuS 1988, 375, 378 bei Fn. 33.

Grund haben mag, in einem konkreten Vertrag nicht ohne diese Sicherung zu liefern. Dem Vorbehaltslieferanten würden, wenn man ihn gegenüber der zeitlich früheren Globalzession nur deswegen schutzlos läßt, weil in der Branche, der er angehört, die Vereinbarung eines verlängerten Eigentumsvorbehalts ungebräuchlich ist, aus einem von ihm nicht notwendig erkennbaren und jedenfalls kaum zu beeinflussenden Verhalten Dritter, nämlich der seiner Branche angehörenden Lieferanten, Nachteile drohen, und es ist auch nicht zu sehen, wie er sich dagegen sollte absichern können außer durch Übergang zum Barkauf.[36] Umgekehrt ist nicht einzusehen, warum der Globalzessionar von der möglichen Branchenunüblichkeit zu Lasten einzelner Vorbehaltslieferanten sollte profitieren können.

Wenn es, abgekürzt gesprochen, für die Annahme eines Verstoßes gegen die guten Sitten darauf ankommt, daß die Abtretung der Weiterverkaufsforderung nach dem Sinn der Zession gerade auch für den Fall gelten soll, daß die Weiterverkaufsforderung mit Vorbehaltsware begründet wird, über die der Käufer nur bei Abtretung der Weiterverkaufsforderung verfügen darf[37], dürfen wir eine Globalabtretung nicht für wirksam halten, die ihrem erklärten Sinn nach gerade für einen solchen Fall Geltung beansprucht, unter der einzigen Einschränkung nur, daß sich dieser Fall bei einem Vergleich innerhalb der Branche als die Ausnahme darstellen soll. Danach hat das Unwerturteil über die gezielt auf den branchenüblichen Eigentumsvorbehalt beschränkte Nachrangklausel für uns festzustehen.

Es mag sein, daß der VIII. Senat gemeint hat, er könne oder solle den Geldkreditgebern entgegenkommen, weil diese – wie es u. E. in der Tat der Fall ist – mit ihrer Nachrangklausel den Warenkreditgebern eine stärkere Berechtigung hinsichtlich der Weiterverkaufsforderungen belassen, als erforderlich wäre, um das kollisionsbedingte Unwirksamkeitsurteil nach § 138 BGB/§ 9 AGB-Gesetz zu vermeiden. Es ist nur die Beschränkung durch die Branchenüblichkeit nicht der richtige Weg, um den Ausgleich zwischen Geld- und Warenkreditgebern zu verbessern.

---

36 Hinzu kommt, daß die Beweislast für die Branchenüblichkeit des verlängerten Eigentumsvorbehalts nach dem Urteil des VIII. Zivilsenats den Lieferanten treffen soll, BGHZ 98, 303, 315 f. im Anschluß an *Lamsdorff/Skora*, NJW 1977, 701, 706. Welches die Beweiserleichterungen zugunsten des Lieferanten sein sollen, die vom VIII. Zivilsenat a. a. O. erwähnt werden, ist nicht zu sehen.
37 *Flume*, Ges. Schriften I, 1988, 382.

2. Wertmäßige Beschränkungen des Lieferantenvorrangs

Es bestehen für die Praxis der Globalzession jedoch in einer anderen Richtung offenbar weitgehend unausgeschöpfte Möglichkeiten, die Nachrangklausel stärker dem juristischen Ordnungsproblem anzupassen. So, wie die Nachrangklausel in dem Fall von BGHZ 98, 303 formuliert war, hatte die Globalzessionarin ihren Erwerb der Weiterverkaufsforderung (in deren voller Höhe) dadurch suspendiert, daß die Forderung aus dem Verkauf von Vorbehaltsware nicht mehr durch den verlängerten Eigentumsvorbehalt erfaßt sein durfte. Die Globabzessionarin gibt dem Vorbehaltslieferanten u. E. damit mehr, als ihm zusteht.

a) Von anderer Seite ist vorgeschlagen worden, daß der Globalzessionar seinen Nachrang nicht hinsichtlich der Weiterverkaufsforderungen in ihrer vollen Höhe erklären solle, vielmehr seinen Nachrang auf einen Teil in der Höhe der Kaufpreisforderung des Vorbehaltslieferanten beschränken könne.[38] Danach wäre die Abretung hinsichtlich dieses Teils bedingt, wogegen die Abtretung an die Globalzessionarin im übrigen, soweit die Weiterverkaufsforderung also die Kaufpreisforderung des Vorbehaltslieferanten übersteigt, bereits unbedingt vereinbart wäre. Gegen eine derartige rechtsgeschäftliche Teilung, bei der ein Teil der Forderung bedingt, der andere Teil unbedingt abgetreten ist, bestehen zwar grundsätzlich ebensowenig Bedenken wie gegen die Teilabtretung im allgemeinen auch[39], und es wäre auch der bedingt abgetretene Teil der Weiterverkaufsforderung durch die Bezugnahme auf die Höhe des Rechnungswertes des Vorbehaltsverkaufs hinreichend bestimmbar.[40] Gleichwohl ist diese Vertragsgestaltung nicht zu empfehlen: Es würden nämlich nach einer derartigen Teilabtretung bei einer Einziehung der Forderung durch den Sicherungsgeber (kraft der vom Vorbehaltslieferanten erteilten Einziehungsermächtigung) Teilzahlungen entsprechend § 366 Abs. 2 BGB gleichmäßig, d. h. im Verhältnis der Forderungsteile, ebenso auf die Teilforderung des Vorbehaltslieferanten wie auf die schon unbedingt an den Globalzessionar abgetretenen Teilforderungen angerechnet werden.[41] Damit jedoch ist der Vorrang, der

---

38 *J. Lauer,* Inf. Steuer u. Wirtschaft 1982, 405, 407.
39 Die Zulässigkeit der Teilabtretung ist angesichts ständiger Rechtspraxis nicht mehr in Frage zu ziehen; dies gegen MünchKomm/*Roth,* 2. Aufl. 1985, § 389 Rz. 47 f.
40 Vgl. etwa BGH DB 1963, 1604 = BB 1963, 1354; *v. Westphalen,* DB 1985, 425; *v. Lambsdorff,* ZIP 1981, 243, 247. – Zur Bestimmbarkeit der Vorausabtretung s. grundsätzlich BGH v. 20. 11. 1980 – VII ZR 70/80 –, BGHZ 79, 16, 20 ff.
41 RGZ 149, 96, 98; BGH v. 27. 2. 1967 – VII ZR 221/64 –, BGHZ 47, 168; jüngst bestätigt durch BGH v. 5. 7. 1991 – XII ZR 44/90 –; s. auch schon *Serick,* III, 1970, S. 422 ff. Insbesondere macht also der Zeitunterschied zwischen der früheren Teilabtretung an den Globalzessionar

dem Vorbehaltslieferanten eingeräumt werden muß, um die Unwirksamkeit der Globalzession wegen Sittenwidrigkeit zu vermeiden, wieder zurückgenommen, und deswegen würde die vorgeschlagene Beschränkung des Nachrangs auf eine Teilforderung zur Unwirksamkeit der Globalzession führen. Diese Folge wäre nur zu vermeiden, wenn die Parteien der Globalzession sicherstellen könnten, daß Teilzahlungen, die der Schuldner auf die Weiterverkaufsforderungen leistet, vorrangig auf denjenigen Forderungsteil verrechnet werden, der aufgrund des verlängerten Eigentumsvorbehalts dem Vorbehaltslieferanten zugekommen ist. Hierfür bestehen zwei Möglichkeiten, die jedoch beide kaum zu empfehlen sind: Zum einen könnte der Schuldner veranlaßt werden, eine entsprechende Tilgungsbestimmung vorzunehmen; abgesehen davon, daß der Schuldner hierzu nicht von vorneherein zwingend veranlaßt werden kann, würde dies eine in aller Regel unerwünschte Offenlegung der Forderungszuständigkeiten voraussetzen. Zum anderen könnte eine Vereinbarung zwischen Zedent und Globalzessionar getroffen werden, wonach eingehende Zahlungen vorrangig auf den Forderungsteil angerechnet werden sollen, der nur bedingt abgetreten ist und daher aufgrund des verlängerten Eigentumsvorbehalts zunächst vom Vorbehaltslieferanten erworben werden würde. Eine solche Vereinbarung ist möglich[42], aber sie entfaltet, mit den Worten des XII. Zivilsenats, „keine allgemeine Wirkung, sondern bindet nur schuldrechtlich die Parteien der Abrede".[43] Das heißt wohl, daß es – in Ermangelung einer Tilgungsbestimmung – bei der verhältnismäßigen Tilgung beider Forderungsteile bleibt mit der Korrektur nur durch einen Ausgleichsanspruch (Abführungspflicht) zwischen den beiden Teilgläubigern.[44] Sicher wäre eine solche Vereinbarung über die Tilgungsreihenfolge auch zwischen dem Globalzessionar und dem Sicherungsgeber als Vertrag zugunsten des Vorbehaltsverkäufers möglich, und es würde damit der Vorbehaltsverkäufer einen Ausgleichsanspruch gegen den Globalzessionar erwerben – aber ob dies genügen würde, um die Globalzession mit Sicherheit von dem Unwirksamkeitsurteil freizuhalten, muß nach der Leitentscheidung BGHZ 72, 308 bezweifelt werden, derzufolge sich der Vorbehaltslieferant eine Auswechselung seiner dinglichen Sicherheit gegen einen bloß schuldrechtlichen Anspruch ja nicht gefallen zu lassen braucht. Insgesamt ist von einer Auf-

---

und der späteren, im Rahmen des verlängerten Eigentumsvorbehalts erfolgten Abtretung an den Vorbehaltslieferanten, die nur noch den Restteil in Höhe des Rechnungswertes erfaßt, nicht jenen Forderungsteil zu einer „älteren" Schuld i. S. v. § 366 Abs. 2 BGB, vgl. BGH v. 5. 7. 1991.

42 Zuletzt BGH v. 5. 7. 1991 – XII ZR 44/90 –, s. bereits *Serick*, a. zuletzt a. O., S. 421 ff., OLG Karlsruhe, WM 1984, 857, 876; MünchKomm/*Heinrichs*, 2. Aufl. 1985, § 366 Rz. 3.

43 BGH v. 5. 7. 1991 – XII ZR 44/90 –.

44 So klar MünchKomm/*Heinrichs*, a. a. O.

spaltung der Weiterverkaufsforderung, indem der Nachrang nur bis zur Höhe des Rechnungswerts der Vorbehaltsware erklärt wird, abzuraten.[45]

b) Neben der u. E. nicht zu empfehlenden Möglichkeit, den Nachrang, d. h. die Bedingtheit der Globalzession hinsichtlich solcher Weiterverkaufsforderungen, die mit Vorbehaltsware erwirtschaftet werden, auf einen Forderungsteil zu beschränken, besteht jedoch für die Klauselgestaltung noch ein weiterer Ansatzpunkt: Wenn es sich bei der dinglichen Freigabeklausel in Form der Nachrangklausel darum handelt, daß die Globalzession, soweit sie Forderungen aus dem Weiterverkauf von Vorbehaltsware erfaßt, zur Vermeidung einer Unwirksamkeit nach § 138 BGB bedingt wird, dann muß als bedingendes Ereignis keineswegs dasselbe Ereignis vereinbart werden, durch das nach den Vertragsbedingungen zwischen dem Vorbehaltskäufer und Vorbehaltsverkäufer der Eigentumsvorbehalt erledigt sein soll. Es besteht m. a. W. die Möglichkeit, den nach § 158 BGB eintretenden Vollerwerb der Forderung durch den Globalzessionar von der Erledigung des Eigentumsvorbehalts a b z u k o p p e l n . Diese Möglichkeit ist in verschiedener Hinsicht von Interesse:

aa) Zunächst können die Parteien der Globalzession von sich aus etwaigen Erweiterungen des Eigentumsvorbehalts begegnen. Einfach dadurch kann der Globalzessionar die Inanspruchnahme der Weiterverkaufsforderung durch den Vorbehaltsverkäufer zur Sicherung anderer Ansprüche als seiner Kaufpreisforderung hinsichtlich der Vorbehaltsware zurückschlagen, indem nicht die Erledigung des Eigentumsvorbehalts in seiner erweiterten Form, sondern die Befriedigung des Vorbehaltslieferanten in Höhe nur seiner Verkaufsforderung zur Bedingung für seinen eigenen Forderungserwerb gemacht wird. Auch mit dieser Einschränkung muß die Nachrangklausel genügen, um die Globalzession vor der Unwirksamkeit nach § 138 BGB/§ 9 AGB-Gesetz zu bewahren, denn nachdem diese Erweiterungsformen ja ihrerseits zumindest nicht unbedenklich sind[46], ist es dem Globalzessionar nicht zuzumuten, im Umfang des wie auch immer erweiterten

---

45 Wie klarstellend vermerkt sei, bestehen keine Bedenken gegen eine Beschränkung des Nachrangs für den Fall, daß dem Vorbehaltslieferanten aufgrund der Vorausabtretung des verlängerten Eigentumsvorbehalts nur eine Teilforderung zukommt: hier braucht der Globalzessionar seinen Nachrang nur hinsichtlich dieses vom Vorbehaltslieferanten in Anspruch genommenen Teils zu erklären, da ja nur insofern eine Kollision eintreten kann; hinsichtlich des vom Vorbehaltslieferanten überhaupt nicht in Anspruch genommenen Teils kann der Globalzessionar die Abtretung als unbedingte vereinbaren; so in der Tat die Klausel bei BuB/*Herget*, am Fn. 18 a. O. Wenn hier die etwaige verhältnismäßige Tilgung entspr. § 366 Abs. 2 BGB erfolgt, ist dies für den Vorbehaltslieferanten nur eine Folge dessen, daß er die Weiterverkaufsforderung auch nur anteilig erworben hat.
46 S. nur *Serick*, BB 1974, 851 mit Nachw. der Rspr.

Eigentumsvorbehalts mit seiner Zession zurückzutreten, um dieser die Wirksamkeit zu sichern. Der Vorzug dieser Klauselgestaltung liegt dann darin, daß sich der Globalzessionar gar nicht auf einen Streit um die Wirksamkeit von Erweiterungen des Eigentumsvorbehalts, etwa auf einen Kontokorrent- oder Konzernvorbehalt, einzulassen braucht, um die Weiterverkaufsforderungen in Anspruch nehmen zu können.[47]

bb) Die Parteien der Globalzession können aber noch weiter gehen. Es ist bekanntlich fragwürdig, wenn der Vorbehaltslieferant in der Verlängerungsphase des Eigentumsvorbehalts eine stärkere Sicherung erlangt, als er sie vor der Veräußerung der Sache innegehabt hat: Nachdem er eine Sicherheit zunächst in Höhe des Warenwerts innehatte, erhält er die regelmäßig wertvollere Forderung aus dem Weiterverkauf. Es ist aufgrund der Vertragsbruchtheorie, auf der die Rechtsprechung aufbaut, zunächst ein Vorrang des verlängerten Eigentumsvorbehalts gegenüber der zeitlich früheren Globalzession nur in Höhe des Werts der Vorbehaltsware entwickelt worden.[48] Die Rechtsprechung hat die Erkenntnis der Vertragsbruchtheorie übernommen, ohne sich die Begrenzung des Lieferantenvorrangs auf den Warenwert der Vorbehaltsware zu eigen zu machen; *Serick* hat als Begründung hierfür angeführt, es habe die Begrenzung auf den Warenwert im Zeitpunkt gerade des Weiterverkaufs etwas Willkürliches, so daß eine Beschränkung des Lieferantenvorrangs als die vom objektiven Recht her zwingend gebotene Lösung nicht behauptet werden könne.[49] Vorliegend geht es aber nun darum, daß der Globalzessionar die Beschränkung des Lieferantenvorzugs mit Mitteln rechtsgeschäftlicher Klauselgestaltung herbeiführt – und dagegen kann jenes von *Serick* formulierte Bedenken nicht mehr erhoben werden. Man sollte auch nicht verkennen, daß mit einer Beschränkung des Lieferantenvorrangs auf den Wert der Vorbehaltsware die damit auf der Grundlage der Vertragsbruchtheorie erzielte Lösung der Lösung aufgrund des Teilungsprinzips, die ja sicher nicht ganz ohne Grund eine doch erheb-

---

47 Zu solchen Streitigkeiten kann es kommen, wenn der Globalzessionar dem Vorschlag von BuB/*Herget* (o. Fn. 18) folgend seinen Nachrang nur hinsichtlich der „berechtigterweise" vom Vorbehaltslieferanten in Anspruch genommenen Forderungen erklärt.

48 Nämlich von demjenigen, der die Vertragsbruchproblematik theoretisch entwickelt hat: *Flume*, NJW 1959, 920 = Ges. Schriften I, 1988, S. 384; „Der verlängerte Eigentumsvorbehalt schlägt die ihm zeitlich vorgehende Sicherungszession nur in Höhe des Werts der Vorbehaltsware im Zeitpunkt der Lieferung des Weiterverkaufs". Zu derselben Beschränkung wird man kommen müssen, wenn man eine gegenüber der Vertragsbruchproblematik neue Begründung für den Lieferantenvorzug im Surrogationsgedanken sucht (so *Picker*, JuS 1988, 375, 380 mit Nachw. ähnl. Gedanken in Fn. 51): denn aufgrund einer Surrogation sollte der Lieferant nicht mehr erwerben können, als er zunächst hergegeben hat.

49 Kritisch auch *Serick*, IV, 1976, § 48 III 2c = S. 362f.

liche Anhängerschaft hat gewinnen können[50], angenähert wird. Es kann u.E. deswegen nicht zur Sittenwidrigkeit der Globalzession führen, wenn der Forderungserwerb der Sicherungszessionarin nur dadurch bedingt wird, daß der Vorbehaltskäufer in Höhe des Warenwertes befriedigt ist.

Auch im Hinblick auf die erforderliche Bestimmbarkeit der im voraus abgetretenen zukünftigen Weiterverkaufsforderung wirft diese Abänderung der Nachrangklausel keine Bedenken auf. Abgetreten ist ja die Weiterverkaufsforderung in voller Höhe; und daß es möglich ist, eine (Voll-) Abtretung durch die Befriedigung des Vorbehaltsverkäufers in Höhe des Werts der Vorbehaltsware zu bedingen, sollte nicht fraglich sein, nachdem wir es zulassen, daß eine Abtretung auf den durch den Wert der Vorbehaltsware bestimmten Teil begrenzt wird.[51]

Der Kautelarpraxis dürfte sich für die Nachrangklausel die folgende Formulierung empfehlen:

„Sollten unter den im Rahmen der Globalzession abgetretenen Forderungen solche sein, die einem nach Abschluß dieses Sicherungsvertrages wirksam zustande gekommenen verlängerten Eigentumsvorbehalt eines Lieferanten unterliegen, gehen diese Forderungen erst dann auf die Bank über, wenn der Vorbehaltslieferant in Höhe des Wertes befriedigt ist, den die von ihm gelieferte Ware im Zeitpunkt ihres Weiterverkaufs durch den Sicherungsgeber hat."

Wenn die Geldkreditgeber dazu übergehen würden, die Nachrangbedingung, bei deren Eintritt ihr Erwerb der von einem verlängerten Eigentumsvorbehalt erfaßten Weiterverkaufsforderung erfolgen soll, eigenständig zu formulieren, anstatt die Erledigungserklärung aus den Lieferanten-AGB zu übernehmen, wäre dies für sie auch ein Schritt dazu, aus der immer wieder beklagten Rolle des bloß reagierenden Teils herauszutreten.

IV. Schlußbetrachtung

Im allgemeinen wird die Nachrangklausel verstanden als ein Instrument, um von der Globalzession die Unwirksamkeitsfolge des § 138 BGB bzw. des § 9 AGB-Gesetz abzuwenden. Man sollte die Nachrangklausel jedoch nicht bloß vermittels ihrer Beziehung auf die Sittenwidrigkeit der Global-

---

50 S. den Überblick bei *Serick*, IV, § 48 IV = S. 363 ff.
51 BGH v. 20. 11. 1980 – VII ZR 70/80 –, BGHZ 79, 16, 21; s. auch schon BGH v. 23. 10. 1963 – VIII ZR 150/62 –, NJW 1964, 149; BGH v. 24. 4. 1968 – VIII ZR 94/66 –, NJW 1968, 1516; *v. Westphalen*, DB 1985, 425, 426.

zession, eben als ein das Urteil der Sittenwidrigkeit von der Globalzession abwendendes Instrument, erfassen, sondern man sollte die Nachrangklausel einmal unmittelbar in Bezug zu dem Ordnungsproblem setzen, das sich mit der Kollision des verlängerten Eigentumsvorbehalts und der zur Kreditsicherung eingesetzten Globalzession stellt.

Würdigt man die Nachrangklausel als den Versuch einer kautelarjuristischen Lösung des Ordnungsproblems mit eigenem Rechtswert, dann ist bemerkenswert, welche erstaunliche Annäherung an eine dem Rechtsgedanken verpflichtete Lösung mit der Nachrangklausel bereits erreicht ist.[52] Wir meinen, daß der jetzt in dieser Konfliktfrage erreichte Lösungsstand, insbesondere wenn man die u. E. noch in der Nachrangklausel steckende Entwicklungsmöglichkeit hinzunimmt, vor allem die Richtigkeit der entscheidenden Weichenstellung bestätigt: der Entscheidung für das durch die Vertragsbrucherkenntnis modifizierte Prioritätsprinzip.[53] Im Rückblick kann dann vielleicht auch die vielfach eher kritisch aufgenommene[54] Entscheidung des Bundesgerichtshofs vom 9. 11. 1978 – VII ZR 54/77 –[55], die sogenannte schuldrechtliche Verzichtsklausel zur Beseitigung des Urteils der Sittenwidrigkeit nicht ausreichen zu lassen, gerechter bewertet werden: Es sollte ja nicht zu bestreiten sein, daß die Nachrangklausel eine dem Ordnungsproblem viel besser angepaßte Lösung liefert als die schuldrechtliche Verzichtsklausel. Die eher resignativen Stellungnahmen, die sich an diese Entscheidung angeschlossen haben[56], haben die Kreativität der Kautelarjurispudenz vielleicht doch unterschätzt.

Wie gut die mit den Mitteln der Kautelarjurisprudenz inzwischen erreichte Lösung des Ordnungsproblems ist, zeigt sich, wenn man die aufgrund der Nachrangklausel eintretende Rechtslage mit denjenigen Lösungsvorschlä-

---

52 Wir halten die Erwartung von *Graf Lambsdorff/Skora* für bestätigt, die Nachrangklausel werde den Prioritätsstreit entkrampfen, NJW 1977, 704.

53 Deswegen entsprechen plakative Forderungen wie die nach einer Rückkehr zum uneingeschränkten Prioritätsprinzip, zumal wenn sie auf methodisch zweifelhafte Argumente gestützt werden, u. E. nicht dem erreichten Stand der Wissenschaft; dies zu *M. Wolf/Haas*, ZHR 154, 1990, S. 64 ff.

54 *Steindorff,* ZHR 144, 1980, 652, 653 hat darauf hingewiesen, daß die Erwägung einer möglichen Bankeninsolvenz auch den institutionellen Rahmen der Bankenaufsicht hätte einbeziehen müssen. *J. Lauer,* Die Information Steuer u. Wirtschaft 1982, 405, 407 hält das Argument der möglichen Bankeninsolvenz für unangebracht gegenüber den öffentlich-rechtlichen Kreditinstituten wegen der gesetzlichen Gewährträgerhaftung. Kritisch noch *Medicus,* Bürgl. Recht, 15. Aufl. 1991, Rz. 526. Auf der Linie des Bundesgerichtshofs *Serick,* BB 1974, 879 (vorher) und V, 1982, § 71 = S. 864–915 (nachher).

55 BGHZ 72, 308.

56 Z. B. meinte *Finger,* die Hoffnungen auf einen Ausgleich der Sicherungsinteressen hätten sich „zerschlagen", DB 1982, 478.

gen vergleicht, die seit den fünfziger Jahren zur Bewältigung des Ordnungsproblems erörtert worden sind. Es wurde ja bereits angesprochen, daß vor allem mit der hier vorgeschlagenen Ausgestaltung des Nachrangs, wonach der Erwerb der Weiterverkaufsforderung durch den Globalzessionar bereits eintritt, wenn der Vorbehaltslieferant Befriedigung in Höhe des Werts seiner Ware im Zeitpunkt ihres Weiterverkaufs erlangt, diejenige Lösung hergestellt würde, die aus der Vertragsbrucherkenntnis in ihrer ursprünglichen Form abgeleitet worden war.[57] Auch die damit verbundene Annäherung an die Teilungstheorien wurde bereits konstatiert. Schließlich sollte auch der, der meint, es müsse dem Vorbehaltslieferanten hinsichtlich der Weiterverkaufsforderung ein Vorrecht entsprechend § 43 KO und § 392 Abs. 2 HGB zustehen[58], die Rechtslage, wie sie sich bei einer durch die Befriedigung des Vorbehaltslieferanten (in voller Höhe oder in Höhe des Warenwerts) aufschiebend bedingten Sicherungsabtretung ergibt, nicht angreifen können. Nur ist es offenbar nicht möglich gewesen, für irgendeine der vielfältigen Theorien, die eine wie auch immer differenzierte Lösung angegeben haben, die Geltung als objektives Recht in Anspruch zu nehmen. Es konnte nicht zur Überzeugung der Rechtsgemeinschaft dargetan werden, daß z.B. eine bestimmte Teilung, ein in bestimmter Weise begrenzter institutioneller Vorrang oder eine vollstreckungsrechtliche Privilegierung des Lieferanten von Rechts wegen „gilt", so daß wir insoweit hätten sagen müssen *hoc jure utimur*. Demgegenüber ist nun die sich aus der rechtsgeschäftlich vereinbarten Nachrangklausel ergebende Lösung des Ordnungsproblems in ihrer Rechtsgeltung ganz unproblematisch. Man könnte dies als eine Lektion zu der Frage betrachten, wie Recht entsteht: Es ist die (vorläufige) Lösung des Ordnungsproblems nicht erfolgt, indem einer der vielzähligen Entscheidungsvorschläge, wie sie in der Literatur vorgebracht wurden, als die vom objektiven Recht her zwingende Lösung bestimmt worden wäre (wer hätte dazu auch die Legitimation gehabt?), sondern es hat sich die jetzige Lösung im stetigen Wechselspiel von Rechtsprechung und wissenschaftlicher Kautelarjurisprudenz, die in dieser Frage an erster Stelle von *Rolf Serick* vertreten wird, herausgebildet, also, wie man auch sagen könnte, „auf organische Weise, ohne eigentliche Willkühr und Absicht".[59]

---

57 Oben Fn. 48.
58 *Picker*, JuS 1988, 375, 379 f.
59 *Savigny*, Vom Beruf unserer Zeit, 2. Aufl. 1828, S. 12.

Neuere „Verdinglichungs"-Tendenzen zur Rechtsstellung des Sicherungsgebers bei der Sicherungsübereignung

von Hans Friedhelm Gaul, Bonn

I. Entwicklungstendenzen in Lehre und Rechtsprechung zur Verstärkung der Stellung des Sicherungsgebers

Da die Sicherungsübereignung gemäß §§ 929, 930 BGB dem Sicherungseigentümer mehr Rechtsmacht verschafft, als es der schuldrechtlich vereinbarte Sicherungszweck erfordert, war man von jeher bemüht, diesen „Zwiespalt zwischen Rechtsmacht und Rechtspflicht"[1] durch „Abschwächung" der dinglichen Rechtsmacht des Sicherungsnehmers und „Verstärkung" der an sich nur schuldrechtlich begründeten Berechtigung des Sicherungsgebers zu überbrücken. Die heute h. M., die besonders profiliert durch den Jubilar vertreten wird[2], gelangt über das Verständnis der Sicherungsübereignung als Treuhandgeschäft und fiduziarische Bindung des Sicherungseigentümers zumindest in den kritischen Fällen des Gläubigerzugriffs im Wege der Zwangsvollstreckung und des Konkurses zu interessegerechten Ergebnissen.[3] Teils wird die eigenartige Verteilung der Rechtsmacht daraus erklärt, daß mit dem übertragenen Treugut „gebundenes Sondervermögen gebildet wird, das billigerweise nicht für persönliche Schulden des Treuhänders haften darf"[4], und damit weniger auf den Rechtsübertragungsakt als

---

1 So formuliert es *W. Siebert,* Das rechtsgeschäftliche Treuhandverhältnis (1933), S. 20.
2 *Rolf Serick,* Eigentumsvorbehalt und Sicherungsübertragung, Bd. II, Die Sicherungsübereignung, 1. Teil (1965), S. 71 ff.; ders., Deutsche Mobiliarsicherheiten, Aufriß und Grundgedanken (1988), S. 12 ff.
3 Aus der Fülle der den Treuhandcharakter des Sicherungseigentums betonenden Literatur vgl. ferner *Assfalg,* Die Behandlung von Treugut im Konkurse des Treuhänders (1960), S. 122 ff.; *Reinhardt/Erlinghagen,* Die rechtsgeschäftliche Treuhand – ein Problem der Rechtsfortbildung, JuS 1962, 41, 43 ff.; *Coing,* Die Treuhand kraft privaten Rechtsgeschäfts (1973), S. 29 ff., 72 ff.; *G. Walter,* Das Unmittelbarkeitsprinzip bei der fiduziarischen Treuhand (1974), S. 55 ff.; *Gernhuber,* Die fiduziarische Treuhand, JuS 1988, 355 ff.; *Wiegand,* Fiduziarische Sicherungsgeschäfte, Zeitschrift des Berner Juristenvereins 1980, 537 ff.; ders., Trau, Schau Wem – Bemerkungen zur Entwicklung des Treuhandrechts in der Schweiz und in Deutschland, Festschrift f. Coing, Bd. II (1982), S. 564 ff.; *Staudinger-Wiegand,* BGB, 12. Aufl. (1989), Anh. zu §§ 929 ff. Rz. 5, 9, 21 f., 53 ff., 81, 236 ff.; 324 ff. m. w. Nachw.
4 So *Coing,* a. a. O., S. 94.

auf das Sicherungsgut und dessen „haftungsrechtliche Zurechnung" abgestellt.[5] Heute wird jedoch vom Standpunkt der Treuhandlehre aus vorwiegend unumwunden von einer „quasidinglichen Wirkung des Treuhandverhältnisses" gesprochen, die den Sicherungsgeber instandsetze, gegen den Sicherungsnehmer gerichtete Gläubigerzugriffe abzuwehren.[6] Nach *Serick*[7] legt somit „zum Schutze des Treugebers die Rechtsordnung der schuldrechtlichen Sicherungsabrede (Treuabrede) verstärkte, quasidingliche Kraft bei", die es im Konkurs des Sicherungsnehmers dem Konkursverwalter verwehre, den Sicherungsgeber auf seinen bloß schuldrechtlichen Rückgewähranspruch zu verweisen.

Findet der Schutz des Sicherungsgebers gegen Gläubigerzugriffe auf das dem Sicherungsnehmer übertragene Sicherungsgut in der Treuhandlehre eine traditionelle Rechtfertigung, ja bildete dieses „Schutzproblem" in dem Spannungsverhältnis von „Rechtsmacht und Rechtspflicht" den „wichtigsten allgemeinen Ausgangspunkt der gesamten Treuhandproblematik und Treuhanddogmatik"[8], so hat es andererseits nie an Versuchen gefehlt, die Rechtsstellung des Sicherungsgebers dogmatisch fester im System des BGB zu verankern. Dahinter steht das Unbehagen, daß sich die Treuhandlehre

---

5 So namentlich *Paulus*, ZZP 64 (1951), S. 169, 172 f., 175 f., 184, der a. a. O., S. 202 allerdings auf die „Treuhänderstellung" des Sicherungsnehmers erst – ganz beiläufig – zurückgreift, um den Ausschluß des Widerspruchsrechts des Sicherungsnehmers gegen den Vollstreckungszugriff auf das Sicherungsgut zu erklären; dem zustimmend unter Betonung der „besonderen (Haftungs-) Situation des Konkurses" *Flume*, Besitzloses Fahrnispfand im geltenden deutschen Recht, Deutsche Landesreferate zum IV. Internationalen Kongreß für Rechtsvergleichung in Paris (1954), S. 67, 77, der sich i. ü. ebenfalls a. a. O., S. 70 nur mit einem knappen Hinweis darauf begnügt, das Sicherungseigentum sei ein „Sonderfall des fiduziarischen Eigentums"; vgl. *dens.*, Allgemeiner Teil des Bürgerlichen Rechts, Bd. II, 3. Aufl. (1979), § 53 I, S. 877, wo ebenfalls nur obiter davon gesprochen wird, bei „Eigentum und fiduziarischem Eigentum" handele es sich unter „Verwendung der gleichen formalen Rechtsfigur um zwei inhaltlich grundsätzlich verschiedene Rechtsfiguren", indem letzteres begründet werde durch ein „nachgeformtes Rechtsgeschäft". – Unter dem Aspekt der „Haftungszuordnung" wird die Problematik neuerdings gesehen von *W. Henckel*, Grenzen der Vermögenshaftung, JuS 1985, S. 836 f.; *W. Gerhardt*, Vollstreckungsrecht, 2. Aufl. (1982), § 16 III 1 c; *ders.*, Grundbegriffe des Vollstreckungs- und Insolvenzrechts (1985), Rz. 196, 319 f.; *Rimmelspacher*, Kreditsicherungsrecht, 2. Aufl. (1987), Rz. 496 ff. und Rz. 511; S. dazu auch *Rosenberg/Gaul/Schilken*, Zwangsvollstreckungsrecht, 10. Aufl. (1987), § 41 V 2, S. 500 und VI 4 b S. 505 f.; zuletzt noch *Becker-Eberhard*, Die Forderungsgebundenheit der Sicherungsrechte, Bonner Habilitationsschrift (1990) – im Druck –, § 3 II 3 d.
6 So *Serick*, a. a. O., Bd. II, S. 95 ff.; *Gernhuber*, a. a. O., S. 358 f.; auch *Reinardt/Erlinghagen*, a. a. O., S. 43 f., 49, jedoch unter stärkerer Betonung der „wirtschaftlichen Vermögenszugehörigkeit" im Anschluß an die ältere RG-Judikatur; s. auch schon *Siebert*, a. a. O., S. 163, 170 f., der „die Schutzwirkung für den Treugeber" beim Gläubigerzugriff weniger mit einer „quasidinglichen Wirkung", als mit einer „nach Billigkeit beurteilten Vermögenszugehörigkeit" begründete.
7 So zuletzt *Serick*, Mobiliarsicherheiten a. a. O. (Fn. 2), S. 15 f.
8 So *Siebert*, a. a. O., S. 18 ff., auch S. 149 ff., 159 ff.; vgl. auch *Coing*, a. a. O., S. 51.

in die Legalordnung des BGB mit seinem vom Abstraktionsprinzip gekennzeichneten Sachenrecht, seiner scharfen Trennung von dinglichem Verfügungsgeschäft und schuldrechtlichem Kausalgeschäft nur schwer einordnen läßt. Die Erfassung der Sicherungsübereignung als Treuhandgeschäft erscheint aber auch deshalb problematisch, weil sich die Sicherungstreuhand angesichts ihrer überwiegenden „Eigennützigkeit" im Unterschied zur Verwaltungstreuhand schon stark von der eigentlichen Treuhandidee entfernt.[9] Vor allem ist es der Treuhandlehre angesichts des § 137 Abs. 1 BGB bisher nicht gelungen, im Vorfeld der Haftungslage auch die rechtsgeschäftlichen Verfügungsmöglichkeiten durch den Sicherungsnehmer (Treuhänder) in „dinglicher" Weise einzuschränken und damit die nur schuldrechtliche Rechtsstellung des Sicherungsgebers „dinglich" oder „quasidinglich" aufzuwerten.

Auch was die Möglichkeit des Sicherungsgebers betrifft, den aus der schuldrechtlichen Sicherungsabrede folgenden Rückgewähranspruch im Wege der sogen. Anschlußsicherung als weitere Kreditunterlage zu verwenden, vermag die Treuhandlehre dem Anschlußsicherungsnehmer keine über die Rechtsstellung eines Forderungszessionars hinausgehende Rechtsposition zu verschaffen, obwohl man „die Rückgewähr der Sicherheit" geradezu als den „stärksten Ausdruck ihrer Fiduziarität" bezeichnet hat.[10] Vor allem kann der Sicherungsgeber dem Anschlußsicherungszessionar das Sicherungseigentum am Sicherungsgut nur im Wege des sog. Durchgangserwerbs über seine Person vermitteln mit der Konsequenz, daß mit Rückerwerb des Eigentums gemäß § 185 Abs. 2 BGB wirksam werde, zwischenzeitlich erfolgte Pfändungszugriffe auf das Sicherungsgut beim Sicherungsgeber Vorrang vor dem Sicherungszessionar erhalten.[11]

Neuerdings wird namentlich unter Hinweis auf die Funktionsverwandtschaft von Sicherungseigentum und Eigentumsvorbehalt versucht, zumindest dann, wenn die Sicherungsabrede über die Art des Rückerwerbs des

---

9 Vgl. *Gaul*, Lex commissoria und Sicherungsübereignung, AcP 168 (1968), S. 351, 367; sowie *Rosenberg/Gaul/Schilken*, a.a.O., § 41 VI 4, S. 503 mit Hinweis auf *Siebert*, a.a.O., S. 169 f., 403; ebenso *H. Schlosser*, NJW 1970, 680; neuerdings eingehend *Becker-Eberhard*, a.a.O. (Fn. 5), § 3 II 3 d.
10 So *Scholz*, Der sicherungsrechtliche Rückgewähranspruch als Mittel der Kreditsicherung, Festschrift für Philipp Möhring (1965), S. 419.
11 *Scholz*, a.a.O., S. 444; *Derleder*, Sicherungsübereignung und Wertausschöpfung, BB 1969, S. 725, 730 f.; *Picot*, Die Anschluß-Sicherung nach vorausgegangener Sicherungsübereignung als eigenständige Kreditunterlage, BB 1979, 1264, 1265 f. (mit Kritik an den unterschiedlichen Ausgestaltungsformen); *Soergel-Mühl*, BGB, 12. Aufl. (1990), § 930 Rz. 47 und Rz. 79; *Staudinger-Wiegand*, a.a.O., Rz. 206 ff., 261 ff. jeweils m. w. Nachw.; s. dazu auch BGH, NJW 1984, 1184, 1185 f. und dazu näher unten zu Fn. 24 f.

Sicherungsguts schweigt, in Gestalt eines Anwartschaftsrechts dem Sicherungsgeber eine dem Vorbehaltskäufer (§§ 455, 158 BGB) vergleichbare Rechtsstellung zu verschaffen, soweit nämlich „im Zweifel" von einer auflösend bedingten Eigentumsübertragung auszugehen sei.[12] Diese Auffassung soll sich nach dem Urteil namhafter Autoren[13] im Vordringen befinden. Danach soll sich „zunehmend die Erkenntnis durchsetzen, daß der einzige Zweck der Sicherungsübereignung die Sicherung einer Forderung ist und die Parteien die Sicherungsübereignung, d.h. die dingliche Einigung nur unter der Bedingung wollen, daß eine solche Forderung besteht".[14]

Noch weiter gehen neuere Konzeptionen, die unabhängig von der vertragsmäßigen Ausgestaltung des Rückerwerbsmodus von einer „Teilung der Rechtszuständigkeit" zwischen Sicherungsgeber und Sicherungsnehmer „dinglicher" Art ausgehen.[15] So wird dem Sicherungsgeber – ohne Unterschied, ob die Eigentumsübertragung bedingt oder unbedingt erfolgt – „in Anlehnung an die Rechtsstellung des Vorbehaltskäufers ein Anwartschaftsrecht auf Rückerwerb des Sicherungsguts" zuerkannt, das über den an sich nur bestehenden „schuldrechtlichen Verschaffungsanspruch" hinaus „bereits sachenrechtliche Zuordnungen schafft".[16] Jüngst wird sogar wieder[17] unumwunden eine „Aufteilung der dinglichen Zuordnung" derart vertreten, daß entsprechend dem Sicherungszweck die Rechtsposition des Sicherungsnehmers auf die eines Pfandrechts reduziert sei, während „dem Siche-

---

12 So insbes. *H. Lange,* Lage und Zukunft der Sicherungsübertragung, NJW 1950, 565, 569; *Henke,* Bedingte Übertragung im Rechtsverkehr und Rechtsstreit (1958), S. 42 ff.; *Heck,* Grundriß des Sachenrechts (1930), § 107, 4; *Hübner,* Allgemeiner Teil des Bürgerlichen Gesetzbuchs (1985), Rz. 617; *Mormann,* Praktische Probleme der Anschlußsicherung, Ehrengabe f. B. Heusinger (1968), S. 185, 187; *Raiser,* Dingliche Anwartschaften (1961), S. 18; *Wolff/Raiser,* Sachenrecht, 10. Aufl. (1957), § 180 II 2; *Serick,* a.a.O., Bd. III, § 37 I 2, S. 391, 398 m.w. Nachw.; *Soergel-Mühl,* a.a.O., § 930 Rz. 78; auch schon *Siebert,* a.a.O., S. 229; – a. A. *Coing,* a.a.O., S. 50, 98, 163 f.; *Flume,* a.a.O., S. 82; *ders.,* Allgemeiner Teil des Bürgerlichen Rechts, Bd. II (1979), § 40 2 d, S. 728 f.; *Gaul,* a.a.O. (Fn. 9), S. 367; *Jauernig,* BGB, 6. Aufl. (1991), § 930 Anm. 5 F b; *Palandt-Bassenge,* BGB, 51. Aufl. (1992), § 930 Rz. 15 (a. A. noch 50. Aufl.); *Westermann-Westermann,* Sachenrecht, 6. Aufl., Bd. I (1990), § 44 III 4 b.
13 So *Baur,* Lehrbuch des Sachenrechts, 15. Aufl. (1989), § 57 III 1 b, S. 568.
14 So *Wieling,* Sachenrecht, Bd. I (1990), § 18 II 3 b, S. 809.
15 So schon *Wolf-Raiser,* a.a.O. (Fn. 12), § 179 III 1, § 180 II 2 und dazu kritisch *Gaul,* a.a.O. (Fn. 9), S. 367 f.
16 So *Reich,* Funktionsanalyse und Dogmatik bei der Sicherungsübereignung, AcP 169 (1969), S. 247, 265 f.; *ders.,* Die Sicherungsübereignung (1970), S. 94 ff., 104, 108; *ders.* in Alternativ-Kommentar z. BGB, Bd. 4 (1983), §§ 930, 931 Rz. 17 (jedoch mit dem Eingeständnis, daß damit „die Leistungsfähigkeit der Anwartschaftslehre zur Lösung der anstehenden Konfliktlagen überschätzt" werde).
17 So schon *J. v. Gierke,* Sachenrecht des bürgerlichen Rechts, 4. Aufl. (1959), S. 200 f. und dazu kritisch *Gaul,* a.a.O. (Fn. 9), S. 368.

rungsgeber das Eigentum bleibt"[18], dies nicht zuletzt, um den Sicherungsgeber durch die damit anwendbaren Pfandrechtsvorschriften und namentlich durch die vom Gesetzgeber „zwingend vorgeschriebene Akzessorietät" gemäß §§ 1204, 1210 BGB besser zu „schützen".[19]
Zu Irritationen hat auch die neuere BGH-Rechtsprechung geführt. So hat der VIII. Zivilsenat des BGH in seinem vielbeachteten Urteil vom 23. 9. 1981[20] die Sicherungsübertragung gleich dem Pfandrecht dem Grundsatz der „Akzessorietät" unterworfen mit der Folge, daß bei Nichtentstehen der zu sichernden Forderung auch die Sicherungsübertragung „keinerlei rechtliche Wirkung" entfalten könne. Danach sei auch ohne eine konkrete Vereinbarung eine derartige „Abhängigkeit" bei der Sicherungszession „aus ihrer Funktion und dem beiderseitigen wirtschaftlichen Interesse der Vertragsparteien" als gewollt anzunehmen: „Mit der Sicherungszession wird – ebenso wie mit der Sicherungsübereignung von beweglichen Sachen – derselbe Zweck erstrebt wie mit der Bestellung eines Pfandrechts", das „seinem Wesen nach akzessorisch" sei. Wie dort entspreche auch hier die „Akzessorietät" den beiderseitigen Interessen, da die Sicherungszession statt der Verpfändung von den Parteien regelmäßig nicht gewählt werde, um die Akzessorietät zu beseitigen, sondern um die mit der Pfandbestellung verbundene Anzeige nach § 1280 BGB zu vermeiden.

Trotz der überzeugenden Kritik an diesem Urteil[21] hat der VII. Senat im Urteil vom 21. 11. 1985[22] erneut an das Fehlurteil des VIII. Senats angeknüpft und damit zur weiteren Unklarheit beigetragen. Zwar geht der VII. Senat von der begrifflichen Trennung von Abtretung und Rückabtretung sowie den zugrundeliegenden Rechtsgeschäften aus, doch sei dem Rechnung zu tragen, daß „der Rechtsverkehr hier nicht so scharf zu unterscheiden" pflege. Deshalb könne auch ohne ausdrückliche oder stillschweigende Abmachung „genügen, daß der Abtretungserfolg den Zwecken und Absichten der Parteien entspricht" und aus einer „solchen Abhängigkeit" auf eine „stillschweigende Rückabtretung" der sicherungshalber abgetretenen Forderung mit „Entgegennahme der Erfüllungsleistung" geschlossen werden. Dafür spreche auch, daß üblicherweise „die Beteiligten von einem Rückerwerb ohne ausdrückliche Vereinbarung" ausgingen (§ 157 BGB). Damit hat

---

18 So *Wieling*, a.a.O. (Fn. 14), § 18 II 2, S. 807.
19 *Wieling*, a.a.O., S. 809.
20 BGH, NJW 1982, 275, 276f.
21 *Jauernig*, Zur Akzessorietät bei der Sicherungsübertragung, NJW 1982, 268 ff.; *Gerhardt*, Rechtsprechungsbericht, JZ 1986, 672, 677; *Serick*, a.a.O., Bd. V, § 56 I 2 b, S. 11 f.; *Staudinger-Wiegand*, a.a.O., Anh. zu §§ 929ff., Rz. 187 ff.; – abweichend *Tiedtke*, DB 1982, 1709 ff.; s. dazu neuerdings eingehend *Becker-Eberhard*, a.a.O. (Fn. 5), § 3 II 1 mit weiteren Nachw.
22 BGH, NJW 1986, 977; dazu kritisch *Gerhardt*, a.a.O., S. 739.

der VII. Senat zugleich die Grenzen zwischen einem automatischen Rückfall aus auflösend bedingter Sicherungsübertragung und der Rückübertragung der sicherungshalber zedierten Forderung verwischt.

Erst der IX. Zivilsenat hat mit Urteil vom 30. 10. 1990[23] eindeutig „die selbständige, nicht akzessorische Rechtsnatur der Sicherungsübereignung" für die Rechtsprechung wieder klargestellt und es als rechtsirrtümlich bezeichnet, daß das OLG Oldenburg als Vorinstanz „eine allgemeine automatische Verknüpfung zwischen Sicherungsübereignung und gesicherter Forderung angenommen hat". Auch hat er erneut bekräftigt, es gebe keinen „allgemeinen Rechtsgrundsatz, daß Sicherungsübereignungen stets durch den Sicherungszweck bedingt seien". Vielmehr sei es „Auslegungsfrage", ob die Vertragsteile nach dem Sicherungsübereignungsvertrag von der Möglichkeit der bedingten Übereignung „Gebrauch gemacht haben" oder nicht.

Dem vorausgegangen war bereits das grundlegende Urteil desselben Senats vom 2. 2. 1984[24], durch das der BGH mit aller wünschenswerten Klarheit festgestellt hat, daß auch für Formularverträge eine Auslegungsregel dahin, daß die Vertragsparteien im Zweifel nur eine auflösend bedingte Sicherungsübereignung gewollt haben, nicht anzuerkennen sei, vielmehr entsprechend langjähriger Vertragspraxis der Kreditinstitute die Einräumung eines nur schuldrechtlichen Rückgewähranspruchs die Regel bildet.[25] Der IX. Senat hat damit zugleich Versuche in der Lehre verworfen, die formularmäßig unbedingte Sicherungsübereignung mit Hilfe der Inhaltskontrolle gemäß § 9 AGBG in eine bedingte umzudeuten, die Vertreter der Gegenauffassung allerdings bis heute nicht von ihrem nach wie vor hartnäckig verteidigten Standpunkt abbringen können.[26]

---

23 BGH, NJW 1991, 353, 354 = JZ 1991, 723 ff. m. zust. Anm. *Gerhardt*; s. dazu auch *Serick*, EWiR 1991, 147 f.
24 BGH NJW 1984, 1184, 1185 f. = ZIP 1984, 420 ff. = JR 1985, 17 ff. m. zust. Anm. *Rehbein*; zustimmend ferner *Künzel*, BB 1985, 1884 ff.; *Baur*, a. a. O. (Fn. 13), S. 568 Anm. 4; *Bülow*, Recht der Kreditsicherheiten, 2. Aufl. (1988), Rz. 863; *Gerhardt*, a. a. O., S. 677; *Jauernig*, BGB, 6. Aufl. (1991), § 930 Anm. 5 F a bb; *Palandt-Bassenge*, a. a. O., § 930 Rz. 15; *Rimmelspacher*, a. a. O. (Fn. 5), Rz. 313, 317; *Serick*, Mobiliarsicherheiten a. a. O., S. 29, 56; *Soergel-Mühl*, a. a. O., § 930 Rz. 84 a. E.; *Staudinger-Wiegand*, a. a. O., Anh. zu §§ 929 ff. Rz. 199 ff.
25 Im entschiedenen Fall hat der BGH deshalb die auf eine Anschlußsicherung im Wege der Anwartschaftsrechtsübertragung gestützte Drittwiderspruchsklage nach § 771 ZPO des Rechtsnachfolgers des Sicherungsgebers abgewiesen, da der ihm abgetretene bloß schuldrechtliche Rückgewähranspruch allenfalls zum Durchgangserwerb des Sicherungsguts gemäß § 185 Abs. 2 mit Vorrang des Pfändungspfandrechts des Vollstreckungsgläubigers hätte führen können. – S. dazu schon oben zu Fn. 11 m. Nachw.
26 So Münchner Kommentar-*Quack*, BGB, 2. Aufl. (1986), Anh. §§ 929–936 Rz. 124; *M. Wolf* in *Wolf/Horn/Lindacher*, AGB-Gesetz, 2. Aufl. (1989), § 9 Rz. S 112; ders.; Sachenrecht, 8. Aufl. (1989) Rz. 556 unter Bekräftigung seines schon in Festschrift f. Baur (1981), S. 147, 159 ff. vertretenen Standpunkts; *Wieling*, a. a. O. (Fn. 14), § 18 II 3 b, S. 810 Anm. 24.

Die aufgezeigten neueren Tendenzen in Literatur und Judikatur, die Rechtsstellung des Sicherungsgebers bei der Sicherungsübereignung von ganz unterschiedlichen Ansätzen ausgehend, teils in Fortentwicklung der Treuhandlehre, teils in Angleichung an die Rechtsstellung des durch ein Anwartschaftsrecht geschützten Vorbehaltskäufers, teils durch Gleichstellung mit einem Pfandgläubiger im Sinne einer „Verdinglichung" zu verstärken, legen eine erneute Überprüfung im Wege einer kritischen Bestandsaufnahme nahe.

II. Die Sicht der neueren Treuhandlehre in der Ausprägung Sericks

Die Lehre von der Sicherungstreuhand, wie sie heute durch *Serick*[27] in besonders ausgeprägter Weise repräsentiert wird, geht zwar nach dem römischrechtlichen Vorbild der „fiducia cum creditore" davon aus, daß „der Sicherungseigentümer für den ganzen Geltungsbereich unserer Rechtsordnung die Stellung als Vollrechtsinhaber erhält, der Sicherungsgeber hingegen nur einen schuldrechtlichen Rückübertragungsanspruch nach Erledigung des Sicherungszwecks" innehat. Die – im Unterschied zum Eigentumsvorbehalt – das Sicherungseigentum kennzeichnende fiduziarische Bindung bewirke aber, daß die an sich nur zwischen den Parteien wirkende schuldrechtliche Sicherungsabrede in bestimmten Fällen (Konkurs oder Zwangsvollstreckung) „Wirkung gegenüber jedermann" entfalte, indem die Rechtsordnung zum Schutze des Treugebers der schuldrechtlichen Sicherungsabrede als Treuabrede „verstärkte, quasidingliche Kraft" beilege und den Sicherungsgeber instandsetze, gegen den Sicherungsnehmer gerichtete Gläubigerzugriffe abzuwehren.[28]

Serick bezeichnet diese für fiduziarische Sicherheiten eigenartige „Neuordnung von dinglicher Rechtsmacht – Schmälerung beim Sicherungseigentümer, Zuwachs beim Sicherungsgeber" in Anknüpfung an *Friedmann*[29] – als „Umwandlungsprinzip", das darauf beruhe, „daß den fiduziarischen Sicherheiten auf dinglicher Ebene eine Schwankungsbreite zwischen Eigen-

---

27 *Serick*, a.a.O. (vgl. oben zu Fn. 2); ferner *ders.*, Die Profilierung der Mobiliarsicherheiten von heute im Konkursrecht von gestern, Festschrift Einhundert Jahre Konkursordnung (1977), S. 271, 277 f.
28 *Serick*, Mobiliarsicherheiten a.a.O. (Fn. 2), S. 15 f.
29 A. *Friedmann*, Empfiehlt sich eine gesetzliche Regelung des Treuhandverhältnisses? Gutachten zum 36. Deutschen Juristentag, 1. Bd. (1930), S. 805, 862, 876.

tum und pfandartiger Berechtigung immanent" sei.[30] Im Konkurs greife diese „Umwandlung" kraft Gewohnheitsrechts ohne weiteres ein; außerhalb der Insolvenz sei das fiduziarische Sicherungsrecht jedoch stets darauf zu überprüfen, ob es bei der Regel der Vollrechtsinnehabung auf Seiten des Sicherungsnehmers bleibe oder ob sich im Ausnahmefall „auf Seiten des Sicherungsgebers dessen Stellung von der eines nur schuldrechtlich – nach Erledigung des Sicherungszwecks – zur Rückforderung des Vollrechts Berechtigten schon vor diesem Zeitpunkt, um die Stellung, die dem Inhaber eines Vollrechts zukommt", wandele.[31]

In der Tat lassen sich die Ergebnisse der Rechtsprechung zur Behandlung des Sicherungseigentums innerhalb und außerhalb der Insolvenz im Sinne der besonders einprägsamen Darstellung *Sericks* auf dem Boden der Treuhandlehre deuten.

III. Die Stellungnahme der jüngeren Judikatur

Es ist jedoch auffällig, daß die BGH-Judikatur in bezug auf das Sicherungseigentum den Treuhandgedanken – anders als bei der Verwaltungstreuhand[32] – nur mit größter Zurückhaltung heranzieht und namentlich die Deutung einer „quasidinglichen Wirkung" des Treuhandverhältnisses strikt vermeidet. Erst für die Behandlung des Sicherungseigentums im Stadium der Insolvenz greift der BGH[33] auf den Treuhandgedanken zurück,

---

30 *Serick*, a.a.O., Bd. II, S. 77; *ders.*, Mobiliarsicherheiten, a.a.O. (Fn. 2), S. 16f.
31 *Serick*, Mobiliarsicherheiten, a.a.O., S. 17.
32 BGHZ 11, 37, 40ff. = NJW 1954, 190, 191f.; BGH NJW 1959, 1223, 1225; BGH, JZ 1968, 428f. m.zust. Anm. *U. Huber*, JZ 1968, 792ff. = NJW 1968, 1471f. m.abl. Anm. *Kötz*; BGH, NJW 1971, 559f.
33 So hat der VIII. Zivilsenat des BGH, Urt. v. 24.10.1979, JZ 1980, 32, 33 = LM Nr. 14 zu § 930 BGB = ZIP 1980, 40, 41, 42 m. Anm. *Kübler* auf das „Wesen der treuhänderischen Sicherungsabrede" nur zurückgegriffen, um den Umfang des Verwertungsrecht des Sicherungsnehmers im Konkurse des Sicherungsgebers zu erklären und um davon die durch Vermietung des Sicherungsguts durch den Konkursverwalter gezogenen Nutzungen auszunehmen. Dazu führt er aus: „Denn das Sicherungseigentum ist gerade kein volles, ungebundenes Eigentum, sondern gewährt nur eine Verwertungsbefugnis, die im Konkurs des Sicherungsgebers nicht zur Aussonderung, sondern nur zur abgesonderten Befriedigung führt. Der Umfang dieser Befugnis läßt sich daher nicht von der Stellung des Volleigentümers her bestimmen. Sinn und Zweck der Sicherungsübereignung ist es, dem Sicherungsnehmer für den Fall der Nichterfüllung seiner Forderungen Befriedigung aus dem Sicherungsgut zu gewährleisten, den übereigneten Gegenstand regelmäßig aber zunächst dem Sicherungsgeber zur Nutzung zu belassen, um ihm die Fortführung des Betriebs zu ermöglichen." Der BGH verwendet also hier diese Argumentation, um die „Funktion des Sicherungseigentums in der Insolvenz des Sicherungsgebers" zu erläutern. So in ausdrücklicher Bezugnahme auf dieses Urteil auch *Serick*, Mobiliarsicherheiten, a.a.O., S. 11.

während im Vorfeld der Insolvenz, insbesondere in der Einzelzwangsvollstreckung allenfalls beim Zugriff von Gläubigern des Sicherungsnehmers auf das Sicherungsgut das dagegen gerichtete Widerspruchsrecht des Sicherungsgebers aus § 771 ZPO vom VIII. Zivilsenat in seinem maßgebenden Urteil vom 28. 7. 1978[34] aus dem „auf der Sicherungsübereignung beruhenden Treuhandverhältnis" (besser umgekehrt: aus dem der Sicherungsübereignung zugrunde liegenden „Treuhandverhältnis") begründet wird. Im Grunde macht der BGH das Widerspruchsrecht des Sicherungsgebers von der Entwicklung des Sicherungsverhältnisses abhängig, indem er es nur bis zu dem Zeitpunkt zubilligt, von dem ab der Sicherungsnehmer die Sache nach dem Sicherungsvertrag verwerten darf.[35] Vor allem ist bemerkenswert, wie der BGH in demselben Urteil die Vereinbarkeit dieses Ergebnisses damit begründet, „daß umgekehrt auch dem Sicherungsnehmer nach überwiegender Ansicht ein Widerspruchsrecht gegen Vollstreckungsmaßnahmen von Gläubigern des Sicherungsgebers zusteht", nämlich schlicht als „Wirkung des Eigentums" und ebenso mit seiner Behandlung im Konkurs. Insbesondere dort lasse „sich die Beschränkung des Sicherungsnehmers auf abgesonderte Befriedigung anstelle der Aussonderung nicht mit einer geringeren Wirkungskraft des Sicherungseigentums und entsprechend einer verstärkten dinglichen Stellung des Sicherungsgebers erklären"; Grund für die Einschränkung im Konkurs seien vielmehr „die aus der Interessenlage hergeleiteten Erwägungen", die bereits das RG in seinem grundlegenden Urteil vom 9. 4. 1929[36] entwickelt hat.

Schon das RG hatte in bezug auf das Interventionsrecht des Sicherungsnehmers aus § 771 ZPO betont, daß die Sicherungsübereignung nach §§ 929, 930 BGB „volles bürgerlichrechtliches Eigentum" begründe, „an dessen dinglicher Wirksamkeit durch Vereinbarung der Parteien nichts geändert werden" könne; „wenn mit Rücksicht auf solche Absprachen" von „fiduziarischem Eigentum" gesprochen werde, so dürfe „daraus nicht geschlossen werden, daß es mit geringerer dinglicher Kraft begabt sei als anderes Eigentum". Daß das Sicherungseigentum im Konkurs nur ein Absonderungsrecht gewähre, habe seinen „letzten Grund nicht in dem Umstand, daß das Sicherungseigentum ... wirtschaftlich einem Pfandrecht gleichstehe, sondern darin, daß der Konkurs zu einer Lösung nicht nur der sachenrechtlichen Verhältnisse, sondern auch des der Sicherungsübereignung zugrunde liegenden persönlichen Verhältnisses nötigt" und der Sicherungsnehmer

---

34 BGHZ 72, 141, 143, 145 f.
35 S. dazu näher *Rosenberg/Gaul/Schilken*, a. a. O., § 41 VI 4 b bb, S. 507.
36 RGZ 124, 73.

"nicht gleichzeitig die Sache aussondern und wegen seiner gesamten Forderung Befriedigung aus der Masse verlangen" dürfe.[37]

Die neuere Judikatur ist also sogar darauf bedacht, selbst im Konkurs noch an der vollen „dinglichen Kraft" des Sicherungseigentums festzuhalten und es nur im Hinblick auf den besonderen Konkurszweck einer darauf ausgerichteten Behandlung zu unterwerfen.

IV. Die Grundlegung in der älteren Judikatur

Ursprünglich war die Haltung der RG-Rechtsprechung zur Behandlung des Sicherungseigentümers im Konkurs des Sicherungsgebers allerdings noch durchaus ambivalent. Während des RG in seinem ältesten einschlägigen Urteil vom 2. 2. 1889[38] für Fälle der „traditio oder cessio in securitatem mit ernstlich kundgegebenem Übereignungswillen" schlicht die Analogie zum Absonderungsrecht des Faustpfandgläubigers entsprechend §§ 57, 40 KO a. F. (= §§ 64, 48 KO n. F.) suchte, erkannte erst das von der Treuhandlehre meist als grundlegend bezeichnete[39] Urteil vom 23. 12. 1899[40] für den Fall der treuhänderischen Übertragung eines Grundstücks dem Treugeber mit Rücksicht auf die „konkursmäßige Behandlung von fiduziarischen Rechtsgeschäften" ein Aussonderungsrecht nach § 35 KO a. F. (= § 43 KO n. F.) zu. Für die unterschiedliche Argumentation ausschlaggebend war, daß es einmal um die Rechtsstellung des Treuhandeigentümers und das andere Mal um diejenige des Treugebers im jeweiligen Konkurs des anderen Teils ging und daß sich die beiden Urteile auf zwei unterschiedliche Stellen der Materialien zur Konkursordnung stützten, das erste auf eine Stelle zur Absonderung, das zweite auf eine Stelle zu Aussonderung.

So begründete das RG im Urteil vom 2. 2. 1889[41] das Absonderungsrecht des Sicherungseigentümers entscheidend damit, daß der für die Regelung des Absonderungsrechts geltende „Gesetzesgrund" auf die „zur Sicherstellung einer Forderung des Gläubigers realisierte Übereignung" „ganz mit demselben Gewichte" zutreffe. Denn ein zur Sicherstellung übertragenes Vermögensstück verhalte sich „materiell in seiner Bedeutung für das Verhältnis des dadurch sichergestellten Gläubigers in dessen Konkurrenz mit

---

37 RG, a.a.O., S. 75.
38 RGZ 24, 45, 46 ff.
39 *Coing*, a.a.O., S. 44; *Reinhardt/Erlinghagen*, a.a.O., S. 43; *Wieling*, a.a.O., S. 802.
40 RGZ 45, 80, 84 ff.
41 RGZ 24, 48.

nicht sichergestellten Gläubigern in dem Konkurse des Schuldners nicht im geringsten anders als ein dem Gläubiger verpfändetes Vermögensstück des Schuldners".[42] Dazu berief sich das RG[43] sogar auf ein dahingehendes „öffentliches Interesse" an einer „gesunden, mit den Anforderungen des natürlichen Rechtsgefühls in Einklang stehenden Regelung der Kreditverhältnisse", die „für das gemeine Wohl von eminenter Wichtigkeit" sei.[44] Wenn der Gesetzgeber trotz einer betreffenden Anfrage bei den Kommissionsberatungen zum I. Entwurf der KO zum 5. Titel „Absonderung" keine entsprechende Bestimmung für „Übereignungen zur Sicherstellung" aufgenommen habe[45], so folge daraus nichts Gegenteiliges, zumal der Gesetzgeber es nur abgelehnt habe, durch Ausschluß derartiger Geschäfte „in das Civilrecht einzugreifen", nicht aber zu der Frage Stellung genommen habe, „welche Konsequenzen im Falle der Gültigkeit solcher Geschäfte" für das Befriedigungsrecht des „sichergestellten Gläubigers" entstehen. Weitsichtig erklärte es das RG zur „Sache der Jurisprudenz und vor allem (zur) Pflicht der Judikatur", die dem Absonderungsrecht zugrunde liegenden „Rechtsprinzipien" zutage zu fördern und fortbildend auf „Rechtsakte" anzuwenden, „welche (trotz Verschiedenheit in der juristischtechnischen Form) im wesentlichen dasselbe *sachliche* Resultat für das praktische Leben erzeugen".[46] Das Urteil ist mit seiner Bezugnahme auf die Materialien zur KO zugleich ein früher Beleg dafür, daß schon der Gesetzgeber der KO das Nebeneinander von Faustpfandrecht und Sicherungseigentum bewußt tolerierte und es nicht als bloße Erscheinungsform der

---

42 RGZ a. a. O., S. 48 f.
43 RGZ a. a. O., S. 48.
44 Es heißt a. a. O., S. 49 weiter: „Der Schluß daraus, daß in der KO bei Regelung des Zugriffs sichergestellter Gläubiger an die Konkursmasse des Falles einer Sicherstellung durch Übereignung der oben gekennzeichneten Art nicht ausdrücklich gedacht ist, darauf, daß jenes Zugriffsrecht in letzterem Falle im Sinne des Gesetzes nicht nach demselben Grundprinzip zu normieren sei, welches in dem (besonders hervorgehobenen Falle) der Sicherstellung eines Faustpfandes mit Vermögensstücken des demnächstigen Gemeinschuldners zur Geltung gebracht ist, entbehrt jeder Stringenz."
45 Das RG, a. a. O., S. 51 bezog sich auf die Anfrage des Abg. *Hullmann*, „warum die Gläubiger nicht gegen solche Veräußerungen von Mobilien geschützt worden seien, die ohne Besitzübertragung und lediglich zu dem Zwecke stattfänden, um einem Gläubiger Sicherheit wegen Bezahlung seiner Forderung zu gewähren?" und die Ablehnung der Aufnahme einer Regelung über den Ausschluß solcher Geschäfte durch den Kommissar des Bundesrates, da kein Anlaß bestehe, insoweit „in das Civilrecht einzugreifen"; vgl. dazu Protokolle zur 1. Lesung bei *Hahn*, Materialien zur KO (1881), S. 548.
46 RG, a. a. O., S. 50. Damit sprach sich das RG zugleich für das Gebiet des gemeinen Rechts gegen den "Scheincharakter" und für die Gültigkeit der Sicherungsübertragung aus, a. a. O., S. 53.

„Mobiliarhypothek" verstand, der er durch § 14 EGKO das Absonderungsprivileg entzogen hatte.[47]

Erst das Urteil des RG vom 23. 12. 1899[48], das die heute gewohnheitsrechtlich verfestigte Anerkennung des Aussonderungsrechts des Treugebers im Konkurs des Treuhänders und seines Interventionsrechts aus § 771 ZPO gegen Gläubigerzugriffe auf das Treugut eingeleitet hat, stellte auf den „fiduziarischen Charakter des Rechtsgeschäfts" ab, allerdings nicht für den klassischen Fall der Sicherungsübereignung, sondern für den Fall der treuhänderischen Übertragung von Grundstücksanteilen zum Zwecke ihrer Veräußerung – also einer Verwaltungstreuhand.[49] Erst hierzu findet sich die Formulierung, daß der fiduziarisch übertragene Gegenstand „zwar formell und juristisch, nicht aber materiell und wirtschaftlich" zum Vermögen des Treuhänders gehöre.

Daß dieser Satz geradezu den „Kern der Begründung dieses Standpunkts" gebildet habe[50], läßt sich indessen nicht erkennen. Allenfalls bildet er die verkürzte Zusammenfassung der eigentlichen Gründe. Dazu heißt es zunächst: Es handele sich bei dem „fiduziarischen Rechtsgeschäft um eine Eigentumsübertragung, die nicht einen Vermögenszuwachs für den Empfänger bezweckt", sondern ihn „in den Grenzen des ihm erteilten Auftrags" verpflichte, das übertragene Eigentum „nicht als sein eigenes Vermögen zu behandeln". Sollte aber der Fiduziar „nur der Eigentumsträger" für den Fiduzianten sein mit der Verpflichtung, bei Erlöschen des Verkaufsauftrags „das Eigentum (zurück) zu übertragen", so könne er „den Konkursgläubigern zu deren Befriedigung" an dem Gut „nicht mehr Rechte" vermitteln, „als er selbst besaß". Das rechtfertige eine besondere „konkursmäßige Behandlung von fiduziarischen Rechtsgeschäften".[51] Für letztlich ausschlaggebend hielt das RG, wie die Worte „nicht gehören" in § 35 KO a. F.

---

47 Vgl. dazu schon *Gaul*, a. a. O. (Fn. 9), S. 359 f. mit Hinweis auf *Hahn*, Materialien zur KO, S. 191 ff. und auf das weitere Urteil RGZ 26, 180, 182 f., das sich speziell mit der Frage befaßt, ob die Sicherungsübereignung eine Umgehung des § 14 EGKO und des § 40 KO a. F. (= § 48 KO n. F.) darstellt.
48 RGZ 45, 80, 84 ff.
49 Zwar hatte im Falle des RGZ 45, 80 zunächst der Erblasser C die Grundstücksanteile an St „zur Sicherung wegen einer Darlehensschuld" übertragen und St war nach Befriedigung aus der Darlehensforderung zur Rückauflassung verpflichtet. Die Erben des C hatten jedoch sodann H beauftragt, die Grundstücksanteile zur Regelung des Nachlasses auf ihre Rechnung zu veräußern und St angewiesen, die Grundstücksanteile statt an sie, direkt an H aufzulassen. Nach Auflassung fiel H in Konkurs und die Erben verlangten Aussonderung der Grundstücksanteile. Da das Sicherungsverhältnis bereits beendet war, handelte es sich also nicht um eine Sicherungs-, sondern um eine Verwaltungstreuhand!
50 So *Jaeger*, Kommentar zur KO, 6./7. Aufl. (1931), § 43 Anm. 40.
51 RG, a. a. O., S. 84.

(= § 43 KO n. F.) nach den Absichten des Gesetzgebers als dem „selbst besten Interpreten" auszulegen sind. Aufgrund der Entstehungsgeschichte des § 35 KO a. F. wies das RG nach, daß aus der Sicht des Gesetzgebers als „dem Gemeinschuldner nicht gehörige Gegenstände" auch diejenigen sollten ausgesondert werden können, die ihm – wie die „zur Sicherstellung übertragenen Handelspapiere" als damalige Hauptanwendungsfälle – nur „fiduziarisch" übertragen worden sind.[52]

---

[52] RGZ a. a. O., S. 85 f. – Schon die Motive (*Hahn*, Materialien zur KO, 1881, S. 161 f.) erklären die Aufnahme einer „Spezialbestimmung" wie die der preuß. KO von 1855 „für überflüssig", weil „unbedenklich" sei, daß die dort genannten Inkasso- und Depotwechsel oder die sonstigen „zur Sicherung übergebenen ... Handelspapiere" oder „cedierten Forderungen" „aus der Masse herausverlangt werden können". Der dann gleichwohl von den Abg. *Goldschmidt* während der Beratungen der KO in der 5. Sitzung der Reichstagskommission gestellte Antrag auf Aufnahme eines entsprechenden § 35 a KO wurde aufgrund des Einwands des Regierungsvertreters *Hagen*, daß durch die lediglich formale Übertragung oder Zession „die Möglichkeit einer Aussonderung des Wechsels ‚nicht berührt' werde und es deshalb keiner besonderen Bestimmung bedürfe", abgelehnt. (Vgl. *Hahn*, a. a. O., S. 540 ff.). Das gleiche Schicksal erlitt der von *Goldschmidt* in der 18. Sitzung erneuerte Antrag. Besonders bemerkenswert ist, daß in der eingehenden Debatte von dem Appellationsgerichtsrat *Hauser* zudem darauf hingewiesen wurde, daß „auch kein Grund" vorliege, „die Übertragung von Wertpapieren in den fraglichen Fällen anders zu behandeln als die Übertragung von Sachen (!) an den Gemeinschuldner" und daß zumindest, soweit „der Rechtsübergang unter der auflösenden Bedingung" der Befriedigung stehe, mit ihr das Recht nicht mehr dem Gemeinschuldner „gehöre" (*Hahn*, a. a. O., S. 620). Auch von dem Regierungsvertreter *Hagen* wurde die Aufnahme einer Sonderbestimmung für Inkasso- und Depotwechsel mit der zusätzlichen Begründung abgelehnt, eine solche gefährde „die Anwendung der richtigen Grundsätze betreffs die Rückforderung von Sachen" (*Hahn*, a. a. O., S. 622). Immerhin gelang es *Goldschmidt*, bei der 2. Lesung in der 24. Sitzung als „die übereinstimmende Auffassung der Kommission" im Protokoll festhalten zu lassen, daß „durch § 35 Entw. nicht ausgeschlossen sein" solle, „die Zurückforderung von Wechseln und anderen durch Indossament übertragbaren Urkunden aus der Konkursmasse, sofern sie dem Gemeinschuldner nur behufs der Einziehung oder mit der Bestimmung übertragen worden sind, daß sie nur zur Sicherstellung des Gemeinschuldners dienen sollten ..." (*Hahn*, S. 666 f.). Diesen Hergang hielt der Berichterstatter *von Vahl* bei der 2. Plenarberatung im Reichstag für besonders erwähnenswert, „weil er für die Interpretation des Gesetzes von außerordentlicher Bedeutung ist". Der Antrag auf Aufnahme einer Spezialbestimmung für Inkasso- und Depotwechsel sei nämlich namentlich deshalb als „überflüssig und schädlich" so „lebhaft bekämpft" worden, „weil man e contrario schließen werde, daß andere Vermögensobjekte, die in analoger Weise freigegeben seien, nicht zurückgefordert werden könnten, entgegen den Absichten des Gesetzes und des Antragstellers". Tatsächlich habe man „anerkannt, daß der Antrag an sich materiell Richtiges enthalte". Indem sich der Berichterstatter den Protokollinhalt ausdrücklich zu eigen machte, gab er der Erwartung Ausdruck, „daß damit die Gefahr eines Konfliktes zwischen der Rechtsprechung und der Intention des Gesetzes, wenn sie überhaupt bestanden habe, beseitigt" sein werde (*Hahn*, a. a. O., S. 718 f.).

V. Die Fortbildung der Rechtsprechung zur Rechtsstellung des Sicherungsgebers im Konkurs und in der Einzelzwangsvollstreckung

Das an sich nur einen Fall der Verwaltungstreuhand betreffende Urteil RGZ 45, 80 ff. wurde in der Folgezeit zur Leitentscheidung aller Fälle treuhänderischer Übertragung von Rechten und Sachen einschließlich der Sicherungsübereignung, um dem Treugeber im Konkurs des Treuhänders ein Aussonderungsrecht nach § 43 KO und gegen Akte der Einzelzwangsvollstreckung ein Widerspruchsrecht gemäß § 771 ZPO zuzuerkennen. Wenn die Judikatur – meist jedoch nur in Fällen der Verwaltungstreuhand[53] und weniger in Fällen der Sicherungstreuhand[54] – zumindest bis zum klärenden Urteil RGZ 124, 73 ff. zur Sicherungsübereignung aus dem Urteil RGZ 45, 80 ff. nur die immer wiederkehrende Formulierung übernahm, der Treuhänder erlange zwar das „juristische" oder „formelle" Eigentum, während das „wirtschaftliche" oder „materielle" Eigentum beim Treugeber verbleibe, so ist darin keineswegs der tragende „Leitgedanke"[55] zu sehen. Sie stellt vielmehr die aus äußeren Gründen der Breviloquenz tradierte Kurzformel dar, um auszudrücken, daß das treuhänderisch gebundene Vermögen billigerweise nicht für die persönlichen Schulden des Treuhänders haften darf.[56] Der Satz sollte nur darauf hinweisen, daß das Treugut einer besonderen „konkursmäßigen Behandlung" bedarf.[57]

Da es dem RG mit der Begriffsbildung nur um eine am Einzel- oder Gesamtzugriff auf das Haftungsvermögen ausgerichtete Interpretation der §§ 43 KO, 771 ZPO – genauer sogar nur um deren „entsprechende Anwendung"[58] – ging, läßt sich seine Judikatur durchaus im Sinne einer „funk-

---

53 Vgl. RGZ 79, 121, 122 (betr. Widerspruchsklage aus § 771 ZPO des Treugebers gegen die Pfändung einer treuhänderisch übertragenen Hypothek); RGZ 84, 214, 217 (betr. „treuhänderischer" Grundstücksübertragung); RGZ 91, 12, 14 f. (betr. „treuhänderische" Grundstücksübertragung und absonderungsweise Geltendmachung einer an dem Grundstück erworbenen Hypothek).
54 Vgl. RG JW 1910, 29 Nr. 53, wo wiederum für die Konkurssituation und die „entsprechende Anwendung des § 64 KO" – wie schon im Ausgangsurteil RGZ 24, 45 – die Analogie zum Pfandrecht betont wird: „Das durch *Sicherungseigentum* begründete Recht (fiduziarisches Eigentum) vertritt nicht nur wirtschaftlich die Stelle des Pfandrechts, sondern weist auch in rechtlicher Beziehung dem Pfandrecht verwandte Züge auf. Der übereignete Gegenstand scheidet nicht endgültig aus dem Vermögen des Schuldners aus ..". Fast wörtlich ebenso RGZ 91, 277, 279 f. für die Sicherungszession.
55 So aber *Jaeger,* a.a.O. (Fn. 50), § 43 Anm. 40.
56 *Coing,* a.a.O., S. 95.
57 RGZ 45, 84.
58 So auch noch zusammenfassend RGZ 94, 305, 307.

tionell-teleologischen Betrachtungsweise" deuten, der eine Teilung des Eigentums durch Schaffung einer geteilten oder vervielfältigten Rechtszuständigkeit völlig fern lag.[59] Es besteht deshalb weder Anlaß, das „wirtschaftliche Eigentum als Rechtsbegriff" im zivilrechtlichen Haftungsrecht zu verteidigen[60], noch sich in unnötiger begrifflicher Polemik heute noch mit längst ausgeschöpften Argumenten mit dem Begriff des „wirtschaftlichen Eigentums" eingehender auseinanderzusetzen.[61] Solange man die Sicherungsübereignung wie schon die römischrechtliche „fiducia cum creditore" als „Vollrechtsübertragung mit innerer schuldrechtlicher Zweckbindung" begreift[62], begründet sie – mit den treffenden, durch das BGH-Urteil vom 28. 6. 1978[63] bekräftigten Worten des RG-Urteils vom 9. 4. 1929[64] – „volles bürgerlichrechtliches Eigentum" und dies Eigentum wird nicht dadurch ein „anderes", daß der Sicherungsnehmer oder der Sicherungsgeber in Konkurs fällt oder in bezug auf das Sicherungsgut dem Vollstreckungszugriff seiner persönlichen Gläubiger ausgesetzt wird.

Wenn gerade die neuere Rechtsprechung die Begriffsbildung vom „wirtschaftlichen Eigentum" aufgegeben hat und fast provozierend strikt von der vollen „dinglichen" Wirkungskraft des Sicherungseigentums im Rechtssinne spricht[65], so beruht dies auf der Einsicht, daß in dem dem Haftungs-

---

59 So schon *Siebert*, a. a. O., S. 168 f.
60 So *Assfalg*, a. a. O. (Fn. 3), S. 162 ff.; ders., Wirtschaftliches Eigentum als Rechtsbegriff, NJW 1963, 1582 ff., 1584: „So sehr das Eigentum als einheitliches Ganzes zu betrachten ist, im Konkurs des Treuhänders und in der Einzelzwangsvollstreckung gegen ihn muß es als in seine Teile zerlegbar angesehen werden." Danach kann sich zwar eine Sache „im Eigentum des Gemeinschuldners befinden, nicht aber – i. S. der §§ 1, 43 KO – zu dessen Vermögen gehören. Die Vermögenszugehörigkeit ist in erster Linie ein wirtschaftlicher Begriff" (a. a. O., S. 164). – *Assfalg* räumt allerdings (a. a. O., S. 1585) ein, daß „der Begriff des ‚materiell-wirtschaftlichen Eigentums' beim heutigen Stande des Aufbaus der Rechtszuständigkeit des Treuhandbegünstigten etwas zuviel besagt" – im Hinblick nämlich auf den mangelnden Rechtsschutz vor unerlaubten rechtsgeschäftlichen Verfügungen des Treuhänders –, so daß man nach dem Vorbild des „beneficial interest" des englischen Rechts besser von einem „Benefizrecht" auf Gewährung „des wirtschaftlichen Genusses an einem Vermögensgegenstande" sprechen sollte. Auf die „wirtschaftliche Vermögenszugehörigkeit" stellen auch *Reinhardt/Erlinghagen* a. a. O. (Fn. 3), S. 43 f., 48 f. ab.
61 So aber neuestens noch *Wieling*, a. a. O. (Fn. 14), S. 802 f. ganz im Stile der Argumentation *von Tuhrs*, Der Allgemeine Teil des Deutschen Bürgerlichen Rechts, Bd. II 2, (1918), S. 203 ff. – Gegen die „tralatizische Polemik" gegen die Rechtsprechung schon *Flume*, a. a. O. (Fn. 5), S. 77, der aber den gerade kritischen Fall des Widerspruchsrechts und Aussonderungsrechts des Sicherungsgebers nicht anspricht, sondern nur das Absonderungs- und Widerspruchsrecht des Sicherungsnehmers behandelt.
62 Davon geht auch *Assfalg*, a. a. O., S. 1583 aus.
63 BGHZ, 72, 144 f.
64 RGZ 124, 73 f.
65 BGHZ 72, 146.

bereich vorgelagerten rechtsgeschäftlichen Verfügungsbereich angesichts § 137 BGB Abstriche von der Rechtszuständigkeit und Rechtsmacht des Sicherungseigentümers „nach außen" nicht gemacht werden können.[66]

Kennzeichnend dafür ist die Beurteilung, die der BGH im Urteil vom 5. 11. 1953[67] selbst der (uneigennützigen) Verwaltungstreuhand zuteil werden läßt: „Hier kann nicht daran vorbeigegangen werden, daß bei der treuhänderischen Rechtsbegründung das Eigentum und das Recht mit voller dinglicher Wirkung auf den Erwerber übergehen mit der Rechtsfolge, daß alle dinglichen Beziehungen des Eigentümers und des Inhabers des Rechts zu den Gegenständen des Treuhandvermögens gelöst werden, und daß die Verpflichtung des Treuhänders, nur in bestimmter Weise über das Treugut zu verfügen, lediglich schuldrechtlicher Art ist (§ 137 BGB), ebenso wie die Verpflichtung des Treuhänders, das Treugut nach Beendigung des Treuhandverhältnisses an den Treugeber gemäß §§ 667, 675 BGB zurückzugeben".

VI. Ansätze eines Verfügungs- und Sukzessionsschutzes des Sicherungsgebers

Zwar hat es namentlich unter dem Eindruck des anglo-amerikanischen Trust-Rechts[68] nicht an Versuchen gefehlt, die rechtsgeschäftliche Verfügungsmacht des Treuhänders einzuschränken und dem Treugeber einen „Sukzessionsschutz" in Gestalt eines Verfolgungsrechts gegenüber einem rechtsgeschäftlichen Erwerber des Treuguts insbesondere in entsprechender Anwendung der Regeln über den „Vollmachtsmißbrauch" zuzuerkennen. *Ulrich Huber*[69] hat diese Versuche aber überzeugend widerlegt und der BGH ist dem im Urteil vom 4. 4. 1968[70] gefolgt. Selbst wenn man dies in Analogie zum Recht des Testamentsvollstreckers anders sehen wollte[71],

---

66 S. dazu insbes. *Canaris*, Die Verdinglichung obligatorischer Rechte, Festschrift für W. Flume (1978), S. 371, 419 f.
67 BGHZ 11, 37, 43 im Anschluß an RGZ 153, 366, 369.
68 Vgl. dazu nur *Kötz*, Trust und Treuhand (1963), passim, insbes. S. 138 ff.
69 *U. Huber*, Die Rechtsstellung des Treugebers gegenüber Gläubigern und Rechtsnachfolgern des Treuhänders, Festschrift zum fünfzigjährigen Bestehen des Instituts für ausländisches und internationales Privat- und Wirtschaftsrecht der Universität Heidelberg (1967), S. 398, 409 f. – Abweichend *H. Schlosser*, a. a. O. (Fn. 9), S. 681 ff., der für die Verwaltungstreuhand von der Regel einer „zweckbegrenzten, auflösend bedingten Rechtsübertragung" ausgeht, die „dinglich gegen Dritterwerb in den Grenzen des Gutglaubensschutzes" wirke.
70 BGH, JZ 1968, 428 f. m. zust. Anm. *U. Huber*, JZ 1968, 791 ff = NJW 1968, 1471 f. m. abl. Anm. *Kötz*.
71 So *Coing*, a. a. O., S. 166 ff.

lassen sich diese auf die (fremdnützige) Verwaltungstreuhand zugeschnittenen Erwägungen auf die (eigennützige) Sicherungstreuhand nicht übertragen.[72]

Huber ist allerdings dadurch zu einer gewissen Annäherung der rechtsgeschäftlichen Verfügungsebene und der vollstreckungsrechtlichen Haftungsebene gelangt, daß er die treuwidrige Veräußerung des Treuguts bei Kenntnis des Erwerbers vom Treubruch des Treuhänders wegen Verstoßes gegen das Verbot der Beihilfe zur Untreue (§§ 27, 266 StGB) als auch das Verfügungsgeschäft erfassend gemäß § 134 BGB wegen Gesetzesverstoßes und gemäß § 138 BGB wegen Sittenverstoßes für nichtig hält.[73] Im Anschluß daran hat auch der BGH im Urteil vom 4. 4. 1968[74] darauf hingewiesen, daß „der Treugeber – abgesehen von einem ihm gegen den Treuhänder zustehenden Schadensersatzanspruch – nur im Rahmen der §§ 138, 823 Abs. 2 (i. V. m. § 266 StGB) oder § 826 BGB geschützt werden kann". Die daraus gezogene Schlußfolgerung *Hubers,* daß „infolgedessen das gewohnheitsrechtlich anerkannte Drittwiderspruchs- und Aussonderungsrecht des Treugebers in den Fällen des Gläubigerzugriffs auf das Treugut keine systemwidrige Ausnahmeerscheinung, sondern nur ein besonderer Anwendungsfall einer allgemeinen Regel" sei[75], greift allerdings zu weit, weil eben nicht jede „eigenmächtige Verfügung des Treuhänders über das Treugut gegen das gesetzliche Verbot des Treubruchs (mit Nichtigkeitsfolge nach § 134 BGB) und gegen die guten Sitten verstößt", sondern nur die, von der der Erwerber positive Kenntnis hat". Dies ist aber gewiß nicht die Regel, sondern eher die Ausnahme.

So hat denn auch demgegenüber *Serick*[76] betont, daß der Versuch, das Zuviel an Rechtsmacht des Treuhänders „mit strafrechtlichen Tatbeständen zu korrigieren", zumindest „bei der Sicherungsübereignung nur in ganz engen Ausnahmefällen helfen" kann. Er hat aber überdies grundsätzliche

---

72 Vgl. schon *Serick,* a.a.O., Bd. II, § 19 I 3, S. 80 u.a. mit Hinweis auf *Flume,* Allgemeiner Teil, Bd. II, S. 884 und dessen Erwiderung auf *Müller-Freienfels,* Die Vertretung beim Rechtsgeschäft (1955), S. 124 ff. bezüglich einer vermeintlich mit § 137 BGB vereinbaren „verdrängenden unwiderruflichen Vollmacht". Für Beschränkung auf die „echte Verwaltungstreuhand" mit ergänzendem Hinweis auf eine Analogie zu § 392 Abs. 2 HGB auch *Canaris,* a.a.O. (Fn. 66), S. 420, 425. S. ferner *Staudinger-Wiegand,* a.a.O., Anh. zu §§ 929 ff. Rz. 340 f.
73 *Huber,* a.a.O., S. 410 ff.; zustimmend *Walter,* a.a.O. (Fn. 3), S. 43; *Soergel-Hefermehl,* BGB, 12. Aufl. (1988), § 134 Rz. 24; offenlassend *Coing,* a.a.O., S. 164.
74 BGH, JZ 1968, 428, 429. – auch *Canaris,* Gesetzliches Verbot und Rechtsgeschäft (1983), S. 27 f. folgt bei „Beiderseitigkeit des Verstoßes" grundsätzlich dem BGH, befürwortet aber in Untreuefällen mit Rücksicht auf den einseitigen „Schutz des Treugebers" eine „Modifikation von § 134 BGB" entsprechend § 177 BGB dahin, daß die Rechtsfolge nur „schwebende Unwirksamkeit" sei.
75 *Huber,* a.a.O., S. 415.
76 *Serick,* a.a.O., Bd. III, § 37 I 3 a, S. 396 f.

Bedenken gegen die Ansicht erhoben, das Verhalten des Erwerbers als „rechtswidrig" zu werten. Das gelte selbst dann, wenn ihm die Treubindung bekannt sei: „Für den Erwerber zählt in erster Linie das *Können* des Sicherungsnehmers; er braucht sich grundsätzlich nicht damit aufzuhalten, ob der Sicherungsnehmer sein Können mißbraucht hat, weil das Zivilrecht ihm die Pflicht bei dem Erwerb von Sicherungsgut gerade nicht aufbürden will". Deshalb müsse der „interne" Sittenverstoß des Sicherungsnehmers „nach außen, dem Dritten gegenüber, grundsätzlich ohne Wirkung bleiben".[77] Insofern könne „die zivilrechtliche Ausgestaltung des Treuhandverhältnisses einen Rechtfertigungsgrund" für den Dritten darstellen, der einer selbst tatbestandsmäßigen Beihilfe zur Untreue die Rechtswidrigkeit nehme und damit den Erwerber vor den Rechtsfolgen der §§ 134, 138 BGB schütze. In der Tat ist die für die Verwaltungstreuhand entwickelte These von der „Verfügungsbeschränkung"[78] aufgrund strafrechtlichen Treubruchs für die Sicherungsübereignung bisher weder in der Lehre[79] noch in der Praxis aufgegriffen worden.[80]

Selbst wenn man den beachtlichen Einwänden *Sericks* nicht folgen wollte, könnte jedenfalls der strafrechtliche Schutz des Treugebers nur in dem seltenen Ausnahmefall einer strafbaren Beteiligung des Dritterwerbers am Treubruch auf das Zivilrecht durchschlagen und sich als eine „Verfügungsbeschränkung" zugunsten des Sicherungsgebers auswirken. Grundsätzlich ist jedoch im Einklang mit § 137 BGB von der vollen rechtsgeschäftlichen Verfügungsmacht des Sicherungsnehmers im Rechtsverkehr mit Dritten auszugehen.

Ein anderer Schutz, der gerade dem äußeren rechtlichen Können des Sicherungsnehmers bei der Sicherungsübereignung – im Unterschied zur Ver-

---

77 *Serick*, a. a. O., S. 397 mit Hinweis auf BGH, WM 1966, 614 betr. Verletzung eines gesellschaftsrechtlichen Treuhandverhältnisses. Ähnlich argumentiert *Canaris*, a. a. O. (Fn. 76), S. 421 gegen eine Herleitung des Schutzes des Treugebers aus § 242 BGB: Mangels „Sonderverbindung" brauche „der Dritte" sich um die Interessen des Hintermannes grundsätzlich nicht zu kümmern, weil er mit ihm keinen Vertrag schließen will und daher nicht in rechtsgeschäftlichen Kontakt zu ihm tritt.
78 *Huber*, a. a. O., S. 415 spricht von einer „Verfügungsbeschränkung, die nicht nur schuldrechtlichen Charakter hat, sondern auch von Dritten zu beachten ist".
79 *Reich*, a. a. O. (Fn. 16), S. 263 spricht sich für einen „erweiterten" Schutz des Sicherungsgebers „über § 826 BGB" aus, ohne zusätzliche Konsequenzen etwa hinsichtlich der §§ 134, 138 BGB in Betracht zu ziehen. Diese Ansicht hat *Serick*, a. a. O., S. 397 Anm. 42 als „viel zu weitgehend im Hinblick auf § 826 BGB" zurückgewiesen.
80 Schon *Siebert*, a. a. O., S. 176 ff., 179 f. hat im Anschluß an *Friedmann*, a. a. O. (Fn. 29), S. 1124 ff. den „strafrechtlichen Schutz des Fiduzianten" aus § 266 StGB als „problematisch und unvollkommen" bezeichnet und auf die auf das Zivilrecht nicht ohne weiteres übertragbare „wirtschaftliche Betrachtungsweise" im Strafrecht hingewiesen.

waltungstreuhand und selbst zur Sicherungszession – gewisse Grenzen setzt, ist allerdings schon in diesem Zusammenhang nicht zu übersehen. Der Sicherungsgeber genießt nämlich bei der Sicherungsübereignung gegen abredewidrige Verfügungen des Sicherungseigentümers über das Sicherungsgut (nach § 931 oder auch § 930 BGB) einen nicht zu unterschätzenden Sukzessionsschutz gemäß § 986 Abs. 2 BGB gegen den Erwerber aufgrund seines Besitzrechts aus der Sicherungsabrede.[81] Schon *Flume*[82] hat darauf hingewiesen, daß angesichts der Einreden des Sicherungsgebers aus dem Sicherungsverhältnis gegenüber dem Herausgabeanspruch sowohl des Sicherungsnehmers wie dessen Nachmannes (§ 986 Abs. 2 BGB) insoweit der Unterschied des nicht akzessorischen Sicherungseigentums zum akzessorischen Pfandrecht in Wirklichkeit nicht mehr sehr groß ist.

VII. Veränderung der Rechtsstellung des Sicherungsgebers durch ein insolvenzrechtliches „Umwandlungsprinzip"?

Nach *Serick* erfährt der „Überschuß an Rechtsmacht" bei der treuhänderischen Sicherungsübertragung eine „institutionelle Korrektur" erst „kraft des Umwandlungsprinzips", indem erst im Konkurs, im Vergleich und in der Zwangsvollstreckung die Rechtsstellung des Sicherungsgebers zu einer „quasidinglichen Berechtigung" erstarke.[83] *Serick*[84] knüpft an *Friedmann*[85] an, der das „Umwandlungsprinzip" aus der RG-Rechtsprechung abgeleitet hat: „Im Konkurs des Sicherungsschuldners aber wandelt das Reichsgericht, und zwar schon seit dem Jahre 1889[86], das Sicherungseigentum des Geldgebers in ein Pfandrecht um; im Konkurs des Sicherungsschuldners kann der Sicherungsgläubiger nicht Aussonderung, sondern nur abgesonderte Befriedigung verlangen".[87] Die Begründung für diese „Metamorphose" ergibt sich für *Friedmann*[88] nicht aus einer „Ordnungsfunktion des Rechts" oder, wie zunächst das RG[89] meinte, aus den hinter den konkursrechtlichen

---

81 *Serick*, a. a. O., Bd. III, § 37 III 4, S. 434 f.; *Canaris*, a. a. O. (Fn. 66), S. 392 f.; zuletzt *Becker-Eberhard*, a. a. O. (Fn. 5), § 3 II 3 d und § 18 I 2.
82 *Flume*, a. a. O. (Fn. 5), S. 73, 75.
83 *Serick*, a. a. O., Bd. III, S. 395, 397.
84 *Serick*, a. a. O., Bd. II, S. 77.
85 *Friedmann*, a. a. O., S. 862, 870, 873 f., 897 ff.; s. dazu auch *Siebert*, a. a. O., S. 162, 168.
86 Gemeint ist RGZ 24, 45 und dazu schon oben zu Fn. 38, 41 ff.
87 *Friedmann*, a. a. O., S. 873 f. fährt fort: „ Diese Umwandlung gilt allerdings nur für den Konkursfall, nicht für den Fall der Zwangsvollstreckung; es kann also der Sicherungsgläubiger einer Zwangsvollstreckung der Gläubiger seines Schuldners in das Sicherungsgut widersprechen."
88 *Friedmann*, a. a. O., S. 897 ff.
89 RGZ 24, 49 f. – ohne freilich vom „fiduziarischen Rechtsgeschäft" zu sprechen! S. dazu schon oben zu Fn. 41 f.

Schranken des Zugriffs stehenden „öffentlichen Interessen", sondern wie es das RG später[90] betonte, aus „Anforderungen der materiellen Gerechtigkeit" so wie die ganze „Fiduzia"-Lehre nichts anderes als „Billigkeitsrecht" sei, deren Fortentwicklung auch weiterhin – wie schon das RG im Jahre 1889[91] dargelegt habe – Aufgabe der „Jurisprudenz und Judikatur" sei: „Für das Privatrecht darf der Gesetzgeber an dem Satz, daß es rechtlich nur *eine* Art Eigentum gibt, nicht rühren. Er kann auch der Privatgestaltung nicht verbieten, mit der Verwendung des gesetzlichen Inhalts des Eigentums andere Zwecke zu verbinden. Aber gerade auf diesem Rechtsboden erwächst die Fiducia im ganzen".[92]

Serick[93] bezieht die „quasidingliche Wirkung der Treuhand" auch auf die Rechtsstellung des Sicherungsnehmers: „Wie die obligatorische Treuabrede die Stelle des Sicherungsgebers bis zur vollen Dinglichkeit, bis zum Eigentum zu festigen vermag, kann sie die an sich gegebene volle Eigentümerstellung des Treunehmers bis zur Pfandgläubigerposition abschwächen." Darin zeige sich die dem Treuhandeigentum von der Rechtsordnung beigelegte „Schwankungsbreite" je nach der Zugriffslage. Die Treuhand hat „deswegen quasidingliche Wirkung, weil der schuldrechtliche Sicherungsvertrag bei der juristischen Qualifikation des Sicherungseigentums mit herangezogen wird". Die eigenartige Verknüpfung von Sicherungsrecht und schuldrechtlicher Sicherungsabrede „durchbricht das Abstraktionsprinzip, ohne es aufzugeben".[94] Im gleichen Sinne wird auch von einer Durchbrechung der Grenzen gesprochen, die der „Typenzwang des Sachenrechts" der Vertragsfreiheit zieht.[95]

Dem hat neuerdings *Gernhuber*[96] entgegengehalten, die „quasidingliche Wirkung der Treuhandabrede" dürfe nicht derart als „rechtsgeschäftliche

---

90 RGZ 45, 84 f.
91 RGZ 24, 50.
92 *Friedmann*, a. a. O., S. 906.
93 *Serick*, a. a. O. Bd. II, S. 95 f.
94 Vgl. auch schon *Serick*, a. a. O., Bd. I, S. 58 f.: „Der Abstraktionsgrundsatz, der das schuldrechtliche Grundgeschäft scharf von dem abstrakten Zuwendungsgeschäft trennt, wird nun bei Sicherungsübertragungen in bemerkenswerter Weise durchbrochen", indem „die kausale Sicherungsabrede hier mit dem abstrakten Erfüllungsgeschäft verzahnt ist und das Sicherungsgut zum Treugut macht". Ähnlich – obwohl terminologisch jede „Verdinglichung" vermeidend – *Coing*, a. a. O. (Fn. 3), S. 108: „Es liegt ein obligatorisches Geschäft vor, das den Sinn des Verfügungsgeschäfts mitbestimmt", der jedoch abweichend „die Herstellung der Sicherungstreuhand als Erfüllung der in einem Kreditvertrag getroffenen Vereinbarung über die gewährte Deckung" sieht und andererseits, a. a. O., S. 162 ausdrücklich betont, daß die Treuhandabrede „nicht in dinglicher Weise seine (des Treuhänders) Verfügungsbefugnisse beschränkt".
95 So *Wiegand*, Festschrift für Coing, a. a. O. (Fn. 3), S. 577.
96 *Gernhuber*, a. a. O., (Fn. 3), S. 358 f.

Wirkung" begriffen werden; die Parteien formulierten auch heute noch ihren Willen in Gestalt schuldrechtlicher Pflichten, „erst richterliche Rechtsfortbildung setzt diese Pflichten beschränkt in das Außenverhältnis um". Deshalb stünde auch der „Typenzwang" des Sachenrechts" der „Legitimität der quasidinglichen Wirkung" nicht entgegen, die das Richterrecht der Treuhandabrede beilege und die bewirke, daß „die Zuordnung des Treuguts zum Treuhänder eine Minderung" erfahre, während „ein Restbestand von Zuweisungsgehalt" beim Treugeber verbleibe.

Die von *Gernhuber* konstatierten Gegensätze in der „Dogmatik" zur „quasidinglichen Wirkung der Treuhandabrede" sind indessen nur scheinbare. Schon die Anknüpfung *Sericks* an das von *Friedmann* aus der RG-Rechtsprechung abgeleitete „Umwandlungsprinzip" zeigt, daß sachlich dasselbe gemeint ist. Danach ist es letztlich „die Rechtsordnung", die dem Treuhandeigentum in Gestalt der "quasidinglichen Wirkung" der Treuhandabrede eine „Schwankungsbreite zwischen Eigentum und pfandrechtsartiger Berechtigung zuerkennt".[97] Dem entspricht es, wenn *Serick* von der „institutionellen Korrektur des Überschusses an Rechtsmacht" durch das „Umwandlungsprinzip" spricht.[98]

Bedenklicher ist es, daß einerseits von „quasidinglicher Wirkung", andererseits von „Neuzuordnung dinglicher Rechtsmacht" kraft des „Umwandlungsprinzips" gesprochen wird und davon, daß den „fiduziarischen Sicherheiten auf der dinglichen Ebene eine Schwankungsbreite immanent" sei.[99]

Die Kategorie „quasidinglich" zwischen „schuldrechtlich" und „dinglich" kann nur bedeuten „nicht dinglich."[100] Denn „quasidinglich" kann nur besagen, daß in Wahrheit eine „dingliche" Zuordnung nicht anerkannt werden kann und dem Treugeber gegenüber den Gläubigern des Treunehmers im Konkurs und in der Zwangsvollstreckung dieselben Rechtsbehelfe zustehen sollen, *als ob* er der dinglich Berechtigte wäre.[101] Es handelt sich im Grunde nur um eine Analogie, die schon anfänglich die RG-Judikatur bestimmte[102] und die sich inzwischen gewohnheitsrechtlich verfestigt hat.

---

97 *Serick*, a. a. O., Bd. II, S. 95; so eindeutig auch *ders.*, Mobiliarsicherheiten a. a. O. (Fn. 2), S. 15: „Die Rechtsordnung verleiht der schuldrechtlichen Zweckbindung bei treuhänderischen Geschäften in bestimmten Fällen (Konkurs oder Zwangsvollstreckung) Wirkung gegenüber jedermann." Vgl. auch schon oben zu Fn. 7.
98 *Serick*, a. a. O., Bd. III, S. 397.
99 So zuletzt noch *Serick*, Mobiliarsicherheiten, a. a. O., 16 f.
100 So betont denn auch *Gernhuber*, a. a. O., S. 359, der „Restbestand von Zuweisungsgehalt beim Treugeber" bedeute „nicht die Anerkennung eines dinglichen Rechts des Treugebers".
101 Zutreffend *U. Huber*, a. a. O. (Fn. 68), S. 420; zustimmend *W. Henckel*, Haftungsfragen bei der Verwaltungstreuhand, Festschrift für Coing, Bd. II (1982), S. 137, 138.
102 Vgl. dazu oben zu Fn. 38 ff.

Dagegen wird echte „Dinglichkeit" angesprochen, wenn von „Neuzuordnung dinglicher Rechtsmacht" und von einer den fiduziarischen Sicherheiten „auf der dinglichen Ebene immanenten Schwankungsbreite" die Rede ist. Damit wird der Eindruck erweckt, als erfahre das in der Privatrechtsordnung noch ungeschmälert geltende „Eigentum" des Sicherungsnehmers in der Vollstreckungsordnung buchstäblich eine „Umwandlung" in ein „Pfandrecht" und das obligatorische Rückforderungsrecht des Sicherungsgebers eine solche in „Eigentum"[103]. Sollte damit mehr als eine allegorische Betrachtungsweise gemeint sein, wäre dies juristisch nicht haltbar.

VIII. Die Rechtsstellung des Sicherungsgebers in der Insolvenz aufgrund haftungsrechtlicher Wertung

Abzulehnen ist auch die Auffassung, die zwischen „Vermögenszugehörigkeit" i.S. der §§ 1, 43 KO als einem „in erster Linie wirtschaftlichen Begriff" und „Eigentum" oder sonstiger Rechtsinhaberschaft als Rechtsbegriff zu unterscheiden sucht und so zu einem „im Konkurs des Treuhänders und in der Einzelzwangsvollstreckung gegen ihn in seine Teile zerlegbaren Eigentum" derart gelangt, daß sich ein Gegenstand „zwar im Eigentum des Gemeinschuldners befinden, nicht aber zu dessen Vermögen gehören" kann.[104] Wenn es in § 43 KO heißt, daß sich „die Ansprüche auf Aussonderung eines dem Gemeinschuldner nicht gehörenden Gegenstandes aus der Konkursmasse aufgrund eines dinglichen oder persönlichen Rechts nach den außerhalb des Konkursverfahrens geltenden Gesetzen bestimmen", so kann die Anknüpfung des entscheidenden Merkmals der „Nichtzugehörigkeit" zum gemeinschuldnerischen Vermögen an die sich aus dem Bürgerlichen Recht ergebenden „dinglichen oder persönlichen Rechte" kaum deutlicher zum Ausdruck kommen. So lautet denn auch die Begründung in den Motiven[105] mit Selbstverständlichkeit: „Der Berechtigte macht die Ansprüche gegenüber der Konkursmasse nach demselben Recht geltend,

---

103 So formuliert denn auch *Friedmann* a.a.O. (Fn. 29), S. 897 f: „Der Fiduziar ist Eigentümer, aber im Konkurs des Fiduziars tritt plötzlich das Eigentum des Fiduzianten hervor. Eigentum, das in Form der Sicherungsübereignung übertragen wurde, wandelt sich wieder im Konkursfalle in Pfandrecht um."
104 So *Assfalg,* a.a.O. (Fn. 3), S. 164.
105 Motive zur KO bei *Hahn,* a.a.O., S. 160. Voraus gehen die ebenso eindeutigen Sätze: „Der Anspruch gründet sich entweder auf ein Eigentum an dem zu gewährenden Gegenstand ... oder der Anspruch verfolgt die Rückgabe des Gegenstandes aufgrund eines persönlichen Rechts. Das gemeinsame Kriterium liegt darin, daß der Gegenstand ein fremder ist, dem Gemeinschuldner nicht gehört."

welches maßgebend sein würde, falls der Gemeinschuldner nicht in Konkurs gefallen wäre".[106]

Dieselbe Anschauung liegt § 1 KO zugrunde. Wenn danach der Konkurs „das gesamte, einer Zwangsvollstreckung unterliegende Vermögen des Gemeinschuldners" erfaßt, welches ihm bei Konkurseröffnung „gehört", so zieht das Gesetz mit der hier vorausgesetzten „Vermögenszugehörigkeit" spiegelbildlich dieselben Grenzen wie § 43 KO mit dem Aussonderungsmerkmal der „Nichtzugehörigkeit". Zugleich folgt aus der Bezugnahme auf das Recht der „Zwangsvollstreckung" und auf die danach „pfändbaren Gegenstände" (§ 1 Abs. 4 KO mit den Ausnahmen in Abs. 2), daß dem Konkurs wie der Einzelzwangsvollstreckung grundsätzlich ein einheitliches materielles Haftungsprinzip zugrunde liegt.[107] Allerdings zeigt schon die Begrenzung auf die „pfändbaren Gegenstände", daß Eigentum und Rechtsinhaberschaft nicht ganz „ungebrochen" als dort uneingeschränkt bestimmend für die Vermögenszugehörigkeit aus dem Zivilrecht ins Vollstreckungsrecht gelangen, sondern eine besondere haftungsrechtliche und spezifische vollstreckungsrechtliche Bewertung erfahren. Dabei können sich wiederum aus dem unterschiedlichen Zweck der Einzelzwangsvollstreckung und des Konkurses Differenzierungen ergeben, indem Gegenstände, die aus Gründen der Betriebserhaltung in der Einzelzwangsvollstreckung unpfändbar sind (§ 811 Nr. 4, 9 und 11 ZPO), im Hinblick auf den Liquidationszweck dem Konkursbeschlag unterliegen (§ 1 Abs. 2 und 3 KO).[108]

1. Zur Rechtsstellung des Sicherungsnehmers bei Vollstreckungs- und Konkursmaßnahmen gegen den Sicherungsgeber

Aus dem unterschiedlichen Zweck von Einzelzwangsvollstreckung und Konkurs und der sich in den beiden Verfahren verschieden auswirkenden haftungsrechtlichen Konstellation erklärt sich auch, warum der Sicherungsnehmer in der Einzelzwangsvollstreckung gegen den Zugriff der Gläubiger des Sicherungsgebers gemäß § 771 ZPO intervenieren, im Konkurse des Sicherungsgebers nur abgesonderte Befriedigung wie ein Pfandgläubiger entsprechend § 48 KO verlangen kann. In der Einzelzwangsvollstreckung muß der Sicherungsnehmer kraft seines Eigentums ein Wider-

---

106 Vgl. dazu, daß schon der Gesetzgeber damit dennoch die Aussonderung „fiduziarisch" übertragener Gegenstände nicht ausschließen wollte, oben zu Fn. 52.
107 *Rosenberg/Gaul/Schilken*, a. a. O., § 41 I 1 S. 490 f. im Anschluß an *W. Henckel*, a. a. O. (Fn. 5), S. 836.
108 *W. Henckel*, a. a. O., S. 836 f.

spruchsrecht haben, weil die Schutzfunktion des Eigentums hier noch volle Geltung beansprucht. Wenn das Sicherungseigentum die Funktion als Mobiliarsicherungsrecht erfüllt, so darf der Sicherungseigentümer nicht schlechter gestellt werden als der (Besitz-) Pfandgläubiger. Während der Pfandgläubiger vor sicherungsvereitelnden Verfügungen durch den Besitz geschützt ist, ist es der Sicherungseigentümer kraft seines Eigentums. Wie dieses der Begründung damit unvereinbarer Haftungsrechte durch den Sicherungsgeber entgegensteht, muß es auch den Vollstreckungszugriff Dritter nach § 771 ZPO hindern können.[109] Die Kreditsicherungs- und Vermögensschutzfunktion des Sicherungseigentums ergänzen sich hier noch derart, daß der Sicherungseigentümer das Kreditverhältnis störende Vollstreckungszugriffe muß abwehren können.[110] Das „Sanierungs-" und „Erhaltungsinteresse" an ungestörter Aufrechterhaltung des „Kreditverhältnisses" bis zur Fälligkeit der Schuld ist in der Einzelzwangsvollstreckung zu respektieren.[111] Den Sicherungseigentümer wie einen (besitzlosen) Pfandgläubiger auf die Klage auf vorzugsweise Befriedigung nach § 805 ZPO zu verweisen, würde ihm eine andere als die in der Sicherungsabrede bestimmte Verwertungsart aufdrängen und damit schlechter stellen als im Konkurs, in dem er selbst als Absonderungsberechtigter noch Herr des Verwertungsverfahrens bleibt (§ 127 Abs. 2 KO).

Zudem hat neuerdings *W. Henckel*[112] auf einen bisher vernachlässigten Gesichtspunkt hingewiesen, der sich aus dem unterschiedlichen Sicherungsgegenstand des Sicherungseigentums und des durch § 805 ZPO ge-

---

109 *Rosenberg/Gaul/Schilken*, a. a. O., § 41 VI 4 b, S. 505 f.; s. schon *W. Henckel*, ZZP 84, 447, 457.
110 In diesem Sinne schon *Paulus*, a. a. O. (Fn 5), S. 177. Insoweit nicht ganz eindeutig *Flume*, a. a. O. (Fn 5), S. 76, der es zunächst geradezu als „abwegig" bezeichnet, daß das „Sicherungseigentum" gleichsam als „Schutzherrschaft" dazu diene, mittels § 771 ZPO „betriebsstörende Vollstreckungsmaßnahmen von Einzelgläubigern des Sicherungsgebers abzuwehren"; der Sicherungsnehmer verfolge nur „seine eigenen Interessen". Letzteres ist zwar richtig, die Abwehr störender Vollstreckungszugriffe liegt aber nicht minder in seinem Eigeninteresse und ist nicht nur Ausdruck eines „öffentlichen Interesses" an „Schuldnerschutz". Das räumt schließlich auch *Flume*, a. a. O., S. 78 ein: „Für den Sicherungsnehmer ist es ebenso ein wesentliches Moment, daß der Schuldner mit dem Sicherungsgegenstand weiterarbeitet ... Diese Gewährung der Chance zur Schuldtilgung durch das Arbeiten mit den zur Sicherung übertragenen Gegenständen entspringt im allgemeinen nicht einem Altruismus des Gläubigers, sondern seinem eigenen Interesse an der wirtschaftlichen Fortexistenz des Schuldners oder jedenfalls seines Unternehmens." S. dazu auch *Serick*, a. a. O., Bd. III S. 210.
111 S. dazu *Rosenberg/Gaul/Schilken*, a. a. O., § 41 VI 4 b S. 506 m. w. Nachw.; auch *Serick*, a. a. O. Bd. III, § 34 I 2 b S. 208 betont: „Der Sicherungsnehmer soll grundsätzlich selbst die Verwertung des Sicherungsguts beherrschen ... während § 771 ZPO den Verwertungs- und Bewertungsklauseln Bestand verleihe, würde § 805 ZPO sie zu Fall bringen."
112 *W. Henckel*, Konkursrecht und allgemeines Zivilrecht, in: Grundfragen des Privatrechts, Symposium für G. Jahr, hrsg. von G. Lüke (1989), S. 1, 11 f.

schützten besitzlosen Pfandrechts ergibt: Das Sicherungseigentum sichert eine Forderung aus einer vereinbarten Kreditgewährung, während der Inhaber eines besitzlosen Pfandrechts wie der Vermieter (§ 559 BGB) keinen Kredit gewährt hat, sondern nur eine Sicherung für fällige Ansprüche bekommt. Das Vermieterpfandrecht schützt ihn vor dem Risiko, das er infolge vertragswidriger Zahlungsrückstände trägt. Da sein gesetzliches Pfandrecht bereits fällige Ansprüche sichert, muß er die Verwertung durch pfändende Gläubiger hinnehmen und kann gemäß § 805 ZPO nur bevorzugte Befriedigung aus dem Erlös beanspruchen. Das Sicherungseigentum sichert aber wie das Besitzpfandrecht Ansprüche aus gewährtem Kredit, die regelmäßig erst zu einem späteren Zeitpunkt fällig werden. Pfändet ein Gläubiger des Eigentümers in den verpfändeten Gegenstand, so kann der Besitzpfandgläubiger schon gemäß §§ 809, 766 ZPO kraft seines Besitzes sich dagegen mit der Erinnerung wehren, unbeschadet seines verbleibenden Widerspruchsrechts aus § 771 ZPO. Damit findet sein sich aus § 1232 BGB ergebendes Initiativ- und Bestimmungsrecht hinsichtlich der Verwertung auch gegenüber dem Pfändungszugriff konkurrierender Gläubiger in der Zwangsvollstreckung Beachtung.[113] Da das Sicherungseigentum wie das Besitzpfandrecht hinsichtlich des gewährten Kredits denselben Sicherungszweck verfolgt, muß dem Sicherungsnehmer, da der Besitz- und Gewahrsamsschutz bei dem nach §§ 929, 930 BGB eingeräumten Sicherungseigentum typischerweise versagt, zumindest ebenso wie dem Besitzpfandgläubiger der Schutz aus § 771 ZPO verbleiben, der den Sicherungseigentümer vor einer vorzeitig aufgedrängten Verwertung ohne Rücksicht auf die Fälligkeit des Kreditverhältnisses bewahrt.[114]

Der Konkurs führt dagegen wegen des Fälligkeitseintritts aller Forderungen (§ 65 Abs. 1 KO) zwangsläufig zur Lösung des durch die Sicherungsübereignung gesicherten Kreditverhältnisses und es muß hier ausgeschlossen sein, daß der Sicherungseigentümer die Sache zugleich aussondert, wie wegen seiner gesamten Forderung Befriedigung aus der Masse verlangt.[115] Dem trägt das Absonderungsrecht nach § 48 KO mit der anteiligen Ausfallbefriedigung nach § 64 KO angemessener Rechnung als das Aussonderungsrecht.[116]

---

113 Zu dem doppelten Schutz des Besitzpfandgläubigers aus §§ 809, 766 ZPO und aus § 771 ZPO s. *Rosenberg/Gaul/Schilken*, § 41 VI 5, S. 508 und § 42 III 2, S. 528.
114 *W. Henckel*, a. a. O. (Fn 112), S. 12.
115 RGZ 124, 73, 75; BGHZ 72, 141, 146 f.
116 So schon RGZ 24, 45, 46 f. mit Hinweis auf §§ 57, 141, 143 f., 155 Nr. 3, 156 KO a. F. = §§ 64, 153, 155 f., 168 Nr. 3, 169 KO n. F.

Der Liquidationszweck des Konkurses erfordert die Einbeziehung aller Werte, während die Aussonderung diese für die Masse blockieren würde.[117] Macht der Sicherungseigentümer von seinem Verwertungsrecht aus § 127 Abs. 2 KO nicht rechtzeitig Gebrauch, kann ihm der Verwalter durch das Konkursgericht eine Frist zur Verwertung setzen lassen, nach deren fruchtlosem Ablauf das Verwertungsrecht auf den Verwalter übergeht. So ist eine zügige Liquidation im Interesse der Gesamtheit aller Konkursgläubiger gewährleistet. Die unterschiedliche Behandlung des Sicherungseigentümers in der Einzelzwangsvollstreckung und im Konkurs ist also keine Inkonsequenz, sondern beruht darauf, daß die Haftungsfunktion des sicherungsweise übertragenen Eigentums im Konkurse jetzt voll ausgeschöpft werden muß und das in der Einzelzwangsvollstreckung noch maßgebende „Erhaltungsinteresse" gegenüber einer vorzeitigen Fremdverwertung des Sicherungsguts jetzt keine Rücksicht mehr finden kann.

2. Zur Rechtsstellung des Sicherungsgebers bei Insolvenz des Sicherungsnehmers insbesondere

Problematischer ist es, eine Begründung dafür zu geben, daß umgekehrt auch der Sicherungsgeber, dem grundsätzlich nur ein obligatorischer Rückübertragungsanspruch auf das Sicherungsgut nach Tilgung der Schuld zusteht, gleichermaßen dem Vollstreckungszugriff beim Sicherungsnehmer gemäß § 771 ZPO widersprechen und in dessen Konkurs das Sicherungsgut gemäß § 43 KO aussondern kann. Daß zumindest das letztere heute gewohnheitsrechtlich anerkannt ist, macht eine juristische Begründung nicht entbehrlich. Es gilt, um der Gleichbehandlung gleicher Interessenlagen willen die Ergebnisse der Praxis in das System einzuordnen, will man nicht in eine unkontrollierte Kasuistik verfallen. In der Praxis begegnet diese Konstellation allerdings seltener, da sich das Sicherungsgut typischerweise nicht im Besitz des Sicherungsnehmers sondern des Sicherungsgebers befindet und das Insolvenzrisiko auf seiten des Sicherungsgebers als Kreditschuldner größer ist als auf seiten des Sicherungsnehmers als Kreditgeber.[118]

Die Treuhandlehre erklärt die beim Einzel- wie Gesamtzugriff auf das Sicherungsgut beim Sicherungsnehmer koordinierte Rechtsstellung des Sicherungsnehmers als Widerspruchsberechtigter nach § 771 ZPO wie als Aussonderungsberechtigter nach § 43 KO aus dem Wesen der „Treuhand".

---

117 S. *Rosenberg/Gaul/Schilken*, a.a.O., § 41 VI 4b, S. 506.
118 Zur unterschiedlichen Ausgangslage s. *Rosenberg/Gaul/Schilken*, a.a.O., § 41 VI 4b, S. 507.

Namentlich für *Serick* geht das jeweilige Recht des Sicherungsgebers „auf die quasidingliche Wirkung des Treuhandverhältnisses zurück", weil nach dem Inhalt der Treuhandabrede das Sicherungsgut „so lange, bis der Sicherungsfall eingetreten ist, nicht endgültig aus dem Vermögen des Sicherungsgebers ausscheiden soll", sondern diesem gemäß der „Schwankungsbreite des Treuhandrechtes" die „Stellung eines Eigentümers zugewiesen wird".[119]

Die rechtliche Schwierigkeit, die Rechtsstellung des Sicherungsgebers als Interventions- und Aussonderungsberechtigten nach §§ 771 ZPO, 43 KO zu begründen, besteht darin, daß er regelmäßig nur einen obligatorischen Rückübertragungsanspruch innehat. Zwar ist das Interventions- wie das Aussonderungsrecht nicht auf „dingliche" Rechte beschränkt, so daß es eigentlich gar nicht notwendig erscheint, die Rechtsstellung des Sicherungsgebers unbedingt als eine „dingliche" auszuweisen. § 43 KO gestattet ausdrücklich die Aussonderung „aufgrund eines dinglichen oder persönlichen Rechts". Jedoch muß das „persönliche Recht" zur Geltendmachung der Nichtzugehörigkeit des betreffenden Gegenstandes zum Schuldnervermögen geeignet sein. Das trifft nur auf den obligatorischen Herausgabeanspruch, nicht jedoch auf den auf Übereignung gerichteten Verschaffungsanspruch wie z.B. den aus Kauf zu, weil letzterer impliziert, daß der Leistungsgegenstand noch zum Schuldnervermögen gehört.[120] Damit kommt es letztlich wieder auf das entscheidende Merkmal der „Vermögenszugehörigkeit" an und es läßt sich – da eine juristische Trennung zwischen Eigentum und Vermögenszugehörigkeit nicht möglich ist[121] – nicht leugnen, daß der aus der Sicherungsabrede sich ergebende obligatorische Anspruch nun einmal auf Rückübertragung des „Eigentums" aus dem Vermögen des Sicherungsnehmers gerichtet ist.

Das hat gerade die Treuhandlehre veranlaßt, die Tauglichkeit der Unterscheidung zwischen Herausgabe- und Verschaffungsansprüchen für die Begründung des Aussonderungs- und Interventionsrechts des Treugebers in Frage zu stellen mit dem zusätzlichen Hinweis, der schuldrechtliche Rückübertragungsanspruch könne danach nur eine in Geld zu verfolgende Konkursforderung (§ 69 KO) sein.[122] Nicht haltbar ist jedenfalls die Konstruktion, bei der fiduziarischen Übertragung umgekehrt den Treunehmer

---

119 *Serick*, a.a.O., Bd. III § 34 I 3, S. 214f. mit § 34 III 2, S. 236f.; § 35 II 1, S. 292ff.
120 S. dazu *Rosenberg/Gaul/Schilken*, a.a.O., § 41 VI 7, S. 510f.
121 Zur abweichenden Ansicht *Assfalgs* s. oben zu Fn 60 und 104.
122 So *Serick*, a.a.O., Bd. III § 35 II 1 S. 293; siehe auch schon *Siebert*, a.a.O. (Fn 1), S. 164ff.; zu weitgehend *Walter*, a.a.O. (Fn 3), S. 69, der überhaupt meint: „Diese Differenzierung ist unfruchtbar und sollte aufgegeben werden" und der schließlich a.a.O., S. 76ff. einer „wirtschaftlichen Betrachtungsweise" den Vorzug gibt.

– gestuft – zum Besitzmittler des Treugebers zu machen, „da er zwar nach außen Eigentümerrechte hat, im Verhältnis zum Treugeber aber zu beschränktem Recht besitzt"[123], weil die dem zugrunde liegende Prämisse von der „geteilten Rechtszuständigkeit dinglicher Art" sich als nicht tragfähig erwiesen hat.[124] Zudem verleiht niemals der mittelbare Besitz als solcher ein Interventions- oder Aussonderungsrecht[125], sondern es ist in Wahrheit der obligatorische Herausgabeanspruch aus dem Besitzmittelverhältnis (§§ 868, 870 BGB), mit dem die Nichtzugehörigkeit der Sache zum Schuldnervermögen geltend gemacht werden kann.[126]

Nun wäre es nicht sachgerecht, den Sicherungsgeber gleich dem normalen Käufer einer Sache auf sein bloßes Eigentumsverschaffungsrecht zu verweisen. Dies würde die völlig unterschiedliche Interessenlage im Vergleich zwischen Käufer und Sicherungsgeber mißachten.[127] Allerdings meinte noch *von Tuhr*[128] in seiner Kritik an den „Billigkeitserwägungen" im Urteil RGZ 45, 84, die Tatsache, daß „die Gläubiger des Fiduziars sich auf Kosten des Fiduzianten bereichern können", sei nur „die Folge eines vom Fiduzianten aus besonderen Gründen gewollten Rechtszustands": „Wer sein Eigentum weggibt, riskiert bei Insolvenz des Gegners einen Verlust zu erleiden. Dieses Risiko trifft nicht den Fiduzianten allein, sondern jeden Gläubiger, der seinem Schuldner Vertrauen schenkt."

Es ist bemerkenswert, daß auch die Rechtsprechung des Bundesgerichts der Schweiz[129] – ausgehend vom „absoluten Begriff des Eigentums" – diesen

---

123 So *Wolff/Raiser*, a.a.O. (Fn 12), § 8 I 1c Anm. 10 mit unzutreffendem Hinweis auf RG, JW 1912, 144, das die umgekehrte Frage betraf, ob bei der Sicherungsübereignung durch fiduziarische Abreden ein dem § 930 BGB entsprechendes Besitzmittlungsverhältnis für den Treuhänder begründet wird. S. dazu auch die eingehende Kritik durch *Serick*, a.a.O., Bd. II, § 20 III 1, S. 134 ff.; ferner *Coing*, a.a.O. (Fn 3), S. 157 m.w. Nachw. Zu einem atypischen Fall, in dem das Sicherungsgut in den unmittelbaren Besitz des Sicherungsnehmers gelangt ist, s. BGH, NJW 1961, 777, 778. Hingegen qualifiziert BGH, BB 1969, 600, 601 den Sicherungsnehmer mit Selbstverständlichkeit als Eigenbesitzer.
124 S. dazu schon oben zu Fn 15 m. Nachw.
125 Das wird vielfach verkannt, auch von *Siebert*, a.a.O., S. 167.
126 Vgl. *Rosenberg/Gaul/Schilken*, a.a.O., § 41 VI 6, 7, S. 509 f.; dort auch a.a.O., § 41 VI 4b, S. 505 gegen die Konstruktion, im umgekehrten Fall das Interventionsrecht des Sicherungsnehmers gemäß § 771 ZPO aus dem „mittelbaren Besitz" zu begründen.
127 A.A. freilich *Assfalg*, a.a.O. (Fn 3), S. 151 ff., der selbst dem Käufer als „Treuhandbegünstigtem" ein Recht auf Aussonderung des gekauften Gegenstandes zuerkennt, falls er den Kaufpreis bereits gezahlt hat oder mit Aussonderung zahlt.
128 *Von Tuhr*, a.a.O. (Fn 61), S. 205.
129 Grundlegend BGE 39 II 800, 809 ff. unter ausdrücklicher Kritik an RGZ 45, 80 ff. und unter Betonung, daß für die Abgrenzung des zur Konkursmasse gemäß Art. 197 SchKG gehörenden „Vermögens" auf ein „scharfes und objektives Kriterium" und damit auf „den absoluten Begriff des Eigentums, im eigentlichen („juristischen") Sinne des Wortes", abzustellen ist; s. dazu eingehend *Wiegand*, Festschrift Coing a.a.O. (Fn 3), S. 568 ff., 581 f.

der Reichsgerichtsjudikatur entgegengesetzten Standpunkt eingenommen und den Gedanken der Bereicherung der Gläubiger des Treuhänders in Hinblick auf das vom Treugeber zu tragende Konkursrisiko abgelehnt hat: „War aber der Gemeinschuldner ‚fiduziarisch' verpflichtet, eine in seinem Eigentum (!) stehende Sache zur Verfügung eines Dritten zu halten, so muß sich dieser Dritte im Konkursfall sowohl die Umwandlung seiner bezüglichen Forderung in eine Geldforderung, als auch die Anweisung auf die Konkursquote gefallen lassen . . .." Nach Ansicht des Bundesgerichts muß der Fiduziant, ebenso wie er das Risiko eines Vertrauensmißbrauchs durch abredewidrige Verfügungen des Fiduziars übernehme, „auch die sonstigen nachteiligen Wirkungen der von ihm zur Erreichung eines wirtschaftlichen Zwecks gewählten Rechtsform über sich ergehen lassen, also insbesondere im Konkurs des Fiduziars mit einer bloßen Konkursforderung vorlieb nehmen".[130] Demgegenüber steht die deutsche Judikatur mit der h.L. gerade mit grundlegend anderer Interessenwertung auf dem Standpunkt, daß die Situation bei Vollstreckungshandlungen anders beurteilt werden muß als bei rechtsgeschäftlichen Verfügungen und das vom Sicherungsgeber nur zu Sicherungszwecken dem Sicherungsnehmer anvertraute Sicherungsgut dessen Gläubigern nicht haften darf.

In der Tat macht es sich die Kritik *v. Tuhrs* und des schweizerischen Bundesgerichts zu einfach mit dem Argument, wer sich aus freien Stücken zur treuhänderischen Vollrechtsübertragung entschließe, begebe sich freiwillig des Schutzes, den die Eigentümerstellung für ihn bedeute. Dieses Argument mag noch in bezug auf die Verwaltungstreuhand eine gewisse Berechtigung haben,[131] soweit dort alternativ noch andere rechtliche Gestaltungsformen zur Erreichung desselben Zwecks zur Verfügung stehen. Bei der Sicherungsübereignung ist der Sicherungsgeber aber auf die Eigentumsübertragung nach §§ 929, 930 BGB unausweichlich angewiesen, weil er – da eine Pfandbestellung durch Besitzkonstitut ausgeschlossen ist (§§ 1205, 1206 BGB) – nur so den Gläubiger sichern kann, ohne zugleich Besitz und Nutzung am Sicherungsgut aufzugeben, und die Legitimität der Sicherungsübereignung als Rechtsinstitut neben dem Besitzpfandrecht heute außer Frage steht.

Die entscheidende Frage ist deshalb, ob sich der Sicherungsgeber hinsichtlich des dem Sicherungseigentümer anvertrauten Sicherungsguts in die par conditio creditorum einzureihen hat oder das nur zu Sicherungszwecken

---

130 BGE a.a.O., S. 814; dazu *Wiegand*, a.a.O., S. 583: „Kurz gesagt, verfährt das Bundesgericht nach dem Grundsatz ‚Trau, schau wem'."
131 Gegen das Argument selbst bei der Verwaltungstreuhand indessen *Walter*, a.a.O., S. 82 f.

überlassene Gut dem Zugriff anderer Gläubiger entziehen darf. Schon das Reichsgericht hat das Problem in seinen Ausgangsentscheidungen als ein solches der Gläubigerkonkurrenz gesehen, sowohl, was die Rechtsstellung des Sicherungseigentümers im Konkurs des Sicherungsgebers angeht[132] als auch was die hier interessierende Rechtsstellung des Sicherungsgebers im Konkurse des Sicherungsnehmers anbetrifft: Es „können den Konkursgläubigern zu deren Befriedigung an dem Vermögen des Gemeinschuldners nicht mehr Rechte zustehen, als der Gemeinschuldner selbst besaß; sie dürfen dann insbesondere über das (fiduziarisch übertragene) Grundeigentum des Gemeinschuldners nicht in einer Weise verfügen, die dem Gemeinschuldner selbst nicht zustand und sogar den Vorwurf des dolus begründen würde".[133] Allerdings enthält diese Begründung eine petitio principii[134], und das schweizerische Bundesgericht[135] hat es gerade als „einen grundsätzlich unrichtigen Standpunkt" bezeichnet, „daß die Konkursmasse nicht mehr Rechte beanspruchen könne, als der Gemeinschuldner selbst." Es weist die Vorstellung, die Konkursgläubiger seien gleichsam Rechtsnachfolger des Gemeinschuldners und könnten deshalb nicht mehr Rechte haben als dieser, mit der Begründung zurück, so wie der Fiduziar durch abredewidrige Verfügung einem beliebigen Dritten Eigentum verschaffen könne, könne er auch durch Mißwirtschaft den Verlust der Sache im Konkursverfahren herbeiführen. Das Bundesgericht geht also davon aus, daß die Gläubiger des Fiduziars in gleicher Weise geschützt werden müßten wie Drittpersonen, die mit dem Fiduziar kontrahieren.[136]

Der Sicherungsgeber darf in der Konkurrenz mit anderen Gläubigern des Sicherungseigentümers diesen nicht gleichgestellt werden. Was den zur

---

132 Vgl. RGZ 24, 48: „Eine gesunde, mit den Anforderungen des natürlichen Rechtsgefühls in Einklang stehende Regelung der Kreditverhältnisse ... würde entschieden beeinträchtigt werden, wenn diejenigen Gläubiger, denen eine besondere Sicherheit durch Konstituierung einer (eventuell die Verwertungsbefugnis zum Zwecke der Befriedigung in sich schließenden) Verfügungsgewalt über derzeitige Stücke des schuldnerischen Vermögens bestellt worden ist, bei demnächstigen Verfall des Schuldners in Konkurs sich in Konkurrenz mit den nicht derartig gesicherten Gäubigern, ebenso wie letztere hinsichtlich der Befriedigung aus der Konkursmasse sollten verhalten dürfen."
133 RGZ 45, 84.
134 So schon *von Tuhr*, a. a. O. (Fn 61), S. 205 Anm. 108 mit Hinweis darauf, daß der Gemeinschuldner ja „Eigentum" habe, „welches nunmehr zur Befriedigung der Gläubiger verwendet wird", während „diesem Eigentum (nur) eine Forderung des Fiduzianten" gegenüberstehe, „welche, wie alle Forderungen, im Konkurs nicht voll durchgesetzt werden" könne; ebenso neuerdings noch *Wieling*, a. a. O. (Fn 14), § 18 I 2a, S. 803.
135 BGE 39 II 809 ff.
136 S. dazu kritisch *Wiegand*, Festschrift Coing a. a. O., S. 581 f.: „Diese formale Argumentation verwundert"; „die entscheidende Besonderheit fiduziarischer Rechtsübertragung bleibt dabei außer Betracht".

Rückforderung des Sicherungsguts berechtigten Sicherungsgeber von dem Käufer, dem sich der Gemeinschuldner zur Übertragung des Eigentums an der Kaufsache verpflichtet hat, unterscheidet, ist der Umstand, daß der Käufer sein Forderungsrecht aus einem auf normalen Güterumsatz gerichteten Kausalgeschäft ableitet, dessen Erfüllung aus dem Vermögen des Verkäufers noch aussteht. Auch wenn er den Kaufpreis bereits gezahlt hat, hat er mit dieser Vorleistung dem Verkäufer Kredit gewährt und gehört damit zu denjenigen Gläubigern, die das Gesetz gerade in § 3 KO zu einer Risikogemeinschaft mit dem Risiko der gemeinsamen Verlusttragung zusammenschließt.[137] Der Sicherungsgeber leitet sein Rückforderungsrecht aus der Sicherungsabrede ab, deren Inhalt sich nicht darin erschöpft, Kausalgeschäft zur Erfüllung der Übereignungsverpflichtung zu sein, sondern die den Sicherungseigentümer mit seiner Rechtsmacht für die Dauer des Sicherungsverhältnisses an den verfolgten Sicherungszweck bindet.[138] Die Sicherungsabrede hat also keineswegs nur die Funktion des Verpflichtungsgrundes für ein einmaliges Übertragungsgeschäft, der mit der Erfüllung, also mit der Bestellung des Sicherungsrechts seine Bedeutung verliert, sie stellt vielmehr zugleich die Verknüpfung zwischen der gesicherten (Darlehens-)Forderung mit dem Sicherungsrecht her und verpflichtet den Sicherungsnehmer, das ihm übertragene Eigentum nur als Sicherheit für diese Forderung zu halten.[139] Der auf diese Sicherung der Forderung ausgerichtete Sicherungszweck als bestimmendes Element der Sicherungsabrede rechtfertigt nur ein zeitlich beschränktes, nicht aber ein endgültiges Behalten des Sicherungsguts, so daß mit Erledigung des Sicherungszwecks auch die Rechtfertigung des Behaltendürfens entfällt.[140] Da die Eigentumsübertragung nicht einen endgültigen „Vermögenszuwachs für den Empfänger bezweckt",[141] sondern gemäß dem Sicherungszweck von vornherein nur

---

137 Vgl. *Walter*, a.a.O. (Fn 3), S. 77 f. – Vgl. dazu, daß bei einseitiger Vorleistung § 17 KO nicht anwendbar ist, BGH, NJW 1980, 226, 227.
138 Das meint auch *Coing*, a.a.O. (Fn 3), S. 108, wenn er – allerdings eher auf die Verwaltungstreuhand gemünzt – sagt: „Der Treugeber will ja damit nicht eine im Interesse des Treuhänders eingegangene Verpflichtung erfüllen, wie etwa beim Kauf; sondern er will eine bestimmte Rechtslage hinsichtlich eines Sondervermögens des Treugutes herstellen. Es liegt vielmehr ein obligatorisches Geschäft vor, das den Sinn eines Verfügungsgeschäftes mitbestimmt." Vgl. zu der insoweit modifizierten Ansicht *Sericks*, a.a.O. Bd. I, S. 58 f. schon oben zu Fn 93.
139 Vgl. *Becker-Eberhard*, a.a.O. (Fn 5), § 3 II 3 b, der deshalb zwischen dem „Sicherungsversprechen" als „causa" und der Sicherungsabrede als „schuldrechtlichen Bestandteil des Vollzugsgeschäfts" unterscheidet.
140 Insoweit stellt auch *Serick*, Mobiliarsicherheiten a.a.O. (Fn 2) S. 14, 56, 81, wenngleich von der Treuhandlehre ausgehend, entscheidend auf den „Sicherungszweck" als „wichtigstem Bestandteil" der Sicherungsabrede ab.
141 So schon RGZ 45, 84.

auf einen vorübergehenden Eigentumswechsel angelegt ist,[142] darf das Sicherungsgut den Gläubigern des Sicherungsnehmers nicht als Haftungsobjekt dienen.

Daß der Sicherungsgeber im Konkurse des Sicherungseigentümers zumindest bei gleichzeitiger Tilgung der Schuld das Sicherungsgut muß aussondern können, ergibt sich zwingend daraus, daß sich sonst die Gläubiger des Sicherungseigentümers zweimal (wenn auch nur quotenmäßig) befriedigen könnten, nämlich einmal aus dem zurückgezahlten Darlehen, das der Konkursmasse zugeflossen ist, und zum anderen aus dem Sicherungsgut.[143] Haftungsrechtlich gebührt deshalb das Sicherungsgut den Gläubigern des Sicherungseigentümers erst, wenn die gesicherte Forderung notleidend geworden ist, der Sicherungsgeber also zur Zurückzahlung des Darlehens nicht in der Lage ist und sich der Sicherungseigentümer deshalb selbst aus dem Sicherungsgut befriedigen darf.[144] Insofern läßt sich durchaus die umstrittene Formulierung in RGZ 45, 84 aufrechterhalten, es „können den Konkursgläubigern zu deren Befriedigung an dem Vermögen des Gemeinschuldners nicht mehr Rechte zustehen, als der Gemeinschuldner selbst besaß".[145]

Zweifelhaft kann nur sein, ob der Sicherungsgeber nur unter der Voraussetzung der Tilgung der gesicherten Forderung das Sicherungsgut aussondern darf, wie es die h.M. verlangt[146], oder ob das Aussonderungsrecht des Sicherungsgebers bei noch nicht fälliger gesicherter Forderung unabhängig von der Schuldtilgung besteht. Für die letztere Lösung tritt nachdrücklich *Serick* ein.[147] Ihm ist jedenfalls darin zuzustimmen, daß die Konkurseröffnung nicht etwa die Fälligkeit der (Darlehens-)Forderung des Sicherungs-

---

142 *Staudinger-Wiegand,* a.a.O., Anh. zu §§ 929 ff. Rz 63, 240 sprechen deshalb von einer „transitorischen Zuordnung" als Kennzeichen der „besonderen Struktur der Sicherungsübereignung".

143 *Jaeger/Lent,* Kommentar zur KO, 8. Aufl. (1958), § 43 Rz 39; ebenso *Walter,* a.a.O. (Fn 3), S. 85; *Gerhardt,* Grundbegriffe, a.a.O. (Fn 5), Rz 319.

144 S. dazu auch BGHZ 98, 160, 171 = JZ 1987, 355 ff. m. Anm. *W. Henckel* betr. einen vom BGH der Sicherungsübereignung funktionell gleichgestellten Fall eines erweiterten Eigentumsvorbehalts; ferner *Baur/Stürner,* Zwangsvollstreckungs-, Konkurs- und Vergleichsrecht, Bd. II, Insolvenzrecht, 12. Aufl. (1990), Rz 14.24.

145 S. dazu oben zu Fn 51 und 133 ff.

146 Für die h.M. *Walter,* a.a.O., S. 86 f.; *Baur/Stürner* a.a.O., Rz 14.24; *Jauernig,* Zwangsvollstreckungs- und Konkursrecht, 19. Aufl. (1990), § 45 I 1 a; *Westermann-Westermann,* a.a.O. (Fn 12), § 44 IV 2 b; MünchKomm-*Quack,* a.a.O. (Fn 26), Anh. §§ 929–936 Rz 98; *Soergel-Mühl,* a.a.O. (Fn 11), § 930 Rz 95.

147 *Serick,* Insolvenzrechtliche Fragen bei der Sicherungstreuhand, KTS 1970, 89, 91 ff.; *ders.,* a.a.O., Bd. III § 35 II 1, 2 S. 291 ff., 294 ff. und Bd. VI, § 68 III 4 a S. 700 f.; zustimmend *Kuhn/Uhlenbruck,* Kommentar zur KO, 10. Aufl. (1986), § 43 Rz 15 f.

nehmers herbeiführt, da § 65 KO nur Konkursforderungen, d. h. Forderungen gegen den Gemeinschuldner, nicht hingegen umgekehrt auch solche des Gemeinschuldners gegen seine Schuldner erfaßt. Dem vertragstreuen Sicherungsgeber kann auch eine vorzeitige Tilgung der Schuld entgegen der Sicherungsabrede nicht aufgedrängt werden. Andererseits darf der Sicherungsnehmer das ihm mit der Sicherungsübertragung eingeräumte Verwertungsrecht erst ausüben, wenn der Sicherungsfall eingetreten, nämlich die gesicherte Forderung notleidend geworden ist. Solange muß aber auch das Sicherungsrecht des Sicherungseigentümers für die noch nicht voll erfüllte Forderung erhalten bleiben und darf die Aussonderung in Form der Rückübereignung des Sicherungsguts noch nicht betrieben werden.[148] Denn der Rückübereignungsanspruch des Sicherungsgebers kann erst geltend gemacht werden, wenn die gesicherte Forderung getilgt ist. Dabei ist es gleichgültig, ob man den Anspruch auf Rückübereignung als durch die Schuldtilgung aufschiebend bedingt (§ 158 Abs. 1 BGB) oder nur seine Fälligkeit als solange aufgeschoben ansieht.[149]

Allerdings ergibt sich dann die weitere Frage, ob der Sicherungsgeber, wenngleich nicht zur vorzeitigen Schuldtilgung verpflichtet, wenigstens zur vorzeitigen Tilgung berechtigt ist, um so die Aussonderung durchsetzen zu können.[150] Nach *Serick* steht dem das Interesse des Konkursverwalters an Aufrechterhaltung des verzinslichen Darlehensvertrags entgegen.[151] In der Tat greift die sonst für ein vorzeitiges Tilgungsrecht des Schuldners sprechende Auslegungsregel des § 271 Abs. 2 BGB grundsätzlich beim verzinslichen Darlehen nicht ein. Das bedeutet aber noch nicht, daß nicht dennoch – unabhängig von den unanwendbaren Vorschriften der §§ 65 KO, 271 Abs. 2 BGB – dem Sicherungsgeber aus Anlaß der Konkurseröffnung legitimerweise ein vorzeitiges Tilgungsrecht zuzuerkennen ist, weil er nur so sein Aussonderungsrecht realisieren kann. Zwar mag man Bedenken haben, die Ablehnung der vorzeitigen Schuldtilgung durch den Konkursverwalter bereits als Rechtsmißbrauch zu mißbilligen.[152] Jedenfalls ent-

---

148 Ebenso *Rimmelspacher*, a. a. O. (Fn 24), Rz 511; *Gerhardt*, Grundbegriffe a. a. O. (Fn 5) Rz 319.
149 S. dazu eingehend *Serick*, a. a. O., Bd. III § 37 I 1 a S. 386 ff.
150 Dafür *Jaeger/Lent*, a. a. O., § 43 Rz 39 und Rz 41 a (wo dies offenbar wie in Rz 39 vorausgesetzt wird); *Baur/Stürner*, a. a. O., Rz 14.24; *Gerhardt*, Grundbegriffe a. a. O., Rz 319; *Walter*, a. a. O., S. 87 f.
151 *Serick*, a. a. O. (Fn 147), S. 92; *ders.*, a. a. O., Bd. III § 35 II 2 b S. 296; zustimmend *Kuhn/Uhlenbruck*, a. a. O., § 43 Rz 15 f.
152 So *Walter*, a. a. O., S. 88. – Damit stimmt immerhin überein, daß die Rechtsprechung dem Sicherungseigentümer die Drittwiderspruchsklage aus § 771 ZPO wegen mißbräuchlicher Rechtsausübung versagt, wenn er die vom Drittgläubiger nach Pfändung des Rückübertragungsanspruches des Schuldners angebotene Restzahlung auf die Darlehensschuld ablehnt, vgl. OLG Celle, NJW 1960, 2196.

spricht die Zulassung alsbaldiger Schuldtilgung dem Abwicklungszweck des Konkurses und damit dem Interesse aller Beteiligten.[153] Tatsächlich erklären die Konkursverwalter in der Praxis ungeachtet selbst hoher Zinsen regelmäßig ihr Einverständnis mit der sofortigen Zahlung, um der Konkursmasse so flüssige Mittel zuzuführen.[154]

Die abweichende Ansicht *Sericks* erklärt sich daraus, daß er hier mit dem zugrundegelegten „Umwandlungsprinzip"[155] wirklich Ernst macht: Mit Eröffnung des Konkursverfahrens sind „die Rechte am Sicherungsgut neu zu ordnen, dem Sicherungsgeber ist das Eigentum zuzusprechen und der Sicherungsnehmer auf eine pfandartige Berechtigung am Sicherungsgut zu verweisen"[156], und zwar hat der Sicherungsgeber „mehr als die Stellung eines Sicherungseigentümers, nämlich die eines vollen Eigentümers; daraus folgt, daß das Sicherungsgut nicht zur Konkursmasse gehört".[157] Für *Serick* ergibt sich „aus § 985 BGB, daß der Sicherungsgeber die Herausgabe der Sache verlangen, aus § 986 BGB, daß der Konkursverwalter diese Herausgabe verweigern kann, wenn er dem Sicherungsgeber gegenüber – gemäß der Sicherungsabrede – zum Besitz berechtigt ist".[158]

Aus dieser abweichenden Grundanschauung *Sericks* erklärt sich auch sein Dissens zur h. M., wenn er ihr vorhält, „der schon fast zum Dogma gewordene Satz, wonach der Sicherungsgeber zur Aussonderung berechtigt ist, aber zuvor die gesicherte Forderung getilgt haben muß", habe „einen lebensfremden Ausgangspunkt, nämlich den, daß der Konkursverwalter unmittelbarer Besitzer des Sicherungsgutes ist", während normalerweise aufgrund der Sicherungsübereignung mittels Besitzkonstituts (§§ 929, 930 BGB) das Sicherungsgut bei Konkurseröffnung sich in den Händen des Sicherungsgebers befinde.[159] Weil *Serick* dem Sicherungsgeber schon mit Konkurseröffnung kraft des „Umwandlungsprinzips" das Eigentum am

---

153 Nach *Serick*, a. a. O., Bd. III § 35 II 4 S. 300 kann der Konkursverwalter dem Interesse an rascher Konkursbeendigung auch dadurch Rechnung tragen, daß er die gesicherte Forderung verkauft und sie dem Käufer abtritt. Abgesehen davon, daß der Konkursverwalter dazu gemäß § 133 Nr. 2 KO ggfls. der Genehmigung des Gläubigerausschusses bedarf und von den Weiterungen, die sich nach Abtretung der gesicherten Forderung für das Schicksal des Sicherungseigentums aus entsprechender Anwendung des § 401 BGB ergeben, dürfte die reguläre Schuldtilgung durch den Darlehensschuldner einem Verkauf der Forderung „unter Preis" durch den Konkursverwalter vorzuziehen sein.
154 So auch *Kuhn/Uhlenbruck*, a. a. O., § 43 Rz 15 f.
155 S. dazu oben zu Fn 83 ff.
156 *Serick*, a. a. O. (Fn 147), S. 95 f.; *ders.*, a. a. O., Bd. III § 35 II 1 S. 294.
157 *Serick*, a. a. O. (Fn 147), S. 94.
158 *Serick*, a. a. O., Bd. III § 35 II 2 c S. 297; ebenso a. a. O. (Fn 147), S. 93.
159 *Serick*, a. a. O. (Fn 147), S. 93; wiederholt *ders.*, Festschrift Einhundert Jahre Konkursordnung a. a. O. (Fn 27), S. 291.

Sicherungsgut zuspricht, wird das Aussonderungsrecht von diesem Standpunkt aus im Vindikationsanspruch aus § 985 BGB gegen den (nur ausnahmsweise) besitzenden Sicherungsnehmer besonders sinnfällig. Für die h. M., die nur von einer konkursrechtlichen Ausdeutung des schuldrechtlichen Rückübertragungsanspruchs aus der Sicherungsabrede ausgehen kann, zielt aber die Aussonderung nicht auf Besitzherausgabe, sondern auf „Rückübereignung". Diese kann jedoch in der Tat erst verlangt werden, wenn die gesicherte Forderung getilgt und damit dem solange noch im Sicherungseigentum sich äußernden Haftungsvorrecht des Sicherungsnehmers die Grundlage entzogen ist.[160]

Geht man davon aus, daß sich die Befugnisse des Sicherungsgebers „wie bei jedem Aussonderungsberechtigten nach den außerhalb des Konkursverfahrens geltenden Gesetzen bestimmen"[161] – und dies verlangt ja § 43 KO ausdrücklich[162] – so ist schwer zu erklären, wie sich der schuldrechtliche Rückübertragungsanspruch des Sicherungsgebers mit Konkurseröffnung in einen Herausgabeanspruch aus Eigentum gemäß § 985 BGB „umwandeln" kann. Eher schon kommt eine Analogie zu § 1223 Abs. 2 BGB in Betracht, soweit die Stellung des Sicherungsgebers mit der eines Verpfänders vergleichbar erscheint. Zwar geht der aus dem gesetzlichen Pfandschuldverhältnis sich ergebende Anspruch genau genommen auf „Rückgabe" der Sache an den Eigentümer, nicht auf „Rückübereignung", doch steht das der Analogie nicht entgegen.[163]

Vor allem spricht gegen die Lehre von der „Umwandlung" der Stellung des Sicherungsgebers vom schuldrechtlichen Rückübereignungsberechtigten in die „eines vollen Eigentümers" mit Konkurseröffnung, daß der Sicherungsgeber aus unbedingter Sicherungsübereignung damit eine stärkere Rechtsstellung erlangen würde als aus auflösend bedingter Sicherungsübereignung. Bei letzterer sieht man aber gerade in dem beim Sicherungsgeber verbliebenen Anwartschaftsrecht den stärkeren Schutz des Sicherungsgebers im Vergleich zur unbedingten Sicherungsübereignung. *Serick* ist diese Diskrepanz keineswegs entgangen, er spricht sie vielmehr offen an: „Hier

---

160 Deutlich insoweit auch *Rimmelspacher*, a. a. O. (Fn 24), Rz 511.
161 So selbst *Serick*, a. a. O. (Fn 147), S. 93.
162 Vgl. auch die oben zu Fn 106 zitierte Motivstelle aus *Hahn*, a. a. O., S. 160: „Der Berechtigte macht die Ansprüche gegenüber der Konkursmasse nach demselben Recht geltend, welches maßgebend sein würde, falls der Gemeinschuldner nicht in Konkurs gefallen wäre."
163 Für entsprechende Anwendung des § 1223 BGB auch *Jaeger/Lent*, a. a. O., § 43 Rz 41a und dagegen *Serick*, a. a. O., Bd. III § 35 II 1 S. 293 Anm. 84. Sein an sich zutreffender Hinweis, daß der Sicherungsnehmer „nicht nur zur Rückgabe der Sache, sondern zur Rückübereignung (!) verpflichtet" ist, steht aber auch der Gewährung des Herausgabeanspruchs aus § 985 BGB entgegen! S. dazu noch unten zu Fn 172 ff.

(bei der auflösend bedingten Sicherungsübereignung) hat der Sicherungsgeber – im Gegensatz zur unbedingt vorgenommenen Sicherungsübereignung – bis zur Tilgung der gesicherten Forderung überhaupt *kein Aussonderungsrecht*. Er hat hier kein Aussonderungsrecht in dem Sinne, daß er keinen Anspruch wegen einer massefremden Sache geltend machen kann. Materiellrechtlich gesprochen: Dem Sicherungsgeber fehlt ein Anspruch aus § 985 BGB".[164] Der Sicherungsgeber kann hier den Eigentumserwerb zwecks Aussonderung nur durch Schuldtilgung herbeiführen und der Konkursverwalter – anders als nach Ansicht *Sericks* bei der unbedingten Sicherungsübereignung – den Eigentumserwerb durch vorzeitige Schuldtilgung auch nicht verhindern, da ihm die Sicherungsabrede hier im Hinblick auf die „Konkursfestigkeit des Anwartschaftsrechts" und mangels Anwendbarkeit des § 17 KO „kein Recht zur Erfüllungsablehnung gibt." Bis zum Bedingungseintritt wird das auflösend bedingte Sicherungseigentum dem Vermögen des Sicherungsnehmers zugeordnet, „gehört zur Konkursmasse": Erst mit Bedingungseintritt durch Schuldtilgung ist der Sicherungsnehmer nunmehr „als Eigentümer zur Aussonderung befugt".[165]

Serick erklärt diese Diskrepanz allein damit, daß bei der auflösend bedingten Sicherungsübereignung „kein Anlaß" vorliege, „sofort mit Eröffnung des Konkursverfahrens über das Vermögen des Sicherungsnehmers, ebenso wie im Falle einer unbedingten Sicherungsübereignung, die Rechte am Sicherungsgut neu zu ordnen", weil „nicht die Gefahr bestehe, daß das Sicherungsgut endgültig in der Konkursmasse verbleibt und der Sicherungsgeber auf eine (schuldrechtliche) Konkursforderung angewiesen ist".[166] Aber, so muß man sich doch fragen, wenn das Aussonderungsrecht des Sicherungsgebers nicht aus seiner vermeintlich zu schwachen, weil bloß „schuldrechtlichen" Rechtsstellung aus der Sicherungsabrede entwickelt werden kann, wie kann ihm dann unvermittelt – trotz der ausdrücklichen Anknüpfung des § 43 KO an die Rechtspositionen „nach den außerhalb des Konkursverfahrens geltenden Gesetzen" – nur aufgrund der Konkurseröffnung die Stellung eines „vollen Eigentümers" zuwachsen? *Serick* hat das dogmatische Dilemma selbst erkannt, indem er schließlich die Frage aufwirft: „Wie sieht die Struktur der Sicherungstreuhand aus, wodurch das Kunststück ermöglicht wird, ... im Konkurs des Sicherungsgebers, bei einer unbedingten Sicherungsübertragung vom Vollrecht des Sicherungsgebers, bei einer auflösend bedingten Sicherungsübereignung hingegen bis

---

164 *Serick*, a.a.O. (Fn 147), S. 94 (Hervorhebung im Original).
165 *Serick*, a.a.O., S. 95f.
166 *Serick*, a.a.O.

gehen?" Die Antwort mit *Serick* allein darin zu suchen, daß „die Praxis" das Bild der Sicherungstreuhand im Konkurs derart „geprägt" habe, daß man beim Sicherungseigentum von einer „Schwankungsbreite zwischen Vollrecht und pfandartiger Berechtigung" auszugehen habe, die zu „innerlich nicht miteinander verbundenen Einzellösungen" führen könne, ja daß es „weder eine Symmetrie noch eine innere Harmonie der Entscheidungen" geben könne, vermag dogmatisch gewiß nicht zu befriedigen.[167]

Indessen besteht zur dogmatischen Resignation kein Anlaß. Die innere Harmonie der Entscheidungen wird vielmehr dadurch wiederhergestellt, daß bei der bedingten wie bei der unbedingten Sicherungsübereignung die Aussonderung von der Schuldtilgung abhängig zu machen ist. Insoweit ist in bezug auf die unbedingte Sicherungsübereignung der h. M. zu folgen. Der Sicherungsgeber kann also die Aussonderung aufgrund seines schuldrechtlichen Rückübereignungsanspruchs erst betreiben, wenn er die Forderung getilgt hat.[168]

Die Aussonderungskraft kommt unter der Voraussetzung der Schuldtilgung dem obligatorischen Rückübereignungsanspruch aus der Sicherungsabrede zu, der gemäß dem mit der Sicherungsübereignung verfolgten Sicherungszweck die Vorläufigkeit des Eigentumserwerbs des Sicherungsnehmers ausdrückt und nunmehr die mangelnde *haftungsrechtliche* Zugehörigkeit des Sicherungsguts zum Vermögen des Sicherungsnehmers ergibt. Denn mit Schuldtilgung ist der Sicherungszweck erloschen und damit das im Sicherungseigentum verkörperte Haftungsvorrecht des Sicherungsnehmers. Sowenig er sich selbst noch aus dem Sicherungsgut befriedigen darf,

---

167 *Serick*, a. a. O., S. 98 betrachtet offenbar selbst die Fragen als noch nicht abschließend geklärt, wenn er schließt: „Es wäre nicht ohne Reiz, unter diesen neuen Aspekten den Gründen nachzuspüren, auf denen die Lösungen ruhen, die hier für den Konkurs des Sicherungsnehmers vorgetragen wurden, nämlich daß der Sicherungsgeber aussondern kann ohne Rücksicht darauf, ob die dinglich gesicherte Forderung getilgt ist, und seinem Herausgabeverlangen ausschließlich durch die Sicherungsabrede Grenzen gezogen werden, sowie daß dem Sicherungsgeber, der das Sicherungsgut auflösend bedingt übertragen hat, ein Aussonderungsrecht fehlt."
168 Nicht ganz eindeutig ist der Standpunkt von *Jaeger/Lent*, a. a. O. § 43 Rz 41 a. Während es zunächst heißt, daß „im Konkurse des Sicherungseigners, wenn die gesicherte Verbindlichkeit erloschen ist, der Treugeber (Übereigner) kraft dinglichen Rechts (§ 985) und kraft persönlichen Rechts (entsprechend § 1223 BGB) – s. indessen dazu oben Fn 162 – die Aussonderung des Treuguts beanspruchen" könne, heißt es schließlich: „Im übrigen wird, sofern das Treugut unbedingt (!) und in aller Form Rechtens – wenn auch mit abgeschwächter Wirksamkeit – auf den Treuhänder übertragen (übereignet) worden war, auf Grund des persönlichen Anspruchs (z. B. aus Geschäftsbesorgung) die Rückübertragung (Rückübereignung) vom Verwalter verlangt werden müssen wie bei den regelwidrigen Aussonderungsansprüchen." Danach scheint sich der Hinweis auf § 985 BGB – da eine Anspruchskonkurrenz mit dem schuldrechtlichen Rückübereignungsanspruch ausgeschlossen ist – nur auf die auflösend bedingte Sicherungsübereignung zu beziehen.

sowenig dürfen es seine Gläubiger. In der *Konkurrenz* mit den übrigen Gläubigern als gewöhnlichen Konkursgläubigern behauptet sich also – so wie es das Reichsgericht zu Beginn seiner Rechtsprechung bereits klar gesehen hat[169] – das Recht des Sicherungsgebers auf Rückübereignung des Sicherungsguts, denn es geht im Grunde auch hier um die „Rückgabe eines dem Gemeinschuldner anvertraut gewesenen Gegenstandes".[170] Wie der Vergleich zum Eigentumsverschaffungsanspruch des Käufers gezeigt hat[171], ist der Rückübereignungsanspruch des Sicherungsgebers nicht einem gewöhnlichen Verschaffungsanspruch gleichzustellen, der nur eine in Geld zu verfolgende Konkursforderung (§ 69 KO) gewährt, sondern hat den Charakter eines „Einlösungsrechts", um den von vornherein nur zu Sicherungszwecken vorübergehend aus dem Vermögen des Sicherungsgebers hergegebenen Gegenstand wieder zurückzuerlangen. Insofern ist – auch wenn es nicht um bloße „Rückgabe" der Sache, sondern rechtstechnisch um „Rückübereignung" geht[172] – durchaus eine Analogie zu § 1223 Abs. 2 BGB begründet. Wenn die h. M. schon keine Bedenken trägt, die Vorschrift auf die Sicherungsübereignung bei der Abwicklung außerhalb des Konkursverfahrens analog anzuwenden[173], so muß das erst recht im Konkurs gelten, da gerade im Konkurs das Sicherungseigentum haftungsrechtlich wie ein Pfandrecht zu behandeln ist und das – die Aussonderung rechtfertigende[174] – „Einlösungsrecht" des Sicherungsgebers im Konkurs des Sicherungsnehmers nur spiegelbildlich dem pfandgleichen Absonderungsrecht des Sicherungsnehmers im Konkurs des Sicherungsgebers entspricht.[175]

---

169 RGZ 24, 48; RGZ 45, 84 und dazu schon oben zu Fn 42 und Fn 51 sowie zu Fn 133 ff. und Fn 145.
170 So kennzeichnen schon die Motive bei *Hahn*, a. a. O., S. 160 den „persönlichen Anspruch" auf Aussonderung.
171 Vgl. oben zu Fn 137 ff.
172 S. oben zu Fn 163.
173 Die analoge Anwendung des § 1223 Abs. 2 BGB ist vom RG stets bejaht worden, so RGZ 92, 280, 283; RG JW 1914, 76; RG JW 1927, 1467; RG WarnR. 1934 Nr. 78; ebenso *Flume*, a. a. O. (Fn 5), S. 75; *Soergel-Mühl*, a. a. O., § 1223 Rz 13; *Staudinger-Wiegand*, a. a. O., § 1223 Rz 16.
174 Zum parallel dazu bestehenden Widerspruchsrecht des Verpfänders aus § 771 ZPO s. nur *Stein-Jonas-Münzberg*, ZPO, 20. Aufl. (1981), § 771 Rz 31.
175 Auch *Serick*, a. a. O., Bd. II § 19 IV 2 a S. 97 f. und Bd. III § 37 I 1 a S. 389 hat zumindest, „wenn der Sicherungsvertrag zu diesem Punkt schweigt", keine Bedenken, bei der Abwicklung außerhalb des Konkursverfahrens „die gesetzliche Regelung über das Einlösungsrecht des Verpfänders bei einer Sicherungsübereignung entsprechend anzuwenden", da § 1223 Abs. 2 BGB „einen so allgemein gültigen Gedanken enthält, daß er auch auf die Interessenlage bei der Sicherungsübertragung zutrifft". Wenn demgegenüber *Serick*, a. a. O., Bd. III § 35 II 1 S. 293 Anm. 84 dies gerade im Konkurse anders sieht, so deshalb, weil er dem Sicherungsgeber schon mit Konkurseröffnung kraft des „Umwandlungsprinzips" das Eigentum zuspricht und damit § 985 BGB in die Hand gibt. Diese unterschiedliche Bewertung der Analogie zu § 1223 Abs. 2 BGB innerhalb und außerhalb des Konkurses kann aber nicht überzeugen.

Die Darlegungen haben damit gezeigt, daß das Aussonderungsrecht des Sicherungsgebers im Konkurse des Sicherungsnehmers – anders als bei der Verwaltungstreuhand – auch ohne Rückgriff auf die Treuhandlehre schon aus den in der Insolvenzphase eingreifenden haftungsrechtlichen Prinzipien zu rechtfertigen ist. Der dem Sicherungseigentum durch die Zweckabrede beigelegte Sicherungscharakter und die in ihr enthaltene „Rückabwicklungstendenz"[176] entziehen das Sicherungsgut mit Schuldtilgung dem haftenden Vermögen des Sicherungsnehmers und weisen es in der Konkurrenz mit den Gläubigern des Sicherungsnehmers wieder ausschließlich dem Sicherungsgeber zu. Eine rechtliche Änderung der Rechtsstellung des Sicherungsgebers von einem nur schuldrechtlich Rückerwerbsberechtigten zu einem wieder dinglich Vollberechtigten kraft eines insolvenzrechtlichen „Umwandlungsprinzips" ist damit nicht verbunden, weil § 43 KO aufgrund der Aussonderungsfähigkeit auch bestimmter, haftungsrechtlich relevanter „persönlicher Rechte" zu einer derartigen Umdeutung nicht nötigt, ja eine solche sogar durch die Anknüpfung an die „außerhalb des Konkursverfahrens geltenden Gesetze" verbietet. Was sich in der Insolvenz ändert, ist nicht die Rechtszuständigkeit, sondern nur die Bewertung der unveränderten Rechtzuständigkeit unter haftungsrechtlichen Gesichtspunkten im Blick auf die Gläubigerkonkurrenz.[177] Ob man die Rechtsposition des Sicherungsgebers aus haftungsrechtlicher Wertung wegen ihrer Durchsetzungskraft gegenüber anderen Gläubigern letztlich eine „dingliche" nennt[178], ist belanglos; die Ausdrucksweise sollte aber besser aus Gründen der dogmatischen Klarheit vermieden werden.

Was das der „konkursmäßigen Behandlung"[179] entsprechende Widerspruchsrecht des Sicherungsgebers aus § 771 ZPO gegenüber Vollstreckungszugriffen von Gläubigern des Sicherungsnehmers in der Einzelzwangsvollstreckung betrifft, ist auf die Darstellung an anderer Stelle zu verweisen.[180]

---

176 Ausdruck nach *Becker-Eberhard*, a. a. O. (Fn 5), § 3 II 3 d.
177 Im Ergebnis ist damit der Lehre von der „haftungsrechtlichen Zuordnung" zuzustimmen, vgl. die Nachweise oben in Fn 5.
178 So *W. Henckel*, Festschrift für Coing a. a. O. (Fn 5), S. 147, allerdings in bezug auf die Verwaltungstreuhand.
179 So die nach wie vor treffende, unverfängliche Formulierung in RGZ 45, 84 und dazu oben Fn 40.
180 Vgl. *Rosenberg/Gaul/Schilken*, a. a. O. (Fn 5), § 41 VI 4 b bb S. 507 mit Nachw.

IX. Kritische Schlußbemerkungen zu abweichenden „Dinglichkeits"-Konzeptionen

Nachdem die Untersuchung zur Rechtsstellung des Sicherungsgebers im Konkurs und in der Zwangsvollstreckung aufgrund haftungsrechtlicher Überlegungen zu befriedigenden Ergebnissen geführt und sich namentlich gezeigt hat, daß insoweit die auflösend bedingte Sicherungsübereignung trotz unterschiedlichem Rückerwerbsmodus gegenüber der unbedingten Sicherungsübereignung mit obligatorischem Rückübertragungsanspruch keinerlei Vorteile bietet, bedarf es zum Schutze des Sicherungsgebers gegen Gläubigerzugriffe keiner „dinglichen" Verstärkung seiner Rechtsposition. Damit ist das „Schutzproblem"[181] gerade in der kritischsten Phase der Konkurrenz mit den Gläubigern des Sicherungsnehmers im Ringen um die Haftungsmasse auch ohne eine Inanspruchnahme „dinglicher" Rechtsfiguren oder gar nichtjuristischer („wirtschaftlicher") Betrachtungsweisen bewältigt.

Was bleibt, ist das Defizit an Verfügungs- und Sukzessionsschutz gegenüber Erwerbern des Sicherungsguts durch abredewidrige Verfügungen des Sicherungsnehmers im rechtsgeschäftlichen Verkehr[182], das sich durch eine anwartschaftsrechtliche Ausgestaltung der Rechtsstellung des Sicherungsgebers verringern ließe. Doch hält auch der Schutz des Anwartschaftsberechtigten vor Zwischenverfügungen (§ 161 Abs. 2 BGB) einem gutgläubigen Erwerb gemäß § 161 Abs. 3 i. V. m. § 932 BGB nicht stand, so daß der Vorteil, den dieser Schutz gegenüber demjenigen aus § 986 Abs. 2 BGB bietet[183], eher gering wiegt. Weiter geht der Schutz des § 161 BGB nur gegenüber dem ohnehin nur ausnahmsweise auf die Wirksamkeit des Verfügungsgeschäfts (§§ 134, 138 BGB) durchschlagenden „strafrechtlichen Schutz" des Treugebers (§§ 27, 266 StGB), soweit man ihn überhaupt auf die „Sicherungstreuhand" überträgt[184], da für den gutgläubigen Erwerb schon grobe Fahrlässigkeit schadet (§ 161 Abs. 3 mit § 932 Abs. 2 BGB), während der strafrechtlich begründete Verfügungsschutz eine vorsätzliche Beteiligung des Erwerbers am Treubruch verlangt.[185] Veräußert der treuwidrig handelnde Sicherungsnehmer, wie wohl regelmäßig, durch Einigung und Abtretung des Herausgabeanspruchs (§§ 929, 931 BGB), so läßt sich der Schutz des anwartschaftsberechtigten Sicherungsgebers durch ana-

---

181 S. dazu oben zu Fn 8.
182 Vgl. dazu oben zu VI.
183 S. dazu oben bei Fn 81 f.
184 Dagegen grundsätzlich *Serick*, a. a. O., Bd. III, § 37 I 3 a, S. 396 f.; vgl. oben zu Fn 76 f.
185 S. zur betreffenden Ansicht *Hubers* oben bei Fn 69 ff.

loge Anwendung des § 936 Abs. 3 BGB noch verstärken, indem man sein Anwartschaftsrecht – wie das des Vorbehaltskäufers – als ein das Eigentum „belastendes Recht" behandelt.[186] Doch wird das Bedürfnis nach Verfügungs- und Sukzessionsschutz für den Sicherungsgeber überhaupt überschätzt. Mit Recht betont der BGH[187] neuerdings, daß nach der Lebenserfahrung die Gefahr, daß der das Sicherungsgut besitzende Sicherungsgeber – zumal in wirtschaftlicher Bedrängnis – dieses unberechtigt veräußert, erheblich größer ist als die, daß der Kreditgeber treuwidrig darüber verfügt.

Gewisse Vorteile scheint die anwartschaftsrechtliche Ausgestaltung der Sicherungsübereignung für den Sicherungsgeber auch insofern zu bieten, als er das Anwartschaftsrecht im Wege der sog. Anschlußsicherung als weitere Kreditunterlage verwenden und so das Sicherungsrecht ohne Durchgangserwerb (§ 185 Abs. 2 BGB) durch sein Vermögen dem Anschlußsicherungsnehmer direkt verschaffen kann.[188] Ob das aus der Sicht von Drittgläubigern ein wünschenswertes Ergebnis ist, mag dahinstehen.[189] Da der Sicherungsgeber jedenfalls ebenso die Möglichkeit hat, seinen obligatorischen Rückgewähranspruch erneut sicherungsweise abzutreten[190], liegt der vermeintliche Vorteil weniger beim Sicherungsgeber als beim Anschlußsicherungsnehmer, der mit Tilgung der Forderung des Erstsicherungsnehmers als Bedingungseintritt (§ 158 Abs. 2 BGB) über das Anwartschaftsrecht unmittelbar das „zum Vollrecht erstarkte Sicherungseigentum" als dessen Rechtsnachfolger erlangen kann, ohne zwischenzeitliche Vollstreckungszugriffe beim Sicherungsgeber befürchten zu müssen. Darin läßt sich aber allenfalls mittelbar auch ein Vorteil des Sicherungsgebers sehen, indem er damit über eine für weitere Sicherungsgläubiger möglicherweise „attraktivere" Kreditunterlage verfügt. Doch erscheint es zweifelhaft, ob diese unterschiedlichen Konsequenzen überhaupt schon bei der ursprünglichen Sicherheitsbestellung für den Erstsicherungsgläubiger bedacht werden und diesem gegenüber eine auflösend bedingte Sicherungsübertragung

---

186 So *Serick*, a. a. O., Bd. II, § 23 III 1, S. 254 f.; ebenso *Staudinger-Wiegand*, a. a. O., § 936, Rz 3 m. w. Nachw.; – a. A. MünchKomm-*Quack*, a. a. O., § 936, Rz 5.
187 BGH, Urt. v. 2. 2. 1984, NJW 1984, 1184, 1185 = ZIP 1984, 420 ff. = JR 1985, 17 ff. m. zust. Anm. *Rehbein*.
188 Zur Problematik s. anschaulich BGH, Urt. v. 2. 2. 1984 a. a. O.
189 Nach *Staudinger-Wiegand*, a. a. O., Anh. zu §§ 929 ff., Rz 263 sollte „in beiden Varianten sichergestellt werden, daß der Rücklauf des Sicherungsgutes durch die Haftungsmasse erfolgt und damit Drittgläubigern der Zugriff eröffnet wird." Daher sei „unabhängig von dogmatischen Konzeptionen der Direkterwerb abzulehnen und Durchgangserwerb anzunehmen."
190 S. dazu die Nachweise oben zu Fn 11.

durchsetzbar ist, denn nur dann kann der Sicherungsgeber in Gestalt des Anwartschaftsrechts über ein weiteres Sicherungsmittel verfügen.

Da in jedem Falle das Anwartschaftsrecht wie der obligatorische Rückgewähranspruch gleichermaßen als Anschlußsicherungsmittel verwertbar sind, kommt hier der unterschiedlichen Ausgestaltung des Rückerwerbsmodus unter dem Aspekt eines verstärkten Sicherungsgeberschutzes keine ausschlaggebende Bedeutung zu. Dient die Erstsicherungsübereignung – banküblich – der Absicherung eines Kontokorrentkredits[191], so ist der Sicherungswert des Anwartschaftsrechts für den Anschlußsicherungsnehmer angesichts der schwankenden Höhe des gesicherten Forderungsbestandes nicht nur kaum einschätzbar, sondern vor allem deshalb von höchst zweifelhaftem Wert, weil das Anwartschaftsrecht bei einem vorübergehenden Kontoausgleich erlischt. Dann aber wird, was man bisher übersehen hat, der Anschlußsicherungsnehmer eher am Erwerb eines obligatorischen Rückgewähranspruchs als an dem eines unsicheren Anwartschaftsrechts interessiert sein. Mithin nötigt auch das vermeintliche Interesse an wirksamerer Ausgestaltung der Anschlußsicherungsübertragung nicht dazu, eine auflösend bedingte Sicherungsübereignung zu favorisieren. Vielmehr erweist sich sogar der obligatorische Rückgewähranspruch als das bessere Sicherungsmittel.

Ein Anwartschaftsrecht auf Rückerwerb des Sicherungsguts kann der Sicherungsgeber nur bei Vereinbarung einer auflösend bedingten Sicherungsübereignung verlangen. Dogmatische Versuche, dem Sicherungsgeber unabhängig von einer bedingten Ausgestaltung der dinglichen Einigung (§§ 929, 158 Abs. 2 BGB) ein „Anwartschaftsrecht" zu verschaffen[192], sind gescheitert und mit Recht ohne Resonanz geblieben.[193] Die dieser „Anwartschaftsrechtlehre" zugrunde liegende These[194] von der „Funktionsverwandtschaft von Sicherungsübereignung und Eigentumsvorbehalt"[195] läßt sich nicht halten. Die Parallele versagt für die unbedingte Sicherungsüber-

---

191 So war es gerade im Falle des BGH, Urt. v. 2. 2. 1984, a. a. O., wo die erste Sicherungsübereignung „zur Sicherung aller gegenwärtigen und zukünftigen Ansprüche aus der bankmäßigen Geschäftsverbindung" diente.
192 So *Reich* a.a.O. (Fn 16), vor allem in seinem mit „Funktionsanalyse und Dogmatik bei der Sicherungsübereignung" bezeichneten Beitrag in AcP 169, 247 ff.
193 Beiläufig ablehnend *Serick*, a.a.O., Bd. III, § 37 I 3a, S. 397 Anm. 42; *Gernhuber*, a.a.O. (Fn 3), S. 859 zu Anm. 36; *Soergel-Mühl*, a.a.O., § 930, Rz 79 Anm. 16; *Westermann-Westermann*, a.a.O. (Fn 12) § 44 I 1, S. 310.
194 *Reich* spricht in seiner Schrift „Die Sicherungsübereignung" (1970), S. 96, bezeichnenderweise nur noch von einer „Hypothese", da „die Anwartschaftslehre noch nicht allgemein anerkannt ist".
195 So *Reich*, a.a.O. (Fn 192), S. 248f., 265f.

eignung[196] konstruktiv schon deshalb, weil auch beim Eigentumsvorbehalt von einem Anwartschaftsrecht nur wegen der (aufschiebend) bedingten Ausgestaltung des Übereignungsgeschäfts (§ 455 BGB mit §§ 158 Abs. 1, 161 BGB) die Rede sein kann.

Vor allem aber weisen Sicherungsübereignung und Eigentumsvorbehalt eine Wesensverschiedenheit auf und dienen ganz unterschiedlichen Funktionen. Gerade *Serick* hat, ausgehend von der Treuhandlehre, bereits den grundlegend unterschiedlichen Wesenszug klar herausgestellt, daß nur beim Sicherungseigentum von einem fiduziarisch gebundenen Eigentum, beim Vorbehaltseigentum aber vom ungebundenen, vollen Eigentum auszugehen ist.[197] Auch wenn man mit dem hier vertretenen Standpunkt die Sicherungsübereignung – anders als die Verwaltungstreuhand – nicht als eigentliches Treuhandgeschäft versteht, liegt die Funktionsverschiedenheit zwischen Sicherungseigentum und Vorbehaltseigentum zutage. Darauf hat zuletzt deutlich *Ulrich Huber*[198] hingewiesen. Während das Sicherungseigentum die *Funktion* eines besitzlosen vertraglichen Pfandrechts erfüllt, beruht das Rechtsinstitut des Eigentumsvorbehalts und seine Übernahme ins Gesetz (§ 455 BGB) „auf ganz anderen rechtlichen Wertungen." Zunächst kann es „dazu, daß die Kaufpreisforderung mit Hilfe des Erlöses aus der Verwertung der Kaufrechte getilgt wird – so wie bei der Pfandforderung im Falle der Pfandverwertung – niemals kommen; immer wird die Kaufsache erst dann verwertet, wenn die Kaufpreisforderung erloschen ist." Vor allem liegt der Grund für die ausdrückliche Anerkennung des Eigentumsvorbehalts im Gesetz „im synallagmatischen Prinzip": „Ratio legis des § 455 BGB ist es nicht, dem Verkäufer die Möglichkeit zu verschaffen, entgegen dem Faustpfandprinzip des § 1205 BGB, sich zur Sicherung der Kaufpreisforderung eine Art besitzloses Pfandrecht bestellen zu lassen, sondern ratio legis ist, ihm die Möglichkeit zu geben, das Austauschverhältnis von Leistung und Gegenleistung hinsichtlich des Eigentums auch dann aufrechtzuerhalten, wenn er den Besitz vor Bezahlung des Kaufpreises auf den Käufer überträgt.[199] Danach sind nicht nur Versuche abzulehnen, dem Vorbehaltseigentümer die Stellung eines Pfandgläubigers zuzuweisen, sondern auch Konstruktionen, die das Eigentum während der Schwebezeit

---

196 Auch *Reich*, a.a.O., S. 249 geht davon aus, daß „die Sicherungsübereignung in der Regel unbedingt ist, so daß der Sicherungsnehmer ohne jede Einschränkung Eigentum erwirbt". Ihm schwebt deshalb auch nur eine „quantitativ (qualitativ?) abgestufte Anwartschaft" vor (a.a.O., S. 265)!
197 So besonders deutlich *Serick*, Mobiliarsicherheiten, a.a.O. (Fn 2), S. 12f. u. ö.
198 *Ulrich Huber*, Der Eigentumsvorbehalt im Synallagma, ZIP 1987, S. 750f.
199 *Huber*, a.a.O., S. 756.

irgendwie zwischen Verkäufer und Käufer aufteilen wollen.[200] Vergleichbar ist nur die rechtstechnische Ausgestaltung als bedingtes Übereignungsgeschäft, aber auch nur, wenn die Sicherungsübereignung auflösend bedingt vereinbart worden ist.[201] Nur dann kann in Gestalt des Anwartschaftsrechts des Sicherungsgebers auf Rückerwerb des Eigentums von einer „dinglichen" oder „quasidinglichen" Verstärkung der Rechtsstellung des Sicherungsgebers gesprochen werden.[202]

Es ist aber auch nicht die noch immer herrschende Meinung[203] aufrechtzuerhalten, daß beim Schweigen der Sicherungsabrede über die Art des Rückerwerbs des Sicherungsguts „im Zweifel" von einer auflösend bedingten Eigentumsübertragung auszugehen sei. Abgesehen davon, daß sie angesichts der langjährigen gegenläufigen Vertragspraxis der Kreditinstitute in keiner Weise der heutigen Rechtswirklichkeit entspricht[204], war die Sicherungsübereignung von Anbeginn an prototypisch eine unbedingte Sicherungsübereignung. Schon die römische „fiducia cum creditore" als Urform der Sicherungsübereignung bestand aus der Eigentumsübertragung durch mancipatio unter Vereinbarung einer Rückübertragungspflicht im pactum fiduciae, war also eine Kombination von dinglichem Übereignungsgeschäft

---

200 *Huber*, a. a. O., S. 758 im Anschluß an *Flume*, Allgemeiner Teil, a. a. O. (Fn 5), § 39 3 b, S. 706.
201 Mit Recht betont der BGH im Urteil vom 2. 2. 1984, a. a. O. (Fn 187), S. 1185: „Eine dem Vorbehaltsverkäufer vergleichbare Rechtsstellung hat bei der Sicherungsübereignung der Sicherungsgeber nur, wenn er das Sicherungsgut unter der auflösenden Bedingung vollständiger Tilgung der gesicherten Forderung übereignet."
202 Das verkennt *Reich*, a. a. O. (Fn 192), S. 265, wenn er zwar davon ausgeht, daß dem Sicherungsgeber „in Anlehnung an die Rechtsstellung des Vorbehaltskäufers ein Anwartschaftsrecht auf Rückerwerb zuzuerkennen" sei, das „Anwartschaftsrecht" des Sicherungsgebers aber im Grunde nur aus der im Konkurs und in der Zwangsvollstreckung „verdinglichten" Rechtsposition des Sicherungsgebers (a. a. O., S. 262), aus einem „erweiterten Schutz über § 826 BGB" (a. a. O., S. 263) und aus dem „(schuldrechtlichen) Recht zum Besitz, § 986 Abs. 2 BGB" (a. a. O., S. 264) ableitet. Das ist aber letztlich eine ganz andere Begründung als die vorgebliche „Analogie zur Rechtsstellung des Vorbehaltskäufers" aus einer vermeintlichen „Funktionsverwandtschaft" zwischen Sicherungsübereignung und Eigentumsvorbehalt. *Reich* hat denn auch das „Anwartschaftsrecht" des Sicherungsgebers nicht im Wege einer „Funktionsanalyse" oder „dogmatisch" begründet, sondern nur den dem Sicherungsgeber in bestimmten Fällen zukommenden Schutz mit dem begrifflichen Etikett „Anwartschaftsrecht" versehen. Sein Versuch, auf dieser Basis eine „Lehre einer einheitlichen Rechtsfigur der Sicherungsübereignung ohne Unterschied, ob die Sicherungsübereignung bedingt oder unbedingt erfolgt", zu entwickeln und so die Rechtsstellung des Sicherungsgebers zu „verdinglichen", ist als gescheitert zu betrachten. Offenbar hält *Reich* im Alternativ-Kommentar z. BGB, a. a. O. (Fn 16), §§ 930, 931 Rz 17 an seiner Auffassung selbst nicht mehr fest, wenn es dort heißt: „Diese Meinung überschätzt jedoch die Leistungsfähigkeit der Anwartschaftslehre zur Lösung der anstehenden Konfliktslagen".
203 S. die Nachweise oben in Fn 12.
204 Vgl. nur BGH, Urt. v. 2. 2. 1984, a. a. O. (Fn 187), S. 1185.

mit obligatorischer Rückübereignungspflicht.[205] In dieser Form faßte die Sicherungsübereignung auch im gemeinen Recht und Partikularrecht Fuß und behielt ihre schuldrechtliche Ausgestaltung auch, soweit sie dort neben der sog. reinen Sicherungsübereignung als sog. Sicherungskauf mit Rückkaufvorbehalt begegnete.[206] Demgegenüber hat sich die deutschrechtliche Treuhandlehre *A. Schultzes*[207] von der Treuhänderschaft mit auflösend bedingtem Vollrecht nie durchgesetzt.[208]

Serick[209] als einer der Hauptvertreter der Ansicht, daß der „Überschuß an Rechtsmacht" durch eine auflösend bedingte Sicherungsübertragung zu „verringern" sei, geht von der Überlegung aus: „Hätte der Gesetzgeber die Sicherungsübereignung geregelt, so hätte er die Interessen beider Parteien zu berücksichtigen gehabt. Dann aber hätte er die Sicherungsübereignung auflösend bedingt aufbauen müssen." Indessen hat der Gesetzgeber die Sicherungsübereignung in § 223 Abs. 2 BGB berücksichtigt, und er hat sie sich als eine solche mit obligatorischer Rückübereignungspflicht vorgestellt, wenn es im Gesetz heißt: „Ist zur Sicherung eines Anspruchs ein Recht übertragen worden, so kann *die Rückübertragung* nicht auf Grund der Verjährung des Anspruchs *gefordert* werden".[210] Demgegenüber hat der Gesetzgeber in § 455 BGB bewußt eine Auslegungsregel zugunsten einer aufschiebend bedingten Übereignung aufgenommen.[211] Das zeigt, daß für die Ausgestaltung der Sicherungsübereignung gerade keine Parallele zum Eigentumsvorbehalt gezogen werden darf.[212] Zumindest für den vom Gesetzgeber allein geregelten einfachen Eigentumsvorbehalt trifft auch die Feststellung zu, daß die bedingte Ausgestaltung gemäß § 455 BGB deshalb unbedenklich ist, weil die Zahlung des Kaufpreises als Bedingungsereignis evidenter ist als die Tilgung der Kreditschuld bei der Sicherungsübereignung[213], zumal, wenn sie banküblich der Sicherung eines Kontokorrentkredits dient.[214]

---

205 S. dazu nur *Coing*, a.a.O. (Fn 3), S. 11 f., 38 f.
206 Zur Entwicklung bis zum Inkrafttreten des BGB s. näher *Gaul*, a.a.O. (Fn 9), S. 357 ff., 360 f., 375 f.
207 *Alfred Schultze*, Treuhänder im geltenden bürgerlichen Recht, JherJb 43 (1901), S. 1 ff., 7 ff., 19 ff.
208 S. dazu *Coing*, a.a.O., S. 49 f.
209 *Serick*, a.a.O., Bd. III, § 37 I 3 b, c, S. 398 ff., 400.
210 S. dazu schon *Gaul*, a.a.O. (Fn 9), S. 357 ff., 377.
211 Vgl. *Gaul*, a.a.O., S. 375 mit Hinweis auf die Materialien.
212 Die Diskrepanz wird deutlich bei der zwiespältigen Stellungnahme *Baurs*, a.a.O. (Fn 13), § 57 III 1 b, S. 568.
213 So mit Recht *Flume*, a.a.O. (Fn 5), S. 82 und Allgem. Teil, a.a.O. (Fn 5), § 40 2 e, S. 728 f.; – a. A. *Serick*, a.a.O., Bd. III, § 37 I 3 c, S. 399.
214 S. oben zu Fn 191.

Da die auflösende Bedingung das sachenrechtliche Abstraktionsprinzip sowie das Traditionsprinzip durchbricht, ist sie schon nach der inneren Systematik des BGB für die Sicherungsübereignung nicht zu vermuten. Wenn § 158 Abs. 2 BGB verlangt, daß das Rechtsgeschäft „unter einer auflösenden Bedingung *vorgenommen* wird", dann muß sie, mag man heute auch nicht mehr vom „Zusatz einer Willenserklärung" sprechen, jedenfalls in der rechtsgeschäftlichen Regelung einen besonderen, vom Parteiwillen getragenen Ausdruck gefunden haben.[215] Schweigt die Sicherungsabrede über die Art des Rückerwerbs des Sicherungsguts, enthält also der Vertrag insoweit eine Lücke, so kann diese Lücke nur im Wege der ergänzenden Vertragsauslegung geschlossen werden. Dann aber ist im Sinne einer normativen Feststellung des Vertragsinhalts, ausgehend von § 157 BGB zu entscheiden, „welche Regelung die Parteien im Hinblick auf den mit dem Vertrag verfolgten Zweck bei sachgerechter Abwägung ihrer gegenseitigen Interessen nach Treu und Glauben und unter Berücksichtigung der Verkehrssitte getroffen hätten".[216] Die ergänzende Vertragsauslegung kann dann aber mit dem mustergültigen Urteil des BGH vom 2. 2. 1984[217] im Zweifel nur gegen eine auflösend bedingte Sicherungsübereignung ausfallen.

Mit Recht hat der BGH in diesem grundlegenden Urteil auch neue Tendenzen[218] verworfen, die formularmäßig unbedingte Sicherungsübereignung mit Hilfe des § 9 AGBG in eine bedingte korrigierend umzugestalten. Dem BGH ist voll darin zuzustimmen, daß das BGB – wie gerade § 223 Abs. 1 und Abs. 2 BGB zeigt – von keinem einheitlichen Leitbild der Sicherungsrechte ausgeht, sondern gleichermaßen akzessorische wie nichtakzessorische Sicherungsrechte anerkennt.[219] Die nach wie vor dagegen vorgebrachten Einwände können nicht überzeugen. Soweit eingewandt wird, daß „bei lediglich schuldrechtlichem Rückübertragungsanspruch der Sicherungsgeber das Konkursrisiko" trage und er schon deshalb „regelmäßig unangemessen benachteiligt" sei[220], hat sich die Unhaltbarkeit dieses Standpunkts aufgrund der hiesigen Darlegungen zum Aussonderungsrecht des nur schuldrechtlich rückübertragungsberechtigten Sicherungsgebers aus § 43 KO erwiesen.[221] Auch der Schutz gegen unerlaubte Veräußerun-

---

215 Auf diesen Unterschied zwischen „auflösender" und „aufschiebender" Bedingung hat namentlich *Flume*, Allgem. Teil, a. a. O., § 38 4 c, S. 691 und – speziell zur Sicherungsübereignung – § 40 2 d, S. 728 f. hingewiesen.
216 So etwa neuerdings BGH, NJW-RR 1990, 817, 819; s. auch *Flume*, a. a. O., § 16 4 b, c, S. 324 ff.
217 BGH, NJW 1984, 1184, 1185 f.
218 Vgl. die Nachweise oben in Fn 26.
219 BGH, a. a. O., S. 1186 und dazu die oben in Fn 24 zitierten zust. Stellungnahmen.
220 So *M. Wolf* in *Wolf/Horn/Lindacher*, AGB-Gesetz, a. a. O. (Fn 26), Rz S 112.
221 S. oben zu VIII 2.

gen des Sicherungsnehmers hat sich namentlich angesichts des Schutzes durch § 986 Abs. 2 BGB nicht als signifikant unzureichend im Vergleich zu einer bedingten Ausgestaltung der Sicherungsübereignung herausgestellt.[222] Soweit nach wie vor „die analoge Anwendung des § 455 BGB" als Hauptargument für die Bevorzugung der Sicherungsübereignung unter auflösender Bedingung angeführt wird[223], ergibt sich aus der aufgezeigten Wesens- und Funktionsverschiedenheit von Eigentumsvorbehalt und Sicherungsübereignung das Gegenteil.[224] Soweit schließlich auf den Widerspruch des Urteils des IX. Senats des BGH vom 2. 2. 1984 zum Urteil des VIII. Senats des BGH vom 23. 9. 1981[225] hingewiesen wird[226], ist ein solcher in der Tat zu registrieren. Daß der IX. Senat des BGH, wie zuletzt noch ausdrücklich in seinem Urteil vom 30. 10. 1990[227], von der Fehldeutung einer vermeintlich „akzessorischen Rechtsnatur der Sicherungsübereignung" eindeutig abgerückt ist, ist aber nach der überzeugenden Kritik an dem Urteil des VIII. Senats vom 23. 9. 1981[228] nur als dringend gebotene Klarstellung der Haltung der Rechtsprechung zu begrüßen.

Wenn schließlich die Fehlentscheidung des BGH vom 23. 9. 1981 gar als Stütze für eine Erneuerung der längst überwundenen Pfandrechtstheorie (Theorie der „Mobiliarhypothek") herangezogen wird[229], so ist dieser Lehre nicht zu folgen. Gerade wenn man von der Treuhandlehre ausgeht[230], überrascht die Umdeutung des Sicherungseigentums in ein Pfandrecht („Mobiliarhypothek"), da sich – ausgehend von der „fiducia cum creditore" – die Sicherungsübereignung als selbständiges Rechtsinstitut neben dem Mobiliarpfandrecht des § 1205 BGB entwickelt und der Gesetzgeber des BGB dieses Nebeneinander bewußt toleriert hat.[231] Nachdem sich die Sicherungsübereignung gewohnheitsrechtlich neben dem Mobiliarpfand-

---

222 S. dazu oben VI und IX zu Fn 182 f.
223 So *M. Wolf*, Sachenrecht, a. a. O. (Fn 26), Rz 556.
224 S. oben zu Fn 197 ff.
225 S. dazu schon oben Fn 20 und 23 f.
226 So MünchKomm-*Quack*, a. a. O., Anh. zu §§ 929–936 Rz 124. Auch kann man angesichts der eingehenden Interessenabwägung des BGH gewiß nicht sagen, daß „der BGH die Interessen des Sicherungsnehmers an der unbedingten Übereignung nicht konkret belegt" habe.
227 BGH, NJW 1991, 353, 354 = JZ 1991, 723 ff. m. zust. Anm. *Gerhardt* sowie *Serick*, EWiR 1991, 147 f.
228 S. dazu oben Fn 21 mit Hinweis insbesondere auf *Jauernig*, NJW 1982, 268 ff. und zuletzt *Becker-Eberhard*, a. a. O.
229 So *Wieling*, a. a. O. (Fn 14), § 18 II 3 b, S. 809 f.
230 So *Wieling*, a. a. O., § 18 I, II, indem er – wie schon die Überschrift „Treuhand, insbesondere Sicherungseigentum" zeigt – das Sicherungseigentum als Erscheinungsform der Treuhand behandelt.
231 S. dazu *Gaul*, a. a. O. (Fn 9), S. 357 ff.

recht im geltenden Rechtssystem etabliert und in Gestalt der unbedingten Sicherungsübereignung „institutionalisiert" hat, besteht kein Anlaß, das Sicherungseigentum nach der rechtsgeschäftlichen Bestellung durch die Parteien gemäß §§ 929, 930 BGB anschließend zu einem juristisch hybriden Gebilde mit dem Pfandrecht zu verschmelzen und auf dieses – abgesehen vom Bestellungsakt – alle Pfandrechtsvorschriften zur Anwendung zu bringen.[232] Die Rückkehr zur Pfandrechtstheorie bedeutet heute einen Anachronismus.[233]

Da die Untersuchung insgesamt gezeigt hat, daß die Rechtsstellung des Sicherungsgebers auch aufgrund der institutionellen Ausformung der Sicherungsübereignung als unbedingte Rechtsübertragung mit obligatorischem Rückübereignungsanspruch in der Privatrechts- und Vollstreckungsordnung sich behaupten kann, verdienen insgesamt die neueren „Verdinglichungs-"Tendenzen keinen Beifall.[234]

---

232 So aber *Wieling*, a.a.O., § 18 II 3 bis 5, S. 509 ff. Soweit dort a.a.O., S. 817 zu Anm. 75 auf die auch hier befürwortete analoge Anwendung des § 1229 BGB auf die Sicherungsübereignung hingewiesen wird, ist zu betonen, daß die Analogie zum Verbot der Verfallklausel deshalb geboten ist, weil die Vorschrift einen für alle Sicherungsrechte gültigen allgemeinen Rechtsgedanken enthält, der nicht typisch pfandrechtlicher Natur ist, s. *Gaul*, a.a.O., S. 374 ff., 380; ebenso *Staudinger-Wiegand*, a.a.O., Anh. zu §§ 929 ff. Rz 234.
233 Ebenso *Jauernig*, a.a.O. (Fn 12), § 930 Anm. 5 E a: „Das beruht auf der überholten Vorstellung, die Sicherungsübereignung sei ein ‚Umgehungsgeschäft' zu §§ 1204 ff."
234 Soweit hier im Anschluß an *Serick* und *Huber* vom grundsätzlichen Unterschied zwischen Sicherungsübereignung und (einfachem) Eigentumsvorbehalt ausgegangen wird, findet das jetzt seine Bestätigung in dem am 3. 1. 1992 eingebrachten Gesetzentwurf der Bundesregierung – Entwurf einer Insolvenzordnung (INSO) – (Br-Drucks. 1/92, S. 17 f., 86 ff., 124 f.). Danach berechtigt der einfache Eigentumsvorbehalt – wie bisher – gemäß § 54 ElnsO (= § 43 KO) zur Aussonderung, während der Sicherungseigentümer – ebenso im Einklang mit seiner Behandlung im bisher geltenden Konkursrecht – jetzt ausdrücklich in § 58 ElnsO den absonderungsberechtigten Gläubigern gleichgestellt wird. Zudem ist eine unterschiedliche Intensität der Einbindung der verschiedenen Sicherungsformen in das Insolvenzverfahren vorgesehen (vgl. insbes. §§ 191 ff. ElnsO und die Begründung, a.a.O., S. 87 f., 178 ff.).

Vorbehaltskauf und Finanzierungsleasing im geltenden und künftigen Insolvenzrecht

Von Ludwig Häsemeyer, Heidelberg

Das Vertragsrecht und das Insolvenzrecht verfolgen unterschiedliche Zwecke. Während das Vertragsrecht von der Fragestellung beherrscht wird, was den Vertragsparteien im Verhältnis zueinander gebührt, erweitert das Insolvenzrecht die Fragestellung um die haftungsrechtliche Komponente, ob Rechte aus Verträgen bei Insolvenz eines Vertragspartners im Verhältnis zu dessen sonstigen Gläubigern bestehen bleiben können. Dieser Unterschied tritt insbesondere bei Kredit- und Kreditsicherungsgeschäften hervor. Er soll anhand des Kaufs unter Eigentumsvorbehalt und des Finanzierungsleasing analysiert werden, weil für ersteren jedenfalls die haftungsrechtliche Behandlung, für letzteres die vertrags- und haftungsrechtliche Behandlung nach wie vor umstritten ist. Zudem sind für das Insolvenzrecht Reformvorschläge unterbreitet worden, die einen Wandel der haftungsrechtlichen Anschauungen vorbereiten könnten und deshalb zur kritischen Überprüfung des geltenden Insolvenzrechts nötigen.

Es empfiehlt sich wegen der unterschiedlichen Vertragsstrukturen, den Vorbehaltskauf und das Finanzierungsleasing gesondert zu behandeln. Zur Einführung sollen die Grundunterschiede zwischen Vertragsrecht und Insolvenzrecht und deren Gründe skizziert werden.

I. Vertragsrecht – Insolvenzrecht

Der Rechtsverkehr schafft sich in den Grenzen der Vertragsfreiheit sein Recht. Dementsprechend fördert das Vertragsrecht die Privatautonomie. Seine Insitutionen und seine normative Ordnung dienen vorrangig (so deutlich im Schuldrecht) den Interessen der Vertragsbeteiligten, ferner auch (so insbesondere im Sachenrecht) den Interessen des Rechtsverkehrs an Klarheit der Rechtsverhältnisse als einer unabdingbaren Voraussetzung für privatautonome Entscheidungen.

In seinen Strukturen wird das Vertragsrecht durch die ungeschriebene Voraussetzung bestimmt, daß jeder im Stande ist, für die Folgen seiner privatautonomen Entscheidungen einzustehen. Dies erlaubt im Schuldrecht die Vereinzelung aller Schuldverhältnisse und deren Beschränkung auf die Beteiligten, im Sachenrecht die Geltung des Prioritätsprinzips, wonach der frühere Zugriff im Verhältnis zu Dritten stets das bessere Recht begründet. Rechtfertigen läßt sich dieses Prinzip und das ihm korrespondierende Prinzip der Priorität in der Einzelzwangsvollstreckung nur, weil man in aller Regel darauf vertrauen kann, daß die Bürger ihre Vermögens- und Haftungsverhältnisse so zu steuern vermögen, daß alle von ihren privatautonomen Entscheidungen Betroffenen zu ihrem Recht kommen.

Unter dieser Voraussetzung kann man es in der Tat weithin den Beteiligten überlassen, ihre Rechtsverhältnisse mit internen wie externen Wirkungen frei zu gestalten, sich erprobter Schuldvertragstypen zu bedienen oder neue zu entwickeln und mit ihnen auch dingliche Gestaltungen in den Grenzen des sachenrechtlichen Typenzwanges zu verbinden. Welche schöpferischen Kräfte der Privatautonomie dadurch freigesetzt werden und wie man sie – zweiseitig, vertragsrechtlich – normativ leiten und fördern kann, hat *Rolf Serick* in seinem großen Werk „Eigentumsvorbehalt und Sicherungsübertragung" meisterhaft gezeigt: Kredit- und Kreditsicherungsgeschäfte verbinden heute in hochdifferenzierten dogmatischen Formen schuld- und sachenrechtliche Elemente und können den Interessen aller Vertragsbeteiligten in vorzüglicher Weise gerecht werden. Denn die Interessen der Kreditgläubiger an einfach zu bestellenden, flexiblen Sicherheiten ohne Publizität decken sich mit den Interessen der Kreditschuldner, aufgrund dieser Sicherheiten günstige Kreditkonditionen bewilligt zu bekommen und in ihrer wirtschaftlichen Bewegungsfreiheit möglichst wenig und Dritten nicht erkennbar eingeengt zu werden.

Die Insolvenz eines Vertragspartners indiziert, daß er mit der privatautonomen Steuerung seiner Vermögens- und Haftungsverhältnisse gescheitert ist. Die Vertragsfreiheit mit ihrem Element der Gestaltungsfreiheit läßt sich nun nicht mehr aus zweiseitigen Interessenkoinzidenzen im Rahmen der je einzelnen Vertragsverhältnisse rechtfertigen. Die ungeschriebene Voraussetzung eigenverantwortlicher Entscheidungen ist entfallen, daß jeder davon Betroffene zu seinem Recht kommen werde. Deshalb tritt mit der Eröffnung eines Insolvenzverfahrens eine allseitig konzipierte, die Rechte aller Gläubiger berücksichtigende normative Haftungsordnung in Kraft, vor der sich sämtliche einzelvertraglich begründeten Rechtsfolgen bewähren müssen. Schon im geltenden Insolvenzrecht wird die Privatautonomie des Schuldners nicht nur für die Zukunft suspendiert (§ 6 KO), sondern vielmehr auch rückwirkend haftungsrechtlich modifiziert. Das deutlichste

Beispiel bildet die Konkursanfechtung (§§ 29 ff. KO), wonach privatautonome Gestaltungen im Vorfelde des Konkurses haftungsrechtlich revidiert werden. Ferner sind die Vorschriften über die Abwicklung bei Konkurseröffnung schwebender Verträge zu nennen (§§ 17 ff. KO), wonach dem Konkursverwalter unter dem Aspekt des Gesamtnutzens für alle Gläubiger anheimgegeben wird, über die Erfüllung solcher Verträge zu entscheiden.

Was also vertragsrechtlich gegolten hat und sogar möglicherweise wiederum gilt, wenn nämlich beispielsweise das Insolvenzverfahren durch einen Vergleich beendet wird, kann haftungsrechtlich zu modifizieren sein, weil sich im Verhältnis jedes einzelnen Gläubigers zu seinen Mitgläubigern die Frage stellt, in welchen Grenzen ihm zuvor privatautonom eingeräumte Rechte zu Lasten der übrigen berücksichtigt werden können: An die Stelle privatautonomer Entscheidungsfreiheit und des damit verbundenen Prioritätsprinzips tritt der Grundsatz der Gläubigergleichbehandlung. Im künftigen Insolvenzrecht dürften sich die Akzente eher noch zur Gleichbehandlung hin verschieben, weil jedenfalls nach den derzeitigen Reformvorstellungen Konkursvorrechte beseitigt und vom Schuldner gewährte Vorzugsrechte eingeschränkt werden sollen.

Die Gläubigergleichbehandlung wird mit spezifisch haftungsrechtlichen Mitteln verwirklicht, die nur für das Insolvenzverfahren gelten und die Zuordnungen des allgemeinen Vermögensrechts durch haftungsrechtliche Zuordnungen ersetzen. Das zeigt sich deutlich in der Konkursanfechtung, die Vermögensrechte Dritter haftungsrechtlich dem Schuldnervermögen (der Konkursmasse) zuweist und die vermögensrechtliche Überführung in die Konkursmasse ermöglicht (vgl. § 37 Abs. 1 KO). Als durch die Judikatur entwickeltes Beispiel ist die haftungsrechtliche Zuordnung der zwecks Sicherung übertragenen Rechte zur Konkursmasse zu nennen: Das Sicherungseigentum wird in der Einzelvollstreckung als Vollrecht behandelt, der Zwangszugriff kann durch Drittwiderspruchsklage (§ 771 ZPO) abgewehrt werden. Demgegenüber berechtigt es im Konkurs nur zur abgesonderten Befriedigung (entsprechend §§ 48, 49 KO), d. h. der übertragene Gegenstand wird dem Schuldnervermögen zugerechnet und wie mit einem Verwertungsrecht belastet behandelt.[1] Außerhalb des Insolvenzverfahrens wird also der von den Beteiligten gewählte Typus des Vollrechts respektiert, im Insolvenzverfahren wird er haftungsrechtlich in ein Verwertungsrecht transformiert.

Um die Bedeutung und die Formen haftungsrechtlicher Zurechnungen geht es auch bei der insolvenzrechtlichen Behandlung des Vorbehaltskaufs und des Finanzierungsleasing:

---
1 Eingehend *Serick*, Eigentumsvorbehalt und Sicherungsübertragung, Bd. III, § 35 (S. 265 ff.).

II. Vorbehaltskauf

Der Kauf unter Eigentumsvorbehalt bildet das traditionelle Warenkredit- und Kreditsicherungsgeschäft. Auch wenn die umsatzkonformen Verlängerungen des Eigentumsvorbehalts und seine zwecks Sicherung weiterer Kredite üblichen Erweiterungsformen[2] außer Betracht bleiben, wirft die Verbindung schuldrechtlicher und sachenrechtlicher Elemente im Vorbehaltskauf grundsätzliche haftungsrechtliche Fragen auf, soweit er bei Eröffnung eines Konkursverfahrens noch nicht vollständig abgewickelt worden ist. Die Verbindung eines (unbedingten) Kaufvertrages mit der durch die vollständige Kaufpreiszahlung aufschiebend bedingten Übereignung der geschuldeten Sache (§ 455 BGB) begründet zwischen Verkäufer und Käufer zweiseitige Vermögenszuordnungen, die mit der allseitigen haftungsrechtlichen Zuordnung im Verhältnis zu allen Konkursgläubigern abgestimmt werden müssen.

Dem Vermögen des Verkäufers ist der Anspruch auf Zahlung des (Rest-) Kaufpreises zugeordnet, dem Vermögen des Käufers der Anspruch auf Eigentumsverschaffung. Das Eigentum an der verkauften Sache bleibt aufgrund der vertraglichen Abreden bis zum Eintritt der Bedingung dem Verkäufervermögen zugeordnet (§ 158 Abs. 1 BGB), gleichgültig, welchen Teil der Kaufpreisschuld der Käufer schon getilgt hat. Doch wird auch dem Käufer schon eine dingliche Rechtsposition in Gestalt eines Anwartschaftsrechts auf das Eigentum zugewiesen, das der Käufer veräußern, in das vollstreckt werden kann und das auch Schutz gegenüber Dritten genießt.[3] Dennoch ist diese Anwartschaft dem Eigentum des Verkäufers vermögensrechtlich nicht gleichwertig, weil sie von der Kaufpreiszahlung abhängig ist und bei Zahlungsverzug des Käufers durch Rücktritt des Verkäufers zerstört wird (§ 455 BGB). Diese kausale Abhängigkeit der Anwartschaft vom obligatorischen Veräußerungsgeschäft[4] hindert, sie als dem Vorbehaltseigentum des Verkäufers gleichwertige Mitberechtigung zu behandeln. Unter dem Aspekt vermögensrechtlicher Zuordnung mag es deshalb zutreffen, daß das Vorbehaltseigentum bis zur vollständigen Zahlung des Kaufpreises (wie vor der Veräußerung) Volleigentum des Verkäufers bleibt.[5]

Bei unmodifzierter Übernahme dieser Vermögenszuordnung in das Konkursverfahren geht sowohl im Verkäufer- wie im Käuferkonkurs der vom

---
2 Zu den mit Verlängerungs- und Erweiterungsformen verbundenen konkursrechtlichen Fragen umfassend *Serick*, a.a.O., Bd. V, 3. Teil, 1. Kapitel.
3 Vgl. *Serick*, a.a.O., Bd. I, § 11 (S. 241 ff.).
4 Vgl. *Serick*, a.a.O., Bd. I, S. 53 ff.
5 So die h. A.; eingehend *Serick*, a.a.O., Bd. I, S. 210 ff.

Käufer gezahlte Kaufpreisanteil nebst der dadurch begründeten Anwartschaft ersatzlos verloren, soweit nicht der Konkursverwalter die Erfüllung des Kaufvertrages (§ 17 Abs. 1 KO) wählt. Dem Konkursverwalter steht jeweils frei, die Erfüllung abzulehnen, weil der Vertrag (i. S. d. § 17 Abs. 1 KO) beiderseits noch nicht vollständig erfüllt ist. Den Verkäufer treffen zwar keine Handlungspflichten mehr, aber der für die Vermögenszuordnung (wie auch für die Haftungszuordnung) maßgebende Eigentumsübergang auf den Käufer vollzieht sich erst mit der vollständigen Tilgung des Kaufpreises.[6]

Im Käuferkonkurs führt dann die Ablehnung dazu, daß der Verkäufer die verkaufte Sache als Volleigentum aussondern kann. Der Konkursverwalter kann den Verkäufer nicht zur Verwertung auf Rechnung der Konkursmasse zwingen (gem. § 127 KO), der Verkäufer kann den vollen Kaufpreisrest als Konkursforderung geltend machen, nicht nur den bei einer Verwertung erlittenen Ausfall (gem. § 64 KO).[7] Spiegelbildlich verliert der Käufer im Verkäuferkonkurs seine Anwartschaft, muß die gekaufte Sache herausgeben und ist wegen schon geleisteter Zahlungen auf die Konkursquote verwiesen (§ 26 KO).[8] Sein Anwartschaftsrecht wird nicht dagegen geschützt, daß die Bedingung für den Vollrechtserwerb infolge der Erfüllungsablehnung ausfällt.[9] Eben deshalb kann er den Erwerb auch nicht mehr durch Zahlung des Kaufpreisrestes in die Konkursmasse herbeiführen.[10]

Schon diese Ergebnisse indizieren, daß es konkursrechtlich nicht bei der Zuordnung des Volleigentums zum Verkäufervermögen bewenden kann. Im Verhältnis zu den Mitkonkursgläubigern muß der teilweise Leistungsaustausch berücksichtigt werden: Im Käuferkonkurs ist der Wertverlust des Käufervermögens infolge der Teilzahlungen auf den Kaufpreis auszugleichen, im Verkäuferkonkurs sollte der entsprechende Wertzuwachs den Konkursgläubigern nicht als Gewinn zu Lasten des Käufers zufallen.

Eine entsprechende, die Käuferleistungen berücksichtigende haftungsrechtliche Zuordnung ist zum einen in der gesetzlichen Regelung für bei Konkurseröffnung schwebende gegenseitige Verträge (§ 17 KO) angelegt, zum anderen in der richterrechtlichen Entwicklung des Sicherungseigentums. In ersterer verwirklicht sich die haftungsrechtliche Zuordnung nach

---

6 Vgl. nur RGZ 133, 40; BGH NJW 1962, 2296; BGHZ 98, 168.
7 Vgl. nur BGH NJW 1967, S. 2203, 2204.
8 Dazu eingehend *Serick*, a. a. O., Bd. I, S. 354 ff.
9 Vgl. *Serick*, a. a. O., insbes. S. 357; a. A. z. B. *Bauknecht*, NJW 1956, S. 1177, und *Huber*, BB 1964, S. 731.
10 A. A. insbes. *Marotzke*, Gegenseitige Verträge in Konkurs und Vergleich (1985), S. 78 ff., und *Jaeger/Henckel*, § 17 KO, Rdnr. 115, 149 ff.

Maßgabe des funktionellen Synallagma in gegenseitigen Verträgen, in letzterem durch die funktionelle Beschränkung des Eigentums auf seinen Sicherungszweck nebst entsprechender Aufteilung des Eigentumswertes. Weil beide Regelungen haftungsspezifische Relationen zum Leistungsaustausch herstellen, können sie auch als Regelungsalternativen für den Vorbehaltskauf in Betracht gezogen werden.

1. Leistungsaustausch durch Teilzahlung und Anwartschaftsübertragung

Dem Vorbehaltseigentum kommt in der Hand des Verkäufers doppelte Bedeutung zu: Zum einen bildet es den Gegenstand seiner Rechtsverschaffungspflicht, zum anderen soll es ihn für den Fall sichern, daß die Kaufpreisschuld nicht getilgt wird. Zwischen beiden Bedeutungen muß haftungsrechtlich strikt unterschieden werden, weil die Rechtsverschaffungspflicht nicht hindert, das Vorbehaltseigentum auszusondern, während der Sicherungszweck den Vorbehaltsverkäufer auf die abgesonderte Befriedigung verweist. Nur nach Maßgabe der konkursrechtlichen Abwicklungsregelung (§ 17 KO) kann deshalb das Vorbehaltseigentum ausgesondert werden.

Die Abwicklungsregelung steht unter dem Günstigkeitsprinzip für die Konkursmasse. Der Konkursverwalter wird (soweit Mittel vorhanden sind) nur bei ungünstigen Vertragsbedingungen und/oder entsprechend dem Stande der wechselseitigen Leistungen die Erfüllung des Vertrages ablehnen. Hierfür kommt es dann auf die Rolle des Vorbehaltseigentums im wechselseitigen Leistungsaustausch an: Wenn (wie dargelegt) die herrschende Auffassung dem Vorbehaltseigentümer im Käuferkonkurs die Aussonderung der Kaufsache gestattet, müßte sie konsequenterweise den Verkäufer zur Rückzahlung des getilgten Kaufpreisteiles in die Konkursmasse verpflichten. Darf der Verkäufer aussondern, so kann dies nur bedeuten, daß sein Eigentum zu keinem Zeitpunkt und mit keinem Teil in die Konkursmasse gelangt ist. Mit anderen Worten hätte dann der Käufer seinerseits vorgeleistet. Einseitige Vorleistungen des Gemeinschuldners kann aber der Konkursverwalter nach herrschender und zutreffender Auffassung[11] zur Konkursmasse einfordern, weil sonst der Empfänger auf Kosten der übrigen Konkursgläubiger einen ungerechtfertigten Gewinn erzielen würde.

Gleichwohl überzeugt die Aussonderung der Gesamtsache nicht, weil der Verkäufer dem Käufer nicht nur den Besitz daran verschafft hat, sondern

---

11 Vgl. etwa RGZ 135, 167, und BGHZ 15, 333, 335f; 106, 236, 242; einschränkend *Marotzke*, a. a. O., insbes. S. 370ff.

die Anwartschaft als eine den Käuferleistungen entsprechende Rechtsposition. Sie ist als Teilleistung dem Vermögen des Käufers zuzurechnen, und um sie ist das Vorbehaltseigentum des Verkäufers vermindert. Aussonderungsfähig kann deshalb nur das Vorbehaltseigentum als Resteigentum sein. Mangels Teilbarkeit der Kaufsache kann die Aussonderung nur durch einen Wertausgleich verwirklicht werden. Der Verkäufer erhält dann die Sache nur gegen Erstattung des Anwartschaftswertes in die Konkursmasse zurück.[12]

Im Käuferkonkurs führen also beide möglichen Deutungen auf der Grundlage der Aussonderung zu einem ähnlichen Ergebnis: Entweder muß der Verkäufer die Zahlungen des Gemeinschuldners als einseitige Vorleistung in die Konkursmasse erstatten oder den Wert des Anwartschaftsrechts. Demgegenüber zeigt sich im Verkäuferkonkurs, daß nur die zweite Deutung, wonach der Verkäufer mit der Anwartschaft seinerseits an den Käufer geleistet hat, den mit der konkursrechtlichen Abwicklungsregelung verfolgten Zwecken entspricht. Diese Regelung soll Gläubigergleichbehandlung verwirklichen, aber nicht den durch das funktionelle Synallagma in der Abwicklung gegenseitiger Verträge vermittelten Schutz außer Kraft setzen. Der Gleichbehandlungsgrundsatz fordert zum einen, daß ungünstige Geschäfte für die Masse nicht mehr erfüllt werden müssen, und zum anderen, daß, wer vorleistet, keinen Schutz verdient und auf eine Konkursforderung zu verweisen ist. Dagegen soll keine Verluste erleiden, wer seine Teilleistungen Zug um Zug gegen entsprechende Leistungen des Gemeinschuldners erbracht hat.

Diese miteinander verbundenen Zwecksetzungen nötigen dazu, dem Konkursverwalter trotz der Anwartschaft des Käufers zu gestatten, die Erfüllung des Vertrages abzulehnen.[13] Der Vorbehaltskauf kann unter ungünstigen Bedingungen für den Verkäufer geschlossen sein, so daß die weitere Abwicklung zu Verlusten der Konkursmasse führen würde. Andererseits hat der Vorbehaltskäufer nicht einseitig vorgeleistet. Sein Anwartschaftsrecht in Verbindung mit dem ihm eingeräumten Besitz verwirklicht eine auch haftungsrechtlich beständige endgültige Zuordnung zu seinem Vermögen. Lehnt also der Konkursverwalter die Erfüllung ab, so muß er dem Käufer den Wert der Anwartschaft (zu ermitteln aus dem Verhältnis des Sachwertes zum Kaufpreis) aus der Konkursmasse erstatten.

---

12 Dazu schon *Häsemeyer,* KTS 1973, S. 2, 12 ff.
13 Vgl. zuvor bei Anm. 6.

2. Das Vorbehaltseigentum als Sicherungseigentum

Auch die andere Konzeption, das Vorbehaltseigentum als Sicherungseigentum zu behandeln, führt zu einer haftungsrechtlich stimmigen Abwicklung des Vorbehaltskaufs.[14] Danach bildet der Eigentumsvorbehalt eine Sicherungsabrede, wonach der Verkäufer die Kaufsache im Ganzen, also mit ihrem Gesamtwert, als Sicherheit für die vollständige Zahlung des Kaufpreises hält, und die Sache wird unter der aufschiebenden Bedingung dieser Zahlung an den Käufer übereignet.

Dem steht nicht entgegen, daß der Verkäufer die Sache zuvor als Volleigentum hielt und dementsprechend als Volleigentum aufschiebend bedingt übereignen wollte. Auch Sicherungseigentum wird als Volleigentum auf den Sicherungsnehmer übertragen, um dem sachenrechtlichen Typenzwang zu genügen. Die Sicherungsabrede verändert den Übereignungstatbestand nicht. Sie stellt aber eine haftungsrechtlich relevante Beziehung zu dem zu sichernden Anspruch her, aufgrund deren das „Sicherungseigentum" als Absonderungsrecht zu qualifizieren ist.[15]

Als Sicherungseigentum ist die Kaufsache schon vor der Tilgung des gesicherten Kaufpreisanspruchs dem Vermögen des Käufers zuzurechnen. Deshalb hat der Verkäufer mit Besitzübertragung und Sicherungsabrede seinerseits vollständig erfüllt, wie wenn er zunächst an den Käufer übereignet und dieser ihm das Eigentum zur Sicherheit zurückübertragen hätte. Die konkursrechtliche Abwicklungsregelung (§ 17 KO) ist also nicht einschlägig.[16] Damit entfällt freilich für den Konkursverwalter die Möglichkeit, die Folgen ungünstiger Vertragsbedingungen von der Konkursmasse abzuwenden und die Vertragserfüllung zu verweigern.

Statt dessen hat er im Käuferkonkurs die Wahl, ob er die Restkaufpreisschuld tilgen und damit das Vorbehaltseigentum als Absonderungsrecht auslösen will, um die Sache für die Konkursmasse zu verwerten. Andernfalls kann sich der Verkäufer aus der Kaufsache befriedigen, steht unter Ver-

---

14 Für die Gleichstellung mit Sicherungseigentum schon *A. Blomeyer*, AcP 153, S. 239, 248; *Raiser*, Dingliche Anwartschaften (1961), S. 95; ebenso der Reformvorschlag im Referentenentwurf eines Gesetzes zur Reform des Insolvenzrechts des Bundesministeriums der Justiz (1989), § 55 Abs. 1 Ziff. 1; für Beibehaltung der derzeitigen Regelung wiederum der Regierungsentwurf (vom 21. 11. 1991, BR-Drucks. 1/92), § 58. Dezidiert gegen Modifizierungen des Vorbehaltseigentums *Serick*, a. a. O., Bd. VI, S. 846 ff.
15 Zu dieser gespaltenen, einerseits tatbestandsbezogenen, andererseits haftungsbezogenen Entwicklung des Sicherungseigentums *Häsemeyer*, in: Richterliche Rechtsfortbildung (1986), 163, 178 f.
16 Konsequent der Referentenentwurf (Fn. 14), § 111 Abs. 3; dazu *Marotzke*, in: Insolvenzrecht im Umbruch (1991), S. 183, 186 ff.

wertungszwang (§ 127 KO) und nimmt am Konkurs nur mit einem etwaigen Forderungsausfall teil (§ 64 KO). Einen Verwertungsüberschuß muß er an die Konkursmasse abführen. Im Verkäuferkonkurs fällt das Vorbehaltseigentum nur als Absonderungsrecht in die Konkursmasse. Der Vorbehaltskäufer kann es nach allgemeinen Grundsätzen bei vertragsgemäßer Tilgung seiner Schuld aussondern.[17]

Überblickt man beide Regelungsalternativen (Aussonderung des Resteigentums gegen Erstattung des Anwartschaftswertes oder Sicherungseigentum an der Sache mit ihrem Gesamtwert), so erweisen sie sich als nahezu funktionsäquivalent. Haftungsrechtlich dürfte der ersten Alternative der Vorzug zu geben sein, weil sie dem Konkursverwalter erlaubt, die Erfüllung ungünstiger Verträge zu hindern. Im Blick auf das künftige Insolvenzrecht und die erwogenen Einschränkungen der Sicherungsrechte dürfte die erste Alternative auch eher die Interessen sowohl im Verkäufer- wie im Käuferkonkurs ausbalancieren.[18]

III. Finanzierungsleasing

Vom Vorbehaltskauf unterscheidet sich das Finanzierungsleasing hauptsächlich dadurch, daß mit ihm nicht bezweckt wird, dem Leasingnehmer Eigentum am Leasinggut zu verschaffen. Der Leasinggeber überläßt ihm das Leasinggut nur zum Gebrauch, wobei freilich die Gesamtleistungen des Leasingnehmers so kalkuliert sind, daß er mit den während der Grundlaufzeit zu entrichtenden Raten, gegebenenfalls weiteren Abzinsungszahlungen und dergleichen, den vollständigen Aufwand des Leasinggebers zur Beschaffung und Bereitstellung des Leasinggutes abdeckt. Die Einräumung eines Optionsrechtes, nicht selten verbunden mit einer Kündigungsbefugnis des Leasingnehmers unter Abgeltung der Restraten, bildet keinen wesensnotwendigen Vertragsbestandteil.[19]

Die vertragsrechtliche Qualifizierung des Finanzierungsleasing ist nach wie vor umstritten. Jedenfalls enthält es Elemente der Mietverträge, der Ge-

---

17 Dazu *Serick*, a.a.O., Bd. III, S. 291 ff., 294 ff.
18 Beide Deutungsalternativen können für den erweiterten Eigentumsvorbehalt das Nebeneinander von Vorbehaltseigentum und Sicherungseigentum – dazu *Serick*, a.a.O., Bd. V, S. 680 ff., 692 ff. – klären: Die Deutung als Sicherungseigentum führt zur Erweiterung der Sicherungsabrede auf sonstige Forderungen, die Deutung als aussonderungsfähiges Resteigentum dazu, daß das Resteigentum der Kaufpreisforderung sichert und die Anwartschaft zur Sicherung weiterer Forderungen vom Käufer auf den Verkäufer übertragen wird.
19 Zu den gängigen Vereinbarungen im Finanzierungsleasingvertrag etwa *Graf v. Westphalen*, Der Leasingvertrag (1987), Rdnr. 3 ff.

schäftsbesorgungs-, der Kredit- und Kreditsicherungsverträge. Zumindest das sogenannte absatzfördernde Finanzierungsleasing einer mit dem Hersteller der Sache verbundenen Leasinggesellschaft enthält auch kaufrechtliche Elemente.[20] Diese unterschiedlichen Vertragselemente schlagen sich wiederum in der Kalkulation des Leasinggebers nieder. Der Mischcharakter des Geschäfts hat zu zahlreichen vertragsrechtlichen Streitfragen (Rechte, Pflichten der Vertragspartner; Risikozuweisungen) geführt, die hier nicht behandelt werden können.[21] Die insolvenzrechtliche Behandlung des Finanzierungsleasing wird von der herrschenden Auffassung[22] entweder ausschließlich oder doch überwiegend an den mietrechtlichen Elementen des Finanzierungsleasing orientiert: Der Leasinggeber soll im Konkurs des Leasingnehmers den Vertrag kündigen (§ 19 KO) und das Leasinggut aussondern dürfen, während im Konkurs des Leasinggebers das Leasingverhältnis bestehen bleiben und zu erfüllen sein soll, wenn das Leasinggut dem Leasingnehmer schon überlassen war (§ 21 Abs. 1 KO).[23] Demgegenüber wird von Teilen des insolvenzrechtlichen Schrifttums[24] darauf hingewiesen, daß der Leasingnehmer während der Grundmietzeit für mehr bezahlt habe als nur für die Gebrauchsüberlassung. Um diese Wertdifferenz zu realisieren, müsse dem Konkursverwalter im Konkurs des Leasingnehmers gestattet werden, die Erfüllung des Leasingvertrages zu verlangen und ein bestehendes Optionsrecht auszuüben. Indes erfaßt diese Diskussion nur einen Ausschnitt aus der haftungsrechtlichen Gesamtproblematik und belastet sie zudem mit Sekundärfragen, wie beispielsweise nach der Rechtsnatur des Optionsrechts.[25] Grundsätzlich ist vielmehr zu fragen, ob der Ausgangspunkt, die Einordnung des Finanzierungsleasing als Mietvertrag im Konkurs eines Vertragsbeteiligten, den haftungsrechtlich relevanten Wertzuordnungen im Leasingverhältnis gerecht wird.

---

20 Zum sog. „reinen" und zum „absatzfördernden" Finanzierungsleasing (unter dem Aspekt gerichtlicher Inhaltskontrolle) *H. Roth*, AcP Bd. 190 (1990), 292, 301 ff.
21 Man vergleiche nur die Beiträge in AcP Bd. 190 (1990) von *Leenen* (S. 261 ff.), *H. Roth*, (S. 292 ff.), *Hager* (S. 324 ff.), *Meincke* (S. 358 ff.), *Kronke* (S. 383 ff.) und *Canaris* (S. 410 ff.) und dazu wiederum *Flume*, DB 1991, S. 265 ff.
22 BGHZ 71, 189; eingehend *Jaeger/Henckel*, § 19 KO, Rdnr. 12 ff., § 21 KO, Rdnr. 41 ff.
23 Dazu etwa *Baur/Stürner*, Zwangsvollstreckungs- , Konkurs- und Vergleichsrecht, Bd. II, Insolvenzrecht (1990), Rdnr. 9.66 m. Nw.
24 Eingehend jüngst *Tintelnot*, Vereinbarungen für den Konkursfall (1991), S. 177 f., m. Nw.
25 Zur Bedeutung des Optionsrechts *Baumgarte*, Leasing-Verträge über bewegliche Sachen im Konkurs (1980), S. 61 ff., *Jaeger/Henckel*, § 19 KO, Rdnr. 18, *Baur/Stürner*, a. a. O., Rdnr. 9. 65.

1. Grundsatz: Haftungsrechtliche Zuordnung des Leasinggutes

Die mit dem Finanzierungsleasing verfolgten Zwecke können nur unter einer Voraussetzung erreicht werden: Das (Voll-) Eigentum am Leasinggut muß dem Vermögen des Leasinggebers während der ganzen Vertragsdauer zugeordnet bleiben. Hierauf basiert zum ersten die steuerrechtliche Nützlichkeit dieses Vertrages für den Leasingnehmer. Nur wenn er das Eigentum nicht erwirbt, kann er die Leasingraten steuermindernd von seinen Einkünften abziehen.[26] Hinzukommen muß, daß ihm nach steuerrechtlichen Vorschriften nicht das „wirtschaftliche Eigentum" am Leasinggut zusteht. Deshalb wird ihm die Nutzungsdauer nur bis zu maximal 90% der regelmäßigen Gebrauchstauglichkeit eingeräumt, und dem Leasinggeber verbleibt das Restverwertungsrecht, dessen Grundlage wiederum das Eigentum am Leasinggut bildet.[27]

Zum zweiten verschafft das Eigentum am Leasinggut dem Leasinggeber eine sichere Rechtsposition. Im Konkurs des Leasingnehmers ist er (nach heute herrschender Auffassung) gegebenenfalls aussonderungsberechtigt, und diese günstige Besicherungsposition minimiert den Eigenkapitalbedarf des Leasinggebers.[28] Der Kredit, den er dem Leasingnehmer gewährt, fließt somit letztlich in sein eigenes Vermögen.[29]

Zum dritten erweitert das Finanzierungsleasing den finanziellen Spielraum des Leasingnehmers, erfordert auf seiner Seite keinen Kapitaleinsatz, sondern nur die Zahlung der Tilgungsraten aus den laufenden Einkünften.[30]

Unter vertragsrechtlichen wie steuerrechtlichen Aspekten bietet also das Finanzierungsleasing beiden Vertragspartnern augenfällige Vorteile. Insofern mag man es für eine glückliche juristische Schöpfung der Privatautonomie halten. Doch stellt sich auch für diesen Vertragstypus die Frage, wie weit er bei Insolvenz eines Vertragspartners vor der allseitig konzipierten gesetzlichen Haftungsordnung bestehen kann. Haftungsrechtlich bedeutet das Finanzierungsleasing den bewußten Verzicht des Leasingnehmers auf haftendes Eigenkapital für die benötigten mittelfristigen Gebrauchsgüter.[31]

---

26 Zu den steuerrechtlichen Vorteilen gegenüber dem Vorbehaltskauf *Meincke*, AcP Bd. 190 (1991), S. 358, 363f.
27 Dazu etwa *Gzuk*, AcP Bd. 190 (1990), S. 208ff.
28 Darauf weist *Gzuk*, a.a.O., S. 211, hin.
29 Dazu *Flume*, DB 1991, 265ff.
30 Vgl. *Gzuk*, a.a.O., S. 214, 217 (zur Freisetzung gebundenen Eigenkapitals durch „Sale-and-lease-back"); ferner *Dietz*, AcP, Bd. 190 (1990), S. 238, 245.
31 Vgl. *Gzuk*, a.a.O., S. 214. Hierauf beruht auch die Diskussion, ob die Vorschriften über eigenkapitalersetzende Darlehen (§ 32 a GmbHG) auf das Finanzierungsleasing seitens der GmbH-Gesellschafter anzuwenden sind; dazu vgl. *Ulmer* ZIP 1984, S. 1163, 1173f.

Dies steht im Widerspruch dazu, daß der Leasingnehmer sämtliche Kosten des Leasinggebers, insbesondere die Anschaffungskosten, bezahlen muß. Mit den Worten des BGH[32] ist die volle Amortisation der vom Leasinggeber aufgewandten Gesamtkosten leasingtypisch und vertragsimmanent. Dies wird, weil für Vollamortisationsverträge ohnehin selbstverständlich, insbesondere für die sogenannten Teilamortisationsverträge betont. Auch sie verpflichten (insofern ist ihre Bezeichnung mißverständlich) den Leasingnehmer zur Vollamortisation. Im Unterschied zu den Vollamortisationsverträgen wird aber dem Leasingnehmer ein Kündigungsrecht eingeräumt, nach dessen Ausübung er dem Leasinggeber den bisher nicht abgedeckten Teil der Gesamtkosten durch eine Ausgleichs- oder Abzinsungszahlung erstatten muß.[33]

Der Leasingnehmer bezahlt also den vollen Substanzwert eines Gutes, das er während der Vertragsdauer nicht erhält und allenfalls an deren Ende erwerben kann, soweit ihm ein Optionsrecht eingeräumt worden ist. Diese haftungsrechtliche Diskrepanz: Verminderung des eigenen Vermögens um den vollen Substanzwert ohne entsprechenden Erwerb, weist deutliche Parallelen auf zum Vorbehaltskauf. Auch dem Vorbehaltskäufer wird das Eigentum vorenthalten, auch wenn er dessen Wert schon zu einem erheblichen Teil abgegolten hat. Deshalb liegt es nahe, die für den Vorbehaltskauf entwickelten Grundsätze haftungsrechtlicher Zuordnung, entweder nach Maßgabe des funktionellen Synallagma (§§ 17, 26 KO) oder nach Maßgabe der Absonderungsregelung (§§ 47ff., 64, 127 KO), auf das Finanzierungsleasing zu übertragen. Im Konkurs des Leasingnehmers widerspricht es dem Grundsatz der Gläubigergleichbehandlung, dem Leasinggeber die Leistungen des Leasingnehmers-Gemeinschuldners und das aussonderungsfähige Volleigentum am Leasinggut zu belassen. Auch im Konkurs des Leasinggebers stellt sich eine gleichbehandlungsspezifische Frage, ob nämlich dem Leasingnehmer die Nutzung des Leasinggutes zu den vereinbarten Bedingungen gestattet werden muß. Sind die Leasingraten zu niedrig kalkuliert, so wird die Konkursmasse fortlaufend um die Differenz zwischen den Raten und dem anteiligen Wert des Leasinggutes geschmälert.

---

32 BGHZ 95, S. 39, 54; dazu *Canaris*, AcP Bd. 190 (1990), S. 410, 438, und *H. Roth* a.a.O., S. 292, 313ff.
33 Nachweise in Fn. 32; zu der Aufwendungsabhängigkeit der Gesamtkalkulation eingehend *Canaris*, a.a.O., S. 450ff.

Zumindest in ihren haftungsrechtlichen Auswirkungen sind also Vorbehaltskauf und Finanzierungsleasing einander ähnlich.[34] Doch bleibt der eine Unterschied zu bedenken, daß der Vorbehaltskäufer Eigentum erwerben soll, während dem Leasingnehmer das Eigentum bis zu dessen voller Amortisation vorenthalten und auch eine Eigentumsverschaffungspflicht des Leasinggebers nicht begründet wird. Für die haftungsrechtliche Zuordnung fällt aber dieser Unterschied nicht ins Gewicht. Hierfür sei an sonstige (anerkannte) Abweichungen der haftungsrechtlichen von der dinglichen Zuordnung erinnert[35], wobei für unseren Zusammenhang insbesondere die Treuhandverhältnisse mit der Zurechnung des Treuguts zum Vermögen des Treugebers Bedeutung gewinnen. Zu Recht wird darauf hingewiesen[36], das Finanzierungsleasing sei entwickelt worden, weil man (heute) das Eigentum nicht nach funktionellen Kriterien (etwa in Gebrauchs- und Substanzeigentum) aufteilen könne. Diese Sicht führt zu einer Treuhänderstellung des Leasinggebers, soweit der Leasingnehmer „Gebrauchseigentum" hält und finanziert.[37] Auf dieser Grundlage lassen sich durchaus Maßstäbe für die gebotenen Wertzuordnungen im Konkurs des Leasingnehmers oder Leasinggebers bilden.

Lehrreich ist schließlich der Vorschlag im Referentenentwurf eines Gesetzes zur Reform des Insolvenzrechts[38], Verträge mit Sicherungscharakter auch dann den insolvenzrechtlichen Vorschriften über Sicherungsrechte zu unterstellen, wenn dem Schuldner bis zur vollständigen Tilgung seiner Schuld das Eigentum vorenthalten wird. Als Beispiele genannt werden Verkäufe mit der Vereinbarung, die Übereignung an den Käufer solle erst nach vollständiger Kaufpreiszahlung erfolgen; ferner die Vollübereignung einer Sache vom Schuldner an den Gläubiger, der sie dem Schuldner zurückvermietet. Auch in diesen Fällen zeigt sich deutlich, daß haftungsrechtliche und dingliche Zuordnungen nicht immer übereinstimmen.

In der Begründung dieses Vorschlages wird freilich ausdrücklich darauf hingewiesen, die Regelung sei nicht auf das echte, insbesondere steuerrechtlichen Anerkennungsvoraussetzungen genügende Finanzierungsleasing an-

---

34 Vgl. auch den Ersten Bericht der Kommission für Insolvenzrecht (1985), S. 324 ff. zu Leitsatz 3. 3. 11; zu vertragsrechtlichen Parallelen s. *H. Roth*, a.a.O., S. 292, 299 ff., und *Kronke*, ebendort, S. 383, 386 ff.
35 Vgl. zuvor unter I. a. E.
36 So *Wiegand*, Festgabe zum Schweizerischen Juristentag 1988, S. 229, 243 f.; dort (Fn. 21) auch der Hinweis auf die mögliche Zuordnung des Leasinggutes zur Konkursmasse im Konkurs des Leasingnehmers; eingehend *Canaris*, a.a.O., S. 410, 454 ff.
37 Vgl. *Canaris*, a.a.O., und Bankvertragsrecht, Rdnr. 1718, 1719, 1786.
38 Herausgegeben vom Bundesjustizministerium 1989; dort § 55 Abs. 2, dazu die Begründung zu den einzelnen Vorschriften, S. 51; wiederum gestrichen im Regierungsentwurf (Fn. 14), § 58.

zuwenden. Dies ist konsequent, weil die Regelung als eine Art Umgehungsklausel für Fälle konzipiert worden ist, in denen Vorbehaltskauf und Sicherungsübereignung gerade ihrer insolvenzrechtlichen Folgen wegen vermieden und durch ähnliche Geschäfte ersetzt werden. Das echte Finanzierungsleasing (insofern dürfte es freilich künftig erhebliche Abgrenzungsschwierigkeiten geben) verfolgt eben nicht nur insolvenzrechtliche, sondern auch vertragsrechtliche, zudem steuerrechtlich anerkannte Zielsetzungen. So wird denn auch hier nicht einer pauschalen Gleichsetzung des Finanzierungsleasing mit dem Vorbehaltskauf das Wort geredet. Vielmehr hat die vorgängige haftungsrechtliche Analyse dieses Rechtsgeschäftes als eines eigenständigen vertraglichen Typus' ergeben, daß unabhängig von der Umgehungsproblematik haftungsrechtliche Parallelen zum Vorbehaltskauf bestehen. Sie nötigen zu entsprechenden haftungsrechtlichen Zuordnungen des Leasinggutes. Daß dem vereinbarte dingliche Zuordnungen nicht entgegenstehen, belegt jedenfalls deutlich die vorgeschlagene Regelung.

2. Folgerungen: Haftungsrechtliche Zuordnung des Leasinggutes nach Maßgabe der Sachwertamortisation

Die haftungsrechtliche Abwicklung im Konkurs eines Vertragspartners muß dementsprechend bei der Zuordnung des Leasinggutes ansetzen. Den Zuordnungsmaßstab bildet der Teil der bereits gezahlten Leasingraten, der auf den Sachwert des Leasinggutes entfällt. Das mag wegen der vertragstypischen Mischkalkulation zu komplizierten Rechnungen nötigen: Vorab muß der Restwert des Leasinggutes, berechnet auf die nur 90%ige Gebrauchsdauer[39], dem Vermögen des Leasinggebers zugerechnet werden. Sodann sind die auf Gebrauchsentgelte, Kreditzinsen usf. entfallenden Anteile der Leasingraten abzuziehen. Schließlich ist der Wert des Leasinggutes im Verhältnis der schon erbrachten und noch ausstehenden Amortisationsleistungen auf den Sachwert aufzuteilen. Solche Rechnungen sollten nicht schrecken, zumal sie auch sonst, beispielsweise unter steuerrechtlichen Aspekten, unumgänglich sein können.[40] Zudem kann mit pauschalierenden Regelungen im künftigen Insolvenzrecht[41] die Problematik entschärft werden. Jedenfalls darf das Insolvenzrecht nicht vor vertraglichen Kalkulationen kapitulieren.

Nicht die Gebrauchsüberlassung, sondern die Zuführung eines Teilwertes des Leasinggutes entscheidet also über die insolvenzrechtliche Einordnung

---

39 Vgl. zuvor bei Fn. 27.
40 Zu den kalkulatorischen Grundlagen des Leasing eingehend *Figge*, AcP, Bd. 190 (1990), 225 ff.
41 Insofern beifallswert der Vorschlag der Kommission für Insolvenzrecht (Fn. 34).

des Finanzierungsleasing. Es ist nicht nach den konkursrechtlichen Vorschriften über den Mietvertrag, sondern nach denen über Austauschverträge (§ 17 KO) zu behandeln.[42] Im Konkurs des Leasingnehmers kann der Leasinggeber den Vertrag nicht gem. § 19 KO kündigen[43], weil aufgrund des für Austauschverträge geltenden Günstigkeitsprinzips die Entscheidung beim Konkursverwalter liegt, wie er die vorkonkursliche Wertzuführung am Leasinggut für die Konkursmasse nutzt. Dementsprechend wird im Konkurs des Leasinggebers die Gebrauchsbefugnis des Leasingnehmers nicht gem. § 21 Abs. 1 KO geschützt.[44] Im Interesse der Konkursgläubiger muß gewährleistet werden, daß der in die Konkursmasse fallende Teilwert des Leasinggutes (einschließlich des Restwertes) nach dem Günstigkeitsprinzip, gegebenenfalls sofort, verwertet werden kann.

Die haftungsrechtliche Abwicklung des Leasingverhältnisses wird also (ebenso wie die des Vorbehaltskaufs) gekennzeichnet durch die Zuordnung von Teilwerten zu den Vermögen beider Vertragspartner trotz (vermögensrechtlich – dinglich) ungeteilten Eigentums in der Hand des Leasinggebers. Deshalb ist an die zuvor zum Vorbehaltskauf entwickelten Grundsätze anzuknüpfen, wonach die Wertzuordnungen entweder durch Aufteilung des Eigentums in Anwartschaft und Resteigentum verwirklicht werden oder durch die Qualifizierung des Volleigentums als Sicherungseigentum, das nur zur abgesonderten Befriedigung berechtigt:

(1) Der Anwartschaftskonzeption[45] entspricht es, das Finanzierungsleasing als beiderseits teilweise erfüllten Vertrag zu behandeln: Im Konkurs des Leasingnehmers hat der Konkursverwalter die Wahl, Vertragserfüllung zu fordern oder die Erfüllung abzulehnen. Die Erfüllung realisiert alle vertraglichen Rechte einschließlich etwaiger Kauf- oder Verlängerungsoptionen zu Gunsten der Konkursmasse, die dafür mit den Leasingraten und sonstigen Zahlungspflichten des Gemeinschuldners als Masseschulden (§ 59 Abs. 1 Ziff. 2 KO) belastet wird.[46] Lehnt der Verwalter die Erfüllung ab, weil sie beispielsweise die Masse über Gebühr belasten oder beabsichtigte Verwertungsmaßnahmen erschweren würde[47], muß der in die Masse fallende Wert des Leasinggutes mit Hilfe der zuvor skizzierten Rechnungsposten[48]

---

42 Im Ansatz ähnlich *Canaris*, Bankvertragsrecht, Rdnr. 1783, 1786.
43 Anders die h. A., vgl. zuvor bei Fn. 22.
44 Anders die h. A., vgl. zuvor bei Fn. 23.
45 Vgl. zuvor unter II, 1.
46 Diese Alternative billigt auch das überwiegende konkursrechtliche Schrifttum, vgl. zuvor bei und in Fn. 24, 25.
47 Die Bedeutung dieser Alternative wird von *Tintelnot* (Fn. 24), S. 179, verkannt.
48 Vgl. zuvor bei Fn. 39 ff.

ermittelt werden. Die bis zum Ablehnungszeitpunkt auflaufenden (in den Leasingraten enthaltenen) Gebrauchsentgelte müssen noch als Masseschulden (§ 59 Abs. 1 Ziff. 2, 2. Alternative KO) entrichtet werden. Der Leasinggeber kann das Leasinggut gegen Erstattung des in die Konkursmasse fallenden Teilwertes aussondern.

Auch im Konkurs des Leasinggebers steht dem Konkursverwalter die Wahl zwischen Erfüllung und Erfüllungsablehnung zu. Wählt er Erfüllung, so ist der Vertrag mit allen Optionsrechten vollständig abzuwickeln. Lehnt er die Erfüllung ab, so kann er (aufgrund des Eigentums) das Leasinggut nur zur Konkursmasse ziehen, wenn er dem Leasingnehmer den entsprechenden Teilwert erstattet. Weitere Ansprüche kann der Leasingnehmer nur als Konkursforderungen geltend machen (§ 26 KO).

(2) Wird die haftungsrechtliche Zuordnung dadurch verwirklicht, daß der Leasinggeber auf ein Absonderungsrecht am Leasinggut verwiesen wird, so ist der Leasingvertrag, wie zum Vorbehaltskauf dargelegt[49], als vom Leasinggeber erfüllt zu behandeln. Im Konkurs des Leasingnehmers kann der Konkursverwalter die vertragsgerechten Leistungen erbringen, das Leasinggut für die Konkursmasse nutzen und etwa eingeräumte Optionen ausüben. Andernfalls steht dem Leasinggeber ein Recht auf abgesonderte Befriedigung wegen seiner Restansprüche und der Restwertrealisierung zu. Die Verwertung und Abrechnung kann der Konkursverwalter notfalls erzwingen (§ 127 KO). Verwertet und abgerechnet werden kann auch auf der Grundlage eines vom Leasinggeber mit einem Dritten neu abgeschlossenen Leasingvertrages. Als Konkursforderung kann der Leasinggeber nur einen etwaigen Ausfall geltend machen (§ 64 KO).

Im Konkurs des Leasinggebers steht dem Leasingnehmer frei, unter Erfüllung aller Vertragspflichten das Leasinggut bis zum Ablauf der Grundmietzeit zu gebrauchen und etwa bestehende Optionsrechte auszuüben. Dies läuft auf eine Aussonderung des Leasingutes hinaus, entweder mit seinem bloßen Gebrauchswert oder mit seinem Gebrauchswert und Restwert, wenn der Leasingnehmer eine Kaufoption ausübt. Der Restwert gebührt in jedem Falle dem Leasinggeber. Der Konkursverwalter kann im Konkurs des Leasinggebers das Leasinggut nur verwerten, wenn der Leasingnehmer seine Vertragspflichten nicht erfüllt.

Vergleicht man beide haftungsrechtlichen Alternativen, so dürfte wiederum, wie sich schon für den Vorbehaltskauf zeigte[50], die Haftungsab-

---

49 Vgl. zuvor unter II, 2, bei Fn. 16.
50 Vgl. zuvor nach Fn. 17.

wicklung auf der Basis anwartschaftlicher Haftungszuordnung zu bevorzugen sein. Die Abwicklung auf der Basis abgesonderter Befriedigung verwehrt dem Konkursverwalter, für die Konkursmasse ungünstige Verträge sofort zu beenden. Auch insoweit sollte die Insolvenzrechtsreform Klarheit schaffen. Ob, wann, unter welchen Vorzeichen und mit welchen Ergebnissen sie kommt, bleibt leider nach wie vor ungewiß.

Sicherheiten im Arbeitsverhältnis

Von Gerrick v. Hoyningen-Huene, Heidelberg*

I. Einleitung

Der Jubilar hat sich wie kaum ein anderer um die Rechtsprobleme der Immobiliar- und Mobiliarsicherheiten verdient gemacht. Beredtes Zeugnis ist seine in Jahrzehnten entstandene und inzwischen weltbekannte 6-bändige Monographie über Eigentumsvorbehalt und Sicherungsübertragung. Wenn nun ein Arbeitsrechtler anläßlich des 70. Geburtstages ein Thema aus diesem Bereich behandeln will, sieht er sich vor manchen Schwierigkeiten: Wie soll die Arbeitsleistung für den Arbeitgeber, wie kann die Lohnzahlung für den Arbeitnehmer zusätzlich gesichert werden? Zwar ist es inzwischen eine Binsenweisheit geworden, daß Arbeitsrecht in hohem Maße Schutzrecht zugunsten des Arbeitnehmers darstellt, also Sicherheiten für den abhängig Beschäftigten gewährt. Aber damit wird lediglich ausgesagt, daß das Arbeitsrecht viele zwingende Regelungen enthält, die den Arbeitnehmer vor Übervorteilung durch den Arbeitgeber schützen und seinen Lebensunterhalt gewährleisten sollen.[1] Eine besondere, zusätzliche Sicherung des Arbeitsentgelts, wie etwa Grundschuld, Eigentumsvorbehalt, Sicherungsübertragung, Bürgschaft oder Pfandrecht für die Forderung, ist auf den ersten Blick im Arbeitsrecht nicht erkennbar. Noch weniger läßt sich eine Sicherung des Arbeitgebers für die vom Arbeitnehmer zu erbringende Arbeitsleistung ausmachen, zumal die Arbeitspflicht gemäß § 888 Abs. 2 ZPO nicht einmal vollstreckbar ist, immerhin aber unter den Voraussetzungen des § 61 Abs. 2 ArbGG bei Nichtarbeit eine Entschädigung in Betracht kommen kann.[2] Daher verwundert es nicht, daß in Literatur und Rechtsprechung zu dieser Problema-

---

* Für die vorbereitende Mitwirkung an diesem Beitrag danke ich Frau Wiss. Ass. Dr. *Kerstin Reiserer*.
1 Vgl. *Däubler*, Das Arbeitsrecht 2, 7. Aufl. 1990, 7.2: „Die sogenannte Lohnsicherung"; *Schaub*, Arbeitsrechts-Handbuch, 6. Aufl. 1987, vor § 86: „Die Sicherung der Arbeitsvergütung"; *Staudinger/Richardi*, BGB, 12. Aufl. 1989, § 611f. Rn. 682: „Sicherung des Arbeitsentgelts"; *Zöllner*, Arbeitsrecht, 3. Aufl. 1983, § 15 VII: „Arbeitsentgeltschutz und -sicherung".
2 Dazu *Schaub*, ArbR-Handbuch, § 45 VII; BAG 2. 12. 1965, AP Nr. 27 zu § 620 BGB Befristeter Arbeitsvertrag.

tik wenig zu finden ist; es scheint sich also um ein unbeackertes Feld, um einen weißen Fleck auf der juristischen Landkarte zu handeln.

Deshalb soll im Folgenden der Frage nachgegangen werden, ob sich nicht doch bestimmte Regelungen im Arbeitsrecht entdecken lassen, die Sicherungsfunktionen für die zu erbringenden Hauptleistungspflichten nach § 611 BGB darstellen. Demgemäß soll untersucht werden, ob und auf welche Weise zusätzliche Sicherungsmittel für das Arbeitsentgelt des Arbeitnehmers und zusätzliche Sicherungsmittel für die Arbeitsleistung zugunsten des Arbeitgebers in Betracht kommen können. Naturgemäß werden die möglichen arbeitsrechtlichen Regelungen kaum den Sicherungsstandard von den genannten klassischen zivilrechtlichen Sicherheiten erreichen; doch sollen wenigstens solche Maßnahmen diskutiert werden, die immerhin ähnliche Sicherheiten für Arbeitnehmer und Arbeitgeber schaffen können.

II. Sicherung der Lohnzahlung

1. Bestand des Lohnanspruchs

a) Wichtigster Anspruch des Arbeitnehmers ist der *Anspruch auf Vergütung* gemäß §§ 611 Abs. 1 BGB, 59 Satz 1 HGB, der meist durch unabdingbare Normen eines Lohn- oder Gehaltstarifvertrages als Mindestentgelt gesichert ist (§ 4 TVG). Das liegt insbesondere an der hohen Bedeutung der Arbeit als wesentlicher Einkunftsquelle der abhängig beschäftigten Bevölkerung[3], juristisch an dem Synallagma von Arbeit und Entgelt. Der Schutz des Entgeltanspruches soll daher schon möglichst frühzeitig einsetzen. Deshalb ist es anerkannt, daß der Arbeitgeber schon vor Abschluß eines Arbeitsvertrages Aufklärungspflichten hat und seine zukünftigen Arbeitnehmer oder Auszubildenden auf mögliche Liquiditätsschwierigkeiten aufmerksam machen muß, soweit er diese nicht als bekannt voraussetzen kann.[4] Verletzt der Arbeitgeber diese Pflicht, so kann aus dem Gesichtspunkt der culpa in contrahendo dem Arbeitnehmer ein entsprechender Schadensersatzanspruch zustehen. Dabei kann sogar eine zusätzliche Haftung des Vertreters des Arbeitgebers (z.B. eines Personalchefs oder

---

3 Vgl. *Zöllner,* § 15 VII.
4 BAG 24. 9. 1974, AP Nr. 1 zu § 1 GmbHG mit Anm. *Mertens* = SAE 1976, 123 mit Anm. *Heckelmann;* BAG 2. 12. 1976, AP Nr. 10 zu § 276 BGB Verschulden bei Vertragsabschluß; BAG 8. 3. 1977, BB 1977, 1705; *Schaub,* ArbR-Handbuch, § 25 III 2; *Söllner,* MüKo-BGB, 2. Aufl. 1988, § 611 Rn. 289; *Wiedemann,* Festschrift für Herschel, 1982, S. 467.

sonstiger Führungskraft) in Betracht kommen, wenn dieser bei Abschluß des Vertrages den Bewerber vorsätzlich getäuscht oder dessen Schädigung bewußt in Kauf genommen hat.[5] Davon abgesehen kennt das Arbeitsrecht aber keine Regelung, die den Entgeltanspruch des Arbeitnehmers zusätzlich sichern könnte. Auch § 612 Abs. 1 und 2 BGB, wonach bei fehlender Vergütungsvereinbarung im Zweifel die übliche Vergütung zu bezahlen ist, stellt keine zusätzliche Sicherung des Lohnanspruchs dar. Denn diese Regelung soll zum Schutz des Arbeitnehmers vor dem Verdacht unentgeltlicher Arbeitsleistung bewahren und statt dessen einen vertraglichen Vergütungsanspruch gewährleisten, damit der Arbeitnehmer nicht auf die oftmals unsicheren Bereicherungsregeln (§§ 812, 818 insbes. Abs. 3 BGB) angewiesen ist.[6]

Schließlich wäre ganz theoretisch daran zu denken, den Arbeitslohn durch eine Grundschuld gemäß §§ 1113, 1191, 1192 BGB oder durch ein Pfandrecht nach § 1204 BGB an bestimmten Produktionsmitteln des Arbeitgebers zu sichern. Die Annahme derartiger Sicherungsmittel wäre aber lebensfremd, weil sich wohl kein Arbeitgeber dazu bereit fände.

b) Eine gewisse zusätzliche Sicherung des Lohnanspruches stellen die *Einrede des nicht erfüllten Vertrages* (§ 320 BGB) und das allgemeine *Zurückbehaltungsrecht* (§ 273 BGB) dar. So ist weitgehend anerkannt, daß der Arbeitnehmer zur Sicherung seines Lohnanspruches ein Zurückbehaltungsrecht an seiner Arbeitsleistung ausüben kann, wenn der Arbeitgeber seine Lohnzahlungspflicht nicht erfüllt[7], ohne daß der Arbeitnehmer seinen Lohnanspruch verliert (§§ 615, 298 BGB).[8] Dem widerspricht nicht, daß der Arbeitnehmer gemäß § 614 BGB zur Vorleistung verpflichtet ist. Denn diese Vorleistungspflicht des Arbeitnehmers besteht immer nur für eine Lohnperiode.[9] Schwieriger ist die Frage zu beurteilen, ob der Arbeitnehmer ein Zurückbehaltungsrecht gemäß § 273 BGB geltend machen kann, wenn er ihm überlassene Arbeitsmittel, z.B. Geschäftsunterlagen oder Dienstfahrzeuge nicht herausgibt, bis der Vergütungsanspruch erfüllt ist.

---

5 BAG 24. 9. 1974, AP Nr. 1 zu § 13 GmbHG.
6 BAG 15. 3. 1960, AP Nr. 13 zu § 612 BGB mit zust. Anm. *A. Hueck; Schaub,* MüKo-BGB, § 612 Rn. 1; – zu dem Streit, ob § 612 BGB eine bloße Vergütungsfiktion oder sogar eine Vertragsfiktion darstellt, siehe *v. Hoyningen-Huene* Anm. zu BAG AP Nr. 29 zu § 612 BGB; neuestens *Erman/Hanau,* BGB, 8. Aufl. 1989, § 612 Rn. 1.
7 BAG 25. 10. 1984, AP Nr. 3 zu § 273 BGB; *Otto,* ARBlattei Zurückbehaltungsrecht I, 1981; *Schaub,* ArbR-Handbuch, § 50, 2; *Söllner,* MüKo, § 611 Rn. 9; *Soergel/Wiedemann,* BGB, 11. Aufl. 1986, § 320 Rn. 26; *Staudinger/Richardi,* § 611 Rn. 355; *Söllner,* Das Zurückbehaltungsrecht des Arbeitnehmers, ZfA 1973, 1.
8 Dazu *Söllner,* ZfA 1973, 9f.
9 *Söllner,* MüKo, § 611 Rn. 9.

Hier könnte das Zurückbehaltungsrecht gegen Treu und Glauben (§ 242 BGB) verstoßen[10], wenn der Arbeitnehmer dringend benötigte Unterlagen einbehält oder wegen geringer Lohnrückstände den teuren Firmenwagen nicht herausgibt (vgl. § 320 Abs. 2 BGB).[11] Davon abgesehen wird man aber auch in diesen Fällen ein Zurückbehaltungsrecht grundsätzlich bejahen können.[12] Das Zurückbehaltungsrecht erfüllt daher für den Lohnanspruch des Arbeitnehmers einen doppelten Zweck: Es sichert den Anspruch und übt gleichzeitig Druck auf den Arbeitgeber aus, damit dieser seiner Zahlungsverpflichtung alsbald nachkommt.[13]

c) Eine weitere Sicherung des Lohnzahlungsanspruchs der gewerblichen Angestellten und Arbeiter bietet *§ 115 Abs. 1 und 2 GewO*. Diese Bestimmung enthält das Verbot, den Geldlohn durch Hingabe einer Leistung an Erfüllungs Statt zu tilgen (sog. *Truckverbot*)[14]; sie ist trotz geringer praktischer Bedeutung auch heute noch geltendes Recht.[15] Daß § 115 GewO nach der ausdrücklichen Regelung des § 154 Abs. 1 Nr. 2 GewO nicht auf kaufmännische Angestellte anwendbar sein soll[16], ist wohl unter dem Gesichtspunkt des Art. 3 GG bedenklich.[17] Jedenfalls wird durch diese Regelung sichergestellt, daß der Arbeitnehmer seinen Lohn in DM berechnet und in bar ausbezahlt erhält. Obwohl nach dem Wortlaut des § 115 GewO die Möglichkeiten des modernen bargeldlosen Zahlungsverkehrs nicht zulässig sind, wäre es angesichts des Sinns und Zwecks des § 115 Abs. 1 GewO – Sicherung der Lohnzahlung – formalistisch, Überweisungen des Lohnes auf ein Konto des Arbeitnehmers oder Aushändigung eines Schecks damit auch auszuschließen.[18] Um außerdem die Möglichkeit einer Umgehung des sog. Truckverbots auszuschließen, wird § 115 Abs. 1 GewO noch ergänzt durch das Verbot, dem Arbeitnehmer Waren zu kredi-

---

10 BAG 25. 10. 1984, AP Nr. 3 zu § 273 BGB.
11 Vgl. Söllner, ZfA 1973, 10 ff.; siehe dazu auch LAG Düsseldorf, DB 1975, 2040, wo nach Beendigung des Arbeitsverhältnisses ein derartiges Zurückbehaltungsrecht im Rahmen der §§ 987 ff. BGB verneint wurde; zum Zurückbehaltungsrecht des Arbeitnehmers an Dienstwohnungen vgl. §§ 556 Abs. 2, 565 e BGB.
12 Ebenso *Kirchner*, DB 1961, 844; *Otto*, ARBlattei Zurückbehaltungsrecht I, B II 2; a. A. *Soergel/M. Wolf* § 273 Rn. 41 ohne nähere Begründung.
13 So BGH NJW 1981, 2801; 1982, 2494.
14 *Fuhr/Stahlhacke*, GewO, Stand 1989, § 115 Anm. I; vgl. *Löwisch*, Arbeitsrecht, 3. Aufl. 1991, Rn. 970.
15 BAG 6. 12. 1978, AP Nr. 4 zu § 115 GewO mit zust. Anm. *Weitnauer*.
16 So auch BGH 12. 5. 1975, AP Nr. 3 zu § 115 GewO; *Staudinger/Richardi* § 611 Rn. 683.
17 Dazu *Däubler*, Arbeitsrecht 2, 7.2.1.
18 *Fuhr/Stahlhacke*, § 115 Anm. III 2; *Staudinger/Richardi*, § 611 Rn. 684.

tieren (§ 115 Abs. 2 Satz 1 GewO)[19] und durch das Verbot, Vereinbarungen über die Verwendung des Verdienstes zu treffen (§ 117 Abs. 2 GewO).[20]

2. Erhaltung des Lohnanspruches

a) Die Erhaltung des Lohnanspruches betrifft die *Entgeltsicherung* im engeren Sinn. Der Arbeitnehmer soll seinen Arbeitslohn als Lebensgrundlage möglichst ungeschmälert erhalten, so daß in Abwandlung des allgemeinen Leistungsstörungsrechts Besonderheiten einschlägig sind.[21] Das gilt unmittelbar für den Lohnerhalt bei Annahmeverzug des Arbeitgebers (§ 615 BGB) einschließlich der Grundsätze zur Betriebsrisikolehre[22], für die Lohnfortzahlung bei schuldloser Arbeitsverhinderung (§§ 616 BGB, 63 HGB, 1 LFG, 133 c GewO u. ä.), für das Urlaubsentgelt (§ 11 BUrlG), für die Feiertagsbezahlung (§ 1 FLZG) und die Unzulässigkeit der Lohnminderung bei Schlechtleistung.[23] In einem weiteren Sinn bewirken auch Beschränkungen von Handlungsfreiheiten des Arbeitgebers eine Sicherung des Arbeitsentgelts: Die Haftungsbeschränkung des Arbeitnehmers bei gefahrgeneigter Arbeit[24], die Einschränkung des Gratifikationswiderrufs nur nach billigem Ermessen[25] und nicht zuletzt die vielfältigen allgemeinen und besonderen Kündigungsbeschränkungen[26] einschließlich des umstrittenen Weiterbeschäftigungsanspruches nach einer Kündigung.[27] Alle diese Regelungen stellen aber nur eine übliche Lohnsicherung des Arbeitnehmers dar, indem der Arbeitgeber trotz Nichtleistung oder Nichtverwendbarkeit der Arbeit weiterhin zur Entgeltzahlung verpflichtet bleibt. Eine wirkliche zusätzliche Sicherung des Arbeitslohnes entsteht dadurch freilich nicht. Allerdings ist eine solche ergänzende Sicherung auch regelmäßig entbehrlich, weil eben die vorhandenen Sicherheiten schon sehr stark ausgeprägt sind. Lediglich in zwei Fällen des Arbeitgeberwech-

---

19 *Fuhr/Stahlhacke*, § 115 Anm. IV.
20 Vgl. *Däubler*, Das Arbeitsrecht 2, 7.2.1.
21 Vgl. *Zöllner*, § 15 VII.
22 Dazu *Erman/Hanau*, § 615 Rn. 48 ff.; *Schaub*, MüKo, § 615 Rn. 93 ff.; *Staudinger/Richardi*, § 615 Rn. 185 ff.
23 Dazu *Erman/Hanau*, § 611 Rn. 406 ff.; *Staudinger/Richardi*, § 611 Rn. 460 ff.
24 Dazu grundlegend BAG GS 25. 9. 1957, AP Nr. 4 zu §§ 898, 899 RVO; zur Entwicklung *v. Hoyningen-Huene*, BB 1989, 1889 m. w. N.; *Erman/Hanau*, § 611 Rn. 338 ff.; *Söllner*, MüKo, § 611 Rn. 422 f.; *Staudinger/Richardi*, § 611 Rn. 478 ff.
25 Dazu BAG 13. 5. 1987, AP Nr. 4 zu § 305 BGB Billigkeitskontrolle; *Erman/Hanau*, § 611 Rn. 433; *v. Hoyningen-Huene*, Die Billigkeit im Arbeitsrecht, 1978, 204 ff.; *Söllner*, MüKo, § 315 Rn. 34, § 611 Rn. 320.
26 Siehe im Überblick *v. Hoyningen-Huene*, Kündigungsvorschriften im Arbeitsverhältnis, 1985.
27 Dazu *v. Hoyningen-Huene*, BB 1988, 264 m. w. N..

sels sieht das Arbeitsrecht einen gesetzlichen Schuldbeitritt zur zusätzlichen Sicherung des Arbeitnehmers vor: Beim Betriebsübergang nach § 613a Abs. 2 BGB und bei der rechtswidrigen Arbeitnehmerüberlassung gemäß § 10 Abs. 3 Satz 2 AÜG.

b) Nach *§ 613a Abs. 2 Satz 1 BGB* haftet der bisherige Arbeitgeber beim *Betriebsübergang* neben dem neuen Inhaber für Lohnrückstände, soweit sie vor dem Zeitpunkt des Übergangs entstanden sind und vor Ablauf von einem Jahr nach diesem Zeitpunkt fällig werden, als Gesamtschuldner. Obwohl nach § 613a Abs. 1 BGB mit dem Betriebsübergang alle Rechte und Pflichten auf den Betriebserwerber übergehen, also primär nur der neue Arbeitgeber haftet[28], bleibt der bisherige Arbeitgeber doch zusätzlich Schuldner der bereits angefallenen Vergütungsansprüche. Denn der Arbeitgeberwechsel soll nicht zur Folge haben, daß der bisherige Arbeitgeber von seinen Verbindlichkeiten gegenüber dem Arbeitnehmer befreit wird.[29] Davon abgesehen steht nämlich nicht fest, ob der Betriebsübernehmer als neuer Verpflichteter ebenso solvent ist wie der bisherige Arbeitgeber, zumal er für den Erwerb des Betriebes oft erhebliche finanzielle Mittel aufwenden muß.[30] Aus Sicht der betroffenen Arbeitnehmer wird ihnen ein neuer Schuldner aufgedrängt[31], so daß deren Sicherheit betroffen sein kann. Deshalb wird man im Fall des § 613a Abs. 2 BGB von einer zusätzlichen Sicherung der Arbeitnehmer sprechen können.

c) Einer besonderen Sicherung bedarf auch der *Leiharbeitnehmer,* der zwar rechtlich einen für die Lohnzahlungspflicht zuständigen Arbeitgeber (Verleiher) hat, aber tatsächlich beim Entleiher arbeitet, der seinerseits hinsichtlich der Ausübung des Weisungsrechts ebenfalls Arbeitgeberfunktionen ausübt.[32] Durch diese gespaltene oder doppelte Arbeitgebersituation ergeben sich insbesondere dann Probleme, wenn der Arbeitsvertrag zwischen Verleiher und Leiharbeitnehmer gemäß § 9 Nr. 1 AÜG wegen rechtswidriger Arbeitnehmerüberlassung unwirksam ist. In diesem Fall sieht zunächst § 10 Abs. 1 Satz 1 AÜG vor, daß statt dessen der Entleiher in das ursprünglich vereinbarte Arbeitsverhältnis eintritt; es findet also ein Arbeitgeberaustausch statt. Freilich gelten gemäß § 10 Abs. 1 Satz 4 AÜG vorwiegend die

---

28 BAG 18. 8. 1976, AP Nr. 4 zu § 613a BGB mit Anm. *Mayer-Maly; Staudinger/Richardi,* § 613a Rn. 182 ff.; – anders für bereits ausgeschiedene Arbeitnehmer, dazu BAG 11. 11. 1986, AP Nr. 60 zu § 613a BGB mit Anm. *Küstner/v. Manteuffel.*
29 *Schaub,* MüKo, § 613a Rn. 760; *Staudinger/Richardi,* § 613a Rn. 185.
30 So *Erman/Hanau,* § 613a Rn. 105.
31 *Schaub,* MüKo, § 611 Rn. 67; *Seiter,* ARBlattei Betriebsinhaberwechsel I (1983/84), C I 1.
32 Zum besonderen Schutzbedarf des Leiharbeitnehmers *Becker/Wulfgramm,* AÜG, 3. Aufl. 1985, Einl. Rn. 4 ff.

Arbeitsbedingungen des Entleiherbetriebes, wobei mindestens das ursprünglich vereinbarte Entgelt gewährt werden muß, § 10 Abs. 1 Satz 5 AÜG. Diese Fiktion des neuen Arbeitsverhältnisses dient dem Schutz des Leiharbeitnehmers vor unzuverlässigen Verleihern, die entweder von vornherein keine Erlaubnis zur Arbeitnehmerüberlassung beantragt hatten, oder denen die Erlaubnis wegen Vorliegens von Versagungsgründen nachträglich entzogen worden ist.[33]

Darüber hinaus sieht § 10 Abs. 2 Satz 1 AÜG vor, daß der Leiharbeitnehmer im Falle der Unwirksamkeit seines Arbeitsverhältnisses mit dem Verleiher gemäß § 9 Nr. 1 AÜG von diesem den Ersatz des Vertrauensschadens verlangen kann. Der Vertrauensschaden des Leiharbeitnehmers kann insbesondere in dem Verlust von Ansprüchen bestehen, die von der Dauer des nach § 9 Nr. 1 AÜG unwirksamen Arbeitsvertrages abhängig sind.[34] Praktisch trifft den Verleiher auf diese Weise eine Ausfallhaftung für die Ansprüche, die der Leiharbeitnehmer gemäß § 10 Abs. 1 AÜG gegen den Entleiher hat.[35] Für den Leiharbeitnehmer entsteht dadurch eine zusätzliche Sicherung seines Arbeitsentgelts auch gegenüber dem Verleiher, obwohl er kraft gesetzlicher Begründung eines neuen Arbeitsverhältnisses mit dem Entleiher bereits den Lohnzahlungsanspruch geltend machen kann.

Diese arbeitsrechtlichen Sicherungen finden eine Ergänzung im Sozialversicherungsrecht: Nach § 28e Abs. 2 Satz 1 SGB IV haftet der Entleiher sogar bei rechtmäßiger gewerbsmäßiger Arbeitnehmerüberlassung wie ein selbstschuldnerischer Bürge für den Gesamtsozialversicherungsbeitrag. Ist die Arbeitnehmerüberlassung nach § 9 Nr. 1 AÜG unwirksam, bleibt ähnlich wie im Arbeitsrecht der verleihende Arbeitgeber Schuldner für den Gesamtsozialversicherungsbeitrag, wenn er trotzdem Lohnzahlungen gewährt (§ 9 Abs. 3 AÜG), und haftet dann als Gesamtschuldner mit dem Entleiher, § 28e Abs. 2 Satz 4 SGB IV. Auch hier findet also eine zusätzliche Sicherung des Arbeitnehmers statt, damit durch die aufgespaltene Arbeitgeberstellung dem Leiharbeitnehmer keine sozialversicherungsrechtlichen Nachteile entstehen.

---

33 Dazu *Becker/Wulfgramm*, § 10 Rn. 3.
34 Amtl. Begr. zum Reg.-Entw., BT-Drs. VI/2303, S. 14; *Becker/Wulfgramm*, § 10 Rn. 6; *Sandmann/Marschall*, AÜG, 1990, § 10 Rn. 25.
35 *Löwisch*, Arbeitsrecht, Rn. 1478.

3. Beschränkung der Lohnminderung

Das Arbeitsentgelt als regelmäßige Lebensgrundlage des Arbeitnehmers wird auch dadurch geschützt, daß bereits entstandene Lohnansprüche weder durch den Arbeitnehmer selbst noch durch Dritte geschmälert werden dürfen. So sieht § 4 Abs. 4 TVG vor, daß auf tarifliche (Lohn-)Ansprüche grundsätzlich nicht einzelvertraglich (wohl aber mit Genehmigung der Tarifpartner) – auch nicht durch Ausschlußfristen – verzichtet werden kann; die Verwirkung ist ebenfalls ausgeschlossen. § 77 Abs. 4 BetrVG trifft für Ansprüche, die auf einer Betriebsvereinbarung beruhen, eine entsprechende Regelung. Hierbei handelt es sich aber weniger um eine zusätzliche Sicherung, als vielmehr um eine besondere Form von Regelungen, die den Lohnanspruch unabdingbar gestalten.

Das gilt in ähnlicher Weise für den besonderen Lohnpfändungsschutz der §§ 850 ff. ZPO. Danach kann Arbeitseinkommen nur unter bestimmten, gesetzlichen Voraussetzungen gepfändet werden, § 850 Abs. 1 ZPO. Zentrale Regelung ist dabei § 850c ZPO, wonach mindestens 754,- DM unpfändbar sind; dieser Betrag erhöht sich entsprechend bei Unterhaltsverpflichtungen. Damit soll sichergestellt werden, daß dem Arbeitnehmer und seiner Familie trotz hoher Verschuldung wenigstens ein Existenzminimum bleibt.[36] Der gesetzliche Lohnpfändungsschutz wirkt sich darüber hinaus auf die Beschränkung der Abtretung (§ 400 BGB), der Aufrechnung (§ 394 BGB) und der Verpfändung (§ 1274 Abs. 2 BGB) aus, damit auch in diesen Fällen dem Arbeitnehmer der Lohnanspruch bis zur Pfändungsgrenze erhalten bleibt.[37] In diesen Zusammenhang gehört auch eine ergänzende Lohnsicherung durch Privilegierung der Lohnforderungen im Konkurs des Arbeitgebers. Soweit diese Ansprüche nicht Masseschulden sind (§ 59 Abs. 1 Nr. 3 KO), werden derartige Forderungen gemäß § 59 Abs. 1 Nr. 1 KO vorrangig berichtigt. Hinzu kommt die sozialrechtliche Zusatzsicherung durch das Konkursausfallgeld (§§ 141 ff. AFG).[38]

4. Nachwirkende Lohnsicherung

Obwohl der Arbeitnehmer mit rechtlicher Beendigung des Arbeitsverhältnisses grundsätzlich seinen Anspruch auf Arbeitsentgelt verliert, gibt es doch verschiedene nachwirkende Lohnersatzansprüche, die in Wahrheit eine zusätzliche Sicherung der ursprünglichen Entgeltregelung darstellen.

---

36 Zum Überblick *Schaub*, ArbR-Handbuch, § 92; *Staudinger/Richardi*, § 611 Rn. 691 ff.
37 Zum Überblick *Staudinger/Richardi*, § 611 Rn. 715 ff.
38 Zum Überblick *Staudinger/Richardi*, § 611 Rn. 725 ff.

a) Hat die Beendigung des Arbeitsverhältnisses seine Ursache in einer rechtmäßigen Kündigung oder in einem Aufhebungsvertrag (vgl. § 112a Abs. 1 Satz 2 BetrVG) aufgrund einer *Betriebsänderung* (§ 111 BetrVG), so können in einem Sozialplan Abfindungen für den Verlust des Arbeitsplatzes vorgesehen werden (vgl. § 112 Abs. 5 Satz 2 Nr. 1 BetrVG).[39] Diese richten sich oftmals nach dem Lebensalter, der Dauer der Betriebszugehörigkeit und sonstigen sozialen Gesichtspunkten des Arbeitnehmers.[40] Sozialplanregelungen haben nach bestrittener Auffassung eine Doppelfunktion, sie sind vergangenheits- und zukunftsorientiert: Einerseits sollen die betroffenen Arbeitnehmer eine Entschädigung für den verlorenen Arbeitsplatz, andererseits eine Überbrückung für die Daseinsvorsorge erhalten.[41] Die Höhe der Sozialplanabfindung steht jedoch nicht von vornherein fest, sondern muß zwischen Arbeitgeber und Betriebsrat ausgehandelt (§ 112 Abs. 1 Satz 2 BetrVG), nötigenfalls über die Einigungsstelle (§ 76 BetrVG) erzwungen werden (§ 112 Abs. 4 BetrVG), und muß sich stets nach der wirtschaftlichen Vertretbarkeit für das Unternehmen richten (§ 112 Abs. 5 Satz 1 BetrVG).[42] Aus diesen Regelungen zum Sozialplan kann entnommen werden, daß im Sinne der vorliegenden Themenstellung jedenfalls eine über den Betriebsrat mittelbar erzwingbare, zusätzliche, nachwirkende Lohnsicherung erreicht werden kann.

b) Eine zusätzliche, nachwirkende Lohnsicherung entsteht erst recht bei einer *sozial ungerechtfertigten Kündigung*. An sich ist die sozial ungerechtfertigte Kündigung gemäß § 1 Abs. 1 KSchG rechtsunwirksam, so daß der Lohnanspruch gemäß § 611 BGB bestehen bleibt, auch wenn der Arbeitnehmer nicht gearbeitet haben sollte (dazu § 615 BGB).[43] Arbeitnehmer und Arbeitgeber können aber unter den Voraussetzungen des § 9 Abs. 1 Satz 1 und 2 KSchG die Auflösung des Arbeitsverhältnisses beantragen, wobei der Arbeitgeber im Falle der gerichtlichen Auflösung des Arbeitsverhältnisses dann zur Zahlung einer Abfindung zu verurteilen ist. Die Höhe der Abfindung richtet sich nach § 10 KSchG, die je nach Dauer der Betriebszugehörigkeit und des Lebensalters bis zu 18 Monatsgehältern betragen kann. Die Abfindung ist zwar rechtlich kein Arbeitsentgelt, son-

---

[39] Vgl. zum Überblick *v. Hoyningen-Huene*, Betriebsverfassungsrecht, 2. Aufl. 1990, § 15 IV.
[40] Dazu *Hemmer*, Sozialplanpraxis in der Bundesrepublik, 1988.
[41] BAG 23. 4. 1985, AP Nr. 26 zu § 112 BetrVG 1972; zum Streitstand *v. Hoyningen-Huene*, RdA 1986, 103 ff.
[42] Dazu ausführlich *Drukarczyk*, RdA 1986, 115 ff.; *v. Hoyningen-Huene*, RdA 1986, 102 ff.
[43] Dazu neuestens BAG 19. 4. 1990, BB 1990, 2190.

dern ein Ausgleich für den Verlust des Arbeitsplatzes.⁴⁴ Die Abfindung soll aber den mit dem Verlust des Arbeitsplatzes verbundenen Wegfall der Arbeitsvergütung ausgleichen⁴⁵ und dient damit dem Lebensunterhalt für die Zeit nach dem Ende des Arbeitsverhältnisses.⁴⁶ Die Abfindung bewirkt daher eine zusätzliche, nachträgliche Sicherung des Arbeitseinkommens, auf das wegen Beendigung des Arbeitsverhältnisses durch rechtsgestaltendes Urteil nach § 9 Abs. 1 KSchG an sich kein Anspruch mehr bestand.

c) Dieses Prinzip der nachwirkenden, zusätzlichen Lohnsicherung (Lohnersatzfunktion) wird naturgemäß in besonderer Weise durch die *sozialrechtlichen Lohnersatzleistungen,* wie Konkursausfallgeld (§§ 141a ff. AFG), Arbeitslosengeld (§§ 100 ff. AFG) und alle Arten von Rentenleistungen (§§ 580 ff. RVO, 33 ff. SGB VI) realisiert, auf die hier nicht näher eingegangen werden soll. Arbeitsrechtlich füllt diese Funktion die *betriebliche Altersversorgung* aus, welche die Sozialrenten noch einmal ergänzt (Versorgungszweck).⁴⁷ Die Einzelheiten interessieren im vorliegenden Zusammenhang nicht weiter. Doch kann festgehalten werden, daß die genannten Ersatzleistungen in hohem Maße zusätzliche Sicherheiten für den Arbeitnehmer aufgrund seiner früheren Arbeitsleistungen nach § 611 BGB darstellen.

III. Sicherung der Arbeitsleistung

Hauptleistungspflicht des Arbeitnehmers ist die Leistung der versprochenen Dienste gemäß § 611 BGB (ähnlich § 59 HGB). Will der Arbeitgeber diesen Anspruch auf Arbeitsleistung in irgend einer Weise sichern, stellt sich vorweg die Frage, wie diese Pflicht des Arbeitnehmers näher bestimmt werden kann. Aus der Pflicht zur höchstpersönlichen Leistungserbringung (§ 613 BGB) wird abgeleitet, daß der Arbeitnehmer nur zu einer sogenannten individuellen Normalleistung verpflichtet ist. Demzufolge hat der Arbeitnehmer während der Arbeitszeit unter angemessener Anspannung seiner individuellen körperlichen und geistigen Kräfte so zu arbeiten, daß dabei seine Gesundheit auf Dauer nicht gefährdet wird.⁴⁸ Daran zeigt sich

---

44 Dazu *v. Hoyningen-Huene,* Kündigungsvorschriften im Arbeitsverhältnis, 1985, § 10 Anm. 3; *Hueck/v. Hoyningen-Huene,* KSchG, 11. Aufl. 1992, § 10 Rn. 21; KR-*Becker,* 3. Aufl. 1989, § 10 KSchG Rn. 11 ff.
45 BAG 9. 11. 1988, AP Nr. 6 zu § 10 KSchG 1969 (Bl.3) mit zust. Anm. *Brackmann.*
46 BSG 23. 2. 1988, USK 8864.
47 Dazu *Blomeyer/Otto,* BetrAVG, 1984, Einl. Rn. 13, 114 ff. m. w. N.
48 BAG 20. 3. 1969, AP Nr. 27 zu § 123 GewO mit zust. Anm. *Canaris* = SAE 1969, 210 mit zust. Anm. *Herschel;* BAG 17. 7 . 1970, AP Nr. 3 zu § 11 MuSchG 1968 mit Anm. *Fenn; Schaub,* ArbR-Handbuch, § 45 IV; *Söllner,* MüKo, § 611 Rn. 20; *Staudinger/Richardi,* § 611 Rn. 290.

schon, daß eine Sicherung dieser individuellen Normalleistung ganz praktisch erhebliche Schwierigkeiten aufweisen würde. Dieser Umstand und die Höchstpersönlichkeit der Leistungsverpflichtung sind auch letztlich der Grund dafür, daß gemäß § 888 Abs. 2 ZPO die Arbeitsleistung grundsätzlich nicht im Wege der Zwangsvollstreckung erzwungen werden kann.[49] Eine gewisse Sicherung der Arbeitsleistung ist aber dennoch wenigstens mittelbar erreichbar. Dafür sollen nachstehend mehrere Möglichkeiten vorgestellt werden.

1. Sicherung der Erfüllungspflicht

a) Bereits bei der Anbahnung des Arbeitsverhältnisses sind Arbeitgeber seit jeher bemüht, möglichst genaue Erkenntnisse darüber zu erhalten, wie die künftige Arbeitsleistung aussehen wird. Sie suchen also eine vorbeugende, präventive Sicherung, um das Einstellungsrisiko zu verringern. Abgesehen von der Auswertung von Zeugnissen oder der Lebenslaufanalyse spielt das Vorstellungsgespräch eine erhebliche Rolle, durch das die Fähigkeiten des Bewerbers genauer festgestellt werden sollen. In diesem Zusammenhang ist problematisch, wie weit das Fragerecht des Arbeitgebers reicht, in welchem Umfang der Bewerber wahrheitsgemäß Auskünfte erteilen muß und ob psychologische Tests oder andere Untersuchungen als Eignungsprüfung verwendet werden dürfen.

Hinsichtlich des *Fragerechts* des Arbeitgebers und der Beantwortungspflicht des Arbeitnehmers gibt es inzwischen eine weitgehend gesicherte Rechtsauffassung, wonach der Arbeitgeber wegen des Persönlichkeitsschutzes des Arbeitnehmers nur arbeitsplatzbezogene Fragen stellen darf, die dann auch vom Arbeitnehmer wahrheitsgemäß beantwortet werden müssen; anderenfalls besteht ein Anfechtungsrecht des Arbeitgebers wegen arglistiger Täuschung (§ 123 BGB).[50] Soweit der Arbeitgeber Personalfragebogen verwendet, unterliegen diese der Mitbestimmung des Betriebsrats gemäß § 94 Abs. 1 BetrVG.

Freilich sind die Fragen des Arbeitgebers im Rahmen eines Bewerbergesprächs nur im geringen Umfang geeignet, Aufschluß über die künftige Leistung des Arbeitnehmers zu erhalten. Deshalb werden zunehmend *graphologische Gutachten* und *psychologische Eignungstests* eingesetzt, um mit grö-

---

49 Str.; vgl. *Germelmann/Matthes/Prütting*, ArbGG, 1990, § 62 Rn. 48; *Staudinger/Richardi* § 611 Rn. 306; *Zöllner*, § 12 V.
50 Dazu *Erman/Hanau*, § 611 Rn. 263 ff.; *Schaub*, ArbR-Handbuch, § 26 III; *Staudinger/Richardi* § 611 Rn. 89 ff. m. w. N.

ßerer Sicherheit genaueren Aufschluß über die Eigenschaften und Fähigkeiten des künftigen Mitarbeiters zu erhalten. Graphologische Gutachten werden überwiegend für zulässig gehalten, wenn der Bewerber eingewilligt hat, was durch die Vorlage eines angeforderten handschriftlichen Lebenslaufs stillschweigend erfolgt sein soll.[51] Diese Auffassung ist schon deshalb bedenklich, weil durch ein graphologisches Gutachten Bereiche der Persönlichkeitssphäre offenkundig gemacht werden können, die weit über den Arbeitsplatzbezug hinausgehen. Davon abgesehen sind aber graphologische Gutachten als solche bereits problematisch, weil zwar im Einzelfall ein guter Graphologe durchaus zutreffende Erkenntnisse haben mag, ein anderer aber wegen des sehr weiten Beurteilungs- und Bewertungsspielraumes abweichende oder fehlerhafte Deutungen vornehmen könnte.[52]

Das gilt erst recht für bestimmte psychologische Eignungstests, auch wenn der Bewerber zustimmt. Soweit sogenannte projektive Tests eingesetzt werden, bei denen lediglich Deutungen vom Betroffenen oder Verwender vorgenommen werden (z.B. Rorschach-Test über „Klecksbilder"), die als projizierte Bilder seelischer Vorgänge verstanden werden, sind diese unter den wissenschaftlichen Gesichtspunkten der Objektivität, Validität und Reliabilität äußerst bedenklich und dürften wohl unzulässigerweise in das Persönlichkeitsrecht des Betroffenen eingreifen.[53] Lediglich sogenannte psychometrische Tests, die nur bestimmte Merkmale des Menschen mit psychologisch-wissenschaftlichen Methoden zahlenmäßig messen, dürften dem berechtigten Schutz der Persönlichkeitssphäre des Arbeitnehmers entsprechen.[54] Und auch nur derartige psychometrische Tests werden dem Arbeitgeber die gewünschte Sicherheit zur Beurteilung künftiger Arbeitsleistungen geben.

Soweit der Arbeitgeber vor der Einstellung Gesundheitsuntersuchungen vornimmt oder vornehmen läßt oder diese vorgeschrieben sind (§§ 18 Abs. 1 BSeuchG, 32 Abs. 1 JArbSchG, 7 BAT), können auch diese nur mit Zustimmung des Betroffenen erfolgen. Derartige medizinische Einstellungsuntersuchungen sind aber dann zulässig, wenn sie sich auf den vorge-

---

51 So BAG 16. 9. 1982, AP Nr. 24 zu § 123 BGB mit Anm. *Brox* = EzA § 123 BGB Nr. 22 mit Anm. *Wohlgemuth*; vgl. auch *Michel/Wiese*, NZA 1986, 505 ff.; *Schaub*, ArbR-Handbuch, § 24 II 5; *Söllner*, MüKo, § 611 Rn. 288.
52 Vgl. *Reichel*, Psychologische Eignungstests, 1990, S. 73.
53 Dazu ausführlich neuestens *v. Hoyningen-Huene*, DB Beil. 10/1991 m. w. N.
54 *v. Hoyningen-Huene*, DB Beil. 10/1991, S. 4.

sehenen Arbeitsplatz beschränken und dem Arbeitgeber nur das Ergebnis der Eignung mitteilen, ohne die Diagnose im einzelnen zu offenbaren.[55]

b) Als künftige Sicherung der Arbeitsleistung könnte man auch das *Gelöbnis* des Arbeitnehmers im öffentlichen Dienst gemäß § 6 BAT verstehen. Danach hat der Angestellte dem Arbeitgeber die gewissenhafte Diensterfüllung und Wahrung der Gesetze zu geloben. Neben der eigentlichen Vertragspflicht zur Arbeit nach § 611 BGB soll auf diese Weise eine zusätzliche Bekräftigung und wohl moralisch-ethische Verstärkung erfolgen. Dieser aus dem Beamtenrecht stammende Zusatz (dort in Form des Diensteides, vgl. §§ 40 BRRG, 58 BBG) dient damit der Stärkung des Gewissens des Gelobenden[56] und soll ihm in feierlicher Form vor Augen führen, daß er der Allgemeinheit dient und deshalb besondere Pflichten hat.[57] Auch wenn umstritten ist, ob aus dem Gelöbnis bestimmte rechtliche Grenzen für die Arbeitspflicht gezogen werden können[58], ist man sich einig, daß dem Gelöbnis eine Bedeutung im rechtlichen Sinn nicht zukommt. Es handelt sich also doch nur um ein durch „Handschlag bekräftigtes Beschwörungsritual".[59] Denn einerseits verringert ein fehlendes Gelöbnis nicht die arbeitsvertraglichen Pflichten des Arbeitnehmers[60], andererseits stellt das Gelöbnis keine zusätzliche rechtliche Sicherung in der Form dar, daß der Arbeitgeber wie aus einem besonderen Rechtstitel Leistungsansprüche geltend machen könnte.

c) Eine klassische Form zur Sicherung der Hauptverbindlichkeit ist die Vereinbarung einer *Vertragsstrafe*, § 339 BGB. Wie sich durch einen Umkehrschluß aus § 5 Abs. 2 Nr. 2 BBiG ergibt, wonach beim Berufsausbildungsverhältnis Vereinbarungen über Vertragsstrafen nichtig sind, muß von der grundsätzlichen Zulässigkeit von Vertragsstrafen bei regulären Arbeitsverträgen ausgegangen werden.[61] Die Rechtsprechung hat deshalb auch Vertragsstrafenabreden wegen Nichterfüllung der Arbeitsleistung beispielsweise bei Profi-Fußballern als wirksam angesehen, die als Bestandteil des Individualarbeitsvertrags auch nicht der Mitbestimmung des Betriebsrats

---

55 Vgl. *Schaub*, ArbR-Handbuch, § 24 II 7; *Söllner*, MüKo, § 611 Rn. 288; *Staudinger/Richardi*, § 611 Rn. 112.
56 *Crisolli/Ramdohr*, Das Tarifrecht der Angestellten im öffentlichen Dienst, Stand 1979, § 6 BAT Erl. 3.
57 *Uttlinger/Breier/Kiefer/Hoffmann*, BAT, Stand 1991, § 6 Erl. 1.
58 So *Bruse*, PK-BAT, § 6 Rn. 2 ff.
59 So die dort bestrittene Formulierung von *Bruse*, PK-BAT, § 6 Rn. 2.
60 BAG 20. 7. 1977, AP Nr. 3 zu Art. 33 Abs. 2 GG; *Bruse*, PK-BAT, § 6 Rn. 4.
61 *v. Hoyningen-Huene*, RdA 1990, 203; *Schaub*, ArbR-Handbuch, § 60; einschränkend *Schwerdtner*, Festschrift Hilger/Stumpf, 1983, S. 631 ff.; *Söllner*, AuR 1981, 97 ff.

gemäß § 87 Abs. 1 Nr. 1 BetrVG unterliegen.[62] Wegen der Akzessorietät entfällt naturgemäß das Vertragsstrafeversprechen, wenn die Arbeitspflicht nicht mehr bestand.[63] Im übrigen aber sind Vertragsstrafen bei laufenden Arbeitsverhältnissen rechtstatsächlich selten festzustellen.

Demgegenüber sind Vertragsstrafen häufiger für den Fall des Vertragsbruches (Nichtantritt der Arbeit, Nichteinhaltung von Kündigungsfrist u. ä.) anzutreffen, die als zulässig betrachtet werden.[64] Allerdings darf durch eine Vertragsstrafe nicht die Kündigung überhaupt ausgeschlossen werden, weil sonst die grundsätzlich bestehende Kündigungsfreiheit beschränkt wird.[65] Außerdem ist es nach § 134 Abs. 1 GewO dem Arbeitgeber untersagt, für den Fall der rechtswidrigen Auflösung des Arbeitsverhältnisses durch den Arbeitnehmer die Verwirkung des rückständigen Lohnes über den Betrag des durchschnittlichen Wochenlohnes hinaus zu vereinbaren. Insgesamt aber ist die Vertragsstrafe in den zulässigen Grenzen (vgl. auch § 343 BGB) durchaus ein wirksames Sicherungsmittel für die Arbeitsleistung.

d) Eine Sicherung der tatsächlichen Arbeitsleistung während des bestehenden Arbeitsverhältnisses soll durch *Anwesenheitsprämien* erfolgen. Anwesenheitsprämien sind freiwillige Sondervergütungen, die unter der Bedingung gewährt werden, daß die Arbeitnehmer während eines bestimmten Zeitraumes tatsächlich gearbeitet haben. Sie haben den Zweck, Fehlzeiten und damit Unterbrechungen der Hauptpflicht des Arbeitnehmers zu vermeiden. Mit der Anwesenheitsprämie wird versucht, die Grundsätze von Lohn ohne Arbeit, insbesondere die Lohnfortzahlung im Krankheitsfall einzuschränken.[66] Problematisch sind derartige Sonderleistungen deshalb, weil sie nicht nur unberechtigte Fehlzeiten („Blaumachen", „Krankfeiern"), sondern auch berechtigte Fehlzeiten (wirkliche Arbeitsunfähigkeit wegen Erkrankung, daneben Mutterschaft, Sonderurlaub, Ehrenämter u. ä.) einschränken sollen. Dadurch entsteht auch für den wirklich Arbeitsunfähigen eine „Anreizwirkung", unter Vernachlässigung seiner Gesundheit zur Arbeitsleistung angehalten zu werden.[67]

---

62 BAG 5. 2. 1986, AP Nr. 12 zu § 339 BGB (unter B I 3) mit Anm. *Löwisch*.
63 Vgl. BAG 4. 9. 1964, AP Nr. 3 zu § 339 BGB mit Anm. *Schnorr v. Carolsfeld*.
64 BAG 1. 10. 1963, AP Nr. 2 zu § 67 HGB mit Anm. *A. Hueck*; BAG 27. 7. 1977, AP Nr. 2 zu § 611 BGB Entwicklungshelfer; BAG 23. 5. 1984, AP Nr. 9 zu § 339 BGB mit Anm. *Brox;* LAG Berlin, AP Nr. 4 und 8 zu § 339 BGB mit Anm. *A. Stein*; LAG Berlin, LAGE § 339 BGB Nr. 8; LAG Baden-Württemberg, AP Nr. 2 zu § 339 BGB; dazu neuestens BAG 18. 9. 1991, DB 1992, 383.
65 BAG 11. 3. 1971, AP Nr. 9 zu § 622 BGB mit Anm. *Herschel; Söllner*, MüKo, § 339 Rn. 8.
66 Vgl. *Schaub*, ArbR-Handbuch, § 79; *Staudinger/Richardi*, § 611 Rn. 596.
67 Dazu schon BAG 21. 1. 1963, AP Nr. 2 zu § 2 ArbKrankhG; jetzt BAG 15. 2. 1990, AP Nr. 15 zu § 611 BGB Anwesenheitsprämie (unter II 3 a) mit Anm. *Mayer-Maly* = SAE 1991, 267 mit Anm. *Heise*.

Rechtsprechung und Literatur zur Zulässigkeit von Anwesenheitsprämien sind völlig unübersichtlich geworden und zeichnen sich durch widersprüchliche Wertungen aus.[68] Die Einzelheiten und vielfältigen Argumente können an dieser Stelle nicht umfassend behandelt werden. *Mayer-Maly* hat den entscheidenen Gesichtspunkt zutreffend herausgestellt, daß es hier um ein Problem aus dem Spannungsfeld zwischen Vertragsfreiheit und zwingenden Schutzgesetzen geht und eine freiwillig oder vertraglich vereinbarte Anwesenheitsprämie daran gemessen werden muß, ob eine Gesetzesumgehung vorliegt. Durchkreuze eine rechtsgeschäftliche Regelung den Zweck eines Schutzgesetzes, so sei sie nach § 134 BGB nichtig.[69]
Legt man diesen Maßstab an Anwesenheitsprämien an, so sind Kürzungen der zugesagten Leistungen bei unberechtigten Fehlzeiten stets zulässig. Ist der Arbeitgeber dagegen bei berechtigten Fehlzeiten zur Lohnfortzahlung verpflichtet, so muß zwischen laufend und einmalig gewährten Zulagen unterschieden werden. Nach der neuesten Rechtsprechung und wohl h. L. kann richtigerweise die einmalige, nachträglich gewährte Anwesenheitsprämie gekürzt werden, weil sie nicht zum „fortzuzahlenden Arbeitsentgelt" i. S. d. § 2 LFG gehört.[70] In diesem Fall hat die vertragliche Gestaltungsfreiheit den Vorrang, so daß der Arbeitgeber die Prämien als nachträgliche Belohnung von den tatsächlich geleisteten Arbeitstagen abhängig machen kann. Die neuerdings vom 6. Senat des BAG entwickelten Einschränkungen, daß eine richterliche Kontrolle nach § 315 BGB möglich, eine Kürzungsrate pro Fehltag von 1/60 der Leistung zulässig sei oder Kleingratifikationen nicht gekürzt werden dürfen, sind mit den voll beizutretenden Argumenten *Mayer-Malys* abzulehnen.[71] Richtig ist vielmehr, daß im Einzelfall rechtsmißbräuchliche Gestaltungen vorliegen können, die aber allein am Maßstab des § 138 BGB zu messen sind. Soweit allerdings eine Lohnfortzahlung wegen Überschreitens des Sechs-Wochen-Zeitraums bei krankheitsbedingten Fehlzeiten ausscheidet, kann dies jedenfalls bei der Bemessung der jährlichen Anwesenheitsprämie anspruchsmindernd berücksichtigt werden.[72]

---

68 So zutreffend *Schaub*, ArbR-Handbuch, § 79 II 2 m.w.N. zur Entwicklung der Rechtsprechung; dazu auch der Überblick in BAG 15. 2. 1990, AP Nr. 15 zu § 611 BGB Anwesenheitsprämie unter II 3 a bis d; neuesten *Blanke/Diederich*, AuR 1991, 321.
69 *Mayer-Maly*, Anm. zu BAG AP Nr. 15 zu § 611 BGB Anwesenheitsprämie Bl. 946 V.
70 So zunächst BAG 9. 11. 1972, abweichend BAG 19. 5. 1982, dann wieder wie hier BAG 15. 2. 1990, AP Nr. 9, 12 und 15 zu § 611 BGB Anwesenheitsprämie; *Lipke*, Anwesenheitsprämien bei Krankheit und Schwangerschaft, 1986, S. 108 ff., 149 m.w.N.
71 So BAG 15. 2. 1990, AP Nr. 15 zu § 611 BGB Anwesenheitsprämie mit abl. Anm. *Mayer-Maly*.
72 So schon BAG 23. 5. 1984, AP Nr. 14 zu § 611 BGB Anwesenheitsprämie mit Anm. *Meisel*.

Schwieriger ist die Problematik, ob laufend gewährte Anwesenheitsprämien bei berechtigten Fehlzeiten gekürzt werden dürfen. Die h. M. verneint dies mit der Begründung, sie seien als zusätzliche Vergütungen „fortzuzahlendes Arbeitsentgelt" i. S. d. § 2 Abs. 1 Satz 1 LFG und daher entsprechend dem allgemeinen Rechtsgedanken des § 9 LFG unabdingbar.[73] Demgegenüber wird vorgetragen, daß laufend gewährte Anwesenheitsprämien nicht zum Arbeitsentgelt zählen, weil nicht die Arbeit als solche entlohnt, sondern eine zusätzliche Belohnung („Bonus") für die tatsächliche Arbeitsleistung gewährt werden solle. Sie dienten dem reibungslosen Produktionsablauf, zumal bei Fehlzeiten Vorgesetzter und Arbeitskollegen die ausfallende Arbeit mit übernehmen müßten. Außerdem müsse die oft schwierige und unzumutbare Unterscheidung zwischen berechtigten und unberechtigten Fehlzeiten dem Arbeitgeber bei den Prämienzahlungen erleichtert werden.[74]

In der bisherigen Diskussion wird weitgehend nur darauf abgestellt, ob Anwesenheitsprämien Arbeitsentgelt i. S. d. § 2 Abs. 2 Satz 1 LFG darstellen und daher unkürzbar seien, oder ob sie zu den kürzbaren Aufwendungen i. S. d. § 2 Abs. 1 Satz 2 LFG gehören. Dabei wird übersehen, daß Satz 1 zunächst einmal verlangt, daß das „zustehende Arbeitsentgelt fortzuzahlen" ist. Das bedeutet bei unbefangener Lektüre einen bereits bestehenden Anspruch auf Arbeitsentgelt; liegt dieser nicht vor, so ist gemäß dem Lohnausfallprinzip auch nichts fortzuzahlen. Daraus folgt, daß durch die Gestaltung der Anwesenheitsprämie der Anspruch von vornherein bedingt ist, d. h. bei Bedingungseintritt der Fehlzeit nicht entstanden ist und folglich auch nicht fortzuzahlen wäre. Freilich wird man einwenden, daß gerade eine derartige freiwillige Gewährung unter einer Bedingung dem zwingenden Charakter des Lohnausfallprinzips entgegenstehe und daher unzulässig wäre.

Unabhängig davon ist aber zweifelhaft, ob Anwesenheitsprämien wirklich Arbeitsentgelt darstellen. Denn für die Arbeitsleistung wird der reguläre, laufende Lohn einschließlich aller übertariflichen Zulagen als Äquivalent gewährt. Diese Gegenleistung ist im Gegensatz zum Werkvertrag im

---

73 BAG 30. 4. 1970 und 29. 1. 1971, AP Nr. 1 und 2 zu § 611 BGB Anwesenheitsprämie mit insoweit zust. Anm. *Mayer-Maly*; BAG 11. 2. 1976, AP Nr. 10 zu § 611 BGB Anwesenheitsprämie mit zust. Anm. *Fenn/Bepler*; BAG 4. 10. 1978, AP Nr. 11 zu § 611 BGB Anwesenheitsprämie mit zust. Anm. *Fenn*; *Buchner*, Festschrift Hilger/Stumpf, 1983, S. 69; *Beuthien*, Anm. zu BAG AP Nr. 9 zu § 611 BGB Anwesenheitsprämie; *Lipke*, S. 25 ff., auch zur Entwicklung der Rechtsprechung und Literatur.
74 *Franke*, DB 1981, 1672 f.; *Meisel*, Anm. zu BAG AP Nr. 14 zu § 611 BGB Anwesenheitsprämie unter 2 c; *Hj. Weber*, SAE 1983, 235.

wesentlichen tätigkeitsbestimmt (Ausnahmen: Provisionen nach § 65 HGB und Akkordlohn), wohingegen die Anwesenheitsprämie darüber hinaus allein erfolgsbestimmt und insoweit dem Arbeitsvertrag als zeitbestimmten Austauschvertrag weitgehend fremd ist. Wird daher eine Anwesenheitsprämie über den branchenüblichen Lohn einschließlich aller Zulagen i. S. d. § 612 Abs. 2 BGB hinaus gewährt, so kann man nicht mehr vom Arbeitsentgelt als Gegenleistung für die geleistete Arbeit sprechen. Die weit verbreitete These, daß alle Leistungen des Arbeitgebers nur Arbeitsentgelt oder tatsächlicher Aufwendungsersatz seien[75], ist unvollständig, weil Erfolgszahlungen nicht das Bemühen um die ordnungsgemäße Arbeitsleistung entsprechend dem Vertragszweck nach § 611 BGB als Gegenleistung entlohnen sollen, sondern ein bloßes Ergebnis, das auch vom Glück oder Pech abhängen kann. Aus diesem Grund müßten auch Kürzungen aufgrund berechtigter Fehlzeiten bei laufend gewährten Anwesenheitsprämien anerkannt werden. Das gilt naturgemäß nicht, wenn die Anwesenheitsprämie als Teil der üblichen Vergütung (§ 612 Abs. 2 BGB) einkalkuliert wird, weil dann eine Umgehung des zwingenden Schutzcharakters des Lohnausfallprinzips vorläge.

Trotz der schwierigen Rechtslage bei Anwesenheitsprämien zeigt sich aber für die vorliegende Fragestellung, daß sie wenigstens in bestimmten Umfang eine „Anreizfunktion" ausüben können, die Arbeitsleistung zu sichern und Fehlzeiten zu verringern.

e) Eine mittelbare Sicherung der Arbeitspflicht stellt *das Verbot der Nebentätigkeit* dar. Dadurch ist zwar nicht unmittelbar die Arbeitsleistung als solche gesichert, aber doch indirekt dadurch, daß dem Arbeitnehmer ausreichend Zeit bleiben soll, sich möglichst weitgehend der Haupttätigkeit widmen zu können. Freilich sind vertragliche Beschränkungen oder Genehmigungsvorbehalte von Nebentätigkeiten nur dann zulässig, wenn der Arbeitgeber ein berechtigtes Interesse geltend machen kann[76]; das gilt etwa bei einer Nebentätigkeit während der Arbeitszeit.[77] Die Zulässigkeit der Beschränkung von Nebentätigkeiten ist demzufolge bei Führungskräften anzuerkennen, von denen einerseits ein hoher Arbeitseinsatz über die reguläre 8-Stunden-Grenze des § 3 AZO hinaus vereinbart werden kann (vgl. § 1 Abs. 2 Nr. 2 AZO), und andererseits dafür auch eine erheblich höhere

---

75 Dazu *Fenn,* Anm. zu BAG AP Nr. 11 zu § 611 Anwesenheitsprämie unter 3 a.
76 BAG 3. 12. 1970, AP Nr. 60 zu § 626 BGB mit zust. Anm. *A. Hueck*; BAG 26. 8. 1976, AP Nr. 68 zu § 626 BGB mit zust. Anm. *Löwisch/Röder; Schaub,* ArbR-Handbuch, § 45 II 2; *Söllner,* Müko, § 611 Rn. 405; *Staudinger/Richardi,* § 611 Rn. 397 ff.
77 Dazu BAG 3. 12. 1970 a. a. O.

Bezahlung erfolgt.[78] Im übrigen aber steht es dem Arbeitnehmer wegen seiner allgemeinen Handlungsfreiheit und Berufsausübungsfreiheit (Art. 2, 12 GG) grundsätzlich frei, ohne Benachrichtigung seines Arbeitgebers eine Nebenbeschäftigung aufzunehmen. Denn der Arbeitnehmer stellt aufgrund des Arbeitsvertrages nicht ganze Arbeitskraft, sondern nur eine bestimmte Zeitspanne dem Arbeitgeber zur Verfügung.[79] Die Kündigung des Arbeitsverhältnisses wegen einer Nebentätigkeit kommt daher nur in Betracht, wenn eine Beeinträchtigung des Hauptarbeitsverhältnisses vorliegt.[79a]

Auf diese Weise kann also in den genannten Grenzen ein Nebentätigkeitsverbot wenigstens mittelbar die Arbeitskraft des Arbeitnehmers sichern. Dagegen trifft das nicht für das Wettbewerbsverbot nach § 60 Abs. 1 HGB zu. Denn diese Regelung schützt nicht den Erhalt der Arbeitskraft des Arbeitnehmers, sondern nur das Interesse des Arbeitgebers vor wettbewerbswidriger Tätigkeit seiner Arbeitnehmer.[80]

f) Eine weitere mittelbare Sicherung der ordnungsgemäßen Arbeitsleistung kann auch eine sogenannte *Mankovereinbarung* mit Arbeitnehmern darstellen, die für Geld- oder Warenbestände verantwortlich sind. Diese erstreckt sich zwar nicht direkt auf die Arbeitsleistung als solche, wohl aber kann sie zur Vermeidung von Schäden am Vermögen des Arbeitgebers beitragen. Ohne besondere Mankoabrede haftet der Arbeitnehmer für Fehlbestände freilich nur bei nachweisbarer, verschuldeter positiver Vertragsverletzung.[81] Durch eine Mankoabrede, die von der Rechtsprechung dann zugelassen wird, wenn ein erhöhtes Gehalt oder ein Mankogeld als angemessener wirtschaftlicher Ausgleich für die Übernahme des Mankorisikos im üblichen Umfang übernommen wird[82], kann sich der Arbeitgeber in begrenztem Umfang eine verschuldensunabhängige Haftung des Arbeitnehmers versprechen lassen.[83] Derartige Mankoabreden sind im einzelnen

---

78 Zu einem solchen Fall BAG 20. 5. 1988, WM 1988, 1524; dazu als Vorinstanz LAG Berlin 25. 1. 1988, WM 1988, 1519, 1524 f.
79 BAG 14. 8. 1969, AP Nr. 45 zu ArbKrankhG (Bl. 1 R und 2 V) mit Anm. *Herschel*; *Schaub*, ArbR-Handbuch, § 45 II 1; - unzutreffend *Schlegelberger/Schröder*, HGB, 5. Aufl. 1973, § 60 Rn. 1. - Anders ist es dagegen beim Beamten, der sich gemäß § 36 BRRG „mit voller Hingabe seinem Beruf zu widmen" hat.
79a Vgl. *Hueck/v. Hoyningen-Huene* § 1 Rn. 347 f.
80 Vgl. BAG 25. 5. 1970, AP Nr. 4 zu § 60 HGB unter I 2 c; *Heymann/Honsell*, HGB, 1989, § 60 Rn. 1 f.; *Staudinger/Richardi*, § 611 Rn. 385.
81 Dazu BAG 13. 2. 1974, AP Nr. 77 zu § 611 BGB Haftung des Arbeitnehmers; *Reinecke*, ZfA 1976, 219; *Schaub*, ArbR-Handbuch, § 52 X 3; *Söllner*, MüKo, § 611 Rn. 434; *Staudinger/Richardi*, § 611 Rn. 465.
82 Zuletzt BAG 29. 1. 1985, AP Nr. 87 zu § 611 BGB Haftung des Arbeitnehmers unter I m. w. N.
83 BAG 22. 11. 1973, AP Nr. 67 zu § 626 BGB (unter III) mit Anm. *G. Küchenhoff*.

sehr umstritten und haben daher letztlich nur eine geringe Bedeutung; infolgedessen ist die Sicherungsfunktion für die ordnungsgemäße Arbeitsleistung auch als weitgehend unbedeutend einzuschätzen.

g) Damit bleibt dem Arbeitgeber zur Sicherung der Arbeitsleistung nur noch die ordnungsgemäße Führung der Arbeitnehmer durch motivierende Maßnahmen[84], die arbeitsrechtlich durch das Weisungsrecht ausgeübt wird. Dazu gehört insbesondere die *Kontrolle* der Arbeitnehmer, an die sich dann im Bedarfsfall entsprechende Rügen und Aufforderungen zur ordnungsgemäßen Arbeitsleistung anschließen. Die Ausübung von Kontrolle verstößt nicht gegen das Persönlichkeitsrecht des Arbeitnehmers und ist, wenn sie persönlich durch den Arbeitgeber oder Vorgesetzte erfolgt, mitbestimmungsfrei.[85] Dagegen unterliegen Kontrollen der Arbeitnehmer durch technische Einrichtungen, z.B. durch Stechuhren und Zeitstempler, Produktographen und Nutzungsschreiber, Multimomentfilmkameras, Video- bzw. Fernsehkameras, Abhöreinrichtungen und Tonbandgeräte, Geräte zur automatischen Telefondatenerfassung und Bildschirmarbeitsplätze mit entsprechenden Kontrollmöglichkeiten wegen des Persönlichkeitsschutzes (vgl. § 75 Abs. 2 BetrVG) gemäß § 87 Abs. 1 Nr. 6 BetrVG der Mitbestimmung des Betriebsrats.[86] Infolgedessen darf der Arbeitgeber derartige „technische" Kontrollen nur dann durchführen, wenn der Betriebsrat zugestimmt hat.

Stellt der Arbeitgeber ein Fehlverhalten fest, kann er dieses rügen und den Arbeitnehmer zur künftigen Einhaltung der Arbeitspflicht gemäß § 611 BGB auffordern. Bevor er jedoch dem Arbeitnehmer wegen verhaltensbedingten Pflichtverletzungen ordentlich oder außerordentlich kündigen darf, ist nach inzwischen allgemeiner Auffassung zuvor eine *Abmahnung* auszusprechen.[87] Eine solche Abmahnung muß insbesondere die Androhung der Kündigung enthalten, damit sie ihre motivationsbildende Funktion erfüllen kann, den Arbeitnehmer zur zukünftigen Vertragstreue anzuhalten.[88] Auf diese Weise trägt auch eine Abmahnung durch ihre Warnfunktion zur Sicherung der Arbeitsleistung bei, ohne daß allerdings aus ihr zusätzliche und eigenständige Sicherheiten abgeleitet werden können.

---

84 Dazu die Stichworte „Mitarbeiterführung" und „Motivation" in *Gaugler* (Hrsg.), Handwörterbuch des Personalwesens, 1975, Sp. 1355 ff., 1390 ff.
85 BAG 23. 10. 1984, AP Nr. 8 zu § 87 BetrVG 1972 Ordnung des Betriebes (unter B II 1 b) mit zust. Anm. *v. Hoyningen-Huene* unter 1; BAG 26. 3. 1991, BB 1991, 1566.
86 Dazu *v. Hoyningen-Huene*, BetrVR, 2. Aufl. 1990, § 12 II 6 m.w.N.
87 Dazu ausführlich *v. Hoyningen-Huene*, RdA 1990, 193 ff.
88 Vgl. *v. Hoyningen-Huene*, RdA 1990, 199.

2. Erhalt der Arbeitskraft

Da der Arbeitnehmer nach § 611 BGB nur seine individuelle Normalleistung schuldet[89], kann der Arbeitgeber auch nur diejenige Arbeitskraft in Anspruch nehmen, die tatsächlich vorhanden ist.[90] Deshalb ist jeder Arbeitgeber daran interessiert, die Arbeitskraft des Arbeitnehmers möglichst weitgehend zu erhalten und zu fördern. Freilich darf der Arbeitgeber nicht in die Privatsphäre des Arbeitnehmers eingreifen und ihm eine bestimmte Lebensführung vorschreiben, die zum Erhalt der Arbeitskraft beitragen könnte, etwa sich durch bestimmte Sportausübung „fit" zu halten oder übermäßiges Essen oder Alkoholgenuß zu unterlassen. Die arbeitsvertragliche Einschränkung der privaten Lebensführung dürfte nur in Ausnahmefällen, insbesondere bei hochbezahlten Arbeitnehmern zulässig sein, z. B. Profifußballern, bestimmten Führungskräften, u. ä. Immerhin sieht das Arbeitsrecht aber einige Regelungen vor, die direkt oder indirekt zum Erhalt der Arbeitskraft beitragen und dadurch dem Arbeitgeber eine gewisse Sicherung für den künftigen Arbeitseinsatz des Arbeitnehmers geben können.

Abgesehen von der Pflicht des Arbeitgebers, die Arbeitsplätze möglichst sicher zu gestalten (§ 618 Abs. 1 BGB), den Arbeitsschutz und die Unfallverhütung durchzuführen (§ 708 RVO i. V. m. Unfallverhütungsvorschriften, §§ 1 ASiG, 87 Abs. 1 Nr. 7, 89 BetrVG), um auf diese Weise Arbeitsunfälle der Arbeitnehmer zu verhüten, kann der Arbeitgeber zusätzliche Maßnahmen zur Arbeitssicherheit ergreifen, z. B. durch Prämienzahlung in einem Sicherheitswettbewerb, der zu einem sicherheitsbewußten Verhalten im Betrieb anregen soll.[91] Auch die Schaffung von betrieblichen Sozialeinrichtungen, z. B. Kantinen, Sportplätzen, Erholungsheimen u. ä. tragen indirekt zum Erhalt der Arbeitskraft bei. Dazu gehört dann auch die Pflicht zur Gewährung von Erholungsurlaub (§ 1 BUrlG), der zur Förderung von Gesundheit und Leistungsfähigkeit des Arbeitnehmers dient.[92] Trotz des Erholungszwecks ist dem Arbeitnehmer aber keine Pflicht zur Erholung auferlegt; er kann vielmehr den Urlaub nach seinem eigenen Gutdünken gestalten.[93] Nach § 8 BUrlG ist lediglich eine dem Urlaubs-

---

89 Siehe oben III.
90 Allgemein zur Arbeitskraft *Schnorr v. Carolsfeld*, BAG Festschrift, 1979, S. 491 ff.
91 BAG 24. 3. 1981, AP Nr. 2 zu § 87 BetrVG 1972 Arbeitssicherheit mit Anm. *Wiese/Starck*.
92 So *Zöllner*, § 16 IV.
93 *Bachmann*, GK-BUrlG, 4. Aufl. 1984, § 8 Rn. 1 m. w. N.; *Dersch/Neumann*, BUrlG, 7. Aufl. 1990, § 8 Rn. 15 ff.

und Erholungszweck widersprechende Erwerbstätigkeit verboten[94], anstrengende Bergwanderungen oder Skitouren, Bücherschreiben oder privater Hausbau sind aber zulässig.[95] Eine andere Form zum Erhalt und zur Verbesserung der Arbeitskraft des Arbeitnehmers sind schließlich die inzwischen allgemein üblichen Weiterbildungsmaßnahmen auf Kosten des Arbeitgebers (vgl. § 98 BetrVG), ohne daß zu diesen eine Rechtspflicht besteht. An allen diesen Maßnahmen wird deutlich, daß der Arbeitgeber rechtlich durchsetzbare Sicherungen zum Erhalt der Arbeitskraft des Arbeitnehmers praktisch kaum vornehmen, aber durchaus viele Möglichkeiten zur Verfügung stellen kann, die von den Arbeitnehmern oft gerne wahrgenommen werden und dadurch auch dem Arbeitgeber Nutzen bringen.

3. Sicherung künftiger Betriebstreue

Schließlich ist der Blick auf Maßnahmen zu lenken, die den Arbeitnehmer auch künftig an den Arbeitgeber binden und seine Betriebstreue sichern sollen. Schon frühzeitig haben Arbeitgeber versucht, durch Bindungsklauseln oder Rückzahlungsvorbehalte von freiwilligen Leistungen (insbes. Gratifikationen) oder sonstigen Sonderzuwendungen Arbeitnehmer davon abzuhalten, das Arbeitsverhältnis durch eigene Kündigung zu beenden.[96] Bei Bindungsklauseln verknüpft der Arbeitgeber die Gewährung einer freiwilligen Leistung mit der Bedingung, daß der Arbeitnehmer in einem ungekündigten Arbeitsverhältnis steht; kündigt der Arbeitnehmer, so entfällt der Anspruch auf Gratifikation aufgrund seines Ausscheidens (Ausschlußklausel). Bei Rückzahlungsklauseln wird die Gratifikation zwar gewährt, muß aber zurückbezahlt werden, wenn der Arbeitnehmer innerhalb eines bestimmten Zeitraums ausscheidet.[97] In beiden Fällen soll der Arbeitnehmer also davon abgehalten werden, das Arbeitsverhältnis von sich aus zu beenden.

Die Stichtagsregelung bei Gratifikationsausschlußklauseln wird richtigerweise allgemein als zulässig angesehen. Dabei ist sogar die Kündigung zum

---

94 Zu den möglichen Schadensersatz- oder Rückforderungsansprüchen von Urlaubsentgelt siehe BAG 25. 2. 1988, AP Nr. 3 zu § 8 BUrlG mit krit. Anm. *Clemens* = EzA Nr. 2 zu § 8 BUrlG mit krit. Anm. *Schulin* = SAE 1989, 159 mit krit. Anm. *Adomeit; Dersch/Neumann,* § 8 Rn. 11 ff.
95 Vgl. *Dersch/Neumann,* § 8 Rn. 6 und 17.
96 Zu dem Problem der Bindungsklauseln bei betriebsbedingter Kündigung BAG 25. 4. 1991, BB 1991, 1713 = EzA § 611 BGB Gratifikation, Prämie Nr. 85 mit Anm. *Henssler; Reiserer,* NZA 1992 (im Druck).
97 Dazu *Palandt/Putzo,* BGB, 50. Aufl. 1991, § 611 Rn. 89 f.; *Schaub,* ArbR-Handbuch, § 78 V; *Söllner,* MüKo § 611 Rn. 321 ff.; *Staudinger/Richardi,* § 611 Rn. 623 ff.

Ablauf des Stichtags unschädlich.[98] Auch spielt es keine Rolle, ob die Stichtagsklausel mit der freiwilligen Leistung verknüpft wird, oder im Arbeitsvertrag, in einer Betriebsvereinbarung oder im Tarifvertrag vorkommt.[99] Die Sonderzuwendung muß nicht einmal anteilig für die geleistete Arbeit gezahlt werden, wenn allein die künftige Betriebstreue gesichert werden soll.[100]

Bei den Rückzahlungsklauseln werden dagegen gewisse Beschränkungen vorgenommen, damit der Arbeitnehmer nicht für eine unübersehbare Zeit gebunden wird.[101] Nach der ständigen, im Jahre 1983 etwas modifizierten und von der Literatur weitgehend gebilligten Rechtsprechung wurden folgende Grundsätze aufgestellt, die freilich im Einzelfall leicht abweichen können: Gratifikationen unter DM 200,- können nicht mit Rückzahlungsklauseln verbunden werden; bei Gratifikationen bis zu einem Monatsverdienst kann eine Bindung des Arbeitnehmers bis zum 31. 3. des folgenden Jahres, bei einer Gratifikation von mehr als einem Monatsgehalt bis zum 30. 6. des Folgejahres festgelegt werden.[102] Bei Rückzahlungsklauseln für gewährte Ausbildung oder Umzugskosten muß im Einzelfall eine interessengerechte Lösung zwischen Sicherung des Arbeitgebers und Berufsfreiheit des Arbeitnehmers gefunden werden.[103]

Ingesamt zeigt sich also, daß ein Arbeitgeber durch Bindungs- und Rückzahlungsklauseln gewissen Druck auf den Arbeitnehmer zum Verbleiben im Betrieb ausüben, letztlich aber die Betriebstreue auf Dauer nicht zusätzlich sichern kann, zumal wenn ein neuer Arbeitgeber die Kosten für entgangene oder zurückzuzahlende Sonderzuwendungen übernimmt.

VI. Ergebnis

Die Hauptleistungspflichten von Arbeitgeber und Arbeitnehmer (§ 611 BGB) sind im Arbeitsrecht zwar durch viele zwingende Schutzbestimmungen gesichert. Zusätzliche rechtliche Gestaltungsmittel zur Siche-

---

98 BAG 26. 10. 1983, AP Nr. 118 zu § 611 BGB Gratifikation.
99 Vgl. BAG 13. 9. 1974, 26. 6. 1975, 4. 9. 1985, AP Nr. 84, 86 und 123 zu § 611 BGB Gratifikation.
100 Vgl. BAG 20. 4. 1989, AP Nr. 128 zu § 611 BGB Gratifikation.
101 Grundlegend BAG 10. 5. 1962, AP Nr. 22 und 23 zu § 611 BGB Gratifikation mit Anm. *Nikisch.*
102 BAG 17. 3. 1982, AP Nr. 110 zu § 611 BGB Gratifikation mit Anm. *W. Blomeyer.*
103 Dazu BAG 9. 11. 1972 und 24. 2. 1975, AP Nr. 45 und 50 zu Art. 12 GG; BAG 11. 4. 1990, NZA 1991, 178; *Schaub,* ArbR-Handbuch, § 84 III 4 und § 176 V m. w. N.; *Söllner,* MüKo, § 611 Rn. 327 ff.

rung von Vergütung und Arbeitsleistung fehlen aber weitgehend. Beide Arbeitsvertragsparteien haben regelmäßig nur die Möglichkeit, mittelbar oder indirekt gewissen Druck auf den anderen auszuüben, damit dieser seine Verpflichtungen einhält. Letztlich hängt die Erfüllungsbereitschaft im Arbeitsverhältnis vom guten Willen der Parteien ab, der am besten durch sozial gerechte Rahmenbedingungen, persönliches Einvernehmen und positive Anreizsysteme gefördert wird.

Einreden gegen die Grundschuld

Von Ulrich Huber, Bonn

Es muß im Jahr 1959 oder 1960 gewesen sein. Band I von „Eigentumsvorbehalt und Sicherungsübertragung" war noch nicht erschienen, aber die Vorarbeiten waren schon weit in die Gebiete hinein vorgedrungen, die später in Band II und III behandelt worden sind.[1] Es stand auch schon fest, daß in diesem Zusammenhang die Sicherungsgrundschuld behandelt werden sollte; der dafür vorgesehene § 28 war aber einstweilen noch ein bloßer Merkposten und ein weißer Fleck. Ich war damals Referendar am Heidelberger Landgericht und wissenschaftliche Hilfskraft bei *Serick*. Die Bücher zum deutschen Recht aus der schönen Bibliothek des Instituts für ausländisches und internationales Privat- und Wirtschaftsrecht in der Heidelberger Augustinergasse waren in *Sericks* Arbeitszimmer im Institut versammelt; Mitarbeiter hatten aber das Recht des jederzeitigen Zugriffs und daher auch Zutritts. Bei solchen Gelegenheiten ergaben sich öfters Gespräche über die Fragen, an denen *Serick* gerade arbeitete. Diesmal aber war ich es, der das Gesprächsthema anschlug. Ich berichtete von einer Klausur, die in der Referendararbeitsgemeinschaft gestellt worden war, zu § 1157 BGB, und über die Kontroverse zwischen dem Reichsgericht und der schon damals in der Literatur überwiegend vertretenen Gegenmeinung.[2] Die Klausur hatte ich vorsichtigerweise nicht mitgeschrieben, aber in der Besprechung hatte ich zugehört. Zwischen *Serick* und mir entspann sich eine lebhafte Diskussion, die wohl bei späterer Gelegenheit noch fortgesetzt wurde. Schließlich beauftragte *Serick* mich, eine kleine schriftliche Ausarbeitung anzufertigen, um die Überlegungen und Ergebnisse festzuhalten. Hieraus ist später meine Dissertation entstanden.[3]

---

1 *Serick*, Eigentumsvorbehalt und Sicherungsübertragung, Bd I, 1963; Bd II, 1965; Bd III, 1970.
2 RGZ 91, 218. Zum damaligen Stand der Literatur vgl. Eigentumsvorbehalt und Sicherungsübertragung II § 28 III 3 S. 434 Fn. 79. *Westermann*, der seinerzeit noch dem RG gefolgt war, hat seinen Standpunkt später, im Anschluß an *Serick*, geändert, vgl. Sachenrecht, 5. Aufl. 1966, § 116 III 3 b S. 582 f.
3 *Ulrich Huber*, Die Sicherungsgrundschuld, 1965. Die Doktorarbeit war im zweiten Halbjahr 1961 fertiggestellt; die Promotion verzögerte sich, weil ich erst nach meinem Assessorexamen Zeit fand, die rechtsgeschichtliche Exegese zu schreiben, die damals in Heidelberg Promotionserfordernis war. Vor dem Druck habe ich dann die Dissertation nicht geradezu neugeschrieben, aber doch in allen Teilen überarbeitet.

Das Reichsgericht hatte bekanntlich entschieden (mir selber war das freilich erst seit der erwähnten Klausurbesprechung bekannt oder zumindest so richtig gegenwärtig), daß der Zessionar, der eine Grundschuld vom Gläubiger erwirbt, nicht gutgläubig im Sinn von §§ 1157 Satz 2, 892 BGB ist, wenn er weiß, daß der Gläubiger die Grundschuld vom Eigentümer zu Sicherungszwecken erhalten hat. Auch wenn die gesicherte Forderung zur Zeit der Abtretung in voller Höhe der Grundschuld besteht, die Grundschuld also voll „valutiert" ist, sollen, wegen der Kenntnis des Zessionars vom Sicherungszweck, dem Eigentümer die Einreden aus dem Sicherungsvertrag gegenüber dem Zessionar gemäß § 1157 Satz 1 BGB in ihrem ganzen Umfang zustehen. Die Konsequenz soll sein, daß der Eigentümer, auch wenn er erst *nach* der Abtretung der Grundschuld das Darlehen an den Darlehensgeber (den Zedenten der Grundschuld) zurückzahlt, gegen den Zessionar die Einrede erheben kann, daß die gesicherte Forderung erloschen sei und die Grundschuld nicht mehr geltend gemacht werden dürfe, und daß er daher gemäß § 1169 BGB vom Zessionar Verzicht auf die Grundschuld verlangen kann. *Serick* und ich hielten das, wie schon damals die maßgebliche Literatur, übereinstimmend für unrichtig. Zwar bezweifelten wir nicht, daß die Einreden des Sicherungsgebers aus dem Sicherungsvertrag an sich ohne jede Einschränkung unter § 1157 BGB fallen. Aber damit konnten unserer Ansicht nach nur solche Einreden gemeint sein, die zur Zeit der Abtretung bereits gegeben waren, nicht dagegen Einreden, die erst durch Zahlungen entstanden, die *nach* Abtretung der Grundschuld an den Zedenten auf die gesicherte Forderung geleistet wurden. Für den guten oder bösen Glauben des Zessionars komme es nicht auf die Kenntnis des Sicherungszwecks im allgemeinen, sondern der konkreten Lage zur Zeit der Abtretung an. Wisse der Zessionar, daß die Grundschuld zur Zeit der Abtretung nicht oder nicht in voller Höhe valutiert sei, müsse er sich die Einrede entgegenhalten lassen; wisse er es nicht, erwerbe er die Grundschuld so, wie sie im Grundbuch stehe. Spätere Leistungen des Sicherungsgebers und persönlichen Schuldners an den Zedenten könnten, auch wenn sie zum Erlöschen der gesicherten Forderung führen, dem Zessionar der Grundschuld nicht schaden.[4]

In diesem Sinn ist die Frage inzwischen auch vom Bundesgerichtshof in ständiger Rechtsprechung entschieden worden.[5] Gerade dies hat aber zu

---

4 Vgl. Eigentumsvorbehalt und Sicherungsübertragung II § 28 III 3 S. 434 ff.; Sicherungsgrundschuld S. 135 ff.
5 Vgl. BGHZ 59, 1, 2; BGH WM 1973, 840; WM 1976, 665; BGHZ 66, 165, 172 f. (mit einer Einschränkung für den Fall des finanzierten Abzahlungskaufs, die nichts mit § 1157 BGB zu tun hat); BGHZ 85, 388, 390 f.; BGH WM 1984, 1078; BGHZ 103, 72, 82; BGH WM 1990, 305,

neuem Widerspruch geführt. Die Opponenten verfolgen unterschiedliche Ziele. Zum einen ist der für den Sicherungsgeber günstigere Standpunkt des Reichsgerichts mit Entschiedenheit verteidigt worden.[6] Zum anderen ist aber auch die gemeinsame Diskussionsbasis, die Anwendbarkeit des § 1157 BGB, in Zweifel gezogen worden. Es sei überhaupt nicht der Sinn der Vorschrift, dem Sicherungsgeber die Möglichkeit zu geben, Einreden aus der schuldrechtlichen Sicherungsabrede einem dritten Erwerber der Grundschuld entgegenzuhalten.[7] Von manchen wird hier auch unterschieden: Peremptorische Einreden aus dem Sicherungsvertrag sollen gegenüber dem Zessionar der Grundschuld gemäß § 1157 BGB wirksam sein, nicht dagegen aufschiebende Einreden.[8]

Angesichts der fortdauernden Diskussion ist es vielleicht nicht verfehlt, daß ich den Anlaß der Festschrift für meinen Doktorvater dazu benutze, die Fragen, die wir vor über dreißig Jahren erörtert haben, nochmals zu überprüfen.

I. Die Rechtslage bei Sicherung einer festbestimmten Forderung

1. Die Abtretung der Grundschuld nach dem Erlöschen der gesicherten Forderung

a) Die Rechtslage nach § 1157 BGB

Für die Rechtsbeziehungen zwischen dem Eigentümer des belasteten Grundstücks und dem Zessionar der Grundschuld, der die Sicherungsabrede kennt, macht es einen Unterschied, ob die Grundschuld zur Sicherung einer bestimmten Forderung dient oder zur Sicherung einer einstweilen noch unbestimmten Forderung, etwa der Forderung aus einem Konto-

---

306 f. = NJW RR 1990, 588, 589. Ebenso schon das vorangegangene obiter dictum BGH WM 1967, 566, 567. Die neuere Literatur steht ganz überwiegend auf demselben Standpunkt, vgl. *Eickmann* in *Westermann*, Sachenrecht II, 6. Aufl. 1988, § 132 III 2 S. 332 ff. (differenzierend allerdings *ders.* in Münchner Kommentar, BGB, 2. Aufl. 1986, § 1191 Rz. 49 ff.); *Baur*, Lehrbuch des Sachenrechts, 15. Aufl. 1989, § 45 III S. 413 ff.; *Mattern* in RGRK (Das Bürgerliche Gesetzbuch, Kommentar, herausgegeben von Mitgliedern des Bundesgerichtshofs), 12. Aufl. 1981, § 1157 Rz. 5, 8; *Staudinger-Scherübl*, BGB, 12. Aufl. 1981, § 1191 Rz. 34; *Erman-Räfle*, BGB, 8. Aufl. 1989, § 1191 Rz. 23; *Soergel-Konzen*, BGB, 12. Aufl. 1990, § 1191/92 Rz. 19, 20; *Jauernig*, BGB, 6. Aufl. 1991, § 1191 Anm. II 6 f.; *Palandt-Bassenge*, BGB, 51. Aufl. 1992, § 1191 Rz. 20–22; *Medicus*, Bürgerliches Recht, 14. Aufl. 1989, Rz. 506.

6 Vgl. *Wilhelm*, Sicherungsgrundschuld und Einreden gegen den Dritterwerber, JZ 1980, 625 ff.

7 *Buchholz*, Abtretung der Grundschuld und Wirkungen der Sicherungsvereinbarung – Zur Anwendbarkeit des § 1157 BGB auf die Sicherungsgrundschuld, AcP 187 (1987), 107 ff. Im gleichen Sinn OLG Köln OLGZ 1969, 419 = BB 1970, 1233 (mit abl. Anm. *Huber*).

8 So *Reinicke/Tiedtke*, Gesamtschuld und Schuldsicherung, 2. Aufl. 1988, S. 207 ff.

korrentkredit. Zunächst soll nur der erstgenannte Fall betrachtet werden. Der Verkäufer eines Grundstücks stundet z. B. dem Käufer einen Teil des Kaufpreises auf ein Jahr und läßt sich als Sicherheit eine Grundschuld am Kaufgrundstück bestellen; oder eine Bank gewährt ein Darlehen und erhält hierfür eine Grundschuld am Grundstück des Darlehensnehmers.

Bezahlt der Eigentümer den Kaufpreis oder zahlt er das Darlehen zurück, so kann er dem Gläubiger, wenn dieser ihn zusätzlich aus der Grundschuld in Anspruch nimmt, die Einrede entgegenhalten, daß der vertraglich vereinbarte Sicherungszweck sich erledigt hat; der Gläubiger soll – das ist der Sinn der Sicherungsvereinbarung – mit Hilfe der Grundschuld nicht mehr bekommen, als ihm auf Grund der gesicherten Forderung zusteht. Tritt in dieser Situation der Gläubiger die Grundschuld an einen Zessionar ab, der weiß, daß es sich um eine Sicherungsgrundschuld handelt und daß die gesicherte Forderung bezahlt ist, so ergibt sich aus § 1157 Satz 1 i. V. mit § 1192 BGB, daß auch der Zessionar die Grundschuld nicht geltend machen kann: er muß sich die dem Zedenten gegenüber bestehende Einrede ebenfalls entgegenhalten lassen.

b) Die ratio legis des § 1157 BGB

Wir würden den Fall wohl nicht anders entscheiden, wenn es die positive Bestimmung des § 1157 BGB nicht gäbe, sondern dem Grundstückseigentümer mit § 242 oder, wohl noch richtiger, mit § 826 BGB zu Hilfe kommen. Eine vergleichbare Situation bestand im früheren Wechselrecht. Art. 82 der früheren Wechselordnung[9] bestimmte: „Der Wechselschuldner kann sich nur solcher Einreden bedienen, welche aus dem Wechselrechte selbst hervorgehen oder ihm unmittelbar gegen den jedesmaligen Kläger zustehen". Einreden, die dem Wechselschuldner aufgrund seiner schuldrechtlichen Rechtsbeziehungen zum *Rechtsvorgänger* des Klägers zustanden, waren dem Wechselschuldner also abgeschnitten, und zwar, wie es nach dem Gesetzeswortlaut scheinen konnte, ohne jede Einschränkung. Es war aber, und zwar auch schon vor Inkrafttreten des BGB, anerkannt, daß eine Ausnahme dann galt, wenn der Erwerber des Wechsels beim Erwerb die Einrede kannte und in der Absicht handelte, sie dem Wechselschuldner abzuschneiden. In diesem Fall konnte der Wechselschuldner sich dem

---

9 Vgl. Bundesgesetz, betreffend die Einführung der Allgemeinen Deutschen Wechselordnung ... vom 5. Juni 1869, BGBl. S. 379; gültig zuletzt i. d. F. der Bekanntmachung vom 3. Juni 1908 RGBl. S. 327. Zur Entstehungsgeschichte vgl. *Staub-Stranz*, Wechselordnung, 12. Aufl. 1929, Allg. Einl. Rz. 1; *Michaelis*, Wechselrecht, 1932, Einl. Anm. 2; *U. Huber*, Das Reichsgesetz über die Einführung einer allgemeinen Wechselordnung vom 26. November 1848, JZ 1978, 785.

neuen Gläubiger gegenüber mit der exceptio doli zur Wehr setzen.[10] Nach Inkrafttreten des BGB wurde zur Begründung der Einrede insbesondere auf § 826 BGB verwiesen.[11] Gäbe es § 1157 BGB nicht, müßten wir hinsichtlich der Grundschuld genauso entscheiden. Allerdings war im Wechselrecht streitig, von welchen Voraussetzungen die exceptio doli abhängen sollte. Die Rechtsprechung des Reichsoberhandelsgerichts und des Reichsgerichts verlangte „Kollusion": arglistiges Zusammenwirken zwischen dem bisherigen und dem neuen Gläubiger, um den Wechselschuldner um seine Einreden zu bringen.[12] Nach *Staub-Stranz* (und wie dort berichtet ist, nach der Praxis der Untergerichte) sollte dagegen die einfache Kenntnis des Erwerbers von der Einrede ausreichen, um ihm gegenüber die exceptio doli zu begründen.[13] Die sachlich besseren Gründe, insbesondere auch im Hinblick auf die Beweislage, sprachen für *Staub-Stranz*, und ihre Ansicht hat sich dann ja auch im Genfer Einheitlichen Wechselrecht durchgesetzt (Art. 17 WG[14]).

Bei den Beratungen zum BGB wollte die erste Kommission in der Tat die Frage der Einreden gegen das Grundpfandrecht genauso behandeln, wie sie nach damaligem Wechselrecht behandelt wurde: die Einreden sollten nur inter partes wirken, nicht gegenüber dem Rechtsnachfolger; im Fall arglistigen Verhaltens des Rechtsnachfolgers wurde der allgemeine Rechtsbehelf der exceptio doli als ausreichend angesehen. Eine dem jetzigen § 1157 BGB entsprechende Bestimmung war – in bewußter Abweichung vom bisherigen preußischen und mecklenburgischen Recht – nicht vorgesehen. Zur Begründung berief die erste Kommission sich auf ein eher doktrinäres Argument: Die schuldrechtliche Einrede könne nur dann gegenüber dem Sondernachfolger des Grundpfandgläubigers wirken, wenn man ihr „eine gewisse dingliche Kraft" beilege; der Entwurf beruhe aber auf der „Grundanschauung, daß das dingliche Recht seinem Wesen nach scharf geschieden

---

10 Vgl. *Staub-Stranz* Art. 82 WO Rz. 15, 16; *Michaelis* Art. 82 WO Rz. 48; beide mit umfassenden Nachweisen.
11 Vgl. *Staub-Stranz* Art. 82 WO Rz. 16: „Will man Anknüpfungen an das BGB suchen, so kann § 826 herangezogen werden". Dagegen leitete *Jacobi*, in: *Ehrenberg*, Handbuch des gesamten Handelsrechts Bd. IV 1, 1917, S. 259 die exceptio doli aus § 242 BGB ab.
12 Vgl. ROHG 7, 245, 253; 8, 357; 13, 257, 262 f.; 23, 336, 338 (dolus auch, wenn der Zessionar aus dem Wechsel, der mit dem Zedenten getroffenen Absprache zuwider, vorgeht; bloße Kenntnis des Zessionars von der Einrede reicht aber nicht aus); RGZ 57, 62, 65 (Konnossement); 57, 388, 391; 96, 190, 191 (Scheck); weitere Nachweise bei *Staub-Stranz* Art. 82 WO Rz. 16; *Michaelis* Art. 82 WO Rz. 48; zustimmend *Michaelis* a. a. O. Rz. 49.
13 *Staub-Stranz* Art. 82 WO Rz. 16; ebenso *Bernstein*, Allgemeine Deutsche und Allgemeine Österreichische Wechselordnung, 1898, Art. 82 § 3, 5; *Jacobi* a. a. O. (Fn. 11) S. 258 ff.
14 Wechselgesetz vom 21. Juni 1933, RGBl. I S. 399; zur Entstehungsgeschichte vgl. *Baumbach-Hefermehl*, Wechselgesetz und Scheckgesetz, 16. Aufl. 1988, Einl. WG Rz. 3.

ist von dem obligatorischen Rechte". Eine andere Beurteilung sei nur angebracht, wenn die Verfügung über das Grundpfandrecht den Zweck gehabt habe, „den einwendungsberechtigten Eigentümer um seine Ansprüche gegen den bisherigen Berechtigten zu bringen", und wenn die Handlungsweise des Erwerbers, „wegen wissentlicher Beteiligung an einer betrügerischen Handlung des Rechtsvorgängers oder wegen des in ihr enthaltenen Verstoßes gegen die guten Sitten, als Delikt gegenüber dem Eigentümer" erscheine.[15]

Die Mehrheit der zweiten Kommission, auf die § 1157 BGB zurückgeht, hielt diesen Schutz des Eigentümers nicht für ausreichend. Sie wollte die exceptio doli ins positive Recht übernehmen und dabei klarstellen, daß schon die bloße Kenntnis des Erwerbers von der Einrede zur Aufrechterhaltung der Einrede führen sollte.[16] Die damit verbundene Verbesserung der Position des Eigentümers lag insbesondere darin, daß die Frage der „Kollusion" mit ihren Beweisschwierigkeiten beseitigt wurde, so wie es ja auch später im Wechselrecht durch Art. 17 WG geschehen ist. Verhindert werden sollte, daß der Erwerber „in illoyaler Absicht" das Grundpfand-

---

15 Vgl. Motive III S. 700 f. = *Mugdan*, Die gesamten Materialien zum Bürgerlichen Gesetzbuch III, 1899, S. 391. Demgegenüber hatte das preußische Gesetz über den Eigentumserwerb und die dingliche Belastung der Grundstücke, Bergwerke und selbständigen Gerechtigkeiten vom 5. Mai 1872 (Gesetz-Sammlung für die Königlichen Preußischen Staaten 1872, 433) in § 38 Abs. 1 bestimmt: „Gegen die Klage aus einer Grundschuld sind Einreden nur insoweit zulässig, als sie dem Beklagten gegen den jedesmaligen Kläger unmittelbar zustehen oder aus dem Grundschuldbrief sich ergeben, oder die Tatsachen, auf welche sich dieselben gründen, dem Kläger beim Erwerb der Grundschuld bekannt gewesen sind". § 38 Abs. 2 enthielt die entsprechende Regelung für die Hypothek (bezüglich der Einreden gegen die gesicherte Forderung). Zur Rechtslage nach mecklenburgischem Recht vgl. die Darstellung bei *Buchholz*, Abstraktionsprinzip und Immobiliarrecht – Zur Geschichte der Auflassung und der Grundschuld, 1978, S. 241 ff.

16 Die neu aufgenommene Bestimmung (jetzt § 1157 BGB) lautete, in der Fassung des in der zweiten Kommission gestellten Antrags: „Der Hypothekenschuldner kann Einwendungen, die ihm unmittelbar gegen den Gläubiger zustehen, auch einem Sondernachfolger desselben entgegensetzen, sofern sie sich auf Tatsachen gründen, die dem Sondernachfolger zur Zeit des Erwerbs der Hypothek bekannt waren" (Protokolle III S. 580 = *Mugdan* III S. 819). Die Fassung des Antrags stimmt also fast wörtlich mit § 38 Abs. 1 des preußischen Eigentumserwerbsgesetzes überein (vgl. Fn. 15), nur daß, der Verweisungstechnik des Gesetzes entsprechend, von Einreden gegen die „Hypothek" statt gegen die „Grundschuld" die Rede ist (die Geltung der vorgeschlagenen Bestimmung für die Grundschuld ergab sich aus E I § 1136 = § 1192 Abs. 1 BGB). Die Darstellung bei *Wilhelm* JZ 1980, 625, 630 über das Verhältnis von § 38 Abs. 1 preuß. Eigentumserwerbsgesetz und § 1157 BGB ist daher unrichtig; der Antrag in der zweiten Kommission verfolgte mit Sicherheit nicht die Intention, eine von § 38 Abs. 1 abweichende und weitergehende Regelung zu treffen, wie sich auch aus der Begründung des Antrags (Protokolle III S. 583 = *Mugdan* III S. 821) ergibt. – Die spätere Änderung des abschließenden Teilsatzes und ihr Ersatz durch die Verweisung auf § 892 BGB erklärt sich aus dem Bestreben, die Bestimmung in das sachenrechtliche System des Grundbuchzwangs und des grundbuchrechtlichen Gutgläubensschutzes einzupassen.

recht einredefrei erwerbe; und die Mehrheit hielt es für „zweifelhaft", ob die Vorschriften über unerlaubte Handlungen hierzu ausreichten. Darüber, daß die praktische Bedeutung der Frage nicht bei der Hypothek, sondern bei der Sicherungsgrundschuld liegt, war die zweite Kommission sich natürlich im klaren. Das zeigt sich an den Argumenten der Minderheit. Sie führte jetzt, neben dem alten Argument aus der dinglichen Rechtsnatur der Hypothek und einem Hinweis auf die Rechtslage nach dem damaligen Wechselrecht, „praktische Erwägungen" ins Feld. Hierfür berief sie sich gerade auf den Fall der Grundschuld, deren „praktischer Wert" wesentlich beeinträchtigt würde, „wenn man dem Beklagten gestatte, dem Singularsukzessor des ursprünglichen Gläubigers Einwendungen aus dem Rechtsverhältnisse entgegenzusetzen, welches zur Bestellung der Grundschuld geführt habe".

Die Mehrheit ließ sich hiervon nicht beeindrucken. Das Argument der dinglichen Rechtsnatur des Grundpfandrechts erklärte sie für eine „petitio principii". Der „durch den Ausschluß von Einwendungen gegen den Sondernachfolger zu fördernde Hypothekenverkehr" verliere den „Anspruch auf Schutz", wenn der Sondernachfolger zur Zeit des Erwerbs wisse, daß gegen den Rechtsvorgänger Einwendungen begründet waren; die „illoyale Absicht" des Erwerbers müsse ausreichen, ihm den Schutz zu entziehen; die Erfahrung im Landesrecht habe gezeigt, daß die Wirksamkeit der Einwendungen gegen den bösgläubigen Rechtsnachfolger „keineswegs zu einer Beeinträchtigung des loyalen Verkehrs geführt habe".[16a]

Im übrigen wurden von den Wortführern der Mehrheit „im wesentlichen die in der Kritik III S. 320 und die in den Bemerkungen der mecklenburgischen Regierung S. 272, 273 entwickelten Gründe wiederholt".[17] Von besonderem Interesse ist die hier zitierte Stellungnahme der mecklenburgischen Regierung.[18] Sie schlug vor – dem Vorbild des mecklenburgischen

---

16a Vgl. Protokolle III S. 582–584 = *Mugdan* III S. 820–822.
17 Vgl. *Mugdan* III S. 821 = (mit geringfügigen Abweichungen) Protokolle III S. 583. Der Hinweis auf „Kritik III S. 320" bezieht sich auf eine Stellungnahme von *Hermes* gegenüber dem preußischen Landes-Ökonomie-Kollegium. *Hermes* wies hier darauf hin, der im ersten Entwurf vorgesehene Ausschluß der persönlichen Einwendungen des Eigentümers gegenüber dem Rechtsnachfolger des Gläubigers werde „weder duch das Wesen des dinglichen Rechts noch durch den öffentlichen Glauben des Grundbuchs gerechtfertigt"; die „Möglichkeit eines Einwandes nach Deliktsgrundsätzen, auf welche die Motive S. 701 verweisen, genüge nicht". Vgl. Zusammenstellung der gutachtlichen Äußerungen zu dem Entwurf eines Bürgerlichen Gesetzbuchs gefertigt im Reichs-Justizamt, Bd. III, 1890, S. 320.
18 Vgl. Bemerkungen der Großherzoglich Mecklenburg-Schwerinschen Regierung zu den Entwürfen eines Bürgerlichen Gesetzbuchs für das Deutsche Reich und eines Einführungsgesetzes zu diesem Gesetzbuch, Erster Band, 1891, S. 271–273.

Rechts folgend[19] –, die Hypothek überhaupt als nichtakzessorisches Recht, also im heutigen Sprachgebrauch als „Grundschuld" auszugestalten.[19a] Für den Fall, daß die Grundschuld („Hypothek") zur Sicherung einer Forderung bestimmt ist, sollte folgende Bestimmung eingefügt werden: „Ist die Hypothek zur Sicherung einer Forderung bestellt, so kann der Eigentümer auch solche Einwendungen geltend machen, durch welche behauptet wird, daß die Forderung nicht entstanden oder daß die entstandene Forderung erloschen ist". Diese Einwendungen sollten dem Eigentümer sowohl gegen den ursprünglichen Gläubiger zustehen als auch gegenüber dessen Sondernachfolger, „soweit nicht die Grundsätze über den öffentlichen Glauben des Grundbuchs eingreifen". Wie der öffentliche Glaube des Grundbuchs überhaupt in Folge der mala fides des Erwerbers seine Wirksamkeit einbüße, so müsse auch der „durch den Ausschluß von Einwendungen gegen den Sondernachfolger zu fördernde Hypothekenverkehr den Anspruch auf Schutz verlieren, wenn der Sondernachfolger zur Zeit der Erwerbung der Hypothek wußte bzw. wissen mußte, daß gegenüber seinem Veräußerer Einwendungen begründet waren" (unter „Hypothek" war dabei, wie gesagt, die Grundschuld, und zwar speziell die Sicherungsgrundschuld zu verstehen). Aus „praktischen Gründen" sei es erforderlich, „die Existenz des Einwendungsrechts auf Seiten des Eigentümers zur Zeit der Übertragung und die Kenntnis des Erwerbers von dem bestehenden Einwendungsrecht zur Begründung der exceptio doli für ausreichend zu erklären". Die Behauptung der Motive der ersten Kommission, „die deliktmäßige Haftung des Sondernachfolgers werde das praktische Bedürfnis ausreichend befriedigen", sei unrichtig, schon wegen der Schwierigkeit des Nachweises, „daß bei der Übertragung der Hypothek (= Grund-

---

19 Vgl. oben Fn. 15 a. E. In der Praxis wurde die nichtakzessorische Hypothek des mecklenburgischen Rechts offenbar fast durchweg zur Sicherung von persönlichen Forderungen (also, wie wir heute sagen, als „Sicherungsgrundschuld") verwendet; vgl. den Hinweis der „Bemerkungen" a. a. O. (Fn. 18) S. 246 f. darauf, daß „auch in Mecklenburg meistens neben der Hypothek eine persönliche Forderung zur Zahlung des eingetragenen Kapitals mit Zinsen herläuft" und daß die Nichtakzessorietät der mecklenburgischen Hypothek nur bedeutet, „daß die Existenz einer persönlichen Verpflichtung nicht mehr begriffsmäßiges wesentliches Erfordernis der Hypothek ist".

19a Als Argument wurde angeführt, daß zwischen der Briefhypothek (Verkehrshypothek) und der Grundschuld nach der Konzeption des ersten Entwurfs nur ein juristisch-konstruktiver, kein praktischer Unterschied bestehe, a. a. O. (Fn. 18) S. 241. Zur Ablehnung des Vorschlags, soweit er darauf abzielte, das Akzessorietätsprinzip überhaupt aufzugeben, vgl. Protokolle III S. 511 = *Mugdan* III S. 788 f. (Ablehnung mit 17:4 Stimmen). Ausschlaggebend war – wie auch gegenüber anderen Vorschlägen zur Reduktion der Formenvielfalt des ersten Entwurfs – das Motiv, daß man nicht aus Gründen der juristischen Konsequenz und der Vereinfachung vertraute Formen des Realkredits beseitigen wollte (Protokolle III S. 515 = *Mugdan* III S. 791; vgl. auch schon Motive III S. 607 ff. = *Mugdan* III S. 338 ff.).

schuld) die Benachteiligung des Eigentümers von dem Veräußerer verfolgt und dem Erwerber bekannt gewesen sei". Ebenso unrichtig sei die Berufung der Motive der ersten Kommission „auf die von dem Entwurfe beliebte scharfe Scheidung des dinglichen Rechts von dem obligatorischen Rechte". „Vom legislativen Standpunkte aus" könne „die konsequente Durchführung dieser Scheidung nicht gebilligt werden", denn: „das Dogma muß weichen, wenn es den Anforderungen der Gerechtigkeit und des praktischen Bedürfnisses widerstreitet".[19b]

Dies also sind die Erwägungen, die zur Einführung des jetzigen § 1157 BGB durch die zweite Kommission geführt haben. Die Entscheidung fiel knapp aus: bei Stimmengleichheit gab die Stimme des Vorsitzenden den Ausschlag.[19c] Sie wurde indessen später nicht mehr in Zweifel gezogen. In der Denkschrift zur Reichstagsvorlage wird kurz darauf hingewiesen, daß der Eigentümer „unbillig benachteiligt" würde, wenn man seinen Schutz gegen den Rechtsnachfolger auf den Fall der unerlaubten Handlung beschränke. Nochmals hebt die Denkschrift hervor, die Bestimmung (des jetzigen § 1157 BGB) sei „von besonderer Bedeutung für die Grundschuld", da diese „von einer Forderung überhaupt unabhängig sei".[19d]

c) Abweichende Ansichten

Es ist schwer begreiflich, wieso angesichts des Wortlauts und der Entstehungsgeschichte überhaupt Zweifel daran aufkommen konnten, daß § 1157 BGB auf die Einreden aus dem Sicherungsvertrag gegen die Grundschuld ohne jede Modifikation anzuwenden ist. Der Wortlaut des Gesetzes (§ 1157 i. V. mit § 1192 Abs. 1 BGB) ist eindeutig. Es ist kaum verständlich, daß demgegenüber *Buchholz* den Einwand erhoben hat, die Literatur habe für die Anwendung des § 1157 BGB auf die Einreden aus dem Sicherungsvertrag niemals eine „Begründung" gegeben[20] – so als ob die Anwendung des

---

19b Vgl. auch a.a.O. (Fn. 18) S. 242 f.: „Ob die moderne Hypothek bzw. die Grundschuld als ‚dingliches Recht' oder als Realobligation zu konstruieren ist . . ., kann dahingestellt bleiben. Denn für den Gesetzgeber wird nicht die juristische Konstruktion des Instituts, sondern nur der Gesichtspunkt maßgeblich sein können, ob die von ihm zu erlassenden Vorschriften dem praktischen Bedürfnis entsprechen, insbesondere ob sie geeignet sind, den Realkredit zu fördern, zu heben und zu entwickeln. Diesem Gesichtspunkt gegenüber wird die juristische Konstruktion zurückzutreten haben." – *Buchholz* AcP 187 (1987), 107, 114 meint gleichwohl, den Gesetzesredaktoren eine „völlig unfruchtbare Auseinandersetzung über das Wesen der Grundpfandrechte" vorwerfen zu dürfen; der Gesetzgeber sei „in den Sog der sogenannten Pfandrechtstheorien" geraten, woraus sich eine „begriffsjuristische Sichtverengung" ergeben habe. Der Vorwurf ist offensichtlich unbegründet.
19c Protokolle III S. 583 = *Mugdan* III S. 821.
19d Vgl. *Mugdan* III S. 986.
20 AcP 187 (1987), 107, 123 f.

Gesetzes noch besonders „begründet" werden müßte. Die Begründungslast liegt doch wohl bei demjenigen, der das Gesetz bei Vorliegen seines Tatbestands *nicht* anwenden will. Die Annahme indessen, der Gesetzgeber habe sich bei der Redaktion der §§ 1157, 1192 BGB geirrt und der Verweis auf § 1157 beruhe gewissermaßen auf einem Versehen[21], wird durch die Materialien zur Evidenz widerlegt. Es ist schon ein merkwürdiges Schauspiel zu beobachten, wie die Argumente der ersten Kommission und der Minderheit der zweiten Kommission, die die Mehrheit und im Anschluß daran der Gesetzgeber verworfen haben, in der Diskussion, unbekümmert um die Entscheidung des Gesetzgebers, wieder und wieder vorgetragen werden: so wenn *E. Wolf* geltend macht, die Anwendung des § 1157 BGB sei mit der dinglichen Rechtsnatur der Grundschuld unvereinbar (die Mehrheit der zweiten Kommission bezeichnete das als „petitio principii")[22]; wenn das OLG Köln behauptet, § 1157 BGB gelte nicht für vertragliche Einreden gegen die Grundschuld, sondern nur für die Einrede der ungerechtfertigten Bereicherung (während weder das Gesetz, noch die Gesetzesberatungen auch nur eine Andeutung in dieser Richtung enthalten);[23] wenn *Buchholz* den Eigentümer gegenüber dem unredlichen Erwerber der Grundschuld auf die exceptio doli verweisen will (also auf diejenige Lösung, die der Gesetzgeber gerade vermeiden wollte);[24] wenn immer wieder gegenüber der Anwendung des § 1157 BGB der „abstrakte", „nichtakzessorische" Charakter der Grundschuld beschworen wird (während der Gesetzgeber klar gesehen hat, daß § 1157 BGB bei der Grundschuld seine „besondere Bedeutung" haben werde, gerade *weil* sie „von einer Forderung überhaupt unabhängig" sei, und obwohl die Minderheit der zweiten Kommission die Konsequenzen des § 1157 BGB für die Grundschuld vergeblich als Gegenargu-

---

21 So der Sache nach *Buchholz* AcP 187 (1987), 107, 116, der geradezu behauptet, über die Einreden gegen die Grundschuld sei in der zweiten Kommission „nicht entschieden" worden. Das wäre selbst dann verkehrt, wenn in der Diskussion der zweiten Kommission die Grundschuld nicht besonders zur Sprache gekommen wäre – was aber, wie die Protokolle ergeben (III S. 583 = *Mugdan* III S. 821), sehr wohl der Fall gewesen ist (zutreffend insoweit *Wilhelm* JZ 1980, 625, 628; vgl. auch *Lopau*, Die Sicherungsgrundschuld im Spannungsfeld von Eigentümer- und Verkehrsinteressen, JuS 1976, 553, 554). Die Darstellung der Entstehungsgeschichte bei *Buchholz* erscheint auch sonst gegenüber dem Bild, das sich aus den Motiven und Protokollen ergibt, als stark verzeichnet – so sehr scheint *Buchholz* auf seine vorgefaßte Idee fixiert, daß § 1157 BGB für Einreden aus dem Sicherungsvertrag nicht gelten dürfe.
22 Vgl. *E. Wolf,* Sachenrecht, 2. Aufl. 1979, S. 525 ff.
23 OLG Köln OLGZ 1969, 419, 424.
24 *Buchholz* AcP 187 (1987), 107, 139 f. – unbekümmert darum, daß er jetzt bei der Auslegung des § 826 BGB genau auf das Problem stößt (ist Kollusion erforderlich?), das die zweite Kommission beseitigen wollte und das auch im Wechselrecht erst durch das Eingreifen des Gesetzgebers beseitigt werden konnte.

ment vorgetragen hatte).[25] Und dies alles wird nicht etwa um eines guten oder auch nur verständlichen Zwecks willen behauptet, sondern ausschließlich zum Vorteil eines Zessionars, der weiß, daß die Grundschuld in der Hand des Zedenten durch Einrede entkräftet ist – der also, wie es in den Protokollen kurz und treffend heißt, die Grundschuld in „illoyaler Absicht" erwirbt und deshalb keinen „Anspruch auf Schutz" hat.

Man fragt sich, wie es dazu kommen konnte. Der Grund liegt möglicherweise darin, daß die Verweisungstechnik des Gesetzes manchen Interpreten Schwierigkeiten bereitet. Sie wollen es, aus einer vorgefaßten Meinung heraus, nicht so recht wahrhaben, daß der Gesetzgeber die Grundschuld durch die Verweisung des § 1192 Abs. 1 BGB auf § 1157 BGB eben doch in gewisser Weise mit der Forderung verbindet, und sie meinen offenbar, er habe bei der Verweisung nicht so richtig aufgepaßt und man dürfe ihn aus besserer Einsicht in die „dogmatischen" Zusammenhänge korrigieren. Von einem Redaktionsversehen kann aber, wie gesagt, nicht die Rede sein. Die Gesetzesredaktoren hatten erwogen, die Verweisung des § 1192 Abs. 1, der leichteren Verständlichkeit halber, aufzulösen; die Redaktionskommission hat sich dieser Fleißarbeit unterzogen.[26] Die entsprechende Formulierung für die Einreden gegen die Grundschuld lautet (§ 1138 v): „Eine Einrede, welche dem Eigentümer auf Grund eines zwischen ihm und dem Gläubiger

---

25 Charakteristisch *Buchholz* AcP 187 (1987), 107 ff.; OLG Köln OLGZ 1969, 419, 423; vgl. auch, mit weniger weitgehenden Konsequenzen, *Reinicke/Tiedtke*, Gesamtschuld und Schuldsicherung S. 207, 211 (dazu unten II 3). Verfehlt auch *Baden*, Noch einmal: § 1157 BGB und das Einredesystem der Sicherungsgrundschuld, JuS 1977, 75, 79 § 1157 sei nicht auf jede Einrede des Eigentümers gegen die Grundschuld anwendbar, sondern nur auf solche Einreden, die „den Charakter der Grundschuld als nicht akzessorisches Sicherungsrecht nicht beeinträchtigen." Das ist reine Begriffsjurisprudenz; die Grundschuld ist in genau dem Maß „nichtakzessorisch", in dem sich das aus dem Gesetz ergibt. Vgl. dazu auch den treffenden Hinweis bei *Gursky*, Fälle und Lösungen nach höchstrichterlichen Entscheidungen, 6. Aufl. 1986, S. 146, 152: der „eindeutige Wortlaut und Sinn des Gesetzes" müsse „natürlich den Vorrang vor dogmatischen Ordnungsvorstellungen und systemästhetischen Erwägungen haben".
26 Vgl. Protokolle IV S. 501 ff.; Abdruck bei *Planck-Strecker*, BGB, 5. Aufl. 1938, § 1192 Anm. 3; *Staudinger-Scherübl* § 1192 Rz. 3. Der Grund war der, daß in der Redaktionskommission Meinungsverschiedenheiten darüber aufgetreten waren, ob es nicht richtiger sei, die Dinge umzukehren, die Grundschuld im einzelnen zu regeln, diese Regelung an die Spitze zu stellen, hinsichtlich der Hypothek auf die Grundschuld zu verweisen und die Sonderregeln anzufügen, die sich aus der Akzessorietät ergeben. Die Befürworter dieses Vorschlags beriefen sich u. a. auf systematische Gründe und auf den Gesichtspunkt, „daß dem juristisch gebildeten Leser das richtige Verständnis tunlichst erleichtert werde"; stelle man die Regelung der Hypothek an die Spitze, so seien die „Vorschriften ... über die Hypothek ... ohne Kenntnis der Bestimmungen über die Grundschuld nicht richtig zu verstehen" (vgl. Protokolle IV S. 498). Die Redaktionskommission unterbreitete die Frage dem Plenum der zweiten Kommission; hier wollte aber die Mehrheit das alte, angesehene und weitverbreitete Rechtsinstitut der Hypothek des äußeren Vorrangs nicht berauben.

bestehenden Rechtsverhältnisses gegen die Grundschuld zusteht, kann auch einem Sondernachfolger des Gläubigers entgegengesetzt werden. Die Vorschriften der §§ 810, 812–814 (= §§ 892, 894–899 BGB) finden Anwendung". Wäre diese ausführlichere Variante Gesetz geworden, wären vermutlich keine Zweifel darüber aufgetaucht, daß auch der Sicherungsvertrag ein „Rechtsverhältnis" ist. Die zweite Kommission in ihrer Mehrheit hat gemeint, sie könne es bei der Abkürzung durch Verweisung belassen; Mißverständnisse, wie sie dann tatsächlich eingetreten sind, glaubte sie offenbar nicht befürchten zu müssen.[27]

Insgesamt kann man mit dem BGH nur feststellen: Daß der Grundstückseigentümer dem Zessionar der Grundschuld die Einrede des Nichtbestehens der Forderung entgegenhalten kann, wenn der Zessionar den Sicherungszweck und das Nichtbestehen der Forderung kennt, „kann, wie §§ 1157, 1192 zeigen, nicht zweifelhaft sein".[28] Zu Recht hat der BGH diese Feststellung als keiner weiteren Begründung bedürftig angesehen.

d) Rechtslage bei Kenntnis des Sicherungszwecks und Unkenntnis des Erlöschens der Forderung

In der Literatur nach wie vor streitig ist die Rechtslage, wenn der Zessionar der Grundschuld nur vom Sicherungszweck, aber nicht vom Erlöschen der gesicherten Forderung Kenntnis hat. Als Beispiel mag der Fall dienen, daß die Grundschuld ein Darlehen sichert, das der gesetzlichen Kündigungsfrist unterliegt. Der Sicherungsnehmer tritt Forderung und Grundschuld unter Vorlage des Sicherungsvertrags an den Zessionar ab. Vorher hatte der Eigentümer das Darlehen gekündigt und mit einer, vom Gläubiger bestrittenen, Gegenforderung aufgerechnet. Hiervon hat der Gläubiger dem Zessionar nichts gesagt; der Zessionar hat sich auf das Bestehen der Forderung verlassen. Tatsächlich war aber die Aufrechnung wirksam. Nach der Rechtsprechung des BGH und der herrschenden Meinung in der Literatur erwirbt hier der Zessionar die Grundschuld gutgläubig einredefrei.[29] In

---

27 Harten Tadel an der Verweisungstechnik des Gesetzes übt *Buchholz* AcP 187 (1987), 107, 108 („eine Verweisung, die ... nicht weiterhilft"), 116 („stiefmütterlich" sei die Grundschuld behandelt worden), 125 („nicht nur ein Dokument gesetzesredaktioneller Unzulänglichkeit ..."). Wahrscheinlich wäre allerdings der Beitrag von *Buchholz*, hätte der Gesetzgeber § 1192 Abs. 1 BGB ausformuliert, ungeschrieben geblieben. Es ist bemerkenswert, daß *Buchholz* den Alternativvorschlag der Redaktionskommission nicht einmal als „Auslegungshilfe" gelten lassen will (S. 117 Fn. 44).
28 BGH WM 1967, 566, 567.
29 Vgl. Fn. 5. Die Möglichkeit eines gutgläubigen einredefreien Erwerbs gem. §§ 1157 Satz 2, 892 BGB wird selbstverständlich nicht dadurch ausgeschlossen, daß der Gläubiger sich, außer der Grundschuld, auch die Forderung abtreten läßt, vgl. dazu BGH WM 1984, 1078; BGHZ 103, 72, 81 m. weit. Nachw.; vgl. auch Sicherungsgrundschuld S. 46f.

der Tat kann man dem Zessionar Erwerb „in illoyaler Absicht"[30] schwerlich vorhalten. Daß die Frage trotzdem streitig ist, beruht vor allem auf dem Fall, daß der Schuldner, der von der Abtretung keine Kenntnis erlangt, die Forderung *nachträglich* an den Zedenten bezahlt. Die Frage soll deshalb in diesem Zusammenhang erörtert werden (vgl. unten I 3).

2. Anfängliches Nichtbestehen der gesicherten Forderung

Daß § 1157 BGB auch den Fall der anfänglichen Nichtvalutierung erfaßt, kann nach Wortlaut und Sinn des Gesetzes nicht bezweifelt werden. Die Grundschuld wird z. B. dem Gläubiger zur Sicherung einer Forderung aus einem nichtigen Vertrag bestellt oder zur Sicherung eines Darlehens, das nicht ausbezahlt worden ist. Kennt der Zessionar den Sicherungszweck und weiß er, daß der Vertrag nichtig oder das Darlehen nicht ausbezahlt ist, so ist die Einrede der Nichtvalutierung ihm gegenüber wirksam.[31] Kennt er nur den Sicherungszweck, glaubt er aber auf das Wort des Zedenten hin, die Forderung bestehe, das Darlehen sei ausbezahlt, so ist er nach herrschender Meinung gutgläubig, nach der auf das Reichsgericht zurückgehenden Gegenansicht bösgläubig. Auch hier ist die grundsätzliche Frage zu entscheiden, ob Kenntnis vom Sicherungszweck dem Zessionar schadet oder nicht. Vereinzelt wird aber auch zwischen den Fällen des nachträglichen Wegfalls und des anfänglichen Nichtbestehens der Forderung differenziert; es wird behauptet: Zwar schade im Fall des Erlöschens der gesicherten Forderung dem Zessionar nur Kenntnis des Sicherungszwecks und Kenntnis des Erlöschens, wenn beides zusammenkommt; dagegen führe im Fall des anfänglichen Nichtbestehens der Forderung schon die bloße Kenntnis des Sicherungszwecks zur Bösgläubigkeit des Zessionars.[32] Die Differenzierung erscheint als unmotiviert und willkürlich; ein Anhaltspunkt im Gesetz besteht nicht, wird auch nicht behauptet. Die Frage, ob Kenntnis vom Sicherungszweck als solche, ohne Kenntnis der konkreten Einrede,

---

30 Protokolle III S. 584 = *Mugdan* III S. 822.
31 *Reinicke/Tiedtke* wollen allerdings § 1157 BGB auf bloß aufschiebende Einreden nicht anwenden; demnach fiele die Einrede, daß das Darlehen nicht ausbezahlt ist, nicht unter § 1157 BGB, sofern der Darlehensvertrag noch nicht aufgehoben, die Valutierung also noch möglich ist (Gesamtschuld und Schuldsicherung S. 211). Die Frage spielt vor allem eine Rolle bei der Sicherung von Kontokorrentkrediten; in diesem Zusammenhang ist darauf zurückzukommen (vgl. unten II 3). Der BGH trägt übrigens keine Bedenken, § 1157 BGB auf aufschiebende Einreden anzuwenden; vgl. BGH WM 1986, 293, 294 (zum Fall der Belastung zweier Miteigentumsanteile mit einer Gesamtgrundschuld und zur Einrede, daß der Gläubiger aus dem Miteigentumsanteil des späteren Klägers erst Befriedigung suchen darf, wenn es ihm nicht gelungen ist, aus dem anderen Miteigentumsanteil Befriedigung zu finden).
32 MünchKomm-*Eickmann* § 1191 Rz. 51, 52.

den guten Glauben des Zessionars beseitigt, muß einheitlich und ein für alle Mal entschieden werden.

3. Die Bezahlung der gesicherten Forderung an den bisherigen Gläubiger nach Abtretung von Forderung und Grundschuld

a) Ausgangslage

Der Gläubiger der gesicherten Forderung, der sich eine Grundschuld als Sicherheit hat bestellen lassen, kann hierdurch nicht daran gehindert sein, die Forderung abzutreten.[32a] Einen praktischen Sinn hat die Abtretung der Forderung aber nur, wenn er auch die Grundschuld abtritt. Denn einerseits kann der Zessionar ohne die Grundschuld mit der Forderung nichts anfangen: der Schuldner muß auf die Forderung nur bezahlen, wenn ihm die Grundschuld zurückgegeben wird.[33] Hierauf kann er sich gemäß § 404 BGB auch dem Zessionar der Forderung gegenüber berufen.[34] Auf der anderen Seite ist für den Zedenten mit der Abtretung das Interesse an der Sicherheit erloschen; das Sicherungsinteresse liegt nunmehr beim Zessionar. Tritt daher der bisherige Gläubiger Grundschuld und Forderung

---

32a Vgl. BGH NJW-RR 1991, 305 m. weit. Nachw.
33 Vgl. BGH WM 1982, 839, 841 m. weit. Nachw.; Eigentumsvorbehalt und Sicherungsübertragung II § 28 III 1 S. 431 m. weit. Nachw.; Sicherungsgrundschuld S. 110 ff. Die Einrede hat ihren Grund in der zwischen dem Eigentümer und dem Gläubiger abgeschlossenen Sicherungsabrede: da der Gläubiger in Form der Grundschuld bereits ein Erfüllungssurrogat erhalten hat, kann er auf die Forderung nur zurückgreifen, wenn der Schuldner das Erfüllungssurrogat zurückerhält. Dem Schuldner steht die Einrede auch dann zu, wenn nicht er, sondern ein Dritter in seinem Auftrag die Grundschuld bestellt hat; sie richtet sich in diesem Fall auf Rückgabe der Grundschuld an den Eigentümer (Sicherungsgeber) Zug um Zug gegen Zahlung der gesicherten Forderung durch den Schuldner. Vgl. *Planck-Strecker* § 1192 Anm. 6e; *Wolff-Raiser*, Sachenrecht, 10. Aufl. 1957, § 154 S. 642 Fn. 16; *Staudinger-Scherübl* § 1191 Rz. 9 (mit Analogie zu § 1167 BGB); Sicherungsgrundschuld S. 113 ff. (mit Rückgriff auf die zwischen dem Eigentümer und dem Gläubiger abgeschlossene Sicherungsabrede); Eigentumsvorbehalt und Sicherungsübertragung II § 28 III 1 S. 431 Fn. 66. In der Regel ergibt die Zug-um-Zug-Einrede sich hier schon daraus, daß bei Personenverschiedenheit von Schuldner und Eigentümer der Schuldner auch selbst einen Sicherungsvertrag abschließt: er verspricht dem Gläubiger, ihm dadurch eine Sicherheit zu verschaffen, daß der Eigentümer des belasteten Grundstücks die Grundschuld bestellt. Aus dieser, zwischen dem Schuldner und dem Gläubiger getroffenen Sicherungsabrede (die mit der Sicherungsabrede, die zwischen dem Eigentümer und dem Gläubiger bei Bestellung der Grundschuld getroffen wird, nicht zu verwechseln ist) ist zu entnehmen, daß der Schuldner die gesicherte Forderung nur gegen Rückgabe der Grundschuld an den Eigentümer erfüllen muß. Andernfalls liefe er Gefahr, daß der Gläubiger oder ein Rechtsnachfolger die Grundschuld noch nachträglich mit Erfolg gegenüber dem Eigentümer geltend macht, daß der Eigentümer gemäß § 670 BGB von ihm Aufwendungsersatz verlangt und daß er im Ergebnis zweimal zahlt.
34 BGH WM 1982, 839, 841 m. weit. Nachw.; Eigentumsvorbehalt und Sicherungsübertragung II § 28 III 1 S. 431 m. weit. Nachw.; Sicherungsgrundschuld S. 111.

gemeinsam ab, so besteht für den Zessionar – dem der Sicherungsvertrag in einem solchen Fall natürlich bekannt ist – folgende Rechtslage: Er weiß, daß der Zedent die Grundschuld nicht vor Fälligkeit der Forderung geltend machen durfte – genauer gesagt: nicht vor dem Termin, den der Zedent ihm als Fälligkeitstermin für die Forderung genannt hat. Infolgedessen ist er nach § 1157 BGB auch selbst gehindert, die Grundschuld vor diesem Termin geltend zu machen (auch wenn die Grundschuld als solche fällig ist, vgl. § 1193 BGB).[35] Hat der Gläubiger mit dem Schuldner einen Aufschub der Fälligkeit vereinbart, den er dem Zessionar verschwiegen hat, so gilt für die Grundschuld gemäß § 1157 BGB der Termin, den der Zedent dem Zessionar bekannt gegeben hat; für die Forderung gilt dagegen gemäß § 404 BGB der Termin der Zusatzvereinbarung.

b) Rechtslage im Fall des Erlöschens der Forderung gemäß § 407 BGB

Zweckmäßigerweise wird der neue Gläubiger dem Schuldner die Zession von Forderung und Grundschuld anzeigen. Unterläßt er dies und bezahlt der Schuldner in Unkenntnis der Zession die gesicherte Forderung an den Zedenten, so erlischt die gesicherte Forderung, obwohl sie dem Zessionar zusteht (§ 407 BGB). Die Frage ist, ob der Schuldner dieses nachträgliche Erlöschen der gesicherten Forderung dem Zessionar auch dann entgegenhalten kann, wenn dieser aus der Grundschuld vorgeht. Dies ist die Frage, die vom Bundesgerichtshof und der herrschenden Meinung in der Literatur einerseits, vom Reichsgericht andererseits unterschiedlich beantwortet worden ist. Der Bundesgerichtshof und die herrschende Meinung interpretieren § 1157 BGB so, daß dem Grundschuldgläubiger nur Einreden entgegengehalten werden können, die zur Zeit der Abtretung konkret entstanden sind, und auch dies nur, wenn die konkrete Einrede dem Zessionar bei Abtretung bekannt war.[36] Das trifft im vorliegenden Fall nicht zu. Denn die Einrede, daß die gesicherte Forderung erloschen ist und die Grundschuld deshalb nicht mehr geltend gemacht werden kann, ist erst durch die nachträgliche Bezahlung der Forderung an den Zedenten entstanden. Sie konnte also dem jetzigen Grundschuldgläubiger bei Erwerb der Grundschuld gar nicht bekannt sein. Das Reichsgericht und diejenigen, die seine Position noch heute verteidigen, beurteilen das anders.[37] Die Einrede finde ihre Grundlage in der Sicherungsabrede. Kenne der Erwerber der Grund-

---

35 Vgl. dazu Sicherungsgrundschuld S. 127, 136 f. Zur abweichenden Behauptung von *Reinicke/Tiedtke*, aufschiebende Einreden aus dem Sicherungsvertrag fielen nicht unter § 1157 BGB, vgl. unten II 3.
36 Vgl. oben Fn. 5.
37 RGZ 91, 218; aus der Literatur vor allem *Wilhelm* JZ 1980, 625 ff.

schuld die Sicherungsabrede, so kenne er, gewissermaßen virtuell, auch alle Einreden, die möglicherweise aus der Sicherungsabrede entstehen.

c) Unanwendbarkeit des § 404 BGB

Das Reichsgericht hat sich hierfür auf § 404 BGB berufen.[38] Nach § 404 BGB (der gemäß § 413 BGB grundsätzlich auch bei der Abtretung von Rechten, nicht nur von Forderungen, sinngemäß anwendbar ist) muß der Zessionar sich alle Einwendungen entgegenhalten lassen, die zur Zeit der Abtretung begründet sind. Begründet ist die Einrede, daß die Grundschuld nach Erlöschen der gesicherten Forderung nicht mehr geltend gemacht werden darf, aber schon durch die Sicherungsabrede. Versteht man § 1157 BGB aber so, daß alle Einreden dem Zessionar entgegengehalten werden können, die bei Abtretung der Möglichkeit nach begründet sind, auch wenn sie noch nicht entstanden sind, dann kann es für Redlichkeit und Unredlichkeit auch nur auf die Kenntnis der möglichen Einrede, oder anders gesagt: auf die Kenntnis des Rechtsgrunds der Einrede, der Sicherungsvereinbarung ankommen. Die Folge ist, daß der Zessionar der Grundschuld, der die Sicherungsvereinbarung kennt, sich alle Einreden gegen die Grundschuld entgegenhalten lassen muß, die aus der Sicherungsvereinbarung bereits entstanden sind oder in Zukunft entstehen werden – so als ob er selbst Partei der Sicherungsvereinbarung wäre.

Nun war die Heranziehung des § 404 BGB durch das Reichsgericht verfehlt. In meiner Doktorarbeit habe ich gemeint, § 404 BGB (i. V. mit § 413 BGB) sei durch § 1157 BGB als lex specialis verdrängt, und § 1157 BGB sei, nach Wortlaut und Sinn, enger gefaßt als § 404 BGB.[39] Das war vielleicht nicht falsch, aber unvollständig. Die Gesetzesredaktoren waren davon ausgegangen, daß die in § 1157 BGB geregelten Einreden ohne eine entsprechende Sonderregel dem neuen Gläubiger überhaupt nicht entgegengehalten werden könnten. Die Vorstellung, § 1157 enthalte eine Beschränkung der an sich gegebenen Rechte des Grundstückseigentümers aus § 404 BGB, lag ihnen offensichtlich fern. Sie wollten die Rechte des Grundstückeigentümers erweitern, nicht beschränken.[40] Diese Einschätzung der Ausgangslage durch die Gesetzesverfasser traf zu. Die Grundschuld ist ein dingliches Recht am Grundstück, das den Gläubiger zur Verwertung des Grundstücks berechtigt. Eine „entsprechende Anwendung" des § 404 BGB, wie sie § 413 BGB vorsieht, kommt hier von vornherein nicht in Betracht. Schuldrecht-

---

38 RGZ 91, 218, 225.
39 Sicherungsgrundschuld S. 144.
40 Vgl. Protokolle III S. 383 f. = *Mugdan* III S. 821.

liche Bindungen, denen der Inhaber des dinglichen Verwertungsrechts sich unterwirft, gehören, anders als die Einwendungen gegen die Forderung im Fall des § 404 BGB, von vornherein nicht zum Inhalt des abgetretenen Rechts. Sie wirken als schuldrechtliche Verpflichtungen grundsätzlich nur inter partes und nicht gegen einen dritten Erwerber des dinglichen Rechts – so wie eine schuldrechtliche Bindung, der der Eigentümer einer Sache sich einem Dritten gegenüber unterworfen hat, den Erwerber des Eigentums nicht bindet, wenn nicht das Gesetz (wie in § 986 Abs. 2 BGB) etwas anderes anordnet.[41] Eine solche Anordnung hat das Gesetz auch in § 1157 BGB getroffen. Eine weitergehende Wirkung, als in § 1157 BGB angeordnet worden ist, kann die Einrede des Eigentümers gegenüber dem Rechtsnachfolger des Grundstücksgläubigers nicht entfalten.[42] Es war daher verfehlt, daß das Reichsgericht § 404 BGB trotzdem und neben § 1157 BGB herangezogen hat.

d) Einrede der „Nichterfüllung des Sicherungszwecks"?

Ohne den Rückgriff auf § 404 BGB läßt sich aber die These des Reichsgerichts nicht begründen. Einen derartigen Begründungsversuch hat *Wilhelm* unternommen.[43] Er weist, an sich zu Recht, darauf hin, daß dem Eigentümer von Anfang an gegen die Grundschuld eine aufschiebende Einrede zusteht, die besagt, daß die Grundschuld vor Fälligkeit der gesicherten Forderung nicht geltend gemacht werden darf. Diese Einrede bezeichnet er als „Einrede der Nichterfüllung des Sicherungszwecks".[44] Sie entfalle nur, wenn die Forderung fällig sei und nicht erfüllt werde. Sie sei dem Zessionar bekannt, wenn ihm nur der Sicherungszweck bekannt sei. Infolgedessen müsse er sich die Einrede gemäß § 1157 BGB entgegenhalten lassen. Werde nachträglich die gesicherte Forderung gegenüber dem Zedenten der Grundschuld wirksam befriedigt, bleibe die Einrede als dauernde bestehen.

Die Argumentation beruht auf der Ausnutzung der Mehrdeutigkeit des Ausdrucks „Nichterfüllung des Sicherungszwecks". Hinter der unklar

---

41 Vgl. dazu auch Motive III S. 700 f. = *Mugdan* III S. 391.
42 Zutreffend *Baden* JuS 1977, 75, 76 Fn. 9.
43 Vgl. *Wilhelm* JZ 1980, 625 ff. Ähnlich zuvor schon *Lopau*, JuS 1976, 553, 556 ff. Auch die Überlegungen bei *Friedrich*, Die Eintragungsfähigkeit der bei Bestellung einer Grundschuld vereinbarten Sicherungsabrede, NJW 1968, 1655, 1656 zielen wohl schon in die gleiche Richtung.
44 *Wilhelm* JZ 1980, 625, 1628. Der Sinn der Bezeichnung ist allerdings wenig klar. Der Sicherungszweck besteht darin, dem Gläubiger die Bezahlung der gesicherten Forderung zu verschaffen. Dieser Zweck ist „erfüllt", wenn der Gläubiger Zahlung erlangt hat; er ist nicht erfüllt, solange die Forderung noch offensteht. Wieso aus der „Nichterfüllung des Sicherungszwecks" eine Einrede für den Schuldner entstehen soll, ist schwer zu verstehen. Gerade weil der Sicherungszweck nicht erfüllt ist, darf der Gläubiger die Sicherheit behalten und verwerten!

gewählten Bezeichnung[45] verbergen sich in Wahrheit zwei verschiedene Einreden:[46] erstens die Einrede, daß die Forderung noch nicht fällig ist und die Grundschuld deshalb noch nicht geltend gemacht werden darf; zweitens die Einrede, daß sie erloschen ist und der Sicherungszweck sich erledigt hat. Die erste besteht von Anfang an, die zweite entsteht erst mit dem Erlöschen der gesicherten Forderung; die erste besagt, daß der Gläubiger die Grundschuld „noch nicht", die zweite, daß er sie „nicht mehr" geltend machen darf. Weiß der Zessionar der Grundschuld, daß sie eine Forderung sichert, die am 30. 6. 1992 fällig ist, so weiß er, daß der Zedent auch die Grundschuld erst am 30. 6. 1992 geltend machen darf, vorher noch nicht, und daß daher bis dahin dem Eigentümer eine Einrede zusteht. Stellt sich nun beim Termin heraus, daß der Zedent dem Schuldner die Forderung schon vor der Abtretung erlassen hatte, so kann der Zessionar sich gemäß §§ 1157 Satz 2, 892 BGB darauf berufen, daß er dies nicht gewußt habe. Er bleibt also berechtigt, die Forderung zum ihm bekannten Termin geltend zu machen. Es handelt sich einfach um zwei verschiedene Einreden; die eine kennt der Zessionar, die andere nicht. Nicht anders ist es, wenn die Forderung nach Abtretung durch einen zwischen dem Schuldner und dem Zedenten abgeschlossenen, dem Zessionar gegenüber gemäß § 407 BGB wirksamen Erlaßvertrag oder durch eine gemäß § 407 BGB wirksame Leistung des Schuldners an den Zedenten beseitigt wird. Hier entsteht eine zweite Einrede, die aber dem Zessionar gegenüber unwirksam ist, weil die Abtretung den zeitlichen Vorrang hat. Dem Zedenten gegenüber kann sie wirksam sein, so z. B., wenn der Zessionar später die Grundschuld auf ihn zurücküberträgt.

e) Die Interessenlage

Seinen tieferen Grund hat der Versuch einer erweiternden und korrigierenden Auslegung des § 1157 BGB, aber auch der Widerstand der herrschenden Lehre und der Rechtsprechung des BGH hiergegen, in einer unterschiedlichen Bewertung der im Fall der Abtretung der Grundschuld gegebenen Interessenlage. Wer wie das Reichsgericht entscheidet, verlangt vom Zessionar der Grundschuld – wenn er nur weiß, daß die Grundschuld Sicherungsgrundschuld ist – folgendes: Erstens muß er sich beim Schuldner erkundigen, ob die Forderung besteht. Zweitens muß er sich neben der Grundschuld die gesicherte Forderung abtreten lassen. Drittens muß er

---

45 Vgl. Fn. 44.
46 So zutreffend *Baden* JuS 1977, 75, 76 f., gegen *Lopau* JuS 1976, 553, 556 ff. Die Kritik *Badens* trifft auch gegenüber der Argumentation von *Wilhelm* zu. *Wilhelms* späterer Versuch, die Kritik *Badens* zu entkräften (Die maßgebliche Einrede bei der Anwendung des § 1157 BGB auf die Sicherungsgrundschuld, NJW 1983, 2917, 2918 f.), hat keine neuen Argumente zutage gefördert.

dem Schuldner die Abtretung anzeigen. Denn es ist das Risiko des Zessionars, der den Sicherungszweck der Grundschuld kennt, daß die gesicherte Forderung nicht besteht; und es ist sein Risiko, daß sie später vom Schuldner an den Zedenten bezahlt wird.

Die herrschende Meinung beurteilt die Lage anders. Der Erwerber der Grundschuld braucht sich um die Forderung nicht zu kümmern, auch wenn er den Sicherungszweck der Grundschuld kennt. Es ist Sache des Schuldners, sich zu schützen, indem er die Forderung nur gegen Rückabtretung der Grundschuld und Rückgabe des Grundschuldbriefs bezahlt.[47] Anderenfalls läuft er Gefahr, daß er auf die Forderung bezahlt, obwohl die Grundschuld bereits einem Dritten zusteht, oder aber, daß die Grundschuld noch nachträglich an einen Dritten abgetreten wird. Diese Vorsicht zu wahren, verlangt vom Schuldner nichts Unzumutbares. Wenn er solche elementare Vorsichtsmaßnahmen unterläßt, darf er nicht versuchen, die Folgen auf den Erwerber der Grundschuld abzuwälzen. Zwar handelt der Zessionar arglistig, wenn er beim Erwerb der Grundschuld weiß, daß der Schuldner die gesicherte Forderung bezahlt hat; in diesem Fall versagt ihm daher § 1157 BGB zu Recht die Befugnis, die Grundschuld geltend zu machen. Dagegen handelt der Zessionar nicht arglistig, wenn er die Grundschuld erwirbt und dabei davon ausgeht, daß die gesicherte Forderung besteht. Er braucht nicht darauf Rücksicht zu nehmen, daß der Schuldner so töricht und unvorsichtig ist, an den Zedenten noch Zahlungen auf die Forderung zu leisten, ohne sich um den Verbleib der Grundschuld zu kümmern. Es ist nicht Sache des Zessionars der Grundschuld, beim Schuldner der Forderung Erkundigungen einzuziehen und ihn von der Abtretung der Grundschuld zu benachrichtigen. Der Schuldner befindet sich damit im Fall der Sicherungsgrundschuld in keiner anderen Lage als der Schuldner, der eine gewöhnliche Hypothek bestellt hat. Auch in diesem Fall kann der Schuldner, der in Unkenntnis der Abtretung der Hypothekenforderung an den bisherigen Gläubiger zahlt, sich dem neuen Gläubiger gegenüber – wenn dieser ihn aus der Hypothek in Anspruch nimmt – nicht auf § 407 BGB berufen (§ 1156 Satz 1 BGB); auch in diesem Fall muß der Schuldner sich schützen, indem er auf Rückgabe des Hypothekenbriefs und Erteilung einer löschungsfähigen Quittung Zug um Zug gegen Zahlung besteht (§§ 1144, 1145, 1167 BGB). Bei der Grundschuld besteht nach herrschender Meinung genau dieselbe Lage.

---

47 Vgl. dazu oben Fn. 33; *Westermann*, Sachenrecht, 5. Aufl., § 116 IV S. 583. Das Argument trifft bei der Sicherung festbestimmter Forderungen zweifellos zu. Zur Lage bei der Sicherung von Kontokorrentkrediten vgl. unten II, von sukzessive zu tilgenden Darlehen unten III.

Nimmt man den Wortlaut, den systematischen Kontext und die Entstehungsgeschichte des Gesetzes zusammen, so kann es kaum einem Zweifel unterliegen, daß die herrschende Meinung die Intentionen des Gesetzgebers richtig erfaßt hat und daß das Reichsgericht den Gedanken des Schuldnerschutzes übertrieben hat. Dem Gesetzgeber kann nicht unterstellt werden, daß er mit § 1157 BGB die Absicht verfolgt hat, die Grundschuld als ein Recht auszugestalten, das weniger verkehrsfähig ist, als es die Hypothek ist.[48] Darauf ist in der Literatur immer wieder hingewiesen worden[49]; und der BGH hat sich das Argument zu eigen gemacht.[50] Die Rechtsprechung des Reichsgerichts führte dagegen dazu, daß die Grundschuld, wenn der Zessionar den Sicherungszweck kennt, behandelt wird wie eine Sicherungshypothek (§§ 1184, 1185 BGB). Wenn das aber das Regelungsziel des Gesetzes gewesen sein sollte, fragt man sich vergeblich, welchen Sinn es eigentlich hat, daß § 1157 Satz 2 überhaupt einen gutgläubigen Erwerb der Grundschuld im Hinblick auf die dem Eigentümer des Grundstücks zustehenden Einreden vorsieht. Da Grundschulden praktisch immer Sicherungsgrundschulden sind, müßte auf einen Zessionar, der den Sicherungszweck nicht kennt, wohl keine besondere Rücksicht genommen werden. Wollte man bei der Grundschuld keinen Gutglaubensschutz, so wäre es nur konsequent gewesen, in § 1192 BGB festzusetzen, daß für Einreden, die dem Eigentü-

---

48 Die gegenteilige Behauptung von *Wilhelm* JZ 1980, 625, 630 beruht auf einer Annahme, die in den Tatsachen keinen Anhaltspunkt hat. Es läuft den Tatsachen zuwider, wenn *Wilhelm* hier einen Gegensatz konstruiert zwischen der früheren Regelung in § 38 Abs. 1 des preußischen Eigentumserwerbsgesetzes und der Regelung, die die zweite Kommission ins BGB eingefügt hat; vielmehr stimmte der von der zweiten Kommission angenommene Antrag mit § 38 Abs. 1 des preußischen Gesetzes im entscheidenden Punkt wörtlich überein (vgl. oben Fn. 15, 16). Die Mehrheit hat sich überdies zur Begründung des Antrags ausdrücklich auf das preußische Recht und darauf berufen, daß es sich bewährt habe (vgl. Protokolle III S. 584 = *Mugdan* III S. 822). Darüber, daß die Grundschuld verkehrsfähig bleiben und durch § 1157 BGB nicht etwa der Sicherungshypothek angeglichen werden sollte, bestand zwischen Mehrheit und Minderheit Einigkeit (vgl. Protokolle III S. 582 ff. = *Mugdan* III S. 819 ff.). Nach dem Inhalt der Diskussion und dem knappen Abstimmungsergebnis unterliegt es keinem Zweifel, daß ein Antrag, eine den Vorstellungen des RG und jetzt *Wilhelms* entsprechende Bestimmung in das BGB aufzunehmen, in der zweiten Kommission mit Sicherheit keine Mehrheit gefunden hätte. Unrichtig ist übrigens auch, was *Wilhelm* a. a. O. zur wechselrechtlichen exceptio doli schreibt. Tatsächlich versetzte nicht erst § 1157 BGB, sondern schon § 38 Abs. 1 des preußischen Eigentumserwerbsgesetzes den Eigentümer gegenüber dem Erwerber der Grundschuld in eine bessere Lage, als sie dem Wechselschuldner gegenüber dem Wechselerwerber nach der herrschenden Meinung zu Art. 82 WO zukam. Kenntnis des Wechselerwerbers von der Einrede sollte nach der herrschenden, wenn auch von *Staub* mit guten Gründen bekämpften Ansicht gerade nicht ausreichen, um die exceptio doli auszulösen; hinzukommen mußte Kollusionsabsicht (vgl. oben Fn. 10–13). Auch *Wilhelm* stellt also die Entstehungsgeschichte des § 1157 BGB ungenau dar; vgl. auch oben Fn. 16.
49 Vgl. Eigentumsvorbehalt und Sicherungsübertragung II § 28 III 3 S. 434; *Wolff-Raiser* § 154 VI 2 S. 642 Fn. 15; *Westermann*, 5. Aufl., § 116 III 3 b S. 583; *Baur* § 45 III 1 c S. 414.
50 BGHZ 59, 1, 2.

mer gegen die Grundschuld zustehen, im Fall der Abtretung der Grundschuld § 404 BGB entsprechend gilt, und daß ein Grundschuldbrief nicht erteilt werden kann. So ist der Gesetzgeber aber eben nicht verfahren. Der Grund kann nur darin liegen, daß er die Grundschuld hinsichtlich ihrer Verkehrsfähigkeit der Hypothek, und zwar der „Verkehrshypothek", und nicht der Sicherungshypothek gleichstellen wollte.[51]

Nun kann man darüber diskutieren, ob das Konzept des Gesetzgebers nicht durch die Rechtswirklichkeit überholt ist. Offenbar besteht in der Praxis ein Bedürfnis nach verkehrsfähigen Grundpfandrechten nicht in dem Maß, in dem der Gesetzgeber es vorausgesetzt hat. Privatleute, die Grundpfandkredit gewähren in der Absicht, sich bei Bedarf durch Veräußerung des Grundpfandrechts zu refinanzieren, sind selten. Der Grundpfandkredit wird wesentlich von Kreditinstituten gewährt. Diese decken ihren Refinanzierungsbedarf nicht dadurch, daß sie die von ihnen gehaltenen Grundpfandrechte weiterveräußern. Die wachsende Beliebtheit der Grundschuld als Kreditsicherungsmittel hat offenbar mit der Möglichkeit des gutgläubigen Erwerbs nur wenig zu tun: zwischen den Jahren 1917 und 1972, also zwischen der grundlegenden Entscheidung des Reichsgerichts und der Änderung der Rechtsprechung durch den Bundesgerichtshof, war mit der Verkehrsfähigkeit von Grundschulden praktisch nicht zu rechnen, und trotzdem gewann die Grundschuld gegenüber der Hypothek in dieser Zeit immer mehr an Boden. Vielleicht würde es die Funktionsfähigkeit des Grundkredits kaum stören, wenn der Gesetzgeber die Verkehrshypothek abschaffte, die Sicherungshypothek als einzige Form der Hypothek übrigließe und den jetzigen § 1157 BGB durch eine Verweisung auf § 404 BGB ersetzte.

Aber das sind Spekulationen de lege ferenda, die am geltenden Recht nichts ändern können. Man kann wohl auch kaum behaupten, daß das geltende Recht zu Mißständen in einem Ausmaß geführt hat, das eine Korrektur als besonders dringlich erscheinen ließe. Einen wirklichen Schaden erleidet der Schuldner ja auch erst, wenn dreierlei zusammenkommt: Der Schuldner muß es versäumen, sich die Grundschuld bei Bezahlung der Forderung zurückgeben zu lassen, der Gläubiger muß die nichtvalutierte Grundschuld veruntreuen und der Gläubiger muß außerdem insolvent werden, so daß der Schuldner den Schadensersatzanspruch wegen Verletzung des Sicherungsvertrags nicht realisieren kann. In der großen Menge der Fälle des bankmäßigen Kreditgeschäfts dürfte diese Gefahr nicht bestehen. Nichtbanken sollte man dagegen Grundschulden ohnehin nicht anvertrauen, ohne sich den Rückgewähranspruch durch Vormerkung sichern zu las-

---

51 Vgl. Fn. 48.

sen.⁵² Natürlich sind Fälle vorgekommen, in denen der Eigentümer oder der ihm regreßpflichtige persönliche Schuldner durch einen gutgläubigen Erwerb der Grundschuld hart getroffen worden ist. Mit der billigen Floskel, das sei eben das Wesen des gutgläubigen Erwerbs, „dem einen wohl und dem anderen weh zu tun"⁵³, wird sich niemand über diese Fälle so leicht trösten. Aber sie konnten durchweg nur deshalb eintreten, weil der Schuldner und der Eigentümer es unterlassen hatten, die möglichen und gebotenen Vorsichtsmaßregeln zu ergreifen. Es ist schwer begreiflich, wie es dazu kommen konnte, daß im Fall des Reichsgerichts⁵⁴ der Sicherungsgeber, immerhin Kaufmann, nicht dafür gesorgt hat, daß der gesicherte Bankkredit seines verstorbenen Vaters nur gegen Rückgabe der Grundschuld abgelöst wurde; und es ist ebenso schwer begreiflich, daß im Fall des OLG Köln⁵⁵ die Eigentümer ihrem Vertragspartner eine Grundschuld in Höhe von 100 000 DM für künftige Baustofflieferungen überließen, ohne beim beurkundenden Notar nachzufragen und von ihm den Rat zu bekommen, sich eine Vormerkung für die Rückgabe der Grundschuld bewilligen zu lassen.⁵⁶

4. Bezahlung der gesicherten Forderung an den Zessionar

Eine besondere Lage tritt ein, wenn der Sicherungsgeber nach der Zession von Grundschuld und Forderung die Forderung an den Zessionar bezahlt. Kein Problem entsteht, wenn er auf die Grundschuld als solche zahlt. Dann fällt die Grundschuld an ihn als den Eigentümer des belasteten Grundstücks zurück⁵⁷; die Forderung erlischt oder ihr steht zumindest eine dauernde Einrede entgegen.⁵⁸ Ein Problem entsteht auch dann nicht, wenn der Sicherungsgeber auf die Forderung zahlt und diese Zahlung davon abhängig macht, daß die Grundschuld Zug um Zug zurückgegeben wird.

---

52 Vgl. dazu unten I 6.
53 So *Eickmann* in *Westermann*, Sachenrecht II, 6. Aufl. 1988, § 132 III 3 b S. 334.
54 RGZ, 91, 218.
55 OLG Köln OLGZ 1969, 419. Die Grundstückseigentümer waren die Opfer des Baustoffhändlers E. geworden, der wie ein Unhold durch die Entscheidungen der frühen siebziger Jahre zur Grundschuld wandert. Vgl. auch BGH NJW 1974, 185; dazu unten IV 3.
56 Die Sicherung durch Vormerkung ist für den Eigentümer effizienter als die von *Reithmann*, Grundpfandrechte heute – Rechtsentwicklung und Aufgaben des Notars, DNotZ 1982, 67, 75 f. erwogenen komplizierten Mittel (Eintragung einer auflösenden Bedingung oder eines dinglich wirkenden Abtretungsverbots – als Gläubiger würde ich mich auf beides nicht einlassen). Vgl. dazu unten I 6. Umso mehr ist zu unterstreichen, was *Reithmann* a. a. O. 86 ff. über die Aufgaben, Funktionen und Pflichten des Notars in derartigen Fällen schreibt.
57 Unstreitig; vgl. Eigentumsvorbehalt und Sicherungsübertragung § 28 II 4 S. 426; *Staudinger-Scherübl* § 1143 Rz. 31; *RGRK-Mattern* § 1143 Rz. 14, 22; *MünchKomm-Eickmann* § 1191 Rz. 65; *Erman-Räfle* § 1191 Rz. 42; *Soergel-Konzen* § 1191/92 Rz. 33, 38; *Palandt-Bassenge* § 1191 Rz. 10; alle m. weit. Nachw.
58 Vgl. dazu oben Fn. 33.

Dagegen ergibt sich eine Schwierigkeit, wenn der Sicherungsgeber (oder der von ihm verschiedene persönliche Schuldner) auf die Forderung zahlt und versäumt, sich gleichzeitig die Grundschuld zurückgeben zu lassen. Der Rückgewähranspruch aus dem Sicherungsvertrag richtet sich nach wie vor gegen den ursprünglichen Sicherungsnehmer; der Zessionar wird nicht dadurch, daß er sich Forderung und Grundschuld hat abtreten lassen, Partei des Sicherungsvertrags und Schuldner des Rückgewähranspruchs.[59] Daß der Zessionar den Sicherungszweck der Grundschuld kennt, ändert hieran nichts. Trotzdem kann es nicht zugelassen werden, daß der Zessionar, nachdem die gesicherte Forderung an ihn bezahlt worden ist, nunmehr aus der Grundschuld ins belastete Grundstück vollstreckt. § 1157 ist allerdings nicht anwendbar. Denn die Einrede, daß der Sicherungszweck sich erledigt hat und die Grundschuld nicht mehr geltend gemacht werden darf, ist erst nach der Abtretung im Verhältnis zwischen dem Sicherungsgeber und dem Zedenten entstanden; der Zessionar muß sie sich, nach dem oben Gesagten, gemäß § 1157 BGB auch dann nicht entgegenhalten lassen, wenn er den Sicherungszweck kannte.

Aber bei dieser Feststellung kann es nicht sein Bewenden haben. Der Zessionar verhält sich arglistig, wenn er in Kenntnis des Sicherungszwecks zunächst die Forderung einzieht, dabei die Grundschuld, die er an sich Zug um Zug zurückgeben müßte, einbehält und sie später geltend macht, um so die Grundschuldsumme doppelt einzuziehen. Der Gedanke des Verkehrsschutzes spielt hier keine Rolle. Der Zessionar mußte, als er sich Grundschuld und Forderung in Kenntnis des Sicherungszwecks abtreten ließ, damit rechnen, daß er einmal Zahlung erhielt; er mußte davon ausgehen, daß der Schuldner die Bezahlung der Forderung von der Rückgabe der Grundschuld abhängig machen würde. Er darf die Arglosigkeit und Gutgläubigkeit des Schuldners, der zahlt, ohne auf gleichzeitiger Rückgabe der Grundschuld zu bestehen, nicht zum Nachteil des Schuldners ausnutzen. Versucht er es gleichwohl, muß er sich den Einwand der Arglist entgegenhalten lassen.[60] Die Folge ist, daß der Eigentümer vom Zessionar gemäß § 1169 BGB Verzicht auf die Grundschuld verlangen kann.[61]

---

59 BGH WM 1967, 566, 567; BGH NJW 1985, 800, 801.
60 Vgl. dazu auch Sicherungsgrundschuld S. 115 f., 147. Seinerzeit habe ich geglaubt, dem Schuldner solle dadurch geholfen werden, daß er die Leistung auf die Forderung kondizieren könne, wenn der Gläubiger nachträglich die Grundschuld geltend mache (§§ 812, 813 BGB). Heute halte ich das für zu kompliziert; es hilft auch dann nicht recht weiter, wenn der Eigentümer und der Schuldner verschiedene Personen sind. Ich meine, das dolose Verhalten des Gläubigers ist so evident, daß man sich nicht scheuen sollte, dem Eigentümer ohne weiteres mit dem Arglisteinwand zu Hilfe zu kommen.
61 Vgl. zur Anwendbarkeit des § 1169 BGB gegenüber dem Zessionar der Grundschuld auch RGZ 91, 218, 225 f.; BGH NJW 1985, 800, 801; Sicherungsgrundschuld S. 136.

5. Isolierte Abtretung der Grundschuld

Bisher wurde der Fall behandelt, daß der Zessionar sich beide Rechte des Sicherungsnehmers, die Forderung und die Grundschuld, in Kenntnis des Sicherungszwecks gemeinsam abtreten läßt. Dieses Verfahren wird wohl der Regel entsprechen. Da die Grundschuld nicht als akzessorisches Recht ausgestaltet ist, sind die Parteien allerdings nicht gehindert, die Abtretung auf die Grundschuld zu beschränken. Sachlich ändert sich hierdurch nichts. Besteht die Forderung, erwirbt der Zessionar die Grundschuld einredefrei, jedenfalls einredefrei zum Fälligkeitstermin der Forderung. Diese bleibt in der Hand des Zedenten der Einrede ausgesetzt, daß der Schuldner zur Leistung nur gegen Rückgabe der Grundschuld verpflichtet ist. Da der Sicherungsnehmer die Grundschuld infolge der Zession nicht zurückgeben kann, bleibt die Forderung solange gehemmt, solange nicht der Zessionar die Grundschuld an den Sicherungsnehmer zurückgibt (etwa weil sich im Verhältnis dieser Parteien der Sicherungszweck erledigt hat, um dessentwillen der erste Grundschuldgläubiger die Grundschuld weiterabgetreten hat). Versäumt der Schuldner es allerdings, die Einrede gegen den Sicherungsnehmer geltend zu machen, und bezahlt er die gesicherte Forderung, so kann er hieraus gegen den Zessionar der Grundschuld keine Einrede herleiten.[62] Die Grundschuld war bei Abtretung valutiert und ist insoweit einredefrei erworben worden.

Dem Sicherungsgeber bleibt nur übrig, sich wegen der Nichtrückgabe der Grundschuld an den Sicherungsnehmer zu halten. Dieser ist ab Bezahlung der gesicherten Forderung verpflichtet, die Grundschuld zurückzugeben. Gelingt es ihm nicht, die Grundschuld zu diesem Zweck vom Zessionar zurückzubekommen, so ist er wegen seines Unvermögens zur Leistung, das er zu vertreten hat, gemäß § 280 BGB schadensersatzpflichtig.[63] Ist der

---

62 A. A. *Rimmelspacher*, Kreditsicherungsrecht, 1980, Rz. 751. Es kann aber unter dem Gesichtspunkt des § 1157 BGB schlechterdings keinen Unterschied machen, ob der Zessionar sich nur die Grundschuld oder die Grundschuld und die Forderung zusammen abtreten läßt; eine Begründung für diese Differenzierung wird von *Rimmelspacher* auch nicht versucht. Zur möglichen Einrede aus § 826 BGB im Fall ratenweise zu tilgender Kredite vgl. unten III.

63 Der Schadensersatzanspruch läßt sich auch auf positive Vertragsverletzung stützen, von der Annahme ausgehend, daß der Gläubiger bereits durch die isolierte Abtretung der Grundschuld seine Pflichten aus dem Sicherungsvertrag verletzt. Vgl. BGH WM 1986, 1386, 1387 = NJW-RR 1987, 139, 140. In dem Fall des BGH hatte der Sicherungsnehmer den Zessionar, der seinerseits die Grundschuld einredefrei erworben hatte, während des Prozesses beerbt und betrieb den vom Zessionar begonnenen Prozeß als dessen Rechtsnachfolger weiter. Meiner Ansicht nach führte das ohne weiteres dazu, daß der Eigentümer dem jetzigen Kläger alle Einreden aus dem Sicherungsvertrag entgegenhalten konnte, so als hätte der Kläger die Grundschuld niemals aus der Hand gegeben; des Umwegs über den Schadensersatzanspruch und den darauf gestützten Einwand des Rechtsmißbrauchs hätte es m. E. nicht bedurft.

Schuldner mit dem Eigentümer des belasteten Grundstücks nicht identisch, so kann auch der Schuldner vom Sicherungsnehmer Schadensersatz verlangen, soweit ihm aus der Nichtrückgabe der Grundschuld ein Schaden entsteht (etwa weil er den Grundstückseigentümer gegenüber dem Zessionar von der Inanspruchnahme aus der Grundschuld freistellen muß). Grundlage für diesen Anspruch ist die Sicherungsvereinbarung, die der Schuldner mit dem Sicherungsnehmer abgeschlossen und durch die er sich verpflichtet hat, die Grundschuld am Grundstück des Sicherungsgebers als Sicherheit zu besorgen.

Aufgrund des Sicherungsvertrags ist der Sicherungsnehmer zur isolierten Abtretung der Grundschuld dem Sicherungsgeber gegenüber grundsätzlich nicht berechtigt.[64] Ist Sicherungsnehmer eine Bank, so ergibt sich eine ausdrückliche Bindung dieses Inhalts aus Nr. 21 Abs. 3 AGB-Banken, und zwar auch noch nach Fälligkeit der gesicherten Forderung, also nach Eintritt des Sicherungsfalls. Durch den Verstoß macht der Sicherungsnehmer sich, wie bereits gezeigt, gegenüber dem Sicherungsgeber und, wenn dieser nicht selbst Schuldner ist, gegenüber dem Schuldner schadensersatzpflichtig. Dagegen ist der Zessionar der Grundschuld durch das vertragliche Verbot der isolierten Abtretung nicht gebunden, und zwar auch dann nicht, wenn er es kennt. Es handelt sich um ein Veräußerungsverbot, das gemäß § 137 BGB nur schuldrechtliche, aber keine dinglichen Wirkungen hat. § 1157 BGB ist auf den Fall nicht anwendbar.[65] Ein schuldrechtliches Ver-

---

64 BGH WM 1986, 1386, 1387 = NJW-RR 1987, 139, 141; MünchKomm-*Eickmann* § 1191 Rz. 56; *Erman-Räfle* § 1191 Rz. 54; *Soergel-Konzen* § 1191/92 Rz. 23; *Palandt-Bassenge* § 1191 Rz. 19; vgl. auch Sicherungsgrundschuld S. 154. Eine Frage für sich ist, ob der Sicherungsnehmer im Verwertungsfall, also wenn der Schuldner die Forderung bei Fälligkeit nicht bezahlt, die Grundschuld isoliert abtreten darf. Das wird im allgemeinen bejaht, vgl. Sicherungsgrundschuld S. 241f. m.weit.Nachw.; MünchKomm-*Eickmann* § 1191 Rz. 59; *Soergel-Konzen* § 1191/92 Rz. 17; *Palandt-Bassenge* § 1191 Rz. 19. Anders aber mit den besseren Gründen *Serick*, Eigentumsvorbehalt und Sicherungsübertragung III § 39 II 3 c S. 523f. Die praktische Bedeutung der Frage ist begrenzt, weil durch die AGB-Banken (Nr. 21 Abs. 3) die isolierte Abtretung auch im Verwertungsfall verboten ist; es ist bemerkenswert und ein zusätzliches Argument für *Sericks* Standpunkt, daß die Banken diese Frage, zu eigenen Lasten, strenger beurteilen als die herrschende Lehre. Selbstverständlich kann der Sicherungsvertrag die isolierte Verwertung gestatten, vgl. dazu Eigentumsvorbehalt und Sicherungsübertragung III § 39 II 3 b S. 522f.; bei formularmäßiger Verwendung sind solche Klauseln an § 9 AGBGB zu messen (insbesondere wenn sie eine isolierte Verwertung unter Nennwert oder ohne Rücksicht auf die Höhe der gesicherten Forderung zulassen).
65 Vgl. Sicherungsgrundschuld S. 162ff. Anderer Ansicht war das Reichsgericht, vgl. WarnR 1910 Nr. 17; JW 1928, 2782, 2784; RGZ 135, 357, 364; ebenso *Planck-Strecker* § 1157 Anm. 2; MünchKomm-*Eickmann* § 1191 Rz. 52. Wie hier *Wilhelm* JZ 1980, 625, 628 Fn. 29; *Gursky*, Fälle und Lösungen nach höchstrichterlichen Entscheidungen – Sachenrecht, 6. Aufl. 1986, S. 146, 157. Kritisch zur Rechtsprechung des RG auch *Serick*, Eigentumsvorbehalt und Sicherungsübertragung II § 28 III 2 S. 432f. mit Fn. 73.

äußerungsverbot begründet keine „Einrede" des Grundstückseigentümers gegen den Grundschuldgläubiger. „Einrede" ist das Recht, die Leistung zu verweigern und, bezogen auf ein Grundpfandrecht, das Recht, der Zwangsvollstreckung in das belastete Grundstück zu widersprechen. Ein solches Leistungsverweigerungs- und Widerspruchsrecht des Eigentümers gegenüber dem Sicherungsnehmer wird durch das Veräußerungsverbot nicht begründet. Besteht aber insoweit keine Einrede im Rechtssinn, so ist § 1157 BGB nicht anwendbar.

6. Sicherung der Zweckbindung der Grundschuld durch Grundbucheintragung

Eine wirklich hieb- und stichfeste Garantie gegen gutgläubigen einredefreien Erwerb der Grundschuld bietet nur die Eintragung im Grundbuch. Nun steht nach ganz herrschender Meinung fest, daß der *Sicherungszweck* als solcher im Grundbuch nicht eingetragen werden kann.[66] Es kann also nicht eingetragen werden, daß die Grundschuld nur geltend gemacht werden kann zur Befriedigung des Gläubigers wegen einer ihm zustehenden Forderung. Eine solche Eintragung wäre in der Tat mit §§ 1191, 1992 BGB unvereinbar. § 1157 Satz 2 in Verbindung mit § 892 BGB ändert hieran nichts. Denn die Sicherungsabrede als solche ist keine „Einrede", sondern nur der Rechtsgrund für mögliche Einreden; nur diese Einreden selbst können im Grundbuch eingetragen werden, nicht aber der Rechtsgrund, auf dem sie beruhen. Eingetragen werden kann also nur, daß der Gläubiger nicht berechtigt ist, die Grundschuld geltend zu machen; auch, daß er bis zu einem bestimmten Datum dieses Recht nicht hat. Nicht eingetragen werden kann, daß er zur Geltendmachung der Grundschuld nicht berechtigt ist, wenn die gesicherte Forderung nicht besteht, oder daß er zur Geltendmachung erst berechtigt ist, wenn die gesicherte Forderung fällig ist, und ähnliches.[67] Natürlich ist auch die Einrede der „Nichterfüllung des Sicherungszwecks", schon wegen Mangels jeden konkreten Inhalts, kein denkbarer Gegenstand einer Eintragung.

---

66 Grundlegend KG JW 1932, 1759 (mit zust. Anm. von *Rheinstein*). Vgl. weiter BGH NJW 1986, 53, 54; Eigentumsvorbehalt und Sicherungsübertragung II § 28 II 3 S. 424 f.; Sicherungsgrundschuld S. 138 ff.; *Baur* § 45 II 2 c S. 410; *Planck-Strecker* § 1192 Anm. 6 a; *Staudinger-Scherübl* § 1191 Rz. 9; *Erman-Räfle* § 1191 Rz. 7; *Jauernig* § 1191 Anm. II 2 b; *Soergel-Konzen* § 1191/92 Rz. 15; *Palandt-Bassenge* § 1191 Rz. 13; *Baden* JuS 1977, 75, 79; *Medicus*, Bürgerliches Recht Rz. 507. A. A. *Friedrich* NJW 1968, 1655, 1656; *Lopau*, Die Rechtsstellung des Schuldners bei der Kreditsicherung durch Grundschulden, NJW 1972, 2253, 2255; *Wilhelm* JZ 1980, 625, 628 f.; MünchKomm-*Eickmann* § 1191 Rz. 41.

67 Eigentumsvorbehalt und Sicherungsübertragung II § 28 II 3 S. 425 f.

Es ist unrichtig, wenn man hiergegen eingewendet hat, der Eigentümer werde durch die herrschende Meinung praktisch schutzlos gestellt.[68] Eine Sicherung durch Eintragung im Grundbuch ist ohne weiteres möglich, auch ohne Verletzung des Prinzips der Nichtakzessorietät der Grundschuld und ohne gewaltsame Uminterpretation des § 1157 BGB. Das Mittel der Wahl hierfür ist die Eintragung einer *Vormerkung* für den Rückgewähranspruch.[69] Hierdurch kann zwar nicht verhindert werden, daß ein gutgläubiger Zessionar der Grundschuld diese vor Fälligkeit der gesicherten Forderung kündigt und geltend macht, wenn die Grundschuld dinglich so ausgestaltet ist, daß sie vor Fälligkeit der gesicherten Forderung fällig gestellt werden kann. Aber das ist nicht das Problem der Praxis. Das Problem der Praxis ist die nichtvalutierte Grundschuld – sei es, daß es zur Begründung der Forderung nicht gekommen ist, sei es, daß die Forderung erfüllt worden ist, sei es, daß die Grundschuld höher ist als die Forderung. Hiergegen bietet die Vormerkung des Rückgewähranspruchs lückenlosen Schutz. Sie stellt sicher, daß die Grundschuld vom Zessionar unter genau denselben Voraussetzungen zurückgegeben werden muß, unter denen der Zedent zur Rückgabe verpflichtet ist. Sobald der Rückgewähranspruch fällig ist, verliert die Zession dem Sicherungsgeber gegenüber die Wirksamkeit (§ 883 Abs. 2 Satz 1 BGB). Hat der Sicherungsgeber nach dem Sicherungsvertrag einen Anspruch auf teilweise Rückabtretung, so verliert sie ab Fälligkeit dieses Anspruchs ihre Wirksamkeit in Höhe eines entsprechenden Teils. Der Sicherungsgeber kann daher den Anspruch gegen den ursprünglichen Gläubiger durchsetzen. Der Zessionar ist verpflichtet, zur Wiedereintragung des Sicherungsgebers oder zur Löschung der Grundschuld seine Zustimmung zu erteilen (§ 888 BGB) und den Grundschuldbrief herauszugeben (§ 985 i. V. mit § 952 BGB). Der Sicherungsgeber wird auch dann geschützt, wenn er die gesicherte Forderung nach Abtretung der Grundschuld durch Zahlung an den bisherigen Gläubiger erfüllt.[70] Denn auch das führt im Verhältnis der Parteien des Sicherungsvertrags dazu, daß der Rückgewähranspruch fällig wird. Es ist also nicht nur falsch, sondern auch überflüssig, § 1157 BGB extensiv zu interpretieren, nur um dem Sicherungsgeber die Möglichkeit einer Sicherung durch Grundbucheintragung zu verschaffen, die ihm nach den §§ 883 ff. BGB schon ohnedies offensteht.

---

68 *Wilhelm* JZ 1980, 625, 632 f.
69 *Friedrich* NJW 1968, 1655, 1656 hat diese Möglichkeit gesehen. Er meint allerdings, die Vormerkung werde dem Sicherungsnehmer unwillkommen sein, weil sie ihn in der Verwertung der Grundschuld durch Abtretung behindere. Natürlich wäre dem Sicherungsnehmer die Eintragung des Sicherungszwecks – wenn sie zulässig wäre – aus dem gleichen Grund genauso unwillkommen.
70 Sicherungsgrundschuld S. 187.

Daß der Rückgewähranspruch vormerkungsfähig ist, und zwar von Anfang an ab Bestellung oder Abtretung der Grundschuld, steht außerhalb jeden Zweifels.[71] Der Anspruch hat im Sicherungsvertrag seine feste Grundlage; seine Entstehung hängt nur von der Voraussetzung der Erledigung des Sicherungszwecks und nicht mehr vom Willen des Schuldners (d.h. hier: des Sicherungsnehmers) ab. Natürlich führt die Vormerkung dazu, daß die Grundschuld im Ergebnis forderungsabhängig ist, im praktischen Ergebnis fast genauso wie im Fall der Sicherungshypothek. Ein Einwand gegen die Zulässigkeit der Vormerkung läßt sich daraus nicht ableiten. Die Parteien sind berechtigt, die Gestaltungsspielräume, die das Gesetz ihnen eröffnet, auszunutzen, um diejenigen Zwecke zu erreichen, die sie für richtig halten. Niemand hat das Recht, sie hierin zu bevormunden.

Im Ergebnis bedeutet das, daß es nicht nur zwei Typen der Hypothek gibt: die Verkehrshypothek und die im Grundbuch besonders ausgewiesene, streng akzessorische Sicherungshypothek, sondern auch zwei Typen der Grundschuld: die gewöhnliche Grundschuld, die durch § 1157 BGB praktisch der Verkehrshypothek gleichgestellt ist (allerdings ohne die technischen Komplikationen, die das Akzessorietätsprinzip mit sich bringt), und die Grundschuld mit Vormerkung des Rückgewähranspruchs, die ein Gegenstück zur Sicherungshypothek ist.[72]

Daß in der Praxis von der Möglichkeit der Vormerkung (außer im Fall der Abtretung des Rückgewähranspruchs) zu wenig Gebrauch gemacht wird, ist nicht dem Gesetz zur Last zu legen. Es handelt sich einerseits um ein Problem fachkundiger juristischer Beratung, das lösbar ist.[73] Andererseits kann der Wunsch des Eigentümers nach einer Vormerkung auch auf faktische Schwierigkeiten stoßen. Die Bank kann die Vormerkung als hinderlich

---

71 Vgl. zur Zulässigkeit der Vormerkung Eigentumsvorbehalt und Sicherungsübertragung II § 28 IV 4 S. 444 m. weit. Nachw.; Sicherungsgrundschuld S. 186f.; OLG Düsseldorf NJW 1957, 1282; OLG Celle NJW 1957, 1481 = DNotZ 1957, 664; OLG Hamm OLGZ 1990, 3, 6; *Wörbelauer*, Nochmals: Sicherung des Gläubigers nachstelliger Grundpfandrechte, NJW 1957, 898; *Dempewolf*, Der Rückübertragungsanspruch bei Sicherungsgrundschulden als Kreditsicherungsmittel, NJW 1957, 1257, 1258; *Baur* § 46 IV 4 a S. 429; *Staudinger-Scherübl* § 1191 Rz. 63; MünchKomm-*Eickmann* § 1191 Rz. 93; *Erman-Räfle* § 1191 Rz. 32; *Jauernig* § 1191 Anm. II 6 e; *Soergel-Konzen* § 1191/92 Rz. 45, 47; *Palandt-Bassenge* § 1191 Rz. 25. Umstritten war früher, ob im Fall der Abtretung des Rückgewährungsanspruchs die Bewilligung der Vormerkung durch den Grundschuldgläubiger ausreicht oder (auch?) die Bewilligung durch den Grundstückseigentümer und Zedenten erforderlich ist, vgl. Sicherungsgrundschuld S. 198ff. Erforderlich und ausreichend ist die Bewilligung durch den Grundschuldgläubiger, vgl. auch *Jauernig* § 1179 Anm. 7 b; *Palandt-Bassenge* § 1179 Rz. 9. Dagegen ist die Vormerkungsfähigkeit des Rückgewähranspruchs als solche meines Wissens niemals bezweifelt worden.
72 Vgl. Sicherungsgrundschuld S. 187.
73 Dazu *Reithmann* DNotZ 1982, 67, 86ff.

bei der Verwertung ansehen[74]; sie mag auch den Wunsch nach Sicherung durch Vormerkung als Ausdruck unberechtigten Mißtrauens empfinden. Deshalb kann es sein, daß der Sicherungsgeber den Wunsch im Sicherungsvertrag nicht durchsetzen kann. Ein späterer Versuch, die Vormerkung, etwa durch einstweilige Verfügung gemäß § 885 Abs. 1 BGB, zu erreichen, kann zu einer Verstimmung des Gläubigers führen, die der Kreditnehmer wohl lieber vermeiden wird. Bei der Bestellung von Grundschulden an Nichtbanken sollten solche Rücksichten aber keine Rolle spielen.

II. Die Rechtslage bei Sicherung eines Kontokorrentkredits

1. Ausgangslage

Sichert die Grundschuld eine festbestimmte Forderung für den Fall, daß sie bei Fälligkeit nicht bezahlt wird, und ist die Grundschuld nicht höher als die Forderung[75], so hat der Schuldner die Nachteile, die ihm aus der Abtretung der Grundschuld und aus § 1157 BGB entstehen können, im wesentlichen sich selbst zuzuschreiben. Es ist, wenn er den Rückgewähranspruch nicht durch Vormerkung gesichert hat, sein Fehler, die Forderung ohne gleichzeitige Rückgabe der Grundschuld zu bezahlen – so wie es im Parallelfall der Sicherung der Forderung durch Hypothek, außer im Fall der „Sicherungshypothek", ein Fehler des Schuldners ist, die Hypothekenforderung ohne Rückgabe des Hypothekenbriefs und Erteilung der löschungsfähigen Quittung zu bezahlen –, und dieser Fehler ist vermeidbar. *Wilhelm* hat allerdings zu Recht darauf hingewiesen, daß dies für den Fall der Sicherung eines laufenden Kredits in wechselnder Höhe nicht gilt.[76] Hier hat der Sicherungsgeber und persönliche Schuldner, der nicht durch Vormerkung des Rückgewähranspruchs gesichert ist, nicht die Möglichkeit, sich durch die Zug-um-Zug-Einrede zu schützen. Hat ihm z.B. die Bank einen Überziehungskredit bis zur Grenze von 100 000 DM eingeräumt, der durch eine Grundschuld in gleicher Höhe gesichert ist, und ist

---

[74] Sicherungsgrundschuld S. 187 ff.; *Friedrich* NJW 1968, 1655, 1656 (vgl. dazu auch oben Fn. 69).
[75] Zum Grundschuldkapital muß man allerdings stets die laufenden und – bis zur Verjährungsgrenze des § 197 BGB – die rückständigen Zinsen hinzurechnen. In der Regel wird es wohl so sein, daß das Grundschuldkapital sich mit dem Forderungskapital decken wird und daß die Grundschuldzinsen – sofern der Schuldner die Darlehenszinsen laufend zahlt – zu einer Übersicherung des Gläubigers führen. Das ist aber für den Eigentümer und den Schuldner deshalb ungefährlich, weil für die Abtretung laufender und rückständiger Grundschuldzinsen nicht § 1157 BGB gilt, sondern dem Eigentümer günstigere Regelung der §§ 1158, 1159 BGB, die einen gutgläubigen einredefreien Erwerb ausschließen. Vgl. unten IV.
[76] *Wilhelm* JZ 1980, 625, 626f.

der Kredit im Augenblick der Abtretung mit 50000 DM in Anspruch genommen, so kann der Sicherungsgeber die weiteren Kontobewegungen nicht davon abhängig machen, daß der Sicherungsnehmer die Grundschuld zurückgibt.[77] Es ist ohne weiteres möglich, daß der Zessionar zu einem späteren Zeitpunkt, zu dem der Sicherungsgeber mit seinem Konto wieder im Haben ist, aus der Grundschuld gegen ihn vorgeht. Gesetzt, der Zessionar habe bei Abtretung gewußt, daß die Grundschuld zur Sicherung eines Kontokorrentkredits bestimmt ist, der gegenwärtig nur mit 50000 DM in Anspruch genommen ist – in welcher Höhe kann er jetzt die Grundschuld durchsetzen: in Höhe von 100000 DM[78] oder in Höhe von 50000 DM[79] oder überhaupt nicht?[80]

2. Der Schlußsaldo als gesicherte Forderung

Die Antwort hängt davon ab, was in einem solchen Fall eigentlich die gesicherte Forderung ist. Auf den ersten Blick könnte man meinen: der jeweilige Saldo. Die Grundschuld wäre also zur Zeit der Abtretung mit 50000 DM „valutiert", und insoweit könne sie dem Zessionar durch nachträgliche Veränderungen des Kontenstandes nicht mehr entzogen werden. Aber das ist ein Trugschluß. Der „gegenwärtige Saldo" ist überhaupt keine Forderung; er ist nur ein Zwischenposten in einer laufenden Rechnung. Das heißt aber, daß eine gesicherte Forderung gegenwärtig und bis auf weiteres nicht besteht. Die Lage ist zwischen den Parteien der Sicherungsvereinbarung nicht anders als im Fall der Sicherung durch Hypothek. Als Hypothek käme nur eine Höchstbetragshypothek in Betracht (§ 1190 BGB). Die Höchstbetragshypothek sichert keine gegenwärtige Forderung, sondern eine Forderung, die erst in Zukunft, bei Geltendmachung der Hypothek, festgestellt werden muß.[81] Genauso ist es hier. Gesichert ist die Forderung, die sich bei Ende der Rechnungsperiode für den Sicherungsnehmer ergibt – aber auch dies nur, wenn der Saldo nicht auf die neue Rechnungsperiode vorgetragen wird. Gesichert ist also, genauer betrachtet, der künftige Abschlußsaldo, der sich bei Beendigung der Geschäftsverbindung

---

77 Natürlich auch nicht davon, daß der jeweilige Kontostand auf dem Grundschuldbrief vermerkt wird, zutreffend *Wilhelm* a. a. O. (Fn. 76).
78 So *Reinicke/Tiedtke*, Gesamtschuld und Schuldsicherung S. 211; vgl. auch *Tiedtke*, Die Sicherungsgrundschuld, Juristische Ausbildung 1980, 407, 418.
79 So wohl *Baur* § 45 III 1 e cc S. 414 f. (für den Fall, daß der Zessionar die teilweise Nichtvalutierung kannte).
80 So *Wilhelm* a. a. O. (Fn. 76).
81 Vgl. *Planck-Strecker* § 1190 Anm. 2 b, c; *Staudinger-Scherübl* § 1190 Rz. 15, 34; *Palandt-Bassenge* § 1190 Rz. 11.

oder bei Kündigung des Kontokorrentkredits möglicherweise zugunsten der Bank ergibt. Bis dahin ist offen, ob die Grundschuld im Verwertungsfall überhaupt valutiert sein wird. Dem Sicherungsgeber steht also gegen die Grundschuld eine aufschiebende Einrede zu. Das hat zwar das Kammergericht einmal in einem obiter dictum anders beurteilt. Bei „laufenden Kreditverhältnissen" sei für den Eigentümer, solange die „volle Valutierung" noch möglich bleibe, eine Einrede „noch nicht entstanden".[82] Diese Feststellung ist aber einfach unrichtig. Hat die Bank dem Eigentümer einen Kontokorrentkredit über 100000 DM eingeräumt und sich dreimonatige Kündigung ausbedungen, so darf sie die Grundschuld nicht geltend machen, solange sie nicht den Kredit gekündigt hat, und auch im Fall der Kündigung muß sie die Dreimonatsfrist abwarten. Bis dahin kann der Eigentümer der Ausübung des Grundpfandrechts widersprechen. Daß dieses Recht des Eigentümers eine „Einrede" ist, ist überhaupt nicht zu bezweifeln. Die Einrede geht, allgemeiner gefaßt, dahin, daß die Grundschuld vor Beendigung des Kontokorrents und Feststellung des Schlußsaldos nicht geltend gemacht werden darf und auch dann nur in der Höhe, die sich aus dem Schlußsaldo ergibt.

Der Zessionar, der bei der Abtretung weiß, daß die Grundschuld Sicherungsgrundschuld ist, daß sie einen Kontokorrentkredit sichert und daß das Kontokorrent noch nicht abgeschlossen ist, kennt die aufschiebende Einrede und muß sie sich entgegenhalten lassen. Die Einrede fällt erst dann weg, wenn im Verhältnis des Sicherungsnehmers zum Sicherungsgeber ein Schlußsaldo festgestellt wird, und sie fällt nur insoweit weg, als sich ein positiver Schlußsaldo für die Bank ergibt. Für den Sonderfall der Sicherung von Kontokorrentkrediten ist also den Überlegungen *Wilhelms* zuzustimmen.[83] Allerdings ist Voraussetzung für den bösen Glauben des Erwerbers, daß er nicht nur den abstrakten Sicherungszweck der Grundschuld, sondern den konkreten Zweck der Sicherung eines noch nicht abgeschlossenen Kontokorrents kennt.[84]

3. Die Geltung des § 1157 BGB für aufschiebende Einreden

Demgegenüber haben *Reinicke* und *Tiedtke* die Behauptung aufgestellt: § 1157 BGB gelte nur für peremptorische, nicht für dilatorische Einreden gegen die Grundschuld; nur wenn der Sicherungszweck weggefallen sei,

---

82 KG JW 1932, 1759, 1760.
83 A.a.O. (Fn. 76).
84 Zutreffend daher für das von ihm behandelte Beispiel *Baur* § 45 III 1 e cc S. 414 f.; a. A. insoweit *Wilhelm* a.a.O. (Fn. 76).

dem Eigentümer daher ein fälliger Anspruch auf Rückgabe der Grundschuld zustehe und dem Zessionar dies bekannt sei, sei die Einrede dem Zessionar gegenüber wirksam.[85] Ein Versuch, diese Behauptung mit § 1157 BGB in Einklang zu bringen, wird von *Reinicke* und *Tiedtke* allerdings nicht unternommen. Dies wäre auch schwierig. Dem Gesetzgeber war der Unterschied zwischen peremptorischen und dilatorischen Einreden nicht unbekannt. Wo er Sonderregeln nur für den Fall der peremptorischen Einrede erlassen wollte, hat er das gesagt (vgl. z.B. § 1169 BGB: „Einrede ..., durch welche die Geltendmachung der Hypothek dauernd ausgeschlossen wird"). In § 1157 BGB ist eine derartige Beschränkung unterblieben. Nichts spricht dafür, und *Reinicke* und *Tiedtke* führen auch nichts dafür an, daß dies auf einem Versehen, gewissermaßen einem Erklärungsirrtum des Gesetzgebers beruht. Ihre Argumentation erschöpft sich in Erwägungen allgemeiner Art, die teils auf angebliche begriffliche Unterschiede zwischen der Hypothek und der Grundschuld, teils auf die „Interessenlage" Bezug nehmen. Dabei wird besonders auf die „Schutzwürdigkeit" des Erwerbers einer mit einer aufschiebenden Einrede behafteten Grundschuld hingewiesen. Man glaubt sich geradezu in die Debatten der zweiten Kommission zurückversetzt:[86] die Argumente, die die unterlegene Minderheit angeführt hatte, um die Bestimmung des § 1157 BGB zu verhindern, kehren praktisch unverändert wieder, diesmal um den Anwendungsbereich des § 1157 BGB contra legem einzuschränken. Das Verfahren hat etwas Beliebiges und Willkürliches an sich: wer so argumentiert, setzt einfach die eigene, vermeintlich bessere Einsicht an die Stelle des Gesetzes.

Die vermeintlich bessere Einsicht – denn bei genauer Betrachtung des Sachverhalts kann nicht bezweifelt werden, daß bei der Abtretung von

---

85 *Reinicke/Tiedtke*, Gesamtschuld und Schuldsicherung S. 205 ff., 211 f.; übereinstimmend *Tiedtke*, Gutgläubiger Erwerb, 1985, 137 ff., 142 f.; vgl. auch *Tiedtke*, Juristische Ausbildung 1980, 407, 415 ff., 418. Der Ansicht *Tiedtkes* hatte sich zunächst auch *Räfle* angeschlossen, vgl. *Erman-Räfle*, 7. Aufl. 1981, § 1191 Rz. 7. In der 8. Aufl. 1989 hat *Räfle* aber seinen Standpunkt revidiert, vgl. *Erman-Räfle* § 1191 Rz. 7, 20 23. Ablehnend auch *Baur* § 45 III 1 e cc S. 414. Auch der BGH bezweifelt nicht, daß aufschiebende Einreden aus der Sicherungsvereinbarung, und nicht nur die Einrede der „endgültigen Nichtvalutierung", unter § 1157 BGB fallen, vgl. dazu BGH WM 1986, 293, 294 = NJW 1986, 1487 (zur Einrede, daß der Sicherungsnehmer aus der Grundschuld erst vorgehen darf, wenn er aus anderen Sicherheiten erfolglos Befriedigung gesucht hat – die Entscheidung wird übrigens, anscheinend ohne den Widerspruch zu bemerken, von *Reinicke* und *Tiedtke* zustimmend kommentiert, vgl. Gesamtschuld und Schuldsicherung S. 213 f.; *dies.*, Der Schutz des guten Glaubens beim Erwerb einer Grundschuld kraft Gesetzes, WM 1986, 813 ff.). Für Anwendung des § 1157 BGB auf aufschiebende Einreden, insbesondere die Einrede mangelnder Fälligkeit der gesicherten Forderung, auch *Palandt-Bassenge* § 1191 Rz. 22. Vgl. auch Sicherungsgrundschuld S. 136 f. sowie *U. Huber*, Die Pfändung der Grundschuld, BB 1965, 609, 611 f.

86 Vgl. oben I 1 b).

Grundschulden, die zur Sicherung von Kontokorrentkrediten dienen, das Schutzbedürfnis des Zessionars besonders gering und das Schutzbedürfnis des Eigentümers besonders ausgeprägt ist. Wird eine gewöhnliche Darlehensforderung durch Grundschuld gesichert und behauptet der Grundschuldgläubiger dem Zessionar gegenüber, die Darlehensvaluta sei ausbezahlt und das Darlehen sei bisher nicht zurückbezahlt, so wird diese Behauptung durch den Augenschein bestätigt. Denn ein vorsichtiger Eigentümer händigt, wie bei der Hypothek, so auch bei der Grundschuld dem Gläubiger den Brief vor der Valutierung nicht aus und er läßt ihn sich bei der Rückzahlung des Darlehens zurückgeben. Die Behauptung des Zedenten wird also bei der Briefgrundschuld durch den Besitz des Briefs und bei der Buchgrundschuld durch die Tatsache der Eintragung bestätigt. Erklärt dagegen der Zedent dem Zessionar, daß ein Kontokorrentkredit gesichert sei, so hat der Zessionar keinen Anlaß anzunehmen, daß bei Rechnungsabschluß eine Forderung für den Zedenten bestehen wird. Läßt er sich die Grundschuld trotzdem abtreten, ohne zugleich die Verpflichtung zu übernehmen, sie nur insoweit in Anspruch zu nehmen, wie sie bei Rechnungsabschluß valutiert ist, so handelt er, wenn nicht mit der Absicht, so doch zumindest mit dem bedingten Vorsatz, den Sicherungsgeber (oder, bei Personenverschiedenheit, den Schuldner) zu schädigen. Weshalb gerade in diesem Fall der Zessionar besonders „schutzwürdig" sein soll, ist nicht einzusehen.

Auf der anderen Seite kann der Eigentümer bei Sicherung einer festbestimmten Forderung, besonders wenn er die Briefgrundschuld verwendet und nicht die für ihn gefährlichere Buchgrundschuld, den Rechtsschein einer einredefreien Grundschuld verhältnismäßig leicht zerstören, indem er den Brief vor Valutierung nicht übergibt und bei Rückzahlung zurückfordert. Bei der Sicherung von Kontokorrentkrediten besteht eine vergleichbare Möglichkeit, sich vor unbefugter Verwendung der Grundschuld zu sichern, nicht. Es ist schwer verständlich, wie man auf den Gedanken kommen kann, dem Eigentümer in dieser Situation auch noch den Schutz des § 1157 BGB zu entziehen.

Man fragt sich, ob die Berufung auf die angebliche „Interessenlage" und die angebliche „Schutzbedürftigkeit" nicht doch nur Ausdruck eines Vorurteils mehr doktrinärer Art ist: des Vorurteils nämlich, die „dingliche", „abstrakte", „nichtakzessorische" Natur der Grundschuld verlange eben, daß jedenfalls die aufschiebenden Einreden aus dem Sicherungsvertrag nicht gegen den Erwerber wirken. Darüber ist nicht zu diskutieren, da die Frage durch das Gesetz entschieden ist. Die Bedenken beruhen im übrigen auf einem Mißverständnis. Auch bei Sicherung eines Kontokorrentkredits hängt die Wirksamkeit der Abtretung nicht von der gleichzeitigen Abtretung der gesicherten Forderung (also der Forderung auf Saldenausgleich) ab. Auch hier wird der Zessionar, der den wirklichen Sachverhalt nicht kennt, in seinem guten Glauben geschützt. Auch hier schadet dem Erwerber nicht schon die Kenntnis vom Sicherungscharakter der Grundschuld, sondern nur die doppelte Kenntnis, erstens daß die Grundschuld zur Sicherung einer Forderung aus einem Kontokorrentabschluß dient und zweitens daß das Kontokorrent noch nicht abgeschlossen ist (so wie bei Abtretung der Grundschuld, die eine Darlehensforderung sichert, dem Zessionar nur die doppelte Kenntnis schadet, erstens daß die Forderung das Darlehen sichern soll und zweitens daß die Darlehensvaluta nicht ausbezahlt worden ist). Auch hier gilt die Regel, daß die gesicherte Forderung selbst nicht als für die Grundschuld maßgeblich im Grundbuch eingetragen werden kann. Eintragungsfähig ist also nur die Einrede selbst („NN ist berechtigt, der Befriedigung des Gläubigers aus dem Grundstück zu widersprechen"), nicht der Grund des Widerspruchs (unzulässig wäre also: „NN ist berechtigt, der Befriedigung des Gläubigers zu widersprechen, soweit nicht dem Gläubiger auf Grund der Geschäftsverbindung mit NN eine fällige Forderung gegen NN zusteht, die noch nicht befriedigt ist" oder kürzer: „Die Grundschuld darf nur zur Befriedigung von Forderungen aus der zwischen dem Gläubiger und NN bestehenden Geschäftsverbindung geltend gemacht werden"). In all diesen Punkten bestehen zwischen der Grundschuld und der Hypothek, erst recht der Sicherungshypothek und namentlich der Höchstbetragshypothek, markante Unterschiede. Die Befürchtung, die Unterschiede zwischen Hypothek und Grundschuld würden „verwischt", wenn man § 1157 BGB auch auf aufschiebende Einreden aus dem Sicherungsvertrag anwendet, ist also nicht nur irrelevant (denn die positive Regel des § 1157 BGB hätte vor Bedenken begrifflich-doktrinärer Art allemal Vorrang), sondern obendrein sachlich unbegründet.

Auch hier gilt im übrigen, daß der Eigentümer, wenn er einen Schutz der Bindung des Gläubigers an den Sicherungszweck durch Eintragung im Grundbuch durchsetzen will, sich wirkungsvoller schützt, indem er nicht den Weg über §§ 1157 Satz 2, 894, 899 BGB wählt, sondern den Weg der Sicherung des Rückgewähranspruchs durch Vormerkung gemäß §§ 883 ff. BGB. Wie schon gesagt[87], erreicht er hier zwar nicht der Form, aber der Sache nach, daß die Grundschuld genauso an den Sicherungszweck gebunden ist wie die Hypothek im Fall der Ausgestaltung als Sicherungshypothek. Mit Recht hat trotzdem noch niemand bezweifelt, daß eine derartige Vormerkung zulässig ist und ihre Eintragung nicht etwa, als „mit dem Wesen der Grundschuld unvereinbar", zurückgewiesen werden muß.

---

87 Oben I 6.

Als Ergebnis ist festzuhalten: Dient die Grundschuld zur Sicherung eines Kontokorrentkredits, ist das Kontokorrent zur Zeit der Abtretung noch nicht abgeschlossen und ist dem Zessionar bei Abtretung beides bekannt, so muß er sich gemäß § 1157 BGB die Einrede entgegenhalten lassen, daß die Grundschuld bis auf weiteres nicht geltend gemacht werden kann. Die Einrede hat Dauerwirkung, wenn die Geschäftsverbindung beendet wird und sich für den Gläubiger dabei keine Forderung auf Saldenausgleich ergibt. Die Einrede entfällt dagegen, wenn das Kontokorrent abgeschlossen wird und ein Anspruch des ursprünglichen Sicherungsnehmers auf Saldenausgleich übrig bleibt. Ist die Ausgleichsforderung niedriger als die Grundschuld, kann infolgedessen der Zessionar die Grundschuld nur insoweit geltend machen, wie sie sich mit der Ausgleichsforderung deckt.[88] Bei Unkenntnis erwirbt der Zessionar die Grundschuld einredefrei – sei es, daß er keine Kenntnis vom Sicherungszweck hat, sei es, daß er keine Kenntnis davon hat, daß die gesicherte Forderung auf künftigen Saldenausgleich aus einem noch nicht abgeschlossenen Kontokorrent gesichert ist. Vermeidet er es geflissentlich, Informationen zu erhalten, die normalerweise bei der Abtretung einer Grundschuld gegeben werden, so kann hierin eine sittenwidrige Schädigung des Eigentümers und Schuldners mit bedingtem Schädigungsvorsatz liegen[89]; in diesem Fall kann der Zessionar sich auf den gutgläubigen einredefreien Erwerb nicht berufen.

4. Erweiterungsklauseln im Sicherungsvertrag

In der Praxis dürfte der Fall der Sicherung von Kontokorrentkrediten, schon aus banktechnischen Gründen, weniger häufig sein als der Fall der Sicherung einer festbestimmten Darlehensforderung. Sehr verbreitet ist die Kombination, daß die Grundschuld zur Sicherung eines bestimmten Darlehens dient, daß aber der Gläubiger (die Bank) mit dem Eigentümer vereinbart, daß die Grundschuld auch zur Sicherung sonstiger Forderungen dienen soll, die gegen den Eigentümer bestehen.[90] In diesem Fall kann die

---

88 Im Ergebnis zutreffend daher RG Bank-Archiv 33 (1933/34), 73; der Entscheidung ist auch dann zu folgen, wenn man den aus RGZ 91, 218 übernommenen Ausgangspunkt nicht teilt.
89 Vgl. dazu BGHZ 103, 72, 82 f.; vgl. auch Sicherungsgrundschuld S. 142, 145 f.
90 Eine solche Klausel ist, auch wenn sie formularmäßig verwendet wird, unter dem Gesichtspunkt der §§ 3, 9 AGB-Gesetz dann unbedenklich, wenn die Grundschuld zur Sicherung einer eigenen Verbindlichkeit des Eigentümers bestellt ist und durch die Erweiterungsklausel auf sonstige, bei Tilgung der in erster Linie gesicherten Verbindlichkeit eventuell bestehende Verbindlickeiten des Eigentümers gegenüber dem Grundschuldgläubiger erstreckt wird; vgl. BGHZ 101, 29, 33 ff.

Bank bei Rückzahlung des ursprünglichen Darlehens die Rückgabe der Grundschuld insoweit verweigern, als ihr zu diesem Zeitpunkt weitere Forderungen gegen den Sicherungsgeber zustehen, auch wenn diese Forderungen nicht fällig sind. Im Verkehr mit Banken besteht ein derartiges Sicherungsrecht der Bank, wenn nicht schon nach dem banküblichen Vertragsformular, so jedenfalls auf Grund der Nr. 19 Abs. 2 AGB-Banken. Für den gutgläubigen einredefreien Erwerb ergeben sich hieraus keine Besonderheiten. Der Zessionar, der sich die Grundschuld in Kenntnis des Sicherungszwecks abtreten läßt, wird in seinem guten Glauben geschützt, soweit er sich darauf richtet, daß die in erster Linie gesicherte Forderung besteht. Ob bei Erledigung des Sicherungszwecks weitere Forderungen bestehen werden, deretwegen die Grundschuld außerdem in Anspruch genommen werden darf, ist zur Zeit der Abtretung unbekannt. Insoweit ist ein gutgläubiger einredefreier Erwerb nicht möglich.

III. Fortlaufend zu tilgende Kredite

Eine Gefahr besonderer Art kann für den Eigentümer daraus entstehen, daß bei fortlaufend zu tilgenden Darlehen die Grundschuld bis zum Schluß in voller Höhe in der Hand des Gläubigers verbleibt. Das Verfahren, bei jeder Zahlung einen Teil der Grundschuld zurückzugeben, wäre viel zu umständlich und kostspielig und ist jedenfalls unüblich; dasselbe gilt für das Verfahren, jede Teilzahlung gemäß §§ 1157 Satz 2, 894, 1140 i. V. mit § 1192 Abs. 1 BGB auf dem Grundschuldbrief zu vermerken.[91] Die andere Möglichkeit: die Sicherung des Rückgewähranspruchs durch Vormerkung, wäre zwar einfach und billig.[92] Aber in der Praxis kommt es dazu meistens nicht.

Ist nun beispielsweise ein fortlaufend zu tilgendes Darlehen durch eine Grundschuld über 100 000 DM gesichert und ist die Tilgung soweit fortgeschritten, daß die Grundschuld gerade noch mit 50 000 DM „valutiert" ist, so ist die Lage einfach, wenn der Zedent den Zessionar wahrheitsgemäß informiert, wenn er die Restforderung mitsamt der Grundschuld abtritt und wenn die weiteren Zahlungen vom Zessionar eingezogen werden. Der Zessionar hat hier die Grundschuld von vornherein nur in Höhe von 50 000 DM einredefrei erworben; soweit er spätere Zahlungen auf die Forderung einzieht, steht der Geltendmachung der Grundschuld der Einwand

---

91 Zutreffend *Wilhelm* JZ 1980, 625, 626 f.
92 Vgl. oben I 6.

des Rechtsmißbrauchs entgegen.[93] Schwieriger ist die Position des Eigentümers, wenn der Zessionar zwar korrekt über den Sicherungszweck und über den Stand der Valutierung zur Zeit der Abtretung informiert wird, wenn er sich aber die Forderung nicht mitabtreten läßt, sondern die Grundschuld isoliert übernimmt, etwa als Sicherheit für einen Kredit, den er selbst dem Zedenten gewährt hat. Der Sicherungsgeber und Schuldner erbringt weiter die Tilgungsleistungen an den Gläubiger; als alles abbezahlt ist, nimmt ihn der Zessionar aus der Grundschuld in Anspruch. In Höhe von 50 000 DM steht dem Sicherungsgeber auch hier gemäß § 1157 BGB eine Einrede zu: denn daß insoweit die Grundschuld bei Abtretung nicht mehr valutiert war, war dem Zessionar zu diesem Zeitpunkt bekannt. Hinsichtlich der später getilgten 50 000 DM hilft dagegen § 1157 BGB nichts, denn nachträglich entstandene Einreden werden von der Bestimmung nicht erfaßt.[94] Man kann auch nicht sagen, es handle sich bei der aus den späteren Zahlungen hervorgehenden Einrede der Nichtmehr-Valutierung gewissermaßen nur um eine Weiterentwicklung einer bereits bei Abtretung gegebenen Einrede[95], sondern die Einrede entsteht erst mit der jeweiligen Zahlung. Für viele kleine Zahlungen kann nichts anderes gelten als für eine große Zahlung, durch die der gesamte Kredit auf einmal getilgt wird.

Zu überlegen ist aber, ob in einem solchen Fall nicht § 826 BGB eingreift.[96] Der Zessionar, der weiß, daß die gesicherte Forderung vom Schuldner fortlaufend getilgt wird, und der sich die Grundschuld trotzdem ohne die Forderung abtreten läßt und den Schuldner von der Abtretung auch nicht benachrichtigt, muß damit rechnen, daß der Sicherungsgeber weiterhin, wie bisher, den Kredit durch fortlaufende Leistungen an den Zedenten abzahlen wird. Er nimmt es zumindest billigend in Kauf, daß hierdurch eine Schädigung des Sicherungsgebers eintreten wird. Gewiß bedarf es für die Anwendung des § 826 BGB stets konkreter Feststellungen im Einzelfall. Grundsätzlich bestehen aber keine Bedenken dagegen, § 826 BGB auch in solchen Fällen im Verhältnis zwischen dem Grundstückseigentümer und dem Zessionar anzuwenden, die durch § 1157 BGB nicht erfaßt werden. Wie überall, setzt auch hier die spezielle gesetzliche Rege-

---

93 Vgl. oben I 4.
94 Vgl. dazu oben I 3. Wenn man das, was dort in Übereinstimmung mit der Rechtsprechung des Bundesgerichtshofs ausgeführt wurde, für richtig hält, ist es nicht möglich, die Regel für den vorliegenden Fall kurzerhand zu durchbrechen. A. A. *Rimmelspacher*, Kreditsicherungsrecht Rz. 751; ihm folgend *Palandt-Bassenge* § 1191 Rz. 22.
95 So *Rimmelspacher, Palandt-Bassenge* a. a. O. (Fn. 94).
96 Vgl. dazu auch Sicherungsgrundschuld S. 145.

lung (§ 1157 BGB) die Generalklausel (§ 826 BGB) nicht außer Kraft.[97] Allerdings ist auch mit § 826 BGB dem Eigentümer nur zu helfen, wenn der Erwerber der Grundschuld beides gekannt hat: den Sicherungszweck und die Tilgungsvereinbarung (oder, gleichbedeutend: wenn er sich dieser Kenntnis arglistig verschlossen hat). Die Kenntnis vom Sicherungszweck allein genügt nicht. Für sukzessive zu tilgende Darlehen gilt deshalb in besonderem Maß, daß die Grundschuld, vom Standpunkt des Eigentümers aus, nur dann ein ohne weiteres geeignetes Sicherungsmittel ist, wenn die künftige Zahlungsfähigkeit des Gläubigers über jeden Zweifel erhaben ist, so daß eine mißbräuchliche Weiterabtretung der Grundschuld nicht befürchtet werden muß; anderenfalls ist die Sicherung des Rückgewährungsanspruchs durch Vormerkung dringend geboten.

IV. Grundschuldzinsen

Sind für die Grundschuld Zinsen eingetragen (§ 1191 Abs. 2 BGB, in der Praxis dürfte das üblich sein), so sind im Fall der Abtretung der Grundschuld gemäß § 1192 Abs. 2 BGB in erster Linie die §§ 1158, 1159 BGB anwendbar. Nur soweit die Zinsen durch diese Bestimmungen nicht erfaßt werden, gilt auch für den Erwerb des Zinsteils der Grundschuld § 1157 BGB. Das bedeutet:

1. Rückständige Zinsen

Für rückständige Grundschuldzinsen, d.h. für solche, die bereits vor der Abtretung der Grundschuld fällig waren, gilt die Bestimmung des § 1159 BGB. Fällig sind die Grundschuldzinsen, sofern nichts besonderes bestimmt ist, bei Festsetzung jährlicher Zinsen jeweils am Jahresende, gerechnet ab Bestellung der Grundschuld (§ 608 BGB analog)[98]; bei Kündigung der Grundschuld, gleich durch welche Partei, während laufender Zinsperiode mit Wirksamwerden der Kündigung (ebenfalls analog § 608

---

97 Im Ergebnis ist daher *Rimmelspacher* und *Palandt-Bassenge* a.a.O. (Fn. 94) zuzustimmen. Was den von *Palandt-Bassenge* außerdem behandelten Fall der bei Abtretung „noch nicht" valutierten Grundschuld betrifft, liegt dagegen ein zweifelsfreier Fall des § 1157 BGB vor.
98 *Wolff-Raiser* § 154 V 2 S. 641; *Planck-Strecker* § 1193 Anm. 4; *Staudinger-Scherübl* § 1193 Rz. 3; MünchKomm-*Eickmann* § 1193 Rz. 5; *Soergel-Konzen* § 1193 Rz. 1; *Jauernig* § 1193 Anm. 1; *Palandt-Bassenge* § 1193 Rz. 1.

BGB)⁹⁹; bei Festsetzung anderer als jährlicher Zinsperioden (z.B. 4% Zinsen für das Vierteljahr) gilt entsprechendes.

Die Grundschuld für die Zinsrückstände geht auf den Zessionar nur über, wenn sie besonders abgetreten ist. Für die Abtretung gelten gemäß § 1159 Abs. 1 Satz 1 die §§ 398 ff. BGB, insbesondere also auch § 404 BGB. Der Eigentümer kann daher dem Zessionar gegenüber alle Einwendungen geltend machen, die durch den Sicherungsvertrag zur Zeit der Abtretung gegenüber dem Zedenten begründet sind, auch soweit sie erst künftig entstehen. § 1157 BGB findet keine Anwendung. Ein gutgläubiger Erwerb findet nicht statt (§ 1159 Abs. 2 BGB). Rückständige Zinsen, die nicht durch eine entsprechende Forderung valutiert sind, kann daher der Zessionar in keinem Fall gegenüber dem Eigentümer und Sicherungsgeber geltend machen.

2. Laufende Zinsen

Für Grundschuldzinsen, die erst nach der Abtretung der Grundschuld fällig werden, gilt folgendes: Ihre Abtretung erfolgt nach §§ 1154, 1155 i.V. mit § 1192 BGB. Da die Grundschuld wohl stets zusammen mit den künftigen Zinsen abgetreten wird, kann der Zessionar die Grundschuld nicht nur im Hinblick auf das Kapital verwerten, sondern auch im Hinblick auf die nach der Abtretung aufgelaufenen Zinsen. Soweit nach der Abtretung Zinsen für mehr als vier Jahre auflaufen, kann der Grundstückseigentümer allerdings gemäß §§ 197, 201, § 902 Abs. 1 Satz 2 BGB Verjährung einwenden.¹⁰⁰

Nach dem Sicherungsvertrag darf der Sicherungsnehmer indessen die Zinsen nur insoweit in Anspruch nehmen, als eine gesicherte Forderung besteht (nicht notwendig: eine gesicherte Zinsforderung; die Grundschuldzinsen haften auch für das Forderungskapital).¹⁰¹ Ist die Grundschuld, einschließlich der nach Abtretung der Grundschuld aufgelaufenen Grundschuldzinsen der letzten vier Jahre vor Geltendmachung der Grundschuld, im Sinn des Sicherungsvertrags nicht oder nicht voll valutiert, so gilt für die auf den Sicherungsvertrag gestützte Einrede der Nichtvalutierung folgendes:

---

99 Nach BGH NJW 1987, 946, 947 führt allerdings die Kündigung nicht zum Ende der Verzinsung. Wird also die Grundschuld nicht pünktlich nach Kündigung abgelöst, hat der Gläubiger weiterhin Zinsen aus dem Grundstück zu beanspruchen, bis entweder die Grundschuld durch Zahlung abgelöst wird oder bis sie durch Zuschlag in der Zwangsversteigerung erlischt. Anders verhält es sich nur bei Annahmeverzug des Gläubigers, § 301 BGB analog.
100 Vgl. *Staudinger-Scherübl* § 1192 Rz. 31; *Staudinger-Dilcher* § 197 Rz. 3; *Soergel-Walter* § 197 Rz. 5; *Palandt-Heinrichs* § 197 Rz. 5.
101 RG SeuffA 87 Nr. 29; BGH NJW 1982, 2768, 2769; Sicherungsgrundschuld S. 103.

Auf die Grundschuldzinsen sind gemäß § 1192 Abs. 2 BGB die Vorschriften über Hypothekenzinsen entsprechend anwendbar. Für die bei Abtretung der Hypothek laufenden Hypothekenzinsen trifft § 1158 BGB eine Sonderregelung. Die allgemeinen Vorschriften des Hypothekenrechts gelten nur für die Zinsen, die fällig werden, nachdem der Eigentümer von der Abtretung der Hypothekenforderung Kenntnis erlangt hat, und zwar erst für die Zinsen, die nach dem übernächsten Vierteljahresende nach Kenntniserlangung fällig werden. Für die nach Abtretung, aber vor dem genannten Stichtag fälligen Zinsen gelten zugunsten des Eigentümers die Schuldnerschutzvorschriften des allgemeinen Zessionsrechts (§ 1158 BGB 1. Halbsatz). Ein gutgläubiger einredefreier Erwerb ist insoweit nicht möglich (§ 1158 BGB 2. Halbsatz).

Wendet man diese Regel auf die Grundschuld an, so ergibt sich daraus: Der Zessionar muß sich, soweit es um die vor dem Stichtag des § 1158 BGB fälligen Zinsen geht, alle Einreden entgegenhalten lassen, die durch Vereinbarung zwischen dem Eigentümer und dem Grundschuldgläubiger begründet worden sind, bevor der Eigentümer von der Abtretung Kenntnis erlangt hat (§ 1192 Abs. 2 i. V. m. § 1158 Halbs. 1 i. V. m. § 407 BGB). Erst recht muß er sich deshalb Einreden entgegenhalten lassen, die sich auf die vor dem Stichtag des § 1158 BGB fälligen Zinsen beziehen und auf einer Vereinbarung beruhen, die schon vor der Abtretung zwischen dem Eigentümer und dem ursprünglichen Grundschuldgläubiger getroffen worden ist (vgl. § 1192 Abs. 2 i. V. m. § 1158 Halbs. 2 i. V. m. § 404 BGB). Für Einreden gegen die bis zum Stichtag fälligen Zinsen gelten also – genau wie für die bis zum Stichtag fälligen Hypothekenzinsforderungen – die §§ 404, 407 BGB und nicht § 1157 BGB. Es kommt nicht darauf an, ob die Einrede vor Abtretung entstanden ist, sondern es genügt, daß sie vor der Abtretung oder sogar noch nachher, bis zur Kenntniserlangung, begründet worden ist. Ein gutgläubiger Erwerb findet insoweit nicht statt (§ 1192 Abs. 2 i. V. m. § 1158 Halbs. 2 BGB). Das bedeutet: Der Eigentümer kann dem Zessionar der Grundschuld in bezug auf die Zinsen, die bis zum Stichtag (zweites Quartalsende nach Kenntnis der Abtretung der Grundschuld) fällig geworden sind, alle durch den Sicherungsvertrag begründeten Einreden entgegenhalten; genauso wie er es dem Sicherungsnehmer gegenüber könnte. Entscheidend ist nur, daß die Einrede durch den Sicherungsvertrag vor Kenntniserlangung „begründet" war; wann sie „entstanden" ist, ist gemäß §§ 404, 407 BGB gleichgültig.

Erst für die Zinsen, die nach dem Stichtag (übernächstes Quartalsende nach Kenntnis des Eigentümers von der Abtretung der Grundschuld) fällig werden, gilt § 1157 BGB, nicht anders als für das Grundschuldkapital. Erst für diese Zinsen kommt daher ein gutgläubiger einredefreier Erwerb gemäß § 1157 Satz 2, § 892 in Betracht.

3. Ein Beispiel aus der Rechtsprechung

Daß es hierbei um mehr als um Quisquilien geht, zeigt ein Beispiel aus der Rechtsprechung des Bundesgerichtshofs.[102] Der Eigentümer hatte am 4. Dezember 1963 einem Baustoffhändler, einem gewissen E., zur Sicherung aller gegenwärtigen und künftigen Forderungen des E. eine jederzeit kündbare Grundschuld über 50000 DM bestellt. Die Grundschuld war mit 12% p. a. verzinslich. Im März 1965 trat E. die Grundschuld zur Sicherung eines Darlehens an den Zessionar ab. Im Herbst 1966 bot der Eigentümer dem E. Zahlung seiner Schulden gegen Rückgabe der Grundschuld an; die Gesamtverbindlichkeit belief sich auf 51500 DM. Jetzt erst stellte sich heraus, daß die Grundschuld abgetreten war. Der Eigentümer bot nunmehr (am 16. Januar 1967) unter sofortiger Kündigung der Grundschuld dem Zessionar die Zahlung der dem Zedenten geschuldeten 51500 DM gegen Rückgabe der Grundschuld an. Der Zessionar wies das Angebot zurück. Er sei zur Rückgabe der Grundschuld nur gegen Zahlung von Kapital und 12% Zinsen p. a. verpflichtet. Am 4. 12. 1967 wären das bereits 24000 DM Zinsen gewesen (der Zessionar errechnete bis Ende Dezember 1967 einen Betrag von 26450 DM, wohlverstanden: zuzüglich zum Grundschuldkapital).

In dem Prozeß hat der Eigentümer seine Sache schlecht vertreten. Er berief sich nämlich darauf, E. seinerseits habe dem Zessionar auf das durch die Grundschuld gesicherte Darlehen (das der Zessionar dem E. gewährt hatte) bis August 1966 stets Zinsen bezahlt; deswegen könne der Zessionar bis zum August 1966 von ihm (dem Eigentümer) keine Zinsen aus der Grundschuld verlangen. Hiermit hat der Eigentümer in den beiden ersten Instanzen recht bekommen. Daß diese Entscheidungen verfehlt waren, war offensichtlich, und der BGH hat daher auf die Revision des Grundschuldgläubigers hin die Entscheidung des OLG aufgehoben und die Sache zurückverwiesen. Denn der Eigentümer kann aus dem Sicherungsvertrag zwischen dem Zedenten und dem Zessionar der Grundschuld keine Einrede gegen den Zessionar herleiten. Leider hat die unglückliche Prozeßführung des Eigentümers den BGH gehindert, in dem Urteil zu den Fragen Stellung zu nehmen, auf die es eigentlich ankam.

---

[102] BGH NJW 1974, 185.

Die Grundschuldzinsen für das erste Jahr (beginnend mit dem 4. Dezember 1963) waren am 4. Dezember 1964 fällig. Sie waren also bei der Abtretung der Grundschuld im März 1965 „rückständig". Die Abtretung richtete sich daher gemäß §§ 1192 Abs. 2, 1159 Abs. 1 Satz 1 BGB nach den §§ 398ff. BGB. Für Einreden aus dem Sicherungsvertrag galt demgemäß § 404 BGB. Nach dem Sicherungsvertrag stand aber fest, daß der bisherige Gläubiger E. aus der Grundschuld, Kapital und Zinsen zusammengenommen, nicht mehr erlösen durfte als insgesamt 51 500 DM. Gemäß § 404 BGB konnte dies der Eigentümer auch dem Zessionar entgegenhalten. Weitergehende Rechte konnte der Zessionar aus dem Zinsrückstand für das Jahr 1963/64 nicht herleiten.

Die Zinsen für die beiden folgenden Jahre waren am 4. Dezember 1965 und 4. Dezember 1966 fällig; die restlichen Zinsen mit der Kündigung der Grundschuld am 16. 1. 1967. Angenommen, der Eigentümer hatte erst im letzten Quartal des Jahres 1966 von der Abtretung Kenntnis erlangt, als er versuchte, die Grundschuld beim ursprünglichen Gläubiger E. auszulösen, so galt für alle bis vor dem Ende des folgenden Quartals (31. 3. 1967) fälligen Zinsen die Sonderregel des § 1158 BGB (i.V. mit § 1192 Abs. 2 BGB), also für alle Zinsen, die seit dem 4. 12. 1964 überhaupt noch entstanden waren. Auch insoweit konnte daher der Eigentümer geltend machen, daß der Zedent der Grundschuld niemals – weder vor noch nach Abtretung – befugt war, die Grundschuld, Kapital und Zinsen zusammengenommen, mit einem höheren Betrag als 51 500 DM in Anspruch zu nehmen (§ 1158 i.V.m. § 404 BGB). Ein gutgläubiger einredefreier Erwerb war nur hinsichtlich des Grundschuldkapitals möglich (§ 1157 Satz 2 i.V. mit § 892 BGB), nicht aber hinsichtlich der aufgelaufenen Grundschuldzinsen (§ 1158 BGB Halbs. 2). Infolgedessen war der Eigentümer tatsächlich, wie von ihm geltend gemacht, berechtigt, die gesamte Grundschuld durch Zahlung von 51 500 DM, Zug um Zug gegen Aushändigung des Grundschuldbriefs und löschungsfähige Quittungen, abzulösen – immer vorausgesetzt, daß er erst im letzten Quartal 1966 von der Abtretung der Grundschuld Kenntnis erlangt hatte. Nachdem er dies dem Grundschuldgläubiger am 16. 1. 1967 angeboten hatte, sind von da an weitere Zinsforderungen nicht mehr entstanden, § 301 BGB analog.[103]

---

103 Hierauf hatte der Eigentümer sich im Prozeß zu Recht berufen, vgl. BGH NJW 1974, 185.

V. Zusammenfassung

1. An der Rechtsprechung des Bundesgerichtshofs und der herrschenden Lehre zur Behandlung der Einreden aus dem Sicherungsvertrag im Fall der Abtretung der Grundschuld ist festzuhalten. Für die Wirksamkeit der Einreden aus dem Sicherungsvertrag gegenüber dem neuen Gläubiger gilt § 1157 BGB, und zwar für alle Einreden, gleichgültig, ob sie peremptorisch sind (wie die Einrede, daß der Sicherungszweck sich erledigt hat) oder aufschiebend (wie die Einrede, daß die gesicherte Forderung noch nicht fällig ist) oder ob dies einstweilen offen ist (wie im Fall der Einrede, daß die gesicherte Forderung noch nicht entstanden ist). Jede dieser Einreden kann dem neuen Gläubiger nur dann entgegengehalten werden, wenn der Tatbestand, auf den sie sich stützt, bei Abtretung in vollem Umfang verwirklicht ist und wenn dem neuen Gläubiger dieser Tatbestand bei der Abtretung bekannt ist. Einreden, die durch den Sicherungsvertrag zur Zeit der Abtretung im Verhältnis zum ursprünglichen Gläubiger zwar begründet, aber noch nicht entstanden sind, sind dem neuen Gläubiger gegenüber unwirksam. Die Kenntnis vom Sicherungszweck der Grundschuld allein führt nicht dazu, daß der Erwerber als bösgläubig anzusehen ist. Die Sicherungsabrede als solche kann nicht im Grundbuch eingetragen werden.

2. Hiernach macht es einen Unterschied, ob die Grundschuld zur Sicherung einer bestimmten, bei Abtretung der Grundschuld bereits bestehenden Forderung bestimmt ist oder zur Sicherung einer künftigen, in ihrer Höhe noch unbestimmten Forderung.

3. Bei Sicherung einer *bestimmten, bei Abtretung bestehenden Forderung* ist zum Zeitpunkt der Abtretung für den Eigentümer nur die Einrede gegeben, daß die Grundschuld nicht vor dem Termin der Fälligkeit der Forderung geltend gemacht werden darf. Ist dem neuen Gläubiger dieser Termin bekannt, muß er ihn beachten. Zahlungen, die der Eigentümer (oder der von ihm verschiedene persönliche Schuldner) nach der Abtretung an den bisherigen Gläubiger auf die gesicherte Forderung erbringt, sind dagegen dem neuen Gläubiger gegenüber, soweit es um sein Recht aus der Grundschuld geht, unwirksam. Insoweit gilt nichts anderes als das, was auch gelten würde, wenn die Forderung durch eine Verkehrshypothek gesichert wäre. Der Eigentümer oder der persönliche Schuldner kann sich schützen, indem er die Zahlung von der Rückgabe der Grundschuld abhängig macht. Ein noch wirksamerer Schutz besteht, wenn der Rückgewähranspruch aus dem Sicherungsvertrag durch Vormerkung gesichert wird. So wie die Grundschuld ohne Vormerkung des Rückgewähranspruchs durch § 1157 BGB

praktisch der Verkehrshypothek gleichgestellt ist, ist die Grundschuld mit Vormerkung des Rückgewähranspruchs praktisch der Sicherungshypothek angenähert.

4. Bei Sicherung einer *künftigen Forderung* besteht für den Eigentümer von vornherein die Einrede, daß die Grundschuld einstweilen und bis auf weiteres, nämlich bis zur möglichen Entstehung der gesicherten Forderung, nicht geltend gemacht werden darf. Unterbleibt die Entstehung der Forderung endgültig, besteht die Einrede für dauernd; entsteht die Forderung, entfällt die Einrede in Höhe der entstandenen Forderung. Diese von Anfang an bestehende Einrede kann der Eigentümer auch dem neuen Gläubiger entgegenhalten, wenn sie diesem bei der Abtretung bekannt ist. So wie der bisherige Gläubiger einstweilen die Grundschuld nicht geltend machen darf, darf sie auch der neue Gläubiger nicht geltend machen, der die Einrede kennt. Zur Kenntnis der Einrede gehört Kenntnis des Sicherungszwecks und Kenntnis der Tatsache, daß die gesicherte Forderung bisher nicht besteht. Kenntnis des Sicherungszwecks allein genügt auch hier nicht.

5. Dient die Grundschuld zur Sicherung eines *Kontokorrentkredits*, so dient sie im Sinn der eben getroffenen Unterscheidung zur Sicherung einer künftigen, nicht einer gegenwärtigen Forderung. Eine gegenwärtige Forderung existiert nicht, solange das Kontokorrent nicht abgeschlossen ist. Läßt sich also der neue Gläubiger vor Abschluß des Kontokorrents die Grundschuld abtreten, kennt er den Sicherungszweck und weiß er, daß das Kontokorrent noch nicht abgeschlossen ist, so kann er die Grundschuld nicht einredefrei erwerben. „Valutiert" wird hier die Grundschuld erst, wenn die Geschäftsverbindung abgeschlossen wird und wenn sich dabei für den bisherigen Grundschuldgläubiger ein positiver Saldo ergibt, und valutiert wird sie nur in Höhe dieses Saldos. Die Lage ist genauso, wie wenn eine Grundschuld zur Sicherung eines Darlehens bestimmt ist, das bei Abtretung noch nicht ausbezahlt ist, und wenn dem Zessionar dies bekannt ist. Der BGH hatte den Fall der Sicherung von Kontokorrentkrediten bisher nicht zu entscheiden, wohl aber das Reichsgericht. An der Rechtsprechung des Reichsgerichts ist, soweit es um diesen Fall geht, festzuhalten.

6. Sichert die Grundschuld ein Darlehen, das *ratenweise zurückzuzahlen* ist, und läßt der Zessionar sich die Grundschuld in Kenntnis des Sicherungszwecks und des Zahlungsmodus abtreten, um sie später, nachdem weitere Zahlungen an den Zedenten erfolgt sind, in voller Höhe, so wie sie bei Abtretung valutiert war, geltend zu machen, so ist zwar § 1157 Satz 1 BGB nicht anwendbar. Der Zessionar ist hier aber dem Vorwurf der sittenwidri-

gen vorsätzlichen Schädigung und dem darauf gestützten Einwand des Rechtsmißbrauchs ausgesetzt. Der Rückgriff auf diesen allgemeinen Einwand wird durch § 1157 BGB nicht ausgeschlossen.

7. Soweit es um die rückständigen und die laufenden *Grundschuldzinsen* geht, ist § 1157 BGB durch die §§ 1158, 1159 BGB (i. V. mit § 1192 Abs. 2 BGB) modifiziert. Ein einredefreier Erwerb ist demnach nur im Hinblick, auf diejenigen Grundschuldzinsen möglich, die nach dem übernächsten Quartalsende fällig werden, nachdem der Eigentümer Kenntnis von der Abtretung erlangt hat. Allen vor diesem Stichtag fälligen Zinsansprüchen aus der Grundschuld kann er Einwendungen aus dem Sicherungsvertrag, die vor Kenntnis der Abtretung im Verhältnis zum bisherigen Gläubiger begründet worden sind, uneingeschränkt entgegensetzen, §§ 1158, 1159 i. V. mit §§ 404, 407 BGB. Ein gutgläubiger einredefreier Erwerb findet insoweit nicht statt (§ 1158 Halbs. 2, § 1159 Abs. 2 BGB).

Transposition und Parteiwille bei grenzüberschreitenden Mobiliarsicherheiten

Von Erik Jayme, Heidelberg*

I. Einführung

Zwei neuere Entscheidungen höchster Gerichte zu grenzüberschreitenden Mobiliarsicherheiten verdienen besondere Beachtung, weil sie ausländischen Sicherungsarten im Inland Wirkungen zuerkannt haben. Das House of Lords – als Appellationsgericht über dem höchsten schottischen Gericht, dem Court of Session – verlieh einem nach deutschem Recht vereinbarten Eigentumsvorbehalt Wirkungen in Schottland[1] und brach so mit einer scheinbar festgefügten, gegenteiligen Rechtsprechung, welche solche Absprachen mangels Registrierung in Schottland als unwirksam ansah.[2] Der Bundesgerichtshof erkannte in seiner Entscheidung vom 11. 3. 1991 eine dem deutschen Recht fremde Autohypothek des italienischen Rechts an und gab ihr die Wirkungen des deutschen Sicherungseigentums

---

* Der Beitrag wurde während eines Studienaufenthalts im Clare College in Cambridge geschrieben. Der Verfasser dankt Herrn Professor Dr. *Kurt Lipstein* für Gastfreundschaft und vielseitige Hilfe. Wertvolle Anregungen verdanke ich auch Herrn *Richard Fentiman*, Fellow im Queen's College. Mein Dank gilt schließlich meinem Doktoranden *Thorsten Heyne* für Hinweise zum schottischen Recht.

1 Armour and another v. Thyssen Edelstahlwerke AG [1991] All E. R. 481 (H. L.); vgl. hierzu *Roloff*, Armour v. Thyssen Edelstahlwerke AG – Die Wirksamkeit eines deutschen Eigentumsvorbehalts in Schottland, IPRax 1991, 274 ff.; *Mann*, Zur Wirkung des Eigentumsvorbehalts in England und Schottland, NJW 1991, 608.

2 Hammer and Söhne v. H. W. T. Realisations Ltd. [1985] S. L. T. (Sheriff Court Reports) 21 (Sheriff Court of Glasgow and Strathkelvin at Glasgow): Ein deutscher Juwelier verlangte unter Eigentumsvorbehalt gelieferte Juwelen von dem schottischen Importeur heraus; das Gericht wies die Klage ab, da der Eigentumsvorbehalt „contrary to fundamental principles of Scots law" sei (23), vgl. aber auch Zahnrad Fabrik Passau GmbH v. Terex Ltd. [1986] S. L. T. 84: Klage einer deutschen Firma gegen den schottischen Importeur und gegen die „receivers" (Verwalter) der unter Zwangsverwaltung gestellten schottischen Firma, welche Eigentumserwerb durch „accessio" einwandten. Das Gericht berücksichtigte deutsches Recht im Rahmen einer materiellrechtlichen Verweisung (incorporation) im Rahmen des Vertrags.
Die Auslegung des schottischen Rechts durch Lord Ross – vgl. den schottisch-englischen Fall Emerald Stainless Steel Ltd. v. South Side Distribution Ltd. [1983] S. L. T. 162 – fand Kritik im Schrifttum: *Reid/Gretton*, Retention of Title in Romalpa Clauses, [1983] S. L. T. 77 ff.; vgl. aber auch die Erwiderung von *Smith*, Retention of Title: Lord Watson's Legacy, [1983] S. L. T. 105 f. Vgl. auch *Patrick*, Romalpa: the International Dimension, [1983] S. L. T. 265 ff., 277 ff.; *Heyne*, Deutscher Eigentumsvorbehalt vor schottischen Gerichten, IPRax 1988, 318 ff.

mit der Folge, daß der Inhaber der in Italien begründeten Autohypothek die Herausgabe des Sicherungsguts in Deutschland zum Zwecke der Verwertung verlangen kann.[3] Beide Entscheidungen stimmen darin überein, daß sie den Interessenwiderstreit zwischen dem Sicherungsnehmer und den anderen Gläubigern des Sicherungsgebers zugunsten des Sicherungsnehmers entscheiden. Damit setzen sich Wertungen im internationalen Rechtsverkehr durch, welche für Binnensachverhalte längst anerkannt sind.[4] Diese Entwicklungen sind mit dem Lebenswerk des verehrten Jubilars auf doppelte Weise verbunden. Zum einen ist es *Sericks* System des Eigentumsvorbehalts und der Sicherungsübertragung[5], welches den aus den Gegebenheiten der Praxis gewachsenen Rechtsregeln die notwendige Kohärenz und Durchsichtigkeit gegeben hat; aus dem Dialog von Wissenschaft und Praxis sind hier eigenständige Rechtsinstitute entstanden, auf welche heute der Rechtsverkehr wie selbstverständlich zurückgreift. Auch in der Autohypothek-Entscheidung hat der Bundesgerichtshof das Werk von *Serick* zitiert und bestätigt.[6] Zum andern hat *Serick* in verschiedenen Schriften immer wieder die rechtsvergleichende Bewältigung ausländischer, im Inland unbekannter Rechtsinstitute betont[7], welche gerade auch bei den grenzüberschreitenden Mobiliarsicherheiten eine Rolle spielt.

Im Vordergrund der folgenden Betrachtungen sollen kollisionsrechtliche Überlegungen stehen, sowohl zur Technik als auch zum Wertewandel des Internationalen Privatrechts. Es läßt sich nämlich beobachten, daß der ursprünglich herrschende Gedanke, die eigene Sachenrechtsordnung gegen das Eindringen fremder Elemente zu verteidigen[8], immer mehr zurück-

---

3 BGH, 11. 3. 1991, NJW 1991, 1415.
4 Vgl. *Serick*, Deutsche Mobiliarsicherheiten – Aufriß und Grundgedanken, 1988.
5 *Serick*, Eigentumsvorbehalt und Sicherungsübertragung (vgl. die Bibliographie in diesem Bande). Heidelberg. I: Der einfache Eigentumsvorbehalt (1963); II: Die einfache Sicherungsübertragung. Erster Teil (1965); III: Die einfache Sicherungsübertragung. Zweiter Teil (1970); IV: Verlängerungs- und Erweiterungsformen des Eigentumsvorbehaltes und der Sicherungsübertragung. Erster Teil: Verlängerungsformen und Kollisionen (1976); V: Verlängerungs- und Erweiterungsformen des Eigentumsvorbehaltes und der Sicherungsübertragung. Zweiter Teil: Erweiterungsformen. Dritter Teil: Sonstiges – Insolvenzrecht (Konkurs) (1982); VI: Verlängerungs- und Erweiterungsformen des Eigentumsvorbehaltes und der Sicherungsübertragung. Dritter Teil: Sonstiges – Insolvenzrecht (Vergleich); Insolvenzrechtsreform (1986).
6 BGH, 11. 3. 1991, NJW 1991, 1415 ff., 1416.
7 Vgl. *Serick*, Zur Behandlung des anglo-amerikanischen trust im kontinentaleuropäischen Recht, FS Nipperdey zum 70. Geburtstag, Bd. II, 1965, S. 653–666; *Serick*, Zur Anerkennung der Liechtensteinischen Treuunternehmen in Deutschland (Ein Beitrag zur Anerkennung ausländischer juristischer Personen), RabelsZ 23 (1958), S. 624–642.
8 Vgl. z. B. Obertribunal Berlin, 8. 4. 1875, Seuffert's Archiv Bd. 31, S. 257 f. (preuß. ALR gegen die generelle Hypothek des gemeinen Rechts); RG, 28. 2. 1893, JW 1893, 207 (obiter, Nichtanerkennung von im Ausland begründeten besitzlosen Pfandrechten).

tritt. Die hier vorherrschende Technik ist eine großzügige Handhabung der Lehre von der *Transposition* fremder Rechtsinstitute.[9] Die Frage stellt sich aber, ob man – mit *Drobnig*[10] und *Stoll*[11] – den Parteiwillen auch im Sachenrecht kollisionsrechtlich noch stärker berücksichtigen soll, bzw. ob nicht die jüngste Entwicklung ein Indiz dafür darstellt, daß es in Wahrheit der Parteiwille ist, dem die Praxis zur Durchsetzung verhilft.

II. Statutenwechsel im Internationalen Sachenrecht: Das Nebeneinander zweier Kollisionsregeln

1. Die Auffassung Wächters

Von entscheidendem Einfluß auf die Entwicklung des internationalen Sachenrechts und bis heute noch gültig sind folgende Grundsätze, die *Wächter* aufgestellt hat:[12]

„Kommen Mobilien, welche auswärts sich befanden und an welchen auswärts nach den Gesetzen des Ortes, wo sie lagen, Rechte erworben wurden, in unser Land: so ist die Natur, Ausdehnung und Verfolgbarkeit dieser Rechte von unserem Richter nach unseren Gesetzen zu beurteilen (...) Was über die Beurteilung der früher im Auslande geschehenen Erwerbung des Rechts selbst betrifft: so kann unser Gesetz, welches von dem Acte einer Rechtserwerbung an Mobilien spricht, nur die Erwer-

---

9 MünchKomm-*Kreuzer*, 2. Aufl. (1990), Nach Art. 38 Anh. I Rdzz. 63, 86; vgl. hierzu auch *Rabel*, The Conflict of Laws, Bd. 4 (1958), S. 89. Die Transposition im Ausland erworbener Rechte traf in einer früheren Phase der Transpositionslehre auf die Schranke inländischer „Dauervoraussetzungen" (Zitelman); vgl. *Lewald*, Das deutsche internationale Privatrecht auf Grundlage der Rechtsprechung, 1931, S. 185.
10 *Drobnig*, Eigentumsvorbehalte bei Importlieferungen nach Deutschland, RabelsZ 32 (1968), 450 ff., 459 ff.
11 *Stoll*, Rechtskollisionen beim Gebietswechsel beweglicher Sachen, RabelsZ 38 (1974), 450 ff., 452 ff.; *Staudinger-Stoll*, Kommentar zum Bürgerlichen Gesetzbuch mit Einführungsgesetz und Nebengesetzen, 10./11. Aufl. 1976, Nach Art. 12 (I), Internationales Sachenrecht Rdz. 414–415; *dies.*, 12. Aufl. 1985, Rdzz. 277–283.
12 *Wächter*, Ueber die Collision der Privatrechtsgesetze verschiedener Staaten, AcP 24 (1841), 230 ff., AcP 25 (1842), 1 ff., 151 ff., 361 ff., 387–388. Aufschlußreich ist die schottische Entscheidung James Todd and another v. Thomas Armour [1889] 9 R. 901 (Court of Session): Ein irischer Farmer verlangte von einem Schotten ein ihm gestohlenes Pferd heraus; der Schotte wandte ein, daß er das Pferd in Irland nach irischem Recht nach den Regel des „open market" gutgläubig erworben habe, was nach schottischem Recht nicht der Fall gewesen wäre. Das Gericht wandte irisches Recht an und wies die Klage ab. Interessant ist, daß der Sheriff Court (903 Note) sich zu Savigny äußerte: „It appears from the passage cited by the pursuer's agent, that this contention is supported by the high authority of Savigny (Guthrie's Translation), p. 141), but so far as the Sheriff-substitute has been able to learn, Savigny's views have not been accepted by other jurists." Dann folgen Ausführungen zum englischen Recht.

bung der bei uns befindlichen, nicht der im Auslande liegenden Mobilien im Auge haben. Deshalb hat unser Richter den früheren Act der Rechtserwerbung nach dem ausländischen Rechte zu beurteilen."

Wächter ging also von einem Nebeneinander zweier Statuten aus; für den Erwerb des Rechts im Ausland galt ausländisches Recht, für seine Natur, Ausdehnung und Verfolgbarkeit aber das inländische Recht. Waren die beiden Rechte nicht vereinbar, so setzte sich das inländische Recht durch. *Wächter* gibt folgendes Beispiel:[13]

„Wenn im Ausland an einer beweglichen Sache nach dortigen Gesetzen eine Hypothek gültig bestellt wurde, und die Sache kommt nach Württemberg: so hat der Württemb. Richter an ihr das Pfandrecht nicht anzuerkennen, weil das Württemb. Recht ein Pfandrecht an Mobilien in Entstehung und im Fortbestehen blos in der Form des Faustpfandes anerkennt."

Angelpunkt der Betrachtung *Wächters* ist „unser Staat"[14] und die Bestimmung des räumlich-persönlichen Anwendungsbereichs des eigenen Rechts „aus dem Sinne und der Richtung unserer Gesetze".[15] Die Statutenlehre ist hier noch ganz gegenwärtig; die Sachnormen der lex fori stehen im Vordergrund. Ausländisches Recht kommt nur dann zur Anwendung, wenn das inländische nicht eingreifen möchte. Das Nebeneinander zweier Kollisionsregeln wird also durch den Vorrang der lex fori gelöst.

2. Die Transpositionslehre

Die Transpositonslehre wurde von *Lewald* begründet.[16] Vorausgesetzt ist stets das Nebeneinander zweier Kollisionsregeln beim Gebietswechsel beweglicher Sachen.[17] *Lewald* schreibt:

---

13 *Wächter*, vorige Note, AcP 25 (1842) 389; OLG Jena, 7. 7. 1853, Seuffert's Archiv Bd. 16, S. 1 ff., 3 (Gothaische Prozeßordnung).
14 *Wächter*, AcP 25 (1942), 199.
15 *Wächter*, vorige Note.
16 *Lewald*, Règles générales des conflits de lois – Contribution à la technique du droit international privé, Recueil des Cours 69 (1939 – III), 1 ff., 127 ff., 129 f.; vgl. bereits *Lewald*, Das deutsche internationale Privatrecht auf Grundlage der Rechtsprechung, 1931, S. 184 ff. *Wengler*, Die Vorfrage im Kollisionsrecht, Rabels Zeitschrift 8 (1934), 148 ff., 159 ff. Vgl. allgemein *Mansel*, Substitution im deutschen Zwangsvollstreckungsrecht – Zur funktionellen Rechtsvergleichung bei der Sachrechtsauslegung, in: Festschrift Werner Lorenz (1991), S. 689 ff.
Von Lewald stammt auch der Begriff der „Prägung": „Das neue Statut übernimmt jedoch die Sache mit der sachenrechtlichen Prägung, welche ihr das bisherige Statut verliehen hat." (IPR, S. 184).
17 *Lipstein*, The General Principles of Private International Law, Recueil des Cours 135 (1972-I), 97 ff., 208 f.

„Le sort de ces droits est moins un problème de conflit de lois qu'une question de droit comparé."[18]

Die Vorherrschaft der lex fori wird auf diese Weise gebrochen, ohne daß der Ansatz *Wächters* preisgegeben wird. Es genügt die „l'équivalence des catégories juridiques de l'ancienne et la nouvelle lex rei sitae"[19]. Die Durchsetzung des Sachenrechts der lex fori bedarf einer gesonderten Rechtfertigung. *Lewald* spricht hier von einer „considération d'ordre public".[20] Man kann auch den Schutz der inländischen Gläubigerordnung betonen.[21]

Der Unterschied der Lehre *Lewalds* zu derjenigen von *Wächter* liegt darin, daß das inländische und das ausländische Recht gleich behandelt werden.[22] Stellte man nunmehr die rechtsvergleichende Äquivalenz, d.h. die funktionale Gleichwertigkeit der Kategorien, in den Vordergrund, so änderten sich die Ergebnisse fundamental.[23] Die ausländischen Sachenrechte wurden nicht nur anerkannt; ja sie erhielten Wirkungen, die sie im Ursprungsland nicht hatten. So „erstarkte" mit der Verbringung des Gegenstandes über die Grenze der relative Eigentumsvorbehalt des italienischen Rechts zum absoluten Eigentum des deutschen Rechts.[24] Die italienische Autohypthek wurde mit einem Herausgabeanspruch ausgestattet, ohne Rücksicht darauf, ob das italienische Recht dies ebenfalls vorsieht.[25] Die Anwendbarkeit zweier Rechtsordnungen blieb. Der Automatismus der Transposition führte zu eigenständigen „internationalen" Sachnormen. Über dem Ganzen hängt allerdings das Schwert des § 936 BGB, d.h. ein gutgläubiger lastenfreier Erwerb im Inland bleibt denkbar[26]; aber hier werden besondere Anforderungen gestellt.[27]

---

18 *Lewald*, Règles générales, oben Note 16, S. 129.
19 *Lewald*, vorige Note.
20 *Lewald*, Règles générales, oben Note 16, S. 130. Vgl. bereits *Lenel*, Der 80. Band der Entscheidungen des Reichsgerichts in Zivilsachen, DJZ XVIII (1913), 883 f.; *Klein*, Studien zur Rechtsprechung auf dem Gebiete des Internationalen Privatrechts, in: Zeitschrift für Rechtspflege in Bayern 10 (1914), S. 313 ff., 315 ff.
21 *Staudinger-Stoll*, 10./11. Aufl., oben Note 11, Rdz. 461.
22 Vgl. hierzu *Jayme*, Gleichbehandlung des ausländischen und des inländischen Rechts im IPR – Resolutionen des Institut de Droit International in Santiago de Compostela, IPRax 1990, 69 ff.
23 *Staudinger-Stoll*, 10./11. Aufl., oben Note 11, Rdz. 457; BGH, 20. 3. 1963, BGHZ 39, 173.
24 BGH, 2. 2. 1966, BGHZ 45, 95 ff., 101.
25 BGH, 11. 3. 1991, NJW 1991, 1415 ff., 1416; im italienischen Recht ist ein gerichtlich kontrolliertes Verwertungsverfahren vorgeschrieben, keinesfalls ein Herausgabeanspruch des Inhabers der Autohypothek gegen den Eigentümer, vgl. z.B. *Tridico*, Autoveicoli, in: Digesto, 4. Aufl. Bd. I (1987), S. 529 ff., 539 f.; vgl. neuestens BGH, 7. 10. 1991, NJW 1992, 362.
26 Vgl. in anderem Zusammenhang BGH, 8. 4 1987, BGHZ 100, 321.
27 BGH, 11. 3. 1991, NJW 1991, 1415 ff., 1416 f.

3. Parteiautonomie

Es stellt sich aber die Frage, ob sich das Nebeneinander zweier Rechtsordnungen nicht dadurch überwinden läßt, daß man der Parteiautonomie Raum gibt. *Kegel* hat hier den Weg gewiesen, indem er vom „Griff in die Zukunft" sprach.[28] *Stoll* ist im Rahmen des Eigentumsvorbehalts für eine begrenzte Parteiautonomie eingetreten.[29] Die Schweiz hat die Rechtswahl in diesem Bereich – allerdings ohne Drittwirkung – eingeführt: Art. 164 schweiz. IPRG lautet:

> „Die Parteien können den Erwerb und den Verlust dinglicher Rechte an beweglichen Sachen dem Recht des Abgangs- oder des Bestimmungsstaates oder dem Recht unterstellen, dem das zugrundeliegende Rechtsgeschäft untersteht.
>
> Die Rechtswahl kann Dritten nicht entgegengehalten werden."

Der Vorteil der Parteiautonomie liegt darin, daß das Nebeneinander zweier Rechtsordnungen entfällt; eine Transposition ist nicht notwendig.[30] Schwierigkeiten bereiten – wie stets bei der Durchsetzung der Parteiautonomie – die Interessen Dritter, insbesondere wenn über die Sache im Importland verfügt wurde. Hinzu treten allgemein die Überlegungen zum Schutz von Gläubigern des Importlandes. Die Interessen inländischer Gläubiger an der Anwendung der „inländischen Gläubigerordnung"[31] haben allerdings nach der „Wende" im internationalen Konkursrecht an Bedeutung verloren.[32] Für die Parteiautonomie spricht im übrigen, daß grenzüberschreitende Mobiliarsicherheiten die Eigentümlichkeit haben, daß sie eng mit dem schuldrechtlichen Vertrag verbunden sind.[33] Im schottischen Kaufrecht hängt der Eigentumsübergang zudem vom Willen der Parteien ab. Diese Verwobenheit mit dem schuldrechtlichen Geschäft legt es nahe, die Parteiautonomie auch auf die Mobiliarsicherheiten auszudehnen.[34]

---

28 *Kegel*, Der Griff in die Zukunft – BGHZ 45, 95, JuS 1968, 162 ff.; vgl. auch *Siehr*, Der Eigentumsvorbehalt an beweglichen Sachen im Internationalen Privatrecht, insbesondere im deutsch-italienischen Rechtsverkehr, AWD/RIW 1971, 10 f.
29 *Staudinger-Stoll*, 10./11. Aufl., oben Note 11, Rdz. 414–415.
30 Überzeugend hierzu *Stoll*, Rechtskollisionen beim Gebietswechsel beweglicher Sachen, RabelsZ 38 (1974), 450 ff., 452 ff.
31 *Staudinger-Stoll*, 10./11. Aufl. oben Note 11, Rdz. 461; vgl. auch *Stoll*, oben Note 11, 463 ff., 465 f. (anders, wenn die Sache ihren gewöhnlichen Standort im Ausland habe).
32 BGH, 11. 7. 1985, BGHZ 95, 256 ff.
33 Vgl. *Patrick*, oben Note 2, 278.
34 Vgl. *Stewart*, Romalpa Clauses: Choosing the Law, [1985] S. L. T. 149 ff., 150; vgl. auch *Sellar*, Romalpa and Receivables – Choosing the Law, a. gl. O., S. 313 ff.

In diesem Zusammenhang ist auf die Thyssen-Entscheidung des House of Lords und die schottische Rechtsprechung einzugehen.[35] Die Untersuchung konzentriert sich dabei auf die Bedeutung von Rechtswahlklauseln, aber auch auf die verdeckte Rechtswahl, welche im schottischen Prozeßrecht dadurch möglich ist, daß die Parteien das anwendbare Recht nicht vortragen.

III. Die Thyssen-Entscheidung des House of Lords

1. Sachverhalt[36]

Die schottische Firma Carron Co. Ltd. war auf Antrag zweier schottischer Banken am 3. 8. 1982 unter Verwaltung gestellt worden. Die beiden Verwalter (receivers) waren die Kläger des Verfahrens.[37] Die Banken waren jeweils Inhaber einer floating charge, d. h. eines registrierten Sicherungsrechts am ganzen Vermögen. Die beklagte Thyssen AG hatte vor dem 3. 8. 1982 Stahl geliefert. Sie stützte sich auf ihre allgemeinen Lieferbedingungen, welche einen Eigentumsvorbehalt mit verschiedenen Verlängerungen und Erweiterungen sowie eine Klausel über die Anwendbarkeit deutschen Rechts enthielten. Die Kläger vertraten die Auffassung, daß die Beklagte das Eigentum durch die Lieferung nach Schottland, spätestens aber durch eine „specificatio" verloren habe und erhoben eine Klage auf Feststellung (action of declarator), daß die Firma Carron Co. Ltd. Eigentümer des Stahls sei. Die Beklagte erhob Widerklage auf Zahlung des Kaufpreises. Die entscheidende Frage ging dahin, ob der vereinbarte Eigentumsvorbehalt des deutschen Rechts nach der schottischen lex rei sitae eine bloße einfache „retention of title clause" darstelle, welche nach schottischem Recht wirksam ist, oder aber eine „all sums clause", welche als Versuch, ein besitzloses Sicherungsrecht zu begründen, unwirksam war.[38]

Das Outer House des Court of Session gestattete zunächst die Beweiserhebung über den Inhalt des deutschen Rechts.[39] Das gleiche Gericht gab

---
35 Oben Note 1.
36 Vgl. hierzu *Roloff,* oben Note 1.
37 Zur Stellung der „receivers" vgl. *Reed,* Aspects of the Law of Receivers in Scotland, [1983] S. L. T. 229 ff.
38 Vgl. hierzu *Roloff,* oben Note 1, 275; vgl. auch *Wattenberg,* Der Eigentumsvorbehalt und seine Erweiterungsformen im schottischen Recht, RIW 1988, 98 ff.
39 Amour v. Thyssen Edelstahlwerke AG [1986] S. L. T. 94, 95 (Lord Cowie): „Foreign Law is a question of fact which can be proved by the appropriate evidence."

dann der Klage unter Anwendung schottischen Rechts statt.[40] Die 2. Division des Inner House des Court of Session bestätigte diese Entscheidung.[41] Auf die Berufung der Beklagten hob das House of Lords die Entscheidungen der Instanzgerichte auf und gab der Widerklage auf Zahlung des Kaufpreises statt.[42] Zu der streitigen Klausel führte Lord Keith of Kinkel aus:

> „Such a provision does in a sense give the seller security for the unpaid debts of the buyer. But it does so by way of a legitimate retention of title, not by virtue of any right over his own property conferred by the buyer"[43].

Damit war der vereinbarte Eigentumsvorbehalt wirksam. Offen bleibt allerdings, wo bei Verlängerungen und Erweiterungen des Eigentumsvorbehalts, insbesondere bei Verarbeitungsklauseln, die Grenze zwischen „sale" und „security" zu ziehen ist.[44]

2. Kollisionsrechtliche Fragen

Auffallend ist, daß das House of Lords nicht näher auf kollisionsrechtliche Fragen einging. Es traf seine Entscheidung nach schottischem Recht. Die Entscheidung des Outer House (Lord Mayfield) enthält dagegen kollisionsrechtliche Ausführungen.[45] Dem Nebeneinander zweier anwendbarer Rechte – frühere lex rei sitae für die Begründung des dinglichen Rechts, neue lex rei sitae für dessen Verfolgung – weicht das Gericht dadurch aus, daß es aus früheren Entscheidungen die Frage auf die Begründung einer „security" verengt.[46] Dann konnte es nur auf die lex rei sitae zur Zeit der möglichen Begründung eines solchen Sicherungsrechts ankommen, also auf schottisches Recht. Hinzu kamen Überlegungen zur public policy[47];

---

40 Armour v. Thyssen Edelstahlwerke A. G. [1986] S. L. T. 452 (Lord Mayfield); vgl. hierzu *Heyne,* Deutscher Eigentumsvorbehalt vor schottischen Gerichten, IPRax 1988, 318 ff.
41 Armour v. Thyssen Edelstahlwerke A. G. [1989] S. L. T. 182.
42 Armour and another v. Thyssen Edelstahlwerke A. G. [1990] 3 All E. R. 481.
Vgl. *Mann,* Zur Wirkung des Eigentumsvorbehalts in England und Schottland, NJW 1991, 608.
43 Vorige Note, 485.
44 Vgl. hierzu *Clark,* All-Sums Retention of Title, [1991] S. L. T. 155.
45 Armour v. Thyssen Edelstahlwerke A. G. [1986] S. L. T. 452, 455–457.
46 Emerald Stainless Steel Ltd. v. South Side Distribution Ltd. [1983] S. L. T. 162; Deutz Engines Ltd. v. Terex Ltd. [1984] S. L. T. 273 (Outer House, Lord Ross). Beide Entscheidungen wurden vom House of Lords, oben Note 1, „overruled".
47 Armour v. Thyssen Edelstahlwerke A. G. [1986] S. T. L. 452, 456–457. Der vom Gericht als authority herangezogene Fall Inglis v. Robertson and Baxter [1898] S. C. (H.L.) 616, 625 (Lord Watson) hatte allerdings insofern einen ganz anderen Sachverhalt, als ein in Schottland lebender, in England domizilierter Schuldner seinem Darlehensgeber in Schottland befindliche Waren zur Sicherheit verpfändete, ohne daß die Publizitätsakte des schottischen Rechts eingehalten waren. Im Inglis-Fall war das Sicherungsgut stets in Schottland verblieben.

der Schutz schottischer Gläubiger führe zur Unwirksamkeit der Klausel.[48] Gleichwohl wurde das deutsche Recht als „proper law of the contract"[49] zusätzlich geprüft; seine Anwendung wurde allerdings wegen nicht eindeutiger Ergebnisse der „Beweisaufnahme" verworfen; die Beweislast für das deutsche Recht trage insofern die Beklagte. Das Inner House bestätigte diese Überlegungen.[50]

Diese altertümlichen, etwas befremdlichen Regeln bergen jedoch Ansätze für die Parteiautonomie bei grenzüberschreitenden Mobiliarsicherheiten. Sie ergeben sich daraus, daß die Parteien stets die Anwendbarkeit der lex fori erreichen können, indem sie das anwendbare ausländische Recht nicht vortragen. Hinzu kommt, daß Rechtswahlklauseln insofern Bedeutung erhalten, als das in einer solchen Klausel gewählte Recht den Parteiwillen konkretisieren kann, so daß auf diese Weise die richtige Einordnung in das Recht der neuen lex rei sitae erfolgen kann. Schließlich kann das ausländische Recht in den Vertrag inkorporiert werden, also kraft einer materiellrechtlichen Verweisung Bedeutung erlangen.

3. Ansätze zur Parteiautonomie

a) Ausländisches Recht im Prozeß

Nach schottischem[51] – wie nach englischen Recht[52] – wird die kollisionsrechtliche Frage des anwendbaren Rechts nicht von Amts wegen gestellt. Wenn die Parteien es nicht für ratsam halten, bleibt es bei der Anwendung der lex fori, mögen die Bezugspunkte zum Ausland noch so eindeutig und eng sein. Die Parteien haben es also in der Hand, dem Recht des Importlandes zur Anwendung zu verhelfen, wenn sie dies wollen. Allerdings versagt dieser Ansatz, wenn sich die Parteien im Prozeß nicht darüber einig sind, daß die lex fori Anwendung finden soll. Die Prozeßparteien und die Ver-

---

48 Das Gericht, vorige Note, 457 spricht hier von „local policy". Ferner bezog sich das Gericht (455–456) auf die Entscheidung Inglis v. Robertson & Baxter (1898) 25 R. (H.L.) 70, 73, welche auf den Schutz schottischer Gläubiger abstellt.
49 Oben Note 47, 457.
50 Armour v. Thyssen Edelstahlwerke A.G. [1989] S.L.T. 182, 185: „In my opinion, since the pleadings were silent on the subject of ss. 157 and 455 of the German Civil Code, the Lord Ordinary was entirely correct in excluding from consideration the evidence relating to these sections which he had allowed to be led under reservation."
Zu den schottischen Sachnormen vgl. die Kritik von *Reid/Gretton*, All Sums Retention Clause, [1989] S.L.T. (News) 185 ff.
51 Vgl. Emerald Stainless Steel Ltd. v. South Side Distribution Ltd. [1983] S.L.T. 162, 163 (englisches Recht).
52 Vgl. hierzu *Fentiman*, Foreign Law in English Courts, Law Quarterly Review 1992, 142 ff.

tragsparteien müssen ferner nicht identisch sein. Häufig wird nämlich der Prozeß zwischen dem Inhaber des Sicherungsrechts und einem anderen Gläubiger des Sicherungsgebers geführt werden. Aber gerade auch für solche Fälle erscheint die Parteiautonomie sinnvoll.

b) Rechtswahlklausel

Der Thyssen-Fall ist auch deshalb so aufschlußreich, weil der Vertrag eine Rechtswahlklausel enthielt, die auch auf die dinglichen Vereinbarungen bezogen werden konnte. Die Rechtswahlklausel führte nun nicht dazu, daß das Recht des Absendestaates für maßgeblich gehalten wurde. Sie diente aber doch dazu, den Blick auf das deutsche Recht zu lenken. Wäre z. B. der § 455 BGB vorgetragen worden[53], so hätte das Gericht diese Vorschrift zur Auslegung der Parteivereinbarungen heranziehen können. Die Rechtswahlklausel hatte also durchaus eine Bedeutung; sie ist nur nicht weiter genutzt worden. Das mag daran gelegen haben, daß die Instanzgerichte sich auf die „public policy" berufen hatten und es deshalb ratsam erschien, sich ganz auf das schottische Recht und seine Auslegung zu konzentrieren.

Es stellt sich aber die Frage, welche Bedeutung Rechtswahlklauseln, die das Recht des Exportlandes als anwendbar vereinbaren, entfalten können.

c) Materiellrechtliche Verweisung

Nach schottischem Kaufrecht geht das Eigentum zu dem Zeitpunkt über, den die Parteien bestimmen.[54] Die schottischen Gerichte haben der Parteiautonomie einen gewissen Spielraum im Rahmen einer materiellrechtlichen Verweisung (incorporation) gegeben.[55] In dem deutsch-schottischen Fall „Zahnrad Fabrik Passau GmbH v. Terex Ltd." führt Lord Davidson aus:[56]

> „If, as s. 17 of the Sale of Goods Act 1979 provides, the parties to a contract are entitled to agree when property is to pass, then I think it is wrong to regard the lex situs as being an inflexible corpus of law. Agreeing with counsel for the pursuers on this point, in a contract regulating

---

53 Oben Note 50.
54 „Where there is a contract for the sale of specific or ascertained goods the property in them is transferred to the buyer at such time as the parties to the contract intend it to be transferred" (sec. 17.1 Sale of Goods Act 1971).
55 Zur materiell-rechtlichen Verweisung (incorporation) auf ausländisches Recht vgl. im englischen Recht Adamastos Shipping Co. Ltd. v. Anglo Saxon Petroleum Co. Ltd. [1959] A. C. 133, 141, 155.
56 Zahnrad Fabrik Passau GmbH v. Terex Ltd. [1986] S. L. T. 84, 88 (Outer House, Lord Davidson).

the rights and obligations hinc inde of two contracting parties, prima facie I see no reason why they should not incorporate into the contract one or more provisions of a foreign legal system."

Ein „fundamental principle of the law of Scotland" sah das Gericht bei einer Verarbeitungsklausel des deutschen Rechts nicht als verletzt an.

IV. Rechtswahlklausel und grenzüberschreitende Mobiliarsicherheiten im englischen und irischen Recht

1. Die Romalpa-Entscheidung

In dem bekannten Romalpa-Fall[57], in dem der englische Court of Appeal einen Eigentumsvorbehalt einer holländischen Firma für wirksam hielt[58], hatten die Parteien die Anwendbarkeit holländischen Rechts und die ausschließliche Zuständigkeit eines Gerichts in Amsterdam vereinbart.[59] Das holländische Recht wurde aber nicht vorgetragen und war deshalb nicht Gegenstand der Beweisaufnahme. Roskill L. J. führte aus:[60]

„The significance of such deposit, in Dutch law, was not the subject of any evidence; nor does it matter, though it would have been interesting to have known what the position was under Dutch law, as indeed it would have been interesting to know how a Dutch lawyer would have construed some of those express terms."

Hätte sich die holländische Partei auf die Rechtswahlklausel berufen, so hätte holländisches Recht Anwendung finden können; allerdings bleibt offen, ob sich die englische Sachenrechtsordnung nicht doch durchgesetzt hätte.[61]

In anderen Fällen taucht das bekannte Phänomen auf, daß die Parteien sich übereinstimmend nicht auf die Rechtswahlklausel berufen, obgleich das ausländische Recht für eine Partei günstiger ist als das inländische Recht. Im Fall „E. Pfeiffer Weinkellerei – Weinkauf GmbH & Co. v. Arbuthnot Factors Ltd."[62] enthielt der Vertrag zwischen dem deutschen Weinlieferan-

---

57 Aluminium Industrie Vaassen B. V. v. Romalpa Aluminium Ltd. [1976] 1 W. L. R. 676 (C. A.); vgl. hierzu *Mann*, Zur Wirkung des Eigentumsvorbehalts in England, NJW 1976, 1013 f.
58 Zum englischen Recht vgl. *Lipstein*, Introduction: some comparisons with English Law, in: *Serick*, Securities on Movables in German Law, 1990, S. 1 ff.
59 Oben Note 57, S. 684.
60 Vorige Note.
61 So *Lipstein*, oben Note 58, S. 13.
62 [1988] 1 W. L. R. 150.

ten und dem britischen Importeuer eine Klausel „Cession according to § 46 Konkursordnung is agreed".[63] Das Gericht führte aus:

> „Line 36 reflects the fact that the terms, and the contracts in which they were incorporated, are governed by German law. It is, however, accepted by the parties that I should proceed upon the basis that this does not differ from English law."[64]

Die Klage des deutschen Importeurs richtete sich gegen den Factor des englischen Importeurs. Dieser hatte den unter einem verlängerten Eigentumsvorbehalt gelieferten Wein weiterveräußert und seine Kaufpreisansprüche gegen die Käufer an den Factor abgetreten. Das Gericht entschied nach englischem Recht, daß die Zession künftiger Forderungen nach englischem Recht als „equitable assignment" ein Sicherungsrecht begründe, das zu seiner Wirksamkeit der Registrierung bedurft hätte. Nach deutschem Recht wäre dagegen eine solche Sicherungszession wirksam gewesen.

2. Irisches Internationales Privatrecht

Aufschlußreich ist in diesem Zusammenhang auch die Krupp-Entscheidung des irischen High-Court.[65] Der Vertrag über die Lieferung von Stahl an den irischen Importeur enthielt eine Rechtswahlklausel, nach welcher deutsches Recht anwendbar war. Das irische Gericht gelangte aber zur Anwendung der irischen lex rei sitae, indem es deutsches Internationales Privatrecht berücksichtigte.[66] Dies kommt einem renvoi gleich.[67] Der Eigentumsvorbehalt des deutschen Rechts hatte mangels Registrierung in Irland Dritten gegenüber keine Wirkung in Irland. Hätten die Parteien nach deutschem Internationalen Privatrecht das Recht des Absendelandes vereinbaren können, so würde der irischen Rechtsprechung ein Argument für die Anwendung der lex rei sitae fehlen.

---

63 Vorige Note, S. 154.
64 Vorige Note.
65 Fried. Krupp Hüttenwerke AG, jetzt Kruppstahl AG v. Quittman Products Ltd. and Dermot Fitzgerald [1982] I. L. R. M. 551; vgl. hierzu *Coester-Waltjen*, Deutscher Eigentumsvorbehalt vor irischen Gerichten, IPRax 1983, 315 ff.
66 Das Gericht wendet nicht direkt deutsches IPR an, sondern zitiert Beweisaufnahmen zum Inhalt des deutschen Rechts.
67 In the Matter of Interview Limited, [1975] I.R. 382, 392: „However, when the goods are in the custody of a purchaser but the title to them is in the vendor, the effect of a sale by the purchaser is governed, under German law, by the lex loci rei sitae which in this case is Irish law. Therefore, the validity of a sale by the purchaser would be governed by Irish law" (zitiert aus der Beweisaufnahme über deutsches Recht).

V. Ausblick

Der BGH hat zu Recht festgestellt, daß die Transpositionslehre (oben II, 2) die herrschende sei.[68] Es läßt sich aber doch nicht leugnen, daß der Parteiwille bei grenzüberschreitenden Mobiliarsicherheiten ein immer stärkeres Gewicht erhält. Dies geschieht, ohne daß die klassischen Regeln umgestoßen werden. Man hat nun vielfach gemeint, man solle und könne diese Fragen durch eine internationale Rechtsvereinheitlichung lösen, also Sachnormen für internationale Sachverhalte schaffen.[69]

Wahrscheinlicher ist, daß der Parteiwille sich immer mehr durchsetzen wird, weil die in der Praxis gewachsenen Mobiliarsicherheiten dazu führen, daß sich die Auslegung der Gesetze den Notwendigkeiten des Geschäftsverkehrs anpaßt und so die Unterschiede zwischen den Rechtsordnungen eingeebnet werden. Es gibt zwar noch immer Hindernisse für die Anerkennung grenzüberschreitender Mobiliarsicherheiten[70]; die Rechtsprechung im Vereinigten Königreich ist jedoch ein wichtiger Schritt in die vernünftige Richtung.

---

68 Oben Note 3, 1416; auf dieser Lehre basieren auch die Vorschläge des Deutschen Rates für IPR (1988), abgedruckt bei *Kreuzer,* oben Note 9, Rdz. 184.
69 Vgl. hierzu *Kreuzer,* oben Note 9, Rdz. 88; vgl. auch *Coing,* Probleme der Anerkennung besitzloser Mobiliarpfandrechte im Raum der EWG, ZfRV 1967, 65 ff., 78 ff., der sich selbst aber für „ein einfaches System fakultativer Publizität" (80) ausspricht. Vgl. zum französischen Recht *Hübner,* Die Behandlung ausländischer besitzloser Mobiliarsicherheiten in Frankreich – französischer Kassationshof, AWD 1969, 454, in: JuS 1974, 151 ff.; vgl. neuestens *Kreuzer,* Europäisches Mobiliarsicherungsrecht – oder: Von den Grenzen des Internationalen Privatrechts, Festschrift von Overbeck 1990, S. 613 ff.
Zur Unwirksamkeit deutscher Sicherungsübereignungen in Österreich vgl. kritisch *Schwind,* Internationales Privatrecht (1990), S. 187 f.
Zum schweizerischen Recht vgl. *Siehr,* Eigentumsvorbehalt im deutsch-schweizerischen Rechtsverkehr, IPRax 1982, 207 ff.; vgl. aber jetzt § 104 schweiz. IPRG.
70 Vgl. *Kreuzer,* oben Note 9, Rdz. 85.

Bereicherungsausgleich beim Einbau fremden Materials

Von Werner Lorenz, München

I. Bereicherungsrechtliche Prämissen

1. In seinem monumentalen Werk „Eigentumsvorbehalt und Sicherungsübertragung" hat sich *Rolf Serick* auch eingehend mit Fragen des Bereicherungsausgleichs befaßt, am ausführlichsten im 1976 erschienenen Bd. IV, § 54: „Bereicherungsrecht und Verlängerungsformen". Die in vielfältiger Hinsicht variierte Grundfigur einer Warenlieferung unter Eigentumsvorbehalt mit Vorausabtretungsklausel bezüglich der Forderung des Käufers an den Zweitkäufer („Drittschuldner") bietet den Ausgangspunkt für die Erörterungen einer breit gefächerten bereicherungsrechtlichen Problematik, insbesondere wenn eine solche Forderung zugleich Gegenstand einer (unwirksamen) Globalzession zugunsten einer Bank ist, bei welcher der Käufer ein Konto unterhält, auf das der Drittschuldner den Kaufpreis überwiesen hat. Je nachdem, ob der Drittschuldner keine der beiden Abtretungen kannte – er hat an die Bank als Zahlstelle des Vorbehaltskäufers geleistet – oder ob er bald von der einen, bald von der anderen Abtretung Kenntnis hatte, ergeben sich Ausgleichsprobleme, die an Grundfragen des Bereicherungsrechts rühren.

Bei den Lösungen, die auf dem Boden der Leistungskondiktion zu suchen sind, orientiert sich *Serick* am bereicherungsrechtlichen Leistungsbegriff der wohl vorherrschenden Lehre[1], als deren Begründer gewöhnlich *Kötter*[2] und *Esser*[3] genannt werden. Der BGH hat diesen Leistungsbegriff 1963 übernommen und versteht seitdem unter einer Leistung im bereicherungsrechtlichen Sinne „eine bewußte und zweckgerichtete Vermehrung fremden Vermögens".[4] Nach dem Verständnis des Jubilars ist der zweckbestimmende, im Normalfall gemeinsame Wille des Leistenden und des Empfän-

---
1 *R. Serick*, Eigentumsvorbehalt und Sicherungsübertragung, Bd. IV (1976) 651 ff.
2 *W. Kötter*, Zur Rechtsnatur der Leistungskondiktion, AcP 153 (1954) 193 ff.
3 *J. Esser*, Schuldrecht (2. Aufl. 1960) § 189 Nr. 6, 7.
4 BGH, 31. 10. 1963, BGHZ 40, 272 (277) – in BGH, 24. 2. 1972, BGHZ 58, 184 (188) als „nunmehr gefestigte Rechtsprechung" bezeichnet.

gers nicht notwendig rechtsgeschäftlich zu qualifzieren. Auch ein Geschäftsunfähiger kann sonach „als Beteiligter in Betracht kommen".[5] Bei den hier vor allem interessierenden Rechtsbeziehungen, an denen mehr als zwei Personen beteiligt sind, erweist sich, daß derjenige, der tatsächlich eine Vermögensbewegung vollzieht, dem realen Empfänger nicht immer als „Leistender" gegenübertritt, weshalb dann auch terminologisch zwischen kausalrechtlich farbloser „Zuwendung" und „Leistung", die auf die Erledigung einer Kausalbeziehung gerichtet ist, unterschieden wird.

2. In der seit dem „Idealheim-Fall" des BGH[6] viel diskutierten Frage, auf wessen Sicht es ankommen soll, wenn Leistender und Empfänger unterschiedliche Vorstellungen darüber haben, auf welche schuldrechtliche Verbindung eine Vermögensbewegung zu beziehen ist, sieht *Serick* das maßgebende Zurechnungskriterium im Schutzbedürfnis des Zuwendungsempfängers und gelangt zu einer Wertung, die sich, wenn ich es richtig verstehe, von den Auslegungsmaßstäben der §§ 133, 157 BGB letztlich nicht unterscheidet. Er vermeidet freilich eine zu enge Anlehnung an die Auslegung von Willenserklärungen, was sich insbesondere darin zeigt, daß er dem Leistenden, der sich eine andere Leistungsrichtung als die von ihm gewollte zurechnen lassen muß, eine Korrektur über die Anfechtung versagt.[7] Letzteres ist bekanntlich sehr umstritten.[8] Der BGH hat mittlerweile die früher noch offen gelassene Frage der Anfechtung der Tilgungsbestimmung des Schuldners wegen Inhaltsirrtums (§ 119 I BGB) bejaht und den Schutz des Leistungsempfängers und Anfechtungsgegners durch § 818 III BGB und § 122 BGB als hinreichend gewährleistet erachtet.[9] Ganz anders liegt es dagegen in den Fällen, die von § 816 II BGB i. V. m. § 407 BGB erfaßt werden. Die Sicht des nicht (mehr) berechtigten Leistungsempfängers ist dann ganz unmaßgeblich. Es geht allein um den Schutz des Schuldners, der sich auf den „historischen Rechtsschein" (*Heck*) berufen kann. Ein Schutzbedürfnis für den Zedenten besteht dagegen nicht, weswegen er auch der Leistungskondiktion des Schuldners ausgesetzt ist, wenn dieser es vorzieht,

---

[5] A. a. O. (Fn. 1) 653. Daß ein Geschäftsunfähiger „Beteiligter" sein kann, ist nicht zu bezweifeln; aber als „Leistender", der übereignet oder gezahlt hat, kommt er nicht in Betracht, weswegen es hier insoweit, als nicht mehr vindiziert werden kann, nur um eine Bereicherung des Empfängers „in sonstiger Weise" gehen kann. In diesem Sinne auch schon die Motive zu dem Entwurfe eines Bürgerlichen Gesetzbuchs, Bd. II (1896) 853.
[6] BGH, 5. 10. 1961, BGHZ 36, 30.
[7] R. Serick (Fn. 1) 658.
[8] S. dazu *Staudinger-Lorenz*, BGB (12. Aufl. 1979) § 812 Rz. 60.
[9] S. dazu jetzt BGH, 6. 12. 1988, BGHZ 106, 163 (166–167); unentschieden noch BGH, 14. 3. 1974, NJW 1974, 1132 (1133).

sich mit dem Zessionar auseinanderzusetzen.[10] Diese Kondiktion ist wegen der regelmäßig anzunehmenden positiven Kenntnis des Zedenten vom fehlenden Rechtsgrund (§ 819 BGB) auch nicht der notorischen Schwäche von Bereicherungsansprüchen ausgesetzt.[11] Auf dem Hintergrund einer die Doppelabtretung einer Kundenforderung durch einen Vorbehaltskäufer betreffenden Entscheidung das BGH[12] hat *Serick* in diesem Zusammenhang noch gezeigt, daß auch bei der Eingriffskondiktion nach § 816 II BGB Fallgestaltungen denkbar sind, in denen es letztlich wieder auf den Empfängerhorizont ankommt, weil der Drittschuldner *in casu* weder den Schutz des § 407 BGB noch der §§ 408, 407 BGB genießt. Ob man deswegen schon von einer „Vielfalt von Leistungsbegriffen" sprechen sollte[13], mag freilich nicht so recht einleuchten. Uneingeschränkte Zustimmung verdient jedoch das Resümee des Jubilars, in dem er vor einer Überspannung solcher Begrifflichkeit warnt, die einem Rechtsvergleicher ohnedies suspekt ist. In der Tat: Mehr Gewicht als das theoretische Postulat nach einem alles erfassenden Leistungsbegriff haben die zu verwirklichenden Normzwecke, die bestimmten Interessenlagen Rechnung tragen wollen.[14]

3. Die in der wissenschaftlichen Diskussion der letzten Jahrzehnte immer wieder gestellte Frage: „Was leistet der Leistungsbegriff im Bereicherungsrecht"[15], läßt sich anschaulich mit der kurzen Formulierung umschreiben, die sich in einer BGH-Entscheidung findet: Der Bereicherungsausgleich vollzieht sich immer „im Verhältnis von Leistendem und Leistungsempfänger *im Rechtssinne*, während es nicht darauf ankommt, wer an wen in *tatsächlicher Hinsicht* ‚geleistet' hat".[16] Die damit beabsichtigte Konkretisierung des Tatbestandsmerkmals „auf Kosten eines anderen" (§ 812 I 1 BGB) ist übrigens nicht so neu. Schon das Reichsgericht hat sich 1915 in einem einschlägigen Fall eines Dreipersonenverhältnisses in einem vergleichbaren

---

10 Seit RG, 21. 10. 1913, RGZ 83, 184 (188) anerkannt, wobei an Fälle gedacht ist, in denen der wahre Gläubiger in Vermögensverfall geraten ist und der Schuldner eine aufrechnungsfähige Gegenforderung an ihn hat. Weitere Nachweise bei *Staudinger-Kaduk*, BGB (12. Aufl. 1990) § 407 Rz. 67.
11 Daneben kann es zur Schadensersatzhaftung des Zedenten kommen. Zu den Voraussetzungen einer solchen Haftung s. den Überblick bei *Staudinger-Kaduk* (Fn. 10) § 407 Rz. 76–79.
12 BGH, 18. 12. 1969, BGHZ 53, 139.
13 *R. Serick* (Fn. 1) 667–669.
14 *R. Serick* (Fn. 1) 668. Die maßgeblichen Wertungskriterien im einzelnen herausgearbeitet zu haben, ist das große Verdienst der Abhandlung von *C.-W. Canaris*, Der Bereicherungsausgleich im Dreipersonenverhältnis, Festschr. f. Larenz (1973) 799 ff.
15 So der Titel eines Aufsatzes von *W. Pinger*, AcP 179 (1979) 301 ff.; s. auch den vielsagenden Titel des Aufsatzes von *W. Stolte*, Der Leistungsbegriff: Ein Gespenst des Bereicherungsrechts? JZ 1991, 220 ff.
16 BGH, 29. 5. 1967, BGHZ 48, 70 (73). Hervorhebungen im Original.

Sinne geäußert: „Wenn ein Schuldner auf Grund einer Vereinbarung mit seinem Gläubiger das diesem Geschuldete an einen Dritten leistet, so ist ihm gegenüber die an den Dritten vorgenommene Leistung rechtlich als an den Gläubiger bewirkt anzusehen."[17]

Die Frage, wer in das Vermögen eines anderen „im Rechtssinne" – was nur soviel heißen kann wie wertungsmäßig – einen Gegenstand überführt hat, entzündet sich also an Rechtsbeziehungen, an denen mehr als zwei Personen beteiligt sind; denn für das Zweipersonenverhältnis ist es offenkundig, daß als Leistung nur eine gewollte Vermögensbewegung in Betracht kommt, die zu einem bestimmten Zwecke geschieht. Die Inbezugsetzung zu einer bestehenden oder dadurch erst zur Entstehung gelangenden Schuld bedarf dann nur in Ausnahmefällen einer besonderen Anordnung des Leistenden (§ 366 I BGB). Dagegen ist es im Dreipersonenverhältnis erforderlich, eine Bestimmung darüber zu treffen, als wessen Leistung „im Rechtssinne" eine Vermögensverschiebung wie z. B. die Übereignung einer Sache oder eine Geldzahlung gelten soll.[18] Wie *von Caemmerer* seiner Zeit bemerkt hat, steht dahinter der Gedanke der Parteiautonomie, die bestimmen soll, wem eine Vermögensbewegung als Leistung zugerechnet werden soll.[19]

Der bereicherungsrechtliche Leistungsbegriff von der „bewußten und zweckgerichteten Vermehrung fremden Vermögens" ist zwar mittlerweile von der Literatur weithin akzeptiert; aber die Stimmen, die vor seiner begrifflich-schematischen Anwendung und vor seiner Überschätzung war-

---

17 RG, 29. 5. 1915, RGZ 87, 36 (39). Die Begründung fährt fort: „Denn sein und des Gläubigers Wille ist darauf gerichtet, seine Schuld in der Weise zu tilgen, daß er an den Dritten leistet und dieser anstelle und für Rechnung des Gläubigers die Leistung empfängt. Daher wird durch seine Leistung an den Dritten schuldrechtlich nur seine Rechtsstellung vom Gläubiger betroffen, als dessen Schuldner er leistet. Aus welchem rechtlichen Grunde der Gläubiger an den Dritten geleistet wissen und dieser anstelle jenes die Leistung empfangen will, ist für ihn ohne Bedeutung. Der Dritte kommt für ihn nur insofern in Betracht, als er anstelle des Gläubigers die Leistung in Empfang nehmen soll, und er hat lediglich ein Interesse daran, daß der Dritte die Leistung überhaupt annimmt. Geschieht dies, so hat er das Geschuldete wirksam geleistet und ist er stets von seiner Schuld gegenüber dem Gläubiger befreit."
18 Eine ältere Lehre hatte zur Subjektbestimmung im Konditionsverhältnis das Kriterium der Unmittelbarkeit der Vermögensverschiebung aufgestellt, aber dabei durchaus anerkannt, daß eine unmittelbare Vermögensverschiebung auch durch eine mittelbare Leistung bewirkt werden könne; vgl. *Enneccerus-Lehmann,* Schuldrecht (14. Aufl. 1954) § 221 III. Gelegentlich wurde dieses Kriterium als ungenau kritisiert und durch die Formel ersetzt, daß Vorteil und Nachteil durch einen einheitlichen Vorgang bewirkt sein müssen. Daß dies ein Fortschritt war, ist freilich nicht einzusehen.
19 *E. von Caemmerer,* Bereicherung und unerlaubte Handlung, Festschr. für Rabel I (1954) 333, insbes. 350 ff.

nen, sind nicht zu überhören.[20] Bei der mit großem Aufwand geführten Diskussion, die in fremden Rechtsordnungen keine Parallele hat – ein Umstand, der nachdenklich stimmen müßte –, sollte Klarheit darüber bestehen, daß dieser Leistungsbegriff zwei Elemente enthält, die im Grunde selbstverständlich sind: Als Leistender kommt nur in Betracht, wer die in Rede stehende Vermögensbewegung entweder selbst oder mit Hilfe eines Dritten („Leistungsmittler") bewirkt hat. Das ist die „bewußte" oder, wie sich auch sagen ließe, willentliche Vermehrung fremden Vermögens. Durch das andere Element, die „Zweckgerichtetheit", wird der notwendige Bezug zu einem Schuldverhältnis hergestellt, auf das die Vermögensverschiebung anzurechnen ist. Es ist nun aber offenkundig, daß damit wichtige Fragen, die in den für Dreiecksverhältnisse typischen pathologischen Situationen auftauchen, noch nicht beantwortet sind: Für die Anweisungslage ist z.B. noch nichts darüber ausgesagt, ob die von einem Geschäftsunfähigen ausgehende „Weisung" als eine „bewußte", will sagen diesem zurechenbare Vermögensdisposition zu erachten ist. Und hinter dem Kriterium der „Zweckgerichtetheit" verbirgt sich die oben bereits angeschnittene Frage, ob dies subjektiv zu verstehen ist oder ob der objektiv erkennbare Bezug zu einem bestimmten Schuldverhältnis maßgebend sein soll. Die zur Beantwortung solcher Fragen heranzuziehenden Wertungen (z.B. Schutzwürdigkeit des Geschäftsunfähigen, Vertrauensschutz des Empfängers) sind in diesem Leistungsbegriff nicht enthalten, so daß es ein vergebliches Bemühen wäre, sie daraus ableiten zu wollen. Die „Zweckgerichtetheit" der Leistung muß ferner mit der Funktion gesetzlich ausgeformter Rechtsinstitute in Verbindung gebracht werden. Wo dies unterbleibt, kommt es auch unter den Proponenten ein und desselben Leistungsbegriffs zu unterschiedlichen Einschätzungen bei der Fixierung des Kondiktionsverhältnisses. Symptomatisch dafür ist die nicht enden wollende Kontroverse über die Frage, von wem der Drittzahler (§ 267 BGB) kondiziert, wenn sich herausstellt, daß die angenommene Valutaschuld nicht bestanden hat.[21] Wie sehr es auf die

---

20 S. dazu die Literaturangaben bei *Staudinger-Lorenz* (Fn. 8) § 812 Rz. 5; s. ferner die sorgfältig wägende Stellungnahme bei *D. Medicus,* Bürgerliches Recht (15. Aufl. 1991) Rz. 666 ff., insbes. Rz. 686.
21 *J. Esser,* Schuldrecht II (4. Aufl. 1971) § 102 I 2 a und, ihm folgend, *J. Köndgen,* Wandlungen im Bereicherungsrecht, Festgabe für Esser (1975) 67 ff. und *E. Schmidt,* Der Bereicherungsausgleich beim Vertrag zu Rechten Dritter, JZ 1971, 601 (607) wollen die Kondiktion nur „übers Dreieck" zulassen, weil die Zweckrichtung der Leistung allein in der Vermehrung des Vermögens des (vermeintlichen) Schuldners gesehen wird; s. andererseits *H. Weitnauer,* Die Leistung, Festschr. f. von Caemmerer (1978) 255 ff., insbes. 277 ff., der dem Dritten die Kondiktion nur gegenüber dem (vermeintlichen) Gläubiger gibt. Letzteres ist richtig, wobei aber zu betonen ist, daß *diese* Kondiktion nur dann gegeben ist, wenn der (vermeintliche) Schuldner die Leistung des Dritten nicht veranlaßt hat; vgl. schon *W. Lorenz,* Gläubiger, Schuldner, Dritte und Bereicherungsaus-

typische Funktion eines Rechtsinstituts ankommt, läßt sich ferner an den beim berechtigenden Vertrag zugunsten Dritter auftauchenden Kondiktionsproblemen beobachten.[22]

4. Ein letztes Problem, das eine Prämisse der sogleich zu behandelnden „Einbaufälle" betrifft, bedarf noch einer Vorbemerkung. Es läßt sich in Kürze auf dem Hintergrund des viel zitierten „Jungbullen-Falles" aufzeigen, über dessen Ergebnis, soweit ersichtlich, allseits Einigkeit besteht, so verschieden die dafür gebotenen Begründungen auch sein mögen. Es ging damals um die Verarbeitung gestohlener Sachen: Einem Landwirt waren zwei Jungbullen gestohlen worden. Der Dieb hatte sie an die Beklagte, eine Fleischwarenfabrik, verkauft, wo die Tiere dann verwertet wurden. Die Wertersatzkondiktion des Landwirts drang durch. Der Eigentumserwerb der Beklagten beruhte, wie der BGH ausführt, nicht auf einem wirksamen Veräußerungsgeschäft, sondern allein auf den §§ 946 ff. BGB. „Diese Bestimmungen geben aber für sich allein keinen rechtfertigenden Grund für die Vermögensverschiebung ab, wie aus § 951 Abs. 1 Satz 1 BGB zu entnehmen ist."[23] An dieser Beurteilung würde sich auch dann nichts ändern, wenn man sich vorstellt, daß die Tiere nicht direkt vom Dieb, sondern über einen gutgläubigen Zwischenmann an die Beklagte gelangt wären. Kurzum: Mit gestohlenen Sachen kann nicht „geleistet" werden. Die Vornahme der erforderlichen Leistungshandlungen genügt nicht – es wird auch der Leistungserfolg geschuldet. Dasselbe muß nun unabhängig vom Abhandenkommen der Sache gelten, wenn ein Nichtberechtigter an einen Dritten veräußert, der mangels Gutgläubigkeit (§ 932 II BGB) nicht erwirbt. Daß in diesen Fällen der Besitz verschafft wurde, erlaubt es noch nicht, von einer „Leistung" zu sprechen, wenn erklärter Zweck der Vermögensbewegung die Eigentumsübertragung war.

Das BGB hat sich in § 433 I BGB für das Prinzip der Eigentumsverschaffung entschieden – in Abkehr vom römischen Recht, wonach der Verkäufer nur den Vollzug der zum Eigentumserwerb führenden Akte und *rem habere licere* schuldete, d.h. Garantie des Käufers vor Eviktion.[24] Auch im

---

gleich, AcP 168 (1968) 286, insbes. 298 ff. und *derselbe*, Bereicherungsrechtliche Drittbeziehungen, JuS 1968, 441 (446). Anders neuerdings *M. Martinek*, Der Bereicherungsausgleich bei veranlaßter Drittleistung auf fremde nichtbestehende Schuld, JZ 1991, 395 – Besprechung von BGH, 28. 11. 1990; JZ 1991, 410. Eine Auseinandersetzung damit ist an dieser Stelle nicht möglich und bleibt der in Vorbereitung befindlichen 13. Aufl. des „Staudinger" vorbehalten.

22 S. dazu näher *Staudinger-Lorenz* (Fn. 8) § 812 Rz. 37–40: „Versorgungsverträge" als typisches Anwendungsgebiet; vgl. BGH, 24. 2. 1972, BGHZ 58, 184 (189).

23 BGH, 11. 1. 1971, BGHZ 55, 176 (178).

24 S. dazu statt aller *F. Wieacker*, Leistungshandlung und Leistungserfolg im bürgerlichen Schuldrecht, Festschr. f. Nipperdey I (1965) 783 ff., insbes. 788.

allgemeinen Schuldrecht wird unter der Bewirkung der Leistung (§ 362 I BGB) nicht nur die Leistungshandlung, sondern auch die Herstellung des vom Schuldner herbeizuführenden Leistungserfolges verstanden.[25] Wenn man die schuldrechtlichen Wirkungen des Verkaufs unter Eigentumsvorbehalt nach diesen Kriterien beurteilt, so hat der Verkäufer dadurch, daß er die Sache dem Käufer mit der Übergabe aufschiebend bedingt übereignet, die erforderlichen Leistungshandlungen vorgenommen. Dies geschieht auch „in Erfüllung" des Kaufvertrages, obwohl der Leistungserfolg noch nicht eingetreten ist. Trotzdem ist nicht an der Einsicht vorbeizukommen, daß die synallagmatische Verknüpfung der Verkäuferleistung mit der Gegenleistung des Käufers noch besteht: Der Verkäufer hält seine Leistung – die Übereignung – bis zur Bewirkung der Gegenleistung zurück. Die höchstrichterliche Rechtsprechung hat deshalb den Gedanken verworfen, daß sich die Verpflichtung des Verkäufers beim Vorbehaltskauf auf die bedingte Übereignung beschränke.[26] Die Urteile, in denen sich solche Aussagen finden, betreffen Fälle der Einzelzwangsvollstreckung und namentlich des Konkurses, wobei es um die Anwendung von § 17 KO ging. Deshalb hat man gefragt, ob es nicht eine begriffliche Überspannung ist, die Lösung anderer Einzelfragen von dieser Feststellung abhängig zu machen, und ob es statt dessen nicht vorzuziehen ist, das Problem des Erfüllungszeitpunkts nach Sinn und Zweck einer konkreten Regelung unterschiedlich zu beantworten.[27] Für die bereicherungsrechtliche Rückabwicklung wäre sonach zu fragen: Hat ein Vorbehaltsverkäufer dem Käufer eine „Leistung im bereicherungsrechtlichen Sinne" erbracht?[28] Das kann unbedenklich nur bejaht werden, wenn der Käufer *in casu* zur Veräußerung ermächtigt ist (§ 185 I BGB). Wo es an einer solchen Ermächtigung von vornherein fehlt – so beim einfachen Eigentumsvorbehalt –, wird man das aber nicht sagen können. Die unbefugte Weiterveräußerung löst dann neben vertrags- und deliktsrechtlichen Ansprüchen die Eingriffskondiktion (§ 816 I 1 BGB) aus, wenn ein Dritter gutgläubig erworben hat. Die Kondiktion steht hier ganz im Dienste des Eigentumsschutzes und wurzelt nicht in einer fehlgeschlagenen Leistungsbeziehung. Das kann im Hinblick auf eine Rechtsprechung, welche in die Herausgabe des „Erlangten" auch

---

25 *K. Larenz*, Lehrbuch des Schuldrechts I Allg. Teil (14. Aufl. 1987) § 18 I auf S. 235 mit Nachweisen.
26 S. statt aller RG, 2. 6. 1931, RGZ 133, 40 (43) und BGH, 24. 5. 1954, NJW 1954, 1325 (1326); s. ferner die Wiedergabe des Meinungsstandes bei *Staudinger-Honsell*, BGB (12. Aufl. 1978) § 455 Rz. 29; MünchKomm-*Westermann*, BGB (2. Aufl. 1988) § 455 Rz. 29.
27 So *Staudinger-Honsell* (Fn. 26) § 455 Rz. 29 mit zahlreichen Nachweisen.
28 So auch die Fragestellung bei *R. Serick* (Fn. 1) 698.

einen den Sachwert übersteigenden Veräußerungsgewinn einbezieht[29], für den bisherigen Eigentümer nur vorteilhaft sein. Es verhält sich bereicherungsrechtlich nicht anders, als wenn irgend ein anderer Fremdbesitzer an einen Dritten unter Gutglaubensschutz wirksam veräußert hat.[30] Das Bereicherungsrecht reagiert in diesen Fällen von Fremdbesitzerexzessen auf einen Verstoß gegen den Zuweisungsgehalt eines absoluten Rechts. Daß der Besitz im einen Fall zum Zwecke eines späteren Eigentumswechsels übertragen wurde, während im anderen Falle ein solcher Zweck nicht verfolgt wurde, ändert an dieser Bewertung nichts. Im Hinblick auf eine noch zu erörternde typische Fallsituation beim Einbau fremden Materials fragt sich nun, ob eine grundsätzlich andere Beurteilung geboten ist, wenn der Vorbehaltskäufer zwar zur Veräußerung gegen Abtretung seiner Forderung an den Drittschuldner ermächtigt war, diese Ermächtigung *in concreto* jedoch nicht mehr gegeben war, weil diese Abtretung an einem *pactum de non cedendo* gescheitert ist, oder weil die Ermächtigung vom Vorbehaltsverkäufer mittlerweile wegen schleppender Zahlungseingänge widerrufen wurde. Der bereicherungsrechtliche Leistungsbegriff von der „bewußten und zweckgerichteten Vermehrung fremden Vermögens" vermag eine solche Situation nicht zu erfassen, weil diese Finalität spätestens im Zeitpunkt der unberechtigten Weiterveräußerung der Ware nicht mehr bestanden hat. Das zeigt sich insbesondere dann, wenn der Vorbehaltslieferant bereits sein Rücktrittsrecht wegen Zahlungsverzuges des Vorbehaltskäufers ausgeübt hatte.

II. Anwendungsbereich der Leistungskondiktion

Die vorstehenden Erörterungen zu einigen bereicherungsrechtlichen Prämissen haben bereits die besondere Bedeutung der Dreipersonenverhältnisse in den „Einbaufällen" erkennen lassen. Für das Verhältnis der Leistungskondiktion zur Kondiktion „in sonstiger Weise" sind solche Fallgestaltungen von paradigmatischer Bedeutung, in denen ein Dritter, an welchen eine Sache gelangt ist, daran infolge eines der gesetzlichen Erwerbstatbestände der §§ 946 ff. BGB Eigentum erworben hat. In § 951 I 1 BGB, der in diesem Zusammenhang den Bereicherungsausgleich anordnet, wird von

---

29 BGH, 8. 1. 1959, BGHZ 29, 157 (159–161); s. ferner BGH, 1. 10. 1975, WM 1975, 1179 (1180).
30 Demgegenüber will *H. Ehmann*, NJW 1971, 613 (Anm. zum „Jungbullen" – Fall, s. oben Fn. 23) offenbar eine „Leistung" des Eigentümers auch in diesen Fällen bejahen. Dagegen mit Recht schon *R. Serick* (Fn. 1) 699 Fn. 96, dessen Kritik an *U. Huber*, NJW 1968, 1905 (1911), der wie hier im Text eine Leistung des Eigentums an den Vorbehaltskäufer ablehnt, freilich nicht zugestimmt werden kann.

Rechtsprechung und vorherrschender Lehre nicht lediglich eine Rechtsfolgenverweisung, sondern eine Rechtsgrundverweisung auf die §§ 812ff. BGB gesehen.[31] Sind an der Vermögensverschiebung nur zwei Personen beteiligt, so tritt die Bedeutung der Unterscheidung nach Kondiktionstypen praktisch noch nicht hervor; denn ob A auf Grund nichtigen Werkvertrages eigene Materialien in das Grundstück des B einbaut, oder ob B solches Material, das A lediglich bei ihm gelagert hatte, infolge einer Verwechslung unbefugt selbst mit seinem Grundstück verbindet, macht letztlich keinen Unterschied. In beiden Fällen ist B aus dem Vermögen des A ungerechtfertigt bereichert, so daß er den Materialwert zu vergüten hat. Es mag dann überflüssig sein, zu sagen, daß B einmal durch eine fehlgeschlagene Leistung des A und zum anderen durch einen Eingriff, also „in sonstiger Weise", auf Kosten des A bereichert ist. Zu bedenken ist ferner, daß die §§ 946ff. BGB schlechthin alle Mängel decken, die rechtsgeschäftlichen Erwerbsvorgängen anhaften können: Geschäftsunfähigkeit des Veräußerers oder des Erwerbers, Abhandenkommen der Sache und böser Glaube des Erwerbers sind ohne Einfluß auf das sachenrechtliche Werturteil, das immer auf Vindikationsverlust lautet. Zurechenbarkeit des Rechtsverlustes auf der einen Seite und schutzwürdiges Vertrauen des Erwerbers auf der anderen Seite sind also auf der sachenrechtlichen Ebene ausnahmsweise keine Kriterien der Entscheidung. Weiter reicht die Ausschaltung freilich nicht. Schon die Motive zum Entwurf des BGB lassen deutlich erkennen, daß der spätere § 951 I BGB die Kondiktion als Ersatz für die untergegangene Vindikation bietet.[32]

Wenn hingegen ein Bauhandwerker A auf Grund eines Vertrages mit einem Bauunternehmer B bei dessen Vertragspartner C unter Verwendung eigenen Materials Einbauten vornimmt, so kann er sich wegen seiner Vergütung natürlich nur an B halten und muß, falls sein Vertrag wegen eines Dissenses nichtig ist, von diesem kondizieren.[33] Es geht dann nicht um eine lediglich durch § 946 BGB erforderliche Korrektur von Mängeln des Erwerbsaktes.

---

31 S. statt aller die Nachweise bei *Staudinger-Gursky*, BGB (12. Aufl. 1989) § 951 Rz. 1.
32 Mot. III 362: „Die Regel ..., nach welcher ein Rechtsverlust, wenn eine Rechtsnorm denselben bestimmt, im Zweifel als auf einem rechtlichen Grunde beruhend anzusehen ist, paßt im vorliegenden Falle nicht, denn die Rechtsänderung wird nicht um deswillen bestimmt, weil ein rechtlicher Grund für den Erwerb auf der einen und für den Verlust auf der anderen Seite vorliegt, sondern weil an dem einheitlichen Ganzen oder der einheitlichen neuen Sache auch nur einheitliches Recht zugelassen werden kann. Es ist deshalb erforderlich, vorzuschreiben, daß die Bereicherung, welche infolge des Gesetzes eintretenden Rechtsänderung eintritt, als nicht auf einem rechtlichen Grunde beruhend zu gelten hat."
33 RG, 13. 10. 1930, RGZ 130, 310 (312) mit Nachweisen aus der früheren Rechtsprechung; ebenso BGH, 30. 10. 1952, LM § 812 Nr. 14; BGH, 18. 1. 1962, WM 1962, 552 (553).

Ebenso selbstverständlich ist es, daß A sich bei Insolvenz des B nicht eine etwa gegebene Nichtigkeit von dessen Vertrag mit C zunutze machen kann, obwohl sich die dingliche Rechtsänderung am eingebauten Material direkt zwischen A und C vollzogen hat. Dasselbe gilt, wenn A dem B Baumaterial unter Eigentumsvorbehalt, aber mit Ermächtigung zu entsprechender Verwendung bei C, geliefert hat. Der Vorbehaltslieferant, der seine vertragliche Vergütung nur von B zu erwarten hatte, muß sich bei dessen Insolvenz ebenso wie im Falle des Fehlschlagens dieser Leistungsbeziehung an seinen schuldrechtlichen Partner halten. Auch hier könnte dem A die zufällig gegebene Unwirksamkeit der Vertragsbeziehung B/C nicht zum Weitergriff gegen C verhelfen, falls B sich als insolvent erweist.[34] Eine Eingriffskondiktion des A gegen C kommt also nicht in Betracht. Der Boden der Leistungskondiktion wird in den angedeuteten Fallkonstellationen erst dann verlassen, wenn – bei sonst gleichbleibendem Sachverhalt – der Zwischenmann (B) geschäftsunfähig war. In diesem Sinne hat schon das Reichsgericht kurze Zeit nach dem Inkrafttreten des BGB judiziert, als es den Verkäufer von Saatkartoffeln, der diese einem wegen Geisteskrankheit entmündigten Pächter eines Landgutes geliefert hatte, nach Aussaat vom Grundstückseigentümer deren Wert kondizieren ließ.[35] Das steht durchaus im Einklang mit der Ablehnung der Versionsklage durch das BGB; denn bei wirksamer Übereignung hätte der Durchgriff nicht zugelassen werden dürfen, falls nur der Kaufvertrag nichtig war. Ein Durchgriff findet auch in den Fällen des Doppelmangels nicht statt: Stellt sich heraus, daß der Kaufvertrag A/B wegen Dissenses nichtig war und wird obendrein der Werkvertrag B/C von B wegen Irrtums oder arglistiger Täuschung angefochten, so kann sich nach heute gefestigter Ansicht sowohl A als auch B für die bereicherungsrechtliche Rückabwicklung nur an seinen jeweiligen Kausalpartner halten.[36]

III. Anwendungsbereich der Eingriffskondiktion

Die Lösungen der soeben erörterten Fälle, in denen der Ausgleich mit Hilfe der Leistungskondiktion in den jeweiligen Kausalbeziehungen erfolgt, bewirken eine gerechte Verteilung schuldrechtlicher Risiken und sind des-

---

34 So lag der Fall in BGH, 20. 1. 1954, NJW 1954, 793 (794) – ein Sachverhalt, der sich, wie noch zu zeigen ist (s. unten im Text zu III.2.), damit wesentlich von dem in BGH, 27. 5. 1971, BGHZ 56, 228 zur Entscheidung stehenden Fall unterscheidet.
35 RG, 13. 3. 1902, RGZ 51, 80 (81–82).
36 S. zu den hier noch bestehenden weiteren Abgrenzungsfragen *W. Lorenz*, Zur Frage des bereicherungsrechtlichen „Durchgriffs" in Fällen des Doppelmangels, JZ 1968, 51 ff.

halb kaum umstritten[37], so daß es bei einer skizzenhaften Darstellung bewenden konnte. Keine Einigkeit besteht hingegen in der Beurteilung von Sachverhalten, deren gemeinsames Charakteristikum darin besteht, daß der Zwischenmann (B) das Material des A *unbefugt* auf das Grundstück des C verwendet hat.

1. Erstaunlicherweise gehen die Meinungen bereits auseinander, wenn Material eingebaut wurde, das dem Eigentümer abhanden gekommen ist (§ 858 I BGB). Das verwundert auch deshalb, weil die Lösung des „Jungbullen"-Falles (oben I. 4.) nicht kontrovers ist. Offenbar soll es aber einen bereicherungsrechtlich zu beachtenden Unterschied machen, ob gestohlene Sachen auf der Grundlage eines Werkvertrages von B bei C eingebaut wurden, oder ob B solches Material an C veräußert hat und dieser es sodann in eigentumsändernder Weise einbaut (§ 946 BGB) oder zu einer neuen Sache verarbeitet (§ 950 BGB). In letzterer Hinsicht sind Fallvarianten denkbar: C vollbringt den betreffenden Realakt nicht selbst oder mit Hilfe seiner Leute, sondern ein von ihm eigens dazu verpflichteter Dritter handelt, wobei nicht auszuschließen ist, daß dies B ist, dem C das Material zur Verfügung stellt – eine Variante, die vielleicht nicht sonderlich lebensnah ist und den Verdacht des Scheingeschäfts aufkommen läßt.

Daß ein Bauherr (C) selbst bei Bösgläubigkeit gestohlenes Material, das ein Bauunternehmer (B) bei ihm einbaut, nicht „auf Kosten" des bisherigen Eigentümers (A) erwirbt, wird in neuerer Zeit ganz entschieden von *Reuter* in seinem zusammen mit *Martinek* veranstalteten umfassenden Werk über „Ungerechtfertigte Bereicherung" vertreten.[38] Der Bereicherungsausgleich erfolgt nach dieser Ansicht vielmehr über § 816 I 1 BGB, dessen Anwendbarkeit nicht von der Wirksamkeit eines gutgläubigen rechtsgeschäftlichen Erwerbs vom Nichtberechtigten abhängen soll, weil eine „Verfügung" nicht allein auf rechtsgeschäftlichem Wege herbeigeführt werde, was schon am Beispiel der Aneignung (§ 958 BGB) zu erkennen sei.[39] Den Vätern des BGB wird man einen so lockeren Umgang mit einem Schlüsselbegriff des

---

37 S. aber *F. Sturm*, Zum Bereicherungsanspruch nach § 951 Abs. 1 Satz 1 BGB, JZ 1956, 361–362, der schon deshalb zu anderen Ergebnissen gelangt, weil er § 951 I 1 BGB als bloße Rechtsfolgenverweisung versteht.

38 *Reuter/Martinek*, Ungerechtfertigte Bereicherung (1983) 402–406 und 458–463.

39 Ob die Aneignung eine rechtsgeschäftliche Willens*betätigung* (im Gegensatz zur Willens*erklärung*) ist oder ob sie lediglich einen natürlichen Beherrschungswillen voraussetzt, ist bekanntlich sehr strittig. Bei der Dereliktion (§ 959 BGB) ist der rechtsgeschäftliche Charakter der Handlung allgemein anerkannt. Daß für die Aneignung etwas anderes gelten soll, ist in Anbetracht möglicher Haftungsfolgen – man denke nur an die Aneignung eines herrenlosen Hundes – nicht recht einzusehen. Für rechtsgeschäftliche Natur auch *K. Larenz*, Allgemeiner Teil des deutschen bürgerlichen Rechts (6. Aufl. 1983) § 18 I auf S. 305; s. zum Meinungsstand noch *Staudinger-Gursky* (Fn. 31) § 958 Rz. 5.

Gesetzes aber nicht unterstellen dürfen. Es kann deshalb allenfalls gefragt werden, ob die Vorschrift des § 816 I BGB analog auf gewisse Realakte anzuwenden ist, wenn diese – so die Verbindung, Vermischung und Verarbeitung – rechtliche Folgen haben.[40] Unter bemerkenswerter Vernachlässigung von § 951 BGB, der in diesem Zusammenhang nicht einmal erwähnt wird, vollzieht *Reuter* nun den nächsten, noch gewagteren Schritt: für die Wirksamkeit im Sinne von § 816 I BGB komme es auf den Ausschluß von *Rückgabeansprüchen* des Berechtigten gegen den Erwerber an. Das sei aber nicht nur beim gutgläubigen rechtsgeschäftlichen Erwerb der Fall, sondern beim Erwerb nach den §§ 946 ff. BGB sei es ebenso, mögen dessen Wirksamkeitsvoraussetzungen auch „weniger streng" sein. Der von *Reuter* für maßgeblich erachtete Ausschluß von Rückgabeansprüchen ist freilich kein tragfähiges *tertium comparationis* für eine (analoge) Anwendung von § 816 I BGB; denn die Wirksamkeitsvoraussetzungen sind nicht lediglich weniger streng, sondern sie sind grundverschieden, wofür auch die eigenständige Regelung in § 951 BGB spricht. Anders als beim gutgläubigen rechtsgeschäftlichen Erwerb sind bei den §§ 946 ff. BGB alle denkbaren Mängel des Erwerbsaktes belanglos. Um es noch einmal zu wiederholen: Geschäftsunfähigkeit des Veräußerers oder Erwerbers, Furtivität der Sache und böser Glaube des Erwerbers sind ohne Einfluß auf das sachenrechtliche Urteil, das dem Materialeigentümer die Vindikation nimmt. Es ist *Reuter* aber auch nicht zuzugeben, daß die Interessenlage der Beteiligten die Anwendung von § 816 I BGB gebiete: Für den Berechtigten sei es wichtig, daß er für den Verlust seines Eigentums überhaupt einen Bereicherungsausgleich bekommt. Ob sich ein solcher Anspruch gegen den Erwerber oder gegen den Nichtberechtigten richtet, sei für ihn prinzipiell gleichgültig, weil bald der eine, bald der andere der bessere Schuldner sein kann. Dennoch soll sich eine Präferenz zugunsten eines Anspruchs gegen den Nichtberechtigten ergeben, weil der Berechtigte zu ihm häufiger vertraglichen oder sozialen Kontakt habe. Auch diese Feststellung kann nicht überzeugen, weil in dem hier erörterten Fall des Einbaus von gestohlenem oder sonst abhanden gekommenen Material ein solcher Kontakt typischerweise fehlt.

Die hier kritisierte Ansicht ignoriert, wie sich gezeigt hat, die Funktion des § 951 BGB, der nach dem Willen des Gesetzes einen Ersatz für die untergegangene Vindikation bieten soll[41], wenn der Erwerb keiner Leistung zugeordnet werden kann. Damit füllt § 951 BGB das Tatbestandsmerkmal „in sonstiger Weise" in § 812 I 1 BGB aus. Der Berechtigte (A) kann also kondi-

---

40 S. dazu die Nachweise bei *Staudinger-Lorenz* (Fn. 8) § 816 Rz. 5.
41 Mot. III 362; s. oben Fn. 32.

zieren, auch wenn der Erwerber (C) den Gegenstand von einem Dritten (B), mit dem ihn ein gültiges Kausalverhältnis verbindet, zu fordern hatte. Das ist, wie schon früher auf dem Hintergrund des „Jungbullen"-Falles festgestellt, ganz unstreitig, wenn der Zwischenmann (B) abhanden gekommene Sachen an C veräußert, weil mit solchen Sachen nicht „geleistet" werden kann. Der spätere Einbau oder die Verarbeitung zu einer neuen Sache – durch wen auch immer – löst dann für den Berechtigten (A) die Wertersatzkondiktion gegen denjenigen aus, der nach den §§ 946 ff. BGB erworben hat. Man fragt sich nun, worauf sich der behauptete „Vorrang des Leistungserwerbs vor der Bereicherung in sonstiger Weise"[42] gründet, wenn ein solcher nur durch die §§ 946 ff. BGB vermittelter Eigentumserwerb im Rahmen eines Werk(lieferungs-)vertrages erfolgt. Diesen Erwerb, der durch jeden beliebigen Dritten oder vielleicht gar durch ein Naturereignis hätte herbeigeführt werden können, einer „Leistung" zuzuordnen, dürfte ebenfalls nicht möglich sein. Es verdient im übrigen Beachtung, daß auch nach der Ansicht von *Reuter* der Schutz des Erwerbers nicht grenzenlos ist. War der Einbauende (B) oder der Bauherr (C) nicht voll geschäftsfähig, so hat es an einer „Leistung" gefehlt. Dem ist gewiß zuzustimmen, ohne daß dazu eine die Leistung konstituierende Tilgungs- bzw. Zweckbestimmung des Einbauenden zu problematisieren wäre.[43] Die reale, nicht als Leistung zu qualifizierende Mitwirkung des Einbauenden am Erwerb des Bauherrn ändert nichts an der bereicherungsrechtlichen Bewertung, daß dieser Erwerb „auf Kosten" des bisherigen Materialeigentümers erfolgt ist (§§ 951 I 1, 812 I 1 BGB)[44]; denn bis zum Zeitpunkt des Einbaus hätte dieser vindizieren können, wobei zumindest für eine „Denksekunde" vom Besitz des Bauherrn auszugehen ist.

Der kondiktionsfreie Erwerb des Bauherrn, wenn der Bauunternehmer abhanden gekommenes Material eingebaut hat, wird auch von *Schlechtriem* zumindest für erwägenswert gehalten, allerdings nur für den Fall der Gutgläubigkeit.[45] Anknüpfend an einen Gesetzesvorschlag von *König*, der in

42 *Reuter/Martinek* (Fn. 38) 461 und passim.
43 Dazu kritisch P. *Schlechtriem*, ZHR 149 (1985) 339–340.
44 *Reuter/Martinek* (Fn. 38) 462, wo insoweit ganz richtig bemerkt wird, daß infolge Unwirksamkeit der Leistung „die Rechtsordnung die den Erwerb des Bauherrn vermittelnde Rolle des Einbauenden ignoriert". Leider fehlt die Einsicht, daß diese Rolle auch beim Einbau gestohlenen oder sonst abhanden gekommenen Materials zu ignorieren ist, weil es um schuldrechtlichen Ersatz für die untergegangene Vindikation geht, wobei es unmaßgeblich ist, ob der Bauherr gegen den Einbauenden einen Leistungsanspruch hatte. Die Kondiktion steht hier ganz im Dienste des Eigentumsschutzes.
45 P. *Schlechtriem*, Güterschutz durch Eingriffskondiktionen, in: Ungerechtfertigte Bereicherung. Grundlagen, Tendenzen, Perspektiven. Symposium zum Gedenken an Detlef König (Heidelberg 1984) 57 ff., 69–70.

seinem für das BJM erstatteten Gutachten zur Überarbeitung des Schuldrechts die Fälle des Eingriffs in fremdes Eigentum durch Verbindung, Vermischung und Verarbeitung der Verfügung eines Nichtberechtigten gleichgestellt hat[46], zieht auch er die Parallele zu § 816 I 1 BGB, zumal dadurch „die wunderliche Verschiedenheit der Ergebnisse" vermieden werden könne, die eintritt, je nachdem ob der Bauunternehmer sofort eingebaut oder zuvor rechtsgeschäftlich übereignet hat. Immerhin wird dazu gefragt, welche Rolle der § 951 BGB hier noch spielt: Soll der Erwerber entgegen dem Wortlaut überhaupt nicht mehr in Anspruch genommen werden können, oder soll er nur freigestellt sein, wenn er auch als rechtsgeschäftlicher Erwerber ohne Ausgleichspflicht gegenüber dem früheren Eigentümer erworben hätte? Dazu weist *Schlechtriem* auf die mögliche Deliktshaftung des Erwerbers hin, die bei schuldhafter Mitwirkung am Eigentumsdelikt des Einbauenden gegeben ist. Bei Bösgläubigkeit des Erwerbers könne dann auf dessen Bereicherungshaftung verzichtet werden, so daß nur der Fall des deliktisch nicht erfaßbaren („gutgläubigen") Erwerbs abhanden gekommenen Materials übrig bliebe. Hier soll die Eingriffskondiktion gegen den Einbauenden gegeben sein, weil die Erwerbstatbestände der §§ 946 ff. BGB nur sachenrechtliche Klarheit und keinen Erwerberschutz bezwecken, weshalb § 935 BGB keine auf diesen Sachverhalt übertragbare Wertung bietet. Dazu wäre zu sage, daß der Akzessionserwerb zwar nicht von Wertungen aus dem Bereich des gutgläubigen rechtsgeschäftlichen Erwerbs von Nichtberechtigten abhängt; aber es hätte dafür bis zum Einbau vindiziert werden können. Die konstruktionsjuristische Schwierigkeit, daß der Erwerber vor dem Einbau möglicherweise noch keinen unmittelbaren Besitz an den Materialien hatte, weil diese gar nicht auf seinem Grundstück lagerten, sondern sogleich nach Anlieferung eingebaut wurden, sollte nicht zu dem Schluß führen, daß mangels einer „Vindikationslage" zum Erwerber an die Stelle der Vindikation keine Kondiktion gegen diesen getreten sein könne.[47] Wo es praktisch gar nicht mehr um die Durchsetzung der Vindikation geht, sondern nur deren Ersatz in Betracht kommt, muß im Extremfall eine „logische Sekunde" genügen, in der eine Vindikationslage bestanden hat. Diese Vorstellung bereitet weniger Schwierigkeiten als in den Fällen des Durchgangserwerbs, weil man es hier mit nur einer Bezugsperson als Erwerber, dem Grundstückseigentümer, zu tun hat. Die „logische Se-

---

46 D. *König*, Ungerechtfertigte Bereicherung, in: Gutachten und Vorschläge zur Überarbeitung des Schuldrechts, Bd. II (1981) 1515 ff., insbes. 1523 (§ 2.1.1.).
47 So aber P. *Schlechtriem* (Fn. 45) 70 Fn. 47 a. Anders jedoch *derselbe*, Schuldrecht, Besonderer Teil (1987) Rz. 670 und Rz. 693 am Ende, wo dem früheren Eigentümer die Kondiktion gegen den Erwerber gegeben wird, „soweit auch ein rechtsgeschäftlicher Erwerb gescheitert wäre, also bei Bösgläubigkeit oder abhanden gekommenen Sachen".

kunde" braucht dann keine auch noch so geringe Zeitspanne zu markieren, sondern sie ist, wie *Wieacker* treffend sagt, allenfalls ein Zeitpunkt von der Größe Null.[47a]

2. Auf dem Hintergrund einer viel diskutierten Entscheidung des BGH hat *Serick* auch ausführlich zu den Problemen Stellung genommen, die sich ergeben, wenn die Verlängerung des Eigentumsvorbehalts daran scheitert, daß der Vorbehaltskäufer bei der Weiterveräußerung ein von seinem Abnehmer oktroyiertes Abtretungsverbot akzeptiert.[48] In dem vom BGH entschiedenen Fall hatte die Klägerin Baumaterial an einen Bauunternehmer, den späteren Gemeinschuldner, unter verlängertem Eigentumsvorbehalt geliefert. Der Bauvertrag mit einem staatlichen Bauherrn, zu dessen Erfüllung das Material verwendet wurde, enthielt ein generelles Abtretungsverbot, von dem keine Ausnahme bewilligt war. Ein gegen den Bauherrn gerichteter Schadensersatzanspruch scheiterte ebenso wie ein Bereicherungsanspruch.[49] Der Deliktsanspruch des Baustofflieferanten aus § 823 I BGB, der insbesondere von *Huber* mit der Begründung befürwortet wird, daß der Bauherr durch das von ihm durchgesetzte Abtretungsverbot den Untergang des Vorbehaltseigentums rechtswidrig und schuldhaft mitverursacht habe[50], wurde vom BGH nur für den Fall für möglich gehalten, daß der Bauherr positive Kenntnis vom verlängerten Eigentumsvorbehalt hat. Dazu ist hier nicht Stellung zu nehmen.

Bereicherungsrechtlich blieb der BGH ganz auf dem Boden der Leistungskondiktion; denn er argumentierte genauso wie in dem oben (zu II.) angedeuteten Fall der linearen Weitergabe eines Gegenstandes von A an B und von B an C, wo sich A bei Insolvenz seines schuldrechtlichen Partners B natürlich nur an diesen halten kann: „Im vorliegenden Fall besteht daher eine doppelte Leistungsbeziehung, die über die Gemeinschuldnerin eine geschlossene Kette wirksamer Vertragsverhältnisse bildet, durch die das der Klägerin gehörende Baumaterial an die Beklagte gelangt ist." Dies stehe auch im Einklang mit der Ablehnung der Versionsklage durch das BGB. Daß der Bauunternehmer das Material unter Verletzung des mit seinem Lieferanten vereinbarten verlängerten Eigentumsvorbehalts eingebaut hat, sei ohne Belang. Die auf vertraglicher Grundlage erfolgten Materiallieferungen der Klägerin seien „bewußte zweckgerichtete Handlungen und

---

47a *F. Wieacker*, Die juristische Sekunde, Festschr. f. Erik Wolf (1962) 421 ff., 437; s. ferner *W. Marotzke*, Die logische Sekunde – ein Nullum mit Dauerwirkung? AcP 191 (1991) 177 ff.
48 *R. Serick* (Fn. 1) 689 ff.
49 BGH, 27. 5. 1971, BGHZ 56, 228 (237 ff.).
50 *U. Huber*, Gefahren des vertraglichen Abtretungsverbots für den Schuldner der abgetretenen Forderung, NJW 1968, 1905 (1907).

damit Leistungen im bereicherungsrechtlichen Sinne". Auch ein Eigentumsverlust, den der Vorbehaltslieferant durch unbefugte Weiterveräußerung seines Abnehmers erleidet, habe deshalb noch seinen „Ursprung" in dem zwischen beiden bestehenden Vertragsverhältnis, womit Bereicherungsansprüche des Lieferanten nach § 951 I 1 BGB gegen den Bauherrn ausgeschlossen seien.[51] Der BGH hielt es daher auch nicht für nötig, auf einen Gedanken näher einzugehen, der sich schon bei *von Caemmerer* findet, der den gutgläubigen Bauherrn analog §§ 932 BGB, 366 HGB wie gegen eine Vindikation des Materialeigentümers, so auch gegen eine Kondiktion aus § 951 BGB schützen möchte, wenn das Material nicht abhanden gekommen ist.[52] Über die sich hier und in anderen Zusammenhängen ergebende Frage, ob ein Zweitabnehmer, der mit seinem Lieferanten ein Abtretungsverbot vereinbart hat, noch als gutgläubig erachtet werden kann, hat sich der Jubilar vertiefte Gedanken gemacht. Bei Vermeidung eines Pauschalurteils ist er zu dem Ergebnis gelangt, daß in solchen Fällen zwar nicht stets, wohl aber im Regelfall mindestens von grob fahrlässiger Unkenntnis des Zweitabnehmers hinsichtlich der Veräußerungsbefugnis seines Lieferanten auszugehen ist.[53] Diese Argumentation hat ihren Eindruck auf den BGH nicht verfehlt. In einem 1980 entschiedenen einschlägigen Fall hat er sie übernommen.[54]

Die BGH-Entscheidung von 1971 hat lebhafte Kontroversen ausgelöst, deren Ende nicht abzusehen ist.[55] *Serick* hat ihr zwar im Ergebnis zugestimmt, aber an der Begründung Kritik geübt.[56] Sie verdient Beachtung und ist deshalb kurz in Erinnerung zu rufen: Mit Recht wird nämlich bemängelt, daß der BGH die Frage, ob der Vorbehaltslieferant an den Bauunternehmer eine Leistung im bereicherungsrechtlichen Sinne erbracht hatte, allein mit dem Hinweis auf die vertragliche Grundlage der Materiallieferungen bejaht. Da der vertraglich geschuldete Leistungserfolg – der Übergang des Eigentums in das Vermögen des Leistungsempfängers – noch nicht bewirkt war, hätte zwischen Leistungshandlung und Leistungserfolg

---

51 A.a.O. (Fn. 49) 241.
52 *E. von Caemmerer* (Fn. 19) 391 Fn. 217. Das steht durchaus im Einklang mit dem auf S. 372–373 Gesagten, wo es nicht um die *unbefugte* Verwendung fremden Materials, sondern um Fälle der linearen Weitergabe des Materials bei intakten oder fehlgeschlagenen Leistungsbeziehungen geht; s. ferner *U. Huber,* Bereicherungsansprüche beim Bau auf fremden Boden, JuS 1970, 342 (346).
53 *R. Serick* (Fn. 1) 691–693.
54 BGH, 18. 6. 1980, BGHZ 77, 274 (277–279).
55 S. die Nachweise bei MünchKomm-*Lieb,* BGB (2. Aufl. 1986) § 812 Rz. 235–243 und *Staudinger-Lorenz* (Fn. 8) § 812 Rz. 62.
56 *R. Serick* (Fn. 1) 698 ff.

unterschieden werden müssen. Der Vorbehaltskäufer habe „im Sinne der Leistungshandlung die von ihm nach § 433 Abs. 1 BGB geschuldete Leistung bewirkt, wenn er dem Käufer das Eigentum aufschiebend bedingt übertragen hat." Die geschuldete Leistung im Sinne des Leistungserfolgs sei freilich erst dann bewirkt, „wenn der Käufer Eigentümer der Vorbehaltsware geworden oder ein anderes Ereignis eingetreten ist, das die Parteien vereinbarungsgemäß als geschuldeten Leistungserfolg ansehen (zum Beispiel die Weiterveräußerung im Rahmen einer Veräußerungsermächtigung)". Auf die Herbeiführung *dieses* Leistungserfolges soll es nun – an diesem Punkt beginnt *Sericks* eigener Lösungsweg – „bei den bereicherungsrechtlichen Fragen im Rahmen des § 951 BGB" nicht ankommen. Es genüge, daß der Vorbehaltslieferant „eine Leistung erbracht hat". Dies habe er getan, „weil das bewußte und zweckgerichtete Endziel der Handlung – als vertraglich geschuldeter Leistungserfolg – im Übergang des Eigentums in das Vermögen des Leistungsempfängers liegt". Der bereicherungsrechtliche Leistungsbegriff, der auf diese Weise ins Spiel gebracht wird, verdrängt also die Tatsache, daß der Vorbehaltskäufer im konkreten Fall zur Verwendung des ihm gelieferten Materials nicht befugt war, weil infolge des Scheiterns der Verlängerung des Eigentumsvorbehalts keine Veräußerungsermächtigung erteilt war. Der Boden der Eingriffskondiktion wird nach dieser Ansicht erst dann betreten, wenn ein Nichtberechtigter solches Material, das ihm der Eigentümer lediglich in Verwahrung gegeben hatte, bei einem Dritten einbaut.[57] Eine Besitzübertragung zum Zwecke des späteren Eigentumserwerbs wird dagegen grundlegend anders gewertet. Ein Durchgriff des Vorbehaltslieferanten gegenüber dem Grundstückseigentümer nach §§ 951, 812 I 1 BGB („in sonstiger Weise") scheitert dann bereits an einer für tragfähig gehaltenen Leistungsbeziehung zum Vorbehaltskäufer, so daß es nicht mehr darauf ankommt, ob dieser zur Verwendung befugt war und ob der Grundstückseigentümer hinsichtlich der unbefugten Verwendung des bei ihm eingebauten Materials bösgläubig war. Auf diese These wird sogleich zurückzukommen sein.

Die Gelegenheit der Analyse dieser Entscheidung des BGH zur Klarstellung seiner Position nutzend, grenzt *Serick* in diesem Zusammenhang noch den Fall aus, daß der Vorbehaltskaufvertrag zwischen dem Lieferanten und dem Bauunternehmer gestohlenes, verloren gegangenes oder sonst abhan-

---

57 Die weitergehende Ansicht von *H. Ehmann*, NJW 1971, 612 (613), der auch in diesem Falle die Eingriffskondiktion ausschließt, weil der Berechtigte den Vermögensgegenstand „durch eine Leistung (mit Willen) in den Verkehr gebracht hat", wird von *Serick* (Fn. 1) 699 Fn. 96 mit Recht zurückgewiesen. In der Tat: Das Eigentum, um dessen Verlust es hier geht, hat der Hinterleger dem Verwahrer nicht „geleistet"!

den gekommenes Material zum Gegenstand hatte.[58] Diesem Ergebnis, das der vorherrschenden Ansicht entspricht, ist zuzustimmen: Der Grundstückseigentümer ist der Eingriffskondiktion des bestohlenen Materialeigentümers ausgesetzt. Daß das Material über „eine geschlossene Kette wirksamer Vertragsverhältnisse" an den Grundstückseigentümer gelangt ist[59], würde freilich auch in diesem Falle zutreffen, wäre aber ganz unerheblich, weil es, wie *Serick* richtig bemerkt, an einer Leistung des früheren bestohlenen Eigentümers gefehlt hat. Man wird dem nur hinzufügen müssen, daß diesbezüglich auch die Nachmänner in einer Veräußerungskette nichts „geleistet" haben; denn die Weitergabe gestohlenen Gutes ist ungeachtet der Wirksamkeit der jeweiligen schuldrechtlichen Unterlage keine „Leistung".

In dem außerordentlich kontroversen Fall aus dem Jahre 1971 war das Baumaterial mit Willen des früheren Eigentümers in den Verkehr gelangt. Er hatte es als Vorbehaltsverkäufer dem Bauunternehmer überlassen. Unter dem Gesichtspunkt der Zurechenbarkeit des Verlustes des unmittelbaren Besitzes liegt es daher anders als im Falle des abhanden gekommenen Materials. Auf sachenrechtlicher Ebene macht dies einen Unterschied, weil damit die Möglichkeit eines gutgläubigen rechtsgeschäftlichen und damit kondiktionsfreien Erwerbs Dritter eröffnet wird. Der Bereicherungsausgleich erfolgt dann über § 816 I 1 BGB. Für die Abgrenzung von Leistungskondiktion und Bereicherung „in sonstiger Weise" bleibt festzuhalten, daß der Bauunternehmer, der durch ein *pactum de non cedendo* die Verlängerung des Eigentumsvorbehalts vereitelt hat, nunmehr mangels Veräußerungsermächtigung als Nichtberechtigter agiert; denn das Eigentum war ihm noch nicht „geleistet" worden. Die bloße Besitzübertragung – sei es auch zum Zwecke späteren Eigentumserwerbs – vermag dies nicht zu ersetzen, so daß auch der Hinweis auf den Ausschluß der *actio de in rem verso,* der sich in der BGH-Entscheidung findet, verfehlt ist. Relevant wäre dieses Argument nur dann, wenn der Materiallieferant eine vollständige Eigentumsübertragung an den Bauunternehmer vorgenommen hätte, der seinerseits dem Grundstückseigentümer eine werkvertragliche Einbauleistung erbracht hätte. Mängel an den Kausalbeziehungen der Beteiligten führen hier zur Rückabwicklung *inter partes*. Dies und nicht mehr besagt das Verbot der Versionsklage, von dem nur bei unentgeltlicher Weitergabe mit Rücksicht auf deren *causa minor* eine Ausnahme besteht (§§ 816 I 2, 822 BGB). Dagegen löst die unbefugte Verwendung des Baumaterials als rechtswidriger Eingriff in das Eigentum

---

58 *R. Serick* (Fn. 1) 700–701.
59 So aber der BGH ganz allgemein in dem oben (Fn. 49) zitierten Fall auf S. 240, wo es allerdings nicht um gestohlenes Material ging.

des Vorbehaltslieferanten die Kondiktion „in sonstiger Weise" aus. Es verhält sich insoweit nicht anders als z. B. im Falle der Unterschlagung solchen Materials durch einen Verwahrer. Die Kondiktion steht hier ganz im Dienste des Eigentumsschutzes – sie vertritt die Vindikation. Die entscheidende Frage in den Einbaufällen ist deshalb, unter welchen Voraussetzungen auch ein Dritter, in dessen Grundstück der Bauunternehmer solches Material eingefügt hat, der Kondiktion des früheren Materialeigentümers ausgesetzt ist. Zugespitzt formuliert ließe sich auch so fragen: Ist der Rechtserwerb, der nach §§ 946 ff. BGB eintritt, kondiktionsfester als ein rechtsgeschäftlicher Erwerb vom Nichtberechtigten auf Grund der §§ 932 ff. BGB? Das kann im Hinblick auf § 951 BGB nicht angenommen werden, weil dort die Kondiktionsfestigkeit des im Interesse sachenrechtlicher Klarheit angeordneten Rechtserwerbs durch Akzession geradezu verneint wird. Es liegt dann in der Konsequenz einer Auffassung, die diese Vorschrift mit Recht als eine Verweisung auf die Voraussetzungen der §§ 812 ff. BGB versteht, bereicherungsrechtlich die Konkordanz mit der Behandlung des rechtsgeschäftlichen Mobiliarerwerbs vom Nichtberechtigten herzustellen: In demselben Umfang, in welchem ein rechtsgeschäftlicher Erwerb *in casu* kondiktionsfest gewesen wäre, ist auch der nach den §§ 946 ff. BGB *ex lege* eingetretene Erwerb des Grundstückseigentümers nicht der Wertersatzkondiktion des früheren Materialeigentümers ausgesetzt. Außer im Falle des Einbaus von abhanden gekommenem Material müßte der Grundstückseigentümer nur bei Bösgläubigkeit als Ersatz für die untergegangene Vindikation Wertersatz leisten. Ebenso wenig wie ein bösgläubiger Dritter bei gescheitertem rechtsgeschäftlichen Erwerb gegenüber dem vindizierenden Eigentümer, könnte sich der Grundstückseigentümer zur Abwehr dieses Anspruchs auf eine dem Bauunternehmer bereits erbrachte Gegenleistung berufen, da dies auf einen vom Gesetz nicht anerkannten „Lösungsanspruch" hinausliefe.[60] Es macht für die bereicherungsrechtliche Wertung letztlich also keinen Unterschied, ob solches Material vor dem Einbau rechtsgeschäftlich übertragen wurde oder ob es sogleich eingebaut wurde. Ein in der Tat „wunderlicher" Wertungswiderspruch wird auf diese Weise vermieden.[61]

---

60 S. dazu schon RG, 8. 2. 1923, RGZ 106, 1 (7) und BGH, 3. 6. 1954, BGHZ 14, 7 (9–10); s. ferner *Staudinger-Lorenz* (Fn. 8) § 812 Rz. 61 mit Nachweisen.

61 Diese Lösung, die sich im Ansatz bereits bei *E. von Caemmerer* (Fn. 19) 391 Fn. 217 findet, dürfte heute vorherrschender Ansicht entsprechen. Den Nachweisen bei *Staudinger-Lorenz* (Fn. 8) § 812 Rz. 62 sind noch hinzuzufügen: MünchKomm-*Lieb* (Fn. 55) § 812 Rz. 235–243; G. *Hager*, Entwicklungsstadien der bereicherungsrechtlichen Durchgriffshaftung, in: Ungerechtfertigte Bereicherung. Symposium zum Gedenken an Detlef König (Heidelberg 1984) 151 ff., 172; *Koppensteiner/Kramer*, Ungerechtfertigte Bereicherung (2. Aufl. 1988) 107–109; D. *Medicus* (Fn. 20) Rz. 729; W. *Pinger* (Fn. 15) 327 ff.; P. *Schlechtriem*, Schuldrecht. Besonderer Teil (1987) Rz. 670, 693.

Zum Eigentumsvorbehalt im klassischen römischen Recht

Von Karlheinz Misera, Heidelberg

I.

Der Barkauf gehört in einer Gesellschaft, die sich als kulturelles Gebilde auch zu einer Rechtsgemeinschaft entwickelt, bereits zu einer fortgeschrittenen Stufe: Ein solches Geschehen ist längst schon ein Rechtsakt. Es wird auch nicht mehr Ware gegen Ware getauscht, sondern Ware gegen ein Zahlungsmittel[1] – etwa gegen aes rude, ungemünzte Kupferbarren, deren Wert von ihrem Gewicht abhing; später gegen Barrengeld, aes signatum, bei dem Kupferbarren gleichen Gewichts eine staatliche Prägung erfuhren – hingegeben. Doch waren Begriffe wie Kausal- und Erfüllungsgeschäft diesem Stadium noch völlig fremd[2]; damit wäre eine Beschreibung des Barkaufs als ungeschiedenes Zusammenfallen von Kausal- und Erfüllungsgeschäft in einem Akt ein höchst unvollkommenes Bild.

Der Barkauf entwickelt sich zu einem Kaufvertrag im heutigen Sinn in zwei Phasen. Eine erste Auflockerung bringt die Stundung des Kaufpreises[3], und der Kaufvertrag findet seine endgültige Gestalt, als auch die Lieferung der Ware von ihm getrennt ist.[4] Damit ist das Trennungsprinzip erreicht, wie wir heute sagen. Die Frage, ob das Erfüllungsgeschäft in seiner Wirksamkeit von der causa abhing oder nicht, bestimmte sich nach anderen Determinanten.

Die eben – idealtypisch als geradlinig – geschilderte Entwicklung des Kaufs im römischen Recht betrifft Zeiträume, für die wir schon faßbare

---

[1] Dazu *Wieacker*, Römische Rechtsgeschichte I § 12 I 2 b; *Dulckeit/Schwarz/Waldstein*, Römische Rechtsgeschichte [8] § 13 II 2; *Kaser*, Das Römische Privatrecht I[2] § 9 I 1, ders., Römische Rechtsgeschichte § 4 II 2 b.

[2] *Honsell/Mayer-Maly/Selb*, Römisches Recht[4] § 62 III 1, S. 158, zu einem späteren Zwischenstadium bei formlosem Rechtsgeschäft a. a. O. § 114 I 2, S. 305.

[3] Voraussetzung bei der mancipatio war zudem deren Nachformung durch mancipatio nummo uno; dieser Zustand war anscheinend schon zur Zeit der Zwölftafeln erreicht, s. *Kaser* RP I[2] (Fn. 1) § 9 III 1. *Wieacker*, RG I (Fn. 1) IV 2 b, S. 535 sieht den Verpflichtungskauf nicht erst als Folge der Denaturierung der mancipatio an.

[4] *Kaser* RP I[2] (Fn. 1) § 130 II 2.

Anhaltspunkte haben. Der Kauf wird seine moderne Form – Erzeugung von Verpflichtungen für beide Parteien, causa für die Leistungen – wohl spätestens im zweiten Jahrhundert v. Chr. gefunden haben.[5]

II.

1) Mag auch in vorklassischer und klassischer Zeit der Barkauf das Massengeschäft des Alltags geblieben sein, so hatte sich doch die Rechtsordnung, den Befürfnissen der Praxis folgend, weiterentwickelt. Mit der Verselbständigung des Kausalgeschäfts, mit seiner Entwicklung zum Verpflichtungsgeschäft[6] und mit der Trennung von Verpflichtungs- und Erfüllungsgeschäften ergaben sich zwangsläufig weitere Probleme, etwa die der Sicherung des Verkäufers, der vorleistete, um dem Wunsch des Käufers nach alsbaldiger Nutzung der gekauften Sache nachzukommen, sei es, daß dabei der Kaufpreis nur schlicht gestundet war, sei es, daß Ratenzahlung vereinbart war. Diese Frage tat sich schon zu dem Zeitpunkt auf, als die erste Auflockerung des Barkaufs praktiziert wurde.

Das erste Modell zur Lösung des Konfliktes – nach Justinians Bericht schon nach den Zwölftafeln – scheint darin bestanden zu haben, daß der Eigentumserwerb des Käufers statt von der Zahlung von der Stellung einer persönlichen oder dinglichen Sicherheit abhängig gemacht wurde,

> I. 2, 1, 41
> Sed si quidem ex causa donationis aut dotis aut qualibet alia ex causa tradantur, sine dubio transferuntur: venditae vero et traditae non aliter emptori adquiruntur, quam si is venditori pretium solverit vel alio modo ei satisfecerit, veluti expromissore aut pignore dato. quod cavetur quidem etiam lege duodecim tabularum: tamen recte dicitur et iure naturali, id est iure gentium, id effici. sed si is qui vendidit, fidem emptoris secutus fuerit, dicendum est statim rem emptoris fieri.[7]

Jedenfalls wird noch von den Klassikern jener Grundsatz überliefert, allerdings, wie in den Institutionen, in der (aufhebenden) Abschwächung, daß die Kreditierung – fidem habere, fidem sequi[7a] – ausreicht,

---

5 *Kaser* a. a. O., *Honsell/Mayer-Maly/Selb*, RR (Fn. 2) § 114 I 2.
6 S. Fn. 2.
7 Dazu *Honsell/Mayer-Maly/Selb* (Fn. 2) § 62 III 2 m. w. N. Nicht mehr zu erkennen ist, ob sich der Zwölftafelsatz auf alle Kaufsachen, res mancipi und res nec mancipi, bezogen hat. Ganz anders *Kaser* RP I² (Fn. 1) § 9 III 1, § 33 I 2, § 100 IV 3 m. w. N., der diese dezemvirale Norm auf die Auktoritätshaftung aus der mancipatio münzt; für einen Bezug auf res mancipi auch *Honoré*, Studies in Justinians Institutes in Memory of J. A. C. Thomas, 71. Zu Pringsheim und Schindler s. *Honsell/Mayer-Maly/Selb* a. a. O. (S. 162 f.).
7a Zu fidem sequi in I. 2, 1, 41 vgl. auch *Feenstra*, TR 58 (1990) 136 f. m. w. N. (Bespr. von *R. D. Vriesendorp*, Het eigendomsvoorbehoud, Diss. Groningen 1985, mir nicht zugänglich), der

276

D. 18, 1, 19 (Pomp. 31 ad Q. Mucium)
Quod vendidi non aliter fit accipientis, quam si aut pretium nobis solutum sit aut satis eo nomine factum vel etiam fidem habuerimus emptori sine ulla satisfactione.[8]

Diesem Überlieferungsstrang soll hier nicht weiter nachgegangen werden; einen allgemeinen Rechtssatz des Inhalts, daß das Eigentum erst mit Kaufpreiszahlung übergeht, hat das klassische römische Recht nicht gekannt.

2) Verwandt mit dem ersten Modell, doch von ihm zu unterscheiden ist ein anderer Weg[9], den uns die Digesten zeigen: Der Verkäufer übertrug dem Käufer Eigentum, aber, gemäß einer Abrede im Kaufvertrag, unter (gleichzeitiger) Sicherung der Kaufpreisforderung durch ein Pfandrecht an der (den) *verkauften* Sache(n), so in Ulp. D. 27, 9, 1, 4, wo dieser Weg aber nach Ansicht Ulpians wegen Besonderheiten des Falles nicht zum Ziele führte:

> Si minor viginti quinque annis emit praedia, ut, quoad pretium solveret, essent pignori obligata venditori, non puto pignus valere: nam ubi dominium quaesitum est minori, coepit non posse obligari.[10]

3) Ein für die Frage des Eigentumsvorbehalts herausragendes Fragment des hochklassischen Juristen Javolen zeigt uns eine gegenüber dem bisher Betrachteten völlig verschiedene Lösung, die die römische Jurisprudenz entwickelt hat,

> D. 19, 2, 21 (Iav. 11 epist.)
> Cum venderem fundum, convenit, ut, donec pecunia omnis persolveretur, certa mercede emptor fundum conductum haberet: an soluta pecunia merces accepta fieri debeat? respondit: bona fides exigit, ut quod convenit fiat: sed non amplius praestat is venditori, quam pro portione eius temporis, quo pecunia numerata non esset.

---

diese Wendung nicht als ausdrückliche Stundung der Zahlung, sondern als eine „informelle Überlassung der gekauften Sache an den Käufer, ohne Zahlung oder Sicherheit zu verlangen", verstehen will.

8 Lit. bei *Honsell/Mayer-Maly/Selb* a. a. O. *Honoré* (Fn. 7) erwägt erneut einen Bezug auf die mancipatio; jedenfalls hält er die schlichte Stundung für einen Zusatz der Kompilatoren. Näher dürfte liegen, daß Pomponius selbst von einer schon längst praktizierten Aufhebung des Satzes, daß der Eigentumserwerb von der Kaufpreiszahlung abhängig sei, berichtet; der Hinweis auf einen früheren Rechtszustand ist nichts Ungewöhnliches. S. ferner Gai. D. 18, 1, 53, Ulp. D. 19, 1, 11, 2.

9 Zu diesem Weg und den nachfolgend erörterten Modellen s. *Pringsheim* SZ 50 (1930) 407.

10 Zur Stelle s. *Cervenca* BIDR 21 (1979) 54 ff. mit wegweisender Literatur, *Schanbacher*, Die Konvaleszenz von Pfandrechten im klassischen römischen Recht 184 (reiche Lit.) und passim. Der Frage, ob eine Übereignung detracto pignore (detracta hypotheca) – wie eine Übereignung detracto usufructu – möglich war, soll hier nicht weiter nachgegangen werden, vgl. dazu Paul. D. 27, 9, 2 sowie im Ansatz *v. Lübtow*, Schenkungen der Eltern an ihre minderjährigen Kinder und der Vorbehalt dinglicher Rechte 57 ff. (mit zu weitgehender Textkritik), sch. Τὸ Πλάτος zu D. 27, 9, 1 § 4. *Schanbacher* 184 ff. deutet die Passage i. S. einer vertraglichen Hypothek eines Dritten.

a) L. Javolenus Priscus war einer der bedeutendsten Juristen am Ende des ersten und zu Beginn des zweiten Jahrhunderts nach Christus. Er hat, unter Domitian beginnend, die republikanische Ämterlaufbahn bis zum Konsulat (86 n. Chr.) und als Statthalter der Provinz Afrika durchschritten, später an hoher militärischer Stelle im Dienst des Kaisers gestanden, ferner das Amt des Statthalters in Obergermanien und Syrien ausgeübt und war zuletzt Pontifex.[11]

Das Fragment stammt aus seinem Werk „epistulae". Bei dieser Werkgattung wird neben tatsächlicher Korrespondenz die Briefform als Stilmittel eingesetzt: In der Idealform stehen am Anfang Sachverhaltsdarstellung und quaestio, die dem Brief des Anfragenden entsprechen. Das Responsum mit Sachverhaltswiederholung und Entscheidung, das in vielen Fragmenten mit respondi(t) eingeleitet wird, entsprechen dem Brief des Antwortenden.[12] Typisches Beispiel, zudem konkret aus der Praxis stammend, ist D. 36, 1, 48. Das vorliegende Fragment enthält im responsum nicht die Sachverhaltswiderholung. Das kann auf Raffungen und Kürzungen von späterer Hand zurückzuführen sein, zumal da das Fragment in der Entscheidung dicht gedrängt ist und auch insoweit mit einem konzentrierenden Zusammenstreichen zu rechnen ist. Wir haben aber ohnehin allgemein davon auszugehen, daß Javolen sich nicht pedantisch an den Urtypus gehalten, sondern die epistulae-Form frei gehandhabt hat, etwa durch responsum ohne Sachverhaltswiederholung oder durch Sachverhaltsdarstellung in der quaestio usf.

b) Im Fragment des Javolen geht es um einen Grundstückskauf, also um ein größeres Kaufobjekt. Der Käufer ist offenbar nicht in der Lage, den Kaufpreis sofort zu zahlen. Vielmehr wird sehr wahrscheinlich eine Zahlung in einzelnen Raten vereinbart. Es geht nach dem ganzen Zuschnitt des Fragments nicht um eine einfache Stundung des Kaufpreises, bei der dieser nach Ablauf einer Frist in einer Summe zu zahlen wäre; vielmehr legt schon die Formulierung donec pecunia omnis persolveretur einzelne Raten nahe.[13]

c) Die Stundungsvereinbarung ist aber mit einer Pachtabrede gekoppelt: convenit, ut, donec pecunia omnis persolveretur, certa mercede emptor

---

11 S. *Kunkel*, Herkunft und soziale Stellung der römischen Juristen², 138 ff.; *Eckardt*, Iavoleni epistulae 15 ff.; *Manthe*, Die libri ex Cassio des Iavolenus Priscus 16 ff.
12 Dazu *Misera*, SZ 98 (1981) 457 ff. (462 f.) – Rezensionsaufsatz zu *Eckardt*, Iavoleni epistulae, 1978 –, bei Eckardt zum Problemkreis unzureichend S. 21 ff.
13 So auch *Knütel*, Kauf und Pacht bei Abzahlungsgeschäften im römischen Recht, Studien im römischen Recht, Max Kaser zum 65. Geburtstag, 39; *Frier*, Landlords and Tenants in Imperial Rome, 168 f. mit Fn. 254.

fundum conductum haberet, also mit der Abrede, daß der Käufer bis zur vollständigen Abzahlung des gesamten Kaufpreises das Grundstück als ein zu einem bestimmten Zins gepachtetes habe. Bezüglich der genannten Pachtabrede läßt das klassische Recht zwei Gestaltungsmöglichkeiten zu. Die eine ist der Abschluß eines selbständigen Pachtvertrages neben dem Kaufvertrag. Dies scheint bei Paulus und (auch) im justinianischen Recht das favorisierte Modell zu sein, wie sich aus dem Kontext – Paul. D. 19, 2, 20, 2[14], eod. 22 pr.[15] ergibt. Die andere ist eine Nebenabrede[16] zur emptio venditio; die Pachtabrede ist dann ein pactum in continenti adiectum. Die Zulässigkeit einer solchen Vereinbarung – Pacht als Nebenabrede zum Kauf, so daß der Kauf das dominierende Rechtsverhältnis ist, war strittig,

> D. 18, 1, 79 (Iav. 5 ex post. Lab.)
> Fundi partem dimidiam ea lege vendidisti, ut emptor alteram partem, quam retinebas, annis decem certa pecunia in annos singulos conductam habeat. Labeo et Trebatius negant posse ex vendito agi, ut id quod convenerit fiat. ego contra puto, si modo ideo vilius fundum vendidisti, ut haec tibi conductio praestaretur: nam hoc ipsum pretium fundi videretur, quod eo pacto venditus fuerat: eoque iure utimur.[17]

Javolen läßt ein solches pactum bei innerem Zusammenhang zu.[18]

Die entscheidende Frage bei der Pachtabrede ist die nach ihrem Zweck.

aa) Die Pachtabrede hat zum einen sachenrechtliche Bedeutung. Sie sichert den Verbleib des Eigentums beim Verkäufer bis zur Zahlung der letzten Kaufpreisrate.[19] Ein Aufschub des sachenrechtlichen Übertragungsaktes, der mancipatio, bis zu diesem Zeitpunkt wäre nicht ausreichend gewesen. Denn eine traditio, Übergabe, des Grundstücks an Käufer *zufolge des Kaufvertrages* hätte diesem die possessio civilis, also den durch eine gültige causa qualifizierten Besitz verschafft und damit die Möglichkeit, Eigentum nach Ablauf der Ersitzungsfrist durch usucapio zu erwerben, da alle Voraussetzungen für eine Ersitzung vorlagen. Die Vereinbarung einer locatio conductio erweist, daß für die Ersitzung die Nichtzahlung des Kaufpreises unerheblich war[20] und daß der Kauf trotz Vereinbarung eines Ratenge-

---

14 34 ad ed. Interdum locator non obligatur, conductor obligatur, veluti cum emptor fundum conducit, donec pretium ei solvat.
15 34 ad ed. Item si pretio non soluto inempta res facta sit, tunc ex locato erit actio.
16 Zum Beispiel ... ut ... certa mercede conductum haberet. Zur konkreten Ausgestaltung s. aber unten bei D. 18, 6, 17.
17 *Knütel* (Fn. 13) 36 f. m. w. N. sieht mit der herrschenden Meinung den Streit nicht in der Frage der Zulässigkeit einer solchen Nebenabrede, sondern in der Frage, ob eine actio venditi oder eine actio in factum zu gewähren sei.
18 S. aber unten bei Fn. 22.
19 Dazu *Kaser* RP I² (Fn. 1) § 100 Fn. 45 m. w. N. und Nachträgen dazu in RP II² S. 593, *Honsell/Mayer-Maly/Selb* (Fn. 2) § 62 III 2 m. w. N. Fn. 66. Unscharf *Eckardt* (Fn. 11) 46 ff.
20 Vgl. nur die Parallele zur usureceptio ex fiducia, *Kaser* RP I² (Fn. 1) § 109 I.

schäfts als iusta causa für die Ersitzung ausreichte. Wird dagegen das Grundstück an den Käufer *zufolge eines Pachtvertrages* überlassen, so bleibt die possessio beim Verkäufer (und Verpächter); der Pächter hat keine possessio, sondern nur die tatsächliche Innehabung, das, was später technisch Detention heißt. Damit ist eine Ersitzung durch den Käufer während der Pachtzeit ausgeschlossen; der Pachtvertrag hat insoweit in modernrechtlicher Terminologie die Funktion eines Eigentumsvorbehalts. Das folgt auch aus

> D. 18, 6, 17 (Iav. 7 ex Cassio)
> Servi emptor si eum conductum rogavit, donec pretium solveret, nihil per cum servum adquirere poterit, *quoniam non videtur traditus is, cuius possessio per locationem retinetur a venditore* ....[21]

Dennoch trägt der Käufer bereits die Gefahr, Jav. a.a.O. Dieses Fragment belegt auch, daß auch Javolen in solchen Fällen eine selbständige locatio conductio annahm[22]; denn bei einem Überlassen der gekauften Sache zufolge einer Pachtnebenabrede im Kaufvertrag wäre der Verbleib des Besitzes beim Verkäufer wohl höchst fraglich gewesen.

Diese Funktion hat die Vereinbarung einer locatio conductio auch bei der Veräußerung von res nec mancipi. Würde nämlich der Verkäufer die gekaufte Sache zufolge des Kaufvertrages übergeben (tradere, traditio), so würde der Käufer kraft der von einer iusta causa getragenen traditio zwangsläufig Eigentum erwerben. Zufolge der locatio conductio bleibt aber der Besitz beim Verpächter (und Verkäufer). Der Eigentumserwerb hängt von der Zahlung des Kaufpreises ab, weil mit Zahlung (der letzten Kaufpreisrate) der Pachtvertrag sich erledigt hat und der Käufer dann mit Zustimmung des Verkäufers die Sache als Eigenbesitzer zufolge des Kaufs besitzen will.[23]

bb) Die Pachtabrede hat zum anderen schuldrechtliche Bedeutung. Der Käufer hat den Kaufpreis von der Übergabe, traditio, an zu verzinsen.[24]

> D. 19, 1, 13, 20 (Ulp. 32 ad ed.)
> Veniunt autem in hoc iudicium[25] infra scripta. in primis pretium, quanti res venit. item usurae pretii post diem traditionis: nam cum re emptor fruatur, aequissimum est eum usuras pretii pendere.[26]

---

21 Zum Fragment s. nur *Manthe*, Die libri ex Cassio des Iavolenus 142f. m. w. N.
22 S. auch *Mayer-Maly*, Locatio conductio 61f. m. w. N., *Knütel* (Fn. 13) 37 ff.
23 Vgl. Ulp. D. 12, 1, 9, 9, *Honsell/Mayer-Maly/Selb* (Fn. 2) § 56 I 4a.
24 Zuletzt *Knütel* SZ 105 (1988), 514ff. Insoweit falsch *Eckardt* (Fn. 11) 48 unter aa.
25 In ex vendito actionem.
26 S. ferner nur Sev., Antonin. C. 4, 32, 2 Usuras emptor, cui possessio rei tradita est, si pretium venditori non obtulerit, quamvis pecuniam obsignatam in depositi causa habuerit, aequitatis ratione praestare cogitur: Erst ein Annahmeverzug des Verkäufers beendet den Zinslauf.

Die Zinspflicht besteht deshalb, weil der Käufer von der Übergabe an die Nutzungen der Sache erhält und behalten kann, der Verkäufer aber noch nicht mit dem erzielten Kaufpreis zu arbeiten vermag. Der Pachtvertrag substituiert die Übergabe und die Nutzungsbefugnis, der Pachtzins der Idee nach und deshalb auch konkret im Regelfall die Verpflichtung des Käufers zur Verzinsung des Kaufpreises.[27] Was die certa merces im Fragment konkret meint, wird alsbald (unter d) erörtert.

d) Im Fragment geht es offenbar um die vorzeitige Zahlung des Kaufpreises durch den Käufer. Denn anderenfalls wäre die Frage nach dem Erlaß des Pachtzinses kaum verständlich. Auch die Entscheidung – Pflicht zur Zinszahlung lediglich für den Zeitraum, während dessen die Kaufpreiszahlung noch ausstand – deutet auf eine vorzeitige Zahlung hin.

Die certa merces, über die in dem Pachtvertrag eine Abrede getroffen worden war, meint sehr wahrscheinlich die Vereinbarung eines bestimmten Zinses für jeweils bestimmte Zeitabschnitte, etwa jeweils für ein Jahr[28]; eine Festlegung eines Zinses nach Jahren finden wir auch in Iav. D. 18, 1, 79. Damit eröffnet sich eine zwanglose Deutung des Fragments. Der Käufer und Pächter zahlt während des Laufes eines Jahres die letzte(n) Rate(n) vorzeitig. Dazu ist er befugt, weil Pachtvertrag und Pachtzinsvereinbarung nur das Eigentum des Verkäufers sichern soll und die merces an die Stelle der Pflicht zur Verzinsung des Kaufpreises ab Übergabe getreten ist.

Der Käufer fragt nun an, ob der Pachtzins für dieses (und ggf. die künftigen) Jahr(e) zu erlassen ist. Dahinter steht, daß mit Zahlung der letzten Rate(n) der Zweck des Pachtvertrages erreicht ist[29] und deshalb aus der locatio weitere Ansprüche nicht mehr herzuleiten sind; der Käufer will jetzt aufgrund des Kaufvertrages besitzen und damit bonitarischer Eigentümer sein. Konkretes Anliegen des Käufers ist es dann, (auch) für das gesamte laufende Jahr vom Pachtzinsanspruch freigestellt zu sein, weil der Zins jeweils einheitlich für ein Jahr festgesetzt war und das Ereignis – Zahlung der letzten Rate(n) – in dieses Jahr fiel. Die Entscheidung des Juristen berücksichtigt beides,

---

27 Vgl. nur *Honsell/Mayer-Maly/Selb* (Fn. 2) § 62 III 2. *Mayer-Maly* (Fn. 22) 61 f. und *Thomas* Jura 10 (1959) 103 ff. (105) wollen der Pachtabrede stets bzw. teilweise auch die Bedeutung einer erhöhten Verzinsung des Kaufpreises beimessen; dazu aber für den Regelfall *Knütel* (Fn. 13) 46 Fn. 53, s. ferner unten Fn. 29. – *Manthe* (Fn. 21) meint zu D. 18, 6, 17, der für die Zwischenzeit bedungene Mietzins sei das Äquivalent für die operae des Sklaven, nicht für die Stundung des Kaufpreises. Doch besteht dieser Gegensatz nicht: Der Kaufpreis ist zu verzinsen, weil der Käufer die gekaufte Sache schon nutzen kann.
28 Treffend *Knütel* (Fn. 13) 40.
29 Die Zweckerreichung beweist, daß im konkreten Fall der Pachtzins nur die Verpflichtung zur Verzinsung des Kaufpreises substituiert; dies auch zur Fn. 27.

Vereinbarung der Pacht und Zweckerreichung[30]: Die Vereinbarung ist einzuhalten, aber die certa merces ist anteilig zu kürzen. Javolen sieht den Grund seiner Entscheidung in der bona fides. Dies paßt zum Pachtvertrag, weil die locatio conductio zu den Obligationen gehört, die mit bonae fidei iudicia ausgestattet sind; die bona fides gibt den Maßstab ab, nach dem der Richter das Rechtsverhältnis zu beurteilen hat. Klagt der Verpächter gegen den Pächter auf Zahlung der certa merces mit der actio locati, so erhält er nur einen Teil zugesprochen; Gefahren einer pluris petitio sind bei den bonae fidei iudicia ausgeschlossen. Eines Erlasses durch den Verpächter zum Schutze des Pächters bedurfte es nicht.

4) Die klassischen Quellen bezeugen uns eine weitere praktizierte Möglichkeit des Eigentumsvorbehalts, nämlich die Überlassung der Kaufsache als precarium an den Käufer bis zur vollständigen Zahlung des Kaufpreises,

> D. 43, 26, 20 (Ulp. 2 resp.)
> Ea, quae distracta sunt, ut precario penes emptorem essent, quoad pretium universum persolveretur, si per emptorem stetit, quo minus persolveretur, venditorem posse consequi.

Der Prekarist erhält eine bewegliche oder unbewegliche Sache zum Gebrauch oder zur Nutzung lediglich auf jederzeit freien Widerruf des Gebers. Indem der Käufer die gekaufte Sache als precarium und nicht durch traditio erhält, wird wiederum der Eigentumserwerb von res nec mancipi durch traditio in Verbindung mit dem Kaufvertrag als iusta causa sowie der Erwerb von res mancipi durch Ersitzung[30a] verhindert. Allerdings ist die Stellung des Prekaristen gegenüber dem Normaltypus des precarium verändert. Denn der Kaufvertrag entfaltet doch schon Wirkungen: Der Käufer darf zufolge des Kaufvertrages die Sache behalten, sofern er nicht in Zahlungsverzug kommt.[31] Der Eigentumserwerb aber hängt von der Kaufpreiszahlung ab. Das precarium dient also wie die locatio conductio dem Eigentumsvorbehalt.[32] Der Unterschied zwischen beiden Figuren besteht im Verhältnis zwischen Geber und Nehmer insbesondere[33] darin, daß beim precarium die Kaufpreisforderung ohne Vereinbarung einer Gegenlei-

---

30 *Daube*, Cambridge Law Journal 10 (1948–1950) 77 ff., RIDA 5 (1958) 433 ff. hält die Passage sed non amplius ... für einen Zusatz der Kompilatoren, zu Unrecht, weil er die Funktionen der Pachtabrede nicht voll erkennt. Im Ergebnis wie *Daube*, aber wenig überzeugend (s. Fn. 27) auch *Thomas* a. a. O. 106.
30a Der Prekarist hat ja keinen *Eigen*besitz.
31 *Kaser* SZ 89 (1972) 112 ff., *A. Meinhart* SZ 105 (1988) 731, 734.
32 Vgl. dazu auch Paul. D. 39, 2, 38 pr., Ulp. D. 43, 24, 11, 12, Alex. C. 4, 54, 3.
33 Vgl. im übrigen *A. Meinhart* (Fn. 31) 734.

stung gestundet wurde. Doch war auch in diesem Fall der Kaufpreis zu verzinsen, Ulp. D. 19, 1, 13, 20[34], eod. 21.[35]

III.

Nicht auszuschließen ist, daß das klassische römische Recht weitere, möglicherweise verdeckte Formen – vom Blickwinkel des deutschen Bürgerlichen Rechts aus gesehen: Surrogate – des Eigentumsvorbehalts oder diesem nahekommende Figuren hervorgebracht hat; ist doch die Überlieferung fragmentarisch und teilweise überlagert, auch wenn wir bei vielen Materien bis in feinste Verästelungen informiert sind. Wir können vielleicht schon in den überlieferten Texten fündig werden. So könnte der wirtschaftliche Hintergrund der Geschäfte in Jav. D. 18, 1, 79[36] ein gegenüber dem bisher Erörterten modifizierter Eigentumsvorbehalt sein.[37] Jedenfalls zeigen schon die hier angesprochenen überlieferten Fragmente zur dinglichen Sicherung des Verkäufers, insbesondere die unter II 3 und 4 dargestellten, eindrucksvoll die hohe Rechtskultur der römischen Jurisprudenz sowie den sicheren Instinkt und die Leichtigkeit in der Befriedigung von Bedürfnissen des täglichen Lebens mit dem Instrumentarium der verfügbaren Rechtsfiguren. Ein weiteres Charakteristikum wird im Einsatz der locatio conductio und des precarium sichtbar: Neu auftretende oder auf neue Weise zu bewältigende Bedürfnisse werden nicht durch Schaffung neuer Institute und Rechtsfiguren gemeistert. Vielmehr ist dem Juristen seit alters – in Übernahme von Denkschemata der pontifikalen Jurisprudenz – die Sparksamkeit bei der Typenbildung selbstverständliche Maxime: Bereits Bekanntes wird so miteinander verknüpft, daß ein neuer Effekt entsteht.

---

34 Dazu oben II 3 c bb.
35 Possessionem autem traditam accipere debemus et si precaria sit possessio: hoc enim solum spectare debemus, an habeat facultatem fructus percipiendi.
36 Oben II 3 c.
37 Jemand veräußert (zunächst) die eine Hälfte seines Grundstücks, allerdings nicht zum wertdeckenden, sondern zu einem geringen Entgelt und schließt bezüglich der anderen Hälfte, die er (zunächst) behält, einen langfristigen Pachtvertrag ab, wobei ein Teil des Pachtzinses die Differenz zum wertdeckenden Entgelt in Raten auffüllen soll. Während der Laufzeit des Pachtvertrages könnte – das Folgende ist allerdings Spekulation – plangemäß die zweite Hälfte des Grundstücks unter Aufrechterhaltung des Pachtvertrages an den Pächter verkauft werden, wobei der Pachtvertrag zum einen das Eigentum des Käufers bis zur vollständigen Kaufpreiszahlung sichert und zum anderen die Pachtzinszahlung auch hier wirtschaftlich teilweise eine Ratenzahlung des Kaufpreises darstellen könnte. Beim Verkauf der ersten Hälfte gäbe es dann zwar keinen Eigentumsvorbehalt, aber doch einen Anreiz zur Erfüllung des Pachtvertrages durch den Pächter im Hinblick auf den erstrebten Kauf der zweiten Hälfte. – Falls ein Verkauf der zweiten Hälfte nicht beabsichtigt war, kann dennoch ein besonderes Interesse des Käufers an der Erfüllung des Pachtvertrages auch durch ihn selbst wegen der erstrebten Nutzung des *ganzen* Grundstücks bestanden haben.

Sicherungsübereignung, Sicherungsabrede und Sicherungszweck

Von Otto Mühl, Mainz

1. In seinem groß angelegten Werk über Eigentumsvorbehalt und Sicherungsübertragung, von dem inzwischen sechs Bände vorliegen, hat sich *Serick* in umfassender Weise mit allen in Betracht kommenden Problemen auseinandergesetzt. Daher ist es gerechtfertigt, in einer Festschrift, die *Serick* gewidmet ist, bei einem Überblick über die Rechtsentwicklung und Schwerpunktfragen der Sicherungsübereignung sich mit den Ansichten von *Serick* auseinanderzusetzen und damit zugleich seine Stellungnahme zu den einzelnen Fragen zu überprüfen. Im Anschluß an diesen Überblick (Ziff. 2–7), der sich auch auf die Vorlesungen und Vorträge *Sericks* in Japan erstreckt[1], soll anhand einiger grundlegender Entscheidungen des BGH aus neuerer Zeit die vom BGH zu Schwerpunktfragen vertretenen Auffassungen dargestellt werden.

2. Die Sicherungsübereignung ist nicht vom Gesetzgeber geschaffen worden. Vielmehr ist dieses Institut das Ergebnis einer richterlichen Rechtsfortbildung, die sich durch Gewohnheit rechtliche Geltung verschafft hat. Die Bedürfnisse der Wirtschaft, die ein „besitzloses Pfandrecht" erforderten, haben sich gegenüber der gesetzlichen Systematik, die sich im BGB auf die Vorschriften über das Pfandrecht beschränkte, durchgesetzt. Mit der Anerkennung der Sicherungsübereignung durch das RG[2] war allerdings lediglich die Zulässigkeit und die systematische Einordnung entschieden. Zahlreiche weitere Fragen waren, wie die Rechtsentwicklung zeigt, offen geblieben. Dies gilt insbesondere von der Sicherungsabrede, deren Ausgestaltung, vor allem durch die Praxis der Banken, erst nach mehreren Jahrzehnten einen gewissen Abschluß gefunden hat. Auch das Verhältnis zwischen der Sicherungsübereignung und der Sicherungsabrede ist vielfach nicht klar herausgearbeitet worden, weil nur der Sicherungszweck, nämlich

---

1 *Serick*, Deutsche Mobiliarsicherheiten – Aufriß und Grundgedanken, 1988 = *Serick*, Aufriß. Die sechs Bände von *Serick*, Eigentumsvorbehalt und Sicherungsübertragung, werden nur nach der Bandnummer zitiert.
2 S. RGZ 57, 59 und 146; vorher schon, wenn auch nur mittelbar, hatte das RG die Sicherungsübereignung anerkannt, RGZ 49, 170.

die Gewährung einer Sicherheit für die Forderung betont wurde.[3] Daher wurde erst spät im Schrifttum klargestellt, daß sich das Rechtsverhältnis zwischen Gläubiger und Schuldner in erster Linie nach dem zwischen ihnen geschlossenen Sicherungsvertrag und seinem Zweck richtet und daß die Sicherungsabrede die schuldrechtliche causa der Sicherungsübereignung bildet.[4] Erst im Laufe der Rechtsentwicklung hat sich gezeigt, daß mit der grundsätzlichen Bejahung der Zulässigkeit der Sicherungsübereignung die Problematik nicht gelöst worden war. Zum Teil haben das RG und der BGH die zutage getretenen Interessenkollisionen bewältigen können. Ein Beispiel hierfür bildet die Verwendung von Warenlagern mit wechselndem Bestande zur Sicherung des Bedürfnisses der Kreditgeber, ohne die auf Veräußerung und Gewinnerzielung gerichtete Betätigung des Sicherungsgebers übermäßig einzuschränken. Andererseits können im Wege einer Rechtsfortbildung unter Heranziehung der §§ 138, 826 BGB, § 9 AGBG und des Anfechtungsgesetzes die Gerichte zwar Begrenzungen vornehmen, aber nicht alle bestehenden Interessenkollisionen lösen. Dies zeigt auch die komplizierte Diskussion um eine Insolvenzrechtsreform deutlich. Daher ist *Larenz* darin zuzustimmen, daß man insgesamt nicht von einer geglückten richterlicher Rechtsfortbildung sprechen kann.[5] Schwierigkeiten bei der Bewältigung von Interessenkollisionen treten vor allem bei der Ausweitung der Sicherungsabrede durch Erweiterungs- und Verlängerungsformen hervor, wie sie sich beim Eigentumsvorbehalt seit längerer Zeit durchgesetzt haben. *Serick* hat darauf hingewiesen[6], daß Eigentumsvorbehalt und Sicherungsübereignung zahlreiche Gemeinsamkeiten aufweisen. Insbesondere sind, wie *Serick* hervorhebt, Waren- und Geldkredit rechtstechnisch oft weitgehend übereinstimmend ausgestaltet worden. Dabei darf aber nicht außer Acht bleiben, daß die Sicherungsübereignung ein Unterfall der eigennützigen Treuhand ist.[7] Daher kann über das von der h. M., insbesondere auch von der Rechtsprechung des RG und des BGH, vertretene Surrogationsverbot auch bei allen Angriffen der im Schrifttum verbreiteten Kritik nicht ohne weiteres hinweggegangen werden. Bei genauer Betrachtung zeigt sich, daß diesem Streit nicht die weitreichende praktische Bedeutung zukommt, wie sie offenbar vielfach angenommen wird. Mit Hilfe der bei dem Eigentumsvorbehalt gebräuchlichen Verlängerungsformen, wie sie das In-sich-Geschäft gem. § 181 BGB und das antezipierte Besitzkonstitut dar-

---

3 Vgl. *v. Tuhr*, Allgemeiner Teil 1918, Bd. II Halbbd. 2 § 76, I S. 174.
4 S. *Wolff/Raiser*, Sachenrecht, 10. Aufl. 1957, § 179 III; *Serick*, Aufriß S. 80.
5 *Larenz*, Kennzeichen geglückter richterlicher Rechtsfortbildung, 1965, S. 7.
6 S. *Serick*, Aufriß, S. 7.
7 Vgl. *Soergel-Mühl*, 12. Aufl. 1990, Einl. zum Sachenrecht Rz. 45 u. 46 m. Nachw.

stellen, können die Surrogate bei der Sicherungsübereignung bei einer entsprechenden Vereinbarung in der Sicherungsabrede zweifelsfrei erfaßt werden. Von großer Bedeutung ist der Streit um die Geltung des Abstraktionsgrundsatzes und der Akzessorietät, weil hier grundlegende Konturen des Sachenrechts im Streit sind und es zweifelhaft sein kann, ob in der Rechtsprechung einer Aufweichung dieser Prinzipien eine Schranke entgegengesetzt werden kann (vgl. dazu Ziff. 8).

3. Der Zusammenhang zwischen der Sicherungsabrede und der zu sichernden Forderung ist bereits oben (Ziff. 2) erwähnt worden. In seinen Ausführungen über die Struktur der Sicherungsübereignung geht *Serick* auch auf die causa der Sicherungsübereignung ein. Nach einer Gegenüberstellung von Sicherungsübereignung und Sicherungsabrede wird hervorgehoben, daß die zu sichernde Forderung Bestandteil des inneren Rechtsgrundes der schuldrechtlichen Sicherungsabrede wird.[8] Der Fortschritt in der Erfassung des Zusammenhanges, der in dieser Darstellung deutlich wird, zeigt sich z. B. bei einem Vergleich mit den Ausführungen, die bei *v. Tuhr* zu finden sind. Dieser umschreibt den Zusammenhang in folgener Weise[9]: „Alle fiduziarischen Sicherungsrechte stehen nicht durch den Inhalt, sondern nur vermöge einer obligatorischen Verabredung im Zusammenhang mit der zu sichernden Forderung und sind daher dieser Forderung gegenüber nicht akzessorisch". Dieser Stand der Darstellung findet sich auch noch in dem „klassischen Lehrbuch" von *Martin Wolff*.[10] Dagegen wird in der letzten Bearbeitung dieses Lehrbuches durch *Ludwig Raiser* zwischen dem Eigentum, das auf den Sicherungsnehmer übertragen wird, und dem Sicherungsvertrag sowie dem Zweck des Sicherungsgeschäftes klar unterschieden.[11] Ebenso wird in den modernen Lehrbüchern deutlich zwischen der Sicherungsübereignung sowie der Sicherungsabrede und der gesicherten Forderung unterschieden.[12] Wenn *Westermann* von einem „Verbund" verschiedener schuldrechtlicher Beziehungen spricht, wird allerdings nicht deutlich, wie dieser Begriff zu verstehen ist. Für das Verständnis der Sicherungsabrede ist es wesentlich, daß in ihr eine Fülle einzelner Pflichten des Sicherungsgebers und des Sicherungsnehmers geregelt worden sind. Hierzu rechnen in erster Linie solche Pflichten, die sich aus der Konkretisierung der Pflicht zur Rücksichtnahme auf die Interessen des Vertragspartners erge-

---

[8] *Serick* Bd. I § 4 II 3.
[9] *v. Tuhr*, AT Bd. II Halbbd. 2 § 77 I S. 191.
[10] Vgl. z. B. *Martin Wolff*, Sachenrecht, 7. Aufl. 1927, § 163 I 1.
[11] *Wolff/Raiser* (Anm. 4), § 179 III 2.
[12] Vgl. *Baur*, Sachenrecht, 14. Aufl. 1987, § 57 IV 1; *Westermann*, Sachenrecht, Bd. I, 6. Aufl. 1990, § 44 III 1; *Wieling*, Sachenrecht, 1990, § 18 II 3.

ben, wie z. B. Erhaltungs-, Mitteilungs- und Kontrollpflichten. Die Verwertung des Sicherungsgutes kann an eine Reihenfolge sowie an eine vorherige Ankündigung gebunden werden. Vielfach werden Deckungsgrenzen sowie Freigabeklauseln vereinbart.[13] Auf den Grundsatz der Akzessorietät soll erst an einer späteren Stelle eingegangen werden (s. Ziff. 7). Es genügt hier der Hinweis darauf, daß das Sicherungseigentum auch nach h. M. entsteht, wenn die Sicherungsabrede nichtig ist oder wenn die zu sichernde Forderung nicht entsteht.

4. Die Verlängerungs- und Erweiterungsformen gehören im Anschluß an einige Urteile des RG über Erweiterung des Eigentumsvorbehalts zu den Fragen, die in der Nachkriegszeit in der Praxis auftauchten und die Gerichte vor neue, nicht unkomplizierte Fragen stellten. Bei dem Eigentumsvorbehalt sind sie also seit längerem bekannt, wenn auch die Gerichte erst in der Nachkriegszeit sich mit diesen Fragen von neuem auseinandersetzen mußten. In neuerer Zeit hatte der BGH sich zudem mit der Tragweite des § 9 AGBG zu befassen. Ein Beispiel dafür bildet eine Entscheidung des BGH zum erweiterten und verlängerten Eigentumsvorbehalt, wenn er in den AGB der Bank mit einer Globalzession verbunden ist und bei fehlender Freigabeklausel die Folgen einer Übersicherung zu bewerten sind.[14] Die Frage, ob die Erweiterungsformen auch bei der Sicherungsübereignung grundsätzlich zulässig sind, hat *Serick* unter Hinweis auf die Parallelität vieler Lösungen beim Eigentumsvorbehalt und der Sicherungsübereignung bejaht (s. Ziff. 3). Jedoch hat er zugleich darauf hingewiesen, daß trotz der großen Bedeutung dieser Erweiterungsformen für die Kreditsicherungspraxis die erweiterte Sicherungsübertragung in der Rechtsprechung sowie im Schrifttum kaum behandelt wurde.[15] Erstmalig hatte, wie *Serick* bemerkt, der BGH im Jahr 1970 Gelegenheit, über einen Fall der erweiterten Sicherungsübereignung zu entscheiden.[16] Der BGH hat zwar verschiedentlich später Gelegenheit zu prüfen, ob die allgemeinen Schranken der Geltung gem. § 138 BGB eingehalten waren. Jedoch waren dies keine Fälle, die Anlaß zu allgemeinen Grundsätzen gaben. Lediglich bei der Konzernklausel und bei der Einbeziehung künftiger Forderungen in den Haftungsverband stellte sich die Frage einer institutionellen Schranke.[17] Durch die Sicherungsabrede werden nach einer Formulierung von *Serick*

---

13 Vgl. die Nachw. in *Soergel-Mühl* (Fn. 7), § 930 Rz. 50–53.
14 BGHZ 98, 303 = NJW 1987, 487 = LM Nr. 12 zu § 9 AGBG (Ba); s. dazu auch *Serick* Bd. IV § 49 III S. 408 ff.
15 *Serick* Bd. V § 56 II 1 S. 15.
16 S. *Serick* Bd. V § 56 II 3 S. 33; BGH LM 21 zu § 929 = WM 1970, 1518.
17 Vgl. dazu *Serick* Bd. V § 58 und § 59 IX 4.

die zu sichernden Forderungen mit dem für sie bestimmten Sicherungsgut verbunden, und die Parteien können den Kreis der durch das Sicherungsgut zu sichernden Forderungen so umschreiben, wie es ihren Interessen am besten entspricht.[18] Während bei der verlängerten Sicherungsübereignung das Sicherungsgut als Sicherheit für eine andere Forderung dient, erhält bei der Erweiterung der Sicherungsübereignung der Sicherungsnehmer die Sicherheit für andere Forderungen, auch wenn die zunächst gesicherte Forderung getilgt ist.[19] Die Verlängerungs- und Erweiterungsformen stimmen also darin überein, daß die maßgebliche Vereinbarung in der Sicherungsabrede darüber getroffen wird, ob an die Stelle des ursprünglichen Sicherungsgutes ein anderes tritt oder ob die Sicherungsabrede sich auch noch auf andere Forderungen erstreckt. Bereits in Ziff. 2 wurde erwähnt, daß rechtstechnisch gesehen keine Schwierigkeiten bestehen, auch vom Standpunkt des Surrogationsverbotes aus, wie es von der h. M. vertreten wird, eine Sicherung auf Surrogate des ursprünglichen Sicherungsgutes zu erstrecken.

5. Im Unterschied zu der heute üblichen Sicherungsübereignung, bei der beim Wegfall des Sicherungszweckes, also in der Regel bei Tilgung der gesicherten Forderung, dem Sicherungsgeber lediglich ein schuldrechtlicher Rückgewährungsanspruch zusteht, fällt bei der auflösend bedingten Sicherungsübereignung das Sicherungsgut bei einem Wegfall des Sicherungszwecks an den Sicherungsgeber zurück. Die Abneigung der Banken, sich auf diese Konstruktion einzulassen, ist verständlich. Sie beruht auf dem Mißtrauen gegenüber unklaren Rechtsverhältnissen, denn es kann häufig zweifelhaft sein, ob die auflösende Bedingung eingetreten ist. Zur Sicherung dienen oftmals erhebliche Vermögenswerte, so daß sich aus wirtschaftlichen Gründen ein Rechtsstreit kaum vermeiden läßt. Bis zur Klärung der Streitfrage im Rechtsstreit kann das Sicherungsgut nicht verwertet werden. Andererseits ist der Hinweis darauf folgerichtig, daß mit dem Wegfall des Sicherungszweckes eine Grundlage dafür, daß der Sicherungsnehmer weiterhin noch Eigentümer des Sicherungsgutes bleibt, nicht besteht. Gegenüber der Eigentumslage ist ein rein schuldrechtlicher Rückgewährungsanspruch, der sich aus der Sicherungsabrede ergibt, die schwächere Rechtsstellung. Mitunter wird bei diesem Meinungsstreit auch auf den Grundsatz der Akzessorietät im Pfandrecht verwiesen. Doch stellt sich hier gerade die Frage, ob Grundsätze des Pfandrechts auf Treuhandeigentum übertragen werden können[20] (s. zu dieser Frage unten Ziff. 7). Mit den

---

18 S. *Serick* Bd. V § 56 IV.
19 S. *Serick*, Aufriß S. 123 und S. 142.
20 Diese Frage wird von *Wieling*, Sachenrecht § 18 II 3 b bejaht.

Interessen beider Parteien hat sich *Serick* auseinandergesetzt, um auf diesem Wege zu einem Ergebnis in dem Meinungsstreit zu gelangen. Die Rechtsform ist als gewollt anzunehmen, die den Interessen beider Parteien am meisten entspricht. Dies ist nach der Ansicht von *Serick*, dem nicht zuzustimmen ist, wenn keine Vereinbarung getroffen ist, die auflösend bedingte Sicherungsübereignung.[21] Im Gegensatz zur Ansicht von *Serick* hat der BGH sich auf den Standpunkt gestellt, daß in der Regel eine unbedingte Sicherungsübereignung anzunehmen ist.[22] Eine weitere Frage, die aber hier nur berührt werden kann, ergibt sich bei der auflösend bedingten Sicherungsübereignung daraus, daß – als Gegenstück zur aufschiebend bedingten Übereignung beim Eigentumsvorbehalt – dem Sicherungsgeber ein Anwartschaftsrecht zusteht, über das er zu Kreditzwecken verfügen kann, wie es beim Eigentumsvorbehalt auch der Käufer kann.[23]

6. Die Diskussion über die Frage, inwieweit die Vorschriften des BGB über das Pfandrecht analog auf die Sicherungsübereignung anzuwenden sind, hat bald nach der Entstehung des BGB begonnen. Von einem Standpunkt aus, der im Streben nach Gesetzestreue stärker auf eine Anlehnung an gesetzliche Vorschriften bedacht war, als es in der Gegenwart der Fall ist, war die Tendenz, eine Analogie zu bejahen, auch größer. Für eine analoge Anwendung sprach sich auch *v. Tuhr* aus[24], der die analoge Anwendung der Verwertungsvorschriften des Pfandrechts mit der Interessenlage begründete. Er war der Ansicht, daß der Gesetzgeber diese Vorschriften als einen Mindestschutz des Schuldners gegen eine Ausbeutung durch den Gläubiger in das BGB eingefügt habe. Aus diesem Grunde hat sich auch noch *Philipp Heck* in seinem im Jahr 1930 erschienenen Lehrbuch für die analoge Anwendung ausgesprochen.[25] Insbesondere war nach der Meinung von *v. Tuhr* auch § 1245 Abs. 2 BGB auf die Sicherungsübereignung analog anzuwenden. Heute beurteilt die h. M. die Interessenlage anders. Auch leitet sie aus den Vorschriften über die Treuhand eine dem Sicherungsverhältnis zwischen Sicherungsgeber und Sicherungsnehmer innewohnende Pflicht zur Rücksichtnahme auf den Sicherungsgeber ab, dessen Interessen zur wahren sind.[26] Diese Interessen des Sicherungsgebers sind dadurch hinreichend geschützt, daß eine Verletzung den Sicherungsnehmer schadens-

---

21 *Serick* Bd. III § 37 I 3 d S. 400.
22 BGH NJW 1984, 1184 = LM Nr. 18 zu § 930.
23 S. dazu *Mormann*, in: Ehrengabe für Heusinger, 1968 S. 185 ff.; über die Unterschiede zum Anwartschaftsrecht des Vorbehaltskäufers s. *Serick*, Aufriß S. 29.
24 Vgl. *v. Tuhr*, AT Bd. II Halbbd. 2 § 77 S. 13.
25 *Heck*, Grundriß des Sachenrechts, 1930, § 107, 7.
26 Vgl. die Nachweise in *Soergel-Mühl* § 930 Rz. 57.

ersatzpflichtig macht. *Serick* ist darin zuzustimmen, daß die Interessenlage gegen die Bejahung einer Analogie spricht.[27] Hinzu kommt, daß die Vorschriften des Pfandrechts oftmals wirtschaftsfremd wirken. Wie die Erfahrung lehrt, kann bei einer öffentlichen Versteigerung meist der reale Wert nicht erreicht werden.[28] Die Banken haben sich daher in ihren AGB einen hinreichenden Spielraum für die Verwertung gesichert. Der BGH hat aufgrund des erwähnten Grundsatzes dem Schutz des Sicherungsgebers hinreichend Rechnung getragen. Fehlt eine ausdrückliche Vereinbarung über die Verwertungsbefugnis des Sicherungsnehmers, so stellt sich die Frage, ob die Vorschriften über das Pfandrecht zumindest zur Ausfüllung dieser Lücke herangezogen werden können. Diese Frage hat *Serick* verneint.[29] Mit Recht wird von ihm hervorgehoben, daß der Sicherungsnehmer in der Wahl der Verwertungsart grundsätzlich frei ist. Die Einzelfragen bei der Durchführung der Verwertung werden von *Serick* eingehend erörtert. Damit wird ihrer großen praktischen Bedeutung Rechnung getragen. Sehr umstritten ist auch die Anwendung der Vorschrift in § 1229 BGB über das Verbot einer Verfallklausel, die jedoch von *Serick* bei der Sicherungsübereignung mit Recht für zulässig angesehen wird.[30] Der Grundgedanke des § 1228 Abs. 2 BGB, daß eine Verwertung des Sicherungsgutes zumindest Fälligkeit, wenn nicht sogar Verzug des Schuldners voraussetzt, läßt sich bereits aus dem Sicherungszweck herleiten.[31] Bei einer schlechten Verwertung des Sicherungsgutes stellt sich die Frage, ob dem Sicherungsgeber ein Anspruch auf Schadensersatz zusteht. Der BGH hat nach allgemeinen Grundsätzen die Beweislast für die Voraussetzungen des Anspruchs dem Sicherungsgeber auferlegt. Dagegen hat sich *Serick* für eine Umkehrung der Beweislast entsprechend Grundgedanken der §§ 282, 285 BGB ausgesprochen.[32] Dieser Kritik ist zuzustimmen. Zusammenfassend ist festzustellen, daß den Ausführungen *Sericks* zuzustimmen ist. Auch für die inneren Beziehungen zwischen Sicherungsgeber und Sicherungsnehmer sind die Vorschriften des Pfandrechts über das zwischen dem Pfandgläubiger und dem Pfandschuldner bestehende gesetzliche Schuldverhältnis nicht analog anzuwenden.

7. Bei zwei Fragen, die die Struktur des Pfandrechts betreffen, ist die Frage der Analogie besonders umstritten, nämlich bei dem Surrogationsgrundsatz, der schon mehrfach berührt wurde, sowie bei dem Grundsatz der

---

27 S. *Serick* Bd. II § 19 IV 2 a S. 98.
28 S. *Gaul*, AcP 168, 1968, S. 355.
29 *Serick* Bd. III § 38 I 2 b S. 456 ff.
30 *Serick* Bd. III § 38 III 3 e S. 487.
31 *Serick* Bd. III § 38 II 3 S. 470; s. auch *Baur*, Sachenrecht § 57 VII.
32 S. *Serick* Bd. III § 38 II 4 zu BGH WM 1967, 1008.

Akzessorietät. Die Frage, ob der Surrogationsgrundsatz anzuwenden ist, kann nur auf der Grundlage des allgemeinen Treuhandrechts beantwortet werden. Hier stehen sich die unterschiedlichen Ansichten gegenüber.[33] Nach dem Unmittelbarkeitsprinzip ist es ein Wesensmerkmal des Treugutes, daß es unmittelbar aus dem Vermögen des Treugebers in dasjenige des Treuhänders übergeht. Daraus folgt ein Surrogationsverbot, das bereits vom RG vertreten wurde. Der BGH ist der Rechtsprechung des RG gefolgt mit Ausnahme von zwei Fallgestaltungen, die Zahlungen mit Bargeld sowie durch Überweisung mit „Buchgeld" betreffen. Sie können hier außer Betracht bleiben.[34] Das RG hatte seine Begrenzung des Treugutes damit begündet, daß andernfalls der Begriff des Treuhandverhältnisses in das Ungewisse zerfließen würde. Bei dem Pfandrecht hat der Gesetzgeber anders entschieden. In verschiedenen Vorschriften ist bestimmt worden, daß sich die Rechte des Verpfänders und des Pfandgläubigers am Erlös fortsetzen (s. §§ 1219 Abs. 2, 1247 S. 2, 1287 BGB). In weiteren Vorschriften des BGB (s. §§ 2041, 2111) ist das Prinzip der dinglichen Surrogation festgelegt. Jedoch erfaßt die dingliche Surrogation sehr verschiedene Fallgestaltungen, so daß von einem einheitlichen Prinzip kaum gesprochen werden kann.[35] Der Gesetzgeber hat die dingliche Surrogation auch nicht bei allen Sondervermögen geregelt. Das Treuhandvermögen kann schon deshalb nicht als ein Sondervermögen anerkannt werden, weil es allen Gläubigern des Treugebers zur Verfügung steht und vom Gesetzgeber auch nicht als verselbständigte Verwaltungseinheit anerkannt ist.[36] Entgegen einem Teil des Schrifttums ist eine analoge Anwendung der Vorschriften des Pfandrechts über die dingliche Surrogation auf die Sicherungsübereignung zu verneinen. *Serick* ist daher darin zuzustimmen, daß der Grundsatz der dinglichen Surrogation weder als allgemeines Prinzip noch aufgrund der einzelnen Vorschriften des Pfandrechts analog auf die Sicherungsübereignung angewandt werden kann.[37] Insbesondere kann, wie auch *Serick* betont, eine so weitreichende Surrogationsklausel, wie sie in § 1247 BGB enthalten ist, nicht angewandt werden. Sie würde oftmals dem Parteiwillen nicht gerecht werden. Außerdem ist zu berücksichtigen, daß § 1247 vom Pfanderlös ausgeht, also einen bestimmten Sonderfall regelt. Dagegen bestehen keine Bedenken

---

33 S. dazu auch *Coing*, Die Treuhand kraft privaten Rechtsgeschäfts, 1973, S. 117.
34 Vgl. die Nachweise in *Soergel-Mühl*, Einleitung zum Sachenrecht Rz. 49 und 50.
35 S. *Manfred Wolf*, JuS 1975, 643 und 710; zu den Grundprinzipien der dinglichen Surrogation s. *Wolf* S. 646 und zur analogen Anwendung der dinglichen Surrogation S. 714.
36 S. *Manfred Wolf* (Fn. 35) S. 716, auch m. Nachweisen zu der str. Frage, ob das Treuhandgut als ein Sondervermögen anzusehen ist.
37 *Serick* Bd. II § 19 II 3 S. 84 und Bd. III § 38 I 2 b S. 456; ablehnend auch, außer *Wolf* (Fn. 36), *Coing*, Treuhand S. 118.

der Ansicht von *Siebert* zu folgen, daß eine Durchbrechung des Surrogationsverbotes anzuerkennen ist, soweit es sich um Beschädigung, Zerstörung oder Entziehung des Sicherungsgutes handelt.[38] Die Durchbrechungen des Unmittelbarkeitsprinzipes bei Bargeld und bei Buchgeld sind bereits an einer früheren Stelle erwähnt worden (s. oben bei Fn. 34). Außer der Frage des Surrogationsverbotes gehört zu den das Wesen des Pfandrechts bestimmenden Merkmalen das Prinzip der Akzessorietät, d. h. also der Abhängigkeit der Sicherungsübereignung von dem Bestande der gesicherten Forderung (s. §§ 1204, 1252 BGB). *Serick* verneint die Anwendung dieses Prinzips auf die Sicherungsübereignung, weil das Sicherungsrecht mit der zu sichernden Forderung nicht durch die Akzessorietät, sondern durch die Sicherungsabrede verknüpft ist.[39] Die Gegenmeinung, die sich für Akzessorietät auch bei der Sicherungsübereignung ausspricht, ist der Ansicht[40], daß der Gesetzgeber die Akzessorietät beim Pfandrecht geregelt habe, um den Schuldner zu schützen und daß aus diesem Grunde eine analoge Anwendung bei der Sicherungsübereignung zu bejahen sei. Dieser Auffassung kann nicht zugestimmt werden, zumal der Schutz des Schuldners sich aus der Sicherungsabrede ergibt, weil der Sicherungsnehmer sich bei einem Verstoß gegen seine Pflichten schadensersatzpflichtig machen würde (s. dazu Ziff. 6). Bei einer auflösend bedingten Sicherungsübereignung, für die sich *Wieling* ausgesprochen hat (s. oben Ziff. 5), würde die Schadensersatzpflicht sich bereits aus der Verletzung des dem Sicherungsgeber zustehenden Anwartschaftsrechts ergeben.

8. Aus der Rechtsprechung des BGH zur Sicherungsübereignung ist bereits das Urteil angeführt worden (s. Ziff. 5/Fn. 22), in dem der BGH sich gegen eine auflösend bedingte Sicherungsübereignung gewandt hat, indem er hervorgehoben hat, daß es einen dahingehenden allgemeinen Rechtsgrundsatz nicht gibt. Weiterhin ist für das Wesen der Sicherungsübereignung ein Urteil vom 23. 9. 1981 von Bedeutung[41], in dem sich Ausführungen über den Grundsatz der Akzessorietät bei der Sicherungsübereignung finden. Der BGH hat ausgeführt, mit einer Sicherungszession und ebenso mit einer Sicherungsübereignung werde derselbe Zweck angestrebt wie mit der Bestellung eines Pfandrechts, das seinem Wesen nach akzessorisch sei. Die Parteien hätten die Sicherungszession anstelle eines Pfandrechts gewählt,

---

38 S. *Siebert*, Das rechtsgeschäftliche Treuhandverhältnis, 1933, S. 185; *Serick*, a. a. O. wie Fn. 37; *Coing*, Treuhand S. 118.
39 *Serick* Bd. II § 19 IV 2b S. 99.
40 S. *Wieling*, Sachenrecht § 18 II 3.
41 BGH NJW 1982, 275; dazu kritisch *Jauernig*, NJW 1982, S. 268.

nicht um die Akzessorietät zu vermeiden, sondern um nicht zu der mit der Bestellung eines Pfandrechts verbundenen Anzeige gem. § 1280 BGB verpflichtet zu sein, die zwangsläufig eine vom Sicherungsgeber nicht gewünschte Publizität der Verpfändung bedeutet hätte. Aus dieser Interessenlage hat der BGH die Folgerung gezogen, daß eine Abhängigkeit der Sicherungsübertragung vom Kausalgeschäft von den Parteien gewollt gewesen sei. Da ein Darlehen nicht gegeben war, ein Rückzahlungsanspruch somit nicht entstanden war, gelangte der BGH zu dem Ergebnis, daß die Sicherungszession keine rechtliche Wirkung hat.[42] Ein anderer Senat des BGH hat in dem Urteil vom 30. 10. 1990[43] sich mit dem zitierten Urteil vom 23. 9. 1981 auseinandergesetzt und seinem Urteil den Leitsatz vorangestellt, daß es keinen allgemeinen Rechtsgrundsatz gäbe, daß Sicherungsübereignungen stets durch den Sicherungszweck bedingt seien. Die nicht akzessorische Rechtsnatur der Sicherungsübereignung wird vom BGH hervorgehoben und ausgeführt, daß es eine Auslegungsfrage sei, ob der Eigentumsübergang durch die Tilgung der gesicherten Forderung auflösend bedingt sei. Da eine aufschiebende Bedingung nicht vereinbart worden sei, treffe die Darlegungslast dafür, daß die zu sichernden Darlehen nicht gewährt worden seien, den Sicherungsgeber. Mit dieser Begründung hat der BGH die grundsätzliche Feststellung, daß die Sicherungsübereignung nicht akzessorisch ist, mit einer Auslegung des Vertrages verknüpft. Da sich das frühere Urteil des BGH vom 23. 9. 1981 mit der Wirksamkeit einer Sicherungszession zu befassen hatte, waren die Ausführungen über die Sicherungsübereignung ein obiter dictum. Eine Abweichung vom Urteil eines anderen Senats, die zur Vorlage beim Großen Senat des BGH hätte Veranlassung geben müssen, lag demnach nicht vor, denn eine Abweichung in der ratio decidendi schied aus. Gleichwohl ist es zu verstehen, daß der BGH im Urteil vom 30. 10. 1990 seinen abweichenden Standpunkt zur Frage der Nichtakzessorietät so deutlich hervorgehoben hat. Das Urteil vom 23. 9. 1981 hätte zu der Frage geführt, ob in der Formularpraxis bei einer Sicherungsübereignung nicht eine Ergänzung der Sicherungsabrede erforderlich gewesen wäre, daß die Eigentumsübertragung nicht durch die Tilgung der gesicherten Forderungen bzw. Forderungen auflösend bedingt sei. Ist eine dahingehende Klausel in die AGB aufgenommen worden, so hat sie aufgrund der Rechtslage nur klarstellende Bedeutung.[44]

---

42 Dem Urteil des BGH haben zugestimmt *Bähr*, NJW 1983, 1477; *Pulina*, NJW 1984, 2872; *Tiedtke*, Betr. 1982, 1709; *Thoma*, NJW 1984, 1162; ablehnend dagegen *Jauernig* (Fn. 41).
43 BGH NJW 1991, 353 = LM Nr. 22 zu § 930.
44 S. BGH NJW 1984, 1184 = LM Nr. 18 zu § 930; dazu *Künzl*, BB 1985, 1884.

9. Die vorstehende Betrachtung der neueren Rechtsprechung des BGH zur Sicherungsübereignung gibt Veranlassung, einen Blick auf die Rechtsprechung zur Sicherungsgrundschuld zu werfen. Im Aufbau entspricht die Sicherungsgrundschuld der Sicherungsübereignung, so daß sie von *Serick* mit Recht in die Gesamtbetrachtung der Sicherheitsübertragungen einbezogen wird. Ebenso wie bei der Sicherungsübereignung sind außer der abstrakten Grundschuld die Sicherungsabrede, die die causa der Grundschuld bildet, und die gesicherte Forderung zu unterscheiden.[45] Die Sicherungsabrede ist nach einer Formulierung von *Serick*[46] das Herzstück der Erweiterungsformen. Sie bildet bei der Sicherungsübereignung die causa für die Zeit, in der der Sicherungsnehmer das Sicherungsgut für den vereinbarten Zweck beanspruchen kann. Von Bedeutung ist in diesem Zusammenhang § 9 AGBG. Erstreckt sich in der Sicherungsabrede die Sicherung auf alle bestehenden und zukünftigen Forderungen gegen den Kreditnehmer und gegen einen Dritten, den Darlehensschuldner, so stellt sich die Frage, ob die Personenverschiedenheit von Sicherungsgeber und Kreditnehmer einer Wirksamkeit entgegensteht.[47] Der BGH hat sich mit dieser Frage in einem Fall befaßt, der vor Inkrafttreten des AGBG lag. Doch ist seinen Ausführungen zu entnehmen, daß die rechtliche Beurteilung bei Geltung der AGBG nicht anders gewesen wäre.[48] Der BGH hat auf die Ausweitung des Sicherungszweckes außerhalb des durch den Anlaß des Geschäftes bestimmten Rahmen hingewiesen. Nach Ansicht des BGH bietet das Verlesen des Vertragstextes für einen juristischen Laien nicht die Gewähr dafür, daß Tragweite und Auswirkung der überraschenden Klausel voll erfaßt werden, zumal der Sachverhalt keinen Anhalt für einen besonderen Hinweis oder eine Belehrung enthielt. Insoweit liegt auch ein wesentlicher Unterschied gegenüber der Rechtsprechung des BGH zur Pfandklausel in Nr. 19 Abs. 2 AGB-Banken vor.[49] Bei einem Fehlen oder Wegfall der zu sichernden Forderungen ergibt sich der Rückgewähranspruch aus der Sicherungsabrede.[50] Für die Anwendung des Bereicherungsrechtes ist dagegen Raum, wenn die Sicherungsabrede nichtig ist.

---

45 Vgl. dazu *Baur*, Sachenrecht, § 45 II; *Soergel-Konzen*, 12. Aufl. 1990, §§ 1191, 1192 Rz. 7 ff.
46 *Serick*, Aufriß S. 54, 55.
47 S. zu den verschiedenen Fallgestaltungen *Clemente*, ZIP 1985, 193.
48 BGHZ 83, 56 = NJW 1982, 1035 = LM Nr. 44 zu § 242 (Be).
49 BGHZ 93, 71 = NJW 1985, 863 = LM Nr. 1 zu § 845 ZPO; s. auch *Soergel-Stein* Bd. II, Halbbd. 2, 11. Aufl. 1986, § 9 AGBG zu Rz. 106 zum Sicherungsvertrag.
50 S. *Baur*, Sachenrecht § 45 II 2; *Klaus Behrens*, Die Rückabwicklung der Sicherungsübereignung bei Erledigung oder Nichterreichung des Sicherungszwecks, 1989, S. 104 ff.

Zur Grundkonzeption der Technik- und Umweltgefährdungshaftung

Von Fritz Nicklisch, Heidelberg

1. Einführung

Am 1. 1. 1991 ist in der Bundesrepublik das Umwelthaftungsgesetz in Kraft getreten.[1] Mit der Statuierung einer Gefährdungshaftung steht das Umwelthaftungsgesetz in der Tradition des deutschen Technikrechts. Beginnend mit dem Preußischen Eisenbahngesetz von 1838 und dem Reichshaftpflichtgesetz von 1871 hat der Gesetzgeber mit immer neuen Gefährdungshaftungstatbeständen versucht, den Risiken der Technik zu begegnen. Durch die Anordnung einer zivilrechtlichen Gefährdungshaftung will das Umwelthaftungsgesetz den Schutz von Mensch und Umwelt sowie die Rechtsstellung der Geschädigten nachhaltig verbessern. Ähnliche Ziele verfolgt die EG-Kommission mit ihrem Entwurf einer Richtlinie über die zivilrechtliche Haftung für Abfälle.[2] Mit diesem Richtlinienentwurf zeichnet sich bereits der nächste Regelungskomplex für eine Gefährdungshaftung ab. Anhand des Umwelthaftungsgesetzes sollen im folgenden Fragen der Grundkonzeption der Gefährdungshaftung im Technik- und Umweltrecht erörtert werden.

Im Rahmen der rechtspolitischen Diskussion zum Umwelthaftungsgesetz wurde in Zweifel gezogen, ob sich eine Gefährdungshaftung im Bereich von Umwelteinwirkungen überhaupt in die Reihe der klassischen Gefährdungshaftungen einfügen lasse. Dahinter stand insbesondere die Vorstellung, eine Gefährdungshaftung betreffe grundsätzlich allein die Unfall- bzw. Störfallrisiken, nicht aber die Risiken des erlaubten Normalbetriebs einer Anlage.[3] Insoweit stellt sich die Frage nach der Grundkonzeption der Um-

---
1 Gesetz über die Umwelthaftung (Umwelthaftungsgesetz) v. 10. 12. 1990, BGBl I S. 2634.
2 Vorschlag für eine Richtlinie des Rates über die zivilrechtliche Haftung für die durch Abfälle verursachten Schäden v. 1. 9. 1989 (89/C 251/04) ABlEG Nr. C 251/3 v. 4. 10. 1989.
3 Vgl. *Diederichsen,* BR-Deutschland: Industriegefährdung durch Umweltgefährdungshaftung, PHI 1990, 78, 85; *ders.,* Ausbau des Individualschutzes gegen Umweltbelastungen als Aufgabe des bürgerlichen und des öffentlichen Rechts, Referat auf dem 56. DJT, 1986, Bd. II S. L 48 (L 93 f.); vgl. auch *Medicus,* Umweltschutz als Aufgabe des Zivilrechts – aus zivilrechtlicher Sicht, NuR 1990, 145, 147 ff.

weltgefährdungshaftung vor dem Hintergrund der klassischen Gefährdungshaftungsfälle (unten 2.). Eng damit verbunden ist die Frage, ob ein Einstehenmüssen nach den strengen Regeln der Gefährdungshaftung auch dann gerechtfertigt ist, wenn der Betreiber eines technischen Systems die staatlichen Regelungen zur Risikovorsorge und Gefahrenabwehr genau beachtet hat, ob also auch bei Befolgung der staatlichen Sicherheitsvorschriften gehaftet wird (unten 3.). Eine weitere Frage betrifft die Haftung für sogenannte „Entwicklungsrisiken", also für Schäden, die zum Zeitpunkt der Vornahme der schädigenden Handlung nach dem Stand von Wissenschaft und Technik nicht vorhersehbar waren (dazu unten 4.).

Die mit der Nutzung der Technik verbundenen Risiken können gerade im Bereich der Umwelt Schäden auslösen, bei denen der Kausalitätsnachweis nicht oder nicht ohne weiteres erbracht werden kann. Hier entsteht das Problem, ob und in welchem Umfang die Rechtsordnung dem Geschädigten den erforderlichen Kausalitätsnachweis erleichtern kann. Das Umwelthaftungsgesetz hat für den Kausalitätsnachweis zum einen Auskunftsansprüche gegen Anlagenbetreiber und Behörden gegeben und zum anderen durch eine spezielle Regelung eine Kausalitätsvermutung geschaffen. Diese Beweiserleichterung im Bereich der Kausalität, die sich ähnlich im Gentechnologiegesetz findet, wirft verschiedene Probleme auf (dazu unten 5.).

2. Grundkonzeption der Umweltgefährdungshaftung

2.1 Die Gefährdungshaftung als Korrelat des erlaubten Risikos

Die Rechtsordnung reagiert auf die Nutzung der Technik und die mit ihr verbundenen spezifischen Risiken in doppelter Hinsicht. Zum einen schreibt sie mit dem aus dem allgemeinen Polizeirecht weiterentwickelten technischen Sicherheitsrecht, z. B. als Voraussetzung für die Genehmigung von Anlagen, bestimmte Sicherheitsvorkehrungen vor. Zum anderen entwickelte sie über das allgemeine Deliktsrecht hinausgehend für die wesentlichen, mit spezifischen Risiken verbundenen technischen Systeme eine Gefährdungshaftung, die unabhängig von einem rechtswidrig-schuldhaften Verhalten eingreift.

Die Einführung der Gefährdungshaftung für die verschiedenen Technologien, wie sie etwa in Preußen 1838 für die Eisenbahn erfolgte, ist vor dem Hintergrund zu sehen, daß die mit der Nutzung der Technik verbundenen Risiken auch bei Beachtung aller vorgeschriebenen Schutzvorkehrungen nicht völlig ausgeschlossen werden können, so daß ein Risiko verbleibt, das im Falle seiner Realisierung zu entsprechenden Schäden führt. Die Rechtsordnung hat hier nur die Wahl, entweder auf die Nutzung des betreffenden technischen Systems zu verzichten, wie dies heute z. B. für den Einsatz von Asbest geschieht, oder die Nutzung der betreffenden Technologie wegen der damit verbundenen Vorteile zu erlauben und damit gleichzeitig die damit verbundenen unvermeidbaren Risiken hinzunehmen, d. h. diese verbleibenden Risiken zu erlauben. Realisieren sich derartige, trotz Beachtung aller Vorsichtsmaßnahmen verbleibende Risiken, so steht dem Geschädigten regelmäßig kein deliktischer Schadensersatzanspruch zu, da es an einem rechtswidrig-schuldhaften Verhalten fehlt. Um in diesen Fällen einen Schadensausgleich zu schaffen, hat der Gesetzgeber mit der Gefährdungshaftung eine völlig neue, von den Grundsätzen der deliktischen Haftung für rechtswidrig-schuldhaftes Verhalten losgelöste Haftungsgrundlage geschaffen. Die Rechtsordnung hat mithin die Gefährdungshaftung als Korrelat für die Zulassung risikobehafteter Technologien entwickelt.[4]

Das Haftungsprinzip der Gefährdungshaftung für die Nutzung der Technik ist somit im Zusammenhang mit dem *erlaubten Risiko* zu sehen, das – ebenso wie das Prinzip der Gefährdungshaftung – im 19. Jahrhundert entwickelt wurde. Gefährdungshaftung bedeutet nach einer Charakterisierung *Josef Essers* „Ausgleich eines legalisierten Betriebsrisikos, also einer vom Verantwortlichen mit Billigung der Gesellschaft geschaffenen oder unterhaltenen Gefahrenquelle, die ihrer Art nach auch bei völlig pflichtgemäßer Kontrolle nicht in jeder Hinsicht beherrscht werden kann – sei es selbst unter normalen Betriebsbedingungen nicht oder sei es nur infolge der Unerkennbarkeit von Material- und Funktionsfehlern".[5] Die Entwicklung der Gefährdungshaftung vollzog sich weitgehend parallel zur Entwicklung neuer Technologien: Sie beginnt mit der Haftung für Eisenbahnen[6] und reicht über die Haftung für Automobile[7] und Flugzeuge[8] bis zu den jüngsten Beispielen der Haftung für Atomanlagen[9] und gentechnische Anlagen.[10] Der Gefährdungshaftung liegt – wie der Bundesgerichtshof ausge-

---

4 Vgl. zu dieser Funktion der Gefährdungshaftung allgemein *Kötz*, Deliktsrecht, 4. Aufl. 1988, S. 122 ff., 126 ff.; MünchKomm-*Mertens*, BGB, 2. Aufl. 1986, vor § 823 Rdn. 19 f.
5 *Esser*, Grundlagen und Entwicklung der Gefährdungshaftung, 2. Aufl., München 1969, S. VI.
6 § 25 Gesetz über die Eisenbahn-Unternehmungen v. 3. 11. 1838, Preußische Gesetzessammlung S. 505, 510; § 1 Reichs-Haftpflichtgesetz v. 7. 6. 1871, RGBl. I S. 207.
7 §§ 7 ff. Gesetz über den Verkehr mit Kraftfahrzeugen v. 3. 5. 1909, RGBl. I S. 437.
8 §§ 19 ff. Luftverkehrsgesetz v. 1. 8. 1922, RGBl. I S. 681.
9 §§ 25 ff. Gesetz über die friedliche Verwendung der Kernenergie und den Schutz gegen ihre Gefahren (Atomgesetz) v. 23. 12. 1959, BGBl. I S. 2198.
10 §§ 32 ff. Gesetz zur Regelung von Fragen der Gentechnik (Gentechnikgesetz – GenTG) v. 20. 7. 1990, BGBl. I S. 1080.

führt hat – der gesetzgeberische Gedanke zugrunde, daß derjenige, der im eigenen Interesse eine Gefahrenquelle schafft, für die damit notwendig zusammenhängenden, bei aller Sorgfalt nicht zu vermeidenden Schäden einzustehen hat.[11] Neben dem Gesichtspunkt der Schaffung einer Gefahr im eigenen Interesse beruht die Haftung auch auf dem Gedanken, daß es sachgerecht ist, denjenigen haften zu lassen, der die Gefahrenquelle beherrscht. Er ist am ehesten in der Lage, auf Schadensverhütung hinzuwirken und so die Gefahr für Rechtsgüter Dritter gering zu halten.[12]

Durch die Gefährdungshaftung soll Dritten, die das erlaubte Risiko hinzunehmen haben, im Schadensfall ein Ausgleich gewährt werden.[13] Daneben aber soll dem Anwender und Nutzer technischer Systeme ein Anreiz gegeben werden, über die vorgeschriebenen Maßnahmen des staatlichen Ordnungsrahmens hinausgehend, alles zu tun, um den Eintritt von Schäden zu verhindern. Eine solche Präventionswirkung, die naturgemäß schwer meßbar ist, ist in der Literatur immer wieder angezweifelt worden[14], wird aber neuerdings mit Recht zunehmend anerkannt.[15] In der amtlichen Begründung zum Umwelthaftungsgesetz wird ausdrücklich auf die Präventionswirkung der Gefährdungshaftung verwiesen und der Gefährdungshaftung gegenüber der Verschuldenshaftung sogar eine größere Präventivwirkung zuerkannt.[16]

2.2 Konsequenzen des Haftungsprinzips

Die Gefährdungshaftung setzt im Gegensatz zur deliktischen Verschuldenshaftung ein rechtswidrig-schuldhaftes Verhalten nicht voraus und erfaßt deshalb auch und gerade diejenigen Risiken, die sich aus der erlaubten, d.h. *rechtmäßigen* Nutzung der Technik ergeben. Gerade das Technikrecht ist deshalb der typische Anwendungsbereich der Gefährdungshaftung. Der Technikanwender hat – als Preis für die rechtliche Zulassung seines technischen Systems – für die im Falle der rechtmäßigen Nutzung dieses Systems geschaffenen Gefahren einzustehen.

---

11 Vgl. BGH NJW 1974, 234, 235.
12 Vgl. schon *v. Caemmerer*, Reform der Gefährdungshaftung, 1971, S. 15.
13 Vgl. etwa die amtl. Begründung zum Umwelthaftungsgesetz, BR-Drs. 127/90, S. 33.
14 Vgl. etwa *Deutsch*, Haftungsrecht, Bd. I, 1976, S. 77f., der die Risikoverlagerung als das einzige rechtliche Ziel der industriellen Gefährdungshaftung ansieht.
15 Siehe *Kötz*, Ziele des Haftungsrechts, in: Festschrift für Ernst Steindorff, S. 643 ff.; *Paschke*, Eckwerte zivilrechtlicher Umwelthaftung – Zum Diskussionsentwurf eines Gesetzes über die Haftung für Umweltschäden, in: Jahrbuch des Umwelt- und Technikrechts 1990, S. 281, 286f.; *Hager*, Das neue Umwelthaftungsgesetz, NJW 1991, 134, 136; *Nicklisch*, Umweltschutz und Haftungsrisiken, VersR 1991, 1093, 1094.
16 So die amtl. Begründung BR-Drs. 127/90, S. 33.

Die Anknüpfung der Gefährdungshaftung an erlaubte Risiken der Technik bedeutet jedoch nicht, daß die Gefährdungshaftung auf Fälle beschränkt wäre, in denen sich ein derartiges hinzunehmendes, erlaubtes Risiko verwirklicht. Da die Gefährdungshaftung bereits beim rechtmäßigen Betrieb einer technischen Anlage wegen der damit verknüpften typischen Risiken eingreift, muß sie erst recht eine Verantwortlichkeit begründen, wenn beim Betrieb des technischen Systems die von der Rechtsordnung aufgestellten Gefahrenabwehr- und Risikovorsorgeregeln nicht beachtet wurden.[17] Denn die Verletzung der vorgeschriebenen Regeln, sei es aufgrund technischen oder aufgrund menschlichen Versagens, gehört ebenfalls zu den typischen Risiken des Betriebs technischer Anlagen. Ziel der Gefährdungshaftung ist es gerade auch, den Geschädigten vom Nachweis einer Regelverletzung zu befreien, denn da der Geschädigte in der Regel keinen Zugang zu den Betriebsinterna hat, dürfte ihm ein entsprechender Beweis nur selten gelingen.[18]

Nach ihrer Konzeption setzt die Gefährdungshaftung weiter voraus, daß sich im konkreten Schadensfall ein typisches Risiko des betreffenden Technikbereichs verwirklicht hat.[19] Die Gefährdungshaftung bezieht sich nach ihrem Präventions- und Schutzzweck nur auf Schäden, in denen sich das spezifische Risiko der entsprechenden wissenschaftlich-technischen Systeme realisiert hat. Indem die Gefährdungshaftung nur bei Verwirklichung eines typischen Risikos eingreift, wird sie zugleich immanent begrenzt.

2.3 Die Umwelthaftung als weiterer Fall der klassischen Gefährdungshaftung

Diesem Grundkonzept der Technikgefährdungshaftung folgt auch die im *Umwelthaftungsgesetz* angeordnete Gefährdungshaftung. Die Haftung knüpft an bestimmte potentiell umweltschädigende, emittierende Anlagen an, die in Anlage 1 des Gesetzes aufgeführt sind. Der Gesetzgeber bestimmt

---

17 Vgl. für die Gefährdungshaftung *Jauernig/Teichmann*, BGB, 5. Auflage 1990, Vor § 823 Anm. II 1; *Koziol*, Erlaubte Risiken und Gefährdungshaftung, in: Nicklisch (Hrsg.), Prävention im Umweltrecht, Schriftenreihe Technologie und Recht Bd. 10, 1988, S. 143, 146; so hat die Rechtsprechung die Haftung gemäß § 906 Abs. 2 Satz 2 BGB für Schäden infolge des zu duldenden Normalbetriebs auch auf nicht zu duldende, d. h. rechtswidrige Störfallschäden erstreckt, vgl. BGHZ 90, 255; 262; *Hager*, a.a.O (Fn. 15), NJW 1991, 134, 135 m.w.N.
18 *v. Caemmerer*, a.a.O. (Fn. 12), S. 15.
19 Vgl. BGHZ 79, 259, 262f; *Deutsch*, a.a.O. (Fn. 14), Haftungsrecht, Bd. I, S. 373; *ders.*, Produzentenhaftung im Gentechnikrecht, PHI 1991, 75, 78.

damit ebenso wie bei anderen Tatbeständen der Gefährdungshaftung den Kreis derjenigen technischen Systeme, deren Umweltrisiken er so hoch einschätzt, daß er insoweit eine Gefährdungshaftung anordnet. Im Sinne des Verursacherprinzips sollen die Inhaber der in Anhang 1 des Gesetzes genannten Anlagen für Personen- und Sachschäden haften, die durch Umwelteinwirkungen dieser Anlagen verursacht werden (§ 1 UmweltHG).

Die Gefährdungshaftung setzt auch hier nicht ein rechtswidrig-schuldhaftes Verhalten voraus, sondern knüpft an die Risiken an, die aus dem Betrieb der enumerativ aufgezählten Anlagen entstehen, und zwar unabhängig davon, ob der Betrieb behördlich genehmigt ist und ob Umweltschutzregeln und Genehmigungsauflagen beim Betrieb beachtet wurden oder nicht. Die Gefährdungshaftung stellt mithin auch hier ein Korrelat für den erlaubten, aber dennoch mit Umweltrisiken verbundenen Betrieb emittierender Anlagen dar.[20]

Ein ähnlicher Befund ergibt sich auch im Hinblick auf die Gefährdungshaftung nach dem *Gentechnikgesetz*. Hier knüpft die Gefährdungshaftung an „Eigenschaften eines Organismus, die auf gentechnischen Arbeiten beruhen" und einen Schaden verursacht haben, an (§ 32 Abs. 1). Die Gefährdungshaftung ist unabhängig davon, ob der Betreiber die vorgeschriebenen Sicherheitsmaßnahmen beachtet hat oder nicht. Auch hier stellt mithin die Gefährdungshaftung das Korrelat dar für die trotz verbleibender Risiken erlaubte Techniknutzung.

Möglicherweise anders ist lediglich die *Produkthaftung* nach dem Produkthaftungsgesetz zu beurteilen. Da man nicht davon ausgehen kann, daß jede Produktion von Gütern unterschiedslos risikobehaftet ist, kann nicht an die Produktion jeglicher Art von Gütern eine Gefährdungshaftung geknüpft werden. Daher war man gezwungen, hinsichtlich des besonderen Risikos eine Auswahl zu treffen.[21] Anders als in der langen Kette der Gefährdungshaftungen hat man dabei nicht an bestimmte Arten von technischen Systemen, die man als besonders gefährlich ansah, wie z.B. Kraftfahrzeuge im Gegensatz zu Fahrrädern, angeknüpft, sondern einerseits alle Arten von Produkten erfaßt, andererseits aber nur die fehlerhaften Produkte. Dieses Abgrenzungskriterium der Fehlerhaftigkeit aber hat geradezu zwangsläufig zur Folge, daß die Befolgung von Sicherheitsvorschriften bei der Herstellung des betreffenden Produkts für die Beurteilung von dessen Fehlerhaftigkeit und damit für die mögliche Anknüpfung der Haf-

---

20 Vgl. dazu *Wagner*, Umwelthaftung und Versicherung, VersR 1991, 249f.
21 Vgl. *Diederichsen*, Zur Dogmatik der Produzentenhaftung, in: Probleme der Produzentenhaftung, hrsg. von der Arbeitsgemeinschaft der Verkehrsrechtsanwälte des DAV, 1988, S. 9, 11.

tung von Bedeutung ist. Diese besondere Situation der Produkthaftung nach dem Produkthaftungsgesetz hat zur Diskussion über deren rechtliche Einordnung geführt, zumal auch der Ausschluß der Haftung für Entwicklungsrisiken der Konzeption der Gefährdungshaftung als Korrelat für das erlaubte Risiko widerspricht.

Ohne auf diese Diskussion im einzelnen einzugehen, wird man sagen können, daß die genannten Besonderheiten in der rechtlichen Ausgestaltung der Produkthaftung jedenfalls Abweichungen von der klassischen Form der Technikgefährdungshaftung darstellen mit der Folge, daß die Produkthaftung möglicherweise gar nicht als Gefährdungshaftung eingestuft werden kann.[22] Auf jeden Fall aber lassen sich aus den abweichenden Regeln der Produkthaftung keine Rückschlüsse auf die Interpretation der Fälle der klassischen Gefährdungshaftung einschließlich der Umwelthaftung ableiten.

3. Haftung trotz Befolgung staatlicher Vorschriften

In der rechtspolitischen Diskussion zum Umwelthaftungsgesetz wurde teilweise gefordert, daß bei Schäden durch den genehmigten Normalbetrieb die Gefährdungshaftung nicht eingreifen dürfe.[23] Die strenge Gefährdungshaftung sei nur gerechtfertigt, wenn es durch Störungen des Betriebs bzw. durch die Mißachtung der staatlich vorgeschriebenen Sicherheitsvorkehrungen zu Schadensfällen komme. Hierfür wurden im wesentlichen zwei miteinander zusammenhängende Argumente angeführt: Zum einen hat man darauf hingewiesen, daß der genehmigte Normalbetrieb im einzelnen genau den staatlichen Vorschriften und Genehmigungsauflagen entspreche und deshalb nicht rechtswidrig, sondern rechtmäßig sei. Es widerspreche dem Grundsatz der Einheit der Rechtsordnung, wenn der Betrieb wegen der Befolgung aller Sicherheitsanordnungen einerseits erlaubt und andererseits zugleich einer privatrechtlichen Haftung unterworfen werde. Zum anderen hat man dahingehend argumentiert, daß die Gefährdungshaftung wegen ihrer Anknüpfung an spezielle Risiken als eine Haftung für

---

22 Vgl. einerseits *Diederichsen*, a.a.O. (Fn. 21); *Ficker*, Produkthaftung als Gefährdungshaftung?, in: Festschrift für Ernst von Caemmerer, 1978, S. 344ff., sowie andererseits *Schmidt-Salzer*, Umwelthaftpflicht und Umwelthaftpflichtversicherung (III): das Umwelthaftungsgesetz 1991, VersR 1991, 9, 10, der die Produkthaftung als „verschuldensunabhängige Unrechtshaftung" ansieht.
23 Vgl. *Diederichsen*, a.a.O. (Fn. 3); *Wagner, P.-R.*, Umweltrisiken und deren Versicherbarkeit, in: *Nicklisch* (Hrsg.), Prävention im Umweltrecht, Schriftenreihe Technologie und Recht Bd. 10, 1988, S. 191, 195.

Unfälle anzusehen sei.²⁴ Dementsprechend komme auch eine Umweltgefährdungshaftung nur bei Unfällen wie dem Seveso-Unfall oder dem Sandoz-Unfall in Betracht.

Mit der Grundkonzeption der Technik- und Umweltgefährdungshaftung wäre eine Ausgliederung des genehmigten Normalbetriebs aus dem Haftungstatbestand nicht vereinbar. Da die Gefährdungshaftung das Korrelat des erlaubten Risikos ist, kann die Genehmigung nicht dazu führen, daß nunmehr auch der als Ausgleich für die erlaubte Risikobegründung eingeführte Schadensersatzanspruch nach den Regeln der Gefährdungshaftung wegen eben dieser Genehmigung entfällt. Wenn der Staat eine Anlage oder ein sonstiges technisches System trotz der erkannten Risiken im Allgemeininteresse an der Nutzung des betreffenden technischen Systems zuläßt, so ist damit zugleich eine (potentielle) Gefährdung von Rechtsgütern Dritter, die diese Gefährdung nicht beeinflussen können, verbunden. Den Gesetzgeber trifft daher eine eigene Mitverantwortung für diese Gefährdungen und eine entsprechende Schutzpflicht.²⁵ Die Haftungsregelungen, die der Gesetzgeber in den Fällen bestimmter Risiken durch technische Systeme angeordnet hat, sind neben den Gefahrenabwehr- und Vorsorgemaßnahmen ein Teil der Erfüllung dieser Schutzpflicht des Gesetzgebers. Ein Ausschluß der Gefährdungshaftung für Schäden durch den genehmigten Normalbetrieb würde dieser Verpflichtung des Staates widersprechen.

Zwar kennt das geltende Recht, zum Beispiel in § 11 WHG²⁶, auch den prinzipiellen Ausschluß privatrechtlicher Abwehr- und Schadensersatzansprüche im Fall öffentlich-rechtlicher Genehmigungen²⁷, aber die Gefährdungshaftung für besondere Risiken der Technik will gerade die Fälle abdecken, in denen es trotz Beachtung der staatlichen Vorschriften zu einem Schadensfall kommt. Wegen der Funktion der Gefährdungshaftung als Korrelat für das erlaubte Risiko läßt sich der Grundsatz der Einheit der Rechtsordnung nicht mit dem Ergebnis heranziehen, daß eine genehmigte Techniknutzung bei Befolgung der Regeln nicht zu einer Haftung führen könne.²⁸

Auch durch den Hinweis darauf, daß nach dem Produkthaftungsgesetz nicht die Warenherstellung als solche zu einer Haftung führe, sondern nur die Herstellung fehlerhafter Produkte, läßt sich eine Befreiung des regelge-

---

24 *Diederichsen*, a.a.O. (Fn. 3), sowie der Beschluß des 56. DJT Nr. 44, L 285.
25 Vgl. BVerfG NJW 1980, 759, 761 (Atomkraftwerk Mühlheim-Kärlich).
26 *Gieseke/Wiedemann/Czychowski*, WHG, 5. Aufl. 1989, § 11 Rdn. 2.
27 Vgl. *Paschke*, a.a.O. (Fn. 15), S. 281, 290.
28 Vgl. auch die amtl. Begründung, BR-Drs. 127/90, S. 36.

rechten Normalbetriebs von einer Gefährdungshaftung nicht rechtfertigen. Denn das Erfordernis der Fehlerhaftigkeit dient im Rahmen der Haftung nach dem Produkthaftungsgesetz gerade dazu, aus dem gesamten Feld der Warenherstellung, bei der zunächst keine besonderen Risiken auftreten, den Kreis der Produkte zu erfassen, denen ein besonderes Risiko anhaftet. Da die Haftung nach dem Produkthaftungsgesetz somit anders strukturiert ist als die herkömmlichen Gefährdungshaftungstatbestände, lassen sich von der Ausgestaltung der Produkthaftung im Produkthaftungsgesetz keine allgemeinen Rückschlüsse auf die Konzeption der Gefährdungshaftung ziehen.

Eine Beschränkung der Haftung auf sogenannte Störfälle und damit ein Ausschluß der Haftung für den genehmigten Normalbetrieb läßt sich schließlich auch nicht damit begründen, daß die Gefährdungshaftung im allgemeinen nur das Unfallrisiko erfasse. Zahlreiche Gefährdungshaftungstatbestände unterscheiden nicht zwischen Schäden durch den Normalbetrieb und Schäden durch Unfälle bzw. Störfälle.[29] So wird im Rahmen der Gefährdungshaftung nach § 22 WHG und § 114 BBergG sowie wohl auch nach den §§ 25 ff. AtomG gerade auch für diejenigen Schäden gehaftet, die durch den Normalbetrieb der entsprechenden Anlagen entstanden sind.[30]

Zusammenfassend läßt sich feststellen, daß die Entscheidung des Gesetzes für die Einbeziehung des erlaubten Normalbetriebs in die Gefährdungshaftung keine ungerechtfertigte Benachteiligung eines bestimmten industriellen Sektors darstellt, sondern den Grundgedanken der Gefährdungshaftung für technische Systeme, wie sie sich historisch entwickelt haben, entspricht.

4. Haftung für Entwicklungsrisiken

Die Gefährdungshaftung nach dem Umwelthaftungsgesetz umfaßt anerkanntermaßen auch solche Risiken und Schäden, die nach dem Stand von Wissenschaft und Technik nicht vorhersehbar waren[31], während die Haftung für derartige Entwicklungsrisiken im Rahmen der anders strukturierten Haftung nach dem Produkthaftungsgesetz lange Zeit umstritten war. Die entsprechende EG-Richtlinie zur Produkthaftung sieht nunmehr

---

29 Vgl. dazu *Paschke*, a. a. O. (Fn. 15), S. 281, 296.
30 Vgl. *Paschke*, a. a. O. (Fn. 15), S. 281, 296; für die Haftung nach dem BBergG *Piens/Schulte/Graf Vitzthum*, Bundesberggesetz, Kommentar, 1983, § 114 Rdn. 2; für die Haftung nach dem AtomG *Fischerhoff*, Deutsches Atomgesetz und Strahlenschutzrecht, 2. Aufl. 1978, Bd. 1, Vorbem. vor § 25 AtomG Rdn. 6.
31 Vgl. die amtl. Begründung BR-Drs. 127/90, S. 38; *Landsberg/Lülling*, Das neue Umwelthaftungsgesetz, DB 1990, 2205, 2207; *Hager*, a. a. O. (Fn. 15), NJW 1991, 134, 136.

einen grundsätzlichen Haftungsausschluß für Entwicklungsrisiken vor, hat jedoch den nationalen Gesetzgebern die Möglichkeit eröffnet, diesen Haftungsausschluß nicht zu übernehmen. In Deutschland hat man die EG-Richtlinie einschließlich des Haftungsausschlusses für Entwicklungsrisiken in nationales Recht umgesetzt (§ 1 Abs. 2 Nr. 5 ProdHaftG). Anders hat sich der Gesetzgeber bei der Regelung der Gentechnik entschieden: Realisiert sich ein Entwicklungsrisiko bei Produkten, die gentechnisch veränderte Organismen enthalten oder aus solchen bestehen, so wird dafür nach einer Regelung im neuen Gentechnikgesetz entsprechend den Grundsätzen der Gefährdungshaftung gehaftet (§ 37 Abs. 2 GenTG).[32]

Die grundsätzliche Einbeziehung des Entwicklungsrisikos in die Gefährdungshaftung folgt aus ihrem Charakter als verschuldensunabhängige Kausalhaftung. Ein Entwicklungsrisiko realisiert sich, wenn Schäden eintreten, die zum Zeitpunkt der Vornahme der schädigenden Handlung, d.h. ex ante, nach dem Stand von Wissenschaft und Technik nicht vorhersehbar waren. Die Vorhersehbarkeit des Schadens ist ein typisches Verschuldensmerkmal, das sowohl bei Vorsatz als auch bei vorwerfbarer Fahrlässigkeit gegeben sein muß. Da im Rahmen einer Gefährdungshaftung unabhängig von einem Verschulden gehaftet wird, spielt die Vorhersehbarkeit des Schadens keine Rolle mehr. Auch für nicht vorhersehbare Schäden wird gehaftet. Die Gefährdungshaftung umfaßt deshalb ihrem konzeptionellen Ansatz nach eine Haftung auch und gerade für Entwicklungsrisiken, es sei denn, der Gesetzgeber hat diese Haftung – wie im Produkthaftungsgesetz – ausdrücklich ausgeschlossen. Auch der Vorschlag der EG-Kommission für eine Abfallhaftungsrichtlinie bezieht das Entwicklungsrisiko in die Haftung ein und folgt damit der grundsätzlichen Konzeption der Gefährdungshaftung.[33]

5. Beweiserleichterungen zum Kausalitätsnachweis

5.1 Generelle Regelung

Das im Bereich des Umweltschutzes und der Gentechnologie in vieler Hinsicht noch lückenhafte Wissen erschwert generell die Durchsetzung von Schadensersatzansprüchen durch die Geschädigten. Auch bei einer Gefährdungshaftung hat der Geschädigte grundsätzlich die haftungsbegründende

---
32 Vgl. *Hirsch/Schmidt-Didczuhn*, Die Haftung für das gentechnische Restrisiko, VersR 1990, 1193, 1194.
33 Vgl. *Salje*, Deutsche Umwelthaftung versus europäische Abfallhaftung, DB 1990, 2053, 2056.

Kausalität im Prozeß voll zu beweisen. Weil der Geschädigte den notwendigen Kausalitätsnachweis im Bereich der Umweltschäden sowie die Schäden durch gentechnologisch veränderte Organismen wegen des lückenhaften Wissens über Kausalzusammenhänge nicht oder nur schwer erbringen kann, reicht die Statuierung einer traditionellen Gefährdungshaftung allein nicht aus. Der Gesetzgeber hat diese Situation bei den Beratungen des Umwelthaftungs- und auch des Gentechnikgesetzes erkannt und ihr in beiden Gesetzen mit im Prinzip übereinstimmenden Regelungen Rechnung getragen: Zum einen gewähren die Gesetze dem möglicherweise Geschädigten unter bestimmten Voraussetzungen *Auskunftsansprüche*, und zwar sowohl gegen den Betreiber der Anlage als auch gegen die Genehmigungsbehörde. Daneben sehen die beiden Gesetze jeweils eine *Kausalitätsvermutung* vor.

Nach der Kausalitätsvermutung des Umwelthaftungsgesetzes wird vermutet, daß eine Anlage den Schaden verursacht hat, wenn diese nach den Gegebenheiten des Einzelfalles *geeignet* ist, den Schaden zu verursachen. Bei der Bestimmung dieser *Eignung* sind der Betriebsablauf, die verwendeten Einrichtungen, Art und Konzentration der eingesetzten und freigesetzten Stoffe, Zeit und Ort des Schadenseintritts, das Schadensbild sowie alle sonstigen Gegebenheiten, die im Einzelfall für oder gegen die Schadensverursachung sprechen, zu berücksichtigen (§ 6 Abs. 1 Satz 2 UmweltHG). Um die Kausalitätsvermutung auszulösen, muß die so beschriebene *Vermutungsbasis* im Einzelfall von dem Geschädigten bewiesen werden.

Um dem Geschädigten den Beweis der Vermutungsbasis zu erleichtern und ihm das für die Durchsetzung eines Anspruchs notwendige Wissen zu geben, gewährt das Gesetz *Auskunftsansprüche* sowohl gegen den Inhaber der fraglichen Anlage als auch gegenüber den Behörden (§§ 8, 9 UmweltHG). Die Auskunftsansprüche verfolgen vor allem den Zweck, das „Wissensgefälle" hinsichtlich der Schadensverursachung zwischen Geschädigtem und potentiellem Schädiger auszugleichen: Das beim potentiellen Schädiger (bzw. der Genehmigungsbehörde) bestehende Wissen soll dem Geschädigten zum Zwecke der Anspruchsdurchsetzung verfügbar gemacht werden. Da durch Auskunftsansprüche die schlechte Ausgangsposition des Geschädigten hinsichtlich des Kausalitätsnachweises verbessert werden soll, ist es nur folgerichtig, daß diese Ansprüche lediglich zur Voraussetzung haben, daß eine gewisse Wahrscheinlichkeit für die Kausalität („Tatsachen, die die Annahme begründen") dargetan ist.[34] Aufgrund des in Vorbereitung befindlichen Gesetzes über den freien Zugang zu umweltbezogenen

---

34 Vgl. § 8 Abs. 1 UmweltHG.

Informationen wird dieser Aspekt noch überlagert und modifiziert werden. Durch die Richtlinie 90/313-EWG ist den Mitgliedstaaten die Gewährleistung des freien Zugangs zu umweltbezogenen Informationen, die sich im Besitz der öffentlichen Verwaltung befinden, aufgegeben. Gemäß Art. 3 Abs. 1 der Richtlinie darf der Informationszugang nicht von der Geltendmachung eines berechtigten Interesses abhängig gemacht werden, so daß nach der Umsetzung der Richtlinie dem potentiell Geschädigten weitere Ansprüche auf Auskünfte auch ohne den Nachweis einer gewissen Wahrscheinlichkeit zur Verfügung stehen werden.

5.2 Privilegierung des genehmigten Normalbetriebs im Rahmen des Beweisrechts

Durch § 6 Abs. 2 UmweltHG soll der genehmigte Normalbetrieb jedoch insofern privilegiert werden, als die Vermutung des § 6 Abs. 1 UmweltHG ausgeschlossen ist, wenn die Anlage bestimmungsgemäß betrieben wurde. Der Betrieb erfolgt bestimmungsgemäß, wenn die besonderen Betriebspflichten eingehalten werden und auch keine Störung des Betriebs vorliegt. Der Begriff der „besonderen Betriebspflichten" wird in § 6 Abs. 3 UmweltHG definiert als Pflichten, die sich aus verwaltungsrechtlichen Zulassungen, Auflagen und vollziehbaren Anordnungen sowie Rechtsvorschriften ergeben, soweit sie die Verhinderung von solchen Umwelteinwirkungen bezwecken, die für die Verursachung des Schadens in Betracht kommen. Der Nachweis des bestimmungsgemäßen Betriebes obliegt dem Anlageninhaber und wird ihm nur gelingen, wenn er den Betriebsablauf sowie die Einhaltung der Betriebspflichten lückenlos dokumentieren kann. Um dem Anlageninhaber den ihm obliegenden Beweis zu erleichtern, wird gemäß § 6 Abs. 4 UmweltHG die Einhaltung der Betriebspflichten vermutet, wenn die vorgeschriebenen Kontrollen durchgeführt wurden. Diese beweismäßige Privilegierung ist gemessen an ihrer gesetzgeberischen Motivation zu begrüßen. Man wollte durch die Regelungen des § 6 Abs. 2 einen Anreiz dafür schaffen, daß die Anlagen in jedem Fall bestimmungsgemäß betrieben, entsprechende Kontrollen durchgeführt und dokumentiert werden.[35]

Es stellt sich jedoch die Frage, ob die generelle Verneinung der vom Gesetz für notwendig erachteten und angeordneten Beweiserleichterung nicht zu weitgehend ist; in der Literatur ist die Regelung in diesem Sinne kritisiert

---

35 Amtl. Begründung, BT-Drs. 11/6454, S. 17.

worden.³⁶ Die Kausalitätsvermutung will den noch bestehenden Lücken der menschlichen Erkenntnis und den daraus resultierenden Schwierigkeiten des Kausalitätsnachweises Rechnung tragen. Diese Schwierigkeiten beim Nachweis der Kausalität zwischen Anlagenbetrieb, Umwelteinwirkung und Schaden bestehen aber unabhängig davon, ob die Anlage bestimmungsgemäß betrieben wurde oder nicht. Durch den bestimmungsgemäßen Betrieb, d.h. durch die Beachtung der Sicherheitsvorkehrungen, wird regelmäßig die Wahrscheinlichkeit eines Schadenseintritts präventiv verringert (nämlich bis zur Grenze des hinzunehmenden, erlaubten Risikos), aber die auf Erkenntnislücken beruhenden Schwierigkeiten beim Nachweis der betreffenden Kausalverläufe werden dadurch nicht betroffen.

Aus diesem Grund läßt sich ein umfassender Ausschluß der Kausalitätsvermutung in allen Fällen des bestimmungsgemäßen Betriebs auch nicht durch den Gedanken rechtfertigen, daß in den Fällen des bestimmungsgemäßen Normalbetriebs eine Schadensverursachung ohnehin sehr unwahrscheinlich sei.³⁷ Denn die Gefährdungshaftung will ihrer Konzeption nach gerade dann eingreifen, wenn trotz der ordnungsrechtlichen Maßnahmen Schäden entstehen, wenn sich also das verbleibende, erlaubte Risiko realisiert. Wenn der erforderliche Kausalitätsnachweis aufgrund menschlicher Wissenslücken nicht geführt werden kann, dann ist es gleichgültig, ob eine Anlage im Normalbetrieb oder außerhalb des Bereichs des Normalbetriebs möglicherweise einen Schaden verursacht hat. Letztlich geht es hier um die Frage, wer das Risiko der Ungewißheit zu tragen hat: Der Geschädigte, dessen Schaden immerhin mit einer gewissen Wahrscheinlichkeit durch eine bestimmte Anlage verursacht wurde, oder der Anlageninhaber, der im eigenen Interesse eine Anlage betreibt, ohne im Einzelfall deren Auswirkungen auf die Umwelt genau kennen zu können. Ein umfassender Ausschluß der vom Gesetz eingeführten Kausalitätsvermutung für die Fälle des bestimmungsgemäßen Normalbetriebs erscheint daher nicht sachgerecht, da er der Konzeption der Gefährdungshaftung als Korrelat des erlaubten Risikos widerspricht.

Dies bedeutet allerdings nicht, daß die Art des Betriebes einer Anlage im Rahmen des Kausalitätsnachweises ohne Relevanz ist; denn die für die Ursachenvermutung maßgebliche Eignung im Einzelfall beurteilt sich unter anderem nach dem Betriebsablauf. Liegt ein bestimmungsgemäßer Normalbetrieb im Einzelfall nicht vor, weil die besonderen Betriebspflichten nicht eingehalten worden sind oder eine Störung des Betriebs stattfand, so

---
36 Vgl. *Hager*, a.a.O. (Fn. 15), NJW 1991, 134, 138; *Paschke*, a.a.O. (Fn. 15), S. 281, 298.
37 So aber die amtliche Begründung BR-Drucks. 127/90, S. 46.

kann dies für die Schadensverursachung, d. h. für die Bejahung der Kausalitätsvermutung, sprechen. Dies entspricht einem Gedanken, den die Rechtsprechung in vergleichbaren Fällen von Beweisschwierigkeiten inzwischen für das allgemeine Deliktsrecht entwickelt hat: An die Verletzung von Verkehrspflichten wird die widerlegliche Vermutung geknüpft, daß in einem gewissen Zusammenhang damit stehende Schädigungen ursächlich auf die Pflichtverletzung zurückzuführen sind. Der in Anspruch genommene potentielle Schädiger hat dann darzulegen und zu beweisen, daß die Schäden nicht auf die Verletzung der Verkehrspflicht zurückzuführen sind. Diesen Grundsatz hat der Bundesgerichtshof beispielsweise in einem Fall angewandt, in dem bei Aushebung und Sicherung einer Baugrube die einschlägigen DIN-Normen nicht beachtet wurden und auf einem Nachbargrundstück Schäden entstanden waren.[38]

Diese an die Verletzung von Verkehrspflichten anknüpfende Kausalitätsvermutung wird ebenso wie die Vermutung des § 6 Abs. 1, die an die Nichteinhaltung von besonderen Betriebspflichten oder an eine Betriebsstörung anknüpft, ausgeschlossen, wenn der Inanspruchgenommene den bestimmungsgemäßen Normalbetrieb bzw. die Beachtung von Verkehrspflichten nachweist.

Aber dieser Nachweis kann konsequenterweise nur die auf einen regelwidrigen oder gestörten Betrieb gestützte Vermutung ausschließen. Sinnvollerweise müßten auch andere als Vermutungsbasis geeignete Umstände in der Lage sein, eine Kausalitätsvermutung zu begründen; denn die Vermutungsregel des § 6 Abs. 1 Satz 2 UmweltHG stellt für die Beurteilung der Eignung zur Schadensverursachung mit Recht auf alle Faktoren ab, die für oder gegen die Schadensverursachung sprechen können. Aus den besonderen Umständen des konkreten Schadensfalls kann sich etwa ergeben, daß die Erkenntnisse, die der Festlegung der Betriebspflichten zugrundelagen, lückenhaft und ergänzungsbedürftig sind und deshalb die Schadensverursachung durch den bestimmungsgemäßen Betrieb durchaus sehr wahrscheinlich ist, wenngleich ein voller Nachweis noch nicht möglich ist.

Aus diesen Gründen erscheint es mir gerechtfertigt, den Gedanken des § 6 Abs. 2 UmweltHG im Rahmen der Prüfung der Voraussetzungen der Vermutung nach § 6 Abs. 1 UmweltHG in jedem Fall heranzuziehen, jedoch nicht im Sinne einer starren Ausschlußregelung, sondern im Sinne eines von mehreren Prüfungsparametern.

---

38 BGH BB 1991, 1149.

6. Fazit

Das Umwelthaftungsgesetz steht in der Tradition des deutschen Technikhaftungsrechts. Die angeordnete Gefährdungshaftung folgt den grundlegenden Prinzipien dieses Instituts; dem entspricht es, daß die Umweltgefährdungshaftung gerade auch dann eingreift, wenn der Anlagenbetreiber alle Sicherheitsvorkehrungen getroffen hat und ein Störfall nicht vorliegt. Ebenso entspricht es der Konzeption der Gefährdungshaftung, daß die Entwicklungsrisiken von der Haftung mitumfaßt werden.

Mit der Statuierung einer gesetzlichen Kausalitätsvermutung trägt das Umwelthaftungsgesetz ebenso wie das Gentechnikgesetz dem Umstand Rechnung, daß die Kausalzusammenhänge zwischen Schaden, Umweltbeeinträchtigung und potentiellen Ursachen sich wegen der noch lückenhaften menschlichen Kenntnisse oftmals nicht beweisen lassen. Der Gesetzgeber hat damit einen ähnlichen Weg zur Beweiserleichterung gewählt, wie ihn die Rechtsprechung im Deliktsrecht durch Aufstellung einer widerleglichen Kausalitätsvermutung für bestimmte Fallkonstellationen ebenfalls entwickelt hat. Ziel ist es dabei, ein Leerlaufen der Haftung aufgrund der besonderen Beweisschwierigkeiten zu vermeiden und damit zugleich die präventiven Anreize der Haftungsregelung zu erhalten. Der Rechtsprechung kommt nunmehr die schwierige Aufgabe zu, die generalklauselartigen Kausalitätsvermutungen näher zu konkretisieren.

Treupflichten im Recht der juristischen Personen

Von Marian Paschke, Hamburg

I. Einleitung

Die Bezugnahme auf Generalklauseln ist ein Kennzeichen der Gestaltung und Handhabung einer modernen Privatrechtsordnung, weil dann, wenn die Gewährleistung von Autonomie und Kooperation als klassisches Gestaltungselement der Privatrechtsordnung nicht die erwünschten funktionsadäquaten Ergebnisse zu liefern vermag und regulierende Eingriffe als unfreiheitlich oder unzweckmäßig empfunden werden oder aber politisch nicht durchsetzbar sind, über die Generalklausel oftmals der einzig geeignete Weg zur rechtlichen Ordnung führt. Er wird vom Gesetzgeber als Instrument zur mehrheitsfähigen Kompromißgestaltung bei politischen Meinungsunterschieden eingeschlagen, wird aber auch von der Rechtsprechung begangen, wenn es darum geht, im Wege richterlicher Rechtsfortbildung rechtsbegrenzende Pflichtenbindungen zu entwickeln oder anspruchserweiternde Rechte zu begründen.[1]

Die Treupflicht im Recht der juristischen Person ist eine solche Generalklausel, die – im Wege richterlicher Rechtsfortbildung entwickelt – mit fortschreitender Konkretisierung zu den zentralen Rechtssätzen des Gesellschaftsrechts avanciert ist. Anerkannt wird die Treupflicht als Gestaltungselement des Rechtsverhältnisses des einzelnen Gesellschafters zur Korporation einerseits[2] und durch bahnbrechende Entscheidungen des Gesellschaftsrechtssenats des BGH grundgelegt auch im Verhältnis der Gesellschafter untereinander.[3] Die ITT-Entscheidung[4] von 1975 für das GmbH-

---

[1] Allgemein zur Funktion von Generalklauseln als Sachnormen, aber auch als Ermächtigungs- bzw. Delegationsnormen vgl. *Wank*, Grenzen richterlicher Rechtsfortbildung, 1978, S. 132 ff.; *Roth*, in: MünchKomm., 2. Aufl. (1985), § 242 Rdnr. 113 ff.; grundlegend bereits *Wieacker*, Zur rechtstheoretischen Präzisierung des § 242 BGB, 1956, S. 10.

[2] *Flume*, Juristische Person, 1983 § 8 I; *Lutter*, AcP 180 (1980), S. 84, 97 f.; *Th. Raiser*, Recht der Kapitalgesellschaften, 1983, §§ 12 IV, 28 IV; *Karsten Schmidt*, Gesellschaftsrecht, 2. Aufl. 1991, § 19 III; *Wiedemann*, Gesellschaftsrecht, Bd. I, 1980, § 2 I.

[3] Zuletzt *Henze*, in: FS für Kellermann, 1991, S. 141; *Timm*, WM 1991, S. 481 ff.; *Wiedemann*, in: FS für Heinsius, 1991, S. 949 ff.; *Hüffer*, in: FS für Steindorff, 1990, S. 59 ff.; *Kort*, ZIP 1990, S. 294 ff.; *Lutter*, ZHR 153 (1989), S. 446 ff.; ablehnend *Meyer-Landrut*, in: FS für Häubling, 1989, S. 249 ff.

[4] BGHZ 65, S. 15 ff.

Recht und die Linotype-Entscheidung[5] von 1988 für das Aktienrecht markieren insofern die bedeutendsten Wegpfosten der Richterrechtsentwicklung.

Jeweils hatte der BGH über einen Mehrheits-/Minderheitskonflikt zu entscheiden, für den sich dem Aktien- und GmbH-Recht – von vereinzelten Regeln abgesehen[6] – keine andere Wertung als die entnehmen läßt, daß die formal bestehende Beschlußfassungsmehrheit auch die materiell richtige Mehrheit darstellt. Nach dem im Korporationsrecht geltenden Mehrheitsprinzip kann die Mehrheit der überstimmten Minderheit legal ihren Willen bei der Verwirklichung des Gesellschaftszwecks aufzwingen, denn derjenige, der über 50 + x% der Stimmen verfügt, kann zu 100% über die Geschicke des Unternehmens bestimmen. Und trotzdem hat der BGH in der ITT-Entscheidung einen Treupflichtenverstoß des Mehrheitsgesellschafters darin erkannt, daß die Geschäftsführung der GmbH per Mehrheitsbeschluß ihrer Gesellschafterversammlung zur Durchführung eines entgeltlichen service-agreements veranlaßt wurde, dem eine gleichwertige Gegenleistung nicht gegenüber stand.[7] In nicht minder gravierender Einschränkung der vom Gesetzesrecht formal eröffneten mehrheitlichen Beschlußfassungskompetenz hat der BGH in der Linotype-Entscheidung den Mehrheitsbeschluß über die Auflösung einer Aktiengesellschaft an der gesellschaftsrechtlichen Treupflicht der Aktionäre gemessen; er hat damit die Prüfung der Frage zugelassen, ob der Mehrheitsaktionär dadurch einen rechtswidrigen Sondervorteil zu erlangen sucht, daß er wesentliche Teile des Gesellschaftsvermögens der zu liquidierenden Aktiengesellschaft zu Lasten der Minderheitsgesellschafter übernehmen wollte.

Es liegt auf der Hand, daß gerade der Mehrheitsentscheidungen betreffende Aspekt der Treupflicht weitreichende Folgen für das Innenrecht der Korporation entfalten kann.[8] Darüber hinaus ist im Gefolge der ITT-Enschedung auch das Außenrecht juristischer Personen von den Treupflichtbindungen betroffen. In Betracht kommen insbesondere Auswirkungen auf die rechtliche Ordnung des Marktwertes für Unternehmensbeteiligungen, etwa Treupflichtschranken für den Insider-Handel, Schranken gegenüber Praktiken des Ausplünderns eines Unternehmens durch den Anteilserwerber oder aber etwa Informationspflichten gegenüber außenstehenden Min-

---

5 BGHZ 103, S. 184ff.
6 Vgl. insbesondere das in § 180 AktG und § 53 III GmbHG vorgesehene Erfordernis der Zustimmung aller betroffenen Gesellschafter.
7 *Ulmer* (NJW 1976, S. 192) kennzeichnet deshalb die Entscheidung als „bedeutsamen Markstein in der neueren gesellschaftsrechtlichen Literatur".
8 Vgl. nur *Wiedemann*, in: FS für Heinsius, 1991, S. 949, 960ff.

derheitsgesellschaftern über geplante Abfindungsangebote.[9] Den gewiß wichtigen Einzelheiten dieser für die Unternehmenspraxis bedeutsamen Konsequenzen der höchstrichterlichen Rechtsprechung soll hier nicht nachgegangen werden. Vielmehr stehen zwei Fragen im Vordergrund:

- Zunächst die Frage nach den Rechts- und Legitimationsgrundlagen der im Gesetzesrecht ausdrücklich nicht erwähnten Treupflichtbindung. Die Treupflichtkategorie beruht terminologisch auf der von *Kübler* kritisierten „Anknüpfung an den Vorstellungsgehalt feudalständischer Sozial- und Moralvorstellungen"[10] und ist inhaltlich mit beträublichstem Zeitkolorit belastet[11], so daß die Frage nach den Rechts- und Legitimationsgrundlagen der Treupflicht geklärt werden muß, damit sie nicht als von *Flume* so bezeichnete „Zauberformel"[12] mißbraucht wird, die einen dogmatisch unkontrollierten Einbruch in die vom Gesetzgeber zugestandenen Autonomiebereiche zuläßt.
- Ferner ist einzugehen auf die Abgrenzung der Treupflichtkategorie zu den sonstigen Schranken gesellschaftsrechtlicher Regelungs- und Organisationsautonomie, namentlich zu der Mißbrauchs- und Inhaltskontrolle, aber auch zu den vom Konzernrecht gesetzten Schranken für die Ausübung von Mehrheitsherrschaft im abhängigen Unternehmen.

II. Rechts- und Legitimationsgrundlagen der Treupflicht

1. Treupflicht des Gesellschafters zur Korporation

Die Treupflicht der Gesellschafter gegenüber der Korporation, also die gesellschaftsbezogene Treupflicht, ist im mitgliedschaftlichen Rechtsverhältnis des einzelnen Gesellschafters zur juristischen Person grundgelegt.[13] Sie beruht demzufolge auf vertraglicher Grundlage, nämlich dem durch das Gründungs- oder Beitrittsrechtsgeschäft konsentierten Gesellschaftsvertrag bzw. der Satzung. Gesellschaftsvertrag und Satzung der juristischen Personen gehören zwar zur Kategorie der Organisationsverträge[14]; denn sie

---

9 Näher *Lutter*, ZHR 153 (1989), S. 446, 458 ff.; *Timm*, WM 1991, S. 481, 484 ff.
10 *Kübler*, Gesellschaftsrecht, 3. Aufl. (1990), § 6 II 2c.
11 Vgl. *Rüthers*, Die unbegrenzte Auslegung, 1968, S. 293 ff.; *Hattenhauer*, Die geistesgeschichtlichen Grundlagen des deutschen Rechts, 3. Aufl. (1983), Rdnr. 626 ff.; vgl. auch *Paschke*, AcP 187 (1987), S. 60, 71 f.
12 *Flume*, Die Personengesellschaft, 1977, § 15 I.
13 Grundlegend *Fechner*, Die Treubindungen des Aktionärs, 1942, S. 52 f., 83 ff.; vgl. ferner die Nachweise in Fn. 2.
14 Vgl. *Reuter*, in: MünchKomm, 2. Aufl. (1984), § 25 Rdnr. 6 ff.; *Karsten Schmidt*, Gesellschaftsrecht, 2. Aufl. 1991, § 5 I 1; *Wiedemann*, Gesellschaftsrecht, Bd. I, 1980, § 3 II 1, § 14 IV 2.

regeln die Organisation der Gesellschaft, also die Einrichtung und Zuweisung von Zuständigkeiten für ein rechtlich verselbständigtes Sondervermögen. Sie schaffen damit anders als Schuldverträge objektives, nicht nur für die Gründergesellschafter verbindliches Recht. Dieser normenähnliche Charakter der Satzung steht aber der Annahme nicht entgegen, daß die Satzung zugleich die Grundlage für die mit der Mitgliedschaft verbundenen subjektiven Rechte und Pflichten darstellt; dementsprechend werden z. B. die Einlagepflicht und der Gewinnanspruch, das Stimmrecht und der Anteil am Liquidationsüberschuß aus der Satzung abgeleitet.[15] In der Erkenntnis der satzungsrechtlichen Grundlage der Treubindungen liegt eine bedeutende Fortentwicklung der Gesellschaftsrechtsdogmatik gegenüber der tradierten Ableitung der Treupflichten aus einem „vom gegenseitigen Vertrauen getragenen Gemeinschaftsverhältnis", das etwa noch namentlich *Alfred Hueck*[16] und *Robert Fischer*[17] unter zu einseitiger Betonung der Rechtsverhältnisse in der Personengesellschaft als Grundlage der Treupflicht angeführt hatten.[18]

Weil die gesellschaftsbezogene Treupflicht ihren Geltungsgrund in der Satzung hat, begegnet ihr der Rechtsanwender typischerweise in Gestalt der von der Satzung konkretisierten Mitgliedschaftsrechte und -pflichten; die allgemeine gesellschaftsbezogene Treupflicht tritt dadurch zurück und nur ausnahmsweise in den satzungsrechtlich nicht konkret ausgeformten Bereichen in Erscheinung. Jenseits der so ausgeprägten Treupflichten betreffen die Anwendungsfälle deshalb in erster Linie die Schranken, die der Ausübung von Mehrheitsmacht gesetzt sind, wenn die Gesellschafter den ihnen vom Gesellschaftsinteresse und Gesellschaftszweck gesetzten Entscheidungsrahmen überschreiten und damit die ihnen gegenüber der Gesellschaft obliegende Treupflicht verletzen.[19]

2. Treupflicht der Gesellschafter untereinander

Die Beurteilung der Rechts- und Legitimationsgrundlagen der Treupflicht zwischen den Gesellschaftern juristischer Personen hat vor dem Hintergrund der Ausgestaltung der juristischen Personen als ein von ihren Mit-

---

15 Vgl. *Ulmer*, GmbHG-Großkommentar, 8. Aufl. (1990), § 2 Rdnr. 4 f.; *ders.*, in: FS für Werner, 1984, S. 911, 912; eingehend *Winter*, Mitgliedschaftliche Treubindungen im GmbH-Recht, 1988, S. 63 ff.
16 Der Treuegedanke im modernen Privatrecht, 1947, S. 12 f.
17 In: HGB-Großkommentar, Bd. II/1, 3. Aufl. (1973), § 105 Anm. 31 (mit dem im Text wiedergegebenen Zitat).
18 Zur Kritik zuletzt *Hüffer* (Fn. 3), S. 59, 61.
19 Grundlegend *Zöllner*, Die Schranken mitgliedschaftlicher Stimmrechtsmacht bei den privatrechtlichen Personenverbänden, 1963, S. 335 ff.

gliedern losgelöstes Zuordnungssubjekt zu erfolgen. Als Konsequenz dieser Ausgestaltung erschien die juristische Person nach hergebrachter Rechtsmeinung als ausschließliches Zuordnungssubjekt, mit der dann unvermeidlichen Konsequenz, daß Rechtsbeziehungen der Gesellschafter untereinander ausgeschlossen waren[20], eben weil alle Rechtsbeziehungen ausschließlich auf das Verhältnis zur juristischen Person zugeschnitten gedacht wurden.[21] Treupflichten der Gesellschafter untereinander waren mit dieser Grundanschauung unvereinbar, ganz im Unterschied zur Rechtslage im Personengesellschaftsrecht, für das die bestehenden gesellschaftsvertraglichen Beziehungen der Gesellschafter untereinander die dogmatische Grundlage für die Entfaltung von Treupflichten abgeben.[22]

Es erscheint vor dem Hintergund dieser strukturellen Unterschiede noch heute erstaunlich, daß der BGH in der ITT-Entscheidung die Anerkennung von gesellschafterbezogenen Treupflichten mit einem Hinweis auf die tatsächlich beobachtete Annäherung der inneren Verhältnisse der GmbH an die Personengesellschaften begründet hat[23], zumal er ausdrücklich die Frage offen ließ, ob die Ausgestaltung der GmbH als juristische Person überhaupt Raum läßt für die Anerkennung von Rechtsbeziehungen der Gesellschafter untereinander.[24] Schon *H. P. Westermann* hat deshalb seinerzeit diese – wie er formulierte – „eigenartige" Begründung von Treupflichtbindungen ohne Rechtsverhältnisgrundlage kritisiert.[25]

Auch der zweite Hinweis der ITT-Entscheidung kann das Defizit an dogmatischer Fundierung der Rechtsprechung nicht beheben, wenn es heißt, daß die für die Gesellschaftermehrheit bestehende Möglichkeit, durch Einfluß auf die Geschäftsführung die gesellschaftsbezogenen Interessen der Mitgesellschafter zu beeinträchtigen, als Gegengewicht die gesellschaftsrechtliche Pflicht verlange, auf diese Interessen Rücksicht zu nehmen.[26] Dieser Hinweis auf die Korrelation von Rechtsmacht und Verantwortlichkeit führt die für die Anerkennung gesellschafterbezogenen Treupflichten sprechenden Wertungstopoi an; darin liegt aber kein Hinweis auf die rechtlichen Grundlagen der Treupflicht im GmbH-Recht. Auch für das Aktien-

---

20 So insbesondere auch *Hueck* (Fn. 16), S. 14 f.; vgl. auch BGHZ 18, S. 350, 365; BGH JZ 1976, S. 561 f.
21 In diesem Sinn insbesondere *Schilling*, in: *Hachenburg*, GmbHG, 6. Aufl. (1956), § 13 Anm. 3; vgl. auch *Flume* (Fn. 2), § 8 I, S. 268 ff.
22 Vgl. nur *Ulmer*, in: HGB-Großkommentar, 4. Aufl. (1988), § 105 Rdnr. 233; *Soergel/Hadding*, BGB, 11. Aufl. (1985), § 705 Rdnr. 58.
23 BGHZ 65, S. 15, 19.
24 BGHZ 65, S. 15, 18.
25 *H. P. Westermann*, in: Der GmbH-Konzern, 1976, S. 25, 35.
26 BGHZ 65, S. 15, 19.

recht hat sich der BGH in der Linotype-Entscheidung, durch die er seine bis dahin ablehnende Rechtsprechung zur Treupflicht aufgegeben hat[27], mit einem Hinweis auf eben diesen wertenden Begründungsaspekt aus der ITT-Entscheidung begnügt.[28] Man kommt deshalb nicht umhin, für das Aktien- und GmbH-Recht eine noch immer nicht hinreichende dogmatische Rechtfertigung der gesellschafterbezogenen Treupflichten in der Rechtsprechung zu konstatieren.

Im Sinne einer einheitlich-institutionellen Fundierung der Treubindung im Recht der juristischen Personen wäre es gewiß förderlich, wenn auch für die gesellschafterbezogenen Treubindungen eine satzungsrechtliche Grundlage nachweisbar wäre. Eine solche Ableitung stößt sich freilich mit dem organisationsrechtlichen Charakter der Satzung bzw. des Gesellschaftsvertrages der Korporation. Mit ihm stehen wohl rechtliche Bindung des einzelnen Gesellschafters zur organisierten juristischen Person in Einklang[29], während sich die Binnenbeziehungen der Aktionäre oder GmbH-Gesellschafter untereinander wegen der Metamorphose der schuldrechtlichen Grundlagen des Zusammenschlusses der Gründergesellschafter nach der Registereintragung zu verselbständigten organisationsrechtlichen Beziehungen[30] einer schuldvertraglichen Begründung entziehen.

Skepsis ist auch gegenüber der Auffassung angebracht, die die vertraglichen Rechtsbeziehungen der Gesellschafter untereinander aus einer neben den organisationsrechtlichen Verbandsregelungen bestehenden schuldrechtlichen Nebenabrede herleiten will.[31] Diese Konstruktion nimmt auf das bei der Gründung von Gemeinschaftsunternehmen zu beobachtende Phänomen Bezug, daß die Beteiligten einen Teil ihrer Rechtsbeziehungen außerhalb des Gründungsstatuts des Gemeinschaftsunternehmens in einer als Gesellschaft bürgerlichen Rechts zu qualifizierenden Nebenabrede, der sog. Grundvereinbarung, regeln.[32] Die Anerkennung dieser vertraglichen Bindung steht und fällt allerdings mit ihrer rechtsgeschäftlichen Verabredung im Einzelfall. Schuldrechtliche Abreden zwischen den Korporationsmitgliedern mögen zwar im Einzelfall getroffen werden; die Praxis etwa

---

27 Vgl. die Nachweise in Fn. 20.
28 BGHZ 103, S. 184, 194.
29 Vgl. oben bei Fn. 15.
30 Dazu *Paschke*, ZHR 155 (1991), S. 1, 3 ff.
31 Vgl. *Th. Hoffmann*, GmbH-Rdsch. 1963, S. 61, 63; *Verhoeven*, GmbH-Konzerninnenrecht, Rdnr. 195 ff.; vgl. bereits *Hachenburg*, GmbHG, 5. Aufl. (1926), Allg. Einleitung Anm. 25.
32 Vgl. *Gansweid*, Gemeinsame Tochtergesellschaften im deutschen Konzern- und Wettbewerbsrecht, 1976, S. 53 ff.; *Marchand*, Anhängigkeit und Konzernzugehörigkeit von Gemeinschaftsunternehmen, 1985, S. 38 ff.

von Stimmpoolungs-[33] und Vorkaufsvereinbarungen[34] belegt dies. Die Vorstellung von schuldrechtlichen Abreden als einzelfallunabhängiger, generelltypischer Grundlage für die Anerkennung von Treupflichten, die ein den Aktien- oder GmbH-Anteilserwerb gleichsam automatisch begleitendes Schuldverhältnis einer BGB-Innengesellschaft begründen, beruht aber auf einer mit der allgemeinen Rechtsgeschäftslehre unvereinbaren Fiktion.

Auf Bedenken stößt schließlich die Überlegung, Vertragsbeziehungen der Korporationsmitglieder seien in personalistisch geprägten, auf partnerschaftliche Zusammenarbeit angelegten Gesellschaften, aber auch nur in diesen anzuerkennen.[35] Diese Auffassung basiert auf einer Kritik an der hergebrachten Einteilung der Verbände in juristische Personen und Personengesellschaften, an deren Stelle die Unterscheidung zwischen mitgliederzentrierten Gesellschaften, den sog. Vertragsverbänden, und organisationsgeprägten, sog. Satzungsverbänden treten soll.[36]

Einer so begründeten und zugleich begrenzten Anerkennung von Treubindungen in personalistischen Vertragsgesellschaften steht entgegen, daß der Realbefund struktureller Ähnlichkeit zwischen etwa der personalistischen GmbH und der Personenhandelsgesellschaft noch keine Umwertung der rechtlichen Verfassung der Gesellschaft legitimiert. Auch die Satzung der personalistischen GmbH bleibt der Rechtsnatur nach Organisationsvertrag. Der reale Befund bestehender personaler Bindungen in einer solchen Gesellschaft allein schafft noch keine rechtserheblichen, vertraglich begründeten Rechtsbeziehungen der Gesellschafter untereinander.[37]

Die mangelnde Tragfähigkeit rechtsgeschäftlicher Begründungen gesellschafterbezogener Treubindungen bei juristischen Personen hat zu Überlegungen geführt, Treupflichten auf eine gesetzliche Sonderrechtsbeziehung zwischen den Korporationsmitgliedern zu stützen. Bezug genommen wird in diesem Zusammenhang auf die Regelung der Anfechtungsgründe für Hauptversammlungsbeschlüsse in § 243 II AktG[38], nach der eine Anfechtung darauf gestützt werden kann, daß ein Aktionär Sondervorteile zum Schaden anderer Aktionäre zu erlangen suchte. Nach dieser Vorschrift begründet indes bereits diese tatsächliche Schadensbetroffenheit einen Anfech-

---

33 Zu Schranken und Wirkungen zuletzt *Zöllner*, ZHR 155 (1991), S. 168 ff.
34 Vgl. *Westermann/Klingberg*, in: FS für Quack, 1991, S. 545.
35 So *Reuter*, in: MünchKomm., 2. Aufl. (1984), § 38 Rdnr. 1; *Martens*, Mehrheits- und Konzernherrschaft in der personalistischen GmbH, 1970, S. 130 ff.
36 Vgl. nur *Reuter* (Fn. 35).
37 I. E. ebenso *Winter* (Fn. 15), S. 59 ff.
38 *Lutter*, ZHR 153 (1989), S. 446, 454, 457.

tungsgrund; das Bestehen einer Rechtsbeziehung zum Schädiger wird weder vorausgesetzt, noch durch die Vorschrift selbst begründet.[39] Daher läßt sich über § 243 II AktG kein schlüssiger Nachweis für die Existenz der Rechtsbeziehungen zwischen den Korporationsmitgliedern führen.

Die Treupflicht der Korporationsmitglieder läßt sich nach der hier vertretenen Auffassung in Ermangelung einzelfallbezogener und dann nicht verallgemeinerungsfähiger Besonderheiten weder auf rechtsgeschäftlich begründete Beziehungen der Gesellschafter untereinander stützen, noch als Inhalt eines Rechtssatzes des geschriebenen Gesellschaftsrechts ableiten. Vielmehr haben wir es – wie *Walter Stimpel* sogar für die Personengesellschaft feststellte[40] – mit einem Anwendungsfall richterlicher Rechtsfortbildung, einem Akt des wertenden Erkennens in einem Bereich zu tun, der eine spezialgesetzliche Regelung nicht erfahren hat. Mir erscheint es plausibel, wenn in der neueren Literatur eine Parallele zur Entwicklung der Schutz- und Loyalitätspflichten aus dem Schuldverhältnis der cic bzw. der pFV gezogen wird[41], die ihrerseits auf richterlicher Rechtsfortbildung beruhen. Denn so wie dort die rechtsfortbildende Schließung der vom deliktischen und vertraglichen Haftungs- und Gewährleistungsrecht belassenen Schutzlücken durch die Rechtsprechung geboten war, wenn und weil sich eine Vertragspartei zum Zwecke der Vertragsverhandlungen „in den Einzugsbereich des anderen Teils begeben" hat und damit „redlicherweise auf dessen gesteigerte Sorgfalt vertrauen durfte"[42], ergibt sich im Gesellschaftsrecht, daß die Gesellschafter mit dem Beitritt zur Korporation ihre mitgliedschaftlichen Interessen dem korporativen Einfluß- und Entscheidungssystem anvertrauen müssen. Dieses System ermöglicht den Gesellschaftern nicht nur, durch Einflußnahme auf die Geschäftsführung in die rechtlich geschützten Interessen der Mitgesellschafter einzugreifen, was dann – wie im ITT-Fall – die Regulative der gesellschaftsbezogenen Treupflicht auslöst; es besteht ferner die Möglichkeit, etwa im Wege der Kapitalerhöhung unter Bezugsrechtsausschluß unmittelbar in die Rechte der Mitgesellschafter einzugreifen. Insofern verlangt das korporationsrechtliche Einflußsystem, das von allen Mitgliedern getragen wird, die Treupflicht als Korrelat.

Es ist eine Frage der Begründungsoffenheit, den rechtsfortbildenden Charakter der Treupflichtkategorie im Verhältnis der Gesellschafter untereinander anzuerkennen. Einzuräumen ist, daß vor diesem Hintergrund dogma-

---

39 Skeptisch aus entstehungsgeschichtlichen Erwägungen *Meyer-Landrut* (Fn. 3), S. 250 ff.; dagegen *Henze* (Fn. 3), S. 141, 147 ff.
40 *Stimpel*, in: *Stimpel/Pehle*, Richterliche Rechtsfortbildung, 1968, S. 18.
41 Besonders *Winter* (Fn. 15), S. 69 ff.; vgl. auch *Lutter*, ZHR 155 (1989), S. 446, 454.
42 BGHZ 66, S. 51, 54.

tische Arbeit nur bedingt in der Lage sein kann, Grenzen des bestehenden Dezisionsspielraums anzugeben.

Die Schranken des Bewertungsspielraums für die Entfaltung der rechtsfortbildend zu konkretisierenden Treupflichtbindung lassen sich deshalb nicht deduktiv ermitteln, sondern sind nur durch wertende Betrachtung zu entwickeln. Generalisierend lassen sich vor allem drei Aspekte hervorheben:

- Treupflichten setzen im Recht der juristischen Personen das Bestehen eines Organisationsvertrages voraus. Es ist dies eine Konsequenz des für die Privatrechtsordnung konstitutiven Satzes, daß ohne willensgetragenen Konsens eine gegenüber den deliktischen Verhaltensmaßstäben gesteigerte Pflichtenanspannung grundsätzlich nicht verlangt werden kann.
- Dagegen setzen Treupflichten kein individualisiertes Vertrauensverhältnis zwischen den Korporationsmitgliedern voraus. Die Treupflicht kompensiert das objektiv unumgängliche Anvertrauenmüssen der mitgliedschaftlichen Interessen aufgrund der Unterwerfung unter das korporative Entscheidungssystem. Hierin liegt ein Unterschied zu der auf dem Gedanken der persönlichen Arbeits- und Haftungsgemeinschaft aufbauenden Treubindung im Personengesellschaftsrecht.
- Schließlich ist eine Beschränkung der Treubindung auf personalistisch verfaßte Korporationen nicht geboten. Das Anvertrauenmüssen der mitgliedschaftlichen Interessen des einzelnen Gesellschafters in der Korporation ergibt sich unabhängig von der Realstruktur der Gesellschaft. Der BGH hat deshalb in der Linotype-Entscheidung – anders als noch in der ITT-Entscheidung – zu Recht jeden Hinweis auf entsprechende Differenzierungen vermieden.

III. Treupflicht und Schranken gesellschaftsrechtlicher Regelungs- und Organisationsautonomie

1. Treubindungen und Kontrolle von Mehrheitsentscheidungen

Die höchstrichterliche Rechtsprechung hat unter der Federführung des II. Senats des BGH seit der sog. Kali + Salz-Entscheidung[43] verschiedentlich eine Sachkontrolle von Mehrheitsentscheidungen in der Aktiengesellschaft und GmbH befürwortet. Seinerzeit, im Jahre 1978, wurde erstmals dafür erkannt, daß ein mehrheitlich beschlossener Bezugsrechtsausschluß bei einer Kapitalerhöhung gegen Einlagen nur zulässig sei, wenn er durch sach-

---
43 BGHZ 71, S. 40.

liche Gründe im Interesse der Gesellschaft gerechtfertigt ist. Begründet wurde diese Entscheidung damit, daß der Ausschluß des Bezugsrechts der Altaktionäre dazu führen müsse, daß deren Anteil am Gesellschaftsvermögen relativ absinkt und sich in dem Maße zugleich die Stimmrechtsquoten in der Gesellschaft verändern; damit erfolge durch den Bezugsrechtsausschluß ein schwerer Eingriff in die Mitgliedschaft, der eine Sachkontrolle gebiete.[44] Der Kali + Salz-Fall belegt eindrucksvoll das Eingriffspotential von Mehrheitsentscheidungen, wenn man sich vergegenwärtigt, daß der Stimmanteil des Bezugsberechtigten von 43 auf über 71% zu Lasten der überstimmten Altaktionäre infolge der Kapitalerhöhung gestiegen war, und damit die außenstehenden Aktionäre im Hinblick auf die typischerweise anzutreffenden schwachen Hauptversammlungspräsenzen nicht einmal mehr über eine Sperrminorität verfügten.

Weitere Entscheidungen folgten dieser Linie und schufen das Erfordernis einer Sachkontrolle von Mehrheitsentscheidungen zum Ausschluß des Bezugsrechts beim genehmigten Kapital[45], beim Beschluß über die Befreiung des GmbH-Gesellschafters von einem vertraglichen Wettbewerbsverbot[46], wenn dadurch die Gesellschaft in eine Abhängigkeitslage zu geraten droht oder im Falle einer strukturverändernden Umwandlung einer Personengesellschaft in eine Kapitalgesellschaft.[47]

Diese Rechtsprechung war jeweils fall- und situationsbezogen angelegt, gab aber gerade deswegen Anlaß zur Diskussion der Frage, ob ihr Kernsatz, Mehrheitsbeschlüsse entsprächen nicht automatisch dem Recht, sondern müssen aus dem Interesse der Korporation heraus sachlich erforderlich und gerechtfertigt sein, für alle Beschlußgegenstände gilt. In dieser Konsequenz könnte eine umfassende materielle Kontrolle von Grundlagenentscheidungen im Kapitalgesellschaftsrecht entwickelt werden, die aufgrund gesetzlicher oder statutarischer Erfordernisse eine qualifizierte Mehrheit für die Beschlußfassung voraussetzen.

In der Literatur ist diese Konsequenz verschiedentlich gezogen worden.[48] So hat man sich für eine prinzipielle „Zweckgebundenheit" strukturverändernder Mehrheitsbeschlüsse ausgesprochen und dabei der Treupflicht eine

---

44 BGHZ 71, S. 40, 48.
45 BGHZ 83, S. 319.
46 BGHZ 80, S. 69, 75.
47 BGHZ 85, S. 350.
48 Vgl. den Überblick zum Meinungsstand und zu den jeweiligen Konsequenzen bei *Timm*, ZGR 1987, S. 403, 410 ff.; ferner *Ulmer*, in: GmbHG-Großkommentar, 8. Aufl. (1992), § 53 Rdnr. 56 ff.; *Hüffer*, in: *Geßler/Hefermehl/Eckardt/Kropff*, Kommentar zum AktG, 1984, § 243 Rdnr. 51, 55.

maßgebliche Rolle zugewiesen.[49] Kapital- oder Stimmrechtsmacht dürfe nicht unsachlich ausgeübt werden; die Loyalitätspflicht der Gesellschaftermehrheit gegenüber der Gesellschafterminderheit erzwinge eine Interessenabwägung zwischen den verschiedenen Gesellschaftergruppen.[50] Damit wird reklamiert, daß die gesellschaftsrechtliche Treupflicht eine Rechts- und Legitimationsgrundlage für eine umfassende materielle Sachkontrolle von Mehrheitsentscheidungen in der Korporation darstellt. Die Sachkontrolle von Mehrheitsentscheidungen stellt danach nur einen Ausschnitt, einen Anwendungsfall der korporationsrechtlichen Treupflicht dar.

Diese Auffassung verdient jedenfalls insoweit Zustimmung, als sie aufzeigt, daß für die Fälle, in denen die Rechtsprechung[51] eine Kontrolle von Mehrheitsentscheidungen befürwortet hat, mit der Treupflicht diejenige Kategorie auch für die Binnenbeziehungen der Aktionäre gefunden ist, die diese Sachkontrolle zu legitimieren und zu begründen vermag.[52] Der die Sachkontrolle tragende Wertungsgrundsatz, den das RG in seiner noch heute vorbildlichen Rechtsprechung darin gesehen hat, daß aus „der Befugnis, im Wege des Mehrheitsbeschlusses zugleich auch für die Minderheit zu beschließen und damit mittelbar über deren in der Gesellschaft gebundene Vermögenswerte zu verfügen, ... sich ... die gesellschaftsrechtliche Pflicht der Mehrheit (ergibt), im Rahmen des Gesamtinteresses auch den berechtigten Belangen der Minderheit Berücksichtigung angedeihen zu lassen und deren Rechte nicht über Gebühr zu verkürzen"[53], dieser Wertungsgrundsatz ist erst auf der Grundlage bestehender Rechtsbeziehungen zwischen den Gesellschaftern verständlich und dogmatisch abgesichert; insofern hat die diese Rechtsbeziehung schaffende Treupflichtkategorie eine die anerkannten Fälle der Sachkontrolle von Mehrheitsentscheidungen legitimierende Bedeutung.

Eine andere Frage ist, ob die Treupflichtbindung in der Korporation die Sachkontrolle nicht nur legitimiert, sondern sogar fordert, in dem angedeuteten Sinn, daß die Sachkontrolle von Mehrheitsentscheidungen in der

---

49 Insbesondere *Wiedemann*, ZGR 1980, S. 147, 157; ders., Gesellschaftsrecht (Fn. 14), S. 435 f.; ders., JZ 1988, S. 447, 448 f.; ders., in: FS für Heinsius, 1991, S. 949, 963.
50 Vgl. ferner mit z. T. erheblichen Differenzierungen *Martens*, in: FS für Robert Fischer, 1979, S. 437, 445; *Lutter*, ZGR 1979, S. 401, 411 f.; ders., ZGR 1981 S. 171, 174 ff.; ders., in: Kölner Kommentar zum AktG, 2. Aufl. (1990), § 186, Rdnr. 58; *Zöllner*, in: Kölner Kommentar zum AktG, 1971 ff., Einl. Rdnr. 55; *Hirte*, Bezugsrechtsausschluß und Konzernbildung, 1986, S. 139 ff.; *Timm*, ZGR 1987, S. 403, 415 ff. 421 ff.
51 Vgl. die Nachweise in Fn. 43–47.
52 Vgl. neben den oben Genannten auch *Winter* (Fn. 15), S. 131 ff.; *Ofner*, GesRZ 1987, S. 24; *Bischoff*, BB 1987, S. 1055, 1059.
53 RGZ 132, S. 149, 163.

Treupflicht aufgeht und damit einen jeden Mehrheitsbeschluß erfassenden Unterfall der Treupflicht darstellt.

Eine solche Bindung jedes Mehrheitsbeschlusses an das Erfordernis einer sachlichen Begründung bedeutete einen grundsätzlichen Wandel im Verständnis gesellschaftsrechtlicher Gestaltungs- und Organisationsautonomie. Das fundamentale stat pro ratione voluntas würde ersetzt durch ein interventionistisches Autonomieverständnis. Die Treubindung erschiene nicht mehr als eine Autonomiebereiche begrenzende Schrankennorm, sondern als eine diese Autonomie steuernde Inhaltsnorm. Der damit einhergehende Paradigmenwechsel läßt sich in einer auf Willensautonomie aufbauenden, wettbewerbsgesteuerten Privatrechtsordnung nicht systemkonform vollziehen. Damit wird nicht einem unkritischen Festhalten an dem überkommenden Lehrsatz das Wort geredet, daß formal wirksam zustande gekommene Gesellschaftsbeschlüsse auch materiell richtig sind. Gerade die Anerkennung der Treupflicht im Recht der juristischen Personen zeigt, daß Grundlagenbeschlüsse keineswegs stets ihre Rechtfertigung in sich tragen.[54] Nur bedeutet es materiell und prozessual einen grundsätzlichen Unterschied, ob die den Gesellschafterbeschluß tragende Mehrheit stets von sich aus ihre Vorstellungen legitimieren muß, oder aber von der Rechtsordnung Außenschranken in Gestalt von Treupflichten, Willkürschutz- und Gleichbehandlungspflichten gesetzt werden.[55] Dementsprechend hat die Rechtsprechung die materielle Beschlußkontrolle durchgängig als eine falltypisch besonders zu begründende Begrenzung mehrheitlicher Beschlußfassungskompetenz behandelt und eine Reihe von Beschlußfassungsgegenständen einer Sachkontrolle ausdrücklich nicht unterzogen[56], zuletzt gerade in der Linotype-Entscheidung den mehrheitlich gefaßten Beschluß, die Gesellschaft aufzulösen.

Die sich damit ergebende Notwendigkeit der Unterscheidung zwischen verschiedenen Kompetenzbereichen der Beschlußfassungsorgane auch im Grundlagenbereich der Gesellschaft mag als dornenreich empfunden werden; sie bietet aber die Chance, gleichzeitig ein Höchstmaß an erwünschter Autonomie und gebotenem Minderheitenschutz zu verwirklichen. Der Einwand einer möglichen Umgehung der anerkannten Beschlußkontroll-

---

54 BGHZ 76, S. 352, 353 hat wohl schon mit seinem durch die Linotype-Entscheidung später ergänzten Kernsatz, wonach mehrheitlich gefaßte Auflösungsbeschlüsse ihre Rechtfertigung in sich tragen, einer Generalisierung vorbeugen wollen.
55 Kritisch gegenüber einer generellen Inhaltskontrolle von Mehrheitsbeschlüssen insbesondere *Karsten Schmidt* (Fn. 2), S. 21 II 3 a.
56 So BGHZ 70, S. 117 (Einführung von Höchststimmrechten) unter Bezugnahme auf BGHZ 33, S. 175, 186; BGHZ 76, S. 352 (GmbH-Auflösung).

rechtsprechung[57] erscheint nicht durchschlagend. Häufig eröffnet das Gesellschaftsrecht allerdings zur Verwirklichung eines angestrebten wirtschaftlichen Zieles mehrere rechtliche Wege. Anstelle eines Bezugsrechtsausschlusses mit der damit einhergehenden Verkürzung der Mitgliedschaft der Minderheit könnte die Gesellschaft beispielsweise Vermögen auf eine Tochtergesellschaft übertragen und dann nur in dieser Tochtergesellschaft weitere, Kapital zuführende Gesellschafter aufnehmen. Bei gleicher Auswirkung auf die Korporationsmitglieder ist es aber regelmäßig ein Gebot der gleichartigen Behandlung gleichartiger Fälle, Möglichkeiten der Umgehung – im Beispiel des zum Bezugsrechtsausschluß entwickelten Schutzes der Mitgliedschaft – zu unterbinden. Insofern bedarf es keiner umfassenden Beschlußkontrolle; das nämliche Ergebnis läßt sich schon unter Umgehungsaspekten methodengerecht erzielen; die Holzmüller-Entscheidung des BGH[58] hat dies gerade für den angesprochenen Sachverhalt eindrucksvoll bestätigt. Ich möchte deshalb dafür plädieren, die Treupflichtbindung von der Sachkontrolle korporationsrechtlicher Mehrheitsentscheidungen zu unterscheiden.

2. Treupflicht und Mißbrauchskontrolle

Zu einem anderen Ergebnis gelange ich bei der Beurteilung des Verhältnisses von Treupflicht und Mißbrauchskontrolle. Rechtsmißbräuchliches Aktionärsverhalten verstößt gegen die gesellschaftsrechtliche Treupflicht. Die Rechtsmißbrauchsschranke geht in der gesellschaftsrechtlichen Treupflicht auf. Daraus ergeben sich vor allem zwei Konsequenzen: Zum einen hat die Einbindung der Rechtsmißbrauchsschranke in die Treupflichtkategorie eine konkretisierende Bedeutung. Diese läßt sich am Beispiel der rechtsmißbräuchlichen Geltendmachung aktienrechtlicher Anfechtungsklagen gegen Hauptversammlungsbeschlüsse verdeutlichen. Die Tatsache, daß eine berufsmäßig organisierte Aktionärsopponentengruppe den Weg der Anfechtungsklage gegen Hauptversammlungsbeschlüsse beschreitet und sodann zu erkennen gibt, daß sie bereit sei, sich den Verzicht auf die Erhebung oder Weiterverfolgung der Anfechtungsklage abkaufen zu lassen, kann eine rechtsmißbräuchliche Ausübung des Anfechtungsrechts darstellen. Wenn man nicht schon im kommerzialisierten Parallelverhalten solcher Opponenten, welche auch in anderen Gesellschaften Abstandszahlungen zur Vermeidung der (weiteren) Durchführung des Anfechtungsverfah-

---
57 Vgl. dazu *Timm*, ZGR 1987, S. 416f.
58 BGHZ 83, S. 122.

rens verlangen, ein rechtsmißbräuchliches Verhalten erkennen will[59], muß man nach den Kriterien fragen, die das Verhalten des Aktionärs zum Rechtsmißbrauch stempeln. Diese Kriterien können nicht aus dem Rechtsmißbrauchsverbot selbst gewonnen werden, sondern nur aus den im jeweiligen Regelungskreis berührten normativen Verhaltensbindungen.[60] Letztere aber werden insbesondere durch die gesellschafter- und gesellschaftsbezogene Treupflicht statuiert. Den Optimismus, den der BGH[61] demgegenüber in der Kochs-/Adler-Entscheidung zeigte, als er meinte, den Einwand des Rechtsmißbrauchs ohne Rückgriff auf die gesellschaftsrechtliche Treupflicht behandeln zu können, konnte er wohl nur haben, weil er die Entscheidung über die Rechtsmißbräuchlichkeit der erhobenen Anfechtungsklage durch Zurückverweisung nicht selbst zu treffen hatte.

Das befürwortete systematische Verständnis der Rechtsmißbrauchskontrolle als Unterfall der Treubindung macht zum anderen deutlich, daß die Verhaltensbindungen im Korporationsrecht sich nicht mehr in einer Willkür- oder Rechtsmißbrauchskontrolle erschöpfen. Sie müssen sich nicht einmal auf eine repressive Verhaltenskontrolle beschränken; denkbar erscheint es – auch wenn noch wenig Anschauungsmaterial zur Verfügung steht[62] –, daß aus der Treupflichtbindung im Einzelfall positive Stimmpflichten abgeleitet werden.[63]

3. Treubindungen und Konzernrecht

Abschließend soll auf das Verhältnis der Treubindungen zu den konzernrechtlichen Schranken für die Ausübung von Mehrheitsmacht eingegangen werden. Insofern besteht ein Vorrang des kodifizierten Rechts vor dem Rückgriff auf die allgemeine Treupflichtbindung. Dieser Vorrang folgt aus dem lex specialis-Grundsatz, weil die Regeln des Konzernrechts zumindest eine ihrer Wertungsgrundlagen in der Treubindung des herrschenden Unternehmens gegenüber der abhängigen Gesellschaft haben[64], deren tat-

---

59 Vgl. *Diekgräf*, Sonderzahlungen an opponierende Kleinaktionäre, 1989, S. 36 ff.; *Windbichler*, in: *Timm* (Hrsg.), Mißbräuchliches Aktionärsverhalten, 1990, S. 45 ff.; *Feltkamf*, Anfechtungsklage und Vergleich im Aktienrecht, 1991, S. 100 ff.
60 Zutreffend *Heuer*, WM 1989, S. 1401, 1405.
61 BGHZ 107, S. 296, 311.
62 Zur Stimmpflicht bei Anpassung des Gesellschaftsvertrages einer Publikumspersonengesellschaft an veränderte Umstände vgl. BGH NJW 1985, S. 974.
63 Vgl. *Lutter*, AcP 180 (1980), S. 84, 102 ff.; *Timm*, JZ 1980, S. 665 ff.; *Säcker*, in: FS für Lukes, 1989, S. 552 ff.; *Karsten Schmidt* (Fn. 2), § 21 II 3 c; *Winter* (Fn. 15), S. 167 ff.
64 Vgl. vor allem BGHZ 65, S. 15, 18 ff.; 80, S. 74 ff.; 89, S. 162, 166 ff.; 95, S. 330, 344; ferner *Emmerich/Sonnenschein*, Konzernrecht, 4. Aufl. (1992), § 24 II.

bestandliche Ausprägung deshalb durch den Rechtsanwender nicht unter Bezugnahme auf die allgemeine Treubindung ohne Mißachtung der gesetzgeberischen Wertentscheidungen unterlaufen werden darf. Anschaulich wird dies im Kontext der Regelungen faktischer Konzernverhältnisse. Während § 117 AktG dem Aktionär ein allgemeines Verbot auferlegt, die Gesellschaft zu schädigen, und in diesem Sinn die Treupflichtbindungen konkretisiert, gelten für ein herrschendes Unternehmen im faktischen Konzern die grundsätzlich abweichenden Regelungen der §§ 311 ff. AktG. Diese enthalten eine Privilegierung nachteiliger Einflußnahme auf das abhängige Unternehmen, wenn die Nachteile im Sinne des § 311 I AktG ausgeglichen werden. Nur wenn dieser Nachteilsausgleich nicht rechtswirksam erfolgt, entspricht die dann einschlägige Ersatzpflicht des herrschenden Unternehmens nach § 317 AktG der Grundnorm des Schädigungsverbots in § 117 AktG. Die rechtspolitische Überzeugungskraft dieser Regelung faktischer Konzernherrschaft im Aktienrecht wird heute zwar ganz überwiegend angezweifelt[65]; dies ändert aber nichts daran, daß sie de lege lata eine verbindliche Grundlage für die Rechtsanwendung darstellt, die nicht unter Bezugnahme auf allgemeine Treupflichterwägungen außer Kraft gesetzt werden kann.

Anders ist die Rechtslage erst außerhalb des Anwendungsbereichs der kodifizierten Regeln des Konzernrechts, von denen dann keine Bindungswirkung mehr ausgeht. Es ist daher nicht ohne weiteres nachvollziehbar, warum der BGH in der Linotype-Entscheidung die Anwendung der konzernspezifischen Regeln der §§ 311 ff. AktG nicht einmal erwogen hat, obwohl der vom herrschenden Großaktionär getragene Auflösungsbeschluß dafür Anlaß gab, weil der Mehrheitsaktionär bestrebt war, wesentliche Teile des Gesellschaftsvermögens selbst zu übernehmen, und darin eine Konzernorganisationsmaßnahme hätte gesehen werden können. Die Anwendung der allgemeinen korporationsrechtlichen Treupflicht erscheint vor diesem Hintergrund zweifelhaft. Sie dürfte in Ermangelung entsprechender Aussagen in den Entscheidungsgründen auch nicht von der dann grundsätzlich bedeutsamen Auffassung getragen sein, daß die §§ 311 ff. AktG auf Beschlüsse, die die Grundlage der Gesellschaft völlig verändern, nicht anwendbar sind. In dem Bereich des gesetzlich ungeregelten GmbH-Konzernrechts lag in der Bezugnahme auf die Treupflicht die Grundlage für die Entwicklung eines ganzen Rechtsgebiets im Wege richterlicher Rechtsfortbildung. Insofern kann die Treupflichtkategorie auch für die Entwicklung des Konzernrechts als ein nicht wegzudenkender Rechtssatz angesehen werden.

---

65 Vgl. *Koppensteiner*, in: Kölner Kommentar zum AktG, 2. Aufl. (1987), Rdnr. 17 ff. vor § 311.

Zur Akzessorietätsdiskussion bei Sicherungsübereignung und Sicherungsabtretung

Von Karsten Schmidt, Hamburg

I. Fragestellung

1. Der Anlaß

Rolf Serick[1] hat im Jahr 1991 zu einem Urteil des IX. Zivilsenats vom 30.10.1990 Stellung genommen, das mit dem Leitsatz veröffentlicht wurde[2]: „Es gibt keinen allgemeinen (!) Rechtsgrundsatz, daß Sicherungsübereignungen stets (!) durch den Sicherungszweck bedingt sind." *Serick* hat nicht diesen schwerlich bestreitbaren – man möchte sogar sagen: banalen und für das Gewicht der Entscheidung nicht aussagekräftigen – Leitsatz, wohl aber das Urteil selbst kritisiert. Darin hat der IX. Zivilsenat eine Sicherungsübereignung für unbedingt wirksam, d.h. für nicht aufschiebend bedingt, erklärt, in der für die spätere Begleichung der gesicherten Forderung ein Rückfall des Sicherungseigentums vereinbart war. In derselben Entscheidungsanmerkung wiederholt *Serick* zugleich die bereits im Band V seines großen Werkes über „Eigentumsvorbehalt und Sicherungsübertragung" geäußerte Kritik[3] an einem vieldiskutierten Urteil des VIII. Zivilsenats vom 23.9.1981, das eine Sicherungsabtretung für gegenstandslos erklärt hatte, weil das gesicherte Darlehen nicht ausgezahlt worden war.[4] Der Bundesgerichtshof führte in jenem Urteil aus, den beiderseitigen Interessen entspreche die Akzessorietät der Sicherungsabtretung. Dieses Urteil – so *Serick*[5] – „verzerrt die Systematik fiduziarischer Sicherungsgeschäfte und belastet deren dogmatische Grundlagen schwer. Das Fehlurteil sollte nicht fortgeschleppt, sondern baldmöglichst berichtigt werden." Bei Nähe besehen, befassen sich beide Entscheidungen mit nichts als der Auslegung des Verfügungsgeschäfts bei der Sicherungsabtretung (VIII. Senat) bzw. der Sicherungsübereignung (IX. Senat). Sie kommen zu

---

1 EWiR 1991, 147.
2 BGH, NJW 1991, 353 = EWiR 1991, 147 *(Serick)* = JuS 1991, 442 *(Karsten Schmidt)*.
3 *Serick*, Eigentumsvorbehalt und Sicherungsübertragung V, 1982, S. 12 Fn. 25.
4 BGH, NJW 1982, 275 m. abl. Besprechung von *Jauernig*, NJW 1982, 268 ff.
5 EWiR 1991, 147, 148.

unterschiedlichen Ergebnissen, weil der VIII. Senat eine durch die Valutierung aufschiebend bedingte Sicherungsabtretung annimmt, während der IX. Senat bei der Sicherungsübereignung einen solchen Willen nicht glaubt feststellen zu können. Auf Einzelheiten wird unter III 1 und unter III 2 zurückzukommen sein. Mit berechtigter Verwunderung hat jedenfalls *Serick*[6] das vielleicht mit dem vielzitierten „horror pleni"[7] erklärliche, in den Gründen jedenfalls kaum plausibel gemachte Fehlen einer Auseinandersetzung des neueren mit dem älteren Urteil quittiert. Diese Auseinandersetzung hätte, wie noch zu zeigen sein wird, das Urteil des VIII. Senats auf die Ebene zurückholen können, auf die es von vornherein gehört hätte: auf die Ebene schlichter Vertragsauslegung!

2. Fragestellung

Die hier zum Ausgang genommene Entscheidungsanmerkung von *Serick* läuft auf die Wertung hinaus[8]: „Meines Erachtens entspricht es in beiden Fällen der Rechtsnatur der Sicherungsübereignung mehr, eine aufschiebende bzw. auflösende Bedingung anzunehmen." Nachdem es Mode geworden ist, rechtsdogmatische Begründungsdebatten als „akademisch" abzutun[9], mögen sich praktisch denkende Leser gefragt haben: Wozu die Philippika auf das Urteil des VIII. Zivilsenats, wenn doch zu jener Interessenbewertung Zuflucht genommen wird, die ihm zugrunde liegt? Wozu die Hervorhebung der Akzessorietät als Wesenszug des Pfandrechts und der Nicht-Akzessorietät als Kennzeichen des Sicherungseigentums[10]? Wird nicht der Praxis der bessere Dienst erwiesen, wenn nur noch zwischen der gesetzlichen Akzessorietät (Pfandrecht) und der vertraglichen Akzessorietät (Sicherungsübertragung) unterschieden und alles weitere als ein Streit um Begriffe beiseitegelegt wird? Indes: Bei näherem Hinblicken erweisen sich die Begriffe – wie so oft in der Rechtswissenschaft – als Abbreviaturen unterschiedlicher Wertungen, erweist sich also ihre korrekte Verwendung als eine unentbehrliche Wertungskontrolle, und die nunmehr schon deutlichere Aufgabe, die beiden Urteile aneinander auf einer Ebene zu messen, kann nur auf diese Weise bewältigt werden.

---

6 Ebd.
7 Dazu *Leisner,* NJW 1989, 2446, 2448 f.
8 *Serick,* EWiR 1991, 147, 148.
9 Zur Beurteilung solcher Allgemeinplätze durch den *Verf.* vgl. etwa KTS 1988, 1.
10 Vgl. Fn. 1, 5.

II. Gesetzliche Akzessorietät und rechtsgeschäftliche Ersatzformen

1. Gesetzliche Voll-Akzessorietät

Die Sicherungstreuhand, wie sie durch Sicherungsübereignung bzw. durch Sicherungsabtretung begründet wird, ist eine nichtakzessorische Sicherheit.[11] Akzessorietät in dem von *Serick* abgelehnten Sinn ist gesetzliche Akzessorietät. Von ihr ist bei *Wiegand* zu lesen[12]: „Die Akzessorietät von Sicherungsrechten steht nicht zur Disposition der Parteien. Es können weder neue akzessorische Rechte kreiert, noch kann die Akzessorietät gesetzlicher Rechte beseitigt werden." Das letzte ist nun unstreitig. Pfandrechte und Hypotheken können nicht nach dem Willen der Parteien als nicht-akzessorische Rechte bestellt werden.[13] Aber auch umgekehrt kann eine Akzessorietät im Sinne des gesetzlich gesicherten Rechtsinstituts, wo sie nicht vom Gesetz dekretiert wird, auch nicht durch vertragliche Abreden herbeigeführt werden.[14] Die Akzessorietät einer dinglichen Sicherheit erschöpft sich nämlich nicht in der Abhängigkeit des Entstehens- und Beendigungstatbestandes vom Entstehen und vom Erlöschen der gesicherten Forderung. Akzessorische Sicherheiten unterliegen vielmehr einer umfassenden Zuordnungsakzessorietät.[15] Sie sind der selbständigen rechtlichen Verfügung entzogen. Sie folgen im Fall des Rechtsübergangs der gesicherten Forderung (§ 401 BGB).[16] Sie sind, wenn die gesicherte Forderung verpfändet oder gepfändet wird, ihrerseits mit dem (Pfändungs-)Pfandrecht belastet.[17] Die Akzessorietät der Grund- und Mobiliarpfandrechte ist m. a. W. keine sich nur unter den Beteiligten abspielende und deshalb auch keine ihrer Disposition zugängliche rechtliche Eigenschaft.

2. Die hinkende Akzessorietät der Sicherungsgrundschuld

Die Grundschuld – auch die Sicherungsgrundschuld – ist ein nicht-akzessorisches Sicherungsrecht.[18] Will man von einer Teil-Akzessorietät der Sicherungsgrundschuld oder, wie dies hier vorgeschlagen wird, von ihrer

---
11 Vgl. *Serick* III, 1970, S. 401 f.
12 *Staudinger/Wiegand*, BGB, 12. Aufl. Lfg. 1986, Anh. zu §§ 929 ff. Rdnr. 190.
13 Zum zwingenden Charakter der Akzessorietät vgl. nur *Staudinger/Wiegand*, § 1250 Rdnr. 1.
14 Vgl. für viele *Jauernig*, NJW 1982, 268 ff.
15 Vgl. nur *Medicus*, Bürgerliches Recht, 15. Aufl. 1991, Rdnr. 767.
16 Vgl. auch §§ 1153 Abs. 1, 1250 Abs. 1 BGB; bemerkenswert auch zum Erlöschen der Bürgschaft bei Forderungsabtretung ohne die Sicherheit BGH, ZIP 1991, 1350, 1351.
17 Vgl. zur Verpfändung *Damrau*, in: MünchKomm. BGB, 2. Aufl. 1986, § 1274 Rdnr. 20; zur Pfändung *Stein/Jonas/Münzberg*, ZPO, 20. Aufl. 1986, § 829 Rdnr. 80.
18 Vgl. zur Sicherungsgrundschuld *Baur*, Lehrbuch des Sachenrechts, 15. Aufl. 1989, § 45 II 1.

hinkenden Akzessorietät sprechen, so ist doch diese von der soeben geschilderten Voll-Akzessorietät von Sicherungsrechten bereits grundverschieden. Auf die Grundschuld finden die Vorschriften über die Hypothek nur insoweit entsprechende Anwendung, als sich nicht daraus ein anderes ergibt, daß die Grundschuld eine Forderung nicht voraussetzt (§ 1192 Abs. 1 BGB). Die Grundschuld – auch die Sicherungsgrundschuld[19] – kann ohne die gesicherte Forderung, die gesicherte Forderung ohne die Grundschuld übertragen werden (anders § 1153 Abs. 2 BGB), auch wenn beides im Fall der Sicherungsgrundschuld nicht voneinander unabhängig übertragen werden *darf*.[20] Der vieldiskutierte Rückfall der Sicherungsgrundschuld an den Sicherungsgeber im Fall einer Zahlung „auf die Grundschuld"[21] ist bekanntlich aus dem Text des BGB schwer zu begründen[22], soweit man nicht zu der aus heutiger Sicht rechtsdogmatisch ganz untauglichen[23] Formulierung Zuflucht nimmt, daß die dingliche Belastung auf Zahlung einer bestimmten Geldsumme „aus dem Grundstück" lautet.[24] Daß das Ergebnis gleichwohl dem Gesetzgeberwillen entspricht, hat das Reichsgericht noch aus der Redaktionsarbeit der II. BGB-Kommission hergeleitet.[25] Diese hatte neben der in das BGB eingegangenen Fassung auch die umgekehrte Verweisungstechnik, also eine Regelung der Grundschuld mit anschließenden Sondervorschriften über die Bürgschaft, erwogen und dabei den Entwurfsparagraphen 1139b formuliert, in dessen Abs. 2 es hieß[26]: „Soweit der Eigenthümer den Gläubiger befriedigt, geht die Grundschuld unbeschadet der Vorschrift des § 1142t auf ihn über. Im Falle theilweiser Befriedigung kann der dem Eigenthümer zufallende Theil der Grundschuld nicht zum Nachtheile des dem Gläubiger verbleibenden Theiles geltend gemacht werden." Das Reichsgericht fand hierin bestätigt, daß die Sicherungsgrundschuld zwar nicht vor der Valutierung, wohl aber nach der Rückzahlung der Grundschuldsumme durch den Eigentümer diesem als Eigentümergrundschuld zustehe. Es begründete damit eine bis heute herrschende, in der Ableitung aus dem Gesetzestext freilich etwas

---

19 Vgl. BGH, MDR 1967, 486; NJW-RR 1991, 305 = JuS 1991, 332 m. Anm. *Karsten Schmidt*; *Baur*, § 45 III 1 b.
20 Dazu *Baur*, ebd.
21 RGZ 78, 60, 69; BGH LM § 133 (C) BGB Nr. 38; std. Rspr.; zur Abgrenzung der Zahlung „auf die Grundschuld" und „auf die Forderung" vgl. BGH, NJW-RR 1989, 1036.
22 §§ 1142, 1143? §§ 1168, 1171? *Medicus*, Bürgerliches Recht, Rdnr. 499, stellt „beide Begründungswege letzten Endes zur Wahl".
23 Dazu *Baur*, § 36 II 2 a cc m. w. N.
24 Vgl. *Huber*, Die Sicherungsgrundschuld, 1965, S. 36.
25 RGZ 78, 60, 69.
26 Protokolle der Kommission für die zweite Lesung des Entwurfs des BGB, Bd. IV, 1897, S. 505 (insoweit nicht abgedruckt bei *Mugdan* IV, S. 900).

unbeholfen wirkende Praxis und Lehre. Soweit der Rückfall des dinglichen Rechts bei Zahlung „auf die Grundschuld" als eine gesetzwidrige Quasi-Akzessorietät gebrandmarkt wird, scheint ein Blick auf diese historische Begründung nützlich.

3. Der Akzessorietätsersatz bei der Sicherungsübertragung

Im Fall einer Sicherungsübertragung ergibt sich zunächst ohne besondere Abrede, daß das Sicherungsgut jedenfalls an den Sicherungsgeber zurückzuübertragen ist.[27] Dieser nur schuldrechtliche Zusammenhang zwischen Sicherungszweck und Sicherungsrecht ist im Rechtssinne nicht Ausdruck der Akzessorietät, sondern der Nicht-Akzessorietät. Ein Rückfall der Sicherung kraft Akzessorietät läßt sich anders als aus dem Gesetz nicht begründen. Für die Sicherungsübertragung bedeutet dies, daß er sich überhaupt nicht begründen läßt. Dies ist auch der – so nicht artikulierte – Ausgangspunkt der Praxis. Wenn der Bundesgerichtshof bei einem nicht rechtskundigen Sicherungsnehmer die Entgegennahme der geschuldeten Leistung durch den gesicherten Gläubiger zugleich als stillschweigende Rückabtretung der sicherungshalber abgetretenen Forderung ansieht[28], so mag dies rechtspolitisch als ein (schwacher) Akzessorietätsersatz eingeordnet werden, aber rechtsdogmatisch bleibt diese Konstruktion ganz im Gegenteil eine Konsequenz aus der Nicht-Akzessorietät. Ersatz für die fehlende Akzessorietät schafft hinsichtlich der Rechtszuständigkeit das – ohne Einschaltung des Schuldners allerdings selbst im Fall der Sicherungszession nur inter partes wirkende[29] – Verbot einer isolierten Weiterübertragung[30], hinsichtlich des Entstehens und des Rückfalls des Sicherungsrechts dagegen die aufschiebende bzw. auflösende Bedingung: Die Sicherungsübertragung kann durch die Valutierung aufschiebend und durch die Begleichung der gesicherten Forderung auflösend bedingt sein. Diese Technik ist als „Ersatzakzessorietät"[31] oder als „Akzessorietätsersatz"[32] bezeichnet worden. Nur um ihn – nicht um echte Akzessorietät – kann es bei der von Serick mit dem Bundesge-

---

[27] Vgl. den Hinweis auf BGHZ 100, 95, 105 bei *Serick*, Deutsche Mobiliarsicherheiten. Aufriß und Grundgedanken, 1988, S. 58 f.; der Anspruch ist gleichwohl auf den Sicherungsvertrag, nicht bloß auf § 812 BGB zu stützen; vgl. *Behrens*, Die Rückabwicklung der Sicherungsübereignung bei Erledigung oder Nichterreichung des Sicherungszwecks, 1989, S. 114 ff.; *Gernhuber*, Bürgerliches Recht, 3. Aufl. 1991, § 26 III 2 a; vgl. demgegenüber BGH, WM 1961, 25, 27 (Sicherungsübereignung von Wechseln); NJW 1976, 1093, 1095 (Grundschuld).
[28] BGH, BB 1986, 276, 277; skeptisch *Medicus*, Bürgerliches Recht, Rdnr. 498.
[29] Vgl. §§ 137, 399 BGB.
[30] Vgl. zu diesem Verbot bei der Sicherungsgrundschuld *Serick* III, S. 521 ff.
[31] *Quack*, in: MünchKomm. BGB, 2. Aufl. 1986, Anh. §§ 929–936 Rdnr. 124.
[32] *Medicus*, JuS 1971, 497, 503 f.; *Bähr*, NJW 1983, 1473 ff.

richtshof geführten Diskussion gehen, und es wird sich erweisen, daß sich diese Feststellung nicht in leerer Begrifflichkeit erschöpft.

III. Schwächen der von Rolf Serick kritisierten Ausgangsentscheidungen

1. Das Urteil des VIII. Zivilsenats

Die gegen das von *Serick* – und mit ihm von anderen[33] – attackierte Urteil des VIII. Zivilsenats vom 23. 9. 1981[34] zu erhebenden Einwände lassen sich auf eine einfache Formel bringen: Der Sache nach hat sich der Senat auf eine Auslegung der Sicherungsabtretung beschränkt, die keineswegs unvertretbar ist und die auch nur als ein Auslegungsproblem diskutiert werden sollte. Entschieden wurde, daß den beiderseitigen Interessen bei der Auslegung der Sicherungsabtretung Rechnung getragen werden kann, indem man die Abtretung als durch die Valutierung aufschiebend und als durch die Erledigung des Sicherungszwecks auflösend bedingt auslegt. Was der Senat zur Akzessorietät der gesetzlichen Sicherungsrechte ausgeführt hat, dient nur dem – wie noch zu zeigen sein wird, recht kurzschlüssig eingesetzten – Vergleich mit der Pfandrechtssituation; was in der Entscheidung zum Abstraktionsgrundsatz zu lesen ist, ist nicht nur überflüssig – und damit im schlechten Sinne des Wortes „akademisch"! –, sondern obendrein auch dogmatisch verfehlt, wie sich aus folgenden Ausführungen ergibt[35]: „Die Sicherungsabtretung ist ein abstraktes Verfügungsgeschäft. Sie teilt deshalb nicht von vornherein und in jeder Hinsicht – ipso iure – das rechtliche Schicksal des kausalen Rechtsgeschäfts. Eine derartige Abhängigkeit zwischen Verfügungs- und schuldrechtlichem Kausalgeschäft kann jedoch durch ausdrückliche oder stillschweigende Parteivereinbarung hergestellt werden ... Handelt es sich um eine Sicherungszession, so ist die Annahme, ihre Abhängigkeit von dem Kausalgeschäft sei gewollt, auch von ihrer Funktion und dem beiderseitigen wirtschaftlichen Interesse beider Seiten her geboten ...". Diesen Ausführungen hat *Rolf Serick* überzeugend und in Übereinstimmung mit *Jauernig*[36] widersprochen[37]: Kausalgeschäft und Rechtsgrund der Sicherungsübertragung ist nicht der Kreditvertrag,

---
33 Vgl. nur *Baur*, § 57 III 1 c; *Westermann*, Sachenrecht I, 6. Aufl. 1990, § 44 III 2; *Staudinger/Wiegand*, Anh. zu §§ 929 ff., Rdnr. 34 Fn. 32; *Behrens*, S. 125; *Jauernig*, NJW 1982, 268 ff.; im Grundsatz zust. allerdings *Tiedtke*, DB 1982, 1709, 1712; *Bähr*, NJW 1983, 1473, 1475.
34 Vgl. Fn. 4.
35 BGH, NJW 1982, 275, 276.
36 *Jauernig*, NJW 1982, 268.
37 *Serick* V, S. 13 f.; ders., EWiR 1991, 147, 148.

sondern die Sicherungsabrede.³⁸ Wenn diese Einwände hier wiederholt werden, dann nicht um der Schulmeisterei gegenüber dem VIII. Senat willen, sondern um zu verdeutlichen, daß das Urteil, auf die in Wahrheit entscheidende Auslegungsfrage reduziert, durchaus auch bewahrenswürdige Ansätze enthält. Erst durch seine rechtsdogmatischen Exkurse hat der VIII. Senat unnötig eine Solidarisierungskampagne der Wissenschaft gegen ein vielleicht gar nicht unhaltbares Prozeßergebnis heraufbeschworen.

2. Das Urteil des IX. Zivilsenats

Das neue Urteil des IX. Senats³⁹ vermeidet diese Fehler, beschwört also keine Grundsatzdebatten herauf, sondern konzentriert sich⁴⁰ auf die Vertragsauslegungsfrage. Dafür bleibt es als Einzelfallentscheidung unbefriedigend. In dem Prozeß ging es um die Interventionsmöglichkeit (§ 771 ZPO) bzw. um die Rechte am Surrogat sicherungsübereigneter Personenkraftwagen, die beim Sicherungsgeber aus einem gegen ihn gerichteten Titel gepfändet und verwertet worden waren. Die Sicherungsübereignung war mit der Maßgabe vereinbart, daß das Sicherungseigentum bei Rückzahlung der gesicherten Darlehen automatisch an den Sicherungsgeber zurückfallen solle. Im BGH-Fall ging es dagegen um den Einwand fehlender Valutierung. Das Oberlandesgericht hatte die Klage des Sicherungsnehmers unter Berufung auf eine allgemeine Verknüpfung von Sicherungsübereignung und Forderung abgewiesen. Der schon eingangs zitierte Leitsatz des aufhebenden Revisionsurteils lautet: „Es gibt keinen allgemeinen Rechtsgrundsatz, daß Sicherungsübereignungen stets durch den Sicherungszweck bedingt sind." Dem ist ebenso zu folgen wie der Auffassung des IX. Senats, daß ein Auslegungsproblem vorliegt. Problematisch ist dagegen die Art und Weise, in der der Senat dieses Auslegungsproblem anfaßt: Da der schriftliche Sicherungsvertrag eine auflösende Bedingung für den Rückzahlungsfall, nicht jedoch eine aufschiebende Bedingung enthielt, ging der Senat mangels „weiterer Nachweise" davon aus, daß die Sicherungsübereignung sogleich und nicht erst mit der Valutierung wirksam werden sollte. Da eine Nichtvalutierungseinrede auch im Fall einer wirksamen Sicherungsübereignung erhoben werden kann⁴¹, wirkte sich diese Auslegung im wesentlichen auf die Beweislast des Sicherungsgebers aus: „Denn jedenfalls im vor-

---
38 Dazu statt vieler *Bülow*, Recht der Kreditsicherheiten, 2. Aufl. 1988, Rdnr. 851; zum Verhältnis von Rechtsgrund und causa vgl. eingehend *Behrens*, S. 27 ff., 53 ff.
39 Vgl. Fn. 2.
40 Soweit der Fall hier dargestellt wird.
41 Vgl. dazu *Medicus*, Bürgerliches Recht, Rdnr. 496.

liegenden Falle wurde eine aufschiebene Bedingung nicht vereinbart, so daß die Darlegungslast dafür, daß die zu sichernden Darlehen nicht gewährt worden sind, den Beklagten (scl.: den pfändenden Gläubigern!) obliegt." Auch mit diesem einschränkenden Hinweis bleibt aber die Entscheidung be- und anmerkenswert. Der Senat verwies die Sache an das Berufungsgericht für nähere Feststellungen über die Übereignung sub specie § 138 BGB zurück. Warum erklärte er dann die Auslegungsfrage für spruchreif? Nach *Serick*[42] konnte der Übereignungsvertrag seinem Zusammenhang nach auch dahin ausgelegt werden, „daß das Sicherungsgut auch von Anfang an keine Sekunde ohne den Bestand der zu sichernden Forderung dem Sicherungsnehmer gehören solle". In der Tat: Die lückenhafte Vertragsregelung konnte zu unterschiedlichen Auslegungsergebnissen führen, nicht nur zu dem vom Bundesgerichtshof vollzogenen Gegenschluß, sondern auch zu einem Schluß vom Besonderen auf das Allgemeine. Es kam darauf an, warum die aufschiebende Bedingung in der Vertragsurkunde fehlte: weil das Eigentum unabhängig von der Valutierung übergehen sollte oder weil die Parteien den Fall der Nicht-Valutierung im Gegensatz zum Fall der Rückzahlung nicht für wahrscheinlich und deshalb nicht für erwähnenswert, die Abhängigkeit des Sicherungseigentums von der gesicherten Forderung mit der auflösenden Bedingung für geklärt gehalten hatten.

IV. Zur Fragwürdigkeit institutioneller Argumente

1. Anpassung an die akzessorischen Sicherheiten?

Löst man das Urteil des VIII. Zivilsenats aus seiner wenig geglückten rechtsdogmatischen Staffage, so erscheinen die tragenden Erwägungen nur mehr als eine Auslegungsregel[43]: „Die Akzessorietät entspricht bei der Sicherungsabtretung ... den beiderseitigen Interessen", denn die Sicherungsübertragung „geschieht ... regelmäßig nicht, um die Akzessorietät, sondern um die mit der Pfandrechtsbestellung verbundene Anzeige (§ 1280 BGB), also die Publizität, zu vermeiden". Hinter dieser Auslegungsregel verbirgt sich die auch im akademischen Unterricht verbreitete Annahme, die Sicherungsübereignung diene nur der Umgehung des Faustpfandprinzips[44], die Sicherungsabtretung nur der Umgehung der Anzeige nach § 1280 BGB.[45] Diese für die Auslegungsregel des VIII. Zivilsenats bedeut-

---

42 EWiR 1991, 147, 148.
43 BGH, NJW 1982, 275, 276.
44 Vgl. etwa *Schwab/Prütting*, Sachenrecht, 23. Aufl. 1991, § 34 I; *Bülow*, Rdnr. 833.
45 Vgl. *Larenz*, Lehrbuch des Schuldrechts, Bd. I, 14. Aufl. 1987, § 34 V a; *Bülow*, Rdnr. 833.

same Prämisse ist angreifbar.[46] Hier soll nicht die von *Serick*[47] als obsolet bezeichnete Diskussion über den Umgehungscharakter der Sicherungstreuhand aufgegriffen werden. Die für die Auslegung vom BGH zugrundegelegte Reduzierung des Parteiwillens auf die Bestellung eines besitzlosen Pfandrechts geht jedenfalls an den Realitäten vorbei.[48] Es ließe sich lange darüber spekulieren, was aus der Sicherungsübereignung geworden wäre, wenn der Gesetzgeber das besitzlose Vertragspfandrecht zugelassen hätte. Im Hinblick auf die Karriere der Grundschuld sei jedoch die Vermutung gewagt, daß eine solche Regelung das Sicherungseigentum jedenfalls nicht vollständig verdrängt hätte, eben weil auch die Nicht-Akzessorietät Teil der Attraktivität der Sicherungsübertragung ist.[49] Die Argumentationsweise des VIII. Senats, wonach sich die Akzessorietät des Pfandrechts nach dem regelmäßigen Parteiwillen in Gestalt einer aufschiebenden und auflösenden Bedingung auch der Sicherungsübertragung mitteilt, ist deshalb nicht zu halten.

2. Rechtsklarheit versus Rückfallinteresse?

Wenig überzeugt auf der anderen Seite der gegen die Bedingtheit der Sicherungsübereignung von *Wiegand* ins Feld geführte Hinweis auf die Interessen Dritter sowie der Allgemeinheit an einer Klarheit der Zuordnungsverhältnisse, insbesondere an der Wirksamkeit von Erwerbsgeschäften mit dem Sicherungsnehmer, der, wenn das Eigentum automatisch zurückfiele, nach § 933 BGB keinen gutgläubigen Erwerb einleiten könne.[50] So richtig es nämlich ist, daß bei der Beurteilung von Verkehrsinteressen nicht bloß die Positionen der unmittelbar Beteiligten gegeneinander ausgespielt werden dürfen[51], so sehr ist doch darauf hinzuweisen, daß sich diese Argumente nur gegen eine gesetzliche Akzessorietät, von der nicht die Rede ist, und nicht gegen einen rechtsgeschäftlichen Akzessorietätsersatz verwenden lassen, um den allein es hier geht. Im übrigen ist aber die Argumentation in sich unstimmig. Anknüpfungspunkt für die von *Wiegand* beschworene Transparenz und Klarheit der sachenrechtlichen Zuordnungs- und Besitz-

---

46 Bemerkenswert auch die Ausführungen über Forderungsverpfändung und Sicherungszession bei *Serick*, Deutsche Mobiliarsicherheiten. Aufriß und Grundgedanken, S. 71 ff.
47 Ebd., S. 110.
48 Gegen die Stellung des Sicherungsnehmers als Pfandgläubiger vgl. auch *Serick* II, 1965, S. 266 f.
49 Bemerkenswert für die Sicherungszession nach schweizerischem Recht, das keine Anzeige i. S. von § 1280 BGB kennt, *Wiegand*, ZBJV 116 (1980), 537, 560 f.
50 *Staudinger/Wiegand*, Anh. zu §§ 929 ff. Rdnrn. 204 f.
51 Gerade der *Verf.* hat dies verschiedentlich betont; so z. B. im Zusammenhang mit der offenen Stellvertretung in JuS 1987, 425, 426.

verhältnisse ist im Mobiliarsachenrecht der unmittelbare Besitz.[52] Wenn das BGB selbst ein Besitzpfandrecht oder ein unter Mitteilung nach § 1280 BGB bestelltes Forderungspfandrecht mit der Tilgung der gesicherten Forderung nach § 1253 BGB erlöschen läßt, ist unter dem Gesichtspunkt der Transparenz nicht zu verstehen, warum nicht das Eigentum oder Forderungsrecht bei einer ohne solchen Publizitätsaufwand bestellten Sicherungsübertragung mit Zweckerreichung dorthin zurückfallen soll, wo es der Rechtsverkehr vermutet: an den Besteller (im Fall des Sicherungseigentums: an den Besitzer).

3. Zwischenbefund

Institutionelle Argumente, die von den Interessen der Parteien absehen, haben sich als zweifelhaft erwiesen. Das muß nicht bedeuten, daß die Auslegungslehre vor der Vielfalt der Fälle des Lebens kapitulieren muß. Ziel muß es sein, sich den typischen Interessen der Vertragsparteien fallgruppenweise zu nähern.

V. Der typisierte Parteiwille

1. Keine Bedingung ohne Grundlage im Willen der Parteien

Nach der herrschenden Meinung ist die Sicherungsübertragung sowohl im Fall der Sicherungsübereignung als auch im Fall der Sicherungsübertragung im Zweifel unbedingt vereinbart, also weder bis zur Valutierung aufgeschoben[53] noch vor allem mit einem automatischen Rückfall des Sicherungsgutes bei Fortfall des Sicherungszwecks verbunden.[54] Wird der Sicherungszweck vereitelt (Hauptfall: endgültige Nichtvalutierung) oder erledigt er sich (Hauptfall: endgültige Tilgung der gesicherten Schuld), so löst dies nur einen Rückübertragungsanspruch aus.[55] Diese herrschende Auffassung wird vor allem von *Serick* kritisiert, der aus der typischen Interessenlage den regelmäßig vorhandenen Willen zu nur bedingter Übereignung heraus-

---

52 Vgl. nur *Eichler*, Institutionen des Sachenrechts I, 1954, S. 89; *Staudinger/Seiler*, vor § 854 Rdnr. 56.
53 Die Frage der *aufschiebenden* Bedingung wird vergleichsweise selten herausgestellt; s. aber z. B. *Serick* III, S. 308 Fn. 119.
54 Vgl. allgemein *Coing*, Die Treuhand kraft privaten Rechtsgeschäfts, 1973, S. 198; speziell für die Sicherungsübereignung BGH, NJW 1984, 1184, 1185f.; *Baur*, § 57 III 1b; *Bülow*, Rdnr. 863; *Westermann* I, § 44 III 2; *Erman/Alfred Schmidt*, BGB, 8. Aufl. 1989, Anh. §§ 929–931 Rdnr. 3; a. A. *Soergel/Mühl*, BGB, 12. Aufl. 1989, § 930 Rdnr. 78; für die *Sicherungsabtretung*: RGZ 102, 385, 386; RG, HRR 1930 Nr. 2145; BGH, WM 1960, 1407, 1408; *Soergel/Zeiss*, BGB, 12. Aufl. 1990, § 398 Rdnr. 17; *Palandt/Heinrichs*, BGB, 50. Aufl. 1991, § 398 Rdnr. 21.
55 Überblick bei *Erman/Alfred Schmidt*, Anh. zu §§ 929–931 Rdnr. 3.

liest.⁵⁶ Unrichtig ist ohne Zweifel die bisweilen anzutreffende Formulierung, eine solche Bedingung müsse „ausdrücklich" vereinbart sein.⁵⁷ Träfe dies zu, so wäre das Auslegungsproblem inexistent, denn es stellt sich nur, wenn eine ausdrückliche Vereinbarung fehlt.⁵⁸ Die Frage kann nur dahin gehen, ob man mit dem Reichsgericht „besondere Tatsachen" verlangen muß, „aus denen als Vertragswille der Abtretungsparteien klar zu erkennen ist, daß mit der Befriedigung auch die dingliche Wirkung ... erloschen sein soll".⁵⁹

2. Die typischen Parteiinteressen

a) Was die Interessen des Sicherungsnehmers anlangt, wäre es unrichtig, ihm jedes schutzwürdige Interesse an der unbedingten Sicherungsübertragung abzusprechen. Seine Hauptinteressen sind folgende:

- Die unbedingte Sicherungsübertragung überführt das Sicherungsgut – wenn auch treuhänderisch gebunden – im Verhältnis zu Dritten unbeschadet schuldrechtlich wirksam vereinbarter Verfügungsbeschränkungen (§ 137 BGB!) vollständig in sein Vermögen, was die Verwertung erleichtert.⁶⁰
- Sie kehrt die Beweislast um, so daß der Schuldner nicht nur die Rückzahlung, sondern auch die Nichtvalutierung darzulegen und zu beweisen hat.⁶¹
- Sie erleichtert das Sicherungsgeschäft bei Umschuldungen und bei sonstigen Überführungen der Sicherheit auf eine neue zu sichernde Forderung.⁶²

b) Die Interessen des Sicherungsgebers an einer bedingten Übertragung liegen auf der Hand:

- Die nach außen unbeschränkte Verfügungsmacht des Sicherungsnehmers ist nicht weiter ausgedehnt als nach dem Sicherungszweck notwendig, womit ein Überschuß an Rechtsmacht vermieden wird.⁶³

---

56 Vgl. für die Sicherungsabtretung *Serick* III, S. 399 ff.; für die Sicherungsübereignung *ders.*, EWiR 1991, 147, 148.
57 Vgl. nur OLG München, WM 1972, 760, 762.
58 Treffend *Serick*, EWiR 1991, 147.
59 So für die Sicherungsabtretung RG, JW 1929, 182, 183 m. Anm. *Sobernheim*.
60 Dazu *Serick* III, S. 394.
61 Charakteristisch der Ausgangsfall BGH, NJW 1991, 353; s. auch *Scholz/Lwowski*, Das Recht der Kreditsicherung, 6. Auflage 1986, Rdnr. 226.
62 Zum Sonderproblem der Besicherung des Bereicherungsanspruchs bei Nichtigkeit des Darlehnsvertrags vgl. dagegen *Staudinger/Hopt/Mülbert*, § 607 Rdnr. 320.
63 Vgl. *Serick* III, S. 398.

- Der Sicherungsnehmer genießt den Schutz des § 161 BGB.[64]
- Der automatische Rückfall des Sicherungsguts kommt der Kreditwürdigkeit des Sicherungsgebers zugute.[65]
- Der Sicherungsgeber kann, ohne als Nichtberechtigter zu handeln, durch eine sog. Anschlußsicherungsübereignung bereits vor der Rückzahlung des gesicherten Kredits das Anwartschaftsrecht übertragen[66], während ohne eine solche auflösende Bedingung nur der Rückübertragungsanspruch zur Sicherheit übertragen werden kann.[67]

3. Die Auslegungsaufgabe

Die typisierende Auslegung sollte sich nicht auf die Hypothese beschränken, daß im Kreditgeschäft der Kreditgeber und Sicherungsnehmer der Stärkere, sein Interesse also nach dem mutmaßlichen Parteiwillen das vordringliche ist.[68] Will der Kreditgeber seine Interessen in so pauschaler Weise verwirklichen, so mag er für eine klarstellende Regelung im Vertragstext sorgen. Läßt er es daran fehlen, so wird ohne die Abwägung der beiderseitigen Interessen nicht auszukommen sein. Hierauf konzentriert sich das Lösungskonzept von *Serick*[69], das in der Methode als maßstabgebend anzusehen ist, auch wenn ihm nicht in sämtlichen Einzelwertungen gefolgt werden muß.

VI. Versuch einer Fallgruppenbildung

1. Der verlängerte Eigentumsvorbehalt

Eine zugleich aufschiebend und auflösend bedingte Übereignung oder Abtretung ist im Zweifel bei der Vorausübertragung unter verlängertem Eigentumsvorbehalt[70] gewollt: Dient die Vorausabtretung oder Vorausübereignung nur der Besicherung einer einzigen Kaufpreisforderung[71], so

---

64 *Eichler*, Institutionen I, S. 135.
65 Vgl. *Pottschmidt/Rohr*, Kreditsicherungsrecht, 3. Aufl. 1986, Rdnr. 514.
66 Dazu eingehend *Mormann*, in: Festgabe Heusinger, 1968, S. 185 ff.; s. auch BGH, NJW 1984, 1184, 1185 m. w. N.
67 Dazu *Scholz/Lwowski*, Rdnr. 236.
68 Zur höheren Beachtung der Interessen des Sicherungsnehmers vgl. nur BGH, NJW 1984, 1184, 1186; mit Recht gegen die Konzentration nur auf die Interessen des Sicherungsnehmers *Serick* III, S. 399.
69 *Serick* III, S. 394 ff.
70 Dazu umfassend *Serick* IV, 1976, S. 257 ff.
71 Bei einem zugleich erweiterten Eigentumsvorbehalt, insbesondere beim Kontokorrentvorbehalt, ist die Rechtslage zweifelhaft; immerhin fällt auch beim Kontokorrentvorbehalt das Eigentum endgültig dem Käufer zu, sobald auch nur vorübergehend alle Verbindlichkeiten beglichen sind (BGH, JuS 1978, 348 m. Anm. *Karsten Schmidt*); das wollen die Parteien beim gleichzeitig verlängerten und erweiterten Eigentumsvorbehalt vermeiden.

ist nach dem Willen der Beteiligten die Wirksamkeit der Abtretung bzw. Übereignung im umgekehrten Sinn an dieselbe Bedingung geknüpft wie die Übereignung der Kaufsache: War diese bereits vor der Verarbeitung oder Weiterveräußerung durch die aufschiebend bedingte Übereignung Eigentum des Käufers geworden, so geht die Sicherungsübertragung als bloße Verlängerungsform des Eigentumsvorbehalts ins Leere. Tritt die Bedingung (Tilgung der Kaufpreisverbindlichkeit) nachträglich ein, so fällt das sicherungsweise übertragene Surrogat der Kaufsache ebenso in das Vermögen des Käufers wie beim einfachen Eigentumsvorbehalt die Kaufsache selbst.

2. Die Besicherung eines Kontokorrentkredits

Nicht gewollt ist eine automatische Verknüpfung von Sicherungsübertragung und Kreditvalutierung im Zweifel bei der Besicherung eines Kontokorrentkredits. Die ständige Veränderung des Sicherungsvolumens mit dem Kreditvolumen ist rechtskonstruktiv mit dem Pfandrecht, nicht aber mit der fiduziarischen Sicherungsübertragung vereinbar. Schon aus praktischen Gründen käme deshalb als aufschiebende Bedingung allenfalls die Krediteröffnung, als auflösende Bedingung allenfalls der endgültige Fortfall des Sicherungszwecks in Frage. Da dieser – etwa im Fall einer Kündigung des Kontokorrentkredits – häufig umstritten sein wird, das Sicherungsrecht jedoch gerade in diesem Fall nicht mit prozessualen Risiken belastet sein soll, ist hier im Zweifel anzunehmen, daß die Sicherungsübertragung als unbedingte gewollt ist.[72]

3. Die Besicherung eines Bankkredits

Mit diesem letzten Argument ist übergeleitet zum Problem der bankmäßigen Besicherung. Wie unter VII 2 zu besprechen sein wird, sichern sich die Kreditinstitute durch ihre Allgemeinen Geschäftsbedingungen gegen einen automatischen Rückfall von Sicherungsrechten. Mehr als Vorüberlegung für die AGB-Problematik denn als unmittelbar rechtspraktisches Problem ist deshalb die Überlegung von Interesse, ob bei Stillschweigen eines Sicherungsvertrages die Sicherungsübertragung für Bankkredite eine unbedingte oder eine bedingte wäre. Die Interessenlage spricht gegen die Annahme einer bedingten Übereignung, denn das Beweislast- und Sicherungsinteresse des Kreditnehmers und Sicherungsgebers ist in Anbetracht banküblicher

---

72 Vgl. zum generellen Interesse an der Klarheit der Eigentumszuordnung *Staudinger/Wiegand*, Anh. zu §§ 929 ff. Rdnr. 205; s. auch *Serick* III, S. 251.

Praktiken geringer als bei nicht-institutionellen Kreditgebern, und die erleichterte Besicherung eines Umschuldungsvorgangs[73] unterstreicht neben der bisweilen unklaren Rechtslage bei der Erledigung des Sicherungszwecks[74] das berechtigte Interesse an einer unbedingten Sicherheit jedenfalls beim klassischen – nicht bloß der organisierten Abzahlungsfinanzierung dienenden[75] – Bankkredit.

4. Zwischenergebnis

Es gibt hiernach klassische Sicherungsfälle, in denen der Parteiwille typusgerecht entwickelt werden kann. Nur wo es hieran – insbesondere an einem schutzwürdigen Interesse des Kreditgebers an unbedingter Übereignung – fehlt, besteht Diskussionsbedarf für die von *Serick* herausgearbeitete These, daß die Sicherungsübertragung im Zweifel nicht nur obligatorisch auf die Dauer des Sicherungszwecks zugeschnitten, sondern durch aufschiebende und auflösende Bedingung mit Wirkung erga omnes – unsere am Sachenrecht orientierte Terminologie pflegt zu sagen: mit „dinglicher" Wirkung – an den Sicherungszweck gebunden ist.[76] Das liest sich wie eine Abschwächung dieser These, soll aber nur als ihre Reduktion auf diejenigen Situationen begriffen werden, in denen es ihrer bedarf.

5. Sonderstellung der Sicherungszession?

a) Namentlich bei der Sicherungsabtretung sprechen in den hier verbliebenen Zweifelsfällen gravierende Gründe für die Annahme stillschweigend vereinbarter Bedingungen. Blickt man nur auf das Ergebnis der hier zum Ausgang genommenen Entscheidungen, so stellt sich die Frage, ob etwa die Rechtsprechung bei der Sicherungsabtretung eher als bei der Sicherungsübereignung zur Annahme konkludent vereinbarter Bedingungen bereit ist. Namentlich bei der Abtretung von Lohnforderungen – und hier gerade auch für die auflösende Bedingung – liegt diese Vermutung nicht fern. So liest man in einem Urteil des OLG Düsseldorf[77]: „Bei der Sicherungsabtretung einer Lohnforderung, bei der die Gläubigerin, wie im vorliegenden

---

73 Vgl. Text bei Fn. 62.
74 Dazu vgl. BGH, NJW 1984, 1184, 1185f.
75 Zur Abhängigkeit der Sicherungsübereignung von der Darlehensbewilligung beim finanzierten Kauf vgl. *Ostler/Weidner*, AbzG, 6. Aufl. 1971, § 6 Anm. 97.
76 Vgl. Fn. 56; s. auch *Pottschmidt/Rohr*, Rdnr. 515; *Baur*, § 57 III 1 b; s. auch im Anschluß an das Urteil des VIII. Senats *Palandt/Bassenge*, § 930 Rdnr. 15; *Tiedtke*, DB 1982, 1709, 1711f.; *Bähr*, NJW 1983, 1473, 1475f.
77 OLG Düsseldorf, DB 1967, 1760.

Falle, mit dem regelmäßigen Eingang von im wesentlichen gleich hohen monatlichen Zahlungen rechnen kann und bei der das Abrechnungsverhältnis zwischen Gläubiger und Schuldner einfach ist, bei der aber der Schuldner der Natur der abgetretenen Forderung entsprechend ein erhebliches Interesse an alsbaldigem Rückfall der Forderung nach Schuldtilgung hat, tritt in der Regel das Sicherungsinteresse des Gläubigers gegenüber dem Interesse des Schuldners am alsbaldigen Rückfall der Forderung nach Schuldtilgung zurück. Dieser Interessenlage entspricht die Vereinbarung einer auflösenden Bedingung am meisten."

b) Wer entgegen der hier unter IV 2 vertretenen Auffassung vor allem die Rechtsklarheitsinteressen Dritter in den Vordergrund stellt, wird noch entschiedener für eine Sonderbehandlung der Sicherungsabtretung streiten. Es ist nicht zu verkennen, daß die Gläubiger des Sicherungsgebers im Fall einer bedingten Sicherungsübertragung besser geschützt sind als bei der bloßen Vereinbarung eines Rückübertragungsanspruchs. Handelt es sich um den klassischen Fall einer Sicherungsübereignung nach § 930 BGB, so können sie immerhin das Sicherungsgut nach § 808 ZPO pfänden und eine etwaige Drittwiderspruchsklage des Sicherungsnehmers[78] bzw. die Klage auf vorzugsweise Befriedigung[79] mit dem Nichtvalutierungseinwand abwehren.[80] Schlecht sieht es dagegen, wenn man den Standpunkt der herrschenden Meinung zugrundelegt, für die Gläubiger des Sicherungsgebers bei der Sicherungsabtretung aus. Nach der ständigen Rechtsprechung geht die Pfändung einer dem Schuldner nicht zustehenden – wenn auch vielleicht obligatorisch gebührenden! – Forderung unheilbar ins Leere[81], wird also durch den nachträglichen Rückfall der gepfändeten Forderung an den Schuldner nicht analog § 185 Abs. 2 BGB geheilt.[82] Die vom Bundesgerichtshof empfohlene Möglichkeit, „den Anspruch des Schuldners auf Rückabtretung der zur Sicherheit abgetretenen Forderung pfänden und sich zur Einziehung überweisen zu lassen"[83], wird, wenn nicht einmal der

---

78 Vgl. *Serick* III, S. 217.
79 Zur Abgrenzung zwischen § 771 und § 805 ZPO vgl. m.w.N. *Karsten Schmidt*, in: Münch-Komm. ZPO, 1992, § 771 Rdnr. 29.
80 Dazu *Serick* III, S. 218.
81 RG, JW 1930, 551; BGHZ 56, 339, 350f.; BGH, NJW 1986, 2430; konsequent für die Anfechtung BGHZ 100, 36, 42 = JZ 1987, 931; dazu *Jaeger/Henckel*, KO, 9. Aufl. 1991, § 37 Rdnr. 41; *Karsten Schmidt*, JZ 1987, 889 ff.
82 Zust. die h.L.; vgl. nur *Baur/Stürner*, Zwangsvollstreckungs-, Konkurs- und Vergleichsrecht, 11. Aufl. 1983, Rdnr. 502; *Rosenberg/Gaul/Schilken*, Zwangsvollstreckungsrecht, 10. Aufl. 1987, § 55 I 3a aa; *Jauernig*, Zwangsvollstreckungs-, Konkurs- und Vergleichsrecht, 19. Aufl. 1990, § 19 V 3; *Stein/Jonas/Münzberg*, § 829 Rdnr. 68; *Staudinger/Dilcher*, BGB, 12. Aufl. 1980, § 185 Rdnr. 21; a.A. *Soergel/Leptien*, BGB, 12. Aufl. 1987, § 185 Rdnr. 6.
83 BGH, WM 1976, 151, 152.

nach § 840 ZPO auskunftspflichtige Drittschuldner von der – im Gegensatz zu § 1280 BGB ja anzeigefreien! – Sicherungsabtretung wußte, nicht viel nützen, und sie geht vollends fehl, wenn der gesicherte Gläubiger die abgetretene Forderung freiwillig – nur eben nach ihrer Pfändung – an den Vollstreckungsschuldner zurückabtritt. In dieser Situation sollte mit der vom Verfasser[84] und wenigen, meist zivilprozessualen, Autoren[85] befürworteten Heilung der Forderungspfändung analog § 185 Abs. 2 ZPO geholfen werden: Zediert der Kreditgeber und Sicherungsnehmer – z.B. noch nach Klageerhebung des Vollstreckungsgläubigers gegen den Drittschuldner – die Forderung an den Sicherungsgeber zurück, so werden der Pfändungsbeschluß und der Überweisungsbeschluß wirksam. Erst diese Auffassung macht die Folgen einer unbedingten Sicherungszession für die Gläubiger des Sicherungsgebers überhaupt erträglich.

c) Nun wurde hier allerdings dem Interesse der Vertragsparteien gegenüber solchen institutionellen Auslegungserwägungen der Vorzug gegeben (oben unter IV 3). Auch in dieser Hinsicht besteht aber Grund, der bedingten Verfügung bei der Sicherungszession im Zweifel den Vorzug zu geben. Wer eine bewegliche Sache nach § 930 BGB zur Sicherheit übereignet, bleibt immerhin Besitzer und ist in seinem Besitzrecht gegenüber Dritterwerbern (§ 986 Abs. 2 BGB) sowie gegenüber Gläubigern des Sicherungsnehmers (§§ 809, 846f., 804 Abs. 2 ZPO, 1275, 404 BGB) geschützt.[86] Dem Sicherungszedenten kommt ein solcher drittwirkender Schutz nicht zugute. Seine Interventionsbefugnis gegen Forderungspfändungen gegenüber seinem Gläubiger[87] gibt keinen gleichwertigen Schutz. Er ist demnach stärker als der Besitzer einer zur Sicherheit übereigneten Sache auf die Schutzwirkungen einer aufschiebenden und auflösenden Bedingung angewiesen. Vollends gilt dies bei der Vorausabtretung und hier namentlich bei der Lohnabtretung.[88] Da kein Bedürfnis besteht, den durch §§ 407ff. BGB hinlänglich geschützten Drittschuldner gegen die Unsicherheit einer bedingten Sicherungsabtretung besonders zu schützen, wird man im Zweifel von der Vereinbarung einer Bedingung auszugehen haben. Im AGB-Bereich wird die Problematik nochmals aufzugreifen sein.

---

84 *Karsten Schmidt*, ZZP 87 (1974), 316, 326ff.; zuvor bereits OLG München, NJW 1954, 1124; *Blomeyer*, in: Festgabe v. Lübtow, 1970, S. 817; *Tiedtke*, NJW 1972, 748f.
85 Vgl. *Blomeyer*, Zivilprozeßrecht II (Vollstreckungsverfahren), 1975, § 55 II; *Brox/Walker*, Zwangsvollstreckungsrecht, 3. Aufl. 1990, Rdnr. 615; *Thiele*, in: MünchKomm. BGB, 2. Aufl. 1984, § 185 Rdnr. 16.
86 Vgl. auch *Medicus*, Bürgerliches Recht, Rdnr. 504.
87 Dazu *Stein/Jonas/Münzberg*, § 771 Rdnr. 20.
88 Für auflösende Bedingung auch *Wolf/Horn/Lindacher*, AGBG, 2. Aufl. 1989, § 9 Rdnr. S 117.

VII. Akzessorietätsdiskussion und AGB-Problematik

1. Fragestellungen

In Allgemeinen Geschäftsbedingungen kann eine Abhängigkeit des Sicherungseigentums von der gesicherten Forderung ausdrücklich – z.B. durch Bestimmung eines Rückübereignunganspruchs wie in Nr. 19 Abs. 6 AGB Banken[89] – vereinbart sein.[90] In diesem Fall ist nicht die Auslegung, sondern nur die Wirksamkeit der Vereinbarung bzw. der Geschäftsbedingungen zu prüfen. Ist in Allgemeinen Geschäftsbedingungen die Frage nicht geregelt, so wird daraus ein Auslegungsproblem.

2. AGB-Diskussion unter dem Eindruck der Akzessorietätsthese

Daß die Ausgangsentscheidung des VIII. Senats nicht ohne Wirkung auf die Diskussion um § 9 AGBG bleiben könne, hat namentlich *Wolfgang Wiegand* herausgestellt[91]: „Man könnte sie dahin interpretieren, daß jedenfalls Sicherungsübereignungen in vorformulierten Vertragsbestimmungen als akzessorisch anzusehen seien, weil sie ansonsten einer Prüfung nach § 9 AGBG nicht standhalten würden. Anders ausgedrückt: Das gesetzliche Leitbild sei für die Sicherungsübereignung das akzessorische Pfandrecht und davon abweichende Gestaltungen seien unangemessene Klauseln im Sinne des § 9 AGBG – oder aber eben im Sinne einer akzessorischen Sicherungsübereignung zu interpretieren." Diese Befürchtung ist nicht bloß in den Bereich der Theorie zu verweisen. Bekanntlich hat der IX. Zivilsenat des Bundesgerichtshofs die Zubilligung eines bloßen Rückübertragungsanspruchs bei der formularmäßigen Besicherung eines Bankkredits im Jahr 1984 als mit § 9 AGBG vereinbar bezeichnet.[92] Er hat sich damit gegen Stimmen im Schrifttum[93] gewandt, und hier namentlich gegen *Friedrich Quack*.[94] Dieser sieht in der unbedingten Sicherungsübereignung auch

---

[89] Die bisherige Fassung (die Überarbeitung der AGB-Banken war bei Manuskriptabgabe noch nicht abgeschlossen) lautet: „Die Bank ist verpflichtet, auf Verlangen des Kunden Sicherheitsgegenstände nach ihrer Wahl freizugeben, soweit der Wert des Sicherungsgutes die vereinbarte Deckungsgrenze nicht nur vorübergehend überschreitet. Ist keine Deckungsgrenze vereinbart, so hat die Bank auf Verlangen des Kunden Sicherungsgegenstände nach billigem Ermessen freizugeben, soweit sie diese nicht nur vorübergehend nicht mehr benötigt."
[90] Vgl. nur BGH, WM 1960, 1407, 1408; 1976, 151, 152; 1972, 760, 762.
[91] *Staudinger/Wiegand*, Anh. zu §§ 929 ff., Rdnr. 194.
[92] BGH, NJW 1984, 1184; vgl. demgegenüber für akzessorische Sicherheiten (Bürgschaft) BGH, ZIP 1991, 1350.
[93] *Quack*, in: MünchKomm. BGB, Anh. §§ 929–936 Rdnrn. 123 f.; *Wolf*, in: Festschrift Baur, 1981, S. 159 ff.; differenzierend jetzt *Wolf*, in *Wolf/Horn/Lindacher*, § 9 Rdnr. S 112.
[94] Ebd.

noch nach dem Urteil von 1984 eine „extreme Abweichung vom gesetzlichen Modell", der gegenüber eine Anwendung des § 9 AGBG „die gesetzlichen Wertungsgesichtspunkte durchsetzen" soll. Diese Ausführungen müssen gerade in Anbetracht der vom IX. Zivilsenat gegebenen Begründung verwundern, denn darin wird ein für die Sicherungsübertragung maßgebliches Leitbild der Akzessorietät weder im Blick auf die Pfandrechtsregeln noch im Blick auf den Eigentumsvorbehalt anerkannt. Die Ausführungen des Senats, denen nichts hinzuzufügen ist, lauten insoweit[95]: „Die Ausgestaltung der Bürgschaft, des Pfandrechts und der Hypothek als vom Bestand der Forderung abhängige (akzessorische) Sicherheiten bedeutet nicht, daß alle Sicherungsrechte nach dem Willen des Gesetzgebers akzessorisch sein sollen. Dem Gesetzgeber des BGB war die Praxis bekannt, nichtakzessorische Rechte als Sicherheit zu bestellen oder zu übertragen. Er hat sie im Gesetz ausdrücklich anerkannt (vgl. § 223 II BGB und dazu Gaul, AcP 168, 357 bis 361; ferner § 6 Abs. 1 S. 3, 27 II VglO). Für die Sicherungsübertragung nichtakzessorischer Rechte hat er es bei den allgemeinen Regeln bewenden lassen, insbesondere grundsätzlich keine Abhängigkeit des dinglichen Rechts von der gesicherten Forderung hergestellt. § 455 BGB bildet nur scheinbar eine Ausnahme. Die Vorschrift beruht auf dem Bestreben des Gesetzgebers, die rechtliche Bedeutung des bei Kreditkäufen bereits damals üblichen Eigentumsvorbehalts in Zweifelsfällen auf eine dem mutmaßlichen Parteiwillen möglichst entsprechende Weise klarzustellen (vgl. Mugdan, Die gesamten Materialien zum BGB II, S. 781 f.). Er hatte jedoch nicht die Absicht, bedingte Eigentumsübertragungen gesetzlich zu begünstigen und den Bestand nichtakzessorischer dinglicher Sicherungsrechte allgemein an den Bestand der gesicherten Forderung zu knüpfen (vgl. Mugdan, III. Bd., S. 186)."

3. Zur Angemessenheitskontrolle

a) Nicht § 9 Abs. 2 AGBG, wohl aber die Generalklausel des § 9 Abs. 1 AGBG ist hiernach der Sitz des Problems. Nicht die Anwendung des § 9 AGBG an sich, sondern nur der generalisierende Schluß von dem vermeintlichen Leitbild der Akzessorietät auf die Unangemessenheit der unbedingten Sicherungsübereignung verdient Kritik. Die eine unangemessene, mit den Geboten von Treu und Glauben unvereinbare Benachteiligung durch unbedingte formularmäßige Sicherungsübertragungen bejahenden Stimmen sind nicht vereinzelt geblieben.[96] Formularmäßige Kreditsicherungen

---

95 BGH, NJW 1984, 1184, 1186.
96 Vgl. außer den bei Fn. 93 Genannten: *Pottschmidt/Rohr,* Rdnr. 516.

halten der Inhaltskontrolle nach § 9 Abs. 1 AGBG nur dann stand[97], „wenn sie Zweck und Umfang der Zession sowie die Voraussetzungen, unter denen der Verwender von ihr Gebrauch machen darf, hinreichend eindeutig bestimmen und zu einem vernünftigen, die schutzwürdigen Belange beider Vertragspartner angemessen berücksichtigenden Interessenausgleich führen. Dabei ist das Sicherungsinteresse der Bank, der in solchen Fällen als einziges Kreditsicherungsmittel häufig nur die künftigen Lohn-, Gehalts-, Provisions- oder Sozialleistungsansprüche des Kreditnehmers zur Verfügung stehen, gegen das Interesse des Kunden an der Erhaltung seiner wirtschaftlichen Bewegungsfreiheit abzuwägen." Eine Unvereinbarkeit unbedingter Sicherungsübereignungs- bzw. -abtretungsklauseln mit diesen Maßstäben liegt in denjenigen der unter VI angeführten Fallgruppen nahe, in denen ein schützenswertes Interesse des Sicherungsnehmers an der unbedingten Sicherungsübertragung jedenfalls grundsätzlich nicht ersichtlich war.

b) Nach dem unter VI 5 Gesagten liegt eine besonders strenge Kontrolle bei formularmäßigen Sicherungsabtretungen nahe, und zwar vor allem bei unbedingten Lohnabtretungsklauseln. Viel zu apodiktisch sagte hier etwa das Landgericht Nürnberg-Fürth[98]: „Andererseits ist die Vereinbarung der hier unbedingten Sicherungsabtretung durch ein anerkennenswertes Sicherungsinteresse der Beklagten gerechtfertigt. Es ist auch keine unangemessene Benachteiligung der Sicherungsgeber im Sinne des § 9 Abs. 1 AGBG darin zu sehen, daß ihnen für den Fall der vollständigen Erfüllung der Ansprüche der Beklagten nur ein schuldrechtlicher Abtretungsanspruch eingeräumt ist (vgl. BGH, NJW 1984, 1184, 1186 zum Fall der Sicherungsübereignung)." Demgegenüber liest man in den Gründen des aufhebenden OLG-Urteils[99]: „Erschwerend kommt hinzu, daß sich die Beklagte lediglich schuldrechtlich zur Rückabtretung der Forderung nach Tilgung aller ihrer Ansprüche verpflichtet hat (vgl. dazu insbesondere M. Wolf, a.a.O.). Denn die Folge ist, daß der Darlehensnehmer notfalls selbst nach Tilgung sämtlicher Ansprüche der Beklagten erst im Klagewege die Freigabe seiner pfändbaren Einkommensteile erreichen kann, wodurch namentlich in einem etwaigen Konkurs der Beklagten die Position der Darlehensnehmer außerordentlich erschwert und gefährdet wird. Dieser Umstand muß nach Meinung des Senats gleichfalls zur Anwendung des § 9 Abs. 1 AGBG auf

---

97 Wörtlich aus BGHZ 108, 98, 104f. = ZIP 1989, 968, 970; zu Zweckbestimmungsklauseln vgl. auch *Wolf/Horn/Lindacher*, § 9 Rdnrn. 596ff.
98 BB 1987, 1559, 1561.
99 OLG Nürnberg, ZIP 1988, 363, 366

die Abtretungsklausel der Beklagten führen." Der Bundesgerichtshof hat dieses OLG-Urteil bestätigt[100] und darauf hingewiesen, daß die fehlende Akzessorietät bei Sicherungs-Vorausabtretungen für den Fall fortschreitender Tilgungen auch durch Freigabeklauseln entschärft werden kann und unter dem Regime des § 9 AGBG u. U. entschärft werden muß. Ob hierfür die Vereinbarung eines schuldrechtlichen Rückgewährungsanspruchs genügt oder ob die Geschäftsbedingungen eine auflösend bedingte Freigabe vorsehen müssen, hat er ausdrücklich unentschieden gelassen.[101]

4. Zur Unklarheitsregel

Zweifel bei der Auslegung Allgemeiner Geschäftsbedingungen gehen zu Lasten des Verwenders (§ 5 AGBG). Es wäre vorschnell, bei Fehlen einer besonderen Regelung über die Rückgewähr des Sicherungsgutes aus der Nichtakzessorietät der Sicherungsübertragung zu schließen, daß die Allgemeinen Geschäftsbedingungen des Kreditnehmers auf unbedingte Sicherungsübertragung gehen und daß dem Sicherungsnehmer mit der Tilgung der gesicherten Forderung nur ein Rückforderungsanspruch zuwächst, nicht aber das Sicherungsgut an ihn zurückfällt. Dies hat allerdings der IX. Senat im Jahr 1984 für den Fall einer Maschinenfinanzierung durch eine Bank angenommen und dabei ausgeführt, es sei „naheliegend, daß die Bank als Verwenderin des Vertragsformulars für sich selbst keine beschränktere Sicherung wollte".[102] Gegen eine auflösend bedingte Sicherungsübereignung spreche das Sicherungsinteresse der Kreditinstitute.[103] Die Vereinbarung auflösend bedingten Sicherungseigentums sei im Bankgewerbe nicht üblich, und deshalb könne angesichts des Wortlauts des Formularvertrags und der Gepflogenheiten der Kreditinstitute „ein verständiger und vernünftiger Vertragspartner der Bank nicht zu der Auffassung gelangen, er übertrage der Bank nur auflösend bedingt Sicherungseigentum ... Eine Auslegungsregel dahin, daß die Vertragsparteien im Zweifel eine auflösend bedingte Sicherungsübereignung gewollt haben, ist jedenfalls bei dieser Sachlage nicht anzuerkennen".[104]

Diese Ausführungen verwundern deshalb, weil nach dem klaren Inhalt des § 5 AGBG nicht das Fehlen einer für die Bedingung sprechenden Ausle-

---

100 BGHZ 108, 98 = ZIP 1989, 968; dazu *Wolf*, EWiR 1989, 837.
101 BGHZ 108, 98, 108 = ZIP 1989, 968, 971.
102 BGH, NJW 1984, 1184, 1185; dazu auch *Ulmer/Brandner/Hensen*, AGBG, 6. Aufl. 1990, § 5 Rdnr. 35.
103 BGH, NJW 1984, 1184, 1186.
104 BGH, NJW 1984, 1184, 1185.

gungsregel streitentscheidend sein mußte, sondern es war, sollte nicht die Unklarheitsregel Anwendung finden, nach einer für die Einräumung eines bloßen Rückübertragungsanspruchs sprechenden Auslegungsregel zu fragen. Hierfür konnte schwerlich die Überlegung genügen, daß sich der Verwender (die Bank) im Zweifel die weitestgehenden Rechte (nämlich unbedingtes Sicherungseigentum) ausbedingen will. Wenn die Entscheidung im Ergebnis doch überzeugt, dann nur deshalb, weil einer der auch hier anerkannten Sonderfälle – ein Kontokorrentkredit – vorlag.[105] Über die allgemeine Unbedingtheit formularmäßiger Sicherungsübereignungen ist mit diesem Urteil entgegen der gängigen – und nach den Entscheidungsgründen wohl auch beabsichtigten – Lesart noch nicht das letzte Wort gesprochen. Grundsätzlich wird man die formularmäßige Sicherungsübertragung, wenn sie nicht den Sicherungsgeber auf einen bloßen Rückforderungsanspruch verweist, im Zweifel als eine durch die Valutierung aufschiebend und durch die Tilgung der gesicherten Forderung auflösend bedingte Verfügung anzusehen haben.

VIII. Zusammenfassung

1. Zu den beiden Urteilen

Die von *Rolf Serick* kritisierten Urteile des VIII. Zivilsenats vom 23. 9. 1981 und des IX. Zivilsenats vom 30. 10. 1990 befassen sich mit der Auslegung des Verfügungsgeschäfts bei der Sicherungsübertragung. Das erste dieser Urteile stößt auf Bedenken, weil es eine reine Auslegungsfrage auf eine unangemessene institutionelle Ebene hebt und hierbei überflüssige und inhaltlich angreifbare rechtsdogmatische Konstruktionen einführt, wodurch der Blick der Rechtswissenschaft von dem jedenfalls vertretbaren Auslegungsergebnis abgelenkt wurde. Das zweite Urteil bescheidet sich mit der Auslegungsaufgabe, läßt aber an der Richtigkeit der Lösung zweifeln.

2. Auslegungsaufgabe und Fallgruppenbildung

Ein allgemeiner Satz, wonach die Sicherungsübertragung bei Schweigen der Vereinbarung entweder bedingt oder unbedingt ist, läßt sich nicht aufstellen. Wohl aber lassen sich Auslegungsregeln für typische Konstellationen

---

[105] Der Leitsatz des Urteils lautet: „Läßt sich eine Bank durch Formularvertrag Sachen des Kreditnehmers zur Sicherung aller gegenwärtigen und zukünftigen Ansprüche aus der bankmäßigen Geschäftsverbindung übereignen, so ist eine Auslegungsregel dahin, daß die Vertragsparteien im Zweifel nur eine auflösend bedingte Sicherungsübereignung gewollt haben, nicht anzuerkennen. Es ist vielmehr in der Regel eine unbedingte Sicherungsübereignung anzunehmen."

– z. B. einerseits für den verlängerten Eigentumsvorbehalt und anderseits für den Kontokorrentkredit – aufstellen. Wo ein berechtigtes Gläubigerinteresse an einer unbedingten Übertragung nicht zu erkennen ist, sprechen gute Gründe für die Annahme einer stillschweigend vereinbarten Bedingung. Bankkredite lassen das Interesse des Kreditnehmers und Sicherungsgebers eher zurücktreten als Lieferantenkredite und sonstige Kredite nichtinstitutioneller Kreditgeber. Sicherungsabtretungen lenken das Augenmerk stärker auf die Schutzinteressen des Sicherungsgebers als Sicherungsübereignungen.

3. Zur AGB-Problematik

Ein Leitbild der Akzessorietät ist für die Sicherungsübertragung nicht vorgegeben, womit die unbedingte Sicherungsübertragung in Allgemeinen Geschäftsbedingungen nicht an § 9 Abs. 2 AGBG scheitert. § 9 Abs. 1 AGBG kann allerdings einer unbilligen Sicherungsklausel, namentlich im Fall der unbedingten Abtretung von Arbeitseinkommen, entgegenstehen. Die Nicht-Akzessorietät der Sicherungsübertragung ändert nichts daran, daß eine in Allgemeinen Geschäftsbedingungen enthaltene Sicherungsübertragung, sofern nicht ein typisches Gläubigerinteresse an unbedingter Übertragung erkennbar ist, aufgrund der Unklarheitsregel des § 5 AGBG als eine auflösend und aufschiebend bedingte angesehen werden kann.

Gelten die Rechtshilfeverträge der DDR fort?

Von Fritz Sturm, Lausanne

I. Die Rechtshilfeverträge der DDR

1. Während ihres vierzigjährigen Bestehens schloß die DDR eine Vielzahl internationaler Verträge. Sie wollte sich damit nicht nur sehr eng an die anderen sozialistischen Staaten binden. Ihr lag auch daran, durch Abkommen mit kapitalistischen Staaten weltweit Anerkennung und Aufwertung zu erfahren.

2. In meinem *Rolf Serick* gewidmeten Beitrag geht es natürlich nicht darum, dieses dichte Vertragsnetz und seine wirtschaftlichen und militärischen Implikationen aufzuknüpfen. Eingehen möchte ich nur auf *einen* Vertragstyp, auf den der Rechtshilfeverträge. In ihnen geht es nicht um politischen, wirtschaftlichen oder militärischen Beistand. In ihnen geht es um die Zusammenarbeit von Gerichten und Verwaltungsbehörden, um den Rechtsverkehr in Zivil- und Strafsachen. Geregelt werden also Fragen, die den Bürger selbst angehen, ihn mittelbar oder unmittelbar betreffen, um Fragen des anwendbaren Rechts, der Anerkennung und Vollstreckung im Ausland ergangener Entscheide.

3. Die 34 Rechtshilfeverträge der DDR[1] haben sämtlich drei Besonderheiten:

---

1 Die DDR schloß Rechtshilfeverträge mit folgenden Staaten:

Albanien	17. 12. 1959	Kapverden	3. 10. 1982	Syrien	26. 8. 1971	
Algerien	14. 6. 1974	Kongo	(24. 6. 1987)	Tschecho-		
Angola	13. 5. 1984	(Nord-)Korea		slowakei	8. 6. 1989	
Belgien	11. 1. 1985	(DVR)	9. 7. 1972	Tunesien	1. 12. 1989	
Bulgarien	12. 10. 1979	Kuba	8. 5. 1981	UdSSR	3. 8. 1980	
China	(11. 12. 1988)	Mongolei	27. 12. 1969	Ungarn	24. 6. 1958/	
Finnland	(1. 10. 1987)	Mosambik	6. 3. 1983		5. 8. 1977	
Frankreich	8. 6. 1988	Österreich	1. 6. 1982	Vereinigtes		
Ghana	3. 4. 1988	Polen	1. 2. 1957/	Königreich		
Griechenland	19. 4. 1987		2. 4. 1976	von Großbri-		
Guinea-Bissau	8. 1. 1978	Rumänien	9. 2. 1983	tannien und		
Italien	(10. 7. 1984)	Sambia	31. 12. 1986	Nordirland	28. 2. 1980	
(Süd-)Jemen		Schweden	15. 7. 1987	Vietnam	20. 9. 1981	
(LVR)	6. 5. 1972	Somalia	(20. 9. 1976)	Zypern	14. 7. 1984	
Jugoslawien	19. 1. 1967	Spanien	(3. 2. 1988)			

Die Daten geben das Inkrafttreten an. Die Daten in Klammern beziehen sich auf die Unterzeichnung nicht in Kraft getretener Verträge.

- Sie sind *streng bilateral*, gelten also nur für Behörden und Bürger der Vertragsstaaten. Auf den Vertrag zwischen der Sowjetunion und der DDR konnten sich also nur Behörden und Bürger der UdSSR und der DDR berufen. Und ebenso durften deutsche Gerichte und Verwaltungsbehörden Vorschriften des Vertrags über den Rechtsverkehr mit der Sozialistischen Föderativen Republik Jugoslawien nur auf Jugoslawen und Bürger der DDR anwenden. Für Bundesdeutsche galt der Vertrag ebensowenig wie für Rumänen oder Schweizer.
- Zum anderen regeln die Rechtshilfeverträge zwischen der DDR und den sozialistischen Ländern *nahezu geschlossen das internationale Personen-, Familien- und Erbrecht*, also Eheschließung, persönliche und vermögensrechtliche Beziehungen der Ehegatten, Ehescheidung, Ehenichtigkeit, das Rechtsverhältnis zwischen Eltern und Kindern, Annahme an Kindes Statt, Vormundschaft, Pflegschaft und Nachlaß.[2] Auch finden sich in den meisten dieser Rechtshilfeverträge Vorschriften über Ausstellung und Beweiskraft von Urkunden, über den Austausch von Personenstandsurkunden, der unter den Vertragsstaaten in der Regel kostenlos zu erfolgen hat. Zur Kasse gebeten werden durfte nach einigen Rechtshilfeverträgen freilich der Staatsbürger, der bei der zuständigen Personenstandsbehörde des anderen Vertragspartners einen Auszug aus den Personenstandsbüchern verlangte.[3]
- Schließlich – und das ist das dritte Spezifikum dieser Rechtshilfeverträge: zugrundegelegt wurde das jeweilige Heimatrecht der Betroffenen. Abgestellt wird also nicht auf Wohnsitz oder gewöhnlichen Aufenthalt. Maßgebend für die Anknüpfung ist die Staatsangehörigkeit und sie allein.

4. Wie bereits erwähnt, schloß die DDR Rechtshilfeverträge auch mit kapitalistischen Staaten. So 1980 mit Österreich[4] und dem Vereinigten Königreich von Großbritannien und Nordirland[5], 1982 mit Belgien[6] und Zypern[7], 1984 mit Griechenland[8] und Italien[9], 1986 mit Schweden[10], 1987 mit Frankreich.[11]

---

2 Besonders ausführlich die Vorschriften des Rechtshilfevertrages mit der Tschechoslowakei vom 18. 4. 1989 (GBl. DDR II 102): Artt. 38–62.
3 Z. B. Art. 24 des Rechtshilfevertrages mit der SFR Jugoslawien vom 20. 5. 1966 (GBl. DDR 1967 I 8); Art. 41 des Rechtshilfevertrages mit Ungarn vom 30. 10. 1957 (GBl. DDR 1958 I 278).
4 Vertrag vom 11. 11. 1980 (GBl. DDR 1981 II 55).
5 Vertrag vom 28. 2. 1980 (GBl. DDR 1980 II 87).
6 Vertrag vom 29. 11. 1982 (GBl. DDR 1984 II 43).
7 Vertrag vom 16. 10. 1982 (GBl. DDR 1982 II 118).
8 Vertrag vom 6. 7. 1984 (GBl. DDR 1984 II 49).
9 Vertrag vom 10. 7. 1984 (GBl. DDR 1984 II 46).
10 Vertrag vom 26. 6. 1986 (GBl. DDR 1986 II 57).
11 Vertrag vom 30. 1. 1987 (GBl. DDR 1987 II 41).

Auch diese Übereinkommen sind streng bilateral, gelten also nur für Behörden und Bürger der Vertragsstaaten. Ihre Besonderheit liegt aber darin, daß sie keine Kollisionsnormen enthalten, das internationale Privatrecht also aussparen.

Jedoch bringen auch diese Verträge Vorschriften über die Befreiung von der Legalisation und die unentgeltliche Ausstellung von Personenstandsurkunden. Freilich sind nicht alle Urkunden und Urteile automatisch auszutauschen, die den Personenstand der Staatsbürger des anderen Vertragsstaats betreffen. Übersandt werden Urkunden nur auf Ersuchen der Behörden des Vertragsstaats und dies nur für den amtlichen Gebrauch.

II. Drei Grundsatzfragen

Im folgenden kann natürlich nicht auf alle Einzelheiten der von der DDR geschlossenen Rechtshilfeverträge eingegangen werden. Zu erörtern sind aber drei Grundsatzfragen:

- Erloschen diese Rechtshilfeverträge? Wurden sie mit Vollzug des Einigungsvertrags obsolet, gegenstandslos, unwirksam?
- Wenn nein, verloren sie ihre Rechtswirksamkeit dadurch, daß in einer Reihe von Ausgaben des Bundesgesetzblattes II vom 27. August 1991 an[12] ihr Erlöschen ausdrücklich festgestellt wurde oder noch wird?
- Wie verhält es sich mit der Wirksamkeit von Rechtshandlungen, die im Vertrauen auf das Fortgelten dieser Verträge in der Zeit vom 3. Oktober 1990 bis zum Zeitpunkt der Bekanntmachung vorgenommen wurden?

---

12 BGBl. vom 27. 8. 1991 II 921 ff.: Bekanntmachung über das Erlöschen völkerrechtlicher Übereinkünfte mit Japan, Singapur, der UdSSR, den Vereinigten Staaten, Rumänien und dem Vereinigten Königreich;
BGBl. vom 5. 9. 1991 II 957 ff.: Bekanntmachung über das Erlöschen völkerrechtlicher Übereinkünfte mit Ungarn;
BGBl. vom 21. 9. 1991 II 1002 ff.: Bekanntmachung über das Erlöschen völkerrechtlicher Übereinkünfte mit Syrien;
BGBl. vom 5.10. 1991 II 1019 ff.: Bekanntmachung über das Erlöschen völkerrechtlicher Übereinkünfte mit Bulgarien und Finnland;
BGBl. vom 12. 11. 1991 II 1075 ff.: Bekanntmachung über das Erlöschen völkerrechtlicher Übereinkünfte mit Australien und der Tschechoslowakei; BGBl. vom 22. 11. 1991 II 1114 ff.: Bekanntmachung über das Erlöschen völkerrechtlicher Übereinkünfte mit Rumänien.

A.

I. Der Einigungsvertrag

1. Die erste Frage wird im Einigungsvertrag nicht nur angesprochen, sondern auch beantwortet.

Art. 12 des Einigungsvertrags[13] bestimmt:

Abs. 1: Die Vertragsparteien, d. h. die Bundesrepublik Deutschland und die Deutsche Demokratische Republik, sind sich einig, daß die völkerrechtlichen Verträge der DDR im Zuge der Herstellung der Einheit Deutschlands unter den Gesichtspunkten des Vertrauensschutzes, der Interessenlage der beteiligten Staaten und der vertraglichen Verpflichtungen der Bundesrepublik Deutschland sowie nach den Prinzipien einer freiheitlichen, demokratischen und rechtsstaatlichen Grundordnung und unter Beachtung der Zuständigkeiten der Europäischen Gemeinschaften mit den Vertragspartnern der DDR zu erörtern sind, um ihre Fortgeltung, Anpassung oder ihr Erlöschen zu regeln bzw. festzustellen.

Abs. 2: Das vereinte Deutschland legt seine Haltung zum Übergang völkerrechtlicher Verträge der DDR nach Konsultationen mit den jeweiligen Vertragspartnern und mit den Europäischen Gemeinschaften, soweit deren Zuständigkeiten berührt sind, fest.

2. In der Denkschrift der Bundesregierung zum Einigungsvertrag heißt es zu Art. 12[14]: Die Vertragsparteien gehen nicht vom generellen Erlöschen aller völkerrechtlichen Verträge der Deutschen Demokratischen Republik aus. Vielmehr beschreibt Absatz 1 Grundsätze und Verfahren, nach denen Verträge der Deutschen Demokratischen Republik mit den Vertragspartnern der Deutschen Demokratischen Republik erörtert werden sollen, um Fortgeltung, Anpassung oder Erlöschen der Verträge zu regeln oder festzustellen.

Absatz 2 stellt klar, daß das vereinte Deutschland seine Haltung zum Übergang der Verträge der Deutschen Demokratischen Republik auf die Bundesrepublik Deutschland nach Konsultationen mit den jeweiligen Vertragspartnern und unter Wahrung der Zuständigkeiten der Europäischen Gemeinschaften festlegen wird. Der Entscheidung des vereinten Deutschlands wird nicht vorgegriffen.

---

13 BGBl. 1990 II 889 ff. (893).
14 BT-Drucks. 11/7760 S. 355 ff. (362).

3. Die amtliche Begründung, die den Bundestagsabgeordneten vor Ratifizierung in die Hand gedrückt wurde, führt dazu aus: Art. 12 des Einigungsvertrags läßt das völkerrechtliche Schicksal der von der DDR abgeschlossenen völkerrechtlichen Verträge und Vereinbarungen bis zur Klärung der Haltung des vereinten Deutschlands in der Schwebe.[15]

II. Vertrauensschutz und Schwebelage

1. Welche Folgerungen sind aus diesen Regeln zu ziehen? Wie verhalten sich Vertrauensschutz und Schwebelage? Sind dies nicht unheilbare Gegensätze, Widersprüche?

2. Aus dem Grundsatz des Vertrauensschutzes folgt zunächst, daß Tatbestände, die vor dem 3. Oktober 1990 vollendet, abgeschlossen wurden, nach *den* Staatsverträgen zu beurteilen sind, die zu diesem Zeitpunkt in Kraft waren. Der Beitritt der DDR zur Bundesrepublik Deutschland hat keine rückwirkende Kraft. Nicht nur die Vertragsstaaten selbst, auch die Bürger der DDR und die Bürger der Vertragsstaaten genießen Vertrauensschutz. Soweit es sich um Rechtshilfeverträge handelt, wurden ja auch diesen Bürgern Rechte eingeräumt und Pflichten auferlegt. Das Vertrauen in die Geltung bestimmter, durch Staatsvertrag berufener Normen ist ebenso zu schützen wie das Vertrauen der Vertragsstaaten in die Vertragstreue der DDR.[16]

3. Aus dem Grundsatz des Vertrauensschutzes ergibt sich weiter, daß die von der DDR geschlossenen Staatsverträge grundsätzlich fortgalten, also keineswegs mit dem Untergang der DDR als Völkerrechtssubjekt gegenstandslos wurden, erloschen sind.[17]

---

15 BT-Drucks. 11/7760 S. V.
16 Dies betont zu Recht *Drobnig*, Das Schicksal der Staatsverträge der DDR nach dem Einigungsvertrag, DtZ 1991, 76 ff. (80). Vgl. auch DIV-Gutachten v. 9. 11. 1990, DAVorm. 1990, 1063 f. (1064).
17 So auch *Drobnig* (oben Fn. 16), DtZ 1991, 79; *Sturm*, L'impact du Traité d'unification sur le droit privé de l'Allemagne unie, Clunet 118 (1991) 7 ff. (19 ff.); *ders.*, Bei der elterlichen Sorge irrlichtert Art. 3 MSA nicht mehr, IPRax 1991, 231 ff. (235 Anm. 28); *Pirrung*, Einigungsvertrag und Kollisionsrecht, RabelsZ 55 (1991) 211 ff. (225); *von Hoffmann*, Internationales Privatrecht im Einigungsvertrag, IPRax 1991, 1 ff. (4 ff., 8); *Jayme*, Allgemeine Ehewirkungen und Ehescheidung nach dem Einigungsvertrag – Innerdeutsches Kollisionsrecht und Internationales Privatrecht, IPRax 1991, 11 ff. (12 f.); *Henrich*, Probleme des interlokalen und des internationalen Ehegüter- und Erbrechts nach dem Einigungsvertrag, IPRax 1991, 14 ff. (18).
Dem Völkerrecht überlassen die Frage *Dörner/Meyer-Sparenberg*, Rechtsanwendungsprobleme im Privatrecht des vereinten Deutschlands, DtZ 1991, 1 ff. (6). Insoweit wird auf das unten unter B III Gesagte verwiesen.
Einen ausführlichen Überblick über älteres Schrifttum geben *Drobnig* (s. o.) und *Mansel*, Staatsverträge und autonomes internationales Privat- und Verfahrensrecht nach der Wiedervereinigung, JR 1990, 441 ff. (442 Fn. 26 ff.).

4. Freilich trat mit dem 3. Oktober 1990 ein Schwebezustand ein: Es kann nämlich notwendig geworden sein, gewisse Verträge abzuändern oder aufzuheben. Auch ist denkbar, daß gewisse Vorschriften von Verträgen deshalb nicht weiter angewandt werden dürfen, weil damit gegen die freiheitliche, demokratische und rechtsstaatliche Grundordnung verstoßen würde.

Spannungen konnten sich ferner daraus ergeben, daß sich nach Art. 11 alle von der Bundesrepublik Deutschland geschlossenen völkerrechtlichen Verträge auf die neuen Bundesländer und Ostberlin erstrecken. Spannungen sind auch insofern vorstellbar, als die Bundesrepublik Hoheitsbefugnisse an die Europäische Gemeinschaft abtrat, diese also – auch hinsichtlich der neuen Bundesländer – nicht mehr selbst wahrnehmen kann. Schwebezustand heißt aber nicht Erlöschen. Schwebezustand heißt nur, daß bei Bestehen solcher Spannungen mit den Vertragspartnern der DDR zu verhandeln ist. Solche Verträge sind gegebenenfalls auf ganz Deutschland zu erstrecken, oder an die neue Lage anzupassen, notfalls zu kündigen.

5. Die Annahme, daß alle Rechte und Pflichten, die sich aus Staatsverträgen der DDR ergaben, am 3. Oktober 1990 ersatzlos entfielen, stößt sich aber nicht nur an dem in Art. 12 EinigungsV dem neuen Deutschland erteilten Verhandlungsmandat und seinen 5 Richtlinien:

– Vertrauensschutz,
– Wahrung der Belange der beteiligten Staaten,
– Berücksichtigung der vertraglichen Verpflichtungen der Bundesrepublik,
– Gewährleistung von Freiheit, Demokratie und Rechtsstaatlichkeit,
– Beachtung der Zuständigkeiten der Europäischen Gemeinschaft.

III. Res inter alios acta aliis nec prodest nec nocet

Ein Erlöschen läßt sich auch nicht mit dem völkerrechtlichen Grundsatz vereinbaren, daß Verträge zu Lasten Dritter unzulässig sind.

DDR und Bundesrepublik konnten nicht über den Kopf ihrer Vertragspartner hinweg über Fortgelten oder Erlöschen ihrer vertraglichen Verpflichtungen entscheiden und einseitig erklären: Unsere Bindung ist entfallen. Wir sind aller Pflichten ledig. Ein gemeinrechtlicher Rechtssatz lautet: Was zwei Parteien miteinander vereinbart haben, kann Dritten, die an diesen Verhandlungen nicht beteiligt waren und dem Verhandlungsergebnis nicht zustimmten, weder nützen noch schaden. Dieser Satz gilt auch im Völkerrecht.[18]

IV. Anknüpfungskriterien für Rechtshilfeverträge

1. Scheitert die Fortgeltung der Rechtshilfeverträge aber nicht daran, daß es keine Bürger der DDR mehr gibt, die Rechtshilfeverträge der DDR aber sämtlich – wie wir sahen – bilateral ausgestaltet sind und sich nur auf Bürger von Vertragsstaaten beziehen?
2. So gestellt, wird die Frage nach Fortgeltung der Rechtshilfeverträge der DDR aber bereits verengt. Nicht berücksichtigt wird nämlich, daß diese Abkommen nicht nur Rechte und Pflichten für die Bürger der jeweiligen Vertragsstaaten begründen, sondern auch für Gerichte und Verwaltungsbehörden.

So, wenn es gilt, Urteile aus Vertragsstaaten anzuerkennen und zu vollstrecken. So, wenn Personenstandsurkunden auszutauschen oder unentgeltlich auf Ersuchen auszustellen sind.

In all diesen Fällen treten an die Stelle der Gerichte und Verwaltungsbehörden der DDR die Behörden, die in den neuen Bundesländern und Ostberlin die entsprechenden Aufgaben übernommen haben.

3. Schwieriger ist die Antwort auf die Frage, für welchen Personenkreis die Vorschriften der Rechtshilfeverträge, die sich auf Bürger von Vertragsstaaten beziehen, nach Untergang der DDR überhaupt noch gelten sollen.

Der Einigungsvertrag erkannte die DDR und ihre Staatsbürgerschaft voll an.[19] Bis zum 3. Oktober 1990 war also Bürger der DDR, wer diese Eigenschaft besaß

– nach dem Gesetz über die Staatsbürgerschaft der DDR[20],
– nach den Verträgen zur Regelung von Fragen der doppelten Staatsbürgerschaft, wie sie die DDR mit Bulgarien, der Mongolei, Polen, Rumä-

---

18 Man spricht hier vom Prinzip der strikten Relativität einer Vertragsbeziehung; vgl. *Geiger,* Verträge, allgemeines, in: *Seidl-Hohenveldern,* Lexikon des Rechts, Völkerrecht, 2. Aufl., Neuwied 1992, S. 356 ff. (360 f.).
Anders *Wengler,* Völkerrecht I, Heidelberg 1964, S. 244 ff., der den Satz „Pacta tertiis nec nocent nec prosunt" für mißverständlich hält und für die Vertragsgültigkeit Verfügungsbefugnis voraussetzt.
19 Nach Art. 8 Einigungsvertrag blieben alle Gesetze und Verordnungen der DDR, deren Fortgeltung nicht ausdrücklich angeordnet wurde, bis zum 3. Oktober 1990 in Kraft. Erst mit diesem Tage verloren sie ihre Wirksamkeit.
20 GBl. DDR 1967 I 3.

nien, der Tschechoslowakei, Ungarn und der UdSSR geschlossen hatte.[21]

Seit dem 3. Oktober gibt es aber keine Staatsbürgerschaft der DDR mehr. Die Staatsbürgerschaft der DDR, die die Bundesrepublik zuvor nie anerkannte, ging in der gesamtdeutschen auf.[22]

Heißt dies, daß sich auf die Vorschriften der Rechtshilfeverträge nur Deutsche berufen können, die einmal Staatsbürger der DDR waren, und daß seitens der Vertragsstaaten der DDR auch nur solchen Deutschen gegenüber Verpflichtungen bestehen? Heißt dies, daß sich die Rechtshilfeverträge, was ihren persönlichen Geltungsbereich anbelangt, allenfalls noch auf Abkömmlinge dieser Bürger erstrecken, ganz gleich, wo sie heute leben, in Gotha oder in Göttingen, in Eisenach oder in Archangelsk?

4. Diese Lösung erscheint mir nicht sachgerecht.

Einmal würde sie all die Menschen vom Geltungsbereich der Rechtshilfeverträge ausschließen, die nach dem 3. Oktober 1990 in die neuen Bundesländer zogen.

Zum anderen würde sie die ehemalige Landeszugehörigkeit all *der* Bürger perpetuieren, die – vor oder nach der deutschen Einheit – Bürger alter Bundesländer wurden und sich damit von der ehemaligen DDR und ihrem Staatsgebiet lossagten und lösten.

Schließlich ließe sie außer acht, daß sich das Problem des Anknüpfungskriteriums bei erloschener Staatsangehörigkeit in der jüngsten deutschen Geschichte schon einmal stellte und sogar eine gesetzliche Regelung erfuhr.

5. Woran ist hier zu denken?

An den Nachbarschaftsvertrag zwischen der Schweizerischen Eidgenossenschaft und dem Großherzogtum Baden vom 6. Dezember 1856.[23] Dieser Vertrag regelte u.a. die Erbrechtsverhältnisse von Schweizern, die sich in

---

21 Bulgarien: Vertrag vom 1. 10. 1971, GBl. DDR 1972 I 82; Mongolei: Vertrag vom 6. 5. 1977, GBl. DDR 1977 II 275; Polen: Vertrag vom 12. 11. 1975, GBl. DDR 1976 II 102; Rumänien: Vertrag vom 20. 4. 1979, GBl. DDR 1980 II 50; Tschechoslowakei: Vertrag vom 10. 10. 1973, GBl. DDR 1973 II 273; Ungarn: Vertrag vom 17. 12. 1969, GBl. DDR 1970 I 24; UdSSR: Vertrag vom 11. 4. 1969, GBl. DDR 1969 I 108.

22 *Von Hoffmann* (oben Fn. 17) und *Böhmer*, Völkerrechtliche Vereinbarungen der Bundesrepublik Deutschland und der DDR über Personenstandsangelegenheiten, StAZ 1991, 62 ff. (62), ziehen hieraus den voreiligen Schluß, daß mit dem Erlöschen der Staatsbürgerschaft der DDR die von ihr geschlossenen Rechtshilfeverträge mangels Ansprechpartners gegenstandslos wurden.

23 Badisches Regierungsblatt 1857 S. 431; Bereinigte Sammlung der Bundesgesetze und Verordnungen 1848–1947 (BS) 11, 611 ff.

Baden niedergelassen hatten, und von Badenern, die in der Schweiz lebten, enthielt also eine erbrechtliche Kollisionsnorm. Diese trat erst am 1. März 1978 außer Kraft. Baden-Württemberg hatte den Vertrag gekündigt.[24]

Der Vertrag hatte also die Reichsgründung im Jahre 1871 überlebt, blieb auch nach Schaffung des BGB und seines Einführungsgesetzes in Kraft, das erstmals das internationale Erbrecht reichseinheitlich regelte und wurde auch vom Gleichschaltungsgesetz Adolf Hitlers nicht berührt, das bekanntlich am 30. Januar 1934 die Staatlichkeit der Bundesländer beseitigte und dem deutschen Reich die Gestalt eines Einheitsstaats gab.[25]

Das Reich und später die Bundesrepublik Deutschland hielt sich also trotz aller staatlichen Umwälzungen und Veränderungen, ja sogar nach Untergang des Landes Baden im Jahre 1934 an den badisch-schweizerischen Vertrag gebunden, den auch das Schweizer Bundesgericht weiter anwandte.[26]

Doch wie bestimmte man nach 1934, wer Badener ist? Es gab ja seither keine badische Staatsangehörigkeit mehr. Alle Badener waren Deutsche und nur Deutsche.

Diese Frage beantwortet § 4 der VO über die deutsche Staatsangehörigkeit vom 5. Februar 1934.[27]

Abs. 1 dieser Vorschrift sieht vor: Soweit es nach geltenden Gesetzen rechtserheblich ist, welche deutsche Landesangehörigkeit ein Reichsangehöriger besitzt, ist fortan maßgebend, in welchem Lande der Reichsangehörige seine Niederlassung hat.

Abs. 2 lautet:

Fehlt dieses Merkmal, so treten an seine Stelle der Reihe nach:

(1) die bisherige Landesangehörigkeit,
(2) die letzte Niederlassung im Inlande,
(3) die bisherige Landesangehörigkeit der Vorfahren,
(4) die letzte Niederlassung der Vorfahren im Inlande.

6. Würde man diese Vorschriften auf die Rechtshilfeverträge anwenden, die die DDR mit anderen Staaten schloß, so ergäbe sich folgendes:

a) Zunächst hätten diese Verträge für alle Deutschen zu gelten, die in den neuen Bundesländern und in Ostberlin ihren Wohnsitz haben oder in

---

24 BaWüGBl. 1979, 76 f.; Amtliche Sammlung der Bundesgesetze und Verordnungen der schweizerischen Eidgenossenschaft (AS) 1978 II 1858.
25 RGBl. 1934 I 75; vgl. auch RGSt 70, 286 (287).
26 BGE 81 II (1955) 319 ff. (331 ff.).
27 RGBl. 1934 I 85.

Zukunft ihren Wohnsitz nehmen, also für alle gegenwärtigen und zukünftigen Bewohner der Gebiete, die vor dem 3. Oktober 1990 Hoheitsgebiet der DDR waren.

b) Ferner wären diese Verträge auf Deutsche anzuwenden, die die Staatsbürgerschaft der DDR vor dem 3. Oktober 1990 besaßen und heute im Ausland leben. Auch für sie stellt ja die Staatsbürgerschaft der DDR die bisherige Landesangehörigkeit dar.

c) Die Rechtshilfeverträge besäßen hingegen keine Geltung für Deutsche, die vor diesem Zeitpunkt die Staatsbürgerschaft der DDR durch Entlassung, Aberkennung oder aufgrund von Vorschriften eines Vertrags zur Verminderung doppelter Staatsangehörigkeit verloren und jetzt im Ausland leben.

Bekanntlich wurde ja auf Wunsch der Bundesrepublik – im Zusammenhang mit der Verlängerung des sog. Swings im innerdeutschen Handel – Bürgern der DDR, die vor dem 1. Januar 1981 das Land ohne die erforderliche Erlaubnis verließen, die Staatsbürgerschaft der DDR entzogen.[28]

Diese Personen waren am 3. Oktober 1990 also nicht mehr Bürger der DDR. Die Staatsbürgerschaft der DDR stellte nicht ihre bisherige Landeszugehörigkeit dar. Auch wenn sie nach dem 3. Oktober 1990 wieder in die frühere Heimat zurückkehrten, lebt der alte Status, den sie als DDR-Bürger besaßen, nicht mehr auf. Soweit sie Deutsche blieben, könnten sie sich aber wie jeder andere Bundesbürger darauf berufen, jetzt wieder Wohnsitz im ehemaligen Staatsgebiet der DDR genommen zu haben. Die Brücke zur DDR wurde zwar abgebrochen, konnte zum Beitrittsgebiet aber wieder aufgebaut werden.

d) Ließe sich ein Bürger, der gegenwärtig in den neuen Bundesländern seinen Wohnsitz hat, in Zukunft im Ausland nieder, so nähme er seinen jetzigen Status mit. Seine letzte Niederlassung im Inland lag auf dem Gebiet der ehemaligen DDR. Auch er könnte sich folglich auf den einschlägigen Rechtshilfevertrag berufen. Auch auf seine familienrechtlichen Verhältnisse fände ein etwaiger Staatsvertrag Anwendung.

Dasselbe würde für Abkömmlinge ehemaliger DDR-Bürger gelten. Auch wenn sie nach dem 3. Oktober 1990 im Ausland geboren wurden, könnten sie Rechte aus den Rechtshilfeverträgen herleiten. Es würde genügen, daß ihre Vorfahren, Eltern oder Großeltern vor dem 3. Oktober 1990 Bürger

---

28 Vgl. hierzu die Verordnung zu Fragen der Staatsbürgerschaft der Deutschen Demokratischen Republik vom 21. 6. 1982, GBl. DDR 1982 I 418; *Riege*, Die Staatsbürgerschaft der DDR, Berlin 1986, S. 325.

der DDR waren. Nach § 4 Abs. 2 Nr. 3 der genannten VO käme ihnen eben die bisherige Landesangehörigkeit ihrer Vorfahren zugute.

e) Hingegen wäre die letzte Niederlassung der Vorfahren in einem neuen Bundesland oder in Ostberlin in folgendem Fall maßgebend: Rechtsschutz suchen Auslandsdeutsche, die Abkömmlinge von Personen sind, die zwar nie Bürger der DDR waren, aber nach dem 3. Oktober 1990 in den neuen Bundesländern oder in Ostberlin Wohnsitz nahmen oder nehmen und dort starben. Für sie ist nämlich das betreffende neue Bundesland letzte Niederlassung der Vorfahren im Inland (§ 4 Abs. 2 Nr. 4 VO).

Vorausgesetzt würde natürlich, daß diese Auslandsdeutschen nie selbst eine Landeszugehörigkeit kraft Abstammung oder Wohnsitz erwarben.[29]

Das zuletzt genannte Kriterium, letzte Niederlassung der Vorfahren in einem neuen Bundesland oder in Ostberlin, käme freilich nur dann zum Zuge, falls die Rechtshilfeverträge, von denen hier die Rede ist, weitergegolten hätten. Nur dann wäre nämlich denkbar, daß im Ausland Kinder deutscher Eltern das Licht der Welt erblicken, die ihrerseits nach dem 3. Oktober 1990 in die neuen Bundesländer gezogen waren, also die DDR-Staatsbürgerschaft nicht mehr erwarben, aber auf dem Gebiet der ehemaligen DDR vorübergehend ihre Niederlassung besaßen.

Von einer solchen Fortgeltung oder Ausdehnung kann aber, wie im folgenden zu zeigen ist, nicht die Rede sein.

B.

I. Bekanntmachungen über Außerkrafttreten und Verbalnoten

1. Wie oben[30] bereits erwähnt, wurde im Bundesgesetzblatt II mit der Ausgabe vom 27. August 1991 begonnen, das Erlöschen aller völkerrechtlichen Übereinkünfte der DDR bekanntzugeben. Der Feststellung gingen Konsultationen mit den betroffenen Vertragsstaaten voraus, die sich z. T. sofort,

---

29 Der Apotheker Dr. Werner Wutz zieht im Dezember 1990 von Freiburg nach Gotha und stirbt dort. Er hat eine Enkelin, die in Freiburg geboren ist, dort einen Rumänen kennenlernte und 1991 als dessen Ehefrau nach Bukarest übersiedelt. Diese Enkelin kann sich nicht auf den Staatsvertrag berufen, den Rumänien mit der DDR abschloß. Zwar lag der letzte inländische Wohnsitz ihres Großvaters auf dem Gebiet der ehemaligen DDR. Jedoch lag ihre eigene letzte inländische Niederlassung in einem alten Bundesland, nämlich in Baden-Württemberg.
30 Vgl. oben unter II und Fn. 12.

z. T. nach anfänglichem Widerstand[31] mit dem Erlöschen aller mit der DDR geschlossenen Verträge einverstanden erklärten.

2. Die Rechtshilfeverträge werden in einer Anlage zu der Bekanntmachung besonders genannt[32], fallen aber in jedem Fall unter die salvatorische Klausel: „Diese Feststellung schließt nicht aus, daß auch noch andere zwischen der Deutschen Demokratischen Republik und ... abgeschlossene völkerrechtliche Übereinkünfte mit der Herstellung der Einheit Deutschlands zum selben Zeitpunkt erloschen sind."

3. Den meisten ehemaligen Vertragsstaaten der DDR wurde eine entsprechende Verbalnote zugestellt.[33]

II. Die Rechtsauffassung der Bundesregierung

1. Die Bundesregierung geht davon aus, daß die Rechtshilfeverträge schon deshalb fallen müßten, weil sich nach Art. 11 Einigungsvertrag die von der Bundesrepublik geschlossenen Verträge, insbesondere das Haager Zivil-

---

31 So Polen und die Sowjetunion.
32 Vgl. z. B. Anlage Nr. 5 zum Erlöschen von Übereinkommen mit Ungarn, BGBl. 1991 II 957.
33 Diese Verbalnote hat folgenden Wortlaut:
Das Auswärtige Amt beehrt sich, der Botschaft der Republik X unter Bezugnahme auf die gemeinsamen Erörterungen vom x-ten im Auswärtigen Amt in Bonn (oder wo es sonst stattfand), folgendes mitzuteilen:
Mit der Herstellung der Einheit Deutschlands am 3. Oktober 1990 ist das Völkerrechtssubjekt „Deutsche Demokratische Republik", mit dem die Republik X den Vertrag über Rechtshilfe in Zivil- und Strafsachen vom ... (Gesetzblatt der ehemaligen DDR ...) geschlossen hat, untergegangen. Der genannte Vertrag ist am 3. Oktober 1990 erloschen. Seitdem sind die Rechtsbeziehungen zwischen der erweiterten Bundesrepublik Deutschland und der Republik X von denjenigen Regelungen beherrscht, wie sie bereits vorher zwischen der alten Bundesrepublik Deutschland und der Republik X bestanden haben. Beide Seiten sind in der Vergangenheit dem Haager Übereinkommen über den Zivilprozeß vom 1. März 1954 beigetreten. Die internationalen Verpflichtungen der Bundesrepublik Deutschland aus diesem Abkommen wurden ausgedehnt auf die beigetretenen neuen Bundesländer.
Angesichts der sich zwischen unseren beiden Ländern entwickelnden freundschaftlichen Beziehungen und des beiderseitigen Willens, den Rechtshilfeverkehr entsprechend den Bedürfnissen zu intensivieren und über die Einzelheiten demnächst in einen vertieften Gedankenaustausch einzutreten, sieht die Regierung der Bundesrepublik Deutschland keine Probleme zu einem Rechtshilfeverkehr zu kommen, der den Erfordernissen gewachsen ist. Zuständig für die Entgegennahme von Rechtshilfeanträgen sind im Rahmen des genannten Haager Übereinkommens von 1954 die beiderseitigen Botschaften in Bonn und Y.
Das Auswärtige Amt benutzt diesen Anlaß, die Botschaft der Republik X erneut seiner ausgezeichneten Hochachtung zu versichern.

prozeßabkommen³⁴, auf das Beitrittsgebiet erstrecken, eine regionale Normenhäufung aber zu Normenwirrwarr und Rechtsunsicherheit führe.³⁵

2. Auch die Kollisionsnormen der Rechtshilfeverträge müßten in der deutschen Praxis zu Unzuträglichkeiten führen. Diese Kollisionsnormen wichen vom EGBGB ab und könnten schon deshalb nicht Verhandlungsgegenstand sein.

3. Die Art, wie die DDR auf dem Gebiete des Strafrechts mit den sozialistischen Staaten zusammengearbeitet habe, sei aus politischen Gründen nicht fortsetzbar.

III. Untergang des Vertragspartners

1. Die Bundesrepublik berief sich bei ihren Konsultationen offenbar auf den Untergang der DDR als Vertragspartner, was – wenn man vom Einigungsvertrag absieht – mit Völkerrechtslehre³⁶ und Staatenpraxis³⁷ durchaus in Einklang stand.³⁸ Sie war bei ihren Konsultationen aus den oben genannten Gründen der festen Überzeugung, daß zur Wahrung der Belange Deutschlands nur ein Erlöschen der Verträge in Betracht komme.

---

34 Abgedruckt in BGBl. 1958 II 577.
35 Von Staaten, mit denen Rechtshilfeverträge bestanden, gehören dem Haager Zivilprozeßabkommen an: Ägypten, Belgien, Frankreich, Italien, Jugoslawien, Österreich, Polen, Rumänien, Schweden, die Sowjetunion, die Tschechoslowakei und Ungarn.
Bei dem Haager Übereinkommen zur Befreiung ausländischer öffentlicher Urkunden von der Legalisation (abgedruckt in BGBl. 1965 II 876) sieht es schlechter aus. Nur ganz wenige Staaten des Ostblocks ratifizierten es, nämlich Jugoslawien und Ungarn.
36 *Dahm/Delbrück/Wolfrum*, Völkerrecht, Band I/1, 2. Aufl., Berlin 1989, § 16 II 1; *Kimminich*, Einführung in das Völkerrecht, 4. Aufl., München 1990, S. 167.
37 Beispielsweise sahen die Vereinigten Staaten die Verträge, die Texas bis zu seiner Inkorporierung in die USA im Jahre 1845 geschlossen hatte, ab diesem Zeitpunkt als erloschen an. Ebenso behandelte das Königreich Italien nach 1860 die Staatsverträge seiner Gebietsvorgänger als erloschen, nachdem diese mit ihrer Einverleibung in das Königreich Sardinien ihre Souveränität verloren hatten, während umgekehrt der Geltungsbereich der von Sardinien geschlossenen Verträge auf das dann entstandene Königreich Italien ausgedehnt wurde.
38 Die Wiener UN-Konvention über Staatensukzession bei Verträgen (1978), abgedruckt in ZaöRV 39 (1979) 279, ist noch nicht in Kraft. Aber hiervon abgesehen, wären ihre Vorschriften nicht einschlägig. Art. 15 WKS betrifft die Zession von Gebietsteilen, setzt also voraus, daß beide Staaten fortbestehen. Art. 31 WKS geht von der Bildung eines neuen Staats aus. Das vereinigte Deutschland ist aber nach ganz herrschender Ansicht kein neuer Staat, sondern identisch mit der Bundesrepublik Deutschland, der die DDR beigetreten ist.
Vgl. *Stern*, in: *Stern/Schmidt-Bleibtreu* (Hrsg.), Verträge und Rechtsakte zur Deutschen Einheit, Band 1, Staatsvertrag zur Währungs-, Wirtschafts- und Sozialunion, München 1990, Einf. S. 39; *von Hoffmann* (oben Fn. 17), IPrax 1991, 5; *Mansel* (oben Fn. 17), JR 1990, 441; *Böhmer* (oben Fn. 22), StAZ 1991, 62.

2. Die Bundesregierung ging damit weiter als die Reichsregierung. Nach dem Anschluß Österreichs (1938), der Eingliederung des Sudetenlandes (1939) und der Bildung des Reichsprotektorats Böhmen und Mähren (1939) wurde der Schweiz – unter mehr oder minder sanftem Druck – nur nahegelegt, in die Ablösung der mit Österreich und der Tschechoslowakei bestehenden Verträge durch die einschlägigen Reichsabkommen einzuwilligen. Vom Erlöschen dieser Übereinkünfte war in den Verhandlungen nicht die Rede.[39]

3. Wurde das Erlöschen der Verträge festgestellt, so bedurfte es weder Kündigung noch Aufhebung.[40] Es wurde dann eben nur verlautbart, was nach Überzeugung der Vertragspartner ohnehin rechtens war, nämlich die kraft Völkerrechts eingetretene Beendigung des Vertragsverhältnisses.

---

39 Ein schweizerisches Ersuchen um Prüfung der Frage, wie die früheren Verträge zwischen der Eidgenossenschaft und Österreich den neuen Verhältnissen angepaßt werden können, beantwortete das Auswärtige Amt mit einer Verbalnote (R 1698) vom 20. 3. 1939. Die hier zum Ausdruck gebrachten Vorstellungen des Deutschen Reiches fanden Eingang in die gleichlautenden Noten, die die Schweizerische Gesandtschaft in Berlin und das Deutsche Auswärtige Amt am 30. Juni 1941 austauschten. Diese Regelung genehmigte der Bundesrat in seiner Sitzung vom 6. August 1941. Daraufhin wurde der Inhalt des schweizerischen Briefs in der Eidgenössischen Gesetzessammlung veröffentlicht; vgl. AS 57 (1941) 861 ff.
Der Notenwechsel bezieht sich insbesondere auf den Rechtshilfeverkehr in Angelegenheiten des Bürgerlichen und des Handelsrechts, auf die Anerkennung und Vollstreckung von gerichtlichen Entscheidungen und Schiedssprüchen sowie auf Beglaubigungen. Gemeinsamer Nenner ist die Ersetzung der schweizerisch-österreichischen und schweizerisch-tschechoslowakischen Verträge durch Abkommen, die das Deutsche Reich mit der Schweiz verbanden.
So werden die Abschnitte I und II des Abkommens zwischen der Schweiz und der früheren tschechoslowakischen Republik über die gegenseitige Rechtshilfe in Zivil- und Handelssachen vom 21. Dezember 1926 verdrängt durch das Haager Abkommen über den Zivilprozeß vom 17. Juli 1905 sowie die schweizerisch-deutsche Erklärung betreffend die Vereinfachung des Rechtshilfeverkehrs vom 30. April 1910 und dem schweizerisch-deutschen Notenwechsel über die Vollstreckbarkeit von Kostenentscheidungen vom 24. Dezember 1929.
Vom 1. Oktober 1941 an tritt an die Stelle des Vertrages zwischen der Schweiz und Österreich über die Anerkennung und Vollstreckung gerichtlicher Entscheidungen vom 15. März 1927 das Abkommen zwischen der Schweizerischen Eidgenossenschaft und dem Deutschen Reich über die gegenseitige Anerkennung und Vollstreckung von gerichtlichen Entscheidungen und Schiedssprüchen vom 2. November 1929.
Entsprechendes gilt – mit anderen Stichtagen – für den Reichsgau Sudetenland und das Protektorat Böhmen und Mähren.
Legalisationen richten sich auch im Verhältnis zu den Reichsgauen der Ostmark nach dem schweizerisch-deutschen Beglaubigungsvertrag vom 14. Februar 1907, nicht mehr nach dem zwischen der Schweiz und der früheren österreichisch-ungarischen Monarchie geschlossenen Staatsvertrag vom 21. August 1916. Dieser, durch den schweizerisch-österreichischen Staatsvertrag vom 25. Mai 1925 erneuerte Vertrag ist gegenstandslos geworden.
Entsprechendes wird für den Reichsgau Sudetenland und das Protektorat Böhmen und Mähren festgelegt.
40 Auch die Einschaltung des Bundespräsidenten, die nach Art. 59 Abs. 1 GG notwendig gewesen wäre, erübrigte sich.

4. Der Untergang der DDR als Vertragspartner, auf den sich die Bundesregierung nach Art. 12 Einigungsvertrag an sich gar nicht berufen konnte, bot bei den zivilrechtlichen Aspekten der Rechtshilfeverträge zu einer solchen Feststellung aber keinerlei Handhabe.

Auch ein Rückgriff auf die clausula rebus sic stantibus schied aus. Die Rechtshilfeverträge waren, soweit sie Zivilrecht, Zivilverfahrensrecht und IPR betrafen, technisch weiter durchführbar und gingen, gerade was den Austausch von Personenstandsurkunden anbelangt, erheblich weiter als das Haager Zivilprozeßabkommen.[41] Unterschiede ergeben sich auch bei der Befreiung von der Legalisation.[42]

Das Bestreben, schnell und mühelos eine Rechtsbereinigung herbeizuführen, also reinen Tisch zu machen, genügt nicht, sich vertraglicher Pflichten zu entledigen, für die ausdrücklich Vertrauensschutz zugesichert wurde.

5. In Betracht kamen also nur Kündigung oder Aufhebung im gegenseitigen Einverständnis. Es kann dahinstehen, ob das Außenministerium ohne Einschaltung des Bundespräsidenten[43] oder der Bundesregierung zu einem solchen Schritt überhaupt befugt war, denn unter dem Gesichtspunkt des Vertrauensschutzes hätte ein solcher Schritt nie zur rückwirkenden, nämlich auf den Zeitpunkt des Beitritts bezogenen Beseitigung aller Rechtshilfeverträge führen können.

---

41 So regeln eine Reihe von Rechtshilfeverträgen im Unterschied zum Haager Zivilprozeßabkommen, das hierzu keine Vorschrift enthält, den gebühren- und kostenfreien Austausch von Personenstandsurkunden: z. B. Art. 25 Abs. 1 des Vertrages mit Belgien, Art. 30 Abs. 1 des Vertrages mit Frankreich, Art. 22 des Vertrages mit Jugoslawien, Artt. 20, 21 des Vertrages mit Österreich, Art. 21 des Vertrages mit Rumänien, Art. 8b des Vertrages mit der UdSSR.
Außerdem sieht das Haager Zivilprozeßübereinkommen die kostenfreie Ausstellung von Personenstandsurkunden nur für bedürftige Angehörige der Vertragsstaaten vor, während beispielsweise nach Art. 22 des Rechtshilfevertrages mit Österreich und nach Art. 12 des Rechtshilfevertrages mit Bulgarien die Ausstellung von Personenstandsurkunden für alle Angehörigen der jeweiligen Vertragsstaaten kostenlos erfolgt.
42 Die meisten der von der DDR geschlossenen Rechtshilfeverträge sehen die Befreiung von der Legalisation der von den jeweiligen Vertragsstaaten ausgestellten Urkunden vor, beispielsweise Art. 24 Abs. 1 des Vertrages mit Belgien, Art. 8 Abs. 1 des Vertrages mit Bulgarien, Art. 17 des Vertrages mit Italien, Art. 20 Abs. 1 des Vertrages mit Jugoslawien, Art. 20 Abs. 1 des Vertrages mit Ungarn.
Demgegenüber statuiert das Haager Zivilprozeßübereinkommen lediglich die Gebührenfreiheit der Legalisation von Personenstandsurkunden, befreit aber nicht generell von der Legalisation. Zudem gehören dem Haager Übereinkommen über die Befreiung ausländischer öffentlicher Urkunden von der Legalisation nicht alle Staaten an, mit denen die DDR Rechtshilfeverträge schloß, vgl. oben Fn. 35.
43 Vgl. oben Fn. 40.

IV. Außerkrafttreten durch Nichtanwendung

Dem Gesagten wird man gleichwohl nicht entnehmen dürfen, daß die von der DDR geschlossenen Rechtshilfeverträge mangels wirksamer Aufhebung oder Kündigung auch heute noch gelten, die im BGBl. II erfolgten Bekanntmachungen also ein Schlag ins eiskalte Wasser sind.

Völkerrechtliche Verträge werden obsolet, wenn sie die Vertragspartner nicht mehr beachten und diese desuetudo, wie sich aus Zustimmung oder Einlenken der Vertragspartner der DDR ergibt, für durchaus rechtmäßig halten.[44] Eine Rückwirkung ist hier freilich ausgeschlossen.[45]

C.

I. Fortgelten der Verträge bis zur Bekanntmachung ihres Erlöschens

Die Rechtshilfeverträge der DDR wurden frühestens mit der Bekanntmachung ihres Erlöschens obsolet, galten entgegen der Verlautbarung des Außenministeriums über den 3. Oktober 1990 hinaus.

Ergeben sich hieraus Folgerungen?

II. Anerkennung und Vollstreckung von Urteilen

Die meisten Rechtshilfeverträge der DDR enthalten Vorschriften über Anerkennung und Vollstreckung von Urteilen, die in einem anderen Vertragsstaat ergingen.

Diese Vorschriften betreffen:

– Entscheide über die Kosten des Verfahrens (so der Vertrag mit Belgien[46] und Österreich[47]),

---

44 Vgl. *Wengler* (oben Fn. 18), S. 236; *Dahm*, Völkerrecht, Band III, Stuttgart 1961, § 18 III; *Seidl-Hohenveldern*, Völkerrecht, 5. Aufl., Köln 1984, Rz. 307, 366; *Neuhold/Hummer/Schreuer*, Österreichisches Handbuch des Völkerrechts, Band 1, Wien 1983, Rz. 249 f.; *Capotorti*, L'extinction et la suspension des traités, RdC 1971 III, 418 ff. (496, dort insbes. Fn. 19); ÖVfGH 13. 3. 1973, Clunet 1974, 627.
45 So wohl auch *Neuhold/Hummer/Schreuer* (oben Fn. 44), Rz. 250: „... so ist nunmehr die neue Übung als Recht anerkannt".
46 Art. 9 des Vertrages über die Geltendmachung von Unterhaltsansprüchen und die Anerkennung und Vollstreckung von Entscheidungen über Unterhaltsansprüche.
47 Artt. 6, 7.

- Entscheide über Kosten und geschuldeten Unterhalt (so der Vertrag mit Italien[48]) oder
- alle in Zivilsachen ergangenen Urteile (so die Verträge mit Bulgarien[49], Griechenland[50], Polen[51], Rumänien[52], der Sowjetunion[53] und der Tschechoslowakei[54]).

Bedeutsam ist, daß bei Entscheiden, die in nichtvermögensrechtlichen Streitigkeiten[55] in einem der zuletzt genannten Staaten ergingen, kein besonderes Anerkennungsverfahren zu durchlaufen ist. Solche Entscheide werden also, wenn bestimmte Voraussetzungen erfüllt sind, ohne weiteres, inzidenter im Rahmen des jeweils zu entscheidenden Sachverhalts, von den staatlichen Organen des anderen Vertragsstaats anerkannt.

Bei Entscheiden über Ehenichtigkeit, Eheaufhebung und Ehescheidung, die nach dem 3. Oktober 1990 und vor Bekanntmachung künftiger Nichtanwendung des einschlägigen Abkommens in den genannten Vertragsstaaten ergingen und Bürger zweier Vertragsstaaten betreffen, entfällt also das besondere Anerkennungsverfahren, das Art. 7 § 1 FamRÄndG (1961) vorsieht.

Von Gerichten und Verwaltungsbehörden der neuen Bundesländer darf nicht verlangt werden, daß die vor diesem Zeitpunkt in Polen ausgesprochene Scheidung einer deutsch-polnischen Ehe von der Landesjustizverwaltung überprüft und in einem besonderen Verfahren anerkannt wird, bevor der deutsche Partner in einem neuen Bundesland wieder heiraten kann.[56]

---

48 Art. 24.
49 Art. 57.
50 Art. 25.
51 Artt. 51, 52.
52 Art. 45.
53 Art. 52.
54 Artt. 49, 49 A.
55 Bei Zahlungsurteilen, insbesondere bei Unterhaltsurteilen, spielen Anerkennung und Vollstreckung deutscher Urteile keine große Rolle, da Überweisungen nach Deutschland wegen devisenrechtlicher Beschränkungen nicht erfolgen. Die russische Staatsbank erteilt keine Transfergenehmigungen. Die freien Wechselkurse sind so katastrophal niedrig, daß mit Vollstreckungshilfe auch nicht geholfen wäre. Ein durchschnittlicher Kindesunterhalt, den ein ungarischer Vater schuldet, bringt zur Zeit 1,68 DM!
56 Über Anträge auf Prüfung der Entscheidung der Landesjustizverwaltung entscheiden in den neuen Bundesländern die besonderen Senate des Bezirksgerichts, vgl. Anlage I zum Einigungsvertrag Kapitel III Sachgebiet A: Rechtspflege Abschnitt III Nr. 11 (6).

III. Kollisionsrecht

1. Nun zu unserem letzten Punkt: Welche Rolle spielt das Fortgelten der Staatsverträge der DDR auf dem Gebiete des internationalen Privatrechts, des Rechtsanwendungsrechts? Oder anders ausgedrückt: Inwieweit verdrängen die Normen der Rechtshilfeverträge, soweit sie aus Gründen des Vertrauensschutzes noch anwendbar sind, die Vorschriften des EGBGB und bestimmen autonom, welches Recht in einem Fall mit Auslandsberührung zum Zuge kommt?

2. Das Grundprinzip lautet: Staatsverträge gehen innerstaatlichen Kollisionsnormen vor, haben Vorrang vor den Vorschriften des deutschen IPR.[57]

In einem Fall mit Auslandsberührung ist bei dem oben[58] näher bestimmten Personenkreis also zunächst ein Blick auf die von der DDR abgeschlossenen Staatsverträge zu werfen. Es ist zu prüfen, ob der einschlägige Vertrag eine Norm bereithält, die bestimmt, welches Recht zum Zuge kommt. Diese Norm besitzt dann Vorrang, ist allein maßgebend, auch wenn sie im konkreten Fall zu keinem anderen Ergebnis führt als die entsprechende Vorschrift des EGBGB.

3. Die Polin Magda Modrzejewski möchte in Gotha den Postangestellten Rolf Rohrpost heiraten, der als DDR-Bürger 1971 in Gotha geboren wurde. Ist polnisches, deutsches oder deutsches und polnisches Recht hinsichtlich Ehefähigkeit und Form der Eheschließung heranzuziehen?

Zunächst untersuchen wir, ob diese Fragen dem Staatsvertrag zwischen Polen und der DDR unterliegen und nach ihm zu beantworten sind.

Magda ist Polin. Ihr Bräutigam ist Deutscher und hat als Thüringer Wohnsitz in einem neuen Bundesland.

Der deutsch-polnische Staatsvertrag kommt also zum Zuge.

Was sieht er vor?

Die Voraussetzungen für die Eingehung der Ehe bestimmen sich für jeden künftigen Ehegatten nach dem Recht des Vertragspartners, dessen Staatsbürger er ist (Art. 21 Abs. 1).

Einhaltung der Ortsform ist für die Eheschließung vorgeschrieben (Art. 21 Abs. 2).

---

57 So Art. 3 Abs. 2 EGBGB und übrigens auch § 2 Abs. 2 des am 3. Oktober 1990 außer Kraft getretenen RAG.
58 Vgl. oben unter A IV 6.

Art. 13 EGBGB, der vom Staatsvertrag verdrängt ist, geht in zweifacher Hinsicht weiter:
- Einmal läßt er genügen, daß die Form des Heimatrechts beachtet wurde. Dies ist aber rein theoretisch. Im Verhältnis zu Polen spielt dieser Unterschied keine Rolle: Deutsche und polnische Form unterscheiden sich nicht. In beiden Ländern wird die Ehe vor dem Standesbeamten geschlossen.
- Zum anderen läßt Art. 13 Abs. 2 EGBGB eine Eheschließung auch nach deutschem Recht zu, wenn ein Verlobter sich gewöhnlich in Deutschland aufhält oder Deutscher ist und die Verlobten alle zumutbaren Schritte unternahmen, um ein Ehehindernis zu beseitigen, das im Heimatrecht eines Verlobten begründet ist, z.B. in der Nichtanerkennung einer deutschen Ehescheidung durch den Heimatstaat.

Art. 13 Abs. 2 EGBGB darf im deutsch-polnischen Verhältnis jedoch nicht angewandt werden.

Dieser Unterschied kann in Zukunft[59] durchaus praktisch bedeutsam werden: Polen nimmt für die Scheidung seiner Staatsangehörigen nämlich dann eine ausschließliche Zuständigkeit in Anspruch, wenn beide Ehegatten in Polen lebten (Art. 1100 poln. ZPO). Ein am Heimatgerichtsstand des deutschen Ehegatten ergangenes Urteil wird in Polen nicht anerkannt.

4. Nur wenige Rechtshilfeverträge regeln, welche Rechtsordnung darüber zu befinden hat, ob ein Kind aus einer bestimmten Ehe stammt oder nicht. So z.B. die Staatsverträge mit Albanien[60], Bulgarien[61] und Vietnam.[62]

Auf die Frage nach der ehelichen Abstammung dürfen nicht die Vorschriften über das Rechtsverhältnis zwischen Eltern und Kindern angewandt werden. Diese setzen ja voraus, daß ein solches Rechtsverhältnis bereits besteht, und zwar ganz gleich, ob es auf ehelicher oder außerehelicher Abstammung beruht.

Das Fehlen staatsvertraglicher Vorschriften erklärt sich daraus, daß viele Staaten den Unterschied zwischen ehelicher und außerehelicher Geburt

---

59 Anders für die Zeit, in der der Rechtshilfevertrag DDR-Polen zu beachten ist. Art. 23 Abs. 2 dieses Abkommens bestimmt nämlich folgendes:
Gehört zur Zeit der Erhebung der Scheidungsklage ein Ehegatte dem einen, der andere dem anderen Vertragspartner an und wohnt einer von ihnen auf dem Gebiet des einen und der andere auf dem Gebiet des anderen Vertragspartners, so sind für die Ehescheidung die Gerichte beider Vertragspartner zuständig. Die Gerichte wenden bei der Entscheidung das Recht ihres Staates an.
60 Art. 26.
61 Art. 37 Abs. 1.
62 Art. 35 Abs. 1.

beseitigten, die DDR, die ihn versteckt beibehielt, aber nicht rückständig erscheinen wollte. Die Frage, ob ein Kind ehelich ist oder nicht, ist folglich auch in den neuen Bundesländern nach Art. 19 Abs. 1 EGBGB zu beantworten.

Im Verhältnis zu Albanien, Bulgarien und Vietnam gilt aber etwas anderes. Hier ist in den neuen Bundesländern, solange der mit der DDR abgeschlossene Rechtshilfevertrag nach den Grundsätzen des Vertrauensschutzes zu berücksichtigen ist, auf Heimatrecht des Kindes im Zeitpunkt der Geburt abzustellen.

Unterschiede ergeben sich hieraus so gut wie nicht, denn das eheliche Kind besitzt ja in der Regel die Staatsangehörigkeit des Vaters *und* der Mutter.

Sind beide Eltern Albaner, Bulgaren oder Vietnamesen, so käme deutsches Recht auch dann nicht zum Zuge, wenn statt der Kollisionsnorm des Staatsvertrags deutsches IPR anwendbar wäre. Auf deutsches Aufenthaltsrecht darf ja nur bei Binationalen ausgewichen werden.[63]

5. Heimatrecht des Kindes ist nach allen Rechtshilfeverträgen auch einschlägig, wenn es um die nichteheliche Abstammung geht. Die Vaterschaftsfeststellung – gleich, ob durch Anerkenntnis oder Urteil – beurteilt sich bei Geltung eines Rechtshilfevertrags also stets nach dem Recht des Vertragsstaats, dessen Bürgerrecht das Kind bei Geburt erwarb.

Erwarb das Kind die Staatsangehörigkeit von Vater und Mutter, so geht nach dem Vertrag mit Polen die Staatsangehörigkeit des Landes vor, in dem das Kind *bei Geburt* seinen Wohnsitz hatte. Die deutsche Staatsangehörigkeit tritt hier zurück.

Anders das EGBGB, das sich von dieser Norm der Rechtshilfeverträge in dreifacher Weise abhebt:

Einmal hat die deutsche Staatsangehörigkeit stets Vorrang. Der Wohnsitz des Kindes spielt also keine Rolle.[64] Zum anderen gilt das Günstigkeitsprinzip: Die Vaterschaft kann festgestellt werden:

– nach Heimatrecht der Mutter im Zeitpunkt der Geburt,
– nach Heimatrecht des Vaters im Zeitpunkt der Geburt,

---

63 Hierzu nun ein Beispiel: Der Albaner Enver Nika heiratet in Eisenach die Thüringerin Katja Katzenjammer. Eine Woche später wird der kleine Leon geboren. Er ist Deutscher und Albaner. Seine deutsche Staatsangehörigkeit geht jedoch vor. Folglich ist seine Geburt, auch angesichts des zwischen der DDR und Albanien bestehenden Staatsvertrags, nach deutschem Recht als ehelich zu beurkunden.
64 Art. 5 Abs. 1 S. 2 EGBGB.

– nach dem Recht des Staates, in dem sich das Kind im Zeitpunkt der Vaterschaftsfeststellung gewöhnlich aufhält.[65]

Deutsche Behörden wählen das Recht aus, das am schnellsten und einfachsten zum Ziele führt, also mühsames Nachsuchen und Wühlen in fremden Gesetzbüchern und Nachschlagewerken überflüssig macht. Hauptsache: das Kind hat einen Vater!

Schließlich – und dies ist der dritte Unterschied – diese Rechte sind mit dem Heimatrecht des Kindes insoweit zu kumulieren, als dieses Heimatrecht die Zustimmung des Kindes oder mit dem Kinde näher verwandter Personen voraussetzt. Die Zustimmung des Kindes muß also stets vorliegen, wenn sein Heimatrecht ein solches Einverständnis verlangt.

Die letztere Voraussetzung schränkt die großzügige Zulassung des Günstigkeitsprinzips wieder ein und führt – in einem Teilbereich – wieder zum Heimatrecht des Kindes zurück. Was der Gesetzgeber mit der einen Hand gab, nahm er mit der anderen wieder zurück: Ja schlimmer, das Kumulieren, die gleichzeitige Anwendung zweier Rechte, erschwert die Vaterschaftsfeststellung.

So kompliziert das Ganze aussieht, so tief der Abgrund erscheint, der die Regelung der Rechtshilfeverträge von der des EGBGB trennt, so gering sind paradoxerweise die praktischen Auswirkungen: Nach EGBGB kann die Vaterschaft stets nach Heimatrecht der Mutter festgestellt werden. Heimatrecht der Mutter ist aber bei allen Staaten des bisherigen Ostblocks identisch mit Heimatrecht des Kindes. Mutter und Kind besitzen ja dieselbe Staatsangehörigkeit. Die Anknüpfung der Rechtshilfeverträge und die Anknüfung des EGBGB fällt bei Heranziehung von Mutterrecht also zusammen.

Aber auch bei den beiden übrigen Anknüpfungen – Heimat des Vaters, gewöhnlicher Aufenthalt – werden sich in der Praxis kaum Unterschiede ergeben: Beide Rechte sind ja immer, was Zustimmungen anbelangt, mit Heimatrecht des Kindes zu kumulieren, so daß sich auch hier Heimatrecht des Kindes durchsetzt.

Es fällt also schwer, ein Beispiel zu finden, in dem Rechtshilfevertrag und EGBGB nicht zum gleichen Ergebnis führen. Spannungen können sich allenfalls daraus ergeben, daß sich bei allen Rechtshilfeverträgen so wie bei dem außer Kraft getretenen Rechtsanwendungsgesetz der DDR die gesetzliche Vertretung des Kindes nach Heimatrecht des Kindes richtet, Art. 20

---

65 Art. 20 Abs. 1 EGBGB.

Abs. 2 EGBGB aber das jeweilige Aufenthaltsrecht des Kindes beruft. Hierzu nun vier Beispiele. Sie sollen das Gesagte verdeutlichen und zeigen, daß wir uns nicht in Wolkenkuckucksheim bewegen.

(1) Die Kroatin Maja Katičić bringt im Oktober 1991 in Gotha außerehelich den kleinen Hrvoje zur Welt. Franz Fratzke erkennt beim Standesamt Gotha an. Die Mutter stimmt diesem Anerkenntnis als Vertreterin des Kindes zu. In den neuen Bundesländern tritt bei nichtehelichen Kindern ja keine Amtspflegschaft ein.[66] Ist das Anerkenntnis im Geburtsregister beizuschreiben?

Nach dem Rechtshilfevertrag, den die DDR mit Jugoslawien schloß, richtet sich die Vaterschaftsfeststellung nach Heimatrecht des Kindes.[67] Das Vaterschaftsanerkenntnis vermittelt dem Kind nicht die deutsche Staatsangehörigkeit. Das Kind wurde mit Geburt Jugoslawe, da es sonst staatenlos geblieben wäre.[68] Jugoslawisches interlokales Privatrecht beruft seinerseits das Recht der Teilrepublik Kroatien.[69] Nach kroatischem Recht ist bei Neugeborenen aber nicht die Zustimmung des Kindes erforderlich, die hier vorliegt. Erforderlich ist die Zustimmung der Mutter.[70]

An dieser fehlt es. Die Mutter willigte nämlich als gesetzliche Vertreterin des Kindes ein, nicht in ihrer Eigenschaft als Mutter. Kann dies genügen? Dürfen wir die falsche Erklärung in eine richtige umdeuten?

Dies ist nicht unbedenklich.

Als Vertreterin des Kindes hat die Mutter nur die Belange des Kindes zu wahren. Auch kann ihre Zustimmung gegebenenfalls ersetzt werden. Handelt sie im eigenen Namen, dann wird sie zwar die Belange des Kindes berücksichtigen, darf aber in erster Linie an sich denken. Will ich diesen Störenfried als Vater meines Kindes oder lasse ich ihn besser draußen vor der Tür?

Herrschende deutsche Lehre[71] und Rechtsprechung[72] lassen es gleichwohl genügen, daß die Mutter nur als gesetzliche Vertreterin des Kindes zustimmte.

---

66 Art. 230 Abs. 1 EGBGB.
67 Art. 37 Abs. 1.
68 Art. 5 Abs. 2 des Gesetzes über die Staatsangehörigkeit der SFR Jugoslawien vom 24. 12. 1976.
69 Art. 3 des Gesetzes betreffend die Entscheidung über Gesetzes- und Zuständigkeitskollisionen in Status-, Familien- und Erbbeziehungen vom 27. 2. 1979.
70 Art. 112 Abs. 1 des Gesetzes über die Ehe und Familienbeziehungen vom 10. 3. 1978.
71 *Staudinger/Henrich*, Kommentar zum BGB, 12. Aufl., Berlin 1988, Art. 23 EGBGB Rz. 11; MünchKomm/*Klinkhardt*, Band 7, IPR, 2. Aufl., München 1990, Art. 23 EGBGB Rz. 21.
72 BayObLG, Beschl. v. 20. 10. 1978, BayObLGZ 1978, 325 ff. (335) = IPRspr. 1978 Nr. 107; OLG Frankfurt a. M., Beschl. v. 3. 2. 1989, StAZ 1989, 115 = FamRZ 1989, 663 f.

Man deutet die falsche Erklärung einfach in eine richtige um. Dies ist kühn, wurde aber so für Zustimmungen von Italienerinnen entschieden, ohne auf italienische Literatur einzugehen.

Hieraus ergibt sich, daß die Vaterschaft wirksam anerkannt ist und beigeschrieben werden kann. Das Ergebnis fiele übrigens nicht anders aus, wenn man den Rechtshilfevertrag vergäße und sofort auf das EGBGB zusteuerte.

Zwar könnte das Anerkenntnis dann auch nach deutschem Vater- und nach deutschem Aufenthaltsrecht erfolgen. Ein solches Anerkenntnis sähe aber auch nicht anders aus als das Vaterschaftsanerkenntnis, das nach kroatischem Kindesrecht abgegeben wird.

Auch hier wäre deutsches Vater- oder deutsches Aufenthaltsrecht mit kroatischem Heimatrecht des Kindes – was die erforderlichen Zustimmungen anbelangt – zu kumulieren. Es müßte also geprüft werden, ob alle nach kroatischem Recht erforderlichen Einverständniserklärungen vorliegen.

Zu ihnen gehört auch die Zustimmung der Mutter. Diese liegt zwar nicht vor. Die Vaterschaftsfeststellung scheitert nach EGBGB aber gleichwohl nicht. Die Mutter hat ja als gesetzliche Vertreterin zugestimmt. Und dies lassen, wie wir soeben[73] zeigten, deutsche Lehre und Rechtsprechung genügen.

(2) Wandeln wir diesen Fall ab und lassen Maja nach Geburt, aber vor Abgabe des Vaterschaftsanerkenntnisses mit ihrem Freund Franz Fratzke nach Genf ziehen. Dort geht Fratzke nunmehr zum deutschen Generalkonsulat und erkennt an. Der von der Genfer Vormundschaftsbehörde[74] bestellte Beistand stimmt zu.

Hat die Geburtenbuchführerin in Gotha das Vaterschaftsanerkenntnis beizuschreiben? Ist es wirksam? War die Bestellung eines Amtspflegers zulässig?

Das Vaterschaftsanerkenntnis ist unwirksam. Eine Beischreibung erfolgt nicht. Das Genfer Generalkonsulat, das Anerkenntnis und Zustimmung des Beistands beurkundete, machte Murx.

Anzuwenden waren weder deutsches Vaterrecht noch Schweizer Aufenthaltsrecht. Heranzuziehen war der fortgeltende Rechtshilfevertrag zwischen Jugoslawien und der DDR.

Die bisherige Landeszugehörigkeit Fratzkes ging durch Übersiedlung in die Schweiz nicht unter. Wie wir sahen, ist ja bei fehlendem inländischem

---
73 Fn. 71 und 72.
74 Vgl. Art. 309 Abs. 1 schweizerisches ZGB.

Wohnsitz die *bisherige* Landeszugehörigkeit maßgebend. Franz Fratzke war aber bis zum 3. Oktober 1990 Bürger der DDR.

Was bestimmt der Rechtshilfevertrag zwischen Jugoslawien und der DDR?

Die Vaterschaftsfeststellung richtet sich nach Heimatrecht des Kindes.

Hrvoje ist Jugoslawe und nur Jugoslawe. Und da seine Mutter Kroatin ist, gilt kroatisches Recht.[75] Nach dem Recht Kroatiens darf an Stelle der Mutter aber weder ein Amtspfleger noch ein Beistand tätig werden. Die Mutter vertritt das Kind selbst.[76] Hiervon abgesehen braucht ein Kind erst zuzustimmen, wenn es bei Anerkenntnis bereits 16 Jahre alt ist. Bei Neugeborenen bedarf es einer Zustimmung des Kindes überhaupt nicht. Hingegen muß, wie wir sahen[77], nach kroatischem Recht die Mutter einwilligen. An dieser Zustimmung fehlt es. Das in Genf abgegebene Vaterschaftsanerkenntnis ist also unwirksam und bleibt es, wenn die Mutter ihr Einverständnis nicht innerhalb Monatsfrist erteilt.

(3) Nun zum umgekehrten Fall: Der Vater ist Jugoslawe und stammt aus der Teilrepublik Kroatien. Der Jugoslawe erkennt in Gotha den dort geborenen Hrvoje an. Die Mutter stimmt als Vertreterin des Kindes zu. Beide Erklärungen werden von der zuständigen Standesbeamtin beurkundet.

Ist das Vaterschaftsanerkenntnis wirksam? Darf es beim Geburtseintrag beigeschrieben werden?

Für die Beantwortung dieser Fragen ist wieder der genannte Rechtshilfevertrag zwischen Jugoslawien und der DDR einschlägig. Diesmal kommt aber deutsches, nicht kroatisches Recht, zum Zuge. Das Kind besitzt *nur* die deutsche Staatsangehörigkeit. Es ist nicht Jugoslawe. Würde es der Vater beim Konsulat anmelden, dann wäre es anders.[78] Die deutsche Staatsangehörigkeit hätte aber Vorrang.

In den neuen Bundesländern vertritt die Mutter das Kind. Es gibt keine Amtspflegschaft.[79] Die nach deutschem Heimatrecht des Kindes erforderliche Zustimmung des Kindes liegt also vor.

Das Vaterschaftsanerkenntnis stellt die Vaterschaft rechtswirksam fest und kann beigeschrieben werden.

---

75 Vgl. oben Fn. 69.
76 Vgl. Art. 73 Abs. 1 des in Fn. 70 genannten kroatischen Gesetzes.
77 Vgl. oben Fn. 70.
78 Art. 5 Abs. 1 des Gesetzes über die Staatsangehörigkeit der SFR Jugoslawien.
79 Vgl. Art. 73 Abs. 1 des in Fn. 70 genannten kroatischen Gesetzes.

(4) Variieren wir nun den Fall und lassen die Eltern Hrvojes nach Geburt, aber vor Anerkennung des Kindes nach Hamburg ziehen. Dort geht der Vater zum zuständigen Standesamt und erkennt an. Das als Amtspfleger für Hrvoje tätige Jugendamt stimmt zu. Ist das Vaterschaftsanerkenntnis wirksam? Darf es beim Geburtseintrag beigeschrieben werden?

Die Antwort lautet: ja.

Der Rechtshilfevertrag kommt hier nicht zum Zuge. Es gilt rein innerstaatliches IPR, also Art. 21 Abs. 1 EGBGB, auf den § 371 DA Bezug nimmt.

Mit der Übersiedlung in ein altes Bundesland tritt in doppelter Hinsicht Statutenwechsel ein, ändert sich das anwendbare Recht in zweifacher Weise:

Einmal entfällt die Anknüpfung für den Rechtshilfevertrag DDR-Jugoslawien. Das Kind hat keinen Wohnsitz in Thüringen mehr. Es hat das Staatsgebiet der ehemaligen DDR verlassen. Es lebt auch nicht im Ausland. Die bisherige Landeszugehörigkeit der Mutter ist also nicht maßgebend.

Zum anderen tritt Statutenwechsel ein. Mit Übersiedlung nach Hamburg gilt für das Kind das Recht seines neuen gewöhnlichen Aufenthalts. Das ist das Recht der alten Bundesländer.[80] Der jetzt auf den Plan tretende Amtspfleger stimmte indes zu. Nach deutschem Mutterrecht und dem Recht des gewöhnlichen Aufenthalts des Kindes ist das Vaterschaftsanerkenntnis also wirksam und kann beigeschrieben werden.

6. Nun noch ein Wort zur Annahme als Kind. Bei der Adoption bestehen unterschiedliche Anknüpfungen insoweit, als nach den Rechtshilfeverträgen die Heimatrechte binationaler Ehegatten zu kumulieren sind[81], nach EGBGB aber nur ein Recht zum Zuge kommt, freilich auch hier kumuliert mit Heimatrecht des Adoptivkindes, was erforderliche Einverständniserklärungen anbelangt.[82]

Bei einer Unterschiedlichkeit der Adoptionsrechte kann es zu Spannungen kommen. Deutsche Behörden brauchen diese aber nicht zu beunruhigen. In den sozialistischen Ländern werden Adoptionen wie in Deutschland durch staatliche Organe ausgesprochen.[83] Derartige Beschlüsse sind anzuerkennen, wenn das international zuständige Gericht die Adoption aus-

---

80 Vgl. *Sturm* (oben Fn. 17), IPRax 1991, 234 f.
81 Vgl. z. B. Art. 48 Abs. 3 des Vertrages mit der Tschechoslowakei; Art. 33 Abs. 3 des Vertrages mit Ungarn; Art. 29 Abs. 3 des Vertrages mit Rumänien; Art. 40 des Vertrages mit Jugoslawien.
82 Art. 23 Satz 1 EGBGB.
83 Vgl. z. B. Art. 117 § 1 des poln. Familien- und Vormundschaftsgesetzbuches v. 25. 2. 1964: Verfügung des Vormundschaftsgerichts; Art. 63 Abs. 2 des tschech. FamGB v. 4. 12. 1963: Entscheidung des Gerichts; Art. 98 des russ. Ehe- und Familienkodex v. 4. 12. 1979: Beschluß des Exekutivkomitees des Rayon-(Stadt-)Sowjets der Volksdeputierten.

sprach und kein Verstoß gegen den deutschen ordre public vorliegt.[84] Der Standesbeamte ist an ein solches Dekret ebenso gebunden wie der Personenstandsrichter. Der Adoptionsbeschluß ist selbst dann beizuschreiben, wenn im fremden Staat falsches Recht angewandt wurde.

D.
Bilanz

Die Bilanz, die wir aus unseren Erörterungen zu ziehen haben, ist insofern positiv, als sie das Bestreben der Bundesregierung zeigt, Rechtseinheit zu schaffen und die Folgen vierzigjähriger Teilung Deutschlands schnell und ohne großes Aufheben zu bereinigen. In der Tat kommt die Praxis am Erlöschen der Rechtshilfeverträge nicht vorbei. Diese Abkommen der DDR werden durch Nichtanwendung obsolet. Frühestens freilich mit der Bekanntmachung im Bundesgesetzblatt. Auch die Bürger der Vertragsstaaten genießen Vertrauensschutz.

Negativ fällt allerdings ein Doppeltes ins Gewicht:

– Die Art und Weise, wie man mit den Rechtshilfeverträgen der DDR verfuhr, befremdet. Art. 12 Einigungsvertrag wurde hier in einer Weise praktiziert, die selbst die Eingliederung Österreichs und des Sudetenlandes sowie die Errichtung des Reichsprotektorats Böhmen und Mähren hinter sich läßt.

– Schließlich müssen wir uns alle über eines im Klaren sein: Es ist nicht sinnvoll, alles über den Haufen zu werfen, was in der DDR auf dem Gebiete internationaler Zusammenarbeit wuchs und erreicht wurde.[85] Rechtshilfeverträge lassen sich nicht von heute auf morgen aus dem Boden stampfen. Ihnen gehen meist langwierige, mühsame und zeitraubende Verhandlungen auf Experten- und Parlamentsebene voraus. Rechtshilfeverträge auf dem Gebiete des Privatrechts sind ein wertvolles Gut. Seit Jahrtausenden ist es ihr Ziel, Menschen zu helfen, die zwischen Ländern und Rechtsordnungen hin- und hergerissen werden, dadurch aber in besonderer Weise den Austausch ideeller und materieller Werte fördern.

---

84 Vgl. § 16a FGG.
85 In diesem Sinne auch *Siehr*, Der Einigungsvertrag und seine internationalen Kollisionsnormen, RabelsZ 55 (1991) 240 ff., der bezüglich der Weitergeltung der Rechtshilfeverträge der DDR eine differenzierende Auffassung vertritt: Soweit die Verweisungsnormen der Verträge an die Staatsangehörigkeit anknüpfen, sollen sie nicht mehr anwendbar sein. Dagegen sollen die vollstreckungsrechtlichen Normen im Verhältnis zu denjenigen Staaten weitergelten, die nicht Vertragspartei des EuGVÜ sind (S. 253, 255).

Das Grundpfandrecht zwischen Akzessorietät und Abstraktheit und die europäische Zukunft

Von Rolf Stürner, Konstanz

I. Die Aktualität des Themas

1. Kautelarjuristische Mobiliarsicherheiten als rechtskulturelles Phänomen

Mit dem Namen *Rolf Serick* verbindet man im In- und Ausland die Wissenschaft von den Mobiliarsicherheiten. Er hat ihre Entwicklung und Verfeinerung in seinem berühmten opus magnum begleitet und nachhaltig geprägt. Letztlich liebt *Serick* in den Mobiliarsicherheiten des deutschen Rechts und ihrer kautelarjuristischen Ausformung weniger das rechtstechnische als das rechtskulturelle Phänomen, das er gegen die Anfeindungen inländischer Reformer ebenso engagiert verteidigt wie gegen rechtsvergleichende Grundsatzkritik. Und in der Tat: In dem Versuch des Mobiliarsicherheitenrechts, denselben Kapitalwert für Kreditsicherheit und Produktivität gleichzeitig einzusetzen, verwirklicht sich ein Stück genialen juristischen Erfindungsgeistes, der die Chancengleichheit kapitalschwacher Wettbewerber entscheidend verbessert und wirtschaftliche und technische Innovation erleichtert. Die deutschen Mobiliarsicherheiten sind das Produkt freier kautelarjuristischer Gestaltung, und sie dienen den Bedürfnissen eines freien Marktes mit den Vorzügen großer Mobilität. Deshalb waren sie gesetzlichen Sicherungsrechten überlegen, die dem freien Wirtschafts- und Warenverkehr zum Prokrustesbett werden mußten, und deshalb haben sie den gesetzlichen Typus verdrängt. Es gibt kaum eine zivilisierte Rechtsordnung ohne ähnliche Ansätze, aber die deutsche Kautelarjurisprudenz hat es hier zu besonderer Blüte gebracht, und manch anfänglich gescholtenes Produkt ist nach und nach zum Exportartikel geworden.

2. Freiheit und Bindung

Wo sich der Markt seine Sicherungsrechte in Freiheit selbst schafft und die gesetzlichen Vorgaben beiseite schiebt, entstehen die Probleme, wie sie Freiheit immer gebiert: die Freiheit der einen bedarf der Bindung, soll sie die Freiheit der anderen nicht zerstören. Auf eine Epoche fast fulminanter kautelarjuristischer Produktivität folgte in den letzten zwanzig Jahren die Phase der Bindung und Bändigung – immer deutlicher unter Herrschaft des AGBG und zuletzt heftig diskutiert im Rahmen der schwebenden Insolvenzrechtsreform. Die deutsche Entwicklung sucht den Mittelweg zwischen dem Wildwuchs und der vereinfachenden gesetzlichen Reglementierung. Einfache Lösungen kann es dabei nicht geben. Wer immer die Komplexität des Rechts der Mobiliarsicherheiten beklagt, die sich durch die gegenwärtige richterliche Kontrolle noch steigern wird, sollte sich doch darüber im klaren sein, daß freiheitliche Rechtsordnungen nie einfach sein können, weil Freiheit stets ein hohes Differenzierungspotential und Beweglichkeit verlangt, und die freiheitliche Rechtsordnung muß dem Rechnung tragen. Nur die tote Wirtschaft kennt Einfachheit des Kreditwesens und seiner Sicherungssysteme; der Blick ins ZGB der früheren DDR führt dies sehr eindrücklich vor Augen. Das Bemühen um die Balance zwischen Freiheit und Bindung ist die Grundaufgabe des Juristen in der freiheitlichen Gesellschaft. Das Werk *Sericks* gibt davon auf einem wichtigen Gebiet Zeugnis; denn die freie Gestaltung der Kreditierung schafft wirtschaftliche und persönliche Bewegungsfreiheit, sie fördert den „pursuit of happiness" als uraltes menschliches Grundbedürfnis.

3. Die Parallelentwicklung im Recht der Grundpfandrechte

Im Recht der Immobiliarsicherheiten gibt es eine auffallende, zeitlich etwas versetzte Parallelentwicklung zum Recht der Mobiliarsicherheiten. Auch dem Recht der Immobiliarsicherheiten hat das Interesse *Rolf Sericks* stets mitgegolten, wenngleich er sich diesem Bereich nicht schwerpunktmäßig gewidmet hat.[1] Im folgenden soll die Entwicklung vom Modell der gesetzlich vorgeformten, akzessorischen Hypothek zur abstrakten Grundschuld mit ihrer kautelarjuristischen Bindung nachgezeichnet sein, um dann die Frage nach sinnvoller europäischer Zukunft zu stellen.

---

[1] Insbesondere *Serick*, Eigentumsvorbehalt und Sicherungsübertragung, Bd. II, 1966, § 28.

II. Die Hypothek als enger gesetzlicher Regelrahmen

1. Gesetzgebungsgeschichte

Der Gesetzgeber des BGB wählte als Regelform die Hypothek, die er ausführlich regelte (§§ 1113–1190 BGB) und dabei mit einem oft zwingenden engen Normengeflecht den Spielraum kautelarjuristischer Gestaltung stark einschränkte. Seine historische Ausgangslage war die eigenartige partikularrechtliche Gemengelage aus römischrechtlicher und romanischer Tradition mit dem streng akzessorischen Grundpfandrecht und germanischer Tradition mit dem selbständigen Grundkreditrecht.[2] Die romanischen Länder hatten nach dem Vorbild der art. 2114ff. Code civil 1803 die streng akzessorische Hypothek zum Grundpfandrecht erkoren, Italien konservierte dieses Grundmuster noch im Codice civile 1942 (art. 2808ff.). Der Mittelweg des deutschen Gesetzgebers bestand grob gesagt darin, das romanische Muster in Gestalt der Sicherungshypothek zu übernehmen, den germanischen Urtyp des Grundkreditrechts in Gestalt der Grundschuld zu berücksichtigen und den Kompromiß der Verkehrshypothek in den Mittelpunkt zu stellen. Auch im schweizerischen ZGB spiegelt sich das Schwanken des kontinentalen Rechts: neben die akzessorische Grundpfandverschreibung (Art. 824ff. ZGB) treten die nicht akzessorische Gült mit rein dinglicher Haftung und der besonders verkehrsfähige Schuldbrief mit abstrakter dinglicher und persönlicher Haftung (Art. 842ff. ZGB).

2. Der Wettbewerb der Grundpfandrechte

Die Entscheidung des deutschen und schweizerischen Gesetzgebers für die Vielfalt von Grundpfandrechten war ein besonders weiser Entschluß. Die letzten Jahrzehnte freien Wettbewerbs unter den Grundpfandrechten haben einen deutlichen Trend zur abstrakten Sicherheit der Grundschuld ergeben.[3] Hätte der deutsche Gesetzgeber seine Entscheidung zugunsten der Verkehrshypothek verabsolutiert, die er offensichtlich als zukunftsträchtigen Kompromiß konzipiert hatte, so wäre die bedarfsorientierte Weiterentwicklung der Grundpfandrechte erschwert oder gar blockiert gewesen. So aber waren Deutschland und Schweiz ein wichtiges Experimentierfeld für künftige Gesetzgebung.

---

2 Grundlegend *Planitz*, Das deutsche Grundpfandrecht, 1936; zur jüngeren Entwicklung *Mitteis/Lieberich*, Deutsches Privatrecht, 9. Aufl. 1981, Kap. 36.
3 Statt vieler *Baur/Stürner*, Sachenrecht, 16. Aufl. 1992, § 44 I 2.

3. Die Gründe für den Siegeszug der Grundschuld

Über die Gründe für den Siegeszug der Grundschuld ist man sich weithin einig. Die Grundschuld ist zunächst einmal einfacher und billiger, weil ihre Unabhängigkeit von der Forderung weniger Grundbucheintragungen verlangt als die Hypothek: es gibt weniger Rechtsänderungen „außerhalb" des Grundbuchs, weil die dingliche Rechtslage statisch ist. Die Grundschuld erlaubt anders als die Hypothek den reibungslosen Forderungsaustausch, die hektische Veränderung schuldrechtlicher Beziehung läßt das Grundpfandrecht unberührt, der Sicherungsvertrag gestattet die differenzierte und angepaßte Gestaltung des Einzelfalles. Endlich: die Grundschuld gibt die Möglichkeit der Sicherung auf Vorrat, womit der vielleicht problematischste Punkt angesprochen sein dürfte. Alle beschriebenen Charakteristika der Grundschuld erhöhen ihre Verkehrsfähigkeit zur Refinanzierung und Verwertung. Im Grunde genommen kehren beim Vergleich von Hypothek und Grundschuld die gleichen Gesichtspunkte wieder, die man vom Vergleich zwischen Pfandrecht und untypischen Sicherungsgeschäften bei Mobilien bereits kennt: Einfachheit auf der dinglichen Ebene, kautelarjuristische Feinarbeit bei der schuldrechtlichen Bindung, Thesaurierung von Sicherungsreserven beim Gläubiger für schwer kalkulierbare künftige Entwicklungen.

III. Die Grundtendenzen kautelarjuristischer Ausgestaltung

Der kautelarjuristische Trend der letzten Jahrzehnte war allgemein darauf bedacht, die Position des Sicherungsnehmers zu stärken und dabei die Abstraktheit der Sicherheit zu perfektionieren und akzessorischen Tendenzen der Sicherungsabrede möglichst wenig Raum zu geben. Dies soll in einzelnen wesentlichen Punkten ganz kurz skizziert sein.

1. Speicherung der Sicherheit beim Gläubiger

Bekanntlich werden nach den formularmäßigen Sicherungsabreden Zahlungen des Schuldners auf die Forderung und nicht auf die Grundschuld verrechnet. Die Rückübertragung der Grundschuld soll regelmäßig erst mit dem vollen Erlöschen der Schuld geschuldet sein. Dies führt zu einem Vorrat an Sicherheit auf der Gläubigerseite, die dann auch künftige Forderungen in die Sicherungsabrede einbezieht. Die Frage der Übersicherung drängt sich auf. Zahlungen des vom Schuldner verschiedenen Eigentümers gelten oft nicht als Tilgung der Grundschuld, sondern nach Gläubigerwahl als Sicherheitsleistung, um auch in diesem Falle den Fortbestand der Grundschuld zu sichern.

2. Ergänzung um persönliche Haftung

Die Gläubigerseite ist mit der dinglichen Haftung aus der Grundschuld meist nicht zufrieden, sondern ergänzt sie um die persönliche Haftung für den Grundschuldbetrag in Gestalt des Schuldanerkenntnisses. Mit der Grundschuldbestellung wird damit ein Effekt kumuliert, wie ihn das Gesetz bei der Reallast vorsieht (§ 1108 BGB) und wie ihn der Schweizer Schuldbrief als Grundpfandrecht ähnlich kennt.[4] Die Kombination abstrakter dinglicher und persönlicher Haftung schafft faktisch ein neues Rechtsinstitut.

3. Erweiterung des künftigen Sicherungsrahmens

Der nachrangige Grundschuldgläubiger läßt sich den Rückgewähranspruch des Sicherungsgebers gegenüber dem vorrangigen Grundschuldgläubiger häufig abtreten. Diese Abtretung dient nicht nur der Rangverbesserung zugunsten der eigenen Grundschuld (§ 1179a BGB).[5] Vielmehr bedeutet sie häufig eine echte Erweiterung eigener Sicherungskapazität, wenn nämlich bestimmt wird, daß die zurückzugewährende Grundschuld der weitergehenden Sicherung von Gläubigerforderungen dienen soll. Nicht selten versucht umgekehrt der vorrangige Grundschuldgläubiger, die Ausbeutung einer nicht mehr valutierten Grundschuld durch nachrangige Gläubiger zu verhindern, indem er in einer Art „Abwehrklausel" die Unabtretbarkeit des Rückgewähranspruchs festlegt.

4. Faktische Sicherungsübereignung

Vielfach schreiben detaillierte Klauseln dem Eigentümer des belasteten Grundstücks genau vor, was er zu tun und zu lassen hat, um den Wert der Sicherheit zu erhalten und den raschen Gläubigerzugriff zu gewährleisten: Versicherungspflicht, ordnungsgemäße Bewirtschaftung mit Weisungsrechten der Bank für Ausbesserungen und Erneuerungen; Zustimmungspflichtigkeit bei baulichen Änderungen; Verbot der Aufgabe oder Änderung der

---

[4] Hierzu *Riemer*, Die beschränkten dinglichen Rechte. Grundriß des schweizerischen Sachenrechts Bd. II, 1986, S. 123 ff.; *Lareida*, Der Schuldbrief aus wertpapierrechtlicher Sicht, Diss. Zürich 1986.
[5] Ausführlich *Baur/Stürner*, Sachenrecht, 16. Aufl. 1992, § 46 IV 4a.

Benutzungsart; Reglementierung der Gebrauchsüberlassung durch den Eigentümer an Dritte; Zustimmungspflichtigkeit bei Veräußerungen oder doch Verpflichtung zur Weitergabe auch der abstrakten persönlichen Haftung an den Erwerber. Natürlich wirken solche Pflichten nur schuldrechtlich inter partes, aber das außerordentliche Kündigungsrecht des Gläubigers bei Verstößen verschafft der Vereinbarung wirksamen Nachdruck. Die Position des Gläubigers geht über §§ 1133–1135 BGB hinaus und testet die Grenze des § 1136 BGB voll aus. Die Gestaltung vermischt den Unterschied zur Sicherungsübereignung von Grundstücken und erinnert daran, daß sich die angloamerikanische mortgage aus dieser Konstruktion herleitet und das deutsche Recht die Sicherungstreuhand an Grundstücken nicht ohne weiteres verbieten würde.

5. Das vollstreckbare Grundpfandrecht

Mit der dinglichen (§§ 794 Abs. 1 Nr. 5, 800 ZPO) und persönlichen Unterwerfung (§ 794 Abs. 1 Nr. 5 ZPO) erreicht der Gläubiger über das Gesetz hinaus (§§ 1147, 1148 BGB) die sofortige Verwertungsmöglichkeit und verlagert die Prozeßführungslast auf den Eigentümer bzw. Schuldner.

IV. Die Kontrolle der kautelarjuristischen Gestaltung

1. Die Reaktion der Rechtsprechung

Die Rechtsprechung hat auf den geschilderten Ausbau der abstrakten Sicherungsposition durch die Kautelarjurisprudenz sehr verhalten reagiert und der Marktentwicklung weithin ihren Willen gelassen.

Die Möglichkeit der „tilgungsfreien" Grundschuld steht bis heute im Ergebnis unangefochten[6], und die Rechtsprechung beschreibt den Teilrückgewähranspruch nach teilweiser Tilgung der gesicherten Forderung nur sehr zurückhaltend.[7] Die Einbeziehung künftiger Forderungen entspricht beim schuldneridentischen Eigentümer fester Rechtsprechung.[8] Erst beim Sicherungsgeber, der nicht gleichzeitig Schuldner ist, setzt die Rechtsprechung Schranken; sie bildet dabei aber keine abstrakten Fallgruppen der Zulässigkeit oder Unzulässigkeit (§ 9 Abs. 1 AGBG), sondern über-

---

6 Auf einzelne konstruktive Streitfragen kann hier nicht eingegangen werden; *Baur/Stürner*, Sachenrecht, 16. Aufl. 1992, § 45 II 4 b m. Nw.
7 BGH NJW 1984, 169, 171; NJW-RR 1990, 455; 1990, 588, 589: nur im Zweifel *kein* Wille zur Übersicherung nach Teilrückzahlung.
8 BGHZ 101, 29 m. Nw.

läßt das Verdikt ganz der Einzelfallbeurteilung, indem sie anhand der Umstände des Einzelfalles auf den konkreten unlauteren Überraschungseffekt abhebt (§ 3 AGBG).[9] Ein gewisses Regulativ ist dann weiter die Beweislast des Sicherungsnehmers für das Entstehen späterer Forderungen, für die er zusätzlich die Sicherungsabrede reklamiert.[10]

Auch die Ergänzung der Grundschuld um die abstrakte persönliche Haftung ist im Grundsatz höchstrichterlich abgesegnet[11], die Rechtsprechung setzt erst in neuester Zeit zögernd Schranken, wo sich der schuldnerverschiedene Sicherungsgeber kumulativ persönlich verpflichtet.[12] Der BGH wählt aber dabei nicht den Weg des inhaltlichen Verbots der Kumulation abstrakter dinglicher und persönlicher Haftung, sondern er wendet sich bisher nur sehr vorsichtig gegen die Verbindung von abstrakter persönlicher und dinglicher Haftung in der Grundschuldbestellungsurkunde, läßt aber offen, ob die gesonderte Urkunde diese inhaltliche Paarung zulässig vollziehen könnte oder ob die persönliche Dritthaftung formularmäßig auf die Bürgschaft beschränkt und das abstrakte Anerkenntnis dem Individualvertrag vorbehalten sein soll. Die Frage, ob dingliche und persönliche abstrakte Haftung nur dem gleichen Sicherungsrahmen gelten oder additiv nebeneinander stehen können, beantwortet der BGH zwar grundsätzlich im Sinne bloßer Verstärkung der Sicherheiten, hält jedoch die Erweiterung des Sicherungsrahmens durch additive Zuordnung für denkbar.[13]

Eine vorsichtige Skepsis klingt beim BGH an, soweit mit der Abtretung des Rückgewähranspruchs für vorrangige Grundschulden nicht nur ein Aufrücken erreicht sein soll, sondern weitergehende volle Sicherung; mehr als eine Auslegungsregel gegen diese Deutung (§ 5 AGBG) hat der BGH allerdings nicht geschaffen[14], die eigentliche inhaltliche Kontrolle steht aus. Hingegen hat der BGH bereits relativ deutlich zu verstehen gegeben, daß er den Ausschluß der Abtretbarkeit des Rückgewähranspruchs dann für fragwürdig hält, wenn dadurch der Kreditrahmen des sicherungsgebenden Eigentümers beschränkt wäre, weil für nachrangige Grundpfandgläubiger kaum noch Motivation zur Beleihung bestünde.[15]

---

9 BGHZ 83, 56; 98, 256; 99, 203; 100, 82; 101, 29; 102, 152, 158; 106, 19, 22 ff.; 109, 197 ff.; NJW 1990, 392, 393; 1991, 1286, 1287; 1991, 3141, 3142; teilw. krit. *Baur/Stürner*, Sachenrecht, 16. Aufl. 1992, § 45 II 1 a; *Stürner* DNotZ 1992, 97, 101.
10 BGHZ 109, 197, 204; NJW 1985, 53, 54; KTS 1991, 461, 464.
11 BGHZ 99, 274, 282 ff. gegen *Stürner* JZ 1977, 431 ff., 639 f. und *Baur/Stürner*, Zwangsvollstreckungs-, Konkurs- und Vergleichsrecht, 11. Aufl. 1983, Rn. 233.
12 BGHZ 114, 9 ff. = NJW 1991, 1677; hierzu *Stürner* DNotZ 1992, 97.
13 BGHZ 99, 272, 280 f.; NJW 1988, 707, 708; 1990, 392, 393; 1991, 286; NJW-RR 1987, 59.
14 BGHZ 110, 108 ff.
15 Hierzu BGHZ 110, 241 ff. und *Baur/Stürner*, Sachenrecht, 16. Aufl. 1992, § 45 V 1 e.

Klauseln zur Verstärkung der Sicherungsposition des Kreditgebers über §§ 1133 ff. BGB hinaus steht der BGH bisher aufgeschlossen gegenüber. Das gilt einmal für Feuerversicherungsklauseln[16], aber auch für Kündigungsklauseln im Veräußerungsfalle.[17] Auch das vollstreckbare Grundpfandrecht im Sinne gepaarter dinglicher und persönlicher Vollstreckungsunterwerfung bleibt – zumindest bei Banken – unbeanstandet.[18]

2. Würdigung der Entwicklung

Eine Würdigung der Entwicklung muß in Rechnung stellen, daß die Vorsicht des BGH letztlich im Fehlen eines Leitbildes grundpfandrechtlicher Sicherung begründet liegt. Im behutsamen Herantasten zeichnen sich aber allmählich doch gewisse Konturen ab.

a) Gegenüber dem Schuldner-Eigentümer hält der BGH ein sofort vollstreckbares Sicherungsrecht mit kumulierter rangwahrender dinglicher und unbeschränkter persönlicher Haftung für adäquat. Mit der Beschränkung auf den Schuldner-Eigentümer ist in Deutschland damit ein Sicherungsrecht Realität, das dem Schweizerischen Schuldbrief (Art. 842 ff. ZGB) überaus ähnelt, wobei die wertpapierrechtliche Komponente dieses schweizerischen Instituts einmal außer Betracht bleiben soll. Ob mit der massentypischen Verwendung dieses atypischen Sicherungsrechts nicht ein schwer begründbarer Übersicherungseffekt eintritt, ist an anderer Stelle ausführlich diskutiert.[19] Konstruktive Einzelheiten dieser Diskussion (Überraschungseffekt, § 3 AGBG; unzulässige Beweislastumkehr, § 11 Nr. 15 AGBG; unzulässige Verkehrung der Grundregel Erkenntnisverfahren vor Vollstreckung, § 9 AGBG; unzulässige Ballung von prozessualen und materiellen Sicherungsmitteln, § 9 AGBG) sind hier nicht noch weiter zu erörtern. Immerhin ist es im Ergebnis bemerkenswert, daß nunmehr global ein Sicherungsmittel den Kreditmarkt beherrscht, das ohne Rücksicht auf den konkreten Rang die Anforderungen der §§ 11, 12 HypothekenbankG in vielen Punkten überbietet. Ob darin nicht doch ein Indiz dafür liegt, daß im Normalfall das Sicherungsinteresse der Bank übergewichtet ist und der Einsatz dieser harten Sicherungswaffe der Individualvereinbarung oder wenigstens bestimmten risikoträchtigeren Fallgruppen hätte vorbehalten bleiben sollen? Ungeklärt ist bisher weiter, ob dieses kombinierte Siche-

---
16 Dies ist die Konsequenz aus BGHZ 105, 230, 237.
17 BGHZ 76, 371 ff. Kritisch MünchKomm-*Eickmann*, 2. Aufl. 1986, § 1136 Rn. 5; *Jauernig*, BGB, 6. Aufl. 1991, § 1136 Anm. 2; *Baur/Stürner*, Sachenrecht, 16. Aufl. 1992, § 40 III 2.
18 BGHZ 99, 274, 282 ff.
19 *Stürner* JZ 1977, 431 ff.; 639 f.; *Kümpel* WM 1978, 746 u. a.

rungsrecht nur zur bankmäßigen Kreditsicherung verwendet werden darf oder ebenso von Verkäufern, Bauträgern etc. Der Gedanke umfassender Abstraktheit der Sicherheit ist beim Schuldner-Eigentümer im übrigen auch für den Sicherungsumfang konsequent durchgehalten, weil praktisch beliebige Forderungen einbezogen werden können. Erst die Rückabwicklung hat dann akzessorische Anklänge, wenn der BGH den Ausschluß der Abtretbarkeit des Rückgewähranspruchs limitiert, im Zweifel für den Teilrückgewähranspruch plädiert und regelmäßig nur vom Aufrückeffekt der Rückgewähr ausgeht. Auch hier drängen sich insoweit Zweifel auf, als die Grenze zwischen zulässiger Einbeziehung künftiger oder weiterer Forderungen und einem zwingenden (?) Teilrückgewähranspruch ebenso noch genauer zu ziehen wäre wie die Möglichkeiten einer Durchbrechung des bloßen Aufrückeffektes exakterer Beschreibung bedürften.

b) Gegenüber dem schuldnerverschiedenen Sicherungsgeber sind dem beschriebenen abstrakten Globalsicherungsmittel inzwischen deutlichere Beschränkungen auferlegt. Dies gilt sowohl für die „erweiterte" Grundschuld (Einbeziehung weiterer künftiger Forderungen) als auch für die abstrakte persönliche Haftung. Die Tendenz zur Beschränkung scheint billigenswert, das Instrumentarium fragwürdig. Die Kreditsicherung wird mit zu vielen Unsicherheitsfaktoren belastet, wenn ihre Wirksamkeit von konkreten äußeren Rahmenbedingungen abhängt; die Art und Weise urkundlicher Präsentation sollte möglichst wenig ausschlaggebend sein, den anfänglich besseren Aufklärungseffekt urkundlicher Trennung beseitigt alsbald die angepaßte formularmäßige Routine.

c) Im Vergleich zum Recht der Mobiliarsicherheiten ist die Kontrolldichte der Rechtsprechung im Recht der Immobiliarsicherheiten ungleich geringer. Dies mag vor allem daran liegen, daß die Belastung als solche stets registriert ist und sich anders als bei den Mobiliarsicherheiten Probleme des Verkehrsschutzes insoweit weniger stellen. Trotzdem wird die Rechtsprechung klare abstrakte Fallgruppen zur Übersicherung und zum Sicherungsmißbrauch bilden müssen. Das gilt in qualitativer und quantitativer Hinsicht. Beim Schuldner-Eigentümer ist die Chance zur Regulierung qualitativer Übersicherung teilweise – nämlich gegenüber Banken – bereits vergeben, wohl in der verständlichen Zurückhaltung erster Tastversuche; beim schuldnerverschiedenen Sicherungsgeber steht die inhaltliche Entscheidung an: entweder ist man für oder gegen formularmäßige abstrakte Dritthaftung und zwar generell oder in bestimmten abstrakten Fallgruppen, die näher zu umschreiben wären (z.B. abstrakte Dritthaftung von Kaufleuten und Nichtkaufleuten, abstrakte Dritthaftung für konkrete bestehende Forderung oder künftige Forderungen etc.), der Kampf um das weitere Formular ist wenig hilfreich. Die quantitative Übersicherung ist bisher kaum transparent gelöst. Die Frage wäre, ob hier nicht ähnlich wie bei Mobiliarsicherheiten eine schuldrechtliche Freigabeklausel vonnöten wäre, die ab einer bestimmten Übersicherungsgrenze greift.[20]

Die Rechtsfortbildung muß sich die Aufgabe des Gesetzgebers zum Vorbild machen, wie sie im Falle einer gediegenen Kodifikation des Rechts der Sicherungsgrundschuld als Regelgrundpfandrecht zu lösen wäre. Nachdem das gesetzgeberische Vorbild der akzessorischen Hypothek vor der jüngeren Rechtsgeschichte versagt zu haben scheint, wäre es sicher falsch, die Grundschuld in zu enge schuldrechtliche Ketten zu legen. Die Freiheit, die das abstrakte Grundpfandrecht konstruktiv bietet, muß indessen die Freiheit *beider* Parteien bleiben. Tendenzen zur routinemäßigen Übersicherung muß man auf Dauer durch klare Fallgruppenbildung gegensteuern, nicht durch schwer absehbare Einzelfallabwägung.

V. Das europäische Recht der Grundpfandrechte

1. Die Mängelbilanz akzessorischer Grundpfandrechte

Nachdem im deutschen Recht die Hypothek trotz ihrer möglichen Umwandlung in eine Eigentümergrundschuld den Wettbewerb mit der Grundschuld verloren hat, scheinen die Erfahrungen der romanischen Länder mit der streng akzessorischen Hypothek ebenfalls nicht besonders günstig zu sein. Probleme bereiten die schwankende Darlehenssumme, Neuvalutierungen und Umschuldungen. Während man sich z.B. in Frankreich bei der Kredithöhe einen Spielraum durch einen Krediteröffnungsvertrag schafft, der die künftige Endforderung am Ende der Kreditbeziehung mit einer bestimmten Geldsumme festlegt und hypothekarisch absichert,[21] führen Neuvalutierungen oder Umschuldungen in aller Regel zu kostenträchtigen Neubestellungen, unter Umständen unter Rangverlusten. Die Reformdiskussion der romanischen Praxis liebäugelt deshalb zunehmend mit stärker abstrahierenden Sicherungsformen.

2. Die gesamteuropäischen Bedürfnisse

Der europäische Markt wird die grenzüberschreitende Finanzierung ebenso bringen wie die grenzüberschreitende Refinanzierung. Die akzessorische Hypothek schüfe dabei reichlich Probleme, falls Forderungsstatut,

---
20 *Baur/Stürner*, Sachenrecht, 16. Aufl. 1992, § 45 II 2 b.
21 Grundlegend Civ., 3 févr. 1937, D.H. 1937, 177 (zu art. 2132 C.c.).

Pfandstatut und – im Falle der Sicherung von Refinanzierungen – Abtretungsstatut nicht zusammenfielen. Ein abstraktes Grundpfandrecht würde theoretisch und praktisch weniger Schwierigkeiten bereiten, selbst wenn kein Gleichlauf bestünde. Die grenzüberschreitende Finanzierung ist die notwendige Konsequenz des freien Dienstleistungsverkehrs für Banken und Versicherungen im EG-Bereich. Der deutsche Gesetzgeber stellt dies in Rechnung, wenn er z.B. den Hypothekenbanken die Beleihung von Grundstücken in EG-Ländern gestattet, soweit die Sicherheit der Pfandbriefgläubiger nicht leidet (§ 5 Abs. 1 Nr. 2, 2a HypothekenbankG).[22]

3. Die Harmonisierungsbestrebungen

Eine Rechtsharmonisierung aller EG-Staaten kann schwerlich darin bestehen, die nationalen Rechtsordnungen anzugleichen. Ein solches Einheitsrecht für alle Staaten wäre im Hypothekenrecht – wie nirgends – gar nicht wünschenswert, weil es die Gefahr der Versteinerung und Verkrustung in sich trüge. Erwägenswert schiene es, die europäische Vielfalt nationaler Grundpfandrechte um ein „Eurogrundpfandrecht" zu bereichern, das mit den bestehenden Rechten in Konkurrenz träte und sich im freien Wettbewerb bewähren müßte. Die bisherigen Vorschläge für ein solches Eurogrundpfandrecht – sowohl der Segré-Bericht 1966 als auch der Vorschlag des lateinischen Notariats 1987 – tendieren zum abstrakten Grundpfandrecht in Gestalt der deutschen Grundschuld oder des Schweizerischen Schuldbriefs.[23] Solche Vorschläge nehmen die jüngsten Erfahrungen mit Grundpfandrechtstypen in Europa insoweit richtig auf, als das abstrakte Grundpfandrecht das billigste und konstruktiv einfachste Kreditsicherungsmittel ist. Es ist deshalb im Ausgangspunkt sicher richtig, ein Eurogrundpfandrecht an der abstrakten Grundschuld auszurichten. Man sollte in die rechtspolitische Diskussion allerdings nicht nur Kostenfragen, Einfachheit und vielseitige Verwendbarkeit einbringen, sondern auch die Problematik der schuldrechtlichen Bindung und ihrer Kontrolle, wie sie den BGH in den letzten Jahren beschäftigt hat. Die europäische Lösung muß den Verbraucherschutz als Gegenpol der Gestaltungsfreiheit für Banken und Kreditgeber in Rechnung stellen – und dieser Verbraucherschutz kann sich nicht im Kostendenken erschöpfen. Ein Eurogrundpfandrecht müßte also die Rahmenbedingungen einer Sicherungsabrede vorzeichnen, gerade weil der vergrößerte Markt den Wettbewerb der Kreditgeber verstärken, den Trend zum Risikokredit nähren und damit die Gefahr unfairer und

---

22 I.d.F. vom 19. 12. 1990 (BGBl. I. 2898).
23 Zum Ganzen *Stöcker*, Die Eurohypothek, 1992.

rabiater Sicherungsabreden vermehren wird. Hier ist die Diskussion erst am Anfang – obwohl die Schwierigkeit eines Eurogrundpfandrechts letztlich hauptsächlich in diesem Bereich liegt. Die Gestaltung der Sicherungsabrede kann schwerlich nationalem Recht überlassen bleiben. Das deutsche Recht ist hier noch nicht am Ende seiner Entwicklung, und die Erfahrungen des Schweizerischen Rechts, das auf kleine überschaubare Einheiten angelegt ist, sind auf einen großen Wirtschaftsraum kaum übertragbar. Letztlich bleibt nur der Weg eines abstrakten Grundpfandrechtes mit einer rahmenweise vorgezeichneten Sicherungsabrede, die eine abgemilderte Akzessorietät schafft und dem Eigentümer ausreichend Schutz gewährt – auch gegenüber Zessionaren. Die Euro-Reformer wären gut beraten, wenn sie die Verbraucherinteressen als wichtiges Anliegen rechtzeitig *voll* miteinbrächten.

Für den deutschen juristischen Systemdenker bleibt eine rechtstheoretisch hoch interessante Beobachtung: der Sieg der Abstraktheit, einer von Rechtsvergleichern oft vorschnell aufgegebenen Denkfigur *Savignys*, die im Bereich der Grundpfandrechte einen europäischen Teilsieg erleben könnte. Die heutige Dimension des Abstraktionsprinzips wird verkannt, wenn man es nur – wie vielfach – am Beispiel der Übereignung beweglicher Sachen diskutiert, um dann ergebnisorientiert und oft voreilig seine Bedeutungslosigkeit und Lebensfremdheit festzustellen. Das Abstraktionsprinzip trägt Rechtssicherheit und Einfachheit der dinglichen Zuordnung in sich und erlaubt trotzdem einen hohen Grad rechtlicher Differenzierung bei der Bewältigung vielseitiger wirtschaftlicher Gestaltung – darin liegt das Geheimnis seiner konstruktiven Überlegenheit, die sich gerade im Recht der Grundpfandrechte eindrucksvoll zeigt. Der Konstruktivismus des deutschen Rechtsdenkens wird das europäische Recht gewiß nicht allgemein prägen oder dominieren – aber wo er sich bewährt, sollte man ihn auch ohne falsche Scham einbringen und der guten Idee ihre historische Anerkennung nicht versagen.

Betrachtungen zur causa der Sicherungsübertragung

Von Hermann Weitnauer, Heidelberg

I. Dieser Festschriftbeitrag gibt seinem Verfasser Gelegenheit, an einen vor mehr als 25 Jahren begonnenen, damals nicht weitergeführten Gedankenaustausch mit unserem Jubilar anzuknüpfen. Es ging um die Frage, was die „causa", der „Rechtsgrund" bei der Sicherungsübertragung ist, eine Frage, von der er in einem der grundlegenden Paragraphen des ersten Bandes seines Lebenswerks[1] bemerkt, sie erwecke „Unbehagen".[2] Ich habe seinerzeit in einer Rezension[3] zum Ausdruck gebracht, daß ich dieses Unbehagen nicht nachzuempfinden vermöchte, weil ich der Meinung sei, daß zur Antwort ganz einfach auf den Sicherungszweck und damit einen der typischen Abwicklungszwecke hinzuweisen wäre.

Trifft es aber zu, daß ein Gefühl des Unbehagens besteht, dann kann das nur ein Anzeichen dafür sein, daß die Art und Weise, wie die Frage in Literatur und Rechtsprechung behandelt wird, nicht voll befriedigt, sondern einen ungelösten Rest von Zweifeln birgt. In der Tat verhält es sich so. Zwar bestreitet niemand, daß der Sicherungsübertragung der Sicherungszweck zugrundeliegt, doch bestehen um so größere Meinungsverschiedenheiten darüber, wie dieser Zweck zur Geltung zu bringen ist und wie er sich auswirkt. Nach der einen, auch von *Serick* geteilten Auffassung[4] bildet der Sicherungszweck einen Teil einer rein schuldrechtlichen „Sicherungsabrede", nach der anderen[5] bildet er einen Teil des Vorgangs, durch den das als Sicherungsmittel bestimmte Vermögensgut – bewegliche Sache, Forderung, Grundschuld – auf den Sicherungsnehmer, also der Gläubiger der zu sichernden Forderung, übertragen wird. Daß die sich gegenüberstehenden Grundvorstellungen zu verschiedenen Antworten auf die Frage nach

---

1 Eigentumsvorbehalt und Sicherungsübertragung, Monographie in 6 Bänden, zitiert nach Band (röm. Ziffer) und Seite (arab. Ziffer) oder mit der Paragraphenzahl des Werks. – Zusammenfassung in: *Serick*, Deutsche Mobiliarsicherheiten – Aufriß und Grundgedanken (Heidelberg 1988).
2 *Serick* I § 4 S. 55.
3 JZ 1965, 141.
4 Näher unten in Fn. 18.
5 Näher unten in Fn. 29.

der causa der Sicherungsübertragung führen können, liegt nahe. Dem sollen die nachfolgenden Betrachtungen nachgehen.

II. Zuvor aber erscheint es als notwendig, jedenfalls als tunlich, den rechtsgeschäftlichen Vorgang, der als Sicherungsübertragung bezeichnet wird, in seinen wesentlichen Zügen zu schildern, dies um so mehr, als eine nähere gesetzliche Regelung fehlt. Man kann freilich auch nicht sagen, das BGB habe von dieser Rechtsfigur keine Notiz genommen[6]; denn in § 223 Abs. 2 zieht es den Fall in Betracht, daß „zur Sicherung eines Anspruchs ein Recht übertragen worden" ist, hält das also aufgrund der Vertragsfreiheit für ohne weiteres möglich und ordnet in Gleichstellung dieser Art von Sicherung mit den Pfandrechten an, daß der Gläubiger des Anspruchs durch dessen Verjährung nicht gehindert ist, sein Sicherungsrecht geltend zu machen; es bringt weiter zum Ausdruck, daß es den Bestand des Sicherungsrechts nicht als von der Erreichung des Sicherungszwecks abhängig, also nicht – wie etwa die Bürgschaft oder das Pfandrecht – als „kausal", sondern als „abstrakt" versteht, weshalb es für den Fall der Erledigung des Sicherungszwecks davon ausgeht, daß der Sicherungsgeber die „Rückübertragung" fordern kann, daß also das übertragene Recht nicht ipso jure zurückfällt. Wenn es also auch zur Rechtfertigung der Sicherungsübertragung kaum einer Berufung auf Gewohnheitsrecht bedarf[7], so ist doch für den Rechtsverkehr ein weiter Raum geblieben, in dem sich Verkehrssitte und auch Gewohnheitsrecht entwickeln konnten und entwickelt haben.

1. Nach allgemeinem Verständnis[8] läßt sich die Sicherungsübertragung wie folgt charakterisieren: Eine Sicherungsübertragung kann nur zustandekommen, wenn der Sicherungsnehmer, also der Gläubiger der zu sichernden Forderung, und der Sicherungsgeber, der nicht der Schuldner zu sein braucht, über die zu sichernde Forderung und die Bestellung der Sicherheit einig sind. Die Sicherungsübertragung verlangt also stets einen Vertrag, der mindestens zwei Punkte enthalten muß, nämlich einmal, daß ein Recht nach den für dieses geltenden Regeln übertragen wird, mag das das Eigentum an einer Sache oder ein Forderungsrecht oder eine Grundschuld sein, und zweitens, daß dies zur Sicherung eines Anspruchs geschieht. Der Sicherungsnehmer wird durch die Übertragung voller Inhaber des übertragenen Rechts, im Falle der Sicherungsübereignung also Volleigentümer der übertragenen Sache, etwa eines Kfz, mit allen Rechten eines solchen. Damit erlangt er mehr als zur Erreichung des Sicherungszwecks erforderlich wäre;

---

6 So auch *Serick* I 1.
7 *Serick* I 2, 4.
8 Z. B. *Erman-A. Schmidt*, BGB, 8. Aufl. Anhang zu §§ 929–931 Rdn. 1; zur Praxis das unten in Fn. 12 besprochene Vertragsmuster.

dazu wäre die Bestellung eines Pfandrechts ausreichend, das aber aus bekannten praktischen Gründen den Verkehrsbedürfnissen nicht genügt. Der Überschuß an Rechten macht den Sicherungsnehmer zum fiduziarischen Eigentümer[9], als solcher ist er verpflichtet, von seiner Verfügungsmacht nur soweit Gebrauch zu machen, wie das durch den Sicherungszweck geboten ist. Er muß also insbesondere Besitz und Nutzung der zur Sicherung übereigneten Sache dem Sicherungsgeber belassen und darf diese weder herausverlangen noch veräußern, solange der Schuldner der gesicherten Forderung seine Verpflichtungen gegenüber dem Sicherungsnehmer erfüllt[10], solange also der Sicherungsfall nicht eintritt. Tritt er aber ein, dann kann der Sicherungsnehmer die Sache herausverlangen und nach Maßgabe näherer Bestimmungen verwerten und sich aus dem Erlös befriedigen. Wird die gesicherte Forderung durch Erfüllung oder in sonstiger Weise zum Erlöschen gebracht, dann ist der Sicherungsnehmer verpflichtet, die ihm übereignete Sache dem Sicherungsgeber zurückzuübertragen, wenn nicht – was sehr ungebräuchlich ist[11] –, die Übertragung von vorneherein durch die Erledigung des Sicherungszwecks auflösend bedingt erfolgt ist. Ein etwaiger bei der Verwertung erzielter Überschuß ist herauszugeben.

2. Wie diese Grundgedanken in die alltägliche Praxis umgesetzt werden, zeigt am besten ein Blick in die von den Kreditgebern verwendeten Formulare. Im folgenden wird das von der Sparkassenorganisation entwickelte Formblatt „Sicherungsübereignung Kfz"[12], das als repräsentativ betrachtet werden kann, in seinem für unsere Betrachtungen wesentlichen Inhalt dargestellt.

Nachdem in einem einleitenden Satz erklärt wird, daß der Sicherungsgeber der Sparkasse als Sicherungsnehmer „zur Sicherung aller Ansprüche gemäß Nr. 2" das in Nr. 1 näher bezeichnete Kfz übereignet, wird in Nr. 2 der „Sicherungszweck" wie folgt angegeben. „Das Fahrzeug dient zur Sicherung für alle bestehenden und künftigen, auch bedingten oder befristeten Forderungen der Sparkasse gegen den Kreditnehmer aus ihrer Geschäftsver-

---

9 Dazu *Serick* I 59.
10 Das unten in Fn. 12 besprochene Vertragsmuster verlangt auch Vertragstreue des vom Schuldner verschiedenen Sicherungsgebers.
11 Dazu BGH JZ 1991, 723 m. Anm. *Gerhardt;* der aus den Gründen in den Leitsatz übernommene Satz: „Es gibt keinen allgemeinen Grundsatz, daß Sicherungsübereignungen stets durch den Sicherungszweck bedingt sind", ist ungenau formuliert, eine Sicherungsübereignung kann nur durch die Erreichung des Sicherungszwecks aufschiebend, durch die Erledigung des Sicherungszwecks auflösend bedingt sein. Vgl. auch *Serick* III 391 ff.
12 Nr. 193 180 (Fassung Nov. 89) Sicherungsübereignung von Kraftfahrzeugen/Kfz-Anhängern 11/89 – Deutscher Sparkassenverlag 33004.

bindung...". In Nr. 4 wird der Übergang des Eigentums geregelt: „Die Vertragsparteien einigen sich dahin, daß das Eigentum an dem Fahrzeug mit Abschluß des Vertrages auf die Sparkasse übergeht.[13] Die Übergabe wird dadurch ersetzt, daß die Sparkasse dem Sicherungsgeber das Fahrzeug leihweise beläßt und ihm die Weiterbenutzung gestattet...".

Über das Verwertungsrecht der Sparkasse enthält Nr. 8 des Musters folgende Bestimmungen: „Die Sparkasse ist berechtigt, bei Vorliegen eines wichtigen Grundes, insbesondere wenn der Kreditnehmer seinen Verpflichtungen aus diesem Vertrag oder aus der Geschäftsverbindung mit der Sparkasse nicht nachkommt, ihre Rechte geltend zu machen. Das gleiche gilt, wenn der Sicherungsgeber seinen Verpflichtungen aus diesem Vertrag nicht nachkommt... Die Sparkasse kann unter den obengenannten Voraussetzungen die Herausgabe des Fahrzeugs vom Sicherungsgeber verlangen, es in ihren unmittelbaren Besitz nehmen oder es an einem anderen Ort unterstellen; die Sparkasse haftet hierbei nur für Sorgfalt bei der Auswahl des Verwahrers. Sie ist auch befugt, das Fahrzeug freihändig auch durch Abtretung des Herausgabeanspruchs zu verwerten oder unter Berechnung eines angemessenen Preises selbst zu übernehmen und sich damit für ihre Forderung zu befriedigen... Den beim Verkauf oder der Selbstübernahme gegenüber der Schuld erzielten Mehrerlös hat die Sparkasse dem Sicherungsgeber zu vergüten." Schließlich wird in Nr. 10 für den Fall, daß es nicht zur Verwertung der Sicherheit kommt, bestimmt: „Sobald die Sparkasse wegen aller ihrer Ansprüche gegen den Kreditnehmer befriedigt ist, ist sie verpflichtet, das Sicherungsgut freizugeben...".

Außer den angeführten Bestimmungen, welche die wesentlichen Punkte einer Sicherungsübereignung markieren, enthält das Vertragsmuster noch zahlreiche Bestimmungen, die dem Sicherungsgeber Sorgfaltspflichten verschiedener Art gegenüber dem Sicherungsnehmer auferlegen; so muß er das Sicherungsgut – das Kfz –, das er ja in Besitz hat, pfleglich behandeln und instandhalten sowie versichern, ihn treffen Anzeige- und Mitteilungspflichten. Alle diese Pflichten sind zu verstehen als Konkretisierungen der allgemeinen Schutz- und Treupflicht, die aus dem Sicherungsverhältnis entspringt. Unter dem Blickwinkel des Rechtsgrundes sind sie ohne Interesse, weil sie als Schutzpflichten ihren Rechtsgrund in sich selbst tragen und keiner weiteren Rechtfertigung bedürfen.[14]

---

13 Eine Verpflichtung zur Übertragung des Sicherungsgutes ist nicht vorgesehen, ebenso nicht in dem von *Serick* I 58 Fn. 27 referierten Formular der Commerzbank für Sicherungsabtretung.
14 *H. Kress*, Lehrbuch des Allgemeinen Schuldrechts (München 1929, Neudruck Scientia 1974, im folgenden zitiert als *Kress*, Allg. Schuldrecht) S. 579.

III. Auf dem Umweg über den Exkurs in den Bereich der Rechtstatsachen sind wir wieder bei dem Thema dieses Beitrags, bei der Frage der causa, angekommen. Unsere Frage lautet: Wie sieht *Serick* das Problem der causa bei der Sicherungsübertragung und wie stellt es sich vom Boden der Lehre vom Zweck im Schuldverhältnis dar?

1. *Serick* nimmt zum Ausgangspunkt für seine Ausführungen zur Causa-Lehre den „Begriff der Vermögenszuwendung"[15], unter den auch die Sicherungsübertragung fällt, unter den aber nicht nur die Güterbewegungen selbst, wie z. B. die Übereignung einer Sache, die Abtretung einer Forderung, die Übergabe des Besitzes, Dienst- oder Werkleistungen, sondern auch die bloße Begründung eines Forderungsrechts zugunsten eines andern zu bringen sind. Die Rolle, welche der Rechtsgrund für die Zuwendung spielt, ist eine doppelte: Einmal geht es um die – nur für rechtsgeschäftliche Zuwendungen, z. B. die Übereignung, zu stellende – Frage der Rechtsgrundabhängigkeit. Hier folgt *Serick Siber*[16] mit seiner Lehre von der inneren und äußeren causa. Ist der Rechtsgrund zum Inhalt des Zuwendungsgeschäfts gemacht – „innere causa" –, so hängt dessen Bestand davon ab, ob der Rechtsgrund gegeben ist – „kausales Geschäft", wie das für die meisten schuldrechtlichen Verträge zutrifft; der Kaufvertrag z. B. bricht ganz zusammen, wenn der erstrebte Austausch deshalb scheitert, weil die Verpflichtung des Verkäufers, etwa wegen Unmöglichkeit der Leistung, hinfällig ist. Ist der Rechtsgrund aber nicht in den Inhalt des Zuwendungsgeschäfts aufgenommen, – „äußere causa" –, dann bleibt dessen Wirksamkeit vom Fehlen des Rechtsgrundes unberührt, z. B. die Wirksamkeit der zur Erfüllung bewirkten Übereignung unberührt von dem Umstand, daß die Verpflichtung, die erfüllt werden sollte, nicht oder nicht mehr besteht – „abstraktes Geschäft". Fehlt der Rechtsgrund, so richtet sich die Rückgewähr nach Bereicherungsrecht. Mit dem Begriff des Rechtsgrundes verbindet sich aber noch eine zweite Bedeutung: Als Rechtsgrund – „Rechtsgrund im objektiven Sinne" – wird das Rechtsverhältnis verstanden, aus dem sich ergibt,

---

15 *Serick* I 50; den Begriff der Leistung als einer zweckgerichteten Zuwendung, der erst mit der Entscheidung des BGH vom 31. 10. 1963, BGHZ 40, 272 – Elektrogeräte-Fall –, also nach Erscheinen des ersten Bandes, Eingang in die Rechtsprechung gefunden hat, hat *Serick* im Zusammenhang mit dem causa-Problem nicht verwendet, er sieht sie aber als eine solvendi causa bewirkte Zuwendung, also in der Sache als zweckgerichtete Zuwendung, an (*Serick* I 58); wohl allerdings hat er sich ausführlich mit den Folgen auseinandergesetzt, die sich aus der Anerkennung des finalen Leistungsbegriffs für die Lehre von der Treuhand und für bereicherungsrechtliche Probleme ergeben (Bd. IV 89 ff., 649 ff.).
16 *Serick* I 51; *Siber,* Schuldrecht (1931) S. 171 ff.; mit *Siber* in der Sache übereinstimmend *Jahr* (SavZ RomAbt. – 80 (1962), 149 und AcP 168, 17 mit der Unterscheidung von „inhaltlicher" und „äußerlicher" Kausalität.

daß der Empfänger das Zugewendete behalten darf.[17] In diesem Sinne wird insbesondere als Rechtsgrund einer Erfüllungsleistung die rechtsgeschäftlich begründete oder aufgrund Gesetzes entstandene schuldrechtliche Forderung angesehen, die erfüllt werden sollte.

Auf dem Hintergrund dieser allgemeinen Lehren sind nun *Sericks* Aussagen zur causa der Sicherungsübertragung zu verstehen. Er zerlegt[18] jedes Sicherungsgeschäft in ein schuldrechtliches Geschäft, die „Sicherungsabrede", und in ein Verfügungsgeschäft, z. B. die Übereignung einer beweglichen Sache, die Abtretung einer Forderung. Im Mittelpunkt seiner Darlegungen steht die Sicherungsabrede: „In der schuldrechtlichen Sicherungsabrede verpflichtet sich der künftige Sicherungsgeber, dem künftigen Sicherungsnehmer ein dingliches oder obligatorisches Recht zu vollem Recht zu übertragen". Der Zweck der Zuwendung dieses Forderungsrechts ist der Sicherungszweck. Im Gegenzug – „um zu erreichen, daß ihm der Versprechende während der Laufzeit des Kredits das Sicherungsgut zu vollem Recht überträgt" – verpflichtet sich der Sicherungsnehmer, „ausdrücklich, zumindest aber stillschweigend, spätestens nach Tilgung des Kredits das Sicherungsgut zurückzuübertragen".[19] Die Sicherungsabrede ist in dem oben erörterten Sinne ein kausales Geschäft, die Übertragung des Sicherungsguts eine abstrakte Zuwendung.

Als causa im objektiven Sinne sieht *Serick* die in der Sicherungsabrede enthaltene Verpflichtung zur Übertragung des Sicherungsguts, z. B. zur Übereignung eines Kfz, an.[20] Diese Verpflichtung ist in seiner Sicht auch dann gegeben, wenn der Wortlaut der Vertragsmuster nur davon spricht, daß der Sicherungsgeber das Sicherungsgut unmittelbar, ohne vorgängige Verpflichtung, überträgt, z. B. Forderungen „hiermit" zur Sicherung abtritt. Die zu erfüllende Verpflichtung wird notfalls im Wege der Auslegung konstruiert; auch wenn man Verpflichtungs- und Verfügungsgeschäft als uno actu vorgenommen denkt, bleibt es dabei: In jedem Fall erscheint die Übereignung oder sonstige Übertragung des Sicherungsgutes als solvendi causa, „zum Zwecke der Erfüllung" erfolgt.[21] Hat der Sicherungsgeber die Sicherheit bestellt in der irrigen Annahme, dazu verpflichtet zu sein, so billigt ihm *Serick* folgerichtig die condictio indebiti auch dann zu, wenn im übrigen alle Voraussetzungen einer wirksamen Sicherungsübertragung vor-

---

17 *Serick* I 52 unter Bezugnahme auf *Larenz*, Schuldrecht II 5. Aufl. (München 1962) S. 324.
18 *Serick* I 57.
19 *Serick* I 57.
20 *Serick* I 57/58.
21 *Serick* I 58; weitergehend *Larenz*, Schuldrecht II 1 (13. Aufl.) S. 12, wonach bei Handgeschäften die „Rechtsordnung" den Parteien den (fehlenden) Verpflichtungswillen „zurechne".

liegen.²² Ist sie bestellt, die zu sichernde Forderung aber nicht wirksam begründet, so zieht *Serick* für die Beurteilung der Folgen zwei Möglichkeiten in Betracht²³: Ein Rückforderungsanspruch des Sicherungsgebers ließe sich nach den Grundsätzen der condictio causa data causa non secuta begründen, wenn man den Bestand oder die spätere Entstehung der Kreditforderung als stillschweigend vorausgesetzt ansähe. Er gibt dann aber einer anderen Lösung den Vorzug, wonach das Nichtzustandekommen des Darlehensvertrages nach § 139 BGB die Nichtigkeit der Sicherungsabrede nach sich zieht, folglich die Bestellung der Sicherheit nicht geschuldet war und die bestellte Sicherheit mit der condictio indebiti zurückgefordert werden kann.²⁴ Durch die (schuldrechtliche) Sicherungsabrede also wird der Rechtsgrund sowohl für die Bestellung als auch für den Bestand der Sicherheit geschaffen.²⁵ Die Vorstellung, daß Rechtsgrund der Sicherungsübertragung die zu sichernde Kreditforderung sei, weist *Serick* nachdrücklich zurück²⁶, wenngleich sie so ferne nicht liegt, wenn nach verbreiteter Lehre als objektiver Rechtsgrund der Erfüllungsleistung die zu erfüllende Forderung angesehen werden kann.

Solche Sicht der Dinge ist, wie nicht bezweifelt werden kann, möglich und in sich schlüssig. Gleichwohl hat sie, weil sie mit Unterstellungen und fiktiven Willenserklärungen arbeiten muß, etwas Künstliches an sich. Sollte darin das eingangs zitierte Unbehagen seinen Grund haben?

Nun ist *Serick* aber bei dieser Argumentation nicht stehengeblieben, sondern hat eine zweite Lösung angedeutet.²⁷ Er setzt den Fall, daß die Sicherungsübertragung ohne vorgängige Verpflichtung, also als Handgeschäft, vorgenommen wird, so daß als Rechtsgrund der Übertragung die causa solvendi ausfällt, und verweist auf eine Bemerkung von *E. von Caemmerer*²⁸, in der dieser zutreffend zum Ausdruck gebracht hat, daß „der Sicherungszweck ein für sich allein ausreichender Rechtsgrund" ist und daß es nicht darauf ankommt, ob „Zusage und Leistung der Sicherheit auseinanderfal-

---

22 *Serick* I 62.
23 *Serick* I 63.
24 Kritisch zu dieser Betrachtungsweise *Zöllner*, ZHR 148 (1984), 313/420.
25 *Serick* I 60; vgl. auch *Serick* VI 166 und VI 644; im gleichen Sinne *Hueck-Canaris*, Recht der Wertpapiere (12. Aufl. 1986) § 17 I 1a: „Die gesicherte Forderung ist nicht Rechtsgrund für die Bestellung der Sicherheit".
26 Wie das z. B. *Larenz*, Schuldrecht, Besonderer Teil (12. Aufl. München 1981) S. 529, auch *Flume*, Allg. Teil des BGB Bd. 2 (3. Aufl. 1979) § 12 II 4, 5 lehren; vgl. auch unten Fn. 38.
27 *Serick* I 58 Fn. 26.
28 *E. von Caemmerer*, Bereicherungsausgleich bei Verpfändung fremder Sachen, in: Festschrift für Lewald (Basel 1953) S. 443, 456/457. Möglicherweise a. M. *Zöllner*, ZHR 148 (1984), 313/321, wenn seine Ausführungen dahin zu verstehen sind, daß bei Sicherungsgeschäften stets ein zu erfüllender „Anspruch auf Sicherung" vorauszusetzen sei.

len". *Serick* macht also die vorgängige Verpflichtung nicht zum notwendigen Bestandteil der Sicherungsübertragung.

Mit solchen Erwägungen, die den Sicherungszweck als Zweck der Sicherungsübertragung anerkennen, nähert sich *Serick* den Vorstellungen der Lehre vom Zweck im Schuldverhältnis, die nun in ihren Grundzügen darzustellen ist.

2. Nach dieser Lehre[29] hat das Schuldrecht zum Gegenstand die Bewegung und den Schutz der Güter. Was zunächst letzteren anlangt, so gewährt die Rechtsordnung Ansprüche zum Schutze der Güter, die auf Gesetz oder Vertrag beruhen können, z. B. Ansprüche aus unerlaubter Handlung, aus Eingriffskondiktion, aus positiver Vertragsverletzung. Unter dem Gesichtspunkt der causa sind diese Ansprüche unproblematisch, alle Schutzansprüche tragen in sich den Schutzzweck; dieser genügt, um der durch ihn vorgezeichneten Forderung den Rechtsgrund zu geben.[30]

Anders liegt es bei den Vorgängen der Güterbewegung. Güter werden nicht um der Bewegung willen bewegt, sondern weil die Menschen mit der Güterbewegung einen Zweck verfolgen, es gibt keine bewußte Vermehrung fremden Vermögens – „Zuwendung" –, die nicht zweckgerichtet wäre[31], weshalb der BGH mit Recht die „Leistung" definiert hat als „bewußte, zweckgerichtete Vermehung fremden Vermögens".[32] Die Beobachtung des Rechtsverkehrs, nicht theoretische Spekulation hat gelehrt, daß es nur zwei primäre Zwecke der Güterbewegung gibt, nämlich den Austauschzweck (causa acquirendi, auch causa credendi) und den Schenkungszweck (causa donandi, auch causa liberalitatis), die auch in Mischformen, z. B. der „gemischten Schenkung", in Erscheinung treten können. Güterbewegungen können ohne vorgängige Verpflichtung bewirkt werden, „Realverträge", z. B. Handschenkung (§ 516 Abs. 1 BGB), Handkauf[33], sie können

---

29 Grundlegend *Kress*, Allg. Schuldrecht (oben Fn. 14), insbes. § 5 S. 35 ff. – Zusammengefaßte Darstellung des Systems bei *Ehmann*, Die Gesamtschuld (Berlin 1972) § 5 S. 130 ff.; *Schnauder*, Grundfragen der Leistungskondiktion bei Drittbeziehungen (Berlin 1981) S. 20 ff.; *A. von Tuhr*, Allgemeiner Teil des Deutschen Bürgerlichen Rechts, Bd. II 2 § 72; *Jahr*, SavZ – RomAbt. Bd. 80 (1968) S. 141 ff. zur iusta causa traditionis; *Weitnauer*, Zweck und Rechtsgrund der Leistung, in: Ungerechtfertigte Bereicherung – Grundlagen, Tendenzen, Perspektiven – Symposium zum Gedenken an Detlev König (Heidelberg 1984) S. 25 ff. – zitiert als „Symposium König".

30 *Kress*, Allg. Schuldrecht (oben Fn. 14) S. 579.

31 Vgl. *Iherings* „Zweckgesetz": „Keine Handlung ohne Zweck", *R. von Ihering*, Der Zweck im Recht Bd. I, 2. Aufl. (Leipzig 1884) S. 5; *Kress*, Allg. Schuldrecht (oben Fn. 14, 4) S. 35.

32 BGHZ 40, 272; vgl. oben Fn. 15.

33 D. h. die Güterbewegung wird unmittelbar zu einem Primärzweck – Austausch, Schenkung – bewirkt. Näher *Ehmann*, Die Gesamtschuld (oben Fn. 29) S. 144 ff. Aber auch die Erfüllung ist als Realkontrakt zu verstehen (*Ehrmann*, NJW 1969, 1823 m. w. N. in Fn. 53).

durch Versprechensverträge vorbereitet sein, so etwa beim Versprechenskauf, wie er in § 433 BGB vorgezeichnet ist. Es wird das Versprechen der Verschaffung von Besitz und Eigentum an der Kaufsache ausgetauscht gegen das Versprechen der Kaufpreiszahlung. Geschieht das in dieser Weise, so muß in einer zweiten Stufe die Abwicklung folgen, deren gewöhnliche Form die Erfüllung ist. Die geschuldeten Leistungen werden nicht zum Zwecke des Austausches, sondern zum Zwecke der Erfüllung bewirkt, der Austausch vollzieht sich in der Versprechensebene. Außer der Erfüllung kennt der Rechtsverkehr noch andere typische Zwecke der Abwicklung, nämlich den Sicherungszweck und den Zweck der Schuldfeststellung (Vergleichszweck). Den Abwicklungszwecken ist gemeinsam, daß sie eine abzuwickelnde Schuldverpflichtung voraussetzen.[34]

Hinter die typischen primären oder sekundären Zwecke können beliebige weitere erlaubte Zwecke „gestaffelt" werden[35]; das kann nur in der Weise geschehen, daß solche Zwecke zum „Inhalt des Rechtsgeschäfts" (so § 812 Abs. 1 S. 2, 2. Alt.) gemacht werden; bloße „Motive" eines Vertragsteils sind unbeachtlich.[36]

Was insbesondere die Erfüllung anlangt, so folgt aus dem Gesagten, daß der Schuldner nicht nur die geschuldete Vermögensverschiebung – z.B. der Verkäufer die Verschaffung von Besitz und Eigentum an der Kaufsache – bewirken, sondern auch ausdrücklich oder konkludent zum Ausdruck bringen muß, daß das zum Zwecke der Erfüllung der Schuld geschieht (Zweckbestimmung); der Empfänger muß mit dieser Zweckbestimmung einverstanden sein (Zweckvereinbarung); die Erfüllung scheitert, wenn er erklärt, die Sache als geschenkt anzunehmen. Kommt es zur Zweckvereinbarung – was in der Praxis nur selten problematisch ist –, dann hängt die Frage, ob der Empfänger das Geleistete behalten darf, ob also mit Rechtsgrund geleistet ist, davon ab, ob der Zweck erreicht wird (Zweckerreichung). Das ist der Fall, wenn die zu erfüllende Schuld bestanden hat, andernfalls hat die Leistung ihren Zweck verfehlt, der Empfänger ist zur Herausgabe verpflichtet, und zwar nach den Grundsätzen der ungerechtfertigten Bereicherung, weil, wie allgemein anerkannt, die Wirksamkeit der

---

34 *Kress*, Allg. Schuldrecht (oben Fn. 14) S. 36; Symposium König S. 39ff.
35 *Zöllner* ZHR 148 (1984), 313/321 scheint in einer wohl als obiter dictum zu wertenden Bemerkung die Staffelung von Leistungszwecken für schlechthin unzulässig zu halten. Das wäre irrig, sie ist kraft Parteiautonomie und Vertragsfreiheit ebenso zulässig wie die Zweckstaffelung bei Verpflichtungsgeschäften, für die das BGB selbst Beispiele bietet, z.B. §§ 705, 779; Anstaffelung des Ausstattungszwecks an den Schenkungszweck in § 1624 BGB. Dazu *Kress*, Allg. Schuldrecht (oben Fn. 14) S. 76.
36 Zur Abgrenzung von Motiv und rechtsgeschäftlichem Zweck vgl. *Ehmann*, Die Gesamtschuld (oben Fn. 29) S. 138ff.

Übereignung von der Zweckverfehlung nicht berührt wird („Abstraktionsprinzip"). Das kann, da es die Frage des Rechtsgrundes nicht betrifft, nur am Rande erwähnt werden. Wäre die Übereignung von der Zweckerreichung nicht abstrahiert, sondern von dieser, z. B. durch eine Bedingung, abhängig gemacht, so bedürfte es einer Rückübertragung des geleisteten Eigentums nicht, weil dieses ohne weiteres an den Eigentümer zurückfallen würde.

Nochmals zurückzukehren aber ist zu dem oben angenommenen Fall des Nichtzustandekommens der Zweckvereinbarung wegen eines Dissenses über den Leistungszweck. Wenn der Leistende als den Zweck der dem Gläubiger angebotenen Zuwendung den Erfüllungszweck bestimmt, der Empfänger aber die Sache als geschenkt annehmen will, dann ist nicht nur klar, daß die Erfüllung scheitert, es stellt sich auch die Frage, ob durch den Dissens zugleich der Eigentumsübergang verhindert wird, m.a.W. ob auch im Falle des Dissenses über den Zweck die Leistung – Übereignung – von der Zweckvereinbarung abstrahiert ist. Das ist entgegen einer weit verbreiteten Meinung zu verneinen.[37] Die Frage ist, da die Fälle selten sind, praktisch nicht von großer Bedeutung, sie ist aber wichtig, weil sie klar macht, wo die Zweckbestimmung und Zweckvereinbarung angesiedelt sind, nämlich bei dem Vorgang, durch den die Vermögensverschiebung bewerkstelligt wird, im Falle der Erfüllung eines Kaufvertrages über eine bewegliche Sache also bei der dinglichen Einigung über den Eigentumsübergang (§ 929 BGB). Der Verkäufer, der dem Käufer die Übereignung der Kaufsache zum Zwecke der Erfüllung anbietet, betrachtet seine Erklärung als eine Einheit; wenngleich unter beiden Hypothesen – Erfüllung oder Schenkung – das Eigentum zu übertragen ist, wird der Leistende sein Eigentum nicht verlieren wollen, wenn nicht Konsens über den Zweck besteht. Die gegenteilige h.M. treibt den Abstraktionsgedanken zu weit und vernachlässigt den Parteiwillen, während sich der Verkehr mit der Abstraktion von der Zweckerreichung abgefunden hat. Die Zweckvereinbarung genügt aber nicht, um den Rechtsgrund im Sinne des Behaltendürfens zu schaffen. Erforderlich ist, daß der Zweck, in unserem Beispiel der Erfüllungszweck, auch erreicht wird, und das ist nur der Fall, wenn die zu erfüllende Forderung besteht. Diese ist also zwar nicht – entgegen verbreiteter Lehre[38] – selbst der Rechtsgrund der Erfüllungsleistung, ihr Bestehen ist aber Voraussetzung

---

37 Dazu *Kress*, Allg. Schuldrecht (oben Fn. 14) S. 49 Fn. 36.
38 Auseinandersetzung mit diesem objektiven Rechtsgrundverständnis bei *Reuter-Martinek*, Ungerechtfertigte Bereicherung (Tübingen 1983) S. 107 ff.

für die Zweckerreichung und damit für den Bestand der Leistung.[39] Ist der Zweck nicht erreicht, so kann derjenige, welcher die Leistung bewirkt hat, sie mit der klassischen condictio indebiti zurückfordern.

Der Gedanke läßt sich verallgemeinern. Die causa jeder Zuwendung im oben erwähnten Sinne ist die Zweckerreichung, auch der Zuwendung mit Sicherungszweck, und auch nicht nur tatsächlich vollzogener Zuwendungen, sondern auch rechtsgeschäftlich begründeter Schuldverbindlichkeiten[40], allerdings mit der Besonderheit, daß diese im Regelfall „kausal" sind, also bei Zweckverfehlung nicht wirksam entstehen oder nachträglich hinfällig werden.

Der Gedanke, der hinter dieser Betrachtungsweise steht, ist einfach und sollte unmittelbar einleuchten. Wenn, wie allgemein anerkannt, jede Zuwendung zweckgerichtet – „Leistung" – ist, der Zuwendende also einen Zweck verfolgt und zu diesem Zweck ein Vermögensgut einsetzt, dann will er dieses nur verlieren, wenn er seinen Zweck erreicht. Das Rückforderungsrecht im Falle des Scheiterns oder der Erledigung des Zwecks läßt sich also aus dem Willen des Zuwendenden ableiten.

IV. Unsere Betrachtungen können zum Ausgangspunkt zurückkehren, zur Frage nach der causa der Sicherungsübertragung. Wir formulieren nun als These: Causa der Sicherungsübertragung ist die Erreichung des Sicherungszwecks. Das ist noch näher auszuführen.

Der Sicherungszweck ist, wie *v. Tuhr* mit Recht bemerkt hat[41], ein „der causa solvendi nahe verwandter Zweck", und zwar aus doppeltem Grund. Einmal stehen beide als Abwicklungszwecke auf derselben Stufe des Zwecksystems, zum andern ist die Sicherung, um nochmals *v. Tuhr* zu zitieren[42], „Vorstufe der Erfüllung insofern, als der Gläubiger, wenn der Schuldner nicht anderweitig erfüllt, Befriedigung aus der Sicherheitsleistung erlangen kann", insbesondere sind sich die Leistung erfüllungshalber und die Lei-

---

39 Diese Auffassung wird insbesondere auch von *Reuter-Martinek*, Ungerechtfertigte Bereicherung (vorige Fn.) S. 75 ff. geteilt; so S. 110: „Rechtsgrundlosigkeit (sc. der Leistung) ist mithin Zweckverfehlung oder ausnahmsweise (§ 817 S. 1 BGB) Zweckmißbilligung. Das ist die Formel der heute herrschenden Meinung in der Literatur und Rechtsprechung". In der Sache übereinstimmend z. B. *Jahr*, SavZ-RomAbt. 80 (1963), 141/150 ff.; *Marburger*, in: *Staudinger* (12. Aufl.), § 780 Rdn. 23.
40 Zur Bedeutung des Zwecks für das Schuldverhältnis ist zu verweisen auf *Kress*, Allg. Schuldrecht (oben Fn. 14) S. 58 ff., insbes. S. 59: „Der Zweck bleibt die Seele des Schuldverhältnisses". Auch im französischen Recht wird das so gesehen; *Weitnauer*, Symposium König (oben Fn. 29) S. 53 Fn. 161.
41 *A. von Tuhr*, Allg. Teil Bd. II 2 (oben Fn. 29) S. 174.
42 Ebenda S. 175.

stung sicherungshalber ähnlich, aber doch mit einem wesentlichen Unterschied: Während möglicherweise das sicherungshalber Geleistete zum Sicherungsgeber zurückkehrt, „freigegeben" wird oder wenigstens ein Anspruch auf Herausgabe des bei der Verwertung erzielten Übererlöses verbleibt, scheidet das erfüllungshalber Geleistete endgültig aus dem Vermögen des Leistenden aus.

Die Sicherungsübertragung ist wie die Erfüllung eine „Leistung" im Sinne der neueren Rechtsprechung, nur mit dem Unterschied, daß der Zweck Sicherung, nicht Erfüllung ist. Der Sicherungszweck kann wie der Erfüllungszweck nur erreicht werden, wenn die zu sichernde Forderung besteht[43]; hat sie nie bestanden oder fällt sie nachträglich weg, dann muß der Sicherungsnehmer das Empfangene zurückübertragen, ebenso wie der Empfänger einer nichtgeschuldeten Leistung zur Rückgewähr verpflichtet ist; man mag darüber streiten, ob die Verpflichtung des Sicherungsnehmers, wenn sie sich nicht aus einem Vertrag ergibt, auf direkte oder analoge Anwendung des § 812 Abs. 1 S. 1, 1. Alt.- condictio indebiti – oder auf § 812 Abs. 1 S. 2, 2. Alt. – condictio causa data causa non secuta –[44] zu stützen ist.

Wie der Erfüllungszweck bedarf auch der Sicherungszweck einer Vereinbarung, hier zwischen Sicherungsgeber und Sicherungsnehmer. Wie der Erfüllungszweck wird der Sicherungszweck dadurch zur Geltung gebracht, daß die Zweckbestimmung mit den rechtsgeschäftlichen Erklärungen verbunden wird, die zur Bewirkung der Übertragung des Sicherungsgutes erforderlich sind, im Falle der Sicherungsübereignung einer beweglichen Sache also mit der Einigungserklärung i.S. des § 929 BGB; das wird im Regelfall – auch dem unseres Mustervertrages – gleichzeitig geschehen, ist aber auch antezipiert oder nachträglich möglich. Die fiduziarischen Beschränkungen des Sicherungsnehmers ergeben sich unmittelbar aus der Zweckbestimmung[45], eine vertragliche Regelung ist möglich, aber nicht notwendig. Der komplizierten Vorstellung von der schuldrechtlichen Sicherungsabrede bedarf es nicht.

Hat sich der Sicherungsgeber vorgängig zur Bestellung der Sicherheit verpflichtet[46], so muß bei ordnungsmäßiger Abwicklung die zur Sicherung

---

43 So auch *Jahr* a. a. O. (Fn. 29) S. 150: „... so wird der Sicherungszweck verfehlt, wenn die Schuld nicht oder nicht mehr besteht".
44 Der Fall des § 812 Abs. 1 S. 2, 2. Alt. ist vom Standpunkt der Zwecklehre Grund- und Auffangtatbestand der Leistungskondiktionen.
45 Ähnlich *Serick* III 392; „Der Anspruch (sc. auf Rückübertragung) ergibt sich aus dem Wesen der Sicherungsabrede".
46 Geschuldete Leistung ist in diesem Falle also nicht schlichte Übertragung des Sicherungsguts, sondern dessen Sicherungsübertragung ebenso wie im Falle des pactum de pignore dando (dazu

bewirkte Leistung zu der Verpflichtung in Beziehung gesetzt, also zum Zwecke ihrer Erfüllung bewirkt werden. Hinter dem Sicherungszweck wird also als weiterer Zweck der Erfüllungszweck gestaffelt.[47] Hat der Sicherungsgeber die Sicherung bestellt in der irrigen Meinung, dazu verpflichtet zu sein, so wird der Erfüllungszweck nicht erreicht, der Sicherungsgeber kann die Rückgewähr des Geleisteten mit der condictio indebiti verlangen, und zwar auch dann, wenn alle Voraussetzungen einer wirksamen Sicherungsübertragung bestehen, was mit *Sericks* Lösung übereinstimmt.

V. Es zeigt sich, daß die beiden Lösungswege, so verschieden sie im Ansatz erscheinen, in ihren Ergebnissen sich nicht widersprechen. Den Vorzug der Zwecklehre sehe ich darin, daß sie dem Sicherungszweck einen dogmatisch überzeugenden Platz im Schuldrechtssystem zuweisen und das Problem der causa bei der Sicherungsübertragung auf das allgemeine Prinzip der Zweckerreichung zurückführen kann.

Wolff-Raiser, Sachenrecht, Tübingen 1957, S. 679) ein Pfandrecht zu bestellen ist. Unerheblich ist, ob die erforderliche Bestimmung und/oder Vereinbarung des Sicherungszwecks vor, gleichzeitig mit oder nach der Übertragung des Sicherungsgutes getroffen werden.
47 Vgl. *Kress,* Allg. Schuldrecht (oben Fn. 14) S. 37/38.

Minderungseinrede und Eigentumsvorbehalt
Von Manfred Wochner, Heidelberg

Fragen der Sachmängelrechte sind im Zusammenhang mit Eigentumsvorbehalt und Sicherungsübereignung, dem Hauptinhalt des monumentalen Lebenswerkes des Jubilars, anscheinend noch nie in den Blick geraten. Jedenfalls enthält das Stichwortverzeichnis aller sechs Bände das Wort „Wandelung" nur einmal[1] und nur im Zusammenhang mit der Übertragung einer Anwartschaft auf einen Abnehmer des Erstkäufers. Bei der Akribie, mit der die allzu früh verstorbene Frau Dr. *Lucia Serick* auch diesen Teil der Monographie mitbegleitet hat, ist daraus ein sicherer Schluß zu ziehen, daß das Problem nicht angeschnitten ist.[2] Und wenn man im „Serick" nichts darüber findet, wo sonst? Daher bereitet es mir als Schüler besonderes Vergnügen, eine Konstellation gefunden zu haben, die diesen Zusammenhang betrifft, auch wenn sie anscheinend noch nie die Gerichte erreicht hat und meines Wissens auch die Literatur bisher nicht darauf eingegangen ist.[3]

Der Grund für dieses Schweigen dürfte sein, daß Fragen der Sachmängel im Normalfalle jedenfalls bezüglich des Eigentumsvorbehaltes zu wenig Streitfragen führen. Wird bei einem Kauf unter Eigentumsvorbehalt vom Käufer eine Minderung verlangt und durchgesetzt, so ändert sich „der Kaufpreis" (§§ 462, 472 Abs. 1 BGB), an den gemäß § 455 BGB die aufschiebende Bedingung geknüpft ist: Diese ist dann beim Bezahlen des geminderten Preises schon eingetreten. Wird Wandelung verlangt, so ist mit Vollzug der Wandelung der Kaufvertrag beseitigt, weshalb die Bedingung endgültig ausgefallen ist, was die Anwartschaft zum Erlöschen bringt. Dem Käufer steht dann bis zur Rückzahlung des Kaufpreises, falls schon ein Teil bezahlt ist, ein Zurückbehaltungsrecht zu (§§ 467, 348, 320 BGB).

---

1 Hinsichtlich des Werkes *Serick*, Eigentumsvorbehalt und Sicherungsübertragung, vgl. die Bibliographie in diesem Bande. Das Wort „Wandelung" findet sich in Band I S. 253.
2 Vgl. den Dank des Jubilars im Vorwort zu Band VI, S. X.
3 Aber auch bei einer Sicherungsübereignung wäre ein Fall wert, besprochen zu werden: Ein Käufer hat eine Sache sofort bezahlt und dann zur Sicherung übereignet. Daraufhin entdeckt er einen Sachmangel. Darf er Wandelung begehren, im Verhältnis zum Verkäufer, im Verhältnis zum Sicherungsnehmer?

Der Fall, bei dem es allerdings zu Schwierigkeiten kommen kann, sieht wie folgt aus:

Ein Käufer sei Besitzer einer Maschine, die er einer Bank zur Sicherung übereignen will. Dazu möchte er bzw. die Bank wissen, ob er Eigentümer geworden ist. Seine Zweifel beruhen auf folgender Entwicklung: Der Käufer (K) hatte die Maschine wie üblich unter Eigentumsvorbehalt gekauft; der Kaufpreis möge mit 30000 DM ausgemacht gewesen sein. Dieser sollte in sechs gleichen Monatsraten bezahlt werden, die erste einen Monat nach der Übergabe.

Die Maschine sei dann am 2. Februar übergeben und aufgestellt worden; K überprüfte dann in Anwesenheit der Monteure des Verkäufers (V) alle wesentlichen Funktionen der Maschine (um Fragen aus § 377 HGB von vornherein auszuschließen). K habe dann, beginnend mit dem 2. März, pünktlich seine Raten bezahlt. Am 21. Juli bemerkte er dann, daß die Maschine bei einem nur selten vorkommenden, bislang nicht ausgeführten Arbeitsgang nicht funktionierte, wodurch sich der Wert der Maschine um rund ein Fünftel minderte. Der zugrundeliegende Mangel sei schon bei der Übergabe vorhanden gewesen. K habe nun am folgenden Tage, dem 22. Juli, dem V den Fehler angezeigt und die Anzeige sofort per Telefax wiederholt. V reagierte zunächst gar nicht; K indessen erhob auch nicht wegen des Mangels Klage. Er überwies aber genausowenig die an sich am 2. August fällig werdende letzte Rate.

Am 5. August sei es dann zwischen V und K zum Streit gekommen, weil V jegliche Verantwortung ablehnte. K verlangte den Unterschiedsbetrag zwischen den bezahlten fünf Sechsteln und dem Wert von vier Fünfteln zurück; V verlangte hingegen die letzte Rate und berief sich, falls je ein Mangel vorgelegen habe, auf Verjährung der Mängelrechte. K verweigerte endgültig die Zahlung der letzten Rate, was den V dazu veranlaßte, vom Vertrage zurückzutreten und die Maschine herauszuverlangen.

K seinerseits will die Maschine behalten, notfalls auf eigene Kosten reparieren lassen und der Bank als Sicherheit anbieten, weshalb es wichtig ist, zu wissen, wem die Maschine nun tatsächlich gehört. Daher sollen die folgenden Fragen untersucht werden:

I) Ist K Eigentümer der Maschine geworden?
II) Muß K befürchten, die Maschine an V herausgeben zu müssen?
III) Kann K, falls die Fragen I und II verneint werden, die Übereignung der Maschine verlangen?

I. Ist K Eigentümer der Maschine geworden?

Durch die Auslieferung der Maschine und die gleichzeitige Einigung ist V zwar Eigentümer geblieben, K hat aber aufschiebend bedingtes Eigentum erworben. Die Bedingung ist die vollständige Zahlung des Kaufpreises. Ob dies geschehen ist, kann zweifelhaft sein, denn als Kaufpreis sind ursprünglich 30000 DM ausgemacht worden. Diese sind unstreitig noch nicht bezahlt; es fehlt noch die letzte Rate in Höhe von 5000 DM. Gilt aber vielleicht wegen des Sachmangels der Kaufpreis als bezahlt?

Das BGB gestaltet die Sachmängelrechte als Ansprüche auf Abschluß eines Vertrages aus (§§ 462 i. V. m. 465 BGB). Dies gilt jedenfalls dann, wenn eine Klage auf Sachmängelrechte noch nicht erhoben ist; daher kommen Fragen zum diesbezüglichen Theorienstreit hier nicht in Betracht.[4]

Die schlichte Anzeige eines Mangels und die Weigerung der Zahlung genügt nach keiner Theorie zur Reduzierung des Kaufpreises, zumal hier noch keine Wahl des Sachmangelrechtes vorgenommen worden ist.[5] Der Anspruch auf Sachmangelrechte verjährt in sechs Monaten ab Übergabe, also in unserem Falle am 2. August (§ 477 BGB). Die Verjährung wird üblicherweise gemäß § 209 BGB unterbrochen; hinzu käme hier nach § 477 Abs. 2 BGB das Beweissicherungsverfahren (seit neuestem: selbständiges Beweisverfahren). Da keiner dieser Behelfe aber eingeleitet worden ist, bevor die Verjährungsfrist abgelaufen war, ist der Anspruch auf Minderung wie auf andere Sachmangelrechte verjährt. Demnach kann „der Kaufpreis" nicht mehr geändert werden, sobald sich V auf die Verjährung beruft.

> Da die Verjährung nicht zum Erlöschen, sondern nur zu einer Einschränkung der Durchsetzbarkeit der Forderung führt (§ 222 Abs. 1 BGB), könnte sich zwar V noch freiwillig auf eine Korrektur des Kaufpreises (Minderung) einlassen[6], aber gegen seinen Willen kann sie nicht durchgesetzt werden.

Da aber K noch rechtzeitig vor der Verjährung die Mängelrüge abgesandt hat, ist er seinerseits dauernd nicht mehr verpflichtet, die letzte Rate zu

---
4   Die „Herstellungstheorie" ist nur dann von Belang, wenn unmittelbar auf Rückzahlung des Kaufpreises oder eines Teiles davon geklagt wird oder wenn gegen die Kaufpreiszahlung ein Sachmangelrecht eingewandt wird. Vgl. *Erman/Weitnauer,* Handkommentar zum Bürgerlichen Gesetzbuch, 8. Aufl. 1989, Vor § 459 Rdnr. 39. *Palandt/Putzo,* Bürgerliches Gesetzbuch, 50. Aufl. 1991, § 465 Anm. 1c (Rdnr. 3) erklärt allerdings, die Vertragstheorie werde heute nicht mehr vertreten. Dies gilt in dieser Schärfe nicht; außergerichtlich – und das ist zum Glück die weitaus überwiegende Art der Abwicklung von Sachmangelfällen – gilt die Vertragstheorie uneingeschränkt. Ein klassischer Fall hierfür liegt in BGH, 8. 7. 1987, IPRax 1988 S. 169f., bei der Zugrundelegung deutschen Rechts unter 2a) aa) der Gründe vor.
5   *Ermann/Weitnauer,* a.a.O., Vor § 459 Rdnr. 53, 55a.
6   So in dem zitierten Fall BGH, IPRax 1988 S. 169f.

bezahlen, da er schon mehr als den Minderwert bezahlt hat (§ 478 BGB). Die beiden Einreden blockieren sich gegenseitig. Das ist vom BGB so gewollt.

a) Die Anzeige nach § 478 Abs. 1 Satz 1 BGB hat eine andere Funktion als die nach § 377 HGB: Dort gilt die Ware als genehmigt, falls nicht unverzüglich gerügt wird. Die Rüge wäre in unserem Falle gemäß § 377 Abs. 3 HGB rechtzeitig, soweit sie den später entdeckten Mangel betrifft. Indessen hindert § 377 HGB die Verjährung der Sachmängelrechte nach § 477 BGB nicht.

b) Mit der Anzeige nach § 478 Abs. 1 Satz 1 BGB erhält der Käufer eine dauernde Einrede gegen die Pflicht, den Kaufpreis zu bezahlen. Er kann daher die Sache behalten.[7]

c) Der Weg, mit dem – vorher entstandenen – Recht auf Minderung gegen die Kaufpreisforderung aufzurechnen, geht nicht: Der Kaufpreis geht auf Geld, das Mangelrecht auf Einwilligung in einen Vertragsschluß.[8] Das sind keine gleichartigen Leistungen im Sinne des § 387 BGB.

> Die Aufrechnung ist übrigens auch bei dem Sachmangelrecht, das unmittelbar auf eine Geldleistung gerichtet ist, nämlich beim Schadensersatz wegen Nichterfüllung (§ 463 BGB), ausgeschlossen. Hier wird die Aufrechnung ihrerseits von der Absendung der Mängelanzeige abhängig gemacht (§ 479 BGB). Dies bezieht sich allerdings nur auf den Schadensersatz wegen Fehlens zugesicherter Eigenschaften, da der andere in § 463 BGB geregelte Fall, arglistiges Verschweigen, in § 479 wie auch schon in den §§ 477 und 478 BGB jeweils schärfer bewertet wird.

d) Das Zwischenergebnis lautet demnach: Der Kaufpreis kann endgültig nicht mehr – ohne die Einwilligung des V – geändert werden. Damit ist „der Kaufpreis" nicht bezahlt und K jedenfalls nicht auf dem ursprünglich vorgesehenen Wege, durch Eintritt der Bedingung, Eigentümer geworden.

e) Im übrigen bewirkt das dauernde Auseinanderfallen von Eigentum und Besitz keinen Eigentumsübergang; bestes Beispiel eines solchen Auseinanderfallens ist die Verjährung des Anspruches aus § 985 BGB.[9]

---

7 *Schlosser*, Peremptorische Einrede und „Ausgleichszusammenhänge", JZ 1966 S. 428 ff., 429 f., 430 f.
8 Im Ergebnis anscheinend unbestritten, vgl. *Erman/Weitnauer*, a. a. O., § 478 Rdnr. 1; *v. Staudinger/Honsell*, Kommentar zum Bürgerlichen Gesetzbuch, 12. Aufl., Bd. II, 1978, § 479 Rdnr. 7; *v. Staudinger/Ostler*, a. a. O., 11. Aufl., Bd. II, 1955, § 478 Rdnr. 18.
9 Vgl. dazu Münchener Kommentar zum Bürgerlichen Gesetzbuch/*Medicus*, Bd. 4, 1986, § 985 Rdnr. 25. Allerdings nennt BGH, 24. 1. 1961, BGHZ 34 S. 191 ff., 198, das dauernde Auseinanderfallen von Besitz und Eigentum wenig sinnvoll.

II. Kann V die Sache wieder zurückholen?

V ist laut Fallgestaltung vom Kaufvertrage zurückgetreten. Daher ist zu prüfen, ob es ihm aus diesem Grunde gelingen kann, die Maschine wieder in seinen Besitz zu bringen.

a) Bei einer anderen Verjährungsproblematik im Zusammenhang mit dem Eigentumsvorbehalt, nämlich der Verjährung des Kaufpreises, wird von der Rechtsprechung und vom Jubilar das Recht zum Zurückholen der Sache bejaht.[10]

Zwar darf der Verkäufer nicht mehr zurücktreten, da die Verjährung des Kaufpreises den Verzug beseitigt, aber in analoger Anwendung des § 223 Abs. 2 BGB wird dem Verkäufer dennoch das Recht gewährt, sein Eigentum herauszuverlangen.

Eine dauernde Einrede hindert den Verzug. In unserem Falle ist der Verzug jedoch nicht weggefallen, sondern er konnte nie eintreten, da die Einrede mit dem Absenden der Anzeige entstanden ist.[11] Daher kann die Mahnung des V den K nicht in Verzug setzen; V konnte daher nicht wirksam vom Vertrage zurücktreten.

Die Vorschrift des § 223 Abs. 2 BGB kann hier auch nicht in analoger Weise angewandt werden. Bei der Verjährung des Kaufpreises wird im Eigentumsvorbehalt eine Parallele zu einem übertragenen Sicherungsrecht gesehen.[12] Dieses Sicherungsrecht soll eine – ansonsten durchsetzbare, höchstens aber durch Verjährung geschwächte – Forderung schützen. Geschützt werden soll derjenige, der tatsächlich geleistet hat, gegenüber demjenigen, der die Gegenleistung nicht erbringen will. Die Analogie zu § 223 Abs. 2 BGB soll verhindern, daß sich der Schuldner mit Erfolg auf die Verjährung beruft; hier würde es aber der Gläubiger tun.

Auch wenn man *Serick* und der Rechtsprechung des BGH hierzu folgt, so ist doch auf eine Einschränkung hinzuweisen. Die kurzen Verjährungsfristen für einen Kaufpreis, der von einem Nichtgeschäftsmanne geschuldet wird (§ 196 Abs. 1 Nr. 1 BGB im Gegensatze zu den längeren bei Geschäftsleuten, § 196 Abs. 2 BGB), dienen vor allem als Schutz in den Fällen, in denen der Kaufpreisschuldner seine Zahlung nicht mehr nachweisen kann, etwa weil er die Quittung verloren hat. Bekanntlich hat der

---

10 Vgl. BGH, a.a.O., BGHZ 34 S. 195; 7. 12. 1977, BGHZ 70 S. 96 ff., 98 (dazu *Serick*, Band V, S. 71); 4. 7. 1979, NJW 1979 S. 2195 f.; *Serick*, Band I, S. 439 ff. Nachweise aus der neueren Literatur bei *v. Staudinger/Dilcher*, a.a.O., 12. Aufl., Bd. I, 1980, § 223 Rdnr. 12; *Serick*, Band V, S. 72 Fn. 52, 73 Fn. 54 und 56.
11 Vgl. *Erman/Battes*, a.a.O., § 284 Rdnr. 14.
12 *Serick*, Band I, S. 429: Argument „a fortiori".

Schuldner im Streitfalle seine Zahlung nachzuweisen. Liegt nach Ansicht des Schuldners nur ein solcher Fall mangelnder Nachweisbarkeit der Zahlung vor[13], so wird er sich hilfsweise – als letzten Rettungsanker – auf die Verjährung berufen. Dann verzichten die Gerichte aus Gründen der Prozeßökonomie auf den Nachweis der Zahlung. Hier müßte, wenn der Verkäufer in einem solchen Falle die verkaufte Sache auf Grund seines Eigentumsvorbehaltes herausverlangt, bezüglich der Zahlung die Beweislast umgekehrt werden. Es ist zwar verständlich, daß ein Schuldner, der zugibt, eine Ware erhalten zu haben, sie aber nicht bezahlen will, zur Herausgabe verurteilt wird. Behauptet er aber die Bezahlung, so liefe es dem Sinne der kurzen Verjährungsfristen zuwider, ihm das Risiko des Nachweises der Zahlung aufzubürden. Eine solche Besserstellung des Verkäufers, die, je länger die Zeit verstreicht, sich auch noch von der Beweislage her verstärkt, ist durch die Vereinbarung des Eigentumsvorbehaltes bestimmt nicht gewollt.[14]

III. Kann K bewirken, daß das Eigentum auf ihn übergeht?

a) Der Weg über § 162 Abs. 1 BGB?

An sich kann ja die Bedingung für den Eigentumsübergang, nämlich vollständige Zahlung des Kaufpreises, noch eintreten, und zwar auf zweierlei Weise. Einmal, wenn K den einredegehemmten Kaufpreis doch zahlte, was ihm aber nicht zumutbar ist. Zum anderen, wenn sich der Verkäufer entschlösse, den Kaufpreis doch noch auf den durch die Einrede begrenzten Minderbetrag zu reduzieren, etwa dadurch, daß er dies – und nur dies – dem K als Vertragsschluß anböte. Wenn aber V einen solchen Vertrag nicht anbieten will, kann das kaum ein Fall des § 162 Abs. 1 BGB sein. Das Mangelrecht ist verjährt; grundsätzlich ist die Berufung auf Verjährung, auch wenn sie unfein sein mag[15], kein Verstoß gegen Treu und Glauben. Daher kann man, wenn der Verkäufer nicht von sich aus einen solchen Antrag macht, darin keinen Verstoß gegen Treu und Glauben erblicken.[16]

Zu fragen ist aber, ob es K in der Hand hat, auf diesem Wege Eigentümer zu werden.

Wenn K dem V einen Minderungsvertrag dergestalt vorschlüge, daß er den schon bezahlten Kaufpreis, also die Summe einsetzt, unter die hinabzuge-

---

13 In den oben Fn. 10 zitierten Fällen war die Nichtzahlung anscheinend unbestritten.
14 Vgl. BGH, a. a. O., BGHZ 34 S. 196: Je nach den Umständen des Einzelfalles sei es dem Verkäufer zuzumuten, den Beweis für die Nichtbezahlung eines Restbetrages zu führen, vor allem dann, wenn die dinglichen Ansprüche lange nach Verjährungseintritt geltend gemacht werden.
15 Vgl. *Erman/Hefermehl*, a. a. O., Vor § 194 Rdnr. 5.
16 Gefahren könnten sogar darin liegen, daß gesagt würde, in einem solchen Angebot liege ein Verzicht auf die Verjährung insgesamt, da man nur insgesamt verzichten könne. So wäre dann der Weg zu den kompletten Mängelrechten wieder frei.

hen für ihn nicht mehr durchsetzbar ist, dann würde man argumentieren können, eine Ablehnung durch V sei treuwidrig. Mit Annahme des Antrages wäre der Kaufpreis hinabgesetzt, also die Bedingung eingetreten; eine Ablehnung würde hingegen dem V keinen Vorteil bringen. Man sähe die Ablehnung als Verstoß gegen Treu und Glauben an, und das Eigentum ginge dann in Folge von § 162 Abs. 1 BGB mit Ablehnung des Antrages über.

Diese auf den ersten Blick bestechende Lösung würde es dem K in die Hand legen, das Eigentum auf sich überzuleiten.

Allerdings bestehen doch Bedenken. Denn genau das Recht, einen solchen Vertrag zu verlangen, ist verjährt. Die Berufung auf Verjährung verstößt grundsätzlich nicht wider Treu und Glauben[17], vielmehr müssen weitere Merkmale hinzukommen, wie etwa arglistiges Hinauszögern der Klageerhebung durch den Gegner, oder die Bitte, sich zu gedulden[18], u. ä. Dies war aber im Fall nicht so; daher kann dieser Weg nicht als Lösung dienen.

b) Hineinwachsen ins Vollrecht?

Nach Ansicht *Sericks*[19] besteht bei einer Anwartschaft ein eigentümlicher Zwischenbereich zwischen Schuldrecht und Sachenrecht. Dies führt dazu, daß eine Anwartschaft, je mehr auf die Kaufpreisforderung bezahlt ist, um so mehr sich dem Vollrecht, d. h. dem Eigentum, nähert.

Man könnte versuchen, zu argumentieren, da alles Durchsetzbare vom Käufer geleistet sei, habe die Anwartschaft damit schon die Qualität des Vollrechtes gewonnen, sei also schon zum Eigentum geworden. Dies mag, bezogen auf das aufgewandte Geld, stimmen. Indessen ist die Anwartschaft an das Bestehen eines Kaufvertrages geknüpft; sie wird erst dann zum Vollrecht, wenn der Kaufvertrag erfüllt ist. Da aber der Kaufvertrag nicht mehr auf durchsetzbare Weise im Blick auf den Kaufpreis abänderbar ist, bleibt die Verknüpfung mit der Bedingung nach wie vor bestehen. Denn „der Kaufpreis", der wegen Verjährung nicht mehr gemindert werden kann, ist gerade nicht bezahlt. V kann zwar die Restsumme nicht mehr durchsetzen, muß sich aber nicht gefallen lassen, daß der Vertrag geändert wird.

---

17 *Erman/Hefermehl,* a. a. O., Vor § 194 Rdnr. 5; § 222 Rdnr. 11; *v. Staudinger/Dilcher,* a. a. O., § 222 Rdnr. 18 ff.
18 BGH, 3. 2. 1953, BGHZ 9 S. 1 ff., 5.
19 Vgl. insbesondere *Serick,* Band I, S. 244 f.

c) Anspruch auf unbedingte Übereignung?

Da die ursprünglich geplante Art des Eigentumsübergangs gegen den Willen des V nicht durchsetzbar ist, soll erörtert werden, ob dem K trotzdem ein Anspruch auf Übertragung des Eigentums zusteht.

Gemäß § 433 Abs. 1 BGB trifft den Verkäufer einer Sache die Pflicht, neben dem Besitz auch das Eigentum zu verschaffen. Diese Pflicht zur Eigentumsverschaffung kann, soll ein Kauf gegeben sein, nicht ganz ausgeschlossen werden.[20] Auch beim Verkauf unter Eigentumsvorbehalt bleibt der Verkäufer verpflichtet, das Eigentum zu verschaffen. Wenn er diese Pflicht wegen eines Verzuges des Käufers nicht mehr erfüllen will, muß er – im gesetzlichen Normalfall des § 455 BGB – vom Vertrage zurücktreten. Erst dadurch wird die Pflicht zur Eigentumsverschaffung aufgehoben. Im vorliegenden Falle ist aber die Pflicht, das Eigentum zu verschaffen, keineswegs unmöglich geworden. Nur der ursprünglich geplante Weg, nämlich über die Wirkung einer aufschiebenden Bedingung, ist nicht mehr gangbar, soweit sich beide Parteien auf ihre jeweilige Rechtsposition berufen. Man kann daher Argumente suchen, ob V unbedingt übereignen muß.

Hier könnte man einmal im Wege der ergänzenden Vertragsauslegung zum Ziele zu kommen versuchen. Ausgangspunkt für den ursprünglich vorgesehenen Weg des Eigentumsüberganges war es, den V dahin zu schützen, daß er den ihm gebührenden Kaufpreis auch tatsächlich erhalten sollte. Wenn nun über § 478 BGB dem Käufer ein endgültiges Leistungsverweigerungsrecht zugestanden wird, so heißt das soviel, daß dem V dieser Kaufpreisrest nicht mehr gebühren soll. Daher könnte man im Wege der Auslegung (§ 157 BGB) ermitteln, daß für einen solchen Fall der Verkäufer nach Treu und Glauben verpflichtet sei, ohne Bedingung zu übereignen. Die Weigerung, dies zu tun, brächte dem V nichts, da er unter keinen Umständen auf die verkaufte Sache zurückgreifen kann; die Weigerung hätte die einzige Folge, daß der Käufer unter Umständen einen Schaden davonträgt, etwa, wie hier im Falle vorausgesetzt, die Sache nicht als Kreditunterlage benützen könnte. Dagegen spricht allerdings, daß der Verstoß gegen Treu und Glauben sich in § 157 BGB kaum anders bewerten läßt als in § 162 Abs. 1 BGB.

Ein anderer Lösungsweg geht von der Funktion des Eigentumsvorbehaltes aus.

---

20 *Erman/Weitnauer*, a.a.O., § 433 Rdnr. 6. *Serick*, Band I, S. 124, sieht die Hauptpflicht zur Erfüllungshandlung mit der aufschiebend bedingten Übereignung als bewirkt an; es bestünden noch als „Art von Nebenansprüchen" (so BGH, 24. 5. 1954, NJW 1954 S. 1325 ff., 1326) Unterlassungspflichten, den Leistungserfolg zu beeinträchtigen.

Das BGB sieht die Gleichzeitigkeit von Leistung und Gegenleistung als Normalfall an, wie sich aus § 320 BGB ergibt.[21] Der Verkäufer muß erst dann übergeben und übereignen, wenn ihm der Kaufpreis angeboten wird. Diese Gleichzeitigkeit von Leistung und Gegenleistung ist bei einem Kauf unter Eigentumsvorbehalt beseitigt: Der Verkäufer ist „inhaltlich beschränkt zur Vorleistung verpflichtet".[22] Allerdings leistet er zunächst nur den Besitz vor, während er für den Eigentumsübergang an der prinzipiell als Ausgangspunkt vorhandenen Gleichzeitigkeit von Leistung und Gegenleistung festhalten will. Diese Gleichzeitigkeit wird jedoch rechtstechnisch nicht dadurch herbeigeführt, daß bei der Zahlung erst das Übereignungsgeschäft, d. h. eine Einigung gemäß § 929 Satz 2 BGB, vorgenommen würde, sondern die Gleichzeitigkeit wird durch die Bedingung hergestellt. Dies hat eine Besserstellung des Käufers zur Folge, die den Verkäufer nicht oder nur wenig belastet, nämlich die Stellung des Käufers als Anwärter, ist aber auch deshalb für die Parteien günstig, weil der Kontakt zwischen Verkäufer und Käufer, der bei der Besitzverschaffung üblicherweise gegeben ist, für den nachfolgenden Eigentumsübergang nicht zu wiederholen ist. Trotzdem ist aber der Sinn des Eigentumsvorbehaltes dem des Zurückbehaltungsrechtes nach § 320 BGB ähnlich, nämlich die Gleichzeitigkeit von Leistung und Gegenleistung zumindest für eine der beiden Hauptleistungspflichten des Verkäufers zu gewährleisten. Insofern handelt es sich bei § 455 BGB bezüglich der Bedingung des Eigentumsüberganges um eine – vertraglich hergestellte – besondere, automatisch wirkende Form des Zurückbehaltungsrechtes.

Wegen der danach festgestellten prinzipiellen Gleichartigkeit des Zweckes beider Vorschriften ist es daher angemessen, Rechtsgedanken aus der Grundvorschrift, nämlich des § 320 BGB, auch auf die Sonderregel zu übertragen.

Hier ist dessen Abs. 2 von Belang, wonach bei einer Teilleistung eine Verweigerung der Gegenleistung nicht zulässig ist, wenn „insbesondere wegen verhältnismäßiger Geringfügigkeit des rückständigen Teiles" die Verweigerung gegen Treu und Glauben verstieße. Gemäß § 455 BGB geht das Eigentum zwar erst bei vollständiger Zahlung des Kaufpreises über, wird also die Geringfügigkeit des Restbetrages außer Acht gelassen. Die formale Voraussetzung der Teilleistung ist hier sicherlich gegeben; da aber der Verkäufer durchsetzbar gar nichts mehr fordern kann, ist das Erfordernis der Gering-

---

21 Vgl. *Erman/Battes*, a.a.O., Vor § 320 Rdnr. 15.
22 *Serick*, Band I, S. 121 im Anschluß an *Rühl*.

fügigkeit sozusagen übererfüllt. Die Treuwidrigkeit ergibt sich daraus, daß mehr als das, was auf Grund der Einrede dem Verkäufer gebührt, gefordert wird.

Hinzuweisen ist, daß die Treuwidrigkeit in § 320 BGB einen anderen Charakter hat als etwa in § 157 BGB. Sie ist in § 320 Abs. 2 BGB streng auf das Austauschverhältnis von Leistung und Gegenleistung, insbesondere deren Wertverhältnisse, bezogen.

Insoweit erstarkt die Eigentumsverschaffungspflicht, die nach der bedingten Übereignung zu einer „Art von Nebenansprüchen"[23] abgeschwächt war, wieder zu einem durchsetzbaren Anspruch. Während der Phase der Abschwächung war dem Verkäufer vorgeschrieben, alles zu unterlassen, was den Leistungserfolg beeinträchtigen könnte.[24] Den Leistungserfolg beeinträchtigen kann jetzt aber nur das Unterlassen der Übereignung. So wird aus der Pflicht, eine Unterlassung zu unterlassen, eine Rechtspflicht zum Handeln.

Daher kann K auf unbedingte Übereignung klagen. Die Lösung über den Sinn des Eigentumsvorbehaltes im Vergleich mit § 320 BGB dürfte derjenigen über die ergänzende Vertragsauslegung vorzuziehen sein.

d) Die Richtigkeit des Ergebnisses soll noch mit einer konkursrechtlichen Überlegung abgesichert werden. Hätte das Formaleigentum des V, wenn er in Konkurs fiele, für die Masse einen irgendwie realisierbaren Wert? Dann könnte man V nicht dazu zwingen, einen solchen Wert aus der Hand zu geben. Konkursrechtlich geht es um die Frage, ob ein Konkursverwalter des V das Wahlrecht des § 17 KO ausüben könnte.

Jaeger/Henckel[25] lehnen ein Wahlrecht des Verwalters eines Verkäufers, der eine mangelhafte Sache geliefert hat, ab. Der Käufer, dem eine solche Sache geliefert worden sei, könne die Kaufpreiszahlung verweigern, gleichgültig, ob gemäß § 320 BGB „oder aus einer ungeschriebenen Norm des Gewährleistungsrechts".[26] Der Käufer könne die Zahlung verweigern, weil er nicht das bekommen habe, was er nach dem Vertrag bekommen sollte. Deshalb müsse die Schutzfunktion des § 17 KO eingreifen, die den Käufer

---

23 Vgl. zu Fn. 20.
24 Vgl. BGH, a. a. O., NJW 1954 S. 1326.
25 *Jaeger/Henckel*, Konkursordnung mit Einführungsgesetzen, 9. Aufl. 2. Lieferung, 1980, § 17 KO Rdnr. 91; *Kuhn/Uhlenbruck*, Konkursordnung, 10. Aufl. 1986, § 17 Rdnr. 18 u. Daran würde auch die geplante Insolvenzordnung nichts ändern, die § 17 KO als § 111 InsO übernimmt, vgl. Gesetz zur Reform des Insolvenzrechts: Diskussionsentwurf, 1988, 1. Gesetzetext, S. 55.
26 *Jaeger/Henckel*, a. a. O.

davor bewahren soll, daß er nach Konkurseröffnung eine Gegenleistung erbringen müsse, die durch die bisher von ihm empfangene Leistung nicht gedeckt ist.[27] Dies entspricht der hier zugrundegelegten Fallgestaltung.

Somit ist auch konkursrechtlich der Fall beendet; für den Konkursverwalter stellt damit das Formaleigentum keinen für die Masse realisierbaren Wert dar. Daher wird auch er verpflichtet werden können, das Eigentum zu übertragen.

Fällt hingegen der Käufer in Konkurs und macht dessen Verwalter die Mängelrechte geltend, so kann ihm gegenüber der Verkäufer die Einrede der Verjährung der Mängelrechte geltend machen.[28]

e) Hinzuweisen ist, daß das Ergebnis, nämlich Gewährung des unbeschränkten Eigentums an der Sache, auch bei einem Grundstückskauf gilt.

Ein Eigentumsvorbehalt ist gemäß § 925 Abs. 2 BGB dort nicht möglich, da die Auflassung bedingungsfeindlich ist. Der Ersatz hierfür ist die unbedingte Übereignung verbunden mit einer Restkaufpreishypothek. Hier bestimmt § 1169 BGB, daß der Eigentümer, dem eine dauernde Einrede gegen die Hypothek zusteht, verlangen kann, daß der Gläubiger auf die Hypothek verzichtet.

Daß die Minderungseinrede eine solche Einrede darstellt, ist anerkannt[29]; dies gilt auch gegenüber einer Grundschuld.[30] Der Käufer erhält also trotz Verjährung der Mängelrechte unbelastetes Eigentum.

IV) Zum Schluß noch die Frage, warum dieser Fall anscheinend noch nie zu einer veröffentlichten Entscheidung von Gerichten geführt hat.

a) Wenn der Käufer eine Sache nur benützen will, besteht für ihn kein Interesse daran, die Rechtslage klären zu lassen. Er hat ein ungestörtes Besitzrecht, das Recht, das die Römer als „rem habere licere" bezeichnet haben.[31] Dazu ist das Formaleigentum nicht notwendig.

Wenn er sie veräußern will, kann es der Verkäufer nicht hindern, da er keine Zugriffsmöglichkeit hat; eine einmal erteilte Weiterveräußerungser-

---

27 A.a.O. Die folgende Ausführung, daß trotz Mangel bei einer Anzahlung die Sache mehr wert sei als letztere und dann das Wahlrecht bestehe, leuchtet ein, trifft aber nicht die hier besprochene Fallgestaltung.
28 A.a.O., Rdnr. 140. Fast wörtlich gleich *Kuhn/Uhlenbruck*, a.a.O., Rdnr. 29.
29 RG, 30. 3. 1909, RGZ 71 S. 12ff., 14.
30 RG, 24. 11. 1917, RGZ 91 S. 218ff., 225.
31 Vgl. *Windscheid/Kipp*, Lehrbuch des Pandektenrechts, 9. Aufl., Bd. 2, 1906, § 389, 1, S. 651ff., Fn. 7 (S. 653).

mächtigung dürfte nicht widerrufbar sein. Der Erwerber würde allemal, wenn er nicht „Insiderwissen" besitzt, kraft guten Glaubens Eigentümer.

b) Sollte der Käufer, wie hier vorausgesetzt, wegen der geplanten Verwendung der Sache als Kreditunterlage doch ein Interesse an einer rechtlichen Klärung haben, so liegt ein Fall vor, der im Prozeß geradezu nach einem gerichtlichen Vergleich schreit. Ein Richter, der es nicht fertigbrächte, den Verkäufer zu überzeugen, daß es ihm nichts nützt, wenn er noch Formaleigentümer bleibt, wäre wohl der Praxis nicht ganz gewachsen.

So bleibt der Fall wohl auf Dauer nur von akademischem Interesse.[32]

---

32 Trotzdem sei angemerkt, daß dieser Fall in Anlehnung an einen Fall aus der Konkurspraxis entwickelt wurde. Dort war von einem Maschinenfachhändler eine Maschine an einen Handwerker verkauft worden, die wegen inzwischen angehobener Sicherheitsvorschriften so nicht mehr hätte hergestellt werden dürfen. Als der Käufer in Konkurs fiel, waren etwa drei Viertel bezahlt, die Maschine aber schon gut zwei Jahre in Gebrauch. Der Verwalter wollte sie an sich behalten, um weiterarbeiten lassen zu können, der Verkäufer sie aber lieber nicht zurückhaben. Da man hätte über alles streiten können (liegt Sachmangel vor [vgl. etwa LG München I, 29. 8. 1990, NJW 1991 S. 182f.]? wurde er arglistig verschwiegen? war der Handwerker hinsichtlich der höheren Sicherheitsvorschriften grob fahrlässig?), einigte man sich auf eine Minderung, durch die der Händler noch einen Teilbetrag erhielt.

Schriftenverzeichnis von *Rolf Serick*

für den Zeitraum von 1948 bis 1991 erstellt im Institut für ausländisches und internationales Privat- und Wirtschaftsrecht der Universität Heidelberg

I. Selbständige Publikationen

1. Ist der Begriff des Gewohnheitsrechts revisionsbedürftig? (Diss. Tübingen 1948, masch.).
2. Rechtsform und Realität juristischer Personen. Ein rechtsvergleichender Beitrag zur Frage des Durchgriffs auf die Personen oder Gegenstände hinter der juristischen Person. Tübingen 1955. VIII, 244 S. (Habilitationsschrift).
3. Rechtsform und Realität juristischer Personen. Zweite unveränderte Auflage. Tübingen 1980. IX, 244 S.
4. Spanische Übersetzung von „Rechtsform und Realität": Apariencia y realidad en las sociedades mercantiles: El abuso de derecho por medio de la persona jurídica, prólogo de Antonio Polo Diez. Traducción y Comentarios de derecho espanol par José Puig Brutau. Barcelona 1958. 374 S.
5. Italienische Übersetzung von „Rechtsform und Realität": Forma e realtá della persona giuridica. Traduzione di Marco Vitale. Milano 1966. 314 S.
6. Durchgriffsprobleme bei Vertragsstörungen unter Berücksichtigung von Organschafts- und Konzernverhältnissen (Schriftenreihe der Juristischen Studiengesellschaft Karlsruhe, Heft 42). 1959. 33 S.
7. Eigentumsvorbehalt und Sicherungsübertragung. I: Der einfache Eigentumsvorbehalt. Heidelberg 1963. XIX, 543 S.
8. Eigentumsvorbehalt und Sicherungsübertragung. II: Die einfache Sicherungsübertragung. Erster Teil. Heidelberg 1965. XIX, 575 S.
9. Eigentumsvorbehalt und Sicherungsübertragung. II: Die einfache Sicherungsübertragung. Erster Teil. Zweite unveränderte Auflage. Heidelberg 1986. XIX, 575 S.
10. Eigentumsvorbehalt und Sicherungsübertragung. III: Die einfache Sicherungsübertragung. Zweiter Teil. Heidelberg 1970. XX, 607 S.
11. Eigentumsvorbehalt und Sicherungsübertragung. IV: Verlängerungs- und Erweiterungsformen des Eigentumsvorbehaltes und der Sicherungsübertragung. Erster Teil: Verlängerungsformen und Kollisionen. Heidelberg 1976. XVI, 794 S.
12. Eigentumsvorbehalt und Sicherungsübertragung. V: Verlängerungs- und Erweiterungsformen des Eigentumsvorbehaltes und der Sicherungsübertragung. Zweiter Teil: Erweiterungsformen. Dritter Teil: Sonstiges. Heidelberg 1982. XXXIV, 993 S.

13. Eigentumsvorbehalt und Sicherungsübertragung. VI: Verlängerungs- und Erweiterungsformen des Eigentumsvorbehaltes und der Sicherungsübertragung. Dritter Teil: Sonstiges – Insolvenzrecht (Vergleich); Insolvenzrechtsreform. Heidelberg 1986. XXXVIII, 966 S.
14. Aktuelle insolvenzrechtliche Fragen bei Mobiliarsicherheiten. RWS-Seminar-Skript Nr. 4. Köln 1978. 27 S.
15. Deutsche Mobiliarsicherheiten. Aufriß und Grundgedanken. Vorlesungen und Vorträge an japanischen Universitäten sowie für Praktiker in Tokio. Heidelberg 1988. XVIII, 210 S.
16. Spanische Übersetzung von „Aufriß und Grundgedanken": Garantías mobiliarias en derecho alemán: perfiles y principios. Traducción de Ángel Carrasco Perera. Madrid 1990. 156 S.
17. Italienische Übersetzung von „Aufriß und Grundgedanken": Le garanzie mobiliari nel diritto tedesco. Traduzione di Paolo M. Vecchi. Milano 1990. XIV, 209 S.
18. Englische Übersetzung von „Aufriß und Grundgedanken": Securities in movables in German law, an outline. Translated by Tony Weir. Deventer u. a. 1990. XX, 161 S.
19. Französische Übersetzung von „Aufriß und Grundgedanken": Les sûretés réelles mobilières en droit allemand: vue d'ensemble et principes généraux. Traduction par Anne-Marie Litaudon. Paris 1990. XV, 179 S.

II. Aufsätze

20. Schuldbefreiung bei Zahlungen an die Konversionskasse? BB 1952, 74–75.
21. Das Zugabeverbot im Ausland, Wirtschaft und Wettbewerb 4 (1954) 716–721.
22. Die Sonderanknüpfung von Teilfragen im IPR, RabelsZ 18 (1953) 633–650.
23. Zur Enteignung juristischer Personen in der sowjetischen Besatzungszone Deutschlands, RabelsZ 20 (1955) 86–104.
24. Nach welchem Recht ist der Wohnsitz in §§ 13 und 16 ZPO bei Auslandsbeziehungen zu beurteilen? ZZP 68 (1955) 278–301.
25. Wandlungen im französischen internationalen Ehescheidungsrecht und ihre Bedeutung für den deutschen Richter. Ehe und Familie im privaten und öffentlichen Recht 2 (1955) 311–315.
26. La responsabilité civile en droit allemand. Revue internationale de droit comparé 78 (1955) 560–571.
27. Zur Konfiskation von Mitgliedschaftsrechten, JZ 1956, S. 198–206.
28. Rückerstattungsrechtliche Probleme bei juristischen Personen. NJW 1956, S. 895–898.
29. Parallelwirkungen im internationalen Privatrecht. Ein Beitrag zur Lehre von den Doppelwirkungen. RabelsZ 21 (1956) S. 207–242.
30. Die Sicherungsübereignung im deutschen Recht. Österr. JZ 11 (1956) 496–501.

31. La pratique des sociétés en Allemagne, in: Recueil pratique du droit des affaires dans les pays du marché commun (Paris 1958). S. 1ff.
32. Zur Anerkennung der liechtensteinischen Treuunternehmen in Deutschland (Ein Beitrag zur Frage der Anerkennung ausländischer juristischer Personen). RabelsZ 23 (1958) 624–642.
33. Probleme zivilrechtlicher Verantwortlichkeit in rechtsvergleichender Sicht – La responsabilité civile en droit allemand. Rapports-Vorträge bei dem Treffen in Freudenstadt-Reims-Paris 1953–1954 (1959), S. 43–51 (deutsch), S. 98–106 (französisch).
34. Probleme bei mehrfacher Abtretung künftiger Forderungen – Verlängerter Eigentumsvorbehalt und Globalzession. BB 1960, S. 141–150.
35. Zur Sittenwidrigkeit bei Sicherungsübertragungen, in: Vorträge für Sparkassenprüfer Innsbruck 3.–6. Oktober 1961. Stuttgart 1962, S. 57–66.
36. Kollisionen zwischen der dinglichen Sicherung von Lieferantenkredit und Bankkredit (Arbeiten zur Rechtsvergleichung. 23). Frankfurt/Berlin 1964, S. 5–16.
37. Causa und Anwartschaft, AcP 166 (1966) 129–133.
38. Sicherungsabtretung von GmbH-Anteilen und andere Kreditsicherungsmöglichkeiten im Bereiche der GmbH. GmbH-Rundschau 1967, S. 133–142.
39. Insolvenzrechtliche Fragen bei der Sicherungstreuhand. Konkurs-, Treuhand- und Schiedsgerichtswesen 1970, S. 89–99.
40. Die Verwertung von Sicherungseigentum. BB 1970, S. 541–552.
41. Bemerkungen zu formularmäßig verbundenen Verlängerungs- und Erweiterungsformen beim Eigentumsvorbehalt und der Sicherungsübertragung. BB 1971, S. 2–10.
42. Konfliktloses Zusammentreffen mehrerer Verarbeitungsklauseln – Ein Beitrag zu Erwerbsbeschränkungen in Verarbeitungsklauseln. BB 1972, S. 277–285.
43. Aus der Formularpraxis deutscher Vorbehaltslieferanten – Quelques aspects de la pratique des formulaires utilisés par les fournisseurs sous réserve de propriété en Allemagne. In: Les contrats commerciaux de l'entreprise – Handelsverträge der Unternehmen. Montpellier 1973, S. 25–37 (jeweils deutsch und französisch).
44. Über den Wert der Privatrechtsvergleichung in der Völkerrechtspraxis. In: Rotondi, inchieste di diritto comparato. 2. Buts et méthodes du droit comparé. Padova-New York 1973. S. 633–658.
45. Verbindungsklauseln als Kreditsicherungsmittel. BB 1973, S. 1405–1409.
46. Kreditsicherungsverträge in Formularen deutscher Banken im Vergleich mit einigen Aspekten des französischen Rechts – Les contrats de crédit garanti en droit allemand au regard de quelques aspects du droit français. In: Vertragsklauseln im Handelsverkehr – Les clauses contractuelles dans les échanges commerciaux. Heidelberg 1974, S. 87–100 (deutsch); S. 101–115 (französisch).
47. Abschied von fragwürdigen Kommissionsklauseln. BB 1974, S. 285–290.

48. Die Globalzession der Vorbehaltslieferanten: Ende oder Anfang? BB 1974, S. 845–853.
49. Kollisionsfälle im Bereiche der Verarbeitungsklauseln. BB 1975, S. 381–390.
50. L'exercice d'une activité professionnelle et la qualité de commerçant – Gewerbebetrieb und Kaufmannseigenschaft. In: Les Règles particulières du droit commercial pour les entreprises commerciales, Sondernormen des Handelsrechts für kaufmännische Unternehmen. Montpellier 1975, S. 87–101 (französisch); S. 72–86 (deutsch).
51. Rechtsprobleme des Factoring-Geschäftes. BB 1976, S. 425–434.
52. Opérations de virement et clauses de payement dans la pratique allemande de la garantie des credits. In: Droit et pratique du commerce international II (1976) 449–466.
53. Zur sicherungsrechtlichen Vorausabtretung der Schlußsaldoforderung – eine grundsätzliche und überfällige konkursrechtliche Erörterung. BB 1978, S. 873–882.
54. Erweiterter Eigentumsvorbehalt und Kontokorrentvorbehalt im Konkurs des Vorbehaltskäufers. BB 1978, S. 1477–1486.
55. Die Factoring-Zession. ZHR 143 (1979) 68–71.
56. Neuere Entwicklungen beim Factoring-Geschäft. BB 1979, S. 845–853.
57. Cuestiones de nacionalidad y problemas de derecho concursal en las personas jurídicas internacionalmente connexas y controladas. Revista de derecho notarial (julio – diciembre 1976) 397–482.
58. Überschuldete Gesellschaft und konkursabwendender Forderungsrücktritt eines Nichtgesellschafters. ZIP 1980, S. 9–16.
59. Fehlerhafter Forderungsrücktritt, fehlende Konkurseröffnung und die Lehre von der fehlerhaften Gesellschaft. ZIP 1980, S. 153–159.
60. „Befremdliches" zur Behandlung der Barvorschußtheorie beim Factoring-Geschäft? NJW 1981, S. 794–799.
61. Nochmals: Befremdliches zur Barvorschußtheorie beim Factoring. NJW 1981, S. 1715–1716.
62. Verarbeitungsklauseln im Wirkungskreis des Konkursverfahrens. ZIP 1982, S. 507–519.
63. Aufrechnungsprobleme bei sicherungsrechtlichen Vorausabtretungen – §§ 406, 404 BGB und §§ 53 ff. KO. BB 1982, S. 873–876.
64. Einziehungsermächtigungen in der kritischen Zeit und nach Eröffnung des Konkursverfahrens. KTS 43 (1982) 339–354.
65. Stand der Mobiliarsicherheiten heute. FLF 1983, S. 10–17 (nebst Berichtigung in FLF 1983, S. 47).
66. Stand der Mobiliarsicherheiten heute, in: Mobiliarsicherheiten und Insolvenzrechtsreform – Eine Dokumentation zur Stellung der Mobiliarsicherheiten in der geplanten Insolvenzrechtsreform, Bankenfachverband Konsumenten- und gewerbliche Spezialkredite (BKG) e. V. (1983) S. 112–118.
67. Das französische Gesetz über den Eigentumsvorbehalt aus der Sicht eines deutschen Beobachters – La loi française relative à la réserve de propriété telle

que la voit un observateur allemand. In: Aktuelle Probleme aus dem deutschen und französischen Kauf- und Gesellschaftsrecht – Problèmes actuels du droit de la vente et du droit des sociétés en France et en Allemagne. Heidelberg 1982, S. 129–142 (deutsch); S. 143–156 (französisch).
68. Zum Stand der „Amputation" der Mobiliarsicherheiten in der Insolvenzrechts-Reformkommission. FLF 1983, S. 144, 146.
69. Die Insolvenzrechtsreform aus der Sicht der Wissenschaft. BB 1985, S. 2202–2204.
70. Die Insolvenzrechtsreform aus der Sicht der Wissenschaft. In: Fachtagung zur Insolvenzrechtsreform. Notwendigkeit oder falscher Ansatz zur Bewältigung wirtschaftlicher Krisen. (Schriftenreihe des Vereins zur Förderung der Wettbewerbswirtschaft e.V. Heft 24) Bonn 1985, S. 65–71; Bankenfachverband Konsumenten- und gewerbliche Spezialkredite (BKG) e.V. (neue Schriftenreihe Nr. 6) Bonn 1986, S. 65–71.
71. Mobiliarsicherheiten und Insolvenzrechtsreform. Eine Auseinandersetzung mit den Berichten der Kommission für Insolvenzrecht. In: Beiträge zum Insolvenzrecht, Köln 1987. IX, 156 S.
72. Mobiliarsicherheiten im Diskussionsentwurf zur Reform des Insolvenzrechts. Möglichkeiten der Enteignung von Vorbehaltslieferanten zum Nulltarif. In: Zs. für Wirtschaftsrecht 1989, 7. S. 404–421.
73. Probleme des Sicherheitenpools der Gläubiger in der Insolvenz des Schuldners. In: Zs. für Insolvenzrecht 1989, S. 743–762.
74. Die Mobiliarsicherheiten im Referentenentwurf zur Insolvenzrechtsreform – Vorbehaltseigentum als Absonderungsrecht zwecks massevermehrender Umverteilung. In: BB 1990, S. 861–866.

III. Festschriftaufsätze

75. Bemerkungen zum marokkanischen Recht, in: Ius et Lex. Festgabe zum 70. Geburtstag von Max Gutzwiller (Basel 1959) S. 395–412.
76. Zur Rechtsnatur des Orderlagerscheins, in: Aktuelle Probleme aus dem Gesellschaftsrecht und anderen Rechtsgebieten. Festschrift für Walter Schmidt (Berlin 1959) S. 315–337.
77. Die Rechtsfigur des nominee im anglo-amerikanischen Gesellschaftsrecht, in: Vom deutschen zum europäischen Recht: Festschrift für Hans Dölle, Band I (Tübingen 1963) S. 415–433.
78. Zur Behandlung des anglo-amerikanischen trust im kontinentaleuropäischen Recht, in: Festschrift für H. C. Nipperdey, Band II (München/Berlin 1965) S. 653–666.
79. Aktien des Gemeinschuldners in ausländischer Verwahrung, in: Festschrift für Philipp Möhring (München/Berlin 1965) S. 127–163.
80. Über den Wert der Privatrechtsvergleichung in der Völkerrechtspraxis, in: Rechtsvergleichung und Rechtsvereinheitlichung. Festschrift zum fünfzigjäh-

rigen Bestehen des Instituts für ausländisches und internationales Privat- und Wirtschaftsrecht der Universität Heidelberg (Heidelberg 1967) S. 215–234.
81. Vermögensübernahme und Sicherungstreuhand, in: Gedenkschrift Franz Gschnitzer (Innsbruck 1969) S. 383–392 (Veröffentlichungen der Universität Innsbruck. 16. Privatrechtliche Beiträge).
82. Los „Estrangulantes" contratos de garantía, in: Librohomenaje a la memoria de Lorenzo Herrera Mendoza II (Caracas 1970) S. 239–255.
83. Einige Bemerkungen zur englischen „no-action-Klausel", in: Rechtswissenschaft und Gesetzgebung. Festschrift für Eduard Wahl zum siebzigsten Geburtstag (Heidelberg 1973) S. 127–136.
84. Südafrikanischer final-Vermerk und deutsche Vollstreckungsklage, in: Festschrift für Friedrich Weber zum 70. Geburtstag (Berlin/New York 1975) S. 383–394.
85. Über die Subsidiarität der Sicht des Leistungsempfängers bei Leistungen im Sinne von § 816 Abs. 2 BGB, in: Festschrift für Philipp Möhring zum 75. Geburtstag (München 1975) S. 115–133.
86. Die Anwendung von Regeln zu vinkulierten Geschäftsanteilen (RGZ 159 S. 272) auf vinkulierte Namensaktien, in: Strukturen und Entwicklungen im Handels-, Gesellschafts- und Wirtschaftsrecht, Festschrift für Wolfgang Hefermehl zum 70. Geburtstag (München 1976) S. 427–442.
87. Die Profilierung der Mobiliarsicherheiten von heute im Konkursrecht von gestern, in: Einhundert Jahre Konkursordnung 1877–1977 (Köln 1977) S. 271–292.
88. Bemerkungen zum Konzernvorbehalt, in: Privatautonomie, Eigentum und Verantwortung. Festgabe für Hermann Weitnauer zum 70. Geburtstag (Berlin 1980) S. 145–159.
89. Rechtsmechanismen beim erweiterten Eigentumsvorbehalt in unterschiedlichem Verbund mit Verlängerungsformen, in: Festschrift für Konrad Zweigert zum 70. Geburtstag (Tübingen 1981) S. 703–720.
90. Das Verwalterdarlehen zwischen richterlicher Rechtsfortbildung und -fortbildungsblockade, in: Richterliche Rechtsfortbildung – Erscheinungsformen, Auftrag und Grenzen. Festschrift der Juristischen Fakultät zur 600-Jahr-Feier der Ruprecht-Karls-Universität Heidelberg (Heidelberg 1986) S. 261–278.
91. Massengeschäfte mit Vorbehaltsware – BGHZ 82 S. 50 im Spiegel der Vorinstanzen. In: Festschrift für Hubert Niederländer zum 70. Geburtstag (Heidelberg 1991) S. 399–414.

IV. Urteilsanmerkungen

92. Urteilsanmerkung zu LG Göttingen 28. 6. 1951 (MRG 52, Art. IV) NJW 1952, S. 668–670.
93. Urteilsanmerkung zu Trib. civ. Mulhouse 2. 5. 1950 (Revue critique de droit int. privé 40 (1951) 153. RabelsZ 17 (1952) 286–291.

94. Urteilsanmerkung zu OLG Köln 27. 4. 1954 (4 U 248/53): Unter welchen Voraussetzungen sind deutsche Gerichte für einen Ehescheidungsstreit belgischer Staatsangehöriger zuständig? JZ 1955, S. 339–341.
95. Urteilsanmerkung zu BGH, 25. 2. 1987 – VIII ZR 47/86 –, EWiR § 647 BGB 1/87, S. 569f.

V. *Rezensionen*

96. Besprechung von Verschelden, Marcel, Les séquestres (Brüssel 1951). RabelsZ 17 (1952) 493–494.
97. Besprechung von Shepard, Sovereignty and State-Owned Commercial Entities (New York 1951). RabelsZ 18 (1953) 183–185.
98. Besprechung von Larquier, Jean, La notion de titre en droit privé, Libr. Dalloz, Paris 1951, 302 S. RabelsZ 20 (1955) 365–366.
99. Besprechung von Capotorti, Francesco, La nazionalità delle società, Jovene, Neapel 1953, 235 S. RabelsZ 20 (1955) 587–589.
100. Besprechung von Kegel, Probleme des internationalen Enteignungs- und Währungsrechts (Köln 1956). JZ 1957, S. 768.
101. Besprechung von Wolff-Raiser, Lehrbuch des Sachenrechts (1957) und Westermann, Lehrbuch des Sachenrechts (3. Aufl. 1957). BB 1957, S. 1227.
102. Besprechung von Tandogan, Haluk, La nullité, L'annulation et la résiliation partielle des contrats. RabelsZ 22 (1957) 725.
103. Besprechung von Marbach, Omar, Der Begriff der Consideration im englischen Vertragsrecht. RabelsZ 22 (1957) 731.
104. Besprechung von Scholz, Das Recht der Kreditsicherung, 2. Aufl. 1957. BB 1958, S. 920.
105. Besprechung von Rabel, Das Recht des Warenkaufs, 1. Band (1936) und 2. Band (1958). JZ 1959, S. 101–102.
106. Besprechung von Dulckeit, Die Verdinglichung obligatorischer Rechte, 1981. RabelsZ 24 (1959) 172–174.
107. Besprechung von Enneccerus-Kipp-Wolff, Lehrbuch des Bürgerlichen Rechts, II. Band, Recht der Schuldverhältnisse, 15. Bearbeitung von Heinrich Lehmann (1958). BB 1959, S. 604.
108. Besprechung von Dairaines, Serge, Les étrangers et les sociétés étrangères en France (Paris 1957). RabelsZ 24 (1959) 590–591.
109. Besprechung von E. J. Mestmäcker, Verwaltung, Konzerngewalt und Recht der Aktionäre (1958) XII, 399 S. NJW 1960, S. 857–858.
110. Besprechung von Trost/Schütz, Bankgeschäftliches Formularbuch (15. Aufl. 1959) VIII, 602 S. NJW 1960, S. 2282.
111. Besprechung von Trost/Schütz, Bankgeschäftliches Formularbuch (16. Aufl. Berlin 1962). NJW 1964, S. 1362.
112. Besprechung von Schütz, Bankgeschäftliches Formularbuch (17. Ausgabe 1966). BB 1967, S. 1343.

113. Besprechung von B. Kamtrad, Gesellschafterdarlehen an die GmbH als verdeckte Stammeinlage (Köln 1968). GmbH-Rundschau 1969, S. 165.
114. Besprechung von Schütz, Bankgeschäftliches Formularbuch (Köln 1969). BB 1970, S. 811.
115. Besprechung von Henke, Die Schmerzensgeldtabelle (München 1969). BB 1970, S. 976.
116. Besprechung von Bette, Das Factoring-Geschäft (Stuttgart-Wiesbaden 1973). BB 1974, S. 143.
117. Besprechung von Walter, Das Unmittelbarkeitsprinzip bei der fiduziarischen Treuhand (Tübingen 1974). BB 1975, S. 100.
118. Besprechung von Scholz/Lwowski, Das Recht der Kreditsicherung (Berlin 1980). BB 1980, S. 1700.

VI. Veröffentlichte Rechtsgutachten

119. Rechtsgutachten über die Klageansprüche des Konkursverwalters und diverser Gläubiger in dem Konkursverfahren über das Vermögen von Erich Wengenroth in Köln gegen Anneliese Wengenroth und andere. Offsetdruck R. J. Hundt. Köln 1976. VI, 294 S.
120. Rechtsgutachten über die Ansprüche der Verlage auf Grund verlängerten Eigentumsvorbehalts in dem Konkursverfahren über das Vermögen der Fa. Erich Wengenroth KG in Köln. Offsetdruck R. J. Hundt. Köln 1977. VIII, 208 S.
121. Rechtsgutachten über die Klageaussichten des Konkursverwalters über das Vermögen der Fa. Wengenroth KG in Köln wegen gesellschaftsrechtlicher und anderer Ansprüche gegen Anneliese Wengenroth und andere, erstattet Herrn RA Dipl. Kfm. Dr. Bernd Klasmeyer, Köln, als Konkursverwalter der Fa. Erich Wengenroth KG, Köln. Offsetdruck R. J. Hundt, Köln 1978. 341 S.
122. Rechtsgutachten über die Klageansprüche des Konkursverwalters über das Vermögen der Gemeinnützigen Wohnungsgesellschaft Sozialwerk mbH, Berlin/Köln, gegen die Deutsche Bau- und Bodenbank AG, Berlin/Frankfurt. Hundt-Fotodruck. Köln 1980. 216 S.

VII. Verschiedenes

123. Diskussionsbeitrag, in: Böckstiegel/Koppensteiner, Enteignungs- oder Nationalisierungsmaßnahmen gegen ausländische Kapitalgesellschaften, Berichte der Deutschen Gesellschaft für Völkerrecht 13 (Karlsruhe 1974) S. 132–136.
124. Ansprache, in: Ansprachen aus Anlaß der Einweihung des Max-Gutzwiller-Saales am 28. Mai 1980. Heidelberg 1982, S. 11–14.

125. Diskussionsbeitrag, in: Ungerechtfertigte Bereicherung, Grundlagen, Tendenzen, Pespektiven. Symposium der Juristischen Fakultät der Universität Heidelberg zum Gedenken an Prof. Dr. Detlef König, 15. und 16. April 1983. Heidelberg 1984, S. 116–119, 122.
126. Die Insolvenzrechtsreform aus der Sicht der Wissenschaft, Diskussionsbeiträge, in: Fachtagung zur Insolvenzrechtsreform, Notwendigkeit oder falscher Ansatz zur Bewältigung wirtschaftlicher Krisen. Bonn 1986, S. 79, 118, 119.
127. In memoriam Eduard Wahl, in: Rhein-Neckar-Zeitung Nr. 37 vom 13. 2. 1985, S. 10.
128. Begrüßungsansprache, in: Albert A. Ehrenzweig und das internationale Privatrecht. Symposium veranstaltet vom Institut für ausländisches und internationales Privat- und Wirtschaftsrecht der Universität Heidelberg am 17. Juli 1984. Heidelberg 1986, S. 15 u. 16.
129. Nachruf auf Jürgen Mohrbutter. NJW 1990, 1779–1780.

VIII. Herausgeber/Mitherausgeber

130. Strukturen und Entwicklungen im Handels-, Gesellschafts- und Wirtschaftsrecht. Festschrift für Wolfgang Hefermehl zum 70. Geburtstag am 18. September 1976 (München 1976). 497 S.
131. Rechtsvergleichung und Rechtsvereinheitlichung. Festschrift zum fünfzigjährigen Bestehen des Instituts für ausländisches und internationales Privat- und Wirtschaftsrecht der Universität Heidelberg. Heidelberg 1967.
132. Albert A. Ehrenzweig und das internationale Privatrecht. Symposium veranstaltet vom Institut für ausländisches und internationales Privat- und Wirtschaftsrecht der Universität Heidelberg am 17. Juli 1984. Heidelberg 1986.
133. Abhandlungen zum Arbeits- und Wirtschaftsrecht. Verlagsgesellschaft Recht und Wirtschaft mbH. Heidelberg.
134. Das Recht der Handelsgesellschaften, in: Handels- und Wirtschaftsrecht der Länder des Gemeinsamen Marktes EWG (hrsg. von Garcin-Hepp; deutsche Ausgabe hrsg. von Möhring-Serick) I. Frankfurt/Berlin 1963 (Loseblattausgabe).

Autorenverzeichnis

Claus-Wilhelm Canaris, München
Dr. iur., Dr. h.c., Universitätsprofessor an der Universität München
Ulrich Drobnig, Hamburg
Dr. iur., Professor, Direktor am Max-Planck-Institut für ausländisches und internationales Privatrecht, Hamburg
Omaia Elwan, Heidelberg
Dr. iur., Akademischer Oberrat am Institut für ausländisches und internationales Privat- und Wirtschaftsrecht der Universität Heidelberg
Wolfgang Ernst, Tübingen
Dr. iur., Universitätsprofessor an der Universität Tübingen
Hans Friedhelm Gaul, Bonn
Dr. iur., Universitätsprofessor an der Universität Bonn
Ludwig Häsemeyer, Heidelberg
Dr. iur., Universitätsprofessor an der Universität Heidelberg
Gerrick von Hoyningen-Huene, Heidelberg
Dr. iur., Universitätsprofessor an der Universität Heidelberg
Ulrich Huber, Bonn
Dr. iur., Universitätsprofessor an der Universität Bonn
Erik Jayme, Heidelberg
Dr. iur., Dr. h.c., Universitätsprofessor, Geschäftsführender Direktor des Instituts für ausländisches und internationales Privat- und Wirtschaftsrecht der Universität Heidelberg
Werner Lorenz, München
Dr. iur., Dr. h.c., Universitätsprofessor an der Universität München
Karlheinz Misera, Heidelberg
Dr. iur., Universitätsprofessor, Geschäftsführender Direktor des Instituts für geschichtliche Rechtswissenschaft der Universität Heidelberg
Otto Mühl, Mainz
Dr. iur., em. Universitätsprofessor, Bundesrichter a.D.
Fritz Nicklisch, Heidelberg
Dr. iur., Universitätsprofessor an der Universität Heidelberg
Marian Paschke, Hamburg
Dr. iur., Universitätsprofessor an der Universität Hamburg
Karsten Schmidt, Hamburg
Dr. iur., Universitätsprofessor an der Universität Hamburg
Fritz Sturm, Lausanne
Dr. iur., Dr. h.c., Universitätsprofessor an der Université Lausanne

Hermann Weitnauer, Heidelberg
 Dr. iur., em. Universitätsprofessor an der Universität Heidelberg
Manfred Wochner, Heidelberg
 Dr. iur., Professor an der Fachhochschule Rheinland-Pfalz, Abt. Ludwigshafen/Worms